Israel

W0191990

VERLAG KARL BAEDEKER

Hinweise zur Benutzung

Sternchen (Asterisken) als typographisches Mittel zur Hervorhebung bedeutender Bau- und Kunstwerke, Naturschönheiten und Aussichten, aber auch guter Unterkunfts- und Gaststätten hat Karl Baedeker im Jahre 1844 eingeführt; sie werden auch in diesem Reiseführer verwendet: Besonders Beachtenswertes ist durch * einen vorangestellten 'Baedeker-Stern', einzigartige Reiseziele sind durch ** zwei Sternchen gekennzeichnet. Zur raschen Lokalisierung der Reiseziele von A bis Z auf der beigegebenen Reisekarte sind die entsprechenden Koordinaten der Plannetzmaschen jeweils neben der Überschrift in Rotdruck hervorgehoben: Jerusalem   H 4.

Farbige Streifen an den rechten Seitenrändern erleichtern das Auffinden der Großkapitel des vorliegenden Reiseführers: Die Farbe Blau steht für die Einleitung (Natur, Kultur, Geschichte), die Farbe Rot für die Reiseziele, und die Farbe Gelb markiert die praktischen Informationen.

Wenn aus der Fülle von Unterkunfts-, Gast- und Einkaufsstätten nur eine wohlüberlegte Auswahl getroffen ist, so sei damit gegen andere Häuser kein Vorurteil erweckt.

Da die Angaben eines solchen Reiseführers in der heute so schnellebigen Zeit fast ständig Veränderungen unterworfen sind, kann der Verlag weder Gewähr für die absolute Richtigkeit leisten noch die Haftung oder Verantwortung für eventuelle inhaltliche Fehler übernehmen. Auch lehrt die Erfahrung, daß sich Irrtümer kaum gänzlich vermeiden lassen.

Baedeker ist ständig bemüht, die Qualität seiner Reiseführer noch zu steigern und ihren Inhalt weiter zu vervollkommnen. Hierbei können ganz besonders die Erfahrungen und Urteile aus dem Benutzerkreis als wertvolle Hilfe gar nicht hoch genug eingeschätzt werden. Vor allem **Ihre Kritik, Berichtigungen und Verbesserungsvorschläge sind uns stets willkommen.** Sie helfen damit, die nächste Auflage noch aktueller zu gestalten. Bitte schreiben Sie in jedem Falle an die

Baedeker-Redaktion
Karl Baedeker GmbH
Marco-Polo-Zentrum
Postfach 31 62
D-73751 Ostfildern.

Der Verlag dankt Ihnen im voraus bestens für Ihre Mitteilungen. Jede Einsenderin und jeder Einsender nimmt an einer jeweils zum Jahresende unter Ausschluß des Rechtsweges stattfindenden Verlosung von drei JRO-Leuchtgloben teil. Falls Sie gewonnen haben, werden Sie benachrichtigt. Ihre Zuschrift sollte also neben der Angabe des Buchtitels und der Auflage, auf welche Sie sich beziehen, auch Ihren Namen und Ihre Anschrift enthalten. Die Informationen werden selbstredend vertraulich behandelt und die persönlichen Daten nicht gespeichert.

Vorwort

Dieser Reiseführer gehört zur neuen Baedeker-Generation. In Zusammenarbeit mit der Allianz Versicherungs-AG erscheinen bei Baedeker durchgehend farbig illustrierte Reiseführer in handlichem Format. Die Gestaltung entspricht den Gewohnheiten modernen Reisens: Nützliche Hinweise werden in der Randspalte neben den Beschreibungen herausgestellt. Diese Anordnung gestattet eine einfache und rasche Handhabung. Der vorliegende Band hat Israel und die von Israel besetzten Gebiete, die Golan-Höhen, das Westjordanland und den Gazastreifen, letzterer zusammen mit Jericho seit 1994 formal unter palästinensischer Selbstverwaltung, zum Thema. Auch die zu Ägypten gehörende Sinai-Halbinsel mit dem berühmten Katharinenkloster wird kurz vorgestellt. Der Reiseführer gliedert sich in drei Hauptteile: Im ersten Teil wird über Israel im allgemeinen, Landesnatur, Klima, Pflanzen und Tiere, Bevölkerung, Religion, Sprache, Staat und Gesellschaft, Bildung und Wissenschaft, Wirtschaft, Verkehr, Geschichte, berühmte Persönlichkeiten sowie über Kunstgeschichte berichtet. Eine Sammlung von Literaturzitaten leitet über zum zweiten Teil des Reiseführers, in dem zunächst einige Routen-

Faszination der Wüste: Abendstimmung im Negev

vorschläge gemacht werden, um dann die touristisch interessanten Städte, Orte und Landschaften im einzelnen zu beschreiben. Daran schließt ein dritter Teil mit reichhaltigen praktischen Informationen, die dem Besucher das Zurechtfinden vor Ort wesentlich erleichtern. Sowohl die Sehenswürdigkeiten als auch die Informationen sind in sich alphabetisch geordnet. Baedeker Allianz Reiseführer zeichnen sich durch Konzentration auf das Wesentliche sowie Benutzerfreundlichkeit aus. Sie enthalten eine Vielzahl eigens entwickelter Pläne und zahlreiche farbige Abbildungen. Zu diesem Reiseführer gehört als integrierender Bestandteil eine ausführliche Reisekarte, auf der die im Text behandelten Sehenswürdigkeiten anhand der jeweils angegebenen Plankoordinaten zu lokalisieren sind. Wir wünschen Ihnen mit dem Baedeker Allianz Reiseführer viel Freude und einen erlebnisreichen Aufenthalt in Israel!

Inhalt

Natur, Kultur Geschichte

Seite 8–107

Zahlen und Fakten 9
Allgemeines 9 · Landesnatur 10 · Klima 14 ·
Pflanzen und Tiere 19 · Bevölkerung 25 ·
Religion 29 · Sprache 34 · Staat und Gesell-
schaft 37 · Bildung und Wissenschaft 41 ·
Wirtschaft 43 · Verkehr 49

Reiseziele von A bis Z

Seite 108–393

Abu Gosh 109 · Afula 111 · Akko 112 ·
Arad 118 · Ashdod 120 · Ashqelon 121 ·
Atlit 125 · Avdat 126 · Banyas 130 ·
Beersheba 131 · Belvoir 134 · Berg der
Seligpreisungen 135 · Berg Gilboa 136 ·
Berg Tabor 137 · Bet Alfa 140 · Bet
Guvrin 141 · Bethlehem 141 · Bet Shean
149 · Bet Shearim 152 Bet Shemesh 155
· Caesarea 156 · Chorazin 161 · Dan 162
· Dor 163 · Elat 163 · El-Azariya 168 · En
Avdat 170 · En Boqeq 171 · En Gedi 172
· En Gev 175 · Galiläa 176 · Gaza 177 ·
Golan 177 · Hadera 179 · Haifa 180 ·
Hamat Gader 188 · Hazor 191 · Hebron
194 · Hefer-Ebene 198 · Herodeion 198 ·
Herzliya 202 · Hörner von Hittim 204 ·
Hule-Ebene 205 · Jenin 206 · Jericho
206 · Jerusalem 211 · Jezreel-Ebene 281
· Jordan 281 · Judäa 283 · Kana 283 ·
Kapernaum 284 · Karmel 288 · Lachish
290 · Latrun 291 Lod 293 · Maktesh
Hagadol 295 · Maktesh Ramon 296 ·
Mamshit 297 · Maresha 299 · Mar Saba
300 · Massada 302 · Megiddo 307
Meron 310 · Modiim 311 · Montfort 312 ·
Nablus 313 · Nahariya 316 · Nazareth
318 · Nebi Musa 325 · Nebi Samwil 325 ·
Negev 326 · Netanya 328 · Paran 330 ·

Praktische Informationen von A bis Z

Seite 394–465

Anreise 395 · Antiquitäten 396 · Apotheken
396 · Arbeitsurlaub 396 · Ärztliche Hilfe 397 ·
Auskunft 397 · Ausreise 399 · Autohilfe 400 ·
Behinderte 401 · Camping 402 · Diebstahl
403 · Diplomatische und konsularische Vertretungen 403 · Einkäufe, Souvenirs 404 · Elektrizität 405 · Essen und Trinken 405 · Feiertage
408 · Fluggesellschaften 409 · Flughäfen 410 ·
Fotografieren und Filmen 411 · Geld 411 ·

Register 466

Verzeichnis der Karten, Pläne und
graphischen Darstellungen 474

Bildnachweis 476

Impressum 477

Geschichte 51

Berühmte Persönlichkeiten 72

Kunstgeschichte 83

Israel in Zitaten 90

Routenvorschläge 97

Qumran 330 Ramallah 334 · Ramla 335 ·
Rehovot 338 · Rosh Ha'ayin 339 · Rosh
Pinna 340 · Safed 341 · Samaria 345 ·
Sede Boqer 348 · See Genezareth 349 ·
Sharon-Ebene 351 · Shivta 351 · Sinai
352 · Tabgha 360 · Tel Aviv 362 ·
Tiberias 376 · Timna 381 · Totes Meer
384 · Wadi Qilt 387 · Yavne 388 ·
Yodefat 390 · Zikhron Ya'akov 391 ·
Zippori 392

Hotels 413 · Individualreisen 420 · Jugendherbergen 421 · Kalender 422 · Kleidung 423 ·
Kontakte mit Israelis 423 · Kuraufenthalt 424 ·
Märkte 425 · Mehrwertsteuer 426 · Mietwagen 427 · Nachtleben 429 · Nationalparks 429 ·
Naturschutz 431 · Notdienste 432 · Öffnungszeiten 433 · Pilgerreisen 433 · Post, Telegraf,
Telefon 434 · Reisedokumente 436 · Reisezeit 437 · Restaurants 438 · Rundfunk, Fernsehen 440 · Sicherheit 441 · Sport 443 ·
Sprache 445 · Strände 453 · Straßenverkehr
455 · Taxi 456 · Theater, Konzerte 457 · Trinkgeld 458 · Umgangsregeln 458 · Veranstaltungskalender 459 · Veranstaltungsprogramme 461 · Verkehrsmittel 461 · Verkehrsvorschriften 462 · Wasservergnügungsparks 463
Zeit 464 · Zeitungen, Zeitschriften 464 · Zollbestimmungen 465

Shalom

Religion
*gehört zum
Alltag in Israel*

Ein kleines Land an der Schnittstelle zwischen Europa, Afrika und Asien, etwa halb so groß wie die Schweiz, zu zwei Dritteln aus Wüste bestehend. Eine uralte Kulturregion, in der die großen monotheistischen Weltreligionen ihren Ursprung haben. Ein junger Staat, der seit seiner Gründung 1948 im Brennpunkt des Nahostkonflikts steht. Und: ein Urlaubsland am Mittelmeer mit modernster Infrastruktur, herrlichen Sandstränden und blauem Himmel ohne Ende. So viele unterschiedliche Facetten Israel aufweist, so viele verschiedene Motive gibt es, das Land zu besuchen. Für Christen, Juden und Muslime ist Israel heiliger Boden. Judentum und Christentum haben hier ihre Wurzeln, für den Islam sind der Felsendom und die El-Aqsa-Moschee in Jerusalem die wichtigsten sakralen Stätten nach Mekka und Medina. Ein Pilgerziel ersten Ranges also. Wer sich für Kunst und Kultur interessiert, wird von den zahlreichen Zeugnissen einer großen und langen Vergangenheit zutiefst beeindruckt sein. Das heutige Staatsgebiet von Israel ist als Schnittpunkt der nahöstlichen Geschichte überreich an historischen Relikten und sehenswerten Baudenkmälern. Was dem einen die klassischen archäologischen Stätten wie etwa die erhabene Wüstenfestung Massada oder die Ruinen des Herodes-Palastes sind, ist für den anderen die Begegnung mit der Bauhausarchitektur in Tel Aviv oder Haifa.

Jerusalem
*gilt als die heiligste
unter Israels Städten*

Taucher-
paradies
*Die schillernde
Unterwasserwelt
des Roten Meeres*

Israel!

Doch der Eindruck von diesem Land wird nicht nur von seiner Geschichte, sondern ebenso von seiner Gegenwart geprägt. Seitdem sich im September 1993 Israels damaliger Ministerpräsident Rabin und PLO-Chef Arafat in Washington die Hand zum Frieden gereicht haben, ist die Aussöhnung zwischen Israelis und Palästinensern keine Utopie mehr, aber auch noch lange keine Realität. Geradezu sinnlich spürbar wird dies in Jerusalem, wo die israelischen und arabischen Lebenswelten unvermittelt aufeinanderprallen und die Visionen von der Zukunft der Stadt, die 1996 ihr 3000jähriges Jubiläum feierte, weit auseinanderklaffen. Jerusalem ist eine heilige Stadt, aber auch eine Stadt tiefgreifender Konflikte und Aggressionen. Nur etwa 60 km entfernt, in Tel Aviv, bietet sich dem Besucher ein völlig anderes Bild. Was Jerusalem an Jugendlichkeit und Modernität vermissen läßt, hat diese Stadt um so mehr zu bieten. Die junge, erst 1909 gegründete Metropole, heute die größte Stadt des Landes, geizt nicht mit großstädtischer Atmosphäre und Vergnügungsmöglichkeiten für Nachtschwärmer. Wem das noch nicht Erholung genug ist, der kann an den herrlichen Stränden des Roten Meeres das ganze Jahr über hochsommerliches Wetter genießen oder bei Trekking-Touren in der Negev-Wüste Entspannung finden. Israel mag vielleicht ein kleines Land sein, doch an Facetten mangelt es ihm nicht . . .

Akko
bezaubert durch orientalisches Flair

Tel Aviv
ist nicht nur architektonisch eine junge Stadt

Caesarea
Spaziergang durch die Kreuzfahrervergangenheit

Zahlen und Fakten

Allgemeines

Das Land Israel (Eretz Yisrael) erstreckt sich in Vorderasien an der östlichen Mittelmeerküste, zwischen 29° 30' und 33° 20' nördlicher Breite
sowie zwischen 34° 20' und 35° 40' östlicher Länge. Die Nord-Süd-Aus-
dehnung des Landes beträgt 420 km, die Breite dagegen liegt je nach
Standort zwischen knapp 20 km und 116 km.

Lage

Im Norden grenzt Israel an den Libanon, im Osten an Syrien und Jordanien
und im Süden und Südwesten an Ägypten. Seine Südspitze reicht bis an
den Golf von Aqaba (Golf von Elat; Rotes Meer). Im Südwesten (Gazastreifen) sowie im Osten (Westjordanland) des Landes grenzen die 1967 von
Israel besetzten palästinensischen Gebiete an, die inzwischen teilweise
von den Palästinensern selbst verwaltet werden. Beidseitig anerkannt sind
die Grenzen zwischen Israel und dem Libanon, Ägypten und Jordanien,
nicht aber die zwischen den Palästinensern und Israel sowie jene zwischen
Israel und Syrien.

Angrenzende
Staaten

Der Staat Israel, 1948 durch einen UNO-Beschluß als Heimstatt des jüdischen Volkes geschaffen, umfaßt eine Fläche von 20 770 km^2 und ist damit

Staatsgebiet

◄ *Zwei bedeutende biblische Stätten: Der See Genezareth, an dessen
Nordufer Jesus seine ersten Jünger fand, von der Kirche auf dem Berg der
Seligpreisungen gesehen*

Im Osten des Landes: die Judäische Wüste

Allgemeines, Staatsgebiet (Fortsetzung)

nur etwa so groß wie das deutsche Bundesland Hessen bzw. etwa halb so groß wie die Schweiz. Von den 1967 eroberten Gebieten hält Israel weiterhin die Golanhöhen sowie große Teile der palästinensischen Gebiete (vor allem Ost-Jerusalem und das Jordantal) besetzt. Eine begrenzte Selbstverwaltung haben die Palästinenser in den meisten Siedlungsgebieten des Westjordanlands und des Gazastreifens erhalten.

Hauptstadt

West-Jerusalem wurde 1950 anstelle von Tel Aviv zur Hauptstadt Israels erklärt. Die meisten Staaten haben diese Entscheidung nicht anerkannt und den Sitz ihrer Botschaften in Tel Aviv belassen. Die Vereinten Nationen hatten 1947 eine Internationalisierung Jerusalems vorgeschlagen.

Während des Sechs-Tage-Krieges von 1967 besetzte Israel den bis dahin zu Jordanien gehörenden, arabischen Ostteil Jerusalems. Ost-Jerusalem wurde daraufhin verwaltungsmäßig mit dem israelischen Westteil der Stadt vereinigt. Da dieses Vorgehen dem völkerrechtlichen Verbot der gewaltsamen Annexion fremder Territorien widerspricht, forderte die UNO-Vollversammlung Israel am 29. Juli 1980 zum Rückzug aus allen besetzten Gebieten einschließlich Ost-Jerusalems auf. Die israelische Reaktion: Am 30. Juli 1980 erklärte das Parlament Gesamt-Jerusalem zur Hauptstadt Israels. Eine Entscheidung, die weltweit zu Protesten führte. Bis heute gibt es Probleme um den Status der Stadt.

Landesnatur

Allgemeines

Für die Oberflächengestalt des Landes ist der Wechsel von Bergland und Tiefland kennzeichnend. Der südliche Landesteil wird von der Wüstenregion des Negev eingenommen. Der Norden des Staatsgebietes gliedert sich in drei Regionen: die Küstenebene, das westliche Bergland und den Jordangraben.

Nur vom felsigen Rosh Hanikra an der Nordgrenze Israels und vom Kap Karmel bei Haifa unterbrochen, erstreckt sich eine ausgedehnte Küstenebene am Mittelmeer. Vom Libanon im Norden bis zur Wüste Sinai im Süden mißt sie etwa 270 km. Die Bucht von Haifa, an welcher der Haupthafen des Landes liegt, bildet die einzige größere Unterbrechung der von Norden nach Südwesten leicht bogenförmig verlaufenden Küstenlinie. Die Küstenebene, im Durchschnitt 16 km breit, erweitert sich von Norden nach Süden auf etwa 40 km. Sie wird aus Flugsanden und jüngeren marinen Sedimenten aufgebaut. Im Landschaftsbild wechseln sanft geneigte, mit Sanddünen bedeckte Küstenhänge mit steil abfallenden Kliffs.

Die Ebene, die von einigen Flüssen durchquert wird, so vom Kishon bei Haifa und vom Yarkon bei Tel Aviv-Yafo, gliedert sich in mehrere Abschnitte. Der Küstenstreifen zwischen Rosh Hanikra und Akko erreicht lediglich eine Breite von 7 km. Südwärts schließt sich die Sebulon-Ebene an. Die schmale Küstenebene des Karmel südlich von Haifa ist ein beliebtes Erholungsgebiet mit zahlreichen Urlaubsorten. Der südwärts folgende, 55 km lange Küstenabschnitt, der bis Tel Aviv-Yafo reicht und vom Yarkon begrenzt wird, die Sharon-Ebene, bildet das zentrale Küstenland. Diese Region, früher bewaldet, später Sumpfland, das trockengelegt wurde, ist wegen ihrer Fruchtbarkeit für Israel von großer Bedeutung. Hier findet man viele Städte und ländliche Siedlungen, landwirtschaftliche und industrielle Betriebe. Hadera, Netanya, Kefar Sava und Herzliya sind die wichtigsten städtischen Zentren dieser Region, zu deren Entwicklung auch die verkehrsgünstige Lage beigetragen hat. Die Shefela-Ebene südlich von Tel Aviv, die an den Gazastreifen grenzt, erstreckt sich über ein Gebiet von etwa 90 km Länge und 25 bis 30 km Breite.

An die Küstenebene schließt sich landeinwärts das vorwiegend aus Kalkstein und Dolomit aufgebaute westliche Bergland an: Im Norden das im Har Meron bis 1208 m ansteigende Bergland von Galiläa, südlich davon das Bergland von Samaria, das 1018 m erreicht, und das bis 1020 m hohe

Die Sharon-Ebene: eines der fruchtbarsten Gebiete Israels

Im Judäischen Bergland

Bergland
(Fortsetzung)

Judäische Bergland. Die judäischen Berge erstrecken sich bis zum wüstenhaften Negev im Süden. Die durchschnittliche Höhe der Bergländer beträgt 850 m.

Das Bergland, Teil der Syrischen Schwelle, bildet in seinem geologischen Aufbau und seinen petrographischen Elementen eine Fortsetzung des Libanon. Die Bergländer von Galiläa und Samaria sind durch tektonische Bruchlinien zerstückelt; die quer zur Streichrichtung des Berglandes verlaufende Jezreel-Ebene (Emeq Yizreel) stellt eine besonders auffallende Störung dar. Dieses etwa 20 km lange Tal bildet die Grenze zwischen dem Bergland von Galiläa und dem von Samaria. Das galiläische Bergland weist in Nordgaliläa, dem höheren, nördlichen Landesteil mit dem Har Meron, breite Basaltflächen auf; nach Südgaliläa hin wird das Land flacher und erreicht im Berg Tabor 588 m. Das Bergland von Samaria schließt das bis 546 m hohe Karmel-Gebirge im Nordwesten und den Berg Gilboa (518 m ü.d.M.) im Nordosten ein. Die Grenze zwischen den Bergen von Samaria und dem Judäischen Bergland bilden die Flüsse Yarkon und Shilo.

Die Judäischen Berge, die massivste Kette im Land, sind 80 km lang und 15 bis 20 km breit. Die Bergkette, die weitgehend entlang der Wasserscheide verläuft, ist durch terrassenförmige Abhänge gekennzeichnet. Den südlichen Abschnitt bilden die Hebron-Berge. An diese schließen sich nach Norden die Jerusalemer Berge an, auf deren Kamm der Ölberg und der Skopusberg liegen. Den nördlichen Teil des Gebirgszuges bilden die Bet-El-Berge. Auf den karg bewaldeten Bergländern liegen weniger Städte als in der Küstenebene: die meisten Siedlungen dieser Region sind von Arabern bewohnte Dörfer.

Jordangraben

Im Osten fällt das Bergland zum Jordangraben ab. Dieser beginnt im Norden des Landes, südlich des Hermon-Gebirges, dessen Gipfel sich bis auf über 2800 m ü.d.M. erheben, mit der Hule-Ebene (Emeq Hula). An der Stelle der Hule-Ebene lag früher ein von Sumpfland umgebener See; nach

Flußtäler: der Jordan ...   *... und Wadi im Negev*

der Trockenlegung der Sümpfe um die Mitte dieses Jahrhunderts trocknete auch der See aus. Heute gehört das Gebiet zu den landwirtschaftlich am intensivsten genutzten Teilen Israels.   Jordangraben (Fortsetzung)

Der Jordangraben folgt dann dem oberen Jordan und liegt im See Genezareth (auch Tiberias-See; Yam Kinneret) bereits 210 m unter dem Meeresspiegel. Der über 20 km lange See Genezareth, der eine Fläche von rund 170 km² bedeckt und bis zu 60 m Tiefe erreicht, ist sehr fischreich.

Vom See Genezareth aus folgt der Jordangraben, dessen südlicher Teil als 'Ghor' (das Ausgehöhlte) bezeichnet wird, dem Jordan bis zum Toten Meer, wo er die tiefste Stelle der Erdoberfläche bildet (− 396 m an der Seeoberfläche, bis 829 m u.d.M. am Seeboden), verläuft weiter durch die Senke des Wadi Ha'Arava und erreicht bei Elat das Rote Meer.

Der Jordangraben ist Teil des syrisch-afrikanischen Grabensystems; Ablagerungen aus dem Quartär bilden die Grabensedimente.

Der Jordan (Yarden), der längste und wasserreichste Fluß Israels und Jordaniens, entsteht durch die drei Quellflüsse Banyas, Dan und Hazbani in der nördlichen Hule-Ebene. Mehrere Nebenflüsse führen dem Jordan Wasser zu. Unterhalb des Sees Genezareth nimmt er den von Osten kommenden Yarmuk, seinen größten Nebenfluß, auf. Das Tal des Jordan ist 252 km, sein Lauf durch Mäander rund 330 km lang. Die Wasserführung des Jordan unterliegt jahreszeitlichen Schwankungen. Wegen seiner Windungen kann der Fluß von Schiffen nicht befahren werden. Der Jordan bildet zur Zeit die Grenze zwischen Israel und Jordanien, die auch durch das Tote Meer verläuft.

Jenseits der Jordansenke steigt das Land in Jordanien zu den ostjordanischen Bergen – mit den biblischen Landschaften Gilead und Ammon (Norden), Moab (Mitte) und Edom (Süden) – bis zu 1736 m Höhe an.

Der wüstenhafte Südteil Israels, der Negev, reicht mit einem schmalen   Negev
Ausläufer an das Mittelmeer heran und erstreckt sich von Beersheba aus keilförmig nach Süden bis zum Roten Meer. Der nördliche Teil, aus Kreide-

Klima

schichten aufgebaut und mit Löß bedeckt, erhält jährlich rund 200 mm Niederschlag. Durch künstliche Bewässerung werden größere Flächen für die Landwirtschaft nutzbar gemacht. Nach Süden hin schließt sich ein Hügelland an, das von Faltenbögen der Oberen Kreide durchzogen ist; im Har Ramon werden 1035 m erreicht. Aus dem Kreidegestein sind 'Maktesh' genannte Erosionsmulden herausgeformt. Der äußerste Süden des Negev, zerklüftetes Gebirgsland aus Urgestein, bildet eine Fortsetzung des Sinai-Gebirges. Hier tritt stellenweise nubischer Sandstein zutage, der oft eigenartige Formationen pilz- oder säulenförmiger Gestalt bildet. Auch 'Serir' und 'Hamada', Sand- und Steinwüste, sind für manche Regionen des Negev charakteristisch. Im Osten fällt der Negev zur Arava-Senke bzw. zum Jordangraben ab.

Judäische Wüste

Zwischen den Bergen Samarias und dem Toten Meer sowie dem Jordantal erstreckt sich die Judäische Wüste. Sie erhält jedoch mehr Niederschlag als der Negev. Ihre Trockenheit entsteht dadurch, daß sie auf der Leeseite eines Gebirges liegt. Cañons und Täler sowie spärlicher Pflanzenwuchs prägen das Bild dieser Landschaft, an deren östlichem Rand die berühmte Stadt Massada und die Höhlen von Qumran liegen.

Totes Meer

Das Tote Meer (Yam Hamelach), ein abflußloser See mit einer Oberfläche von 980 km^2, ist vom Jordanzufluß bis zum Wadi Ha'Arava im Süden 78 km lang und mißt an der breitesten Stelle 18 km. Im Westen wird es vom Judäischen Bergland, im Osten von den ostjordanischen Bergen begrenzt. Eine 'Zunge' (Ha Lashon) teilt den See in einen tiefen nördlichen (bis 400 m tief) und einen flachen südlichen Teil (4 bis 6 m tief). Wegen der starken Verdunstung beträgt der Salzgehalt des Sees bis zu 25 Prozent. Aus dem Toten Meer werden Minerale wie Kali- und Bromsalz gewonnen. An der Küste des Toten Meeres entspringen heiße, schwefelhaltige und radioaktive Quellen; Neve Zohar und En Boqeq am südöstlichen Ufer des Toten Meeres haben sich daher zu Kurbädern entwickelt.

Klima

Allgemeines

Israel liegt im Übergangsbereich vom Mittelmeerklima zum Wüstenklima; bestimmend wirken sich ferner die südliche Lage (29° 30′ bis 33° 20′ nördlicher Breite) und die starke vertikale Gliederung aus. Die Luftströmungen zeigen deutliche Einflüsse von Passat und dem übergelagerten Antipassat.

Klimazonen

Das Mittelmeerklima ist gekennzeichnet durch trockene und heiße Sommer, während die Winter, bedingt durch die ausgleichende Wärmespeicherwirkung des Mittelmeers, mild und vergleichsweise feucht sind. Dieser jahreszeitliche Wechsel ergibt sich daraus, daß im Sommer die subtropische Hochdruck- und Trockenzone, im Winter dagegen die außertropische Westwindzone der gemäßigten Breiten mit ihren Tiefdruckgebieten wetterbestimmend sind. Der Winter dauert etwa von November bis April, der Sommer von Mai bis Oktober. Im Winterhalbjahr kann es im Bergland zu Schneefällen kommen; der frühsommerliche Wüstenwind Sharav (arabisch Chamsin) bringt starke Hitzewellen mit bis zu 50° C.
Je weiter südlich ein Ort liegt, desto beherrschender und andauernder ist der Einfluß der subtropischen Hochdruckzone. Entsprechend nehmen die Niederschläge ab und die Temperaturen zu. Südlich eines steppenartigen Übergangsraumes, der sich vom Gazastreifen in abnehmender Breite zum Toten Meer erstreckt, herrscht heißes Wüstenklima (mit großen Temperaturschwankungen im Tagesverlauf), das im Jordangraben und im Negev seine extreme Ausprägung zeigt.
Dem nordsüdlichen Klimawandel ist ein westöstlicher überlagert. Der ausgleichende Einfluß des Mittelmeers herrscht an der Küste vor: landeinwärts, nach Osten zu, werden die Temperaturschwankungen größer. An

Klimazonen
in Israel

Nahariya

Akko

Haifa

Tiberias

See Genezareth

Nazareth

etanya

Nablus

Tel Aviv – Yafo

Jericho

JERUSALEM

Ashdod

Ashqelon

Hebron

Gaza

En Gedi

Totes Meer

Beersheba

Elat

© Baedeker

Mittelmeerklima

Steppenklima

Wüstenklima

Extremes Wüstenklima

Klima

Klimazonen (Fortsetzung)

der Westflanke des Berglandes nehmen die Niederschläge zu; die Ost-flanke ist dagegen überaus trocken.

Bergland

Im Bergland liegen die Temperaturen unter dem Landesdurchschnitt, auch werden die Klimaschwankungen weniger durch den maritimen Einfluß gemildert. Das Phänomen der Temperaturumkehr, das in vielen Gebirgen zu beobachten ist, führt auch hier bisweilen dazu, daß es auf den Höhen wärmer ist als im Tal. Die Zeit der winterlichen Niederschläge setzt später ein als in den Küstengebieten; ihren Höhepunkt erreichen die Nieder-schläge im Januar und Februar.

Küstenebene

Die Küstenebene ist allgemein wärmer. Fröste sind selten, doch tritt auch der Sharav (Chamsin) nicht häufig auf. Trotzdem kann es in den Städten wegen der Behinderung des Luftaustausches durch Hochhäuser sehr heiß werden, zumal die Baukörper tagsüber Hitze speichern und sie nach Son-nenuntergang wieder abstrahlen. Das winterliche Niederschlagsmaximum wird im Dezember und Januar erreicht; in diesem Zeitraum fallen annä-hernd zwei Drittel des gesamten Jahresniederschlages.

Jordangraben

Noch stärker als im Bergland macht sich im Jordangraben das kontinen-tale Klima bemerkbar. Die Hule-Ebene, auf der Leeseite der Bergkette, liegt im Wind- und Regenschatten. Der Sommer ist heiß; im Winter treten vom Berg Hermon kommende kalte Fallwinde auf. Auch hier bringt die Temperaturumkehr in tiefen Lagen Nachtfrost, so daß keine tropischen Pflanzen, dagegen mit gutem Erfolg z. B. Apfelbäume gedeihen.

See Genezareth

Um den See Genezareth herrscht ein abweichendes Kleinklima, da die Wassermasse einen Wärmespeicher bildet, dessen Abstrahlung zu Win-tertemperaturen um 14° C führt. Daher wachsen hier auch wärmebedürf-tige Nutzpflanzen wie Dattelpalmen oder Bananenstauden. Die Nieder-schläge sind gering, nehmen aber im unteren Jordantal noch weiter ab.

Totes Meer

Das Tote Meer und seine Umgebung haben gleichfalls ein besonderes Klima, u.a. deshalb, weil durch die hohe Salzkonzentration das Wärme-speichervermögen ungewöhnlich groß ist. Besonders macht sich dies um den tieferen nördlichen Teil des Binnengewässers bemerkbar, wo die Tem-peraturen im Jahresverlauf weniger stark schwanken als um den flacheren Südteil, der seit der Trockenheit im Sommer 1979 durch feste Salzablage-rungen abgetrennt ist.

Negev

Der Negev, das Wüstengebiet im Süden Israels, wird in eine semiaride (halbtrockene) Zone um Beersheba und in eine aride Zone unterteilt. Die Sommertemperaturen steigen bis auf 30° C, bei Elat sogar bis über 45° C an. Das Klima ist ausgesprochen kontinental und zeigt sommerliche Schwankungen der Tagestemperatur, die bis zu 16° C betragen können. Die Niederschlagsmenge ist äußerst gering (Beersheba um 200–300 mm, Arava-Ebene um 50 mm jährlich).

Flüsse

Wegen der langen sommerlichen Trockenzeit und der durch Hitze begün-stigten Verdunstung führen die meisten Flüsse in Israel nur zeitweise Was-ser; man bezeichnet sie als 'Wadi' (Bach). Der Jordan wird von den Quellen im Hermon-Gebirge kontinuierlich gespeist.

Tag und Nacht

Zur Gestaltung des Tagesablaufes ist es vielfach – etwa für Fotografen – wichtig, die Dauer des hellen Tages im Laufe des Jahres zu kennen. Die fol-genden, als Anhaltspunkt genannten Zahlen sind auf mittlerer Ortszeit angegeben. Die Zeit des Sonnenaufgangs schwankt zwischen 5.00 Uhr im Juni und 7.00 Uhr im Dezember, die des Sonnenuntergangs zwischen 19.00 Uhr im Juni und 17.00 Uhr im Dezember. Die Dämmerung beträgt knapp eine halbe Stunde. Das bedeutet, daß z.B. ein Norddeutscher, der Israel im Sommer besucht, sich abends auf eine etwa zwei Stunden früher hereinbrechende Nacht einstellen muß.

Die regionalen Besonderheiten des Klimas werden auf Seite 18 anhand von Klimadiagrammen erläutert, in denen der Jahresgang der Temperatur und des Niederschlages dargestellt ist (von links nach rechts; J = Januar, D = Dezember). Die blauen Niederschlagssäulen zeigen die Niederschlagsmenge (in mm) pro Monat entsprechend der blauen Skala am Rand. Die Temperaturen sind als orangerotes Band dargestellt. Die obere Grenze entspricht der durchschnittlichen höchsten Tagestemperatur, die am frühen Nachmittag erreicht wird; die untere Grenze entspricht der durchschnittlichen niedrigsten Nachttemperatur. Die jeweiligen Temperaturwerte sind an den roten randlichen Skalen abzulesen.

In das Klimadiagramm von Jerusalem sind zum Vergleich die Kurven für Kassel gestrichelt eingefügt. Im Vergleich mit dem aus Mitteleuropa gewohnten Klima werden so die Besonderheiten der einzelnen Gebiete Israels deutlicher. Die Werte der ausgewählten drei regionaltypischen Klimastationen sind jeweils auch für die weitere Umgebung gültig. Für Gebiete zwischen zwei Stationen gelten normalerweise Werte, die gemäß den eingangs genannten Gesetzmäßigkeiten im Bereich zwischen den Stationen liegen. Dabei muß man aber beachten, daß bei Veränderungen der Höhenlage die Werte schon auf relativ kurzen Entfernungen beträchtlich abweichen können.

Klimadiagramme (Darstellung s. S. 18)

Ausgewählte Wetterwerte s. Tabelle S. 437

Jerusalem liegt 750 m hoch in einer Mulde des Berglandes, das weiter nördlich und südlich Höhen von knapp über 1000 m erreicht. Aus dem Diagramm ist die klare Trennung von feuchtkühlem Winter und trockenheißem Sommer gut zu erkennen. Der wesentliche Teil des Niederschlags fällt von November bis März; in dieser Zeit ist mit sieben bis elf Niederschlagstagen pro Monat zu rechnen, in den Übergangszeiten sind es noch drei Tage und von Juni bis September weniger als ein Tag. Selbst solche Regentage sind aber nicht durchgehend verregnet: Schon ein kurzer Schauer (mehr als 1 mm Niederschlag) macht einen Tag zum Regentag.

Die Temperaturen liegen aufgrund der Höhenlage deutlich unter jenen in der Küstenebene. Auch die täglichen und jährlichen Schwankungen sind größer, weil der temperaturausgleichende Einfluß des Meeres hier nicht mehr so groß ist. Immerhin sind die täglichen Temperaturschwankungen zwei- bis dreimal so groß wie in Mitteleuropa, und man sollte sich in der Kleidung darauf einrichten. So liegen die nächtlichen winterlichen Tiefstwerte wenig über dem Gefrierpunkt, während es mittags fast so warm wie im mitteleuropäischen Sommer werden kann. Winterliche Kaltlufteinbrüche (kontinentale Luftmassen aus dem südrussischen Raum) bringen sogar Frost und Schneefall.

Mittleres Bergland Klimastation Jerusalem

In der Klimastation Haifa sind die klimatischen Merkmale im mittleren Küstenbereich Israels dargestellt (nach Süden hin nehmen die Niederschläge ab). Es sind zugleich die typischen Merkmale des Mittelmeerklimas mit feuchten, milden Wintern und beständig trockenen, heißen Sommern. Der Jahresgang der Temperatur ist ausgeglichener als im Binnenland, die Niederschläge sind – bedingt durch die Stauwirkung des Karmel-Gebirges (dort fallen mit die größten Niederschlagsmengen in Israel) – höher als in Jerusalem. Die relative Luftfeuchtigkeit liegt das ganze Jahr über zwischen 60 und 70% (während sie in Jerusalem im Sommer zwischen 40 und 50% beträgt). Winterliche Kaltlufteinbrüche können kurzzeitig zu Frösten führen, die durchschnittlichen Tiefstwerte der Temperatur liegen aber deutlich über dem Gefrierpunkt.

Die Meerwassertemperaturen gehen im Winter bis auf 16° C zurück, im Sommer steigen sie auf 28° C an. Nördliche Winde sind im Sommer häufig und kühlend.

Küstenebene Klimastation Haifa

Mit dem Klimadiagramm von Elat – am südlichsten Punkt Israels gelegen – ist das heiße, subtropische Wüstenklima gekennzeichnet, das für weite südliche Landesteile (Negev, Jordangraben) typisch ist. Hohe Temperaturen, große Temperaturschwankungen und minimale Niederschläge sind seine Merkmale.

Wüstenregion Klimastation Elat

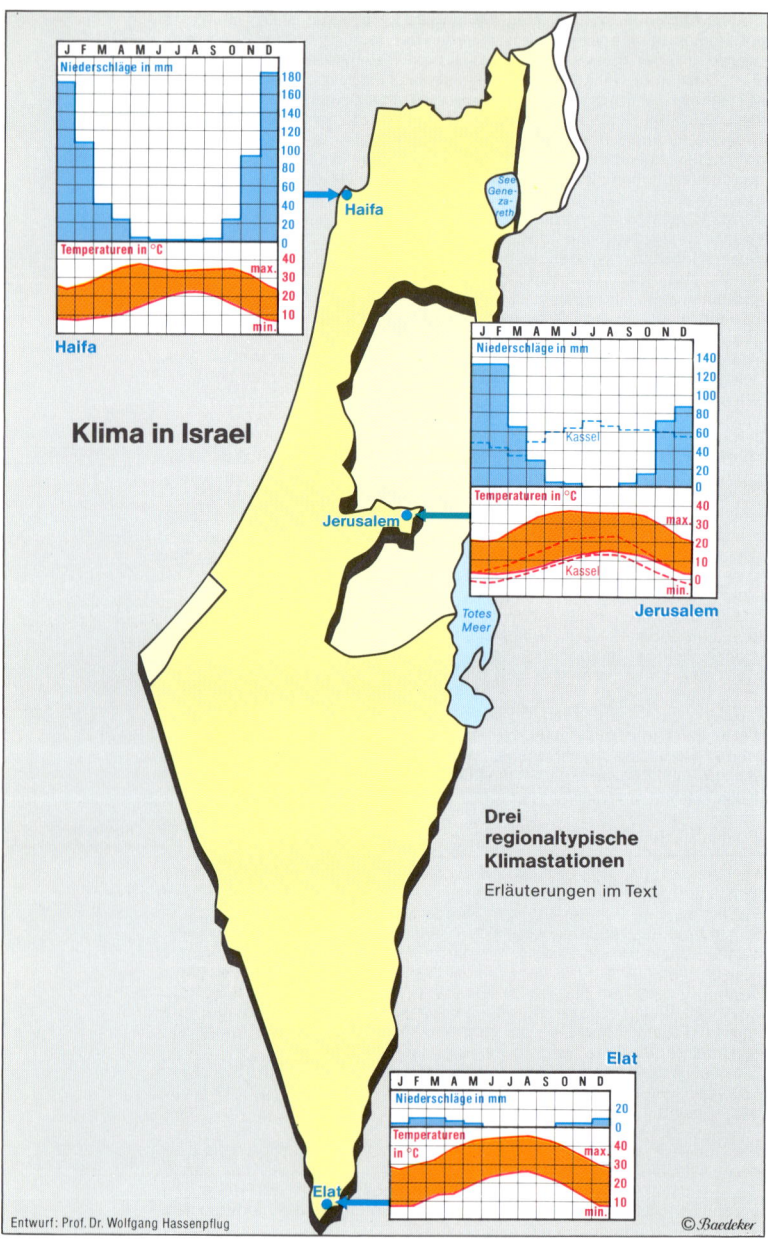

Klima in Israel

Haifa

Niederschläge in mm

Temperaturen in °C

max. / min.

Jerusalem

Niederschläge in mm

Kassel

Temperaturen in °C

max. / min.

Kassel

Elat

Niederschläge in mm

Temperaturen in °C

max. / min.

See Genezareth

Totes Meer

Drei regionaltypische Klimastationen

Erläuterungen im Text

Entwurf: Prof. Dr. Wolfgang Hassenpflug

©Baedeker

Der Jahresniederschlag von etwa 25 bis 40 mm konzentriert sich auf wenige kräftige Schauer in den Wintermonaten. Die meiste Zeit ist der Himmel wolkenlos, und Tage ohne Sonnenschein sind sehr selten. Die 'winterlichen' Temperaturen von November bis März mit kühlen Nächten und warmen Tagen sind angenehm. Selbst die absoluten nächtlichen Tiefstwerte der Temperatur bleiben deutlich über dem Gefrierpunkt. In der übrigen Zeit des Jahres ist es extrem heiß: Die absoluten Maxima der Temperatur überschreiten sogar 45° C. Im Unterschied zu den weiter südlich gelegenen Küsten des Roten Meeres ist die relative Luftfeuchtigkeit in Elat gering: im Sommer tags 20% und nachts 40%, im Winter tags 45% und nachts 60%. Ursache dafür ist ein recht beständig wehender Wind aus nördlicher Richtung, gebündelt durch den Jordangraben. Ohne diesen Wind wäre das Leben hier im Sommer entschieden unangenehmer: Der Wind vermindert die Luftfeuchtigkeit, so daß die Hitze erträglicher wird, und er mildert den Seegang, so daß der Wassersport erleichtert wird. Sobald der Wind im Mai und Juni einmal für einige Tage dreht, wird es unerträglich schwül, und der Seegang nimmt zu.

Der südliche Teil des Jordangrabens bis nördlich des Toten Meeres hat ebenfalls wüstenhaftes, heißes Klima. Dies gilt insbesondere für das Tote Meer. Seine tiefe Lage (396 m unter dem Meeresspiegel) zusammen mit der Lage im Lee des Gebirges bedingen stark verringerte Niederschläge und stark erhöhte Temperaturen. Die Jahresniederschläge von 50 bis 100 mm – auf das Winterhalbjahr konzentriert – sind angesichts der hohen Temperaturen nur von ganz geringer Bedeutung. Die sommerlichen Höchstwerte übersteigen 40° C, selbst im Winter fallen die Tiefstwerte kaum unter 12° C, und die Mittagstemperaturen erreichen 20° C. So braucht, wer einem winterlichen Regentag in Jerusalem oder anderswo im Bergland entgehen möchte, nur zum Toten Meer hinabzufahren, um aus dem Regen in die Sonne, aus der Kühle in die Wärme zu gelangen.

Klima, Wüstenregion Klimastation Elat (Fortsetzung)

Pflanzen und Tiere

Flora

Für die Zusammensetzung der Flora in Israel sind zwei Faktoren bestimmend: erstens die Lage des Landes im Schnittpunkt dreier Kontinente (Europa, Asien und Afrika) und am Mittelmeer; zweitens das Mittelmeerklima und der Verlauf der Grenze der ariden Klimazone durch die südlichen und östlichen Landesteile, was eine Anpassung der Pflanzen an eine lange Trockenzeit mit wenig Feuchtigkeit erforderlich macht.

Allgemeines

Unter den Bedingungen des semiariden und ariden Klimas haben die Pflanzen verschiedene Methoden entwickelt, um den Wasserverlust gering zu halten und gute Voraussetzungen für die Wasseraufnahme zu schaffen. So wird die Oberflächenverdunstung bei einigen Pflanzen durch eine feine Wachsschicht auf den Blättern verhindert (Sukkulenten); andere haben ein weitverzweigtes Wurzelsystem, so daß sie Feuchtigkeit aus einer tieferen Bodenschicht aufnehmen können. Vertreter einiger Arten speichern Wasser in Zwiebeln oder Knollen für den trockenen Sommer, nach Abschluß der Trockenperiode entwickeln sie sich dann schnell und blühen im regenreichen Winter auf, so beispielsweise die Persische Alpenveilchen (Cyclamen persicum) und die Kronenanemone (Anemone coronaria). Bei anderen Pflanzen wachsen im Frühjahr lange breite Blätter aus dem Boden hervor, während die Blüte erst im Herbst eintritt, so bei der Meerzwiebel (Urginea maritima).

Die meisten Pflanzen passen ihren Lebensrhythmus der Regenzeit an, in der sie sich nicht gegen übermäßigen Flüssigkeitsverlust schützen müssen. Je trockener das Klima ist, desto kürzer dauert die Blütezeit. Im Negev und in der Judäischen Wüste ruhen die Samen verschiedener Pflanzen oft jahrelang im Boden und warten auf einen regenreichen Winter. Dann

Anpassung an klimatische Gegebenheiten

Sobald genügend Wasser vorhanden ist, ...

Anpassung an klimatische Gegebenheiten (Fortsetzung)

sprießen sie mit einem Mal, wachsen, blühen und bringen in wenigen Wochen neue Samen hervor. Eine Pflanzengruppe mit besonderer Eigenart sind die Halophyten, Salzpflanzen, deren Zellsaft mit Salz angereichert ist. In Israel findet man solche Pflanzen im Arava-Tal, im Gebiet des Toten Meeres und am unteren Jordan.

Versteppung/ Aufforstung

In der Zeit vor Christi Geburt waren viele Regionen des Landes bewaldet. Um Ackerland zu gewinnen, rodete man diese Wälder, was dazu führte, daß bei starken Regenfällen die obere Bodenschicht, jetzt nicht mehr durch die Wurzeln der Bäume zusammengehalten, fortgespült wurde und das nackte Felsgestein zutage trat. Die Gebiete wurden zu Ödland. Unter dem Einfluß weitgehender Rodung und grasender Ziegen traten an die Stelle des ehemaligen Waldes andernorts Dornbusch- und Gestrüpplandschaften, Macchie und Garigue.

Als sich Anfang des 20. Jahrhunderts im Rahmen der zionistischen Bewegung Siedler in Israel niederließen, erkannten sie bald, daß der Baumbestand durch Aufforstung vergrößert werden mußte. Man pflanzte Eukalyptusbäume an und fand heraus, daß diese schnell wachsenden Bäume auch in Trockengebieten existieren können. Die in Israel am weitesten verbreitete Art ist Eucalyptus rostrata. Eucalyptus gomphocephala gedeiht auch im Gebirge.

Nach dem Ersten Weltkrieg wurden Aufforstungsprojekte verstärkt durchgeführt, besonders an felsigen Berghängen, wo der Boden zu ausgelaugt war, um Obstbäume oder Getreide anzubauen. In Gebieten, wo man Nadelbäume anpflanzte, herrschen Kiefern (v.a. Aleppokiefern) vor, die nur geringe Ansprüche an die Bodenqualität stellen und wenig Wasser brauchen. Daneben werden Akazien, Robinien, Pappeln u.a. gepflanzt.

Im Bereich der Sanddünen und im Umkreis stark dem Wind oder der Erosion ausgesetzter Felder läßt man Eukalyptusbäume und Tamarisken heranwachsen, um Dünen und Felder vor Verwehungen und Bodenzerstörung zu schützen.

... grünt und blüht es in Israel, wohin man schaut

In Israel lassen sich vier größere Vegetationszonen unterscheiden: die mediterrane Zone, die irano-turanische Zone, die saharo-sindinische Zone und die sudano-dekhanlsche Zone (siehe Karte S. 22).

Vegetationszonen

Die mediterrane Zone umfaßt jene Gebiete, die eine jährliche Niederschlagsmenge von 350 mm oder mehr haben, weite Teile der Küstenebene sowie des Berglandes.
Für den mittleren und den nördlichen Bereich der Küstenebene wie auch den Südwesten des Unteren Galiläa ist, klimatisch gesehen, die Taboreiche (Quercus ithaburensis) charakteristisch, ein hoher Baum mit ausladender Krone. Der Eichenbestand wurde jedoch fast völlig vernichtet; an die Stelle des Waldes trat oft Buschvegetation. In großer Zahl findet man dagegen immergrüne, schmal- und langblättrige Sträucher, Tulpen, Anemonen und einjährige Gräser, ferner Oleander- und Myrtensträucher, Pinien und Ölbäume sowie Sykomoren (Ficus sycomorus).
Auf den über 300 m hohen Hügel- und Bergländern, wo vielfach Aufforstungen durchgeführt werden, wachsen Aleppokiefern (Pinus halepensis), Galleichen, die immergrüne Hermeseiche, Lorbeerbäume, Terebinthen, Zypressen, Erdbeerbäume (Arbutus andrachne), Judasbäume (Cercis siliquastrum) und Johannisbrotbäume (Ceratonia siliqua); ferner gibt es Landstriche mit Garigue, wo die Zistrose dominiert.

Mediterrane Zone

Die irano-turanische Zone beschränkt sich auf die Region um Beersheba, wo die jährliche Regenmenge im Durchschnitt bei 150–300 mm liegt und die obere Bodenschicht vorwiegend aus Löß oder Kalk besteht. Hier wachsen vor allem niedriges Gestrüpp und Zwergsträucher; Leitpflanze ist u.a. der Wermut. Im Osten erstreckt sich diese Region bis in die Judäische Wüste und das Jordantal.

Irano-turanische Zone

Die saharo-sindinische Zone dehnt sich im Süden Israels aus. Zu ihr zählen der größte Teil des Negev, die Judäische Wüste, die Arava-Senke und das

Saharo-sindinische Zone

Vegetationszonen in Israel

Mediterrane Zone
Irano-turanische Zone
Saharo-sindinische Zone
Dünenvegetation
Sudano-dekhanische Enklaven

© Baedeker

Gebiet am Toten Meer. Diese Gebiete, wo die jährliche Niederschlagsmenge zwischen 50 mm und 150 mm liegt, haben echte Wüstenvegetation. Man findet hier vorwiegend Büsche mit kleinen dicken Blättern oder Dornen. Oft wächst durchschnittlich nur eine Pflanze auf einem Quadratmeter. Die Regionen der Hamada (Steinwüste) sind meist ohne jegliche Vegetation, während in den Wadis dornige Sträucher gedeihen, da die Pflanzen hier dem Boden zeitweise Wasser entnehmen können. Vereinzelt stößt man in der Wüste auf Akazien, die in der afrikanischen Savanne heimisch sind.

Vegetationszonen, Saharo-sindinische Zone (Fortsetzung)

Ein schmaler Streifen der saharo-sindinischen Zone erstreckt sich in Form von Sanddünen entlang der Mittelmeerküste. Das rasche Eindringen des Wassers in den Sand schafft hier für das Wachstum der Pflanzen Bedingungen, die mit denen des extremen Wüstenklimas weitgehend identisch sind. Man findet Pflanzen, die auch im Negev vorkommen, beispielsweise den Wermut und den Ginster. Andere Pflanzen, so die Meerstrandnarzisse (Pancratium maritimum), wachsen nur im Dünenbereich der Mittelmeerküste.

Die sudano-dekhanische Zone beschränkt sich auf Oasen mit tropischer und subtropischer Vegetation im wüstenhaften Osten des Landes. Solche Oasen liegen u.a. bei En Gedi am Toten Meer und bei Jericho. Hier gedeihen über 40 Pflanzenarten, die sowohl hohe Temperaturen als auch viel Wasser benötigen. Die bekannteste dieser Pflanzen ist der Christusdorn (Zizyphus spina Christi), der die Stammpflanze der Dornenkrone sein soll. Tropische und subtropische Pflanzen findet man ferner in Sumpfgebieten und flachen Seen. Vor der Trockenlegung der Hule-Ebene, die 1958 abgeschlossen wurde, gab es im Hule-Tal die meisten Pflanzen dieser Art. Heute sind sie nur im Naturschutzgebiet 'Hula' und entlang der Kanäle, die durch die Ebene verlaufen, zu sehen: Von ihnen ist die Papyrusstaude (Cyperus papyrus) besonders hervorzuheben, da sie heute nur noch in Ägypten, Israel und bei Syrakus wächst.

Sudano-dekhanische Zone

Fauna

In den Küstengewässern Israels und in den verschiedenen Landesteilen lebt eine vielfältige Fauna (Reptilien, Fische, Vögel, Säugetiere u.a.). Jedoch sind viele Arten, wie auch in anderen Regionen der Erde, im Laufe der Jahrhunderte ausgestorben. Die Ursache kann ein einschneidender Klimawechsel oder auch die Veränderung des Lebensraumes durch den Menschen sein. So werden in der Bibel viele Tiere erwähnt, die es heute in diesem Gebiet nicht mehr gibt: Löwe, Tiger, Bär, Antilope, ja sogar der Vogel Strauß und das Krokodil.

Allgemeines

Fische und andere Meerestiere findet man in den Küstengewässern des Mittelmeeres und im Roten Meer. Im Wasser des Mittelmeeres können jedoch wegen des hohen Salzgehaltes (bis zu 4%) nicht alle Arten, die für die offenen Ozeane typisch sind, leben. In unmittelbarer Nähe der Küste liegt der Salzgehalt bei nur etwa 3,1%, da eine Meeresströmung von Südwesten her Nilwasser herbeiführt. Die Wassertemperatur beträgt 16 bis 29° C. In unmittelbarer Küstennähe des Mittelmeers findet man Schwämme, Blumentiere (Seeanemonen), Borstenwürmer, Garnelen und Krabben, ferner Seesterne und Seeigel. In etwas größeren Tiefen kommen auch Leder-, Horn- und Steinkorallen sowie Langschwanz-Panzerkrebse (Hummer, Langusten) und Muränen vor. Häufig im Boden eingegraben sind die zahlreichen Arten von Muscheln. Im freien Wasser, teils direkt vor der Küste, leben Tintenfische, Rochen, Seehechte, Barsche und Brassen. Drachenfische graben sich im Ufersand ein; sie sind wegen ihrer giftführenden Flossenstrahlen nicht ungefährlich. Ausgesprochene Hochseetiere sind Thunfische, ferner die größeren Haiarten, die aber im Gefolge von Schiffen auch in Landnähe kommen. Gelegentlich trifft man Seeschildkröten, Delphine und Zahnwale an.

Meerestiere

Pflanzen und Tiere

Meerestiere (Fortsetzung)

Das Rote Meer ist wegen seiner reichhaltigen Fauna besonders bei Sporttauchern bekannt. Vor der Küste erstrecken sich Korallenriffe, in denen farbenprächtige Fische aus den Familien der Chaetodontidae, Acanthuridae und Ostraciontidae leben. Außer zahlreichen Haien gibt es hier auch die zu den Rochen zählenden Sägefische.

Süßwasserfische

Der ausgedehnteste Süßwasserlebensraum ist der See Genezareth mit Karpfen, Welsen und barschartigen Fischen (darunter der St.-Peter-Fisch, ein maulbrütender Buntbarsch).

Reptilien

Wegen der meist hohen Temperaturen und der intensiven Sonneneinstrahlung findet man in Israel eine Vielzahl von Reptilien. So gibt es sieben Arten von Schildkröten, von denen vier im Wasser und drei an Land leben. Gekkos, eine Echsenart, sind weit verbreitet und dringen oft in Wohnhäuser ein. Das Chamäleon, das seine Farbe an die seiner Umgebung anzupassen vermag, bewegt sich langsam, kann jedoch durch plötzliches Herausstrecken seiner langen Zunge Fliegen einfangen. Zu den häufigsten nicht giftigen Schlangen zählen die Sandboa und die Schwarze Schlange, die über zwei Meter lang wird. Von den Giftschlangen ist die Palästinensische Viper (Vipera palaestinensa) die gefährlichste.

Vögel

In Israel gibt es über 300 Vogelarten. Einige leben hier das ganze Jahr über, andere nur im Sommer. Verschiedene Arten, beispielsweise der Habicht und der Geier, haben sich aus den von Menschen bewohnten Regionen in entlegene Gebiete zurückgezogen, während andere, so die Amsel, in den neugepflanzten Gärten und Wäldern oder, wie Schwalbe und Haubenlerche, in den Saatfeldern heimisch geworden sind. An der Mittelmeerküste leben Möwen und andere Wasservögel. Von den wenigen Vogelarten, die es in der Wüste gibt, sind der Fächerborstenrabe (Corvus rhipidurus) und der Gemeine Rennvogel (Cursorius cursor), den man auf sandigem Boden findet, am bekanntesten. Nacktes Felsgestein bevorzugt der Wüstentrompeter (Rhodopechys githaginea), dessen Färbung so gut mit der des Wüstenbodens übereinstimmt, daß er seine Anwesenheit oft nur durch seine Stimme verrät. Der Lebensraum einiger Arten ist auf kleine Bereiche beschränkt, so der des Moabsperlings (Passer moabiticus) und der des Weißachsel-Nonnensteinschmätzers (Oenanthe lugens).
Im Frühling ist die Flugbahn der Vögel im allgemeinen vom Süden zum Norden des Landes gerichtet, im Herbst schlagen sie die umgekehrte Richtung ein. Die meisten größeren Vögel fliegen während des Tages, die kleineren bei Nacht. Eine interessante Erscheinung, über die auch in der Bibel berichtet wird, sind die riesigen Wachtelschwärme, die im Herbst die Küsten des Negev und der Halbinsel Sinai erreichen, wo die Tiere erschöpft zu Boden fallen; anschließend werden sie von den dort ansässigen Beduinen und Fellachen zu Tausenden eingefangen.

Säugetiere

Mit etwa 60 Arten ist die Zahl der Säugetiere, für das relativ kleine Land gerechnet, ziemlich groß; aber früher waren es weit mehr. Die meisten Säugetiere, die in Israel leben, kennt man auch aus anderen Regionen der Erde. Darüber hinaus gibt es einheimische Arten, beispielsweise die Wüstenspringmaus (Jaculus jaculus) und verschiedene Gazellen. Die Tiere, die in Israel vorkommen, haben sich weitgehend an die Bedingungen des semiariden bzw. ariden Klimas angepaßt. Die Mehrzahl der Säugetiere sind Nachttiere; da sie den Tag über in Ruhe verharren, können sie mit einem Minimum an Flüssigkeit auskommen. Andererseits gibt es Arten, die besonders viel Wasser brauchen und in Sumpfgebieten oder in der Nähe von Seen leben, wie das Wildschwein (Sus scrofa), welches in den Obstgärten, Feldern und Gemüsebeeten der Hule-Ebene und in der Umgebung des Sees Genezareth oft beträchtlichen Schaden anrichtet.
Da immer mehr Städte in Israel entstehen, geht die Zahl der wild lebenden Säugetiere ständig zurück. So ist das Heulen der Schakale, das man nachts in den meisten ländlichen Gebieten hört, im Umkreis der Städte nicht zu vernehmen.

Zu den Großkatzen, die einst im Heiligen Land lebten, gehören auch Leoparden; es sind gefleckte Tiere mit einem Gewicht bis zu 35 kg. Während am Ende des vorigen Jahrhunderts noch Dutzende von Leoparden beobachtet wurden, lebten 1948, im Jahr der Staatsgründung Israels, hier nur noch einige wenige Tiere. Im Jahre 1964 wurde in der Knesset ein Rahmen-Naturschutzgesetz verabschiedet, dem man eine Bestimmung zum Schutz der Wildtiere hinzufügte. Ein Zoologe durchstreifte daraufhin das Land in allen Richtungen, um ein Inventar der Raubtiere vorzubereiten. Dabei entdeckte er in der Judäischen Wüste Krallenspuren, die auf einen Leoparden schließen ließen. Eines Nachts setzte er ein Ködertier aus, das dann schon am nächsten Morgen gefressen war. Bei weiteren Nachforschungen gelang es dem Wissenschaftler, eine Leopardin mit ihrem Jungen zu fotografieren. Beobachtungen in jüngster Zeit haben ergeben, daß westlich des Toten Meeres auf 1000 km^2 etwa zwanzig erwachsene Leoparden mit ihrem Nachwuchs leben. Sie jagen hauptsächlich Feldhasen. Wegen der starken Hitze in der Judäischen Wüste holen sich die Leoparden nachts ihre Beute.

Pflanzen und Tiere, Säugetiere (Fortsetzung)

Bevölkerung

Nachdem die Römer im Jahre 70 n. Chr. den Tempel zerstört und im zweiten Jahrhundert den Bar-Kochba-Aufstand niedergeschlagen hatten, verringerte sich die jüdische Bevölkerung des damaligen Palästina im Laufe der folgenden Jahrhunderte zunehmend. Zu Beginn des 19. Jahrhunderts umfaßte die Gesamtbevölkerung nur noch etwa 250 000 Menschen.

Die in der Diaspora lebenden Juden bildeten in ihren Aufenthaltsländern eine oftmals verfolgte Minderheit. Ab 1870 begannen die Juden, sich in verlassenen Gegenden Palästinas, außerhalb der Städte, anzusiedeln. Von 1882 bis zur Staatsgründung im Jahre 1948 trugen mehrere Einwandererwellen (Alijah) zu einem starken Wachstum des jüdischen Bevölkerungsanteils in Israel bei. Die Bevölkerung des Landes stieg von 878 000 Einwohnern im Jahre 1948 (1949: 1 174 000 Einw.; 1958: 2 032 000 Einw.; 1979: 3 780 000 Einw.) auf 4 375 000 im Jahre 1987 und 5 472 000 Einwohner im Jahre 1994. Davon sind etwa 3,6 Mio. Juden und rund 780 000 Nichtjuden (ohne besetzte Gebiete), das heißt vorwiegend Araber und kleine sonstige Gruppen (Drusen u.a.).

In den Jahren 1972 – 1985 betrug das jährliche Bevölkerungswachstum 2,3%; nur etwa ein Drittel des Zuwachses war dem natürlichen Wachstum zuzurechnen. Und auch für die folgenden Jahre geht man davon aus, daß in größerer Zahl Einwanderer nach Israel kommen. Durch die politischen Veränderungen auf dem Gebiet der ehemaligen UdSSR und durch die Tatsache, daß die USA nurmehr begrenzt als Aufnahmeland zur Verfügung stehen, rechnet man bis zur Jahrtausendwende mit einer großen Zahl von Einreisewilligen. Bis 1993 sind mehr als 250 000 Juden aus der ehemaligen Sowjetunion nach Israel gekommen, viele von ihnen stehen nun auch im Gelobten Land vor erheblichen sozialen Problemen.

Bevölkerungsentwicklung

Die Mehrzahl der israelischen Juden (1993: 61%) ist in Israel geboren, man bezeichnet sie als 'Sabras'. Nur von 23% aller Juden war auch bereits der Vater in Jsrael bzw. Palästina geboren. Die weitaus meisten der nach Israel zugewanderten Juden stammen aus europäischen Ländern (49,2%), darunter mehr als ein Viertel aus dem Gebiet der einstigen Sowjetunion. Die anderen Einwanderer kamen aus Afrika (und hier vor allem aus Marokko), aus Asien (insbesondere Iran, Irak, Jemen und Türkei) sowie aus Amerika und Ozeanien.

Eine ethnische Minderheit bilden die Tscherkessen. Um 1880 aus Rußland ausgewandert, wurden sie in Orten der östlichen Herrschaftsgebiete des Osmanischen Reiches angesiedelt, in Amman und Dscherasch (heute Jordanien) sowie in den galiläischen Dörfern Kefar Kama und Rihaniye (Israel), wo heute etwa 1200 Angehörige dieser Bevölkerungsgruppe leben.

Bevölkerungsstruktur

Bevölkerung

Bevölkerungs-
struktur
(Fortsetzung)

Bei den Juden unterscheidet man zwischen den Aschkenasim und den Sephardim. Die Aschkenasim sind Juden aus Mittel- und Osteuropa bzw. ihre Nachkommen. Sie haben eine eigene Tradition und sprachen (bzw. sprechen zum Teil noch heute) Jiddisch. Die Sephardim sind eigentlich die Nachkommen der aus Spanien und Portugal vertriebenen Juden, die sich im 15. und 16. Jahrhundert in einigen europäischen Ländern, in Nordafrika und dem Nahen Osten ansiedelten. Heute bezeichnet man im Grunde fälschlicherweise alle orientalischen Juden als Sephardim.

Als Integrationsfaktoren für die aus unterschiedlichen Kulturkreisen kommenden Menschen haben sich die Einführung des Neuhebräischen (Iwrit), die Schule und der Militärdienst erwiesen, aber auch die Ortschaften, in denen Juden aus allen Herkunftsländern zusammenleben. Dennoch wird der Gegensatz zwischen Juden westlicher und orientalischer Herkunft in vielen Bereichen nach wie vor spürbar. Während die Führungselite des Landes weitgehend von Aschkenasim geprägt wird, stellen die Sephardim die Bevölkerungsmehrheit. Sie fordern eine größere Beteiligung an den politischen und wirtschaftlichen Führungsgremien des Landes. Mit Skepsis betrachten sie zudem den großen Zustrom russischer Juden, der ihre zahlenmäßige Überlegenheit künftig in Frage stellt.

Hauptproblem des jüdischen Staates bleibt jedoch der israelisch-arabische Konflikt. Zu den knapp 800 000 im Lande lebenden Arabern kommen noch einmal ca. 1,5 Mio., die in der Westbank bzw. im Gazastreifen ansässig sind. Während sie bis Ende 1987 weitgehend mit den israelischen Besatzern kooperierten, tritt der Freiheitswille der Palästinenser seit dem Ausbruch der Intifada (→ Geschichte, 1987) deutlich zu Tage.

Eine Minderheit innerhalb der arabischen Bevölkerung bilden die Beduinen. Ca. 70 000 Beduinen leben in Israel, ein Großteil von ihnen führt noch immer ein Nomadendasein und wohnt in Zelten (Abb. S. 29), andere haben sich in Dörfern niedergelassen, die sich kaum von den übrigen arabischen Ansiedlungen unterscheiden.

Lebenserwartung

Die Lebenserwartung der Israelis stieg im Zeitraum von 1965 bis 1994 deutlich an: Während Männer 1965 noch eine durchschnittliche Lebenserwartung von 71 und Frauen von 74 Jahren hatten, so waren es 1994 bereits 75 bzw. 79 Jahre.

Altersaufbau

Ende der 80er Jahre hatten die Jugendlichen (jünger als 15 Jahre) einen Bevölkerungsanteil von 32,4% an der Gesamtbevölkerung (mit 32,7% war dieser Anteil 1972 nur geringfügig höher gewesen). Stärker gestiegen ist der Anteil der älteren Bevölkerung (älter als 65 Jahre) an der Gesamtbevölkerung: Er betrug 1972 7,1% und lag Ende der 80er Jahre bei 8,8%.

Siedlungen

Allgemeines

Die Bevölkerung des Landes konzentriert sich hauptsächlich in Städten: etwa 90% der Einwohner leben in Städten und städtischen Ortschaften; rund 50% allein in Jerusalem, Tel Aviv-Yafo und Haifa. 28 Städte sind jüdisch, zwei arabisch und sechs gemischt jüdisch-arabisch. Die Bevölkerungsdichte schwankt zwischen 5800 Einwohnern pro Quadratkilometer (Tel Aviv) und weniger als 30 (Negev). Die möglichst gleichmäßige Verteilung der Bevölkerung spielte bei der Planung zur Ansiedlung von Neueinwanderern eine wichtige Rolle.

Neben der Stadt (Einzahl: Ir; Mehrzahl: Arim) und dem Dorf herkömmlicher Art (Einzahl: Moshava; Mehrzahl: Moshavot) gibt es drei charakteristische dörfliche Siedlungsformen, die sich seit der Jahrhundertwende entwickelt haben. In diesen ländlichen Siedlungen leben heute rund 8% der jüdischen Israelis.

Kibbuz

Kibbuz (Mehrzahl: Kibbuzim) heißt ein Dorf, das von allen Bewohnern gemeinschaftlich verwaltet wird und dessen gesamter Besitz Gemeingut der Mitglieder ist. Diese stellen ihre Arbeitskraft zur Verfügung und erhalten

Vielfalt von Menschen und Religionen

Bevölkerung

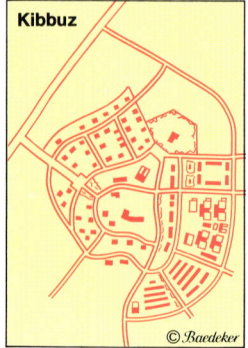

Kibbuz

Moshav

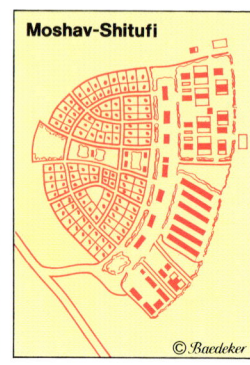

Moshav-Shitufi

Siedlungen,
Kibbuz
(Fortsetzung)

als Gegenleistung Unterkunft, Nahrung und ein Taschengeld; auch die
Ausbildung der Kinder wird vom Kibbuz gewährleistet.
Der erste Kibbuz, Deganya (am südlichen Ufer des Sees Genezareth),
wurde 1909 gegründet. In zahlreichen Kibbuzim lebt heute bereits die
zweite und dritte, in einigen sogar schon die vierte Generation. Die Einwohnerzahl der Kibbuzim schwankt zwischen 60 und 2000 Mitgliedern. In
einem durchschnittlichen Kibbuz leben 200 bis 400 Menschen. Heute gibt
es in Israel rund 230 Kibbuzim. Während der Anteil der Kibbuzniks an der
Gesamtbevölkerung im Jahre 1948 etwa 7,6% betrug, ging er auf heute
2,8% zurück. Das Kibbuzleben beruht auf demokratischer Grundlage. Einmal wöchentlich tritt eine Generalversammlung zusammen, an der alle
Mitglieder des Kibbuz teilnehmen und über wichtige Fragen abstimmen.
Für jeden vom Kibbuz betriebenen Wirtschaftszweig gibt es einen zustän-
digen Ausschuß.
Die Kibbuzbewegung spielte beim Aufbau und der Neugründung des
Staates Israel eine führende Rolle. Für die meisten Juden bedeutete die
Heimkehr aus der Diaspora nach Israel mehr als nur die Wiederherstellung
staatlicher Unabhängigkeit, sie wollten eine dem Boden verbundene
Gesellschaft gründen. Verhältnismäßig viele Persönlichkeiten des öffentlichen Lebens in Israel waren oder sind daher Kibbuzmitglieder. Zahlreiche
Kibbuzim sehen sich gegenwärtig dem Problem der Industrialisierung
gegenüber. Um erwerbsmäßig Schritt halten zu können, haben viele Siedlungen ihrer Landwirtschaft bereits industrielle Verarbeitungs- und Hotel-
betriebe (Kibbuz-Hotels) angeschlossen.

Moschav

Der Moschav (Moshaw; Mehrzahl: Moshawim) ist eine genossenschaftlich
organisierte Siedlung. Jede Familie führt ihren eigenen Haushalt (privater
Haus- und Hofbesitz) und bearbeitet ihren eigenen Boden. Maschinen und
größere Geräte werden dagegen gemeinsam angeschafft, die Erzeugnisse
von der Genossenschaft vertrieben. Nahalal (im Jezreel-Tal), der erste
Moshav, wurde 1921 gegründet. In einem durchschnittlichen Moshav
leben 100 bis 1000 Menschen. Heute gibt es in Israel 350 Moshavim mit
einem Anteil von 4% an der Gesamtbevölkerung.

Moshav-Shitufi

Der Moshav-Shitufi gründet sich wie der Kibbuz auf kollektiven Besitz und
gemeinsame Bewirtschaftung des Landes. Jede Familie führt jedoch ihren
eigenen Haushalt. Arbeit und Entgelt richten sich nach den individuellen
Bedürfnissen. Die erste Siedlung dieser Art, Kefar Hittim, wurde 1936 gegründet. In Israel gibt es heute 45 Moshavim-Shitufi mit 7000 Bewohnern.
Viele Länder Asiens, Afrikas und Lateinamerikas haben Studenten nach
Israel geschickt, um sich mit dem genossenschaftlichen Lebensstil ver-
traut zu machen. Ferner haben sie israelische Ausbilder eingeladen, um
ihnen bei der Organisation ähnlicher Einrichtungen zu helfen.

Auch eine Siedlungsform: Beduinenzelt in der Wüste

Religion

Der Staat Israel sichert Menschen aller Bekenntnisse freie Religionsaus-
übung zu. In dem flächenmäßig kleinen Land leben Juden, Moslems, Drusen, Christen u.a. zusammen.

Allgemeines

Die Juden stellen unter den Einwohnern Israels mit 85,2% die weitaus
größte Gruppe. Höchste Instanz ist das Oberrabbinat, das aus dem aschkenasischen und dem sephardischen Oberrabbiner sowie dem Obersten
rabbinischen Rat besteht. Das Oberrabbinat ist zuständig für Fragen des
jüdischen Rechts und der rituellen Reinheitsgebote (Kashruth); ferner
unterstehen ihm die rabbinischen Gerichte. In Israel gibt es weltliche und
religiöse Gerichtshöfe. Der Oberste Gerichtshof, das höchste Gericht des
Landes, hat seinen Sitz in Jerusalem. Heirat und Scheidung von Juden, die
Einwohner des Staates Israel sind, unterstehen der rabbinischen Gerichtsbarkeit. Entsprechende Bestimmungen gelten auch für die Gerichtshöfe
anderer Religionsgemeinschaften.
Heilige Schriften der Juden sind die Thora (die fünf Bücher Mose, Pentateuch) sowie der Talmud, der aus den Sammlungen Mischna und Gemara
besteht. Als wöchentlicher Feiertag wird der von Freitagabend bis Samstagabend dauernde Sabbat begangen; wichtigste Gebetsstätte ist die
Westmauer der herodianischen Umfassung des Tempelbezirks (Klagemauer) in Jerusalem, die den Juden seit 1967 wieder zugänglich ist.
Seit der Zeit, in welcher der Tempel von Jerusalem noch stand, ist das jüdische Volk traditionsgemäß in drei Gruppen geteilt, was vor allem im religiösen Leben eine Rolle spielt. Die Cohanim (Einzahl Cohen), die ihre Abstammung auf die Söhne Aarons zurückführen, haben in der Synagoge Privile-
gien, müssen aber im Tempeldienst gewisse Pflichten erfüllen. Die Leviten
(Einzahl Levi), von Levi, dem Sohn von Jakob und Lea, abstammend, stehen in der kultischen Hierarchie tiefer und haben im Tempeldienst Hilfs-

Juden

Religion

Juden
(Fortsetzung)

funktionen. Israel, das gewöhnliche Volk, hat mit dem Tempeldienst nichts zu tun. Die Familiennamen Kohn (Kogan, Kahn u.a.) und Levi leiten sich von den alten Stammesbezeichnungen her.

Die Juden sind auch in Glaubensfragen keine homogene Gruppe. Das Oberrabbinat vertritt die orthodoxe Richtung des Judentums. Hierzu zählt man etwa ein Sechstel der Bevölkerung. Sie unterscheiden sich äußerlich durch das Tragen der 'Kipa', des bestickten Käppchens der Männer, von anderen Israelis. Viele wohnen in Stadtvierteln, in denen die jüdischen Regeln streng eingehalten werden; ansonsten leben die meisten orthodoxen Juden jedoch so wie die säkularen Juden. Ganz anders dagegen, die ultra-orthodoxen Juden. Man erkennt sie sofort an ihrer schwarzen Kleidung, an Peiyot (Seitenlocken) und Streimel (pelzbesetztem Hut). Sie sprechen überwiegend Jiddisch, da sie Hebräisch als heilige Sprache betrachten, die dem religiösen Dienst vorbehalten ist. Den Staat Israel lehnen sie ab, weil er ihrer Meinung nach erst vom Messias gegründet werden darf. Das hindert sie jedoch nicht daran, sich aktiv am politischen Leben zu beteiligen. In Anbetracht ihrer kleinen Zahl ist es erstaunlich, welch großen Einfluß sie bei politischen Entscheidungen und bei Regierungsbildungen haben, häufig bilden sie das Zünglein an der Waage. Die Lebensgewohnheiten dieser extremen religiösen Gruppe weichen stark von denen der anderen Juden ab. Moderne technische Einrichtungen werden in der Regel nicht benutzt, Fernsehen und Zeitungen sind verpönt, die (zahlreichen) Kinder erhalten auf religiösen Privatschulen nur ein Minimum an weltlicher Bildung, Militärdienst wird nicht geleistet, das gesamte Leben steht im Zeichen der Religion.

Neben den genannten Gruppierungen gibt es konservative Juden und liberale oder Reformjuden und auf der Gegenseite areligiöse und antireligiöse jüdische Gruppen.

Karäer

Nur das mosaische Gesetz, nicht aber die rabbinische Überlieferung erkennt die Sekte der Karäer (Karaim) an, die im 8. Jahrhundert n. Chr. in

Bedeutendste Gebetsstätte der Juden ist die Klagemauer

Karäer
(Fortsetzung)

Persien von Anan Ben David gegründet wurde und heute etwa 11 000 Mitglieder zählt, von denen die Hälfte in Israel lebt, alleine 3000 in und um Ramla.

Samaritaner

Die Samaritaner, eine kleine Gruppe, deren Heiligtum der Berg Gerizim bei Nablus (Sichem) ist, haben sich nach der Babylonischen Gefangenschaft vom übrigen Judentum getrennt. Als heilige Schriften betrachten sie die fünf Bücher Mose und das Buch Josua des Alten Testaments.

Moslems

Die meisten Araber, die in Israel leben, sind Moslems (Muslime); überwiegend Sunniten. Ihre größten Heiligtümer in Israel sind der Felsendom und die El-Aqsa-Moschee in Jerusalem, die wichtigste sakrale Stätte des Islam nach Mekka und Medina.

Das kanonische Buch der Moslems ist der in 114 Suren gegliederte Koran (Lesung), der als Offenbarung Gottes an den Propheten Mohammed (571–632) verehrt wird. Er wird ergänzt durch die Sammlungen Hadith (Überlieferung) und Sunna (Brauch). Der Islam (Ergebung in den Willen Gottes) erkennt die jüdischen und christlichen heiligen Schriften als Vorstufen der endgültigen Offenbarung an, desgleichen die Propheten der beiden anderen monotheistischen Religionen (Jesus gilt als größter Prophet nach Mohammed).

Die fünf Pflichten des Islam sind: der Glaube an Allah als den einzigen Gott, das fünfmalige tägliche Gebet, das Almosengeben, die Feier des Fastenmonats Ramadan und die Wallfahrt nach Mekka. Der Freitag ist der wöchentliche Feiertag.

An der Spitze der Moslems stehen in Israel die Kadis (Richter der religiösen Gerichtsbarkeit).

Drusen

Die Drusen, nach Ismail el-Darasi (geb. 1019) benannt, haben sich unter dem Kalifen El-Hakim (996–1021) vom Islam abgespalten; sie leben in Syrien und Teilen Israels. Ihre Geheimlehre wird als gnostischer Mystizismus beschrieben; Grunddogma ist die Lehre von der Einheit des Wesens Gottes, der sich in menschlichen Inkarnationen offenbart, zuletzt in El-Hakim. Der Mehrheit der Dschuhhal (Unwissende) stehen die Ukkal (Wissende) gegenüber, die in die Lehre eingeweiht sind und die donnerstags in der 'Chalwe' stattfindende Gottesdienste leiten. In Israel zählen die Drusen nicht zu den Arabern.

Christen

Die Christen in Israel gehören zahlreichen Glaubensgemeinschaften an. Die Anhänger einiger Bekenntnisse sind seit frühchristlicher oder byzantinischer Zeit hier ansässig; von diesen Bekenntnissen haben sich später (meist im Jahre 451, als auf dem 4. ökumenischen Konzil in Chalkedon der Monophysitismus verurteilt wurde) andere Richtungen abgespalten. Dazu kommen die römisch-katholischen sowie die mit Rom unierten Christen sowie die Protestanten, die erst seit dem 19. Jahrhundert hier leben.

Die Griechisch-orthodoxen haben seit 451 ein Patriarchat in Jerusalem, dem rund 80 000 Gläubige unterstehen. Griechisch-katholisch sind jene Orthodoxen, die seit 1709 mit Rom uniert sind, d.h. bei griechischem Ritus den Papst als Oberhaupt anerkennen (Melchiten).

Die Kopten, d.h. ägyptische Christen, haben seit 451 eine selbständige Kirche. Ihr seit 1741 mit Rom unierter Zweig heißt koptisch-katholisch (in Jerusalem nicht vertreten).

Die Syrisch-orthodoxen (Jakobiten) mit Liturgie in altsyrischer Sprache gibt es ebenfalls seit 451. Ihr Patriarch residiert in Damaskus. Seit 1662 besteht die unierte syrisch-katholische Kirche (Patriarch in Antiochia mit Sitz in Beirut).

Auch die armenisch-orthodoxe Kirche geht auf das Jahr 451 zurück. Es ist die Nationalkirche der Armenier. Die unierte armenisch-katholische Kirche besteht seit 1740.

Die römisch-katholische Kirche (Lateiner) hat in Jerusalem ein Patriarchat. Den Franziskanermönchen unterstehen die der Kirche gehörenden heiligen Stätten.

Religion

Christen
(Fortsetzung)

Die Abessinier sind gleichfalls in Jerusalem vertreten. Sie gehören zur monophysitischen Kirche Äthiopiens, an deren Spitze der Abuna von Gondar (für die Weltgeistlichkeit) und der Etschege, der bis zum Ende der Monarchie auch Beichtvater des Kaisers war (für die Klostergeistlichkeit), stehen.

Die Protestanten und die Anglikaner haben seit dem 19. Jahrhundert Vertretungen in Jerusalem. Von 1841 bis 1881 bestand ein englisch-deutsches Bistum; seitdem haben die Anglikaner ihre eigene Hierarchie. Für die deutschen und arabischen Lutheraner ist eine Propstei zuständig, die zur Einweihung der Erlöserkirche 1898 geschaffen wurde. Sie gehört heute zur 1959 gegründeten Evangelisch-Lutherischen Kirche in Jordanien, die am 31. Oktober 1979 mit dem Pfarrer und Präses Daud Haddad ihren ersten arabischen Bischof erhielt.

Bahai

Die Bahai, Anhänger einer aus Persien kommenden Religion, wohnen hauptsächlich in Haifa, ihrem geistlichen Zentrum.

Ahmadiya

Die Ahmadiya, Mitglieder einer aus Indien stammenden Bewegung, leben in dem Dorf Kababir auf dem Karmel.

Pilger im Heiligen Land

Frühes Mittelalter

Der bedeutendste lateinische Kirchenvater, Augustinus (354 – 430), lehnte Pilgerfahrten zu den Ursprungsstätten des Christentums ab, weil sie für den Glauben ohne Bedeutung seien. Der Kirchenlehrer Hieronymus (um 347 – 420), sein Zeitgenosse, betrachtete hingegen das Gebet an einem Ort, wo Christus sich aufgehalten hat, als einen Akt des Glaubens. Und die Meinung dieses Kirchenlehrers aus Dalmatien, der in Bethlehem ein Kloster gründete und dort die Bibel ins Lateinische übertrug (Vulgata), setzte sich durch.

Schon im 3. Jahrhundert waren gläubige Christen nach Bethlehem und Jerusalem gegangen, um an den Stätten von Christi Geburt, Passion und Auferstehung zu beten. Als das Christentum durch Konstantin den Großen zur bevorrechtigten Religion des Römischen Reiches wurde, pilgerte die Mutter des Kaisers, die hl. Helena (→ Berühmte Persönlichkeiten), nach Palästina und wurde dort die erste erfolgreiche Archäologin. Im Verlauf ihrer Reise in das Heilige Land (326) ließ sie den hadrianischen Venustempel über der Stätte von Golgatha abtragen und Kreuzigungs- und Grabesstätte freilegen, wobei sie das Kreuz fand, das fortan als Kreuz Christi verehrt wurde, – eine der bedeutendsten Reliquien. Ihr Sohn errichtete dann an diesem Ort die Grabeskirche, die in veränderter Form bis heute besteht, wie er auch die Geburtskirche in Bethlehem erbauen ließ.

In den folgenden Jahren unternahmen immer mehr Menschen Pilgerfahrten ins Heilige Land; durch den Kirchenlehrer Gregor von Nyssa (gest. 394), der beklagt hatte, Jerusalem sei voll von Ehebrechern, Dieben, Götzendienern und Mördern, ließen die Gläubigen sich nicht von ihrem Vorhaben abhalten. Um 400 zog die französische Nonne Ätheria ins Heilige Land, wo sie bis auf den Sinai gelangte und – wie ihr 1884 in Arezzo aufgefundenes Tagebuch belegt – an Hand der Bibel viele heilige Stätten lokalisierte.

In den Jahren 438/439 unternahm dann Kaiserin Eudoxia, die Tochter eines heidnischen Athener Philosophen und Gemahlin Theodosius' II., mit glänzendem Gefolge eine Wallfahrt nach Jerusalem. Bischof Juvenalis schenkte ihr mehrere Reliquien, darunter zwei Ketten, mit denen Petrus im Gefängnis gefesselt gewesen sein sollte; eine gab sie an die Apostelkirche in Konstantinopel, die andere kam durch ihre gleichnamige Tochter Eudoxia nach Rom, wo sie in einem Renaissance-Tabernakel unter dem Hochaltar der im 5. Jahrhundert erbauten Kirche San Pietro in Vincoli noch heute zu sehen ist. Als Theodosius II. 450 starb, ging Eudoxia wieder nach Jerusalem, wo es jetzt zahlreiche Klöster und Hospize für Pilger gab, und lebte hier bis zu ihrem Tode im Jahr 460.

Der Reliquienkult, durch Helena begründet, wurde durch Kaiserin Eudoxia stark gefördert, und wegen der Reliquien kam im Abendland vermehrtes Interesse für den Vorderen Orient auf. "Als eine Dame aus Maurienne von ihren Reisen den Daumen Johannes' des Täufers mitbrachte, wurden alle ihre Freunde alsbald vom Drang erfaßt, die weite Reise zu unternehmen, um seinen Leib in Samaria und sein Haupt zu Damaskus zu betrachten" (Runciman). Viele Pilger fuhren mit Handelsschiffen nach Palästina, bis in der Zeit der arabischen Eroberungskriege im 7. Jahrhundert die Schiffahrt sehr gefahrvoll wurde. Doch der Pilgerstrom riß auch dann nicht ab. Unter den Pilgern befanden sich weltliche und geistliche Würdenträger, so der fränkische Bischof Arculf, der 670 Ägypten, Palästina und Syrien bereiste, und der in England geborene Willibald, zuletzt Bischof von Eichstätt (gest. 787), der 720 nach Rom und 723 nach Palästina ging. Karl der Große, der sich mit dem Kalifen Harun ar-Raschid verständigte, ließ Pilgerherbergen errichten; spanische Nonnen übernahmen damals für einige Zeit Dienste am Heiligen Grab.

Pilger im Heiligen Land, Frühes Mittelalter (Fortsetzung)

Als im 10. Jahrhundert die Byzantiner, darunter der General und spätere Kaiser Nikephoros Phokas, im Kampf gegen die Araber erfolgreich waren, stieg die Zahl der Pilger erneut. Überliefert sind Kaiser Ottos I. Schwägerin Judith von Bayern (970), der Graf von Anhalt, die Bischöfe Konrad von Konstanz und Johannes von Parma sowie andere. Man nahm entweder den Landweg über Konstantinopel durch das Byzantinische Reich, oder man schiffte sich in Venedig oder Bari ein.
Pilgerfahrten wurden jetzt von der katholischen Kirche als Sühne für die Sünden anerkannt. Besonders die Kluniazenser rieten dazu. Diese Kirchenreformer veranlaßten nicht nur den Abt von Stavelot und den Grafen von Verdun, 990 bzw. 997 ins Heilige Land zu ziehen, sondern waren bestrebt, die Fahrten dorthin zu organisieren und vielen Gläubigen zu ermöglichen. Unter den Pilgern befanden sich Franzosen, Deutsche, Engländer und zunehmend auch Skandinavier, besonders seit diese vom 11. Jahrhundert an die kaiserliche Varägergarde in Konstantinopel stellten.
Als jedoch im 11. Jahrhundert die türkischen Seldschuken gegen Byzanz vordrangen und ihren Machtbereich auf Kleinasien wie Palästina ausdehnten, waren die Pilger harter Bedrängnis ausgesetzt; dies löste 1096 den Ersten Kreuzzug aus.

Hohes Mittelalter

Mit dem Ende des Kreuzzugzeitalters (1291) hörten die Pilgerfahrten aber nicht auf; und die Pilger berichteten jetzt in Büchern von ihren Erlebnissen. So veröffentlichte 1283 Bruder Brocardi eine Beschreibung, die noch 1519 in Venedig lateinisch gedruckt wurde und 1584 in deutscher Übersetzung im "Reyßbuch des heyligen Landes" erschien. In den Jahren 1382–1384 gingen Graf Johann zu Solms und Bernard von Breidenbach auf Pilgerfahrt, über die Breidenbach dann sein "Itinerarium Hierosolymitanum" veröffentlichte. Der Schweizer Ludwig von Tschudi zog 1519 nach Palästina ("Reyß- und Pilgerfahrt zum Heiligen Grab"), 1573 Hans Ulrich von Krafft, der für mehrere Jahre in Gefangenschaft geriet und darüber in seinen "Denkwürdigkeiten" berichtete.

Spätmittelalter

Im 16. Jahrhundert änderten sich die Reisemotive. Reisen weltlicher Art, veranlaßt durch neu entdeckte Länder wie Amerika oder Indien, kaufmännische oder wissenschaftliche Vorhaben, traten in den Vordergrund. Seit dem 18. und 19. Jahrhundert verlor das christliche Motiv der frommen Pilgerfahrt gegenüber dem Forscherinteresse weitgehend an Bedeutung. Doch war ein religiöser Impuls erneut wirksam, als 1846 Christian Friedrich Spittler, der Gründer der Basler Mission, Brüder der von ihm ins Leben gerufenen Chrischona-Gemeinde nach Jerusalem entsandte, wo sie das Syrische Waisenhaus gründeten.
Christliche Pilger der verschiedenen Konfessionen gehören bis heute zum Bild der heiligen Stätten. Aber auch derjenige, der Israel nicht aus religiösem Antrieb besucht, wird dieses Land als ein besonderes Land empfinden, das die seelische und geistige Bereitschaft herausfordert.

Neuzeit

Sprache

Amtssprachen
Das Iwrit (Iwrith, Ivrit; Neuhebräisch) ist in Israel erste Amtssprache, zweite Amtssprache das Arabische. Hebräisch und Arabisch gehören der semitischen Sprachengruppe an. Zwar werden beide von rechts nach links geschrieben, aber ihre Schriftzeichen sind recht verschiedenartig.

Hebräisch
Das Hebräische ist als westsemitische Sprache auch mit dem Assyrischen und Aramäischen verwandt. Nach dem babylonischen Exil (587–538 v. Chr.) machte sich der Einfluß des Aramäischen zunehmend bemerkbar. Aramäisch war die Verwaltungssprache im persischen Reich und vom 6. Jahrhundert v. Chr. bis zum 6. Jahrhundert n. Chr. die allgemeine Verkehrssprache im gesamten Nahen Osten. Aramäisch (und in hellenistischer Zeit das Griechische) wurde bei den Juden zur Volkssprache und löste das Hebräische ab, das jedoch im Gottesdienst, von Gelehrten und in der Literatur weiterhin gepflegt wurde. Die 'Mischna', um 200 n. Chr. abgeschlossen, ist in großen Teilen in einem aramaisierten, durch griechische und lateinische Wörter bereicherten Hebräisch geschrieben.
Eine Blüte erlebte das Hebräische vom 11. Jahrhundert bis 1492 im maurischen Spanien. Seine Wiedergeburt setzte im Zusammenhang mit der Aufklärung (Haskala) im späteren 18. Jahrhundert in Deutschland ein, von wo es sich nach Italien, Polen und Rußland hin ausbreitete.
Mit Beginn der zionistischen Bewegung im 19. Jahrhundert setzte eine Bestrebung ein, welche die alte Spaltung in Sakral- und Profansprache aufheben, d.h. das Hebräische nicht auf den religiösen Bereich beschränkt sehen, sondern zur Volkssprache machen wollte. Dieser einmalige Vorgang ist in Israel weitgehend realisiert worden.
Einen maßgeblichen Anteil an der Formung des Hebräischen zur Umgangssprache hatte Eliezer Ben Yehuda (→ Berühmte Persönlichkeiten). Er trug auch dazu bei, neue Begriffe zu prägen, die durch die Bedürfnisse einer modernen Gesellschaft erforderlich wurden.
Ein Israeli ist ohne weiteres imstande, die hebräische Bibel zu verstehen. Wer jedoch strikt im biblischen Hebräisch erzogen worden ist, wird einige Schwierigkeiten haben, wenn er eine israelische Tageszeitung liest.
Viele Israelis sprechen auch andere Sprachen wie Englisch, Französisch, Deutsch, Russisch, Polnisch, Spanisch, Ungarisch oder Jiddisch.

Arabisch
Das Arabische gehört zum Südwestzweig der semitischen Sprachen. Zusammen mit dem Islam hat sich das Nordarabische durchgesetzt und ist heute in zahlreichen Dialekten über ganz Nordafrika und den Vorderen Orient verbreitet. Der wichtigste, auch von der arabischen Bevölkerung Israels gesprochene Dialekt ist das ägyptische Arabisch.

Kleines Lexikon jüdischer Ausdrücke

Alijah
Rückwanderungswellen der Juden nach Palästina. Die Erste Alijah (Juden aus Rußland und Polen) setzte 1882 ein; die Zweite Alijah (1904–1914) bezeichnet den Beginn der zionistischen Arbeiterbewegung in Israel.

Aschkenasim
Bezeichnung für Juden (bzw. für ihre Nachkommen) aus Mittel- und Osteuropa, wohin sie von Palästina über den Balkan gelangt waren (Aschkenaz = Deutschland).

Bet haMidrasch
Talmud-Lern- und Bethaus.

Bracha
Segensformel, Gebet.

Bundeslade
Nach dem 2. Buch Mose, Kapitel 37, fertigte Bezalel aus Akazienholz, das er außen und innen mit Gold überzog, auf Moses' Geheiß einen transportablen Schrein an, den die Israeliten in früher Zeit auf ihren Wanderzügen

mit sich führten. Er war das Symbol der Gegenwart Gottes, für den ein von Cherubim flankierter goldener Gnadenthron geschaffen wurde. In der Bundeslade befanden sich nach späterer Deutung die Gesetzestafeln, die Moses auf dem Sinai empfangen hatte. In der Richterzeit stand die Lade in Silo. Die Philister raubten sie, David eroberte sie zurück und brachte sie nach Jerusalem, wo sein Sohn Salomo den Tempel für sie baute. Bei der Zerstörung Jerusalems durch Titus im Jahre 70 n. Chr. wurde sie mit anderen Kultgegenständen nach Rom gebracht.

Lexikon jüdischer Ausdrücke, Bundeslade (Fortsetzung)

Vorbeter in der Synagoge.

Chasan

1. In der Makkabäerzeit (2. Jh. v. Chr.) Bezeichnung für die frommen Juden (Asidäer; Chassidim = Fromme).
2. Name für die Anhänger des Chassidismus, einer im 18. Jahrhundert in der Ukraine und Polen entstandenen Bewegung, deren Anhänger den Rabbi Israel Ben Elieser (1699–1760) aus der Ukraine als Vorbild, Zadik (Heiligen) und Wundertäter verehrten. Ihr Ziel war Verinnerlichung der Religion statt talmudischer Gesetzesstrenge.

Chassidim

Durch die fiktive Zusammenfassung eines Wohngebietes werden die Sabbat- und Feiertagsgesetze erleichtert.

Eruw

Vorstand der Synagoge.

Gabbai

Schrift, die Erläuterungen und Auslegungen der Mischna enthält. Sie entstand um 500 n. Chr. und ist eine Art Enzyklopädie.

Gemara

Wörtlich 'Erzähltes'. Teil des Talmud; erbauliche, ethische und legendäre Schriften des Judentums aus der Spätantike, im Mittelalter erweitert und in den Midraschim zusammengestellt.

Hagada

Wörtlich 'Richtschnur'. Gesetzlicher Teil des Talmuds; zumeist aus der Thora abgeleitete und in Einzelsatzungen formulierte Rechtsordnung; Grundlage der religiösen Praxis.

Halacha

Talmudhochschule.

Jeschiwa (Jeshiva)

Die 'Überlieferung'. In talmudischer Zeit Bezeichnung für die mündliche Überlieferung, die neben dem schriftlichen Gesetz besteht; im Mittelalter für die mystische jüdische Religionsphilosophie, deren Inhalt Betrachtungen über Wesen und Wirken Gottes, über die Schöpfung der Welt und die Endzeit bilden. Die Beschäftigung mit der Kabbala erreichte im 13. Jahrhundert ihre Blütezeit in Spanien, wo das Buch Sohar entstand.

Kabbala

Jüdische Sekte, im 8. Jahrhundert n. Chr. in Persien entstanden, die nur das Alte Testament, nicht aber den Talmud und die rabbinische Tradition anerkennt. Um 850 zog eine Gruppe nach Ramla im heutigen Israel, wo sie bis in die Gegenwart ansässig ist.

Karäer (Karaim)

Der Begriff 'koscher' bzw. 'kasher' bezieht sich auf Vorschriften für die Ernährung und auch auf andere Gebiete des menschlichen Lebens. Die Reinheitsgesetze insgesamt heißen Kashruth. Sie gehen auf Moses zurück, der sich bei ihrer Abfassung von hygienischen und ästhetischen Gesichtspunkten leiten ließ, besonders aber die Abgrenzung der Israeliten von anderen Völkern gewährt sehen wollte.
Das 3. Buch Mose enthält im 12. Kapitel die Reinheitsregeln für Wöchnerinnen und für die Beschneidung der Neugeborenen, im 18. Kapitel Ehe- und Keuschheitsgesetze, im 19. Kapitel das Gebot der Heiligung des täglichen Lebens und der Sabbatruhe. Im 17. Kapitel des 5. Buch Mose wird die Anbetung heidnischer Götter verboten, im 24. Kapitel über Eheführung gesprochen. Im 3. Buch Mose, Kapitel 11 und 17, sowie im 5. Buch Mose, Kapitel 14, finden sich Gesetze über reine bzw. unreine Tiere und Speisen.

Kashruth

Sprache

Lexikon jüdischer Ausdrücke, Kashruth (Fortsetzung)

Das Verbot, Schweinefleisch zu essen, und die Vorschrift, 'Milchenes' nicht zusammen mit 'Fleischenem' zu genießen, erfolgten als Reaktion auf entsprechende Opfergebräuche der Kanaaniter, die uns durch die Archive von Ugarit bekannt sind. Die rituellen Speisevorschriften werden heute von Regierungsstellen, öffentlichen Organen und der Armee sowie von den meisten Hotels und Restaurants befolgt.

Kehilla

Jüdische Kultusgemeinde.

Kibbuz

Selbstverwaltete Siedlung in Gemeinschaftsbesitz.

Koscher

Siehe Kashruth.

Menora (Menorah)

Der siebenarmige Leuchter, der nach dem 2. Buch Mose, Kapitel 37, von Bezalel hergestellt wurde. Eine große Bronze-Menora des Bildhauers Benno Elkan, ein Geschenk des britischen an das israelische Parlament, steht vor der Knesset in Jerusalem (siehe Titelbild dieses Buches).

Midrasch

Die 'Auslegung'. Die in den Midraschim gesammelte rabbinische Literatur, Erläuterungen biblischer Texte von 30 v. bis 900 n. Chr. Die halachische Midrasch enthält Interpretationen der Religionsgesetze, die haggadische Midrasch ethische und kontemplative Texte.

Mikwa

Rituelles Tauchbad.

Minian

Gebetsversammlung von mindestens zehn Männern.

Mischna

Die 'Wiederholung'. Um 200 n. Chr. abgeschlossene Aufzeichnung der jüdischen Religionsgesetze; sie ist in sechs Ordnungen (Sedarim) gegliedert.

Mizwa

Religiöses Gebot.

Moschaw (Moshav)

Genossenschaftlich organisierte Siedlung.

Rabbiner

Die von der Gemeinde berufenen religiösen Lehrer des Judentums (keine Priesterweihe o.ä.). Zu ihren Aufgaben gehören bestimmte Verrichtungen im Gottesdienst – neben dem Vorbeter, dem Chasan –, Leitung und Überwachung des Religionsunterrichtes, religiöse Handlungen wie Trauungen und anderes.
Die Bezeichnung Rabbi (mein Lehrer) leitet sich vom aramäischen und hebräischen Wort 'rab' = 'groß' (an Wissen) her und ist ein Ehrenname jüdischer Gelehrter. Im Neuen Testament findet sich der noch ehrenvollere Titel Rabbuni (Markus 10,51 und Johannes 20,16).

Sanhedrin

'Sanhedrin' ist die hebraisierte Form des griechischen 'Synhedrion'. Der Hohe Rat aus Angehörigen der jüdischen Aristokratie, unter Vorsitz des Hohenpriesters (unter den hellenistischen Herrschern im 3. Jh. v. Chr. erstmals erwähnt). In der Makkabäerzeit ist der Sanhedrin die höchste Gerichtshof, in der Zeit der römischen Prokuratoren die jüdische Oberbehörde in allen Rechts- und Verwaltungsangelegenheiten. Nach der Zerstörung Jerusalems und des Tempels im Jahre 70 n. Chr. erwirkte Rabbi Jochanan ben Zakkai die Erlaubnis, den Sitz des Sanhedrin nach Jamnia zu verlegen. Um 140 n. Chr. siedelte der Sanhedrin nach Uscha (Galiläa) um, später nach Tiberias.

Schofar

Ein Widderhorn, das zum Versöhnungstag und zum Neujahrsfest geblasen wird.

Schulchan Aruch

In der frühen Neuzeit entstandene Zusammenfassung der religiösen Gebote.

Bezeichnung für die in Spanien und Portugal ansässigen Juden (bzw. ihre Nachkommen), die sich nach ihrer Vertreibung im Jahre 1492 in einigen europäischen Ländern, in Nordafrika und dem Nahen Osten ansiedelten. Heute bezeichnet man im Grunde fälschlicherweise alle orientalischen Juden als Sephardim (Sepharad = Spanien).

Sprache,
Lexikon jüdischer
Ausdrücke
(Fortsetzung)
Sephardim

Nach dem 2. Buch Mose, Kapitel 25 bis 31 und Kapitel 35 bis 40, wurde während des Aufenthaltes der Israeliten auf der Halbinsel Sinai, nach dem Exodus, ein Zelt aus Leinwandteppichen angefertigt, eine Art transportabler Tempel, in dem man die Bundeslade, den Tisch für die zwölf Schaubrote und einen siebenarmigen Leuchter (Menora) aufbewahrte.

Stiftshütte

Griechische Bezeichnung für die sich versammelnde Gemeinde, dann auch für das Versammlungsgebäude. Wahrscheinlich bereits im babylonischen Exil (587 – 538 v. Chr.) entstanden, gewann sie in der Folgezeit an Bedeutung. Die ältesten Synagogen sind um 250 v. Chr. in Ägypten nachweisbar. In hellenistischer Zeit waren Synagogen im ganzen Mittelmeergebiet die Zentren des jüdischen Lebens. Die meisten in Palästina und Syrien gefundenen Synagogen stammen aus dem 3. bis 7. Jahrhundert. Der Gebetsraum war nach Jerusalem gerichtet, in einer Nische mit Holzschreinen oder in Nebenräumen wurden die Schriftrollen aufbewahrt.

Synagoge

Großes, helles Tuch mit dunklen Randstreifen, das von gläubigen Juden als Gebetsmantel getragen wird.

Talit

Die 'Lehre'. Bedeutendste Zusammenfassung der Lehren des nachbiblischen Judentums. Begonnen im 6. Jahrhundert v. Chr. und abgeschlossen im 5. Jahrhundert n. Chr., enthält er die bis dahin mündlich überlieferten Religionsgesetze, die neben dem schriftlich tradierten mosaischen Gesetz bestanden. Der Talmud besteht aus Mischna und Gemara. Man unterscheidet den in ostaramäischer Sprache um 500 n. Chr. abgeschlossenen babylonischen Talmud, der für die religiöse Praxis bestimmend geworden ist, und den im 4. Jahrhundert n. Chr. entstandenen jerusalemischen (richtiger 'palästinensischen') Talmud.

Talmud

Gebetsriemen aus dunklem Leder mit einer Kapsel, die Thoratexte enthält. Die Tefila werden wochentags zum Morgengebet angelegt.

Tefila

Die 'Lehre'. Bezeichnung für die fünf Bücher Mose (Pentateuch).

Thora

Staat und Gesellschaft

Der 1948 gegründete Staat Israel (Medinat Yisrael) ist eine Parlamentarische Demokratie. Das Land besitzt bisher keine geschriebene Verfassung. Verschiedene 1958 vom Parlament verabschiedete Grundgesetze dienen als Fundament des staatlichen Lebens; sie sollen zu einem noch nicht festgelegten Zeitpunkt die Grundlage der Verfassung bilden.
Staatsoberhaupt ist der Staatspräsident, der vom Parlament auf fünf Jahre gewählt wird (einmalige Wiederwahl möglich) und vorwiegend repräsentative und formelle Amtsaufgaben versieht. Der Staatspräsident ernennt Botschafter, Richter sowie den Präsidenten des Rechnungshofes. Ferner empfiehlt er dem Parlament einen Staatskontrolleur, der von diesem gewählt wird und ihm verantwortlich ist. Der Staatskontrolleur überwacht alle staatlichen Organe.
Das israelische Parlament, die Knesset, besteht aus 120 Abgeordneten, die nach dem Verhältniswahlrecht (Wahlalter 18 Jahre) für vier Jahre gewählt werden. Bei der Knesset liegt die höchste Autorität des Landes. Sie hat gesetzgebende Funktion (Legislative). Die Gesetzesvorlagen werden meist vom Kabinett eingereicht, können aber auch von einzelnen Abgeordneten oder Fraktionen ausgehen. Alle öffentlichen Aussprachen

Verfassung und
Regierung

Staat und Gesellschaft

Verfassung und Regierung (Fortsetzung)

im Parlament werden auf Neuhebräisch (Iwrit) geführt; die arabischen Abgeordneten bringen ihre Anträge in ihrer Muttersprache ein.

Eine gerichtliche Überprüfung der Gesetzgebung gibt es nicht.

Die Regierung wird von einem vom Präsidenten beauftragten Parlamentsmitglied gebildet. Sie besteht aus dem Premierminister und den Ministern und hat ausführende Funktion (Exekutive). Alle Regierungsmitglieder sind dem Parlament verantwortlich und von dessen Vertrauen abhängig. Im Jahre 1948 wurde David Ben Gurion der erste Ministerpräsident des Landes (heute Jitzhak Rabin).

Flagge

Im Oktober 1948 bestimmte der Zeitweilige Staatsrat die Farben blau und weiß mit dem Davidsstern zur Flagge Israels. Sie entspricht der Flagge, die bereits beim Ersten Zionistischen Kongreß in Basel 1897 gehißt wurde. Der Entwurf stammt von dem Zionistenführer David Wolffsohn.

Wappen

Das offizielle Emblem des Staates, für das man sich 1949 entschied, ist die Menora, das uralte Symbol des jüdischen Volkes, wie es auf dem Titus-Bogen in Rom zu sehen ist. Die Menora wird von zwei Olivenzweigen umrankt, die unten durch die Inschrift 'Israel' in hebräischer Schrift verbunden sind. Die Olivenzweige sollen für die Friedenssehnsucht des jüdischen Volkes stehen.

Parteien

Israels Demokratie beruht auf einem Vielparteiensystem, welches die ethnische, kulturelle und ideologische Vielfalt der Gesellschaft widerspiegelt. Bisher stützten sich, da keine Partei die absolute Mehrheit erlangte, alle Regierungen auf Koalitionen. Die kleineren religiösen Parteien haben seit der Gründung des Staates Israel bei der Bildung der Regierungskoalition vielfach das Züngleich an der Waage gespielt; die religiösen Parteien Israels, Agudat Israel, Poalei Agudat Israel u.a., lehnen eine schriftliche Verfassung ab und fordern eine Theokratie mit alleiniger Rechtsprechung durch die Rabbiner. Die beiden größten Parteigruppierungen sind der national orientierte Likud-Block und der Arbeiterblock (Mapai, Mapam u.a.). Links von den Arbeiterparteien stehen die Israelische Kommunistische Partei, die für die Rückkehr der Palästinaflüchtlinge eintritt, und die von Moskau beeinflußte Neue Kommunistische Partei. Bei den Wahlen von 1992 errangen die linksgerichteten Parteien eine Mehrheit im Parlament.

Justiz

Die Gerichtshöfe sind unabhängig. Höchste Instanz der Rechtsprechung ist das Oberste Gericht in Jerusalem. In Personenstandsangelegenheiten (Scheidung u.a.) hat jede Religionsgruppe ihre eigene Gerichtsbarkeit.

Einwanderung

Das 1950 verabschiedete Rückkehrgesetz gesteht jedem Juden das Recht zu, nach Israel einzuwandern und israelischer Staatsbürger zu werden. Der Innenminister ist jedoch befugt, dieses Recht Personen mit krimineller Vergangenheit oder solchen, welche die öffentliche Gesundheit und Ordnung gefährden könnten, vorzuenthalten.

Militär

Die Israelische Verteidigungsarmee (Zahal), wie die israelischen Streitkräfte auf Hebräisch genannt werden, hat sich aus der Selbstschutzorganisation Haganah der Mandatszeit entwickelt. Oberste Pflicht der Armee ist es, die Unabhängigkeit des Staates zu gewährleisten.

Die stehende Armee setzt sich aus einem kleinen Kern von Berufsoffizieren, -unteroffizieren und -soldaten zusammen. Es besteht Wehrpflicht für Juden, Drusen und Tscherkessen (36 Monate für Männer, 24 Monate für Frauen). Moslems und Christen können sich freiwillig melden. Obgleich kein Staat der Welt soviel Einsatz von seinen Bürgern verlangt wie Israel, gibt es hier praktisch keine Wehrdienstverweigerer. Lediglich der Dienst im Südlibanon und in den besetzten Gebieten wurde bisher von wenigen Soldaten abgelehnt. Von den Frauen gehen etwa 60% zum Militär, der Rest ist von der Wehrpflicht befreit (Ehefrauen, Mütter, streng religiös erzogene Frauen). Frauen werden grundsätzlich nicht an der Front eingesetzt, die meisten absolvieren ihren Militärdienst in Form von Büroarbeit.

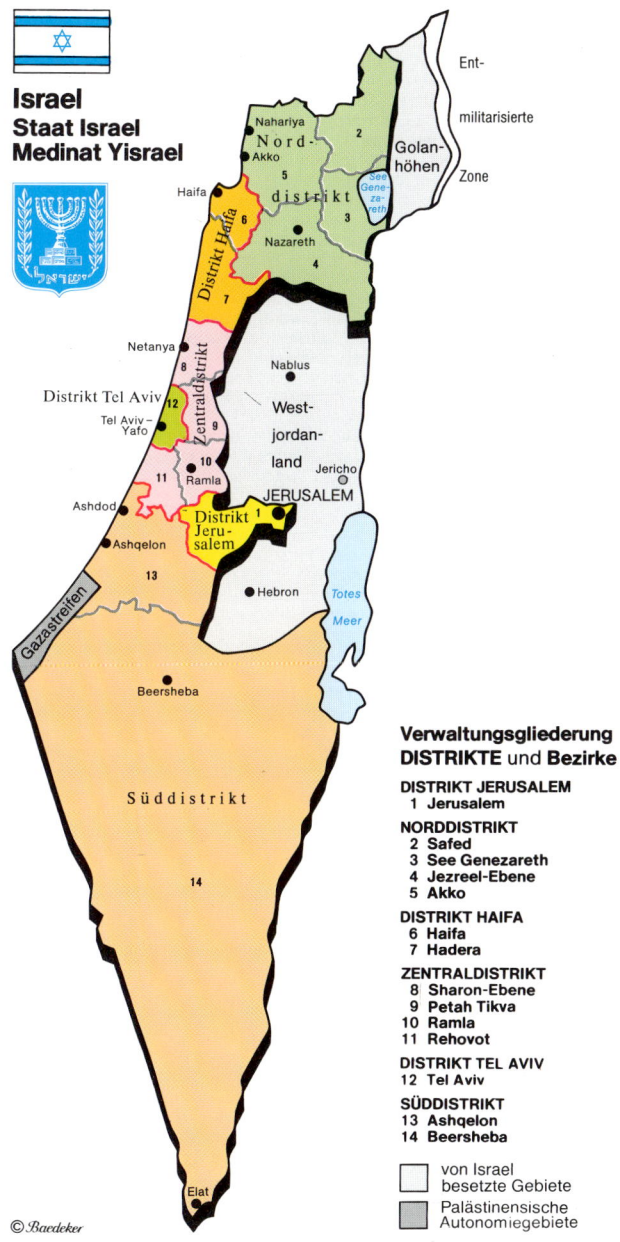

Israel
Staat Israel
Medinat Yisrael

Ent-

militarisierte

Zone

Golan-
höhen

Nahariya

Akko

Haifa

N o r d -

d i s t r i k t

Nazareth

Netanya

Tel Aviv –
Yafo

Distrikt Haifa

Zentraldistrikt

Distrikt Tel Aviv

Ashdod

Ashqelon

Ramla

West-
jordan-
land

Nablus

Jericho

JERUSALEM

Distrikt
Jeru-
salem

Hebron

Totes
Meer

Gazastreifen

Beersheba

S ü d d i s t r i k t

Elat

See
Gene-
za-
reth

© Baedeker

Verwaltungsgliederung
DISTRIKTE und **Bezirke**

DISTRIKT JERUSALEM
1 **Jerusalem**

NORDDISTRIKT
2 **Safed**
3 **See Genezareth**
4 **Jezreel-Ebene**
5 **Akko**

DISTRIKT HAIFA
6 **Haifa**
7 **Hadera**

ZENTRALDISTRIKT
8 **Sharon-Ebene**
9 **Petah Tikva**
10 **Ramla**
11 **Rehovot**

DISTRIKT TEL AVIV
12 **Tel Aviv**

SÜDDISTRIKT
13 **Ashqelon**
14 **Beersheba**

von Israel
besetzte Gebiete

Palästinensische
Autonomiegebiete

Staat und Gesellschaft

Militär (Fortsetzung)

Den Großteil der Armee machen die Reservisten aus. Männer werden bis zum Erreichen des 55. und kinderlose Frauen bis zum 34. Lebensjahr einmal jährlich für ca. vier Wochen zum Reservedienst herangezogen. Auf diese Weise können die israelischen Streitkräfte kurzfristig aus einem kleinen stehenden Heer zu einer schlagkräftigen Armee umgewandelt werden. Die kämpfende Pionierjugend (Nahal) rekrutiert sich aus Freiwilligen. Diese unterliegen militärischer Disziplin und erhalten eine praktische landwirtschaftliche Ausbildung. Die jungen Leute setzt man in Grenzgebieten ein, die für die Besiedlung erschlossen werden sollen oder wegen der dortigen Lebensbedingungen für die Zivilbevölkerung ungeeignet erscheinen.

Gewerkschaft

Der unter dem Namen Histadrut bekannte, 1920 gegründete Allgemeine Gewerkschaftsverband ist die größte Arbeiterorganisation Israels. Sie steht auch Mitgliedern der freien Berufe offen, die ihr als Einzelmitglieder beitreten können. Die Zahl der erwachsenen Mitglieder beträgt ca. 1,6 Mio., darunter 170 000 Araber und Drusen. Zudem stehen weitere Arbeiterverbände (Arbeitende und Studierende Jugend, religiöse Arbeiterorganisationen) unter dem Dach der Histadrut, die insgesamt rund 85% der Arbeiterschaft vertritt. Die an den Lebenshaltungsindex gebundenen Lohntarife werden gemeinsam mit den Arbeitgeberverbänden festgesetzt. Die Histadrut hat eine Krankenkasse (Kupat Cholim) ins Leben gerufen, ferner einen Wohlfahrtsfonds (Misch'an), der bedürftigen Mitgliedern Darlehen gewährt. Er unterhält Alters- und Kinderheime. Berufsausbildung und weiterbildende Abendkurse für Erwachsene gehören ebenfalls zu den Einrichtungen der Histadrut.

Jewish Agency

Eine besondere Rolle spielt in Israel die Jewish Agency, sie wurde 1922 als 'Jewish Agency for Palestine' gegründet und 1948 in 'Jewish Agency for Israel' umbenannt. Sie befaßt sich mit Fragen der Einwanderung (Organisation, Transport) sowie mit Siedlungsproblemen (Beihilfe bei der Ansiedlung, Aufforstung und Erweiterung der landwirtschaftlich genutzten Fläche). Die Organisation erhält ihre Mittel im wesentlichen durch Spenden, Vermögenszinsen, staatliche Zuschüsse und Anleihen.

Verwaltung

Verwaltungsmäßig ist das Land in sechs Distrikte (Districts) eingeteilt, die wiederum in Bezirke (Subdistricts) untergliedert sind (vgl. Karte S. 39). Im Gazastreifen wurde die israelische Militärverwaltung durch eine palästinensische Selbstverwaltung ersetzt, ebenso in allen größeren Städten des Westjordanlandes.
Die ebenfalls 1967 im Sechstagekrieg eroberten Golan-Höhen wurden 1981 von Israel annektiert.

Kinder orthodoxer Juden in der Bibelschule

Israel ist Mitglied der Vereinten Nationen (UN) und des Allgemeinen Zoll- und Handelsabkommens (GATT); mit der Europäischen Union (EU) besteht seit dem 1. Juli 1975 ein Freihandelsabkommen.

Staat (Forts.)
Internationale
Organisationen

Die Meinungsfreiheit ist in der Unabhängigkeitserklärung garantiert, Militärberichterstattung unterliegt allerdings der Zensur.
Alle Tageszeitungen erscheinen in Tel Aviv oder Jerusalem, eine Lokalpresse im eigentlichen Sinn gibt es nicht. Die höchsten Auflagen haben die in hebräischer Sprache erscheinende "Yedioth Aharonoth" (rechtskonservativ; 180 000 – 280 000 Auflage), "Maariv" (rechts-konservativ; 147 000 – 245 000 Auflage) und die "Haaretz" (unabhängig; 55 000 bis 75 000 Auflage). Eine PLO-freundliche Richtung vertritt die in arabischer Sprache erscheinende "Al-Quds" (ca. 70 000 Auflage). Auch im Ausland vielbeachtet sind die Artikel der liberalen "Jerusalem Post", die mit einer Auflage von ca. 45 000 in englischer Sprache herausgegeben wird. Daneben gibt es diverse fremdsprachige Zeitungen aller Bevölkerungsgruppen und verschiedene Wochenzeitungen.
Die israelische Rundfunkbehörde (Israel Broadcasting Authority; IBA) wurde 1965 gegründet und leitet sowohl die Rundfunk- als auch die Fernsehsendungen. Der Rundfunk "Kol Israel" sendet auf seinen drei Programmen in Hebräisch, Arabisch, Englisch und Französisch (und Nachrichtensendungen in neun weiteren Sprachen). Es gibt daneben einen Soldatensender und private Sender. Ein hebräisches und arabisches Fernsehprogramm wird in Israel seit 1968 ausgestrahlt.

Massenmedien

Israels Gesundheitswesen ist heute mit westlichen Ländern vergleichbar. Dies zeigt sich einerseits im Hinblick auf die Lebenserwartung (→ Bevölkerung), auf Säuglingssterblichkeit und auch im Verhältnis von Arzt zu Einwohner (1 : 346).
Die Krankenversicherung ist Sache der Gewerkschaften, ca. 66% der Bevölkerung sind als Mitglieder eingetragen.

Gesundheitswesen

Ein gesetzlicher Rentenanspruch beginnt in Israel bei Männern mit 65 Jahren (wenn sie zu diesem Zeitpunkt tatsächlich in Ruhestand gehen) bzw. mit 70 Jahren, bei Frauen mit 60 bzw. 65 Jahren. Ferner umfaßt die staatliche Sozialversicherung eine Hinterbliebenenrente sowie eine Betriebsunfallversicherung. Mütter haben Anspruch auf sechs Wochen Urlaub vor und nach der Geburt sowie auf eine Geburtenbeihilfe. Kindergeld wird erst Familien mit mehr als drei Kindern gezahlt (anders ist es bei den Staatsangestellten).

Soziale
Einrichtungen

Der Wohnungsbau war in Israel nach der Staatsgründung ein vorrangiges Problem. Durch vielfach nicht allzu ansehnliche, mehrstöckige Wohnblocks konnte der Bedarf zunächst weitgehend gedeckt werden. In den achtziger Jahren wurden jährlich etwa 30 000 neue Wohnungen fertiggestellt, diese Zahl reichte jedoch nicht aus, um ein Gleichgewicht von Angebot und Nachfrage herzustellen. Insbesondere Mietwohnungen sind in Israel ein rarer Artikel, da Wohnungsbesitzer hoch besteuert werden, wenn sie ihre Wohnung vermieten. In Anbetracht der großen Zahl von Einwanderern aus dem Gebiet der ehemaligen Sowjetunion ist anzunehmen, daß sich die Lage auf dem Wohnungsmarkt weiter verschlechtert.

Wohnungsbau

Bildung und Wissenschaft

Das Bildungswesen in Israel hat einen hohen Stand. Es besteht Schulpflicht für Kinder zwischen fünf und 15 Jahren (allerdings werden nur 95% aller jüdischen und 90% – nach anderen Angaben 50%! – aller arabischen Kinder erfaßt). Der Schulbesuch ist grundsätzlich kostenlos. Ca. 65% der Schüler gehen auf staatliche Schulen, die übrigen besuchen religiöse bzw. staatlich anerkannte Privatschulen; für den arabischen Bevölkerungsteil

Schulwesen

Bildung und Wissenschaft

Schulwesen
(Fortsetzung)
sind eigene Schulen vorhanden. Das staatliche Schulsystem umfaßt je ein Kindergarten- und Vorschuljahr, sechs Jahre Grundschule und je drei Jahre Mittel- und Oberschule.

Da die Bevölkerung Israels teils aus wenig entwickelten Ländern wie dem Jemen oder Marokko, teils aus den USA und Westeuropa stammt, bestehen beträchtliche Bildungsunterschiede. Die Zahl der aus asiatischen und afrikanischen Ländern stammenden Schüler verringert sich prozentual von der Grundschule über die Mittelschule bis zur Universität beträchtlich.

Die Beseitigung der Bildungsunterschiede ist ein Hauptanliegen des israelischen Erziehungswesens. So erhalten Kinder aus minderbemittelten Familien beispielsweise jährliche Beihilfen zum Kauf von Lehrbüchern.

Analphabetenrate

Nach 1972 vorgenommenen Erhebungen waren 12,4% der Bevölkerung im Alter von mehr als 14 Jahren Analphabeten (die jüdische Bevölkerung hatte eine Analphabetenrate von 9,2%, die arabische von 36,5%). Bis 1986 konnte die Analphabetenquote auf 6,5% reduziert werden.

Universitäten

Universitäten bestehen in Jerusalem, Tel Aviv, Ramat Gan, Haifa und Beersheba. Dazu kommen die Technische Hochschule 'Technion' in Haifa, das Weizmann-Institut für Wissenschaften in Rehovot sowie die Akademie für Kunst und Gestaltung 'Bezalel' in Jerusalem.

Die Gesamtzahl der israelischen Hochschülerschaft beläuft sich auf annähernd 60 000 Studierende.

Etwa 20 000 Studenten besuchen Talmudschulen (Jeschivot; Einzahl Jeschiva).

Forschung

Im Vergleich zur Gesamtbevölkerung hat Israel weltweit die meisten Akademiker, viele von ihnen sind hochqualifiziert und haben dazu beigetragen, daß sich Israel zum 'Forschungsriesen' entwickelt hat. Drei Prozent gibt das Land für Forschung und Entwicklung aus (Deutschland im Vergleich dazu nur 2,8%), davon fließen allerdings 60% in militärisch bedeutende

Universitätsbau in Beersheba

Bibliothek der Negev-Hochschule in Sede Boqer

Projekte. Daneben erbringen israelische Wissenschaftler Spitzenleistungen vor allem auf den Gebieten der Medizintechnik, der Molekularbiologie, der Biotechnologie, der Mikroelektronik und erreichen nicht zuletzt eindrucksvolle Resultate bei Bewässerungs- und Sonnenenergieanlagen.

Bildung und Wissenschaft, Forschung (Fortsetzung)

Eine wichtige Aufgabe bei Erziehungsprojekten erfüllt auch die Israelische Verteidigungsarmee (Zahal), und zwar sowohl innerhalb als auch außerhalb des militärischen Bereichs. Die Vorkehrungen umfassen u.a. Fortbildung und Universitätsstudium für Soldaten aus sozial schwach gestellten Kreisen. Kein Soldat verläßt die Armee ohne abgeschlossene Grundbildung.

Ausbildung beim Militär

Wirtschaft

Die Wirtschaft Israels hatte seit der Staatsgründung im Jahre 1948 mit mehreren belastenden Faktoren zu rechnen: Das Land war unterentwickelt; viele Einwanderer verfügten weder über eine Berufsausbildung noch über Besitz; wegen der Auseinandersetzungen mit Arabern und Palästinensern sind die Verteidigungskosten hoch; das Land hat wenig Bodenschätze. Dennoch kam es zu einem starken Wirtschaftsaufschwung, in den 50er und 60er Jahren gehörte die Wachstumsrate seiner Wirtschaft zu den höchsten der Welt. Ursache dafür waren eine rasche Zunahme der Arbeitskräfte und der Produktivität, hoher Kapitalzufluß (darunter Wiedergutmachungszahlungen aus der Bundesrepublik Deutschland, Anleihen der USA und der Weltbank) und eine hohe Besteuerung der Einwohner. Zwar liegt die Wirtschaftskraft Israels auch heute weit über derjenigen der nicht-erdölexportierenden Nachbarstaaten. Doch ist die allgemeine Wirtschaftslage im Land seit Jahren schlecht. Die Inflation, die 1984 mit 444% ihren Höchststand erreicht hatte und danach durch Einfrieren der Löhne,

Allgemeines

Preise, Wechselkurse und Regierungsausgaben auf etwa 15% pro Jahr reduziert werden konnte, schnellte 1989 wieder auf 20,6% hoch. Im Jahre 1993 sank sie sogar bis auf 11,4%. Die Arbeitslosenquote hat sich in den vergangenen Jahren nicht drastisch, aber doch beständig erhöht: 1987 waren es nur 5,6%, 1989 bereits 9% und 1993 knapp 11%. Negative Auswirkungen auf die Wirtschaft der 80er Jahre schreiben Experten auch der Intifada zu. Dadurch erhöhten sich die militärischen Ausgaben noch mehr (die Verteidigungsausgaben verschlangen allein ca. 20% des Staatshaushaltes), und der Warenabsatz in den besetzten Gebieten ging drastisch zurück. Zudem entfielen das Westjordanland und der Gazastreifen als Reservoir für billige Arbeitskräfte, und natürlich wirkte sich die Intifada auch auf den Tourismus negativ aus. Als weiteres Problem erwies sich die steigende Zahl der Einwanderer. Vor allem aus Rußland wollen Tausende nach Israel einreisen. Bei der ohnehin schon bestehenden hohen Arbeitslosenrate ist es schwierig, sie in den Arbeitsmarkt zu integrieren.
In Israel gibt es private, staatliche und gewerkschaftseigene Unternehmen. Der Histadrut, dem größten Gewerkschaftsverband des Landes, gehören nach dem Staat die meisten Wirtschaftsunternehmen.
Nach Umsatz und Zahl der Beschäftigten ist der Dienstleistungssektor der führende Wirtschaftszweig (in erster Linie Banken und Versicherungen). Rund 63% aller Beschäftigten sind in diesem Bereich tätig, 12% im Handel, rund 6% in der Landwirtschaft, die übrigen in der Industrie.

Landwirtschaft

Für die Landwirtschaft ist von grundlegender Bedeutung, daß wegen der ungünstigen klimatischen Bedingungen, besonders im Süden des Landes, lediglich 20% der Fläche bebaut werden können, ein Großteil davon nur bei künstlicher Bewässerung. Um die trockenen Landstriche mit Wasser zu versorgen, haben die Israelis Bewässerungsleitungen angelegt, die vom See Genezareth und vom Yarkon (Kinneret-Negev-Leitung und Yarkon-Negev-Leitung) aus in die südliche Küstenebene und in den nördlichen Negev führen. Die Niederschläge, die am Rande der Wüste episodisch fallen, werden dadurch genutzt, daß man das von den Hängen abfließende Wasser auf tiefer gelegene Felder leitet, die von Wällen umgeben sind, und sie vom Wasser überfluten läßt. Um die Verdunstung zu verringern, werden die Pflanzen zum Teil auch unter Plastikfolien herangezogen. Eine andere Möglichkeit, die Verdunstung auf ein Minimum zu beschränken, ist die sogenannte Tropf-Bewässerung. Dafür durchziehen Schläuche die Felder und Plantagen und leiten das Wasser direkt an die Wurzeln der Pflanzen. Der Wasserverbrauch konnte bei gleich bleibenden Ernteerträgen so um bis zu 50% reduziert werden.
Trotz dieses Systems von Gewinnung, Transport, Verteilung und effektiver Ausnutzung verbraucht Israel heute durchschnittlich 20% mehr Wasser als jährlich an Niederschlag nachgeliefert wird. Da sich Einsparungen kaum noch vornehmen lassen, versucht man, die zur Verfügung stehenden Wassermengen zu vergrößern. Gewisse Erfolge werden mit der Beschießung von Regenwolken mit Silberjod erzielt. Damit wird verhindert, daß die Wolke weiterzieht und sie bei höheren Temperaturen ohne Wasserabgabe auflöst. Die Ausbeute an Regen stieg in bestimmten Regionen dadurch um ca. 20 Prozent. Um den enormen Bedarf für Bewässerungen zu decken, setzt man in Israel auch auf Wasserrecycling. Dennoch bleibt mehr als fraglich, ob diese Methoden ausreichen, um den Bedarf an Wasser zu befriedigen. Da es den Anrainerstaaten Israels nicht besser geht, steht zu befürchten, daß sich das Thema 'Wasser' zu einem Politikum entwickelt. So sprechen die Palästinenser schon heute von Raub, wenn Israel zwei Drittel der Wasservorräte des Westjordanlandes zur Versorgung des Kernlandes benutzt.

Auf den fruchtbaren Böden der Küstenebene baut man Bananen und Zitrusfrüchte an. Die Plantagen, die sehr intensiv bewirtschaftet und meist

Mit Bewässerung verwandeln sich Teile des Negev in fruchtbares Land

künstlich bewässert werden, bringen hohe Erträge. Neben der Zitrone, die aus Kalifornien eingeführt wurde, gedeihen hier Apfelsinen (Jaffa-Orangen) und Pampelmusen. Die Plantagen der Küstenregion bedecken eine Fläche von 500 km² und liefern die wichtigsten agrarischen Produkte des Landes. Als Obstkonserven werden sie exportiert, besonders nach Großbritannien und Deutschland.

Die landwirtschaftlichen Erzeugnisse des Berglandes dienen, mit Ausnahme des Tabaks, der Selbstversorgung Israels. Dank des Winterregens können die Bauern, meist Araber, auf terrassenförmig angelegten Äckern Getreide, besonders Weizen, anbauen. Außerdem findet man Weinreben, Ölbäume, Feigen-, Mandel- und Pfirsichbäume.

Im Bereich des Jordangrabens sind drei Regionen für die Landwirtschaft von Bedeutung: die Hule-Ebene, das Gebiet um den See Genezareth und das Tal des Wadi Ha'Arava. Auf den entwässerten Sumpfböden der Hule-Ebene werden Baumwolle, Getreide und Erdnüsse angebaut; Pfirsich-, Apfel- und Birnbäume stehen an den Talhängen. Auf den guten Böden um den See Genezareth gedeihen Datteln und Bananen, aber auch Avocados, Wein und Zitrusfrüchte. Im Wadi Ha'Arava werden auf bewässerten Feldern Tomaten und Gemüse gezogen; im Winter baut man dort Blumen an.

Im Negev reift, im Bereich der agronomischen Trockengrenze, Getreide heran; bei künstlicher Bewässerung kann hier auch Obst gedeihen. Wie im südlichen Jordangraben, so pflanzt man im Negev Windschutzgürtel aus Tamarisken, Eukalyptusbäumen und Akazien an. Seit einiger Zeit werden in dieser Region Sisalagaven angebaut, aus deren Blattfasern man Seilerwaren u.a. herstellt.

Die Jezreel-Ebene südlich von Haifa, mit Baumwoll-, Getreide- und Zuckerrübenfeldern, zählt zu den landwirtschaftlich ertragreichsten Zonen Israels. Die Karstflächen an den Hängen werden aufgeforstet.

Viele Pflanzen – Zitrusfrüchte, Zuckerrohr, Erdnüsse und Baumwolle – werden planmäßig und in großem Maßstab angebaut, um die landwirt-

Landwirtschaft, Anbaugebiete (Fortsetzung)

Produktivität

45

Wirtschaft

Landwirtschaft, Produktivität (Fortsetzung)

schaftliche Produktion zu steigern. Obwohl weniger als 6% der Beschäftigten in der Landwirtschaft, die hochmechanisiert ist, arbeiten, kann sich Israel weitgehend aus eigener Produktion ernähren. Bei Getreide, Öl und Fett sind Importe notwendig.

Agrarexport

Außer den herkömmlichen landwirtschaftlichen Produkten wie Obst (bes. Zitrusfrüchte), Gemüse und Geflügel exportiert Israel in zunehmendem Maße Spezialitäten wie Datteln, Kakifrüchte, Granatäpfel, Mispeln oder Pekannüsse, ferner veredelte Frucht- und Gemüsesorten wie etwa kernlose Tafeltrauben oder kernarme Melonen. Auch ausschließlich organisch gedüngte Erzeugnisse werden vermehrt ausgeführt.

Eine weitere Besonderheit bildet die von der israelischen Sonne begünstigte Zucht von Jungpflanzen, die dann beispielsweise in deutschen Gärtnereien großgezogen werden. Zahlreiche Zuchtexperimente (z.B. Süßkartoffeln, Bananen u.v.a.) sind im Gange.

Viehzucht

Während früher in Israel vorwiegend Schafe und Ziegen gehalten wurden, liegt der Schwerpunkt der Viehzucht heute auf der Milch- und Eierproduktion. Rinder kann man nur in beschränkter Zahl halten, da es an Futtergetreide mangelt. Die Schweinezucht ist auf Verlangen der religiösen Parteien grundsätzlich untersagt, nur die christlichen Araber dürfen Schweine halten. Um die Fleischproduktion zu erhöhen, ist man in den letzten Jahren dazu übergegangen, Truthühner zu züchten.

Fischzucht

Ferner wird die Fischzucht verstärkt betrieben, um die Bevölkerung mit tierischem Eiweiß zu versorgen. Die Karpfenteiche in der nördlichen Küstenebene und in der Hule-Ebene sowie der See Genezareth erbringen beträchtliche Mengen an Fisch. Die Fischerei im Mittelmeer ist dagegen bisher noch wenig ertragreich, soll aber verstärkt betrieben werden.

Insgesamt ist die Fischerei nicht in der Lage, den eigenen Bedarf zu decken.

Wichtige Agrarprodukte: Bananen ...　　　*... und Grapefruit*

Die geringen Waldbestände Israels gestatten nur eine sehr begrenzte forstwirtschaftliche Nutzung. Seitens des Staates wird die Wiederaufforstung intensiv gefördert. Neben heimischen Bäumen werden vielerorts auch schnellwüchsige Arten anderer Regionen (Nadelhölzer, Akazien u.a.) gepflanzt.

Landwirtschaft (Fortsetzung) Forstwirtschaft

Bergbau und Energiewirtschaft

Bodenschätze

Seit der Staatsgründung hat man in Israel die Suche nach Bodenschätzen intensiviert. Aus dem Toten Meer werden Mineralien in großer Menge gewonnen. Infolge der starken Verdunstung (täglich etwa 6–8 Mio. m^3 Wasser) bildet das klare, tiefblaue Meer eine gesättigte Salzlösung (ca. 25% Salz), so daß man in ihm nur schwer untertauchen und nicht untergehen kann. Die Dead Sea Works, ein Werk am Südufer des Toten Meeres bei Sodom, sind einer der größten Produzenten von Pottasche (Kaliumkarbonat), Brom- und Kalisalzen; sie erzeugen auch Kochsalz. Am Nord- und Südufer des Toten Meeres wird die heraufgepumpte Sole in flache künstliche Becken (Salzgärten) mit hoher Verdunstungsintensität geleitet. Je ausgedehnter die Salzgärten sind, desto höher liegen die Erträge an Mineralien. 1963 begannen die Israelis deshalb mit Unterstützung der Weltbank, im südlichen Becken des Toten Meeres riesige Salzgärten neu anzulegen. Asphalt und Erdpech (Bitumen), die sich am Toten Meer und seinen Ufern finden, werden zum Teil ausgeführt.

Der Negev liefert von allen Landschaften Israels die meisten Bodenschätze. In Timna bei Elat baut man seit 1955 Kupfer ab (wegen fallender Preise auf dem Weltmarkt wurden die Kupferminen in den siebziger Jahren vorübergehend geschlossen, seit 1980 wird aber wieder Kupfer gefördert). Im Maktesh Hagadol wird Quarzsand abgegraben, mit dem man Glasfabriken beliefert. Darüber hinaus fördert man dort Kaolin für die Keramikindustrie und Töpferei sowie Phosphat, das als Düngemittel dient. In den phos-

Die Fischerei in Israel deckt nicht den eigenen Bedarf

Bergbau und Energiewirtschaft, Bodenschätze (Fortsetzung)	phathaltigen Felsen lagert auch Uran. Ferner ist im Negev wie in Galiläa Eisenerz vorhanden. Um die vielfältigen Bodenschätze aus dem Negev zu den industriellen Zentren transportieren zu können, legt man neue Verkehrswege an; so wurde eine Eisenbahnlinie nach Beersheba fertiggestellt. Für den Export ist der Hafen von Elat wichtig.
Energiewirtschaft	Israel ist arm an Primärenergieträgern wie Kohle, Erdöl und Wasserkraft. Zahlreiche Probebohrungen nach Erdöl blieben ohne nennenswerten Erfolg. Da Kernenergie aus politischen Gründen keine denkbare Alternative ist, muß Israel 97% seiner Energie importieren. Über den Hafen von Elat wird Rohöl eingeführt, dieses leitet man durch eine über 400 km lange Leitung nordwärts nach Haifa, wo große Raffinerien stehen. Eine weitere Rohölleitung führt von Elat nach Ashqelon; südöstlich von Ashqelon, in der Shefela-Ebene, war man in den fünfziger Jahren bei Bohrungen erstmals fündig geworden. In den Wärmekraftwerken von Haifa, Tel Aviv-Jaffa, Ashdod und Elat, die weitgehend auf Erdölbasis arbeiten, werden über 90% der elektrischen Energie des Landes erzeugt. Als alternative Energiequelle wird in Israel vor allem die Nutzung der Sonnenenergie vorangetrieben. So experimentiert man in der Jordansenke mit einem 'Sonnenteich' und im Negev mit einer 'Solarplantage'. Und schon heute liefert die Sonne in Städten wie Jerusalem einen erheblichen Beitrag für die Energiegewinnung. Hier besteht die Vorschrift, daß auf jedem Haus mit weniger als acht Stockwerken Sonnenkollektoren installiert werden müssen. Israelische Forscher gehen davon aus, daß einheimische Energiequellen (neben der Sonnenenergie denken sie vor allem an Ölschiefer, der im Süden des Landes vorkommt) bis zum Jahr 2000 10–20% der Stromerzeugung stellen.

Industrie

Industriezweige	Obwohl Israel nur begrenzt über Rohstoffe verfügt und Energiequellen weitgehend fehlen, hat die Industrie im Vergleich zu anderen Staaten des Vorderen Orients einen hohen Stand. Die Baustoffindustrie mußte infolge der Wirtschaftsrezession in den letzten Jahren erhebliche Produktionsrückgänge hinnehmen, ist aber weiterhin einer der wichtigsten Produktionszweige. Fertigbauteile, Asbestplatten, Betonröhren u.a. werden in zahlreichen Spezialwerken hergestellt. Eine bedeutende Stellung nimmt auch die Zementproduktion ein. Die Hafenstädte Akko und Ashqelon bilden mit ihren Stahlwerken Zentren der Schwerindustrie. In anderen Städten der Küstenregion werden Maschinen und Werkzeugmaschinen gebaut, in Haifa Schiffe und in Lod Flugzeuge. Die chemische, die feinmechanische und die Elektroindustrie haben einen großen Aufschwung genommen, wobei die Elektronikindustrie (Minicomputer, Fernmeldesysteme, Meßinstrumente und medizinische Geräte) ein besonders starkes Wachstum verzeichnet.
Diamantenverarbeitung	Nach dem Zweiten Weltkrieg wurden Diamantschleifereien von Belgien nach Israel verlegt; heute kommt ein Großteil der Schmuckdiamanten, die auf dem Weltmarkt zum Verkauf angeboten werden, aus Israel. Zentrum der Diamantenverarbeitung ist die Stadt Netanya, die Diamantenbörse hat ihren Sitz in Tel Aviv (Ramat Gan). In rund 650 Betrieben, die ihren Produktionsprozeß weitgehend automatisiert haben, werden importierte Rohdiamanten verarbeitet. Seit einiger Zeit werden hier auch die großen Steine (ein bis zehn Karat) geschliffen, zuvor geschah dies fast ausschließlich in Belgien und den USA. Zu Beginn der achtziger Jahre ging der Export von Diamanten infolge weltweiter Rezession drastisch zurück. Ein gegenläufiger Trend setzte erst wieder 1985 ein, und schon 1986 wurde ein Rekordjahr: Es wurden Diamanten

im Wert von 1,7 Mrd. US-Dollar exportiert, das waren 24% des gesamten Ausfuhrwertes.

Außenhandel

Ungeachtet aller wirtschaftlichen Anstrengungen ist die Handelsbilanz nach wie vor passiv. Der Wert der eingeführten Güter übertrifft den der ausgeführten bei weitem. Wichtigste Exportartikel bilden Schmuckdiamanten, Zitrusfrüchte und Obstkonserven, chemische Erzeugnisse und Düngemittel, ferner Metallwaren, Flugzeuge, Maschinen und Geräte zur Nachrichtenübermittlung.

Israels Außenhandelspartner sind in erster Linie die USA, Deutschland, Großbritannien, die Niederlande, Frankreich, Italien, Belgien, die Schweiz und Japan. Mit der EU besteht seit 1975 ein Vertrag, der den stufenweisen Zollabbau für israelische Einfuhren in den EU-Raum zum Ziel hat.

Tourismus

Der Tourismus ist einer der Hauptindustrien Israels. Nach wie vor besuchen in erster Linie religiös und/oder kulturell Interessierte das Land. Daneben ist jedoch auch eine Zunahme von Urlaubern zu verzeichnen, die in Israel vor allem Erholung suchen. Dies gilt insbesondere für die Wintersaison, dann genießen Tausende von Sonnenhungrigen das Strandleben in Elat am Roten Meer. Eine Rolle spielt daneben der Kurtourismus. Die Region am Toten Meer kann eine auf der Welt einzigartige Kombination von gesundheitsfördernden Eigenschaften aufweisen.

Rekordjahr des israelischen Tourismus war 1987. Damals besuchten 1,37 Mio. ausländische Gäste das Land, die sich durchschnittlich elf Tage in Israel aufhielten. Den größten Anteil der Besucher stellten mit 21,6% die USA, immerhin 12,5% kamen aus der Bundesrepublik Deutschland, 12,4% aus Frankreich und 11% aus Großbritannien. Einen Einbruch bescherte dem Tourismusgeschäft der Ausbruch der Intifada im Dezember 1987. Gesamtbesucherzahl und Einnahmen aus dem Tourismussektor reduzierten sich 1988 um 20%. Ein leichter Aufwärtstrend war 1989 und im ersten Halbjahr 1990 zu verzeichnen. Doch schon machte die Golfkrise im Sommer 1990 allen hoffnungsvollen Prognosen ein Ende.

Verkehr

Durch asphaltierte Straßen mit einer Gesamtlänge von mehr als 4000 km ist das Land erschlossen, die größte Dichte erreicht das Straßennetz im Bereich der Küstenebene. Der Personenverkehr wird fast ganz, der Güterverkehr zu einem großen Teil über die Straße abgewickelt.

Die Zahl der Pkw-Besitzer ist in Israel in den letzten Jahren sprunghaft gestiegen: Zwischen 1980 und 1986 erhöhte sich die Zahl der zugelassenen Fahrzeuge um fast 60%. Diesem drastischen Zuwachs wurde der Ausbau des Straßennetzes nicht gerecht, so kommt es heute vor allem im Einzugsbereich von Tel Aviv und Jerusalem teilweise zu katastrophalen Engpässen.

Nicht zuletzt aus politischen Gründen (Züge sind ein geeignetes Objekt für Anschläge) ist das Eisenbahnnetz in Israel nur in sehr begrenztem Maße ausgebaut. Lediglich 5% der gesamten Personenbeförderung erfolgen mit der Eisenbahn, Bedeutung hat sie nur dem Transport von Massengütern. Die Streckenlänge beträgt 865 km, davon sind 528 km Hauptstrecken und 337 km Nebenstrecken. Wichtigste Strecke ist die Küstenlinie zwischen Tel Aviv und Haifa und die Weiterführung über Beersheba nach Elat, wobei Personen nur zwischen Tel Aviv und Haifa befördert werden.

Verkehr

Schiffahrt
Fast der gesamte israelische Außenhandel wird über den Seeverkehr abgewickelt. Den höchsten Umschlag hat der Hafen von Haifa (fast 60% des gesamten Umschlags), über Ashdod werden Düngemittel aus dem östlichen Hinterland sowie Zitrusfrüchte exportiert. Der Hafen von Elat bildet den Umschlagplatz für den Seehandel mit Asien.

Luftfahrt
Den internationalen Liniendienst versieht die nationale Fluggesellschaft "El Al Israel Airlines Ltd.", der Inlandsverkehr wird von der staatlichen Gesellschaft "Arkia" wahrgenommen. Durch den Ben Gurion Airport bei Lod ist Israel an das internationale Flugliniennetz angeschlossen; Charterflugverkehr besteht vom Ausland aus zudem zum Flughafen von Elat. Weitere Regionalflugplätze gibt es in Tel Aviv, Jerusalem, Haifa, Rosh Pinna, Beersheba und Sodom.

Geschichte

Steinzeit

Die Anfänge der menschlichen Geschichte lassen sich nicht exakt mit Daten belegen, das Material der Werkzeuge dient daher als Anhaltspunkt für die Chronologie. Im Paläolithikum (Altsteinzeit) kennt der Mensch nur grobe Steinwerkzeuge. Nach Aufkommen verfeinerter, mit Feuersteinspitzen versehener oder aus Feuerstein hergestellter Geräte sind im Mesolithikum (Mittelsteinzeit) Jagd und Ackerbau möglich. In der nächsten Epoche, dem Neolithikum (Jungsteinzeit), stellt der Mensch bereits aus Ton Gefäße her und lernt schließlich im Chalkolithikum (Kupferzeit) mit einem Metall (Kupfer) umzugehen.

Die Altsteinzeit (Paläolithikum) wird in drei Epochen unterteilt.	1 000 000 – 14 000
Primitive Jäger und Sammler benutzen Fluß- oder Seekiesel als Werkzeuge. Reste dieser Kieselkultur fand man bei Ubeidije südlich des Sees Genezareth.	1 000 000 bis 300 000
Feuchtes Klima erzeugt Dschungelflora und -fauna. In verschiedenen Höhlen, vor allem des Karmelgebirges, fand man Fossilien, die nach ihren anatomischen Merkmalen als Frühform des modernen Menschen eingeordnet werden. Nach neueren Untersuchungen wird ihr Alter mit 92 000 Jahren angegeben.	300 000 – 70 000
Klimawechsel bewirkt das Verschwinden tropischer Wälder und der darin lebenden Tiere. Während dieser Periode muß im Gebiet des heutigen Israel neben dem 'modernen Menschen' (siehe oben) auch ein Typus des Neandertalers gelebt haben. Die in mehreren Höhlen gefundenen Reste dieses spätarchaischen Homo sapiens, dessen Entwicklungslinie später ganz abgebrochen ist, haben ein Alter von 60 000 Jahren. Ungeklärt ist die Frage, warum sich die beiden Gattungen nicht vermischt haben und warum der moderne Mensch in Europa erst vor 40 000 Jahren erschienen ist.	70 000 – 14 000
In der Mittelsteinzeit (Mesolithikum) macht der Gebrauch des Bogens und der Falle die Jagd ertragreicher, die Verwendung des Hundes als Jagdhund kommt auf. Feuersteinsicheln deuten auf Anfänge der Landwirtschaft hin; Beginn der 'steinzeitlichen Revolution', die den Übergang vom Sammeln der Nutzpflanzen zum planmäßigen Anbau bringt. Der Mensch wird seßhaft (Anfänge des Hausbaus), wodurch die Voraussetzung zu höherer kultureller Entwicklung geschaffen wird.	14 000 – 7500
Jungsteinzeit (Neolithikum): Fortsetzung der Entwicklung, die zu Ende des Mesolithikums begann. Der Homo sapiens bearbeitet den Boden regelmäßig im Rhythmus der Jahreszeiten (obere Jordanebene, Yarmuktal, Oase von Jericho). Aufgrund der unterschiedlichen Erträge kommt es zur Herausbildung sozialer Schichten, größere Gemeinschaften entstehen. Erfindung der Töpferkunst bedeutet Fortschritt in der kulturellen Entwicklung; Herausbildung eines bäuerlichen Fruchtbarkeitskultes (Figurinen von Schaar ha-Golan am Yarmuk). In Jericho entsteht ein Tempel für eine göttliche Trias (Mann, Frau, Kind); die künstlerische Formung von Totenschädeln ist Ausdruck des Glaubens an ein Leben nach dem Tode.	7500 – 4000
Kupfersteinzeit (Chalkolithikum): Zu der Fähigkeit, Steinwerkzeuge und Keramik herzustellen, tritt die Kunst, Metall zu gewinnen. Funde dieser Zeit stammen aus dem Jordantal, der Gegend von Beersheba, En Gedi am Toten Meer und der Küstenebene. Bei En Gedi wurde ein Tempel gefunden, in der 'Schatzhöhle' in der Judäischen Wüste ein Tempelschatz.	4000 – 3000

Bronzezeit (Kanaanäische Periode)

In Kanaan entstehen von Semiten bewohnte Stadtstaaten, zeitweise unter ägyptischer Herrschaft. Abraham, der Stammvater der Israeliten, wandert von Mesopotamien in das Gebiet des späteren Juda ein. Um 1700 v. Chr. ziehen die Israeliten nach Ägypten; gut 500 Jahre später kehren sie nach Kanaan zurück.

3000–2000 Frühe Bronzezeit: Entstehung der frühen Hochkulturen in Ägypten und Mesopotamien, die das Land vom Süden und Osten her beeinflussen. Das von westsemitischen Amoritern (Amurru = 'Leute des Westens' der akkadischen Urkunden) bewohnte Land an der Mittelmeerküste und dem oberen Jordangraben (Kanaan) ist in Stadtstaaten gegliedert. Die Städte werden befestigt: im Norden Hazor, in der Jezreel-Ebene Megiddo und Bet Shean, im Hochland Sichem, Geser, Jerusalem und Hebron. Jede Stadt hat ihren Baal, d.h. göttlichen Besitzer, vertreten durch den Stadtkönig oder Priester. Vom 3. Jahrtausend an gewinnt Ägypten Einfluß auf die kanaanitischen Städte.

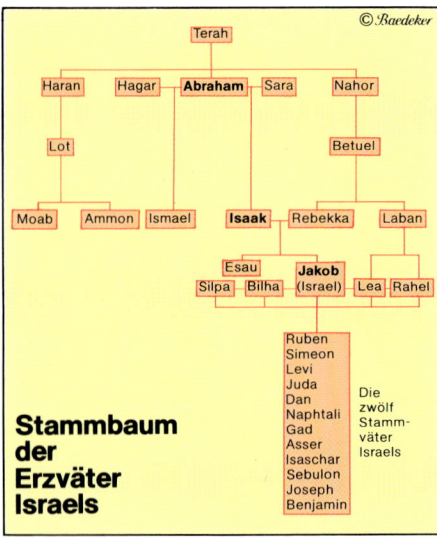

Stammbaum der Erzväter Israels

2000–1600
Mittlere Bronzezeit: Die Einwanderung des Abraham, der nach dem Zeugnis des Alten Testaments aus Ur in Mesopotamien stammt, entlang dem 'fruchtbaren Halbmond' (d.h. euphrataufwärts, dann über Sichem südwärts bis Hebron und Beersheba) zog, dürfte ins 18. vorchristliche Jahrhundert zu datieren sein. Aus Berichten des Pharao Amenhotep (Amenophis) II. (1438–1412) weiß man, daß es damals neben seßhaften Horritern eine Wanderbevölkerung gab, die Apiru oder Habiru, zu denen wahrscheinlich die frühen Hebräer gehörten.

Der Auszug der Israeliten nach Ägypten, den die Bibel mit Abrahams Enkel Jakob und dessen Sohn Joseph in Verbindung bringt, fällt zeitlich möglicherweise mit dem Zug der Hyksos zusammen (Hyksos: Könige asiatischer Herkunft, die nach der Blütezeit des Mittleren Reiches Ägypten um 1650 v. Chr. eroberten).

1600–1200 Späte Bronzezeit: Im 2. Jahrtausend beherrschen Pharaonen des Neuen Reiches wie Thutmosis I. (1528–1510) und Thutmosis III. (1468–1436) die wichtigsten Straßen und Orte; einige Städte erhalten ägyptische Statthalter. Kanaanitische Stadtkönige nutzen die Niedergangszeit des ägyptischen Staates, etwa in der Ära des 'Ketzerkönigs' Echnaton (1364 bis 1347), um ihre Macht auszudehnen.

1285 Bei Kadesch (nahe dem heutigen Homs in Syrien) kommt es zu einer Schlacht zwischen den Ägyptern unter Ramses II. (1290–1224) und den Hethitern, die schon seit mehreren hundert Jahren den Norden Kanaans und Syrien bewohnen. Ergebnis ist die Abgrenzung der beiderseitigen Interessensphären.

Um 1250 Für die Rückkehr der Israeliten nach Kanaan gibt es ein früheres und ein späteres Datum (15. bzw. 13. Jh.). Heute geht man von dem späteren Zeitpunkt aus: Die Israeliten verlassen demnach das Nildelta zur Zeit Ramses' II. und ziehen dem biblischen Bericht zufolge unter der Führung des Moses durch die Halbinsel Sinai und das Ostjordanland, wo im 14. Jahrhundert die Königreiche Ammon, Moab und Edom entstanden waren. Von hier aus dringen sie, angeführt von Josua, nach Kanaan ein. "Die Landnahme der Israeliten im Westjordanland war ein länger sich hinziehender Vorgang, bei dem verschiedene Stammesgruppen (die Leasöhne im Norden und Süden, die Rahelsöhne im Zentrum) sich nacheinander ansiedelten" (Avi-Yonah). Jericho und Hazor werden erobert; die Kanaaniter behalten Jerusalem sowie Teile der Küstenebene.

Bronzezeit, um 1250 (Fortsetzung)

Frühe Eisenzeit (Israelitische Periode)

Unter den Richtern, später unter den Königen kämpfen die Israeliten gegen die Philister. Unter David und Salomo, der den Tempel in Jerusalem errichten läßt, erreicht das Königtum seinen Höhepunkt. Nach Salomos Tod zerfällt das Land in zwei Königreiche. In Kämpfen gegen die Assyrer, später gegen die Babylonier unterliegen die Israeliten; Mit dem Jahr 587 beginnt die Babylonische Gefangenschaft.

Zeit der Richter: Zu Beginn der israelitischen Periode dringen die Philister, die zu den auch Ägypten bedrohenden indogermanischen 'Seevölkern' gehören, ein. Sie setzen sich an der Küste fest, errichten feste Plätze in Gaza, Askalon, Asdod, Ekron, Gath und Jaffa. Später Ausdehnung des Herrschaftsgebietes bis zum Südufer des Sees Genezareth.
Im 12. Jahrhundert kämpfen die israelitischen Stämme, nur lose organisiert, gegen die Philister, die wegen ihrer Waffen aus Eisen im Vorteil sind. Anführer im Kampf sind die 'Richter' (Debora, Gideon, Simson u.a.). Ende des 11. Jahrhunderts besiegen die Philister die Israeliten bei Eben-Ezer, erobern die Bundeslade und zerstören das Heiligtum in Silo.

1200 – 1025

Zeit der Könige: Der letzte Richter, Samuel, salbt Saul in Gilgal bei Jericho zum König. Damit beginnt die Zeit der Könige, die bis zur Einnahme Jerusalems durch Nebukadnezar II. im Jahr 587 dauert.

1025 – 587

Saul wird König der Israeliten. Er und sein Sohn Jonathan besiegen die Philister.

1025

Saul fällt im Kampf gegen die Philister. Der Stamm Juda erhebt den aus Bethlehem stammenden David zum Nachfolger Sauls und krönt ihn in Hebron zum König. Nach Ausschaltung von Sauls Sohn Eschbaal wird David König über ganz Israel.

1006

David erobert Jerusalem und macht die Stadt zu seiner Residenz. Durch die Aufstellung der Bundeslade auf dem späteren Tempelberg wird Jerusalem auch zum religiösen Zentrum der Juden.
David entreißt den Philistern die Jezreel-Ebene; bei Madaba siegt er über die Moabiter, gewinnt die Hauptstadt der Ammoniter, Rabath Ammon, und Damaskus, die Hauptstadt der Aramäer. Durch einen Sieg über Edom erweitert er sein Gebiet bis zum Roten Meer.

1000

Salomo, Davids Sohn, wird König des Großreiches. Das Land erlebt einen wirtschaftlichen Aufschwung. Durch Festungen wie Hazor und Megiddo sichert Salomo das Land ab, richtet eine straffe Verwaltung ein und treibt von Elat aus Handel mit Ophir (in Ostafrika?). Er erwirbt Geser, verliert jedoch Damaskus.

965

Tempelbau des Salomo.

953

Tod Salomos. Das Reich zerfällt in zwei Teile: Israel im Norden und Juda im Süden (Hauptstadt: Jerusalem). Salomos Sohn Rehabeam herrscht über

928

Geschichte

Frühe Eisenzeit, 928 (Fortsetzung) das Königreich Juda mit den Stämmen Juda und Benjamin. Die zehn nördlichen Stämme bilden unter Jerobeam I. (928–907) das Königreich Israel.

924   Feldzug des Pharaos Scheschonk I. (in der Bibel: Sisak) nach Palästina, Plünderung Jerusalems.

910   Rehabeam, der König Judas, stirbt. In der Folgezeit kommen nacheinander mehrere Herrscher ohne größere Bedeutung an die Macht.

878   Omri wird König in Israel. Er konsolidiert den Staat und gründet die Hauptstadt Samaria. Die Heirat seines Sohnes Ahab mit Isebel, der Tochter des Königs von Sidon, bringt phönizischen Einfluß mit sich, u.a. den Baalskult, gegen den Propheten wie Elia angehen.

871   Ahab wird König in Israel. In drei Kriegen kann er sich gegen den Aramäerstaat von Damaskus (Aram) behaupten, fällt aber 852.

842   Jehu stürzt die Omridendynastie und wird König von Israel (842–814). Er kämpft gegen Damaskus, das 806 v. Chr. durch die Assyrer unter Adad-Nirari III. ausgeschaltet wird.
In Juda führt Athalja, die Mutter des Königs Ahasja, den Baalskult ein, was Unruhen nach sich zieht.

836   Durch einen Staatsstreich kommt Joas in Juda an die Macht.

801   Amazja tritt in Juda die Nachfolge Joas an; er besiegt die Edomiter.

769–733   Usia ist König in Juda. Versuch, den Negev zu entwickeln.

733   Ahas, der Sohn des Usia, wird König von Juda; er unterwirft sich den erstarkenden Assyrern und paßt das Reich auch religiös deren Sitten an.

732   Israel, von König Pekah regiert, unterliegt im Kampf gegen die Assyrer unter Tiglatpilesar III.; große Teile des Landes werden von Assyrien annektiert.

727   Hiskia wird König von Juda. Er reinigt den Tempel von fremden Kulten und führt Wirtschaftsreformen durch.

721   Eroberung von Samaria, der Hauptstadt des Nordreichs, durch Sargon II. von Assyrien. Viele Bewohner Israels werden verschleppt; an ihre Stelle treten Siedler aus Babylon. Aus der Vermischung der Babylonier mit den zurückgebliebenen Juden gehen die Samaritaner hervor.

712   Die Assyrer richten um Asdod eine Provinz (Philistia) ein. Daraufhin sichert Hiskia die Wasserversorgung Jerusalems durch den Bau eines Tunnels. Mit Ägypten, Babylon und Askalon bildet er eine Koalition gegen die Assyrer.

701   Vergebliche Belagerung Jerusalems durch Sanherib von Assyrien. Hiskia wird Vasall der Assyrer.

696–642   Manasse, der Sohn Hiskias, ist ebenfalls Vasall der Assyrer.

641/640   Amon, König von Juda, wird wegen seiner assyrerfreundlichen Politik ermordet.

639   Josia ist neuer Herrscher von Juda. Als die Babylonier die Assyrer vernichtend schlagen, annektiert er Samaria und Galiläa. Josia reinigt den Tempel und beseitigt die jüdischen Kultstätten außerhalb Jerusalems im Zuge einer zentralistischen Religionsreform, vor allem unter dem Einfluß des Propheten Jeremia.

Tod Josias; sein Sohn Jojakim kommt an die Macht. Er ist anfangs vom ägyptischen Pharao Necho abhängig, dann vom babylonischen Herrscher Nebukadnezar II.

Zedekia wird König von Juda.

598

Nach einem Aufstandsversuch des Jojakim erobert Nebukadnezar II. Jerusalem. Ende der Herrschaft Jojakims. Nebukadnezar führt Jojakin, den Sohn Jojakims, sowie die Oberschicht des Landes nach Babylonien (1. Exil).

597

Zedekia erhebt sich gegen die Babylonier.

589

Nach eineinhalbjähriger Belagerung wird Jerusalem von Nebukadnezar II. zurückerobert, der Tempel zerstört. Damit endet das Königreich Juda; Beginn der Babylonischen Gefangenschaft (2. Exil). Juda wird babylonische Provinz. Die Edomiter gewinnen das Gebiet um Hebron und Beersheba, das jetzt Idumaea genannt wird.

587

Persische Herrschaft / Hellenistischer Einfluß

Nach Rückkehr aus der Babylonischen Gefangenschaft wird Juda persische Provinz.

Der Perserkönig Kyros II. erobert das Babylonische Reich.

539

Kyros II. gestattet den Juden die Rückkehr in ihre Heimat; Wiederaufbau des Tempels.
Akko und Gaza werden königliche Festungen, das Küstenland wird zwischen den Phönizierstädten Tyros und Sidon aufgeteilt, das übrige Land in Provinzen gegliedert.

538

Bau des Zweiten Tempels in Jerusalem.

520

Sesbazzar, Nachkomme des zweitletzten Königs Jojakin, als Statthalter in Juda eingesetzt. Ihm und seinen Nachfolgern stehen der Hohepriester und ein Ältestenrat zur Seite. Einweihung des Zweiten Tempels unter dem Statthalter Nehemia.

519

Jerusalem erhält neue Stadtmauern.

445

Verstärktes Aufkommen griechischen Einflusses, lange vor der Eroberung des Landes durch Alexander den Großen. Im 4. Jahrhundert wohnen Griechen in Akko; in Atlit lassen sich Söldner nieder.

5. und 4. Jh.

Hellenistische Zeit

Alexander der Große bringt Judäa unter makedonische Herrschaft. Wegen der fortschreitenden Hellenisierung des Landes kommt es zu Auseinandersetzungen zwischen den griechischen Seleukiden und den gesetzestreuen Juden. Die Juden sollen auf Geheiß von Antiochos IV. griechische Götter anbeten; der jüdische Tempeldienst wird unter seiner Herrschaft eingestellt.

Alexander der Große wird König von Makedonien.

336

Alexander siegt bei Issos über die Perser unter Dareios III.

333

Alexander erobert Tyrus, Syrien und Ägypten; Judäa kommt unter makedonische Herrschaft.

332

Tod Alexanders. Judäa wird zum Streitobjekt unter den Diadochen, den Nachfolgern des Herrschers. Antigonos Monophthalmos kämpft gegen die arabischen Nabatäer, einen Volksstamm, der in der Gegend von Petra (heute in Jordanien) lebt.

312

Ptolemaios I., der Herr Ägyptens, nimmt Jerusalem ein; Judäa wird Teil des Ptolemäerreiches. Viele Juden gehen, gezwungen oder freiwillig, in die Diaspora nach Ägypten. Hohepriester aus dem Haus der Oniaden verwalten Judäa; in Samaria besteht eine makedonische Kolonie. Galiläa erhält seinen Verwaltungssitz auf dem Berge Tabor. Die phönizischen Küstenstädte werden autonom. Die im Ostjordanland mächtige Familie der Tobiaden gewinnt Einfluß in Vorderasien, wo sie die Hellenisierung fördert; Siedlungsnamen wie Ptolemais (für Akko), Philadelphia (für Rabbath Ammon) u.a. weisen darauf hin. Hellenisiert wird auch die jüdische Kolonie in Ägypten; die Bücher der Bibel, die das Alte Testament bilden, werden deshalb im 3. Jahrhundert v. Chr. ins Griechische übersetzt (Septuaginta).

198

In der Schlacht bei Paneion (heute Banyas) unterliegen die Ptolemäer unter Ptolemaios V. den in Syrien herrschenden griechischen Seleukiden unter Antiochos III. (223–187). Dieser faßt die eroberten Gebiete in der Satrapie 'Koilesyrien und Phönizien' zusammen und schafft in Palästina vier Eparchien: Samaria, Idumaea, Galaad (Ostjordanland) und Paralia (Küste).
Den Juden erkennt Antiochos III. das Recht zu, nach den 'Gesetzen der Väter' zu leben; der Tempel erhält Spenden. Als Syrien nach einem verlorenen Krieg hohe Entschädigungen an Rom aufbringen muß, versucht ein Minister Seleukos' IV. (187–175), den Jerusalemer Tempelschatz in seine Gewalt zu bringen. Damit beginnen Spannungen zwischen den seleukidischen Herrschern und den Juden.
Der nächste Seleukidenherrscher Antiochos IV. (175–163) gerät durch konsequente Hellenisierung des Landes in schärferen Gegensatz zu dem gesetzestreuen Teil der Juden. Er ersetzt den Hohepriester Onias III. durch seinen Bruder Jason (Jeshua). Dieser, ein Befürworter des Hellenismus, errichtet unterhalb des Tempelberges ein Gymnasion, das auch bei den Priestern auf Zustimmung stößt. Jasons Amtszeit ist kurz.

172/171

Menelaos, Bruder des Tempelvorstehers Simeon, erreicht, daß ihm das Hohepriesteramt übertragen wird, obwohl er nicht dem Haus der Oniaden angehört. Menelaos nimmt Tempelgeräte an sich, um dem König seinen Tribut entrichten zu können, und läßt den ehemaligen Hohepriester Onias III. ermorden.

169

Antiochos IV. reißt den Rest des Tempelschatzes an sich. Ein Konflikt zwischen Menelaos und den Tobiaden veranlaßt Antiochos IV. zu militärischem Eingreifen. Menelaos soll die Ausübung der jüdischen Religion unterdrücken; er errichtet daher im Tempel von Jerusalem einen Altar für den Dionysos Sabazios und plant einen Zeustempel.

167

Der jüdische Tempeldienst in Jerusalem wird eingestellt.

Makkabäeraufstand und Hasmonäerstaat

Unter den Hasmonäern Mattathias und Judas Makkabäus kommt es zum Aufstand gegen Antiochos IV. Dieser hebt die judenfeindlichen Gesetze auf und gestattet den Juden die Ausübung ihrer Religion. Nachdem die Hasmonäer in Judäa gut hundert Jahre lang sowohl das Statthalter- als auch das Hohepriesteramt innehaben, entstehen zwischen ihnen und der jüdischen Bevölkerung Konflikte. Der Römer Pompeius erobert einige Jahre später die Hauptstadt Jerusalem.

166

Die religiöse Unterdrückung führt zum Aufstand der Juden gegen die fremden Herrscher. In der Stadt Modiim (nahe Lydda, heute Lod) tötet der

hasmonäische Priester Mattathias einen königlichen Beamten und einen der Opfernden während eines heidnischen Gottesdienstes und flieht dann mit anderen Aufständischen in die Berge.
Nach seinem Tod im gleichen Jahr stellt sich sein Sohn Judas Makkabäus an die Spitze des Aufstandes. Es kommt zum Krieg der rasch erstarkenden Gruppe gegen Antiochos IV.

Makkabäeraufstand und Hasmonäerstaat, 166 (Fortsetzung)

Antiochos IV. hebt die judenfeindlichen Gesetze auf. | 165

Judas Makkabäus reinigt den Tempel; bis heute erinnert das jüdische Fest der Tempelweihe (Chanukkah) an diese Tat. | 164

Nach mehrjährigen Kämpfen mit Antiochos IV. und Demetrios I. fällt Judas Makkabäus bei Eleasa. Sein Bruder Jonathan führt den Kampf weiter. | 160

Jonathan wird von Demetrios I. zum Statthalter ernannt. | 152

Der Seleukidenkönig Alexandros Balas macht Jonathan zum Hohenpriester. "Damit hatten die Hasmonäer de facto und de jure die Macht in Judaea als Statthalter und Hohepriester inne, und das Ziel ihrer Revolution war zum großen Teil erreicht" (Avi-Yonah).
Jonathan nutzt die Spannungen unter den Seleukidenherrschern sowie zwischen den syrischen Seleukiden und den ägyptischen Ptolemäern zur Vergrößerung seines Gebietes und seiner Macht. | 150

In der Schlacht bei Jamnia siegt das hasmonäische Heer unter Jonathan über die Truppen der Seleukiden. | 147

Jonathan wird gefangengenommen und getötet. Sein Bruder Simeon folgt ihm als Hoherpriester. Er erreicht die Anerkennung der Selbständigkeit Judäas (die jüdische Dynastie der Hasmonäer vereinigt weltliche und geistliche Gewalt). | 142

Ende der Herrschaft Simeons. Johannes Hyrkanos I. kommt an die Macht. Er will das Reich Davids wiederherstellen (zwangsweise Judaisierung der Idumäer, Sieg über die Samaritaner). | 135

Ende der Herrschaft Hyrkanos' I. | 104

Alexandros Jannaios, der sich auf die hellenisierten Stadtbürger stützt, kommt an die Macht. Er erobert Küstenstädte, das Land Galiläa und Teile des Ostjordanlandes; größte Ausdehnung des Hasmonäerreiches. Der jüdische Widerstand gegen die Hasmonäerdynastie, der sich schon gegen die Annahme des Hohepriesteramtes durch Jonathan gerichtet hatte, wächst, als Jannaios sich König nennt. | 103

Ende der Herrschaft des Alexandros Jannaios. Unter seinen Söhnen, Hyrkanos II. und Aristobulos II., kommt es zu Konflikten. | 76

Der Römer Pompeius, der den Befehl hat, in Asien den 3. Mithradatischen Krieg zu beenden, nutzt den Konflikt innerhalb der Hasmonäerdynastie, um Jerusalem zu erobern. Der Hasmonäerstaat wird römischer Vasallenstaat. | 63

Hinrichtung des letzten Hasmonäerkönigs, Mattathias Antigonos, durch die Römer. | 37

Römerherrschaft

In die Regierungszeit des Königs Herodes, eines Halbjuden, fällt die Geburt Jesu. Nach Herodes' Tod wird Judäa von römischen Prokuratoren

Geschichte

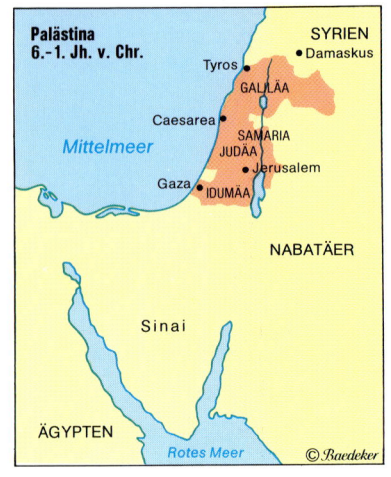

Römerherrschaft
(Fortsetzung)

verwaltet. Spannungen zwischen den Juden und den Römern führen zu militärischen Auseinandersetzungen (Zerstörung des Tempels in Jerusalem). Nach dem Bar-Kochba-Aufstand werden die Juden aus Jerusalem vertrieben; Tiberias in Galiläa bildet in der Folgezeit das Zentrum des Judentums und des sich herausbildenden Patriarchates. Entstehung der ersten Christengemeinden.

37   Herodes, Sohn eines idumäischen Vaters und einer nabatäischen Mutter, wird mit Hilfe der Römer Herr des Landes (Herodes der Große). Zur Sicherung seiner ungeliebten Herrschaft legt Herodes mehrere Festungen und Fluchtburgen an: Machaerus im Ostjordanland, Massada, Herodion und Kypros. Erneuerung des Tempels auf dem vergrößerten Tempelplatz in Jerusalem. Der König läßt in Jerusalem Palastanlagen erbauen, ferner die Festung Antonia sowie ein Theater und einen Hippodrom nach griechischem bzw. römischem Vorbild.

30   Augustus (bis 27 Octavianus) wird römischer Kaiser. Er bestätigt Herodes I. als König von Judäa; zu Ehren des Kaisers legt Herodes den Hafen Caesarea an, läßt Samaria unter dem Namen Sebaste, dem griechischen Wort für das lateinische Augustus, wiederaufbauen und dort einen Augustus-Tempel errichten.

7/6   Jesus wird in Bethlehem geboren (das Jahr der Geburt wurde Anfang des 6. Jh.s ungenau errechnet).

4 v. Chr.   Tod des Königs Herodes. Das Reich wird unter seine drei überlebenden Söhne aufgeteilt: Archelaos erhält als Ethnarch (Volksfürst) Idumaea und Samaria. Philippos wird Tetrarch (Vierfürst) im nördlichen und transjordanischen Gebiet; bei Paneas (heute Banyas) gründet er die Stadt Caesarea Philippi. Herodes Antipas herrscht als Tetrarch über die Landesteile Galiläa und Peraia; er gründet die Stadt Tiberias. Herodes Antipas ist der Landesherr Johannes' des Täufers, den er auf Anstiftung seiner Frau Herodias hin töten läßt.

Jahr 1   Beginn der christlichen Zeitrechnung.

6 n. Chr.   Augustus setzt Archelaos ab.

Ende der Regierungszeit des Augustus.

Der Römer Pontius Pilatus wird Procurator und Praefectus Judaeae. 26

Erstes Auftreten von Johannes dem Täufer. 29

Kreuzigung Jesu in Jerusalem. Um 33

Philippos, Sohn des Königs Herodes, stirbt. 34

Pontius Pilatus verliert sein Amt als Procurator und Praefectus Judaeae. 36

Agrippa I., ein Enkel Herodes' des Großen, wird König von Judäa. Er läßt 37
die Christen der Urgemeinde in Jerusalem verfolgen. Der römische Kaiser
Caligula verbannt Herodes Antipas.

Nach Agrippas Tod wird Palästina als Judäa römische Provinz. 44

Die römischen Prokuratoren haben für das durch die Religion bestimmte 66
jüdische Leben, insbesondere für die Messias-Erwartung, wenig Verständ-
nis; sie gelten als grausam und korrupt. Wachsende Spannungen führen
zum Aufstand der Juden gegen die Römer. Hauptträger des Widerstandes
sind die fanatisch religiösen Zeloten. Niedermetzelung der römischen
Besatzung im Jerusalemer Königspalast nach deren Kapitulation.

Vespasian wird römischer Kaiser. 69

Titus, der Sohn Vespasians, nimmt Jerusalem ein; Zerstörung des Tem- 70
pels, des religiösen und politischen Mittelpunkts der Juden.

Massada, das letzte jüdische Bollwerk, wird nach langer Belagerung durch 74
die Römer eingenommen. Die jüdischen Verteidiger begehen kollektiven
Selbstmord.
Nach der Zerstörung Jerusalems und des Tempels geht die Führungsrolle
von den Priestern auf die Pharisäer über. Der Sanhedrin wählt unter Rabbi
Jochanaan die Stadt Jamnia (Yavne) zum Sitz. Das dort betriebene Ge-
setzesstudium sichert den Fortbestand des Judentums.
Rom verstärkt die Position des Statthalters in Judäa; dieser erhält das
Kommando über die in Jerusalem stehende Legion. Caesarea wird römi-
sche Kolonie. Nahe Samaria-Sebaste gründet Vespasian die Militärkolonie
Flavia Neapolis (heute Nablus).

Ende der Herrschaftszeit Vespasians. 79

Titus ist römischer Kaiser. 79–81

Domitian regiert als Kaiser in Rom. Während dieser Zeit stirbt der jüdische 81–96
König Agrippa II.; Aufteilung seines Landes zwischen Judäa und Syrien.

Trajan wird römischer Kaiser. 98

Eingliederung des Nabatäerreiches in das Römische Reich. 106

Judenaufstände in Kyrene, Ägypten und auf Zypern greifen auf Judäa 115
über, wo einige Rabbiner hingerichtet werden.

Ende der Regierungszeit Trajans. Hadrian wird römischer Kaiser. 117

Hadrian verbietet die bei den Juden übliche Beschneidung. 130

Das Beschneidungsverbot führt zu einem Aufstand der Juden, angeführt 132
von Bar Kochba (Simeon Ben Kosba).

Römerherrschaft (Fortsetzung) 135	Die Römer schlagen den Bar-Kochba-Aufstand nieder (Höhlen westlich des Toten Meeres dienten einigen Aufständischen als Zufluchtstätte; dort fand man Briefe Bar Kochbas). Jerusalem wird zur römischen Militärkolonie Aelia Capitolina. Die Römer errichten auf dem Tempelplatz ein Reiterstandbild Hadrians und weisen die Juden aus Aelia Capitolina aus. Zentrum des Judentums wird jetzt Uscha in Galiläa.
138	Ende der Herrschaftszeit von Kaiser Hadrian. Antoninus Pius wird römischer Kaiser. Er läßt die Ausübung der jüdischen Religion, die nach dem Bar-Kochba-Aufstand verboten worden war, wieder zu.
Um 140	Der Sanhedrin tritt in Uscha zusammen und wählt Simeon II. zum Patriarchen. Die Juden erhalten die Gerichtsbarkeit und städtische Selbstverwaltung. In weiten Teilen des Landes breitet sich römische Stadtkultur aus.
2./3. Jh.	Das Patriarchat erhält unter Judah I. fast monarchischen Charakter. Judahs Grab in Bet Shearim wird Zentrum eines großen jüdischen Friedhofes. Der Sitz des Patriarchen und des Sanhedrin wird von Uscha nach Tiberias verlegt. Die Christen haben zu dieser Zeit eine Gemeinde in Jerusalem, wo Bischof Alexander (212 – 251) eine Bibliothek gründet. Weitere Gemeinden bestehen seit dem 1. Jahrhundert in Caesarea, Ptolemais (Akko), Joppe (Jaffa), Lydda (Lod) und Pella; seit dem 2. Jahrhundert in Flavia Neapolis; seit dem 3. Jahrhundert u.a. in Caesarea Philippi, Bostra, Sebaste, Philadelphia (Amman), Bethlehem, Gaza und Jericho. Hauptgemeinde ist Caesarea, wo die Kirchenlehrer Origenes (um 185 – 254) und Eusebius (um 260 – 339) wirken.

Oströmisch-byzantinische Herrschaft

	Unter Kaiser Konstantin, der das Christentum zur einigenden Staatsreligion im Römischen Reich macht, werden viele Juden zu Christen. Palästina gewinnt als 'Heiliges Land' Ansehen. Das Land, das immer im Spannungsfeld der Großmächte stand, kommt nach 600 in den Einflußbereich der Araber.
324	Nach der Teilung des Römischen Reiches in vier Gebiete erkämpft sich Konstantin, der Sohn des Konstantius, die Alleinherrschaft und regiert als Konstantin der Große über das ganze Reich. Die Herrschaft Konstantins des Großen bringt für Palästina eine entscheidende Wende: "Nicht nur, daß das Christentum nunmehr eine religio licita wurde, sondern die bisher unbedeutende Provinz wurde zum 'Heiligen Land' der herrschenden Religion" (Avi-Yonah). In Jerusalem und seiner Umgebung werden an für das Christentum bedeutenden Stätten Kirchen erbaut (Geburtskirche in Bethlehem, Grabeskirche auf dem Hügel Golgatha in Jerusalem). Die Juden dürfen die Stadt nach wie vor nur einmal jährlich, am Tag der Tempelzerstörung, betreten.
379 – 395	Unter der Herrschaft des Kaisers Theodosius I. breitet sich das Christentum stark aus. Theodosius teilt das Römische Reich in das Weströmische Reich und das Oströmische Reich.
408 – 450	Am Ende der Regierungszeit von Theodosius II. ist die Bevölkerung Palästinas in der Mehrzahl christlich.
Vor 429	Mit dem Tode von Gamaliel IV. erlischt das Amt des jüdischen Patriarchen.
451	Der Jerusalemer Bischof erhält die Würde eines christlichen Patriarchen. Auf dem Konzil von Chalkedon treten die Spannungen zwischen der orthodoxen Reichskirche und den Monophysiten, welche die Lehre von den

zwei Naturen Christi ablehnen, deutlich hervor. Große Teile der Bevölkerung Palästinas sind Monophysiten und stehen dem Reich von Byzanz und seiner Kirche ablehnend gegenüber.

Oströmisch-byzantin. Herrschaft, 451 (Forts.)

Aufstand von Samaritanern und Juden, der vom byzantinischen Staat niedergeschlagen wird.

484

Unter dem byzantinischen Kaiser Justinian kommt es erneut zu Kämpfen gegen aufständische Samaritaner und Juden. Justinian fördert Siedlungen im Negev und die Kultivierung der Wüstengebiete mit Hilfe der nabatäischen Bewässerungstechnik.

527–565

Die Perser, neben Byzanz die zweite Großmacht im Bereich des östlichen Mittelmeeres, erobern unter Chosroes II. Palästina. Der Patriarch Zacharias und 37 000 andere Christen werden nach Persien verschleppt (auch das Heilige Kreuz aus der Grabeskirche führen die Perser mit). Jerusalem steht unter der Herrschaft der Juden, welche die verbliebenen Christen (etwa 4500) zwischen der Aufgabe ihres Glaubens und dem Tod wählen lassen.

614

Kaiser Herakleios (601–640) schlägt die Perser, löst die Gefangenen aus und läßt das Heilige Kreuz wieder in der Grabeskirche aufstellen.

628

Zwei Jahre nach dem Tod des Propheten Mohammed (571–632) fällt der byzantinische Statthalter im Kampf gegen die vordringenden Araber.

634

Am Yarmuk wird das byzantinische Heer von den Arabern geschlagen.

636

Arabische Herrschaft

Die arabischen Kalifen erobern Jerusalem und regieren Palästina zuerst von Ramle, später von Damaskus und schließlich von Bagdad aus. Die meisten Kalifen sind gegen Andersgläubige wie Juden und Christen tolerant. Im 11. Jahrhundert fallen die Seldschuken, ein türkisches Volk, nach Palästina ein. Durch ihre Gewalttätigkeit gegen christliche Pilger lösen sie die Kreuzzüge aus.

Patriarch Sophronios übergibt dem Kalifen Omar die Stadt Jerusalem.

638

Verwaltungssitz der Araber ist Emmaus (Latrun), später das neugegründete Ramle. Juden und Christen, als 'Völker des Buches' toleriert, haben lediglich eine Kopfsteuer zu zahlen.

Um 640

Unter den in Damaskus residierenden Omaijadenkalifen erlebt das Land einen starken Aufschwung (ausgenommen die Negevstädte).

661–750

Kalif Abd el-Malik errichtet auf dem Tempelplatz den Felsendom. Wegen des Felsendoms und der El-Aqsa-Moschee gilt Jerusalem den gläubigen Mohammedanern nach Mekka und Medina als wichtigste Stadt (der Felsen des Tempelberges wird als der Ort verehrt, von dem Mohammed auf seinem Roß Burak in den Himmel aufgefahren sein soll).

Um 700

Die Abbasiden, welche die Omaijaden ablösen, machen Bagdad zu ihrer Residenz.

750

Kalif Harun el-Raschid erkennt Karl den Großen als Schutzherrn der heiligen Stätten an.

807

Der türkische Söldnerführer Ahmed Ibn Tulun wird zum mächtigsten Mann in Palästina; auch nach seinem Tod üben türkische Söldner auf die Bevölkerung des Landes Druck aus.

878

Arab. Herrschaft (Forts.); Um 977	Die Fatimiden, arabische Kalifen, die 969 Ägypten erobert haben, herrschen in Palästina.
1004	El-Hakim, der neue Kalif, den die Drusen zum Oberhaupt ihrer Religion machen, verfolgt die Bewohner Palästinas, die keine Moslems sind.
1009	Zerstörung der Grabeskirche.
1021	El-Hakims Herrschaftszeit endet.
1055	Die Seldschuken, ein türkisches Volk, erobern Bagdad; sie dringen auch nach Vorderasien vor.
Seit 1078	Die Seldschuken überfallen christliche Pilger aus dem byzantinischen Reich und Europa. Diese Gewaltakte lösen die Kreuzzüge aus.

Zeitalter der Kreuzzüge

	Von Papst Urban II. aufgerufen, brechen Ende des 11. Jahrhunderts katholische Christen aus Europa in mehreren Kreuzzügen nach Palästina auf, um die heiligen Stätten vor den 'Ungläubigen' zu schützen. Jerusalem wird Mittelpunkt eines Kreuzfahrerstaates, der bis ins Jahr 1291 besteht.
1095	Auf der Synode von Clermont fordert Papst Urban II. die Christen zum Krieg gegen den Islam auf: "Dieu le vult" (Gott will es). Das Echo ist außerordentlich stark.
1096	Beginn des Ersten Kreuzzuges, an dem vorwiegend französische Ritter und süditalienische Normannen teilnehmen. Die Kreuzfahrer ziehen durch das Byzantinische Reich und erreichen bei Tripoli (heute im Libanon) das Mittelmeer.
1099	Nach 39tägiger Belagerung nehmen die Kreuzfahrer am 15. Juli Jerusalem ein; unter den Moslems und Juden der Stadt richten sie ein Blutbad an. Gottfried von Bouillon, an der Erstürmung Jerusalems entscheidend beteiligt, nimmt den Titel 'Advocatus sancti sepulchri' (Beschützer des Heiligen Grabes) an.
1100	Tod Gottfrieds von Bouillon. Sein Bruder läßt sich als Balduin I. zum König von Jerusalem krönen. Das christliche Königreich Jerusalem wird nach französischem Vorbild als Lehnsstaat eingerichtet. Balduin I. erobert die Küstenstädte von Askalon bis Akko, das Westjordanland und östlich des Jordans das Gebiet von Kerak bis Aila (Elat).
1119	Gründung des Templerordens durch Hugo von Payens zum Schutz der Jerusalempilger. Der Großmeister hat seinen Sitz in Jerusalem. Die Tempelherren tragen einen weißen Mantel mit einem achtspitzigen roten Kreuz.
1131 – 1143	Fulco, Graf von Anjou, läßt als König von Jerusalem das Land durch den Bau zahlreicher Burgen sichern. Die Zentralgewalt ist jedoch durch das Lehnssystem und die Existenz zahlreicher Fürstentümer (in Tripolis, Edessa, Antiochia und Galiläa) eingeengt.
1147 – 1149	Zweiter Kreuzzug (militärische Auseinandersetzungen mit den Türken; Zerwürfnisse unter den beteiligten Europäern).
1162 – 1174	König Amalrik I. versucht Ägypten zu erobern.
1187	Der ägyptische Sultan Saladin schlägt die Kreuzfahrer bei den Hörnern von Hittim und besetzt drei Monate später Jerusalem.

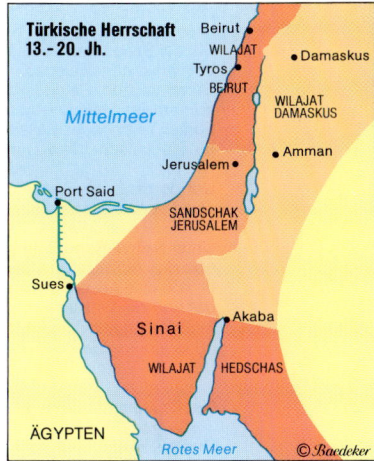

Dritter Kreuzzug, angeführt von Kaiser Friedrich I. Barbarossa.	Kreuzzüge (Forts.) 1189 – 1192
Akko fällt wieder an die Christen und wird Hauptstadt des Kreuzfahrerstaates.	1191
Vierter Kreuzzug.	1202 – 1204
Fünfter Kreuzzug unter Kaiser Friedrich II. von Hohenstaufen. Durch Vertrag erhält der Kaiser vom ägyptischen Sultan die Stadt Jerusalem, wo er sich zum König krönt, ferner Bethlehem, Nazareth und einen Korridor zwischen Jerusalem und dem Mittelmeer.	1228 / 1229
Jerusalem wird im Auftrag des ägyptischen Sultans erobert.	1244
Sechster Kreuzzug.	1248 – 1254
Sultan Baibars, ein Mamelucke, erobert fast den ganzen Kreuzfahrer-Reststaat.	1261 – 1272
Siebenter Kreuzzug.	1270
Sultan el-Aschraf Chalil nimmt Akko ein. Der Kreuzfahrerstaat findet damit sein Ende.	1291

Herrschaft der Mamelucken

Die Mamelucken, freigelassene Sklaven türkischer oder tscherkessischer Herkunft, kommen um 1250 in Ägypten an die Macht und erweitern von dort aus ihren Herrschaftsbereich. Die ägyptische 'Dynastie' der Mamelucken gliedert sich in die Bahriten (1252–1390) und Burdschiten (1382–1517). Die Ära der Mamelucken, die nach Auflösung des Kreuzfahrerstaates in Palästina herrschen, ist durch innere Unruhen gekennzeichnet. Sie lassen die Straßen ausbauen, errichten Brücken, Karawansereien und Moscheen.

Aus Spanien vertriebene Juden kommen nach Palästina.   1492

Palästina im Osmanischen Reich

Mit der Eroberung Jerusalems durch Sultan Selim I. wird Palästina Teil des Osmanischen Reiches. Nach dem Tod Süleimans II. Niedergang des Osmanischen Reiches; zunehmender Einfluß der europäischen Großmächte im östlichen Mittelmeer. Mit Ende des Ersten Weltkrieges wird Palästina britisches Mandatsgebiet. Um die Jahrhundertwende gewinnt die zionistische Bewegung an Bedeutung.

1516/1517	Der osmanische Sultan Selim I. besiegt die Mamelucken bei Aleppo, erobert Jerusalem und nimmt anschließend Ägypten ein.
1520 – 1566	Unter Selims Sohn Süleiman II. (dem Prächtigen) erlebt Palästina eine Periode des Aufbaus und der inneren Festigung. Die Jerusalemer Mauer wird in teilweise neuem Verlauf erneuert, der Felsendom mit Fayencen verkleidet und die Wasserversorgung verbessert. In Safed beginnt die Ära berühmter Kabbalisten ('Kabbala' ist die Bezeichnung einer mittelalterlichen jüdischen Geheimlehre). Nach Süleimans Tod beginnt der Niedergang des Osmanischen Reiches.
Um 1660	Der Drusenemir Fakhr ed-Din baut das 1291 zerstörte Akko wieder auf.
1730 – 1770	Daher el-Amr beherrscht von Akko ganz Galiläa.
1775 – 1804	Ahmed Jezzar ('der Schlächter') siegt über Daher el-Amr und macht Akko zu seiner Residenz.
1805	Der aus Makedonien stammende albanische Offizier Muhammad (Mehmed) Ali ruft sich anstelle des vertriebenen türkischen Gouverneurs zum Pascha von Ägypten aus.
1833	Ibrahim Pascha, der Sohn (oder Adoptivsohn?) Muhammad Alis, beherrscht nach einem kriegerischen Vorstoß Palästina und Syrien.
1840	Unter dem Druck einer Quadrupelallianz (Großbritannien, Rußland, Preußen und Österreich) gibt Ibrahim Pascha die Verwaltung dieser Länder auf. Die Türkei kommt, mit Hilfe der Europäer, wieder an die Macht. Frankreich sieht sich als der Beschützer der Katholiken in Palästina, Rußland als derjenige der Orthodoxen.
1841	Großbritannien und Preußen gründen gemeinsam als Schirmherren der Protestanten ein Bistum Jerusalem.
1848	In Jerusalem entsteht eine aschkenasische Gemeinde (d.h. Gemeinde mittel- und osteuropäischerJuden).
1868	Die deutsche Tempelgesellschaft (Deutscher Tempel) gründet in Haifa ihre erste Siedlung. Diese religiöse Bewegung, die nicht mit dem Templerorden der Kreuzzüge zu verwechseln ist, ging aus dem württembergischen Pietismus hervor; ihre Mitglieder wollen das Reich Gottes auf Erden verwirklichen. In der Folgezeit entstehen weitere Siedlungen, so 1873 auch in Jerusalem. Einige der Siedlungen werden schon vor dem Ersten Weltkrieg wieder aufgegeben, andere existieren bis in den Zweiten Weltkrieg, dann evakuieren die britischen Mandatsherren die Siedler nach Australien, wo die Tempelgesellschaft (wie auch in Deutschland) noch heute besteht.
1878	Juden aus Jerusalem gründen östlich von Jaffa Petah Tikva, die erste jüdische landwirtschaftliche Siedlung.
1882	Die erste größere Einwanderungswelle ausländischer Juden, vorwiegend aus Rußland und Polen, setzt ein (Erste Alijah), unterstützt durch Baron Edmond de Rothschild. Ägypten wird von den Briten besetzt.

Theodor Herzl veröffentlicht das Buch "Der Judenstaat", das die Schaffung eines jüdischen Staates in Palästina zum Thema hat (Zionismus).

Erster Zionistenkongreß in Basel; für das jüdische Volk wird die 'Schaffung einer öffentlich-rechtlich gesicherten Heimstätte in Palästina' gefordert.

1897

Orientreise Kaiser Wilhelms II. mit Besuch Jerusalems; zwei Jahre später schließt er einen Handelsvertrag mit der Türkei ab.

1898

Zweite Einwanderungswelle ausländischer Juden (Zweite Alijah). Im Jahre 1914 leben in Palästina neben 600 000 Arabern rund 100 000 Juden.

1904 – 1914

Gründung Tel Avivs als einer rein jüdischen Stadt.

1909

Die ersten Kibbuzim (Kollektivsiedlungen auf freiwilliger Basis) entstehen.

Um 1910

Die Ermordung des österreichischen Thronfolgerehepaares in Sarajevo (28. Juni) löst den Ersten Weltkrieg aus. Am 1. November tritt die Türkei an der Seite der Mittelmächte (Deutsches Reich, Österreich-Ungarn) in den Weltkrieg ein. Erklärung des britischen Protektorats über Ägypten (18. Dezember).

1914

Der britische Hochkommissar in Ägypten sichert dem Großscherifen Hussein von Mekka für den Fall des Sieges über die Türkei die Errichtung eines arabischen Königreiches zu.

1915

Im Sykes-Picot-Abkommen werden die 'Einflußzonen und Territorialerwerbungen' der Entente (Briten und Franzosen) in der Türkei festgelegt, d.h. de facto deren Aufteilung. Palästina soll danach unter internationale Verwaltung kommen.

1916

In einem Schreiben an den Baron Rothschild bestätigt der britische Außenminister Balfour den Beschluß seiner Regierung, eine 'nationale Heimstätte für das jüdische Volk in Palästina' zu errichten, soweit dabei die Rechte der nichtjüdischen Gemeinschaften nicht beeinträchtigt würden (Balfour Declaration).

1917

Palästina wird von den Briten erobert und kommt unter britische Militärverwaltung.

1917/1918

Ende des Ersten Weltkrieges. Im Waffenstillstand vom 30. 10. 1918 kapituliert das Osmanische Reich.

1918

Britisches Mandat

Nach dem Ersten Weltkrieg wird Palästina britisches Mandatsgebiet. Es kommt zu wachsenden Spannungen zwischen Arabern und Juden, besonders während der verstärkten Einwanderung jüdischer Emigranten nach 1933. Im Jahre 1947 billigt die UNO-Vollversammlung eine Teilung Palästinas in zwei Staaten, was von den Arabern abgelehnt wird. Ein Jahr später legt Großbritannien die Mandatsverwaltung nieder.

Im Vertrag von San Remo erhält Großbritannien das Mandat des Völkerbundes über Palästina. Wachsende Spannungen zwischen Juden und Arabern (gewaltsame Auseinandersetzungen). Gründung der 'Haganah', einer militärischen Organisation zum Schutz der jüdischen Siedlungen (sie ging bei der Gründung des Staates Israel 1948 im israelischen Heer auf).

1920

Entstehung der 'Jewish Agency for Palestine', welche die jüdischen Interessen gegenüber den Briten vertritt (seit 1948 heißt die Institution 'Jewish

1922

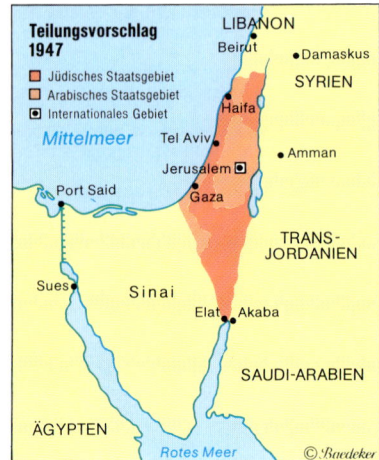

Agency for Israel' und befaßt sich mit Fragen der Einwanderung nach Israel sowie mit Siedlungsproblemen).

1933 Beginn einer starken jüdischen Einwanderungswelle, ausgelöst durch die Judenverfolgung des Dritten Reiches in Deutschland.

1936 Ein arabischer Aufstand gegen das rasche Anwachsen der jüdischen Bevölkerung wird von britischen Truppen niedergeschlagen.

1937 Der Peel Report schlägt die Teilung Palästinas zwischen Juden und Arabern vor. Die Araber fordern jedoch für Palästina einen unabhängigen Status unter der herrschenden arabischen Mehrheit.

1939 Durch das 'White Paper' erschweren die Briten das Einwandern von Juden nach Palästina.

1941–1945 Obgleich das nationalsozialistische Regime in Deutschland die planmäßige Ermordung von etwa 6 Mio. Juden betreibt, halten die Briten am 'White Paper' fest. Dennoch gelingt immer wieder einzelnen die illegale Einwanderung nach Palästina. Am Ende des Zweiten Weltkrieges leben hier etwa 600 000 Juden.

1947 Die Vollversammlung der Vereinten Nationen (UNO) beschließt die Teilung Palästinas in einen jüdischen Staat (in den vorwiegend jüdisch besiedelten Regionen Palästinas) und einen arabischen Staat (d.h. die vorwiegend arabischen Siedlungsgebiete kommen an das Königreich Jordanien); Jerusalem soll unter internationaler Verwaltung stehen. Die Araber lehnen die Lösung ab.

Der Staat Israel

Nach der Proklamation des Staates Israel im Mai 1948 kommt es in fünfundzwanzig Jahren zu vier Kriegen zwischen Israel und den angrenzenden arabischen Staaten. Im Sechstagekrieg von 1967 besetzt Israel große Gebietsteile der arabischen Nachbarstaaten; die Aktivitäten der Palästinenser verstärken sich. Der Jom-Kippur-Krieg (1973) endet durch Vermitt-

lung der Vereinten Nationen mit einem Waffenstillstand. Mehrjährige Nahostfriedenskonferenzen sowie die Bemühungen der USA führen 1979 zu einem Friedensvertrag zwischen Ägypten und Israel, in dem die Rückgabe des israelisch besetzten Sinai vereinbart wird. Die gespannten Beziehungen zu den übrigen arabischen Nachbarstaaten bleiben indes unverändert. Der Versuch, 1982 die PLO im Libanon militärisch zu vernichten, scheitert. Mit dem Ausbruch der Intifada im Dezember 1987 verschärft sich der Konflikt zwischen Juden und Palästinensern.

Der Staat Israel (Fortsetzung)

Am 14. Mai, einen Tag vor Ende des britischen Mandats, proklamiert David Ben Gurion den souveränen Staat Israel (Medinat Yisrael). Unmittelbar nach Gründung des Staates Israel beginnen Jordanien, Ägypten, Irak, Syrien und Libanon einen Krieg, um die Realisierung eines israelischen Staates zu vereiteln. Ostjerusalem und die arabischen Gebiete im Westjordanland fallen an das Haschemitische Königreich Jordanien.

1948

Am 15. Januar wird ein Waffenstillstandsabkommen zwischen Israel und Ägypten, dem Libanon, Jordanien und Syrien geschlossen. Jordanien behält die eroberten Gebiete. Der Gazastreifen bleibt unter ägyptischer Kontrolle. Galiläa fällt fast ganz an Israel, ebenso Westjerusalem. Die beim Waffenstillstand 1949 bestehenden Linien bilden die Grenze des jungen Staates Israel, die aber von den Arabern nicht anerkannt wird. (Zu Beginn der Kämpfe hat ein Großteil der Araber das Land verlassen.)
Die Knesset tritt am 4. Februar erstmals zusammen. Größte Partei des Landes ist die sozialdemokratische Mapai, erster Staatspräsident wird Chaim Weizmann.
Mitglied der Vereinten Nationen wird Israel am 11. Mai.

1949

Der ägyptische Staatspräsident Nasser verstaatlicht am 26. Juni die Sues-Kanal-Gesellschaft. Als er zudem die Meerenge von Tiran am Südausgang des Golfes von Akaba für israelische Schiffe sperrt, greift Israel am 29. Oktober mit britischer und französischer Unterstützung Ägypten an, besetzt den Gazastreifen und die Halbinsel Sinai (Sueskrieg).

1956

Nachdem sowohl den USA als auch der UdSSR, wenn auch aus unterschiedlichen Beweggründen, an einer Beilegung des Sueskonfliktes gelegen ist, können die Vereinten Nationen vermitteln und die Feindseligkeiten

1957

Geschichte

Sechstagekrieg 1967

LIBANON
Beirut
SYRIEN
• Damaskus
Haifa
Golan
Mittelmeer
Tel Aviv •
West-
Jerusalem• Jordanland • Amman
Gaza •
Port Said
JORDANIEN
Ismailija
ISRAEL
Sues •
Sinai
Elat • Akaba

→ Israelische Truppen
✕ Größere Gefechte
Von Israel besetztes Gebiet

ÄGYPTEN
Rotes Meer
©Baedeker

Jom-Kippur-Krieg 1973

LIBANON
Beirut
SYRIEN
• Damaskus
Haifa
Mittelmeer
Tel Aviv •
Jerusalem•
• Amman
Gaza •
Port Said
JORDANIEN
Sues •
ISRAEL
Sinai
Elat • Akaba

→ Arabische Angriffe
→ Israelische Angriffe
Von Israel besetztes Gebiet
---- Waffenstillstandslinie 18. 1. 74

ÄGYPTEN
Rotes Meer
©Baedeker

Der Staat Israel, 1957 (Fortsetzung)

beenden (März). Der Gazastreifen wird unter UN-Kontrolle gestellt, der Golf von Akaba internationalisiert; Israel zieht sich aus den gewonnenen Sinai-Positionen zurück.

1958

Die parlamentarische Republik Israel, die keine geschriebene Verfassung besitzt, verabschiedet das erste Grundgesetz (die oberste Autorität des Staates liegt bei der Knesset, der die Regierung verantwortlich ist).

1967

Am 22. Mai sperrt Ägypten die Straße von Tiran erneut für israelische Schiffe. Nach Mobilmachung in Ägypten und Syrien zerstört Israel in einem Präventivschlag die Luftwaffen Ägyptens, Jordaniens, Syriens und des Irak am Boden. Unter dem Oberkommando von Moshe Dayan besetzen israelische Truppen den Gazastreifen und die Sinaihalbinsel bis zum Sueskanal, die Golanhöhen, Westjordanien und Ostjerusalem (Sechstagekrieg vom 5. bis 11. Juni).
Im November verabschiedet der UN-Sicherheitsrat die Resolution 242, in der der Rückzug der israelischen Streitkräfte aus den während des letzten Konfliktes besetzten Gebieten gefordert wird.

1968 – 1972

Die 1964 gegründete PLO (Palestine Liberation Organisation), die den Anspruch erhebt, die Palästinenser zu vertreten, sieht nur mit gewaltsamen Mitteln die Möglichkeit, Palästina zu befreien. Von Syrien, Jordanien und dem Libanon aus unternimmt die PLO Terrorangriffe gegen Israel, das sich mit militärischen Aktionen zur Wehr setzt.

1973

Am jüdischen Versöhnungstag (Yom Kippur; 6. Oktober) greifen Ägypten und Syrien Israel an. Die ägyptischen Truppen stoßen weit in die Sinaihalbinsel, die syrischen gegen die israelischen Stellungen auf den Golanhöhen vor (Jom-Kippur-Krieg). Nach harten Kämpfen und schweren Verlusten auf beiden Seiten schalten sich die Großmächte ein: mit Hilfe der Vereinten Nationen kann ein Waffenstillstand erreicht werden (22.–26. Oktober).
Im November beginnt die 'Pendeldiplomatie' des US-Außenministers Henry Kissinger zur Sicherung der Waffenruhe und Lösung des Konfliktes.

1974

Ein ägyptisch-israelisches Truppenentflechtungsabkommen wird am 18. Januar unterzeichnet und tritt am 24. Januar in Kraft. Israel räumt das Westufer des Sueskanals (UN-Truppen besetzen später die Pufferzone).

Am 31. Mai wird ein syrisch-israelisches Truppenentflechtungsabkommen in Genf unterzeichnet. Rückgabe der im Jom-Kippur-Krieg von Israel besetzten Gebiete sowie der Orte Kuneitra und Rafid; Austausch der Gefangenen. UN-Truppen überwachen die neutrale Zwischenzone.

Der Staat Israel, 1974 (Fortsetzung)

Nach dem Scheitern erneuter Vermittlungsgespräche Kissingers zwischen Israel und Ägypten (März) kommt im September das zweite Truppenentflechtungsabkommen zwischen Ägypten und Israel zustande; Israel räumt auf dem Sinai die Pässe Gidi und Mitla sowie Abu Rodeis (Erdölfelder). Die beiden Staaten wollen ihren Konflikt auf friedlichem Wege lösen. Ägypten garantiert Israel freie Fahrt für nichtmilitärische Güter von und nach Israel durch den Sueskanal.

1975

Nach den Wahlen im Mai, bei denen der rechtsgerichtete Likud-Block die Mehrzahl der Sitze gewinnt, wird Menachem Begin Ministerpräsident, Moshe Dayan übernimmt das Außenministerium (bis 1979).
Im November besucht der ägyptische Präsident Anwar-as-Sadat Jerusalem und hält eine vielbeachtete Rede in der Knesset (Friedensinitiative).

1977

Nach langwierigen Verhandlungen über eine Lösung des Nahostkonfliktes zwischen Begin, Sadat und dem US-amerikanischen Präsidenten Carter in Camp David (US-Bundesstaat Maryland) werden am 17. September in Washington ein 'Rahmenabkommen für Frieden im Nahen Osten' und ein 'Rahmenabkommen für den Abschluß eines Friedensvertrages zwischen Ägypten und Israel' unterzeichnet. Sadat und Begin erhalten den Friedensnobelpreis.

1978

Am 26. März wird in Washington ein Friedensvertrag zwischen Israel und Ägypten unterzeichnet. Bestimmungen: Bis Ende 1979 räumen die Israelis Zone A und B des Truppenrückzugsgebietes auf dem Sinai, bis April 1982 die Zone C. (Boykott des Abkommens durch die meisten arabischen Staaten und die Palästinenser.)

1979

Die israelische Armee zieht sich bis zum 25. Januar auf dem Sinai bis zur Linie El Arish – Kap Ras Mohammed zurück. Am 26. Februar nehmen Israel und Ägypten diplomatische Beziehungen auf (Botschafteraustausch).
Jerusalem – einschließlich der arabischen Altstadt – wird am 30. Juli von der Knesset zur 'ewigen Hauptstadt Israels' erklärt. Die arabischen, aber auch andere Länder mißbilligen dieses Gesetz, da es eine Lösung des Nahostkonflikts erschwere.
Die israelische Regierung stimmt am 24. August dem Bau eines Kanals vom Mittelmeer zum Toten Meer (Verhinderung einer weiteren Austrocknung des Binnensees, Anlage eines Wasserkraftwerkes) zu; doch die arabischen Länder protestieren, da der Kanal durch den Gazastreifen führen soll.

1980

Die Menschenrechtskommission der Vereinten Nationen verurteilt im Februar die israelische Annexion Ostjerusalems.
Luftangriffe der Israelis gegen Palästinenserstellungen im Südlibanon. Der US-amerikanische Sonderbotschafter Habib sucht zwischen den Staaten des Nahen Ostens zu vermitteln (April/Mai).
Bei den Parlamentswahlen im Juni gewinnt der Likud-Block unter Ministerpräsident Begin mit knappem Vorsprung. Bildung einer Koalitionsregierung unter Begin, welcher der Likud-Block und drei religiöse Parteien angehören.
Die angespannte Wirtschaftslage zwingt die israelische Regierung zu drastischen Sparmaßnahmen.
In Kairo verhandeln Vertreter Ägyptens, Israels und der USA über die Autonomie der Palästinenser im Westjordanland und im Gazastreifen.
Ermordung des ägyptischen Präsidenten Sadat in Kairo (6. 10.); Begin nimmt an der Beisetzung Sadats in Kairo teil und trifft mit dem designierten ägyptischen Präsidenten Mubarak zusammen.

1981

Geschichte

Der Staat Israel, 1981 (Fortsetzung) Die Knesset beschließt am 14. Dezember die Annexion der seit 1967 von Israel besetzten Golan-Höhen.

1982 Im April erfolgt die vollständige Räumung des Sinai. Nach fortgesetzten Angriffen von Palästinensern aus dem Süden des Libanon marschieren israelische Truppen am 6. Juni in den Libanon ein, um die PLO als politische und militärische Kraft im Nahen Osten zu vernichten. Mit Billigung der israelischen Militärs unternehmen christlich-libanesische Milizen vom 16. bis 18. September in den Palästinenserlagern Sabra und Chatila Massaker an der Zivilbevölkerung, dabei kommen fast 2000 Menschen um.

1983/1984 Wirtschaftliche Rezession und eine hohe Inflationsrate bestimmen die innenpolitische Lage. US-Präsident Reagan fordert von Begin die Räumung der Golan-Höhen; dieser tritt von seinem Amt zurück; neuer Ministerpräsident wird Yitzhak Schamir.
Der Libanon kündigt 1984 das im Mai des Vorjahres mit Israel geschlossene Truppenrückzugsabkommen auf. Likud-Block, Arbeiterparteien und kleinere Parteien bilden für 50 Monate eine 'Regierung der nationalen Einheit', die in den ersten 25 Monaten unter der Leitung von Ministerpräsident Shimon Peres steht.

1985 Israel legt einen Drei-Stufen-Plan für den Rückzug seiner Truppen aus dem Südlibanon vor. Anfang Juni ist der Truppenrückzug im wesentlichen abgeschlossen. Am 4. September tritt eine Währungsreform in Kraft: Für 1000 'alte' Schekel wird ein 'neuer' Schekel ausgegeben.

1986 Anläßlich eines Besuches bei dem marokkanischen König Hassan II. in Rabat legt Peres dem Monarchen ein Zehn-Punkte-Programm für einen Nahost-Friedensplan vor.
Aufgrund der Koalitionsabsprache von 1984 tritt der Sozialist Shimon Peres zur Halbzeit der Legislaturperiode das Amt des Ministerpräsidenten an den konservativen Politiker Yitzhak Schamir ab (Oktober).

1987 Nachdem ein Sattelschlepper der israelischen Armee im Dezember ein mit Palästinensern vollbesetztes Fahrzeug im Gazastreifen überrollt hat, kommt es zu Massendemonstrationen, die sich bald auf das Westjordanland, Ost-Jerusalem und die Golan-Höhen ausweiten. In die Schlagzeilen der Weltpresse gerät der Aufstand der Palästinenser als 'Intifada'. Bis heute ereignen sich immer wieder gewalttätige Unruhen, vielfach kämpfen nur mit Steinen bewaffnete Frauen und Jugendliche gegen schwerbewaffnete israelische Soldaten. Zudem protestieren die Palästinenser mit Boykottmaßnahmen und Streiks gegen die israelische Besatzungsmacht.

1988 Die Knesset-Wahlen vom 1. November haben eine Verschiebung des politischen Kräfteverhältnisses nach rechts zur Folge, es wird eine neuerliche Koalitionsregierung aus Likud und Arbeiterpartei sowie drei religiösen Parteien gebildet; Ministerpräsident bleibt Yitzhak Schamir.
In einer Erklärung vom Dezember erkennt die PLO das Existenzrecht Israels an, vor der UN verurteilt Arafat jede Form des Terrorismus.

1989 Der Streit zwischen Ägypten und Israel um die am Roten Meer gelegene Enklave Taba wird im Februar beendet. Der etwa 1 km² große Landstreifen samt Hotel und Feriendorf gehört nunmehr zu Ägypten, allerdings soll das Hotel noch 20 Jahre unter israelischer Leitung bleiben. Ungarn nimmt als erstes Land des Warschauer Paktes die während des Sechs-Tage-Krieges abgebrochenen diplomatischen Kontakte mit Israel wieder auf.

1990 Nach dem Scheitern der großen Koalition bilden im Juni der Likud-Block und sieben ultrarechte religiöse Splitterparteien eine neue Koalition, die weiterhin unter der Führung von Yitzhak Schamir steht.
Israel fühlt sich durch die Golfkrise, ausgelöst durch die 2. August erfolgte Besetzung Kuweits durch den Irak, unmittelbar bedroht. Als Vor-

aussetzung für einen irakischen Rückzug aus Kuweit fordert Hussein von Israel die Aufgabe aller besetzten Gebiete. Die Intifada erlebt dadurch einen neuen Auftrieb, gewaltsame Auseinandersetzungen zwischen Palästinensern und Israelis sind an der Tagesordnung.

1990 (Forts.)

Nach Ausbruch des Golfkrieges am 17. Januar wird in Israel der Ausnahmezustand verhängt. Am 18. Januar startet der Irak seine ersten Raketenangriffe auf Israel. Um zu verhindern, daß die arabischen Verbündeten der USA aus der Anti-Irak-Koalition ausscheiden, verzichtet Israel auf einen Gegenschlag. Am Ende der Kampfhandlungen (28.2.) hat Israel einige Todesopfer und zahlreiche Verletzte zu beklagen.
Bei den Knessetwahlen im Juni 1992 siegt die Arbeiterpartei von Yitzhak Rabin, der daraufhin eine Koalition bildet, die über 62 der 120 Knessetsitze verfügt. Der anhaltende Zustrom von Juden aus den GUS-Staaten führt im Land zu wirtschaftlichen Problemen.

1991/1992

Im März wird Ezer Weizman zum neuen Staatspräsidenten gewählt. PLO-Chef Yassir Arafat und Ministerpräsident Rabin unterzeichnen im September in Washington Dokumente über die gegenseitige Anerkennung Israels und der PLO. Es folgen Abkommen über eine Teilautonomie der Palästinenser im Gazastreifen und in Jericho.

1993

In den ersten Wochen des Jahres treffen PLO-Chef Arafat und Israels Außenminister Peres wiederholt zusammen, um die Grundlagen für die Verwirklichung der Palästinenser-Selbstverwaltung zu schaffen. Das Massaker von Hebron am 25. Februar, bei dem ein jüdischer Siedler in der Ibrahim-Moschee 30 betende Muslime erschießt, löst eine neue Welle der Unruhen und Gewalt aus. Israel verbietet daraufhin die beiden rechtsextremistischen Organisationen Kach und Kahane Chai, aus deren Umfeld der Attentäter stammte. Im Mai tritt das israelisch-palästinensische Abkommen über eine Teilautonomie der Palästinenser im Gazastreifen und im Gebiet von Jericho in Kraft. Ministerpräsident Rabin, Außenminister Peres und PLO-Chef Arafat erhalten für ihre Bemühungen um die israelisch-palästinensische Aussöhnung den Friedensnobelpreis.
Der seit 46 Jahren andauernde Kriegszustand zwischen Israel und Jordanien wird im Oktober durch einen Friedensvertrag beendet.

1994

Anfang 1995 geraten die Verhandlungen zwischen Israel und der PLO über die Erweiterung der palästinensischen Teilautonomie ins Stocken. Für die Gesamtbeziehungen zwischen den beiden Parteien wirken sich zum einen Bombenattentate militanter arabischer Fundamentalisten negativ aus, zum anderen werden die Verhandlungen durch die fortgesetzte Siedlungspolitik der israelischen Regierung (vor allem in der Region um Jerusalem) belastet. Außerdem wird um Detailbestimmungen des Autonomieabkommens selbst äußerst hart gerungen. Erst im September einigt man sich im ägyptischen Badeort Taba über die Ausweitung der Autonomie. Der Jubel über den Verhandlungserfolg wird wenig später überschattet vom Tod Yitzhak Rabins, der am 4. November bei einer Friedenskundgebung in Tel Aviv aus nächster Nähe erschossen wird. Der Attentäter, ein rechtsgerichteter Student, wird noch am Tatort festgenommen. Außenminister Peres übernimmt die Leitung einer Übergangsregierung.

1995

Der Friedensprozeß wird erneut gefährdet durch Selbstmordattentate der radikal-islamischen Hamas. Ihre Terroranschläge in Jerusalem und Tel Aviv im März fordern zahlreiche Tote und Verletzte. Kurz danach kommt es auch an der libanesisch-israelischen Front zu einer Eskalation der Gewalt. Diese gipfelt in einem Blutbad an libanesischen Flüchtlingen, die in einem UN-Stützpunkt Schutz gesucht hatten. Im Mai wählen die Israelis zum ersten Mal den Ministerpräsidenten direkt. Knapper Überraschungssieger wird Benjamin Netanjahu. Bei den parallel stattfindenden Parlamentswahlen gewinnen die kleinen Parteien gegenüber den großen. Es kommt zu einer rechten Koalitionsregierung unter Netanjahus Likud-Partei.

1996

Berühmte Persönlichkeiten

Hinweis

Die nachstehende, namensalphabetisch geordnete Liste vereinigt Persönlichkeiten, die durch Geburt, Aufenthalt, Wirken oder Tod mit Israel verbunden sind und überregionale Bedeutung erlangt haben.

Samuel Josef Agnon
(17.7.1888 bis
17.2.1970)

Als bedeutendster hebräischer Erzähler des 20. Jahrhunderts gilt Samuel Josef Agnon, der 1888 als Sohn eines Rabbiners in Buczacz (Galizien) geboren wurde. Nach Besuch der Talmudschule und des Lehrerseminars schrieb er zunächst in jiddischer, dann in hebräischer Sprache Gedichte. Agnon wanderte 1907 nach Palästina aus, wo er durch seine schriftstellerischen Arbeiten sofort Ansehen erlangte. Zwischen 1913 und 1924 lebte er in Berlin, Wiesbaden und Bad Homburg, 1924 erfolgte dann die endgültige Übersiedlung nach Jerusalem.

In einer Vielzahl von Legenden, Novellen und Romanen beschrieb Agnon vor allem das osteuropäische Judentum, aber auch das moderne Israel. Zu seinen bedeutendsten Werken gehören der Schelmenroman "Die Versorgung der Braut" (1931, umgearbeitet 1953), "Gestern, Vorgestern" (1936, deutsch), ein Roman über das Leben junger Pioniere in Israel zu Beginn des 20. Jahrhunderts, und "Nur wie ein Gast zur Nacht" (1938/1939, deutsch), in dem er sich mit dem Niedergang der jüdischen Gemeinden in Polen nach dem Ersten Weltkrieg auseinandersetzte. Verfaßt sind die Werke in einem archaisch anmutenden Hebräisch, andererseits verwandte Agnon aber moderne Erzähltechniken und brachte psychologische Finessen in seine Arbeiten ein. Charakteristisch ist die Unfähigkeit vieler seiner Helden zur Verwirklichung ihrer Pläne.

Agnon war Mitglied der Hebräischen Akademie und erhielt zahlreiche Preise, so 1966 als erster hebräisch schreibender Schriftsteller den Nobelpreis für Literatur.

Menachem Begin
(18.8.1913 bis
9.3.1992)

Menachem Begin erreichte, was allen seinen Vorgängern im Amt des Regierungschefs versagt blieb: den Friedensschluß mit dem mächtigsten arabischen Nachbarn, mit Ägypten. Für die Friedensbemühungen erhielt er mit dem später ermordeten ägyptischen Präsidenten Sadat den Friedensnobelpreis.

Geboren wurde Menachem Begin 1913 in Brest-Litowsk als Sohn des jüdischen Gemeindevorstehers. Noch als Jugendlicher lernte er den Zionistenführer Vladimir Jabotinsky kennen, der entscheidenden Einfluß auf sein weiteres Leben nehmen sollte. Neben seiner Schulausbildung und seinem anschließenden Studium der Rechtswissenschaften engagierte sich Begin in der radikalzionistischen Jugendbewegung "Betar", die Jugendliche für die Errichtung eines jüdischen Staates militärisch ausbildete. Als die Nationalsozialisten in Polen einfielen, wurden vor den Augen Menachem Begins seine Eltern ermordet. Er selbst konnte in die Sowjetunion fliehen, wurde dort aber wegen Untergrundtätigkeit in ein Lager nach Sibirien geschickt. Im Mai 1942 kam er dann als Mitglied der polnischen Befreiungsarmee nach Palästina, wo er ein Jahr später in den Untergrund ging, um gegen die Briten zu kämpfen. Von 1943 bis 1948 leitete er die terroristische Untergrundorganisation Irgun Zwai Leumi. Diese war u.a. an dem Anschlag auf das King David Hotel in Jerusalem, dem Sitz der britischen Mandatsregierung, beteiligt, bei dem mehr als 100 Tote zu beklagen waren.

Nach der Staatsgründung war Begin einer der Mitbegründer der "Cherut" (Freiheit) und baute 1973 die rechtsgerichtete Parteienverbindung des Likud mit auf. Als Oppositionsführer mußte Begin acht Wahlniederlagen hinnehmen, nur zwischen 1967 und 1970 gehörte er als Minister ohne Geschäftsbereich der Regierung der nationalen Einheit an. Den Sprung an die Macht schaffte er dann im Juni 1977: nach dem Wahlsieg des Likud-Blocks übernahm er als Ministerpräsident die Führung des Landes. Grund-

Samuel Josef Agnon   *David Ben Gurion*   *Moshe Dayan*

satz seiner Politik war weiterhin, einen Staat Israel in den Grenzen des biblischen Palästina zu schaffen und zu behaupten. So forcierte er eine jüdische Siedlungspolitik im Westjordanland und im Gazastreifen. Ebenfalls in seine Regierungszeit fielen die Annexion der Golanhöhen und der Einmarsch israelischer Streitkräfte in den Libanon. Maßnahmen, die ihm wachsenden internationalen und nationalen Druck einbrachten.

Seit dem Tod seiner Frau im November 1982 trat Begin kaum noch in der Öffentlichkeit auf, im August 1983 verkündete er seinen Rücktritt und lebte fortan bis zu seinem Tode 1992 zurückgezogen in einer Jerusalemer Mietwohnung.

Menachem Begin
(Fortsetzung)

Ben Gurion, der erste Ministerpräsident Israels, wurde als David Gruen 1886 in Polen geboren und lebte seit 1906 in Palästina. Seinen Lebensunterhalt verdiente er zunächst als Landarbeiter, nahm dann 1912 das Studium der Rechtswissenschaften in Konstantinopel auf. Er kehrte 1914 nach Palästina zurück, wurde jedoch von der türkischen Regierung ausgewiesen und ging ins Exil in die Vereinigten Staaten, wo er 1917 seine Frau Paula heiratete.

Nach Ende des Ersten Weltkrieges beteiligte sich Ben Gurion führend an der Organisation der jüdischen Arbeiterbewegung in Palästina. Er war Mitbegründer der Histadruth, der er als Generalsekretär von 1921 bis 1935 vorstand und während dieser Zeit die Besiedlung des Landes durch jüdische Einwanderer förderte. Auch die Gründung der sozialistischen Arbeiterpartei Mapai ist Ben Gurion zuzuschreiben. Im August 1935 übernahm er den Vorsitz der Jewish Agency (bis 1948) und 1944 auch der zionistischen Weltorganisation. Als Ministerpräsident einer vorläufigen Regierung rief er am 14. Mai 1948 in Tel Aviv den unabhängigen Staat Israel aus. In seinem Tagebuch kommentierte er dieses Ereignis wenig euphorisch: "Um vier die Unabhängigkeitserklärung. Überall im Land unermeßliche Freude und Jubel, aber wieder einmal fühle ich mich ... als eine Art Leidtragender unter lauter frohgestimmten Menschen."

In den folgenden Jahren seiner Regierungszeit gelang es Ben Gurion im Unabhängigkeitskrieg die Existenz Israels gegenüber den arabischen Nachbarstaaten durchzusetzen und zudem durch Masseneinwanderung die Bevölkerungszahl zu verdoppeln. Zermürbt durch Kabinettskrisen und Fehden in der eigenen Partei, legte er 1953 sein Amt als Ministerpräsident nieder und trat in den jungen Kibbuz Sede Boqer ein. Doch der Rückzug von der Politik dauerte nur 14 Monate, dann sah er sich durch die militärische Situation gezwungen, erneut ein politisches Amt zu übernehmen, zunächst als Verteidigungsminister, dann wieder als Ministerpräsident. Bis 1963 leitete er die Regierungsgeschäfte, nahm dann wiederum aus parteiinternen Zwistigkeiten seinen Abschied. Der von ihm 1965 neu gegründeten Partei, der Rafi, war bei den folgenden Wahlen kein großer Erfolg

David Ben Gurion
(16.10.1886 bis
1.12.1973)

Berühmte Persönlichkeiten

David Ben Gurion
(Fortsetzung)

beschieden. Ben Gurion zog sich mehr und mehr aus der Politik zurück. Sein Mandat in der Knesset gab er 1970 auf.

Die letzten Lebensjahre verbrachte der Staatsmann überwiegend in Sede Boqer – seine Grabstätte dort suchte er sich selbst aus: auf der höchsten Stelle eines Felsens im Angesicht der Wüste Zin.

Eliezer Ben Yehuda
(7.1.1858 bis 16.12.1922)

Der jüdische Sprachwissenschaftler Eliezer Ben Yehuda gilt als der 'Erfinder' des modernen Hebräisch (Iwrith).

Der 1858 in Lukschy (Litauen) geborene Ben Yehuda lebte seit 1881 als Lehrer und Journalist in Jerusalem und war gleichzeitig eine der führenden Personen der zionistischen Bewegung. Sein Hauptanliegen war die Wiederbelebung des Hebräischen als Umgangssprache, für diesen Zweck begann er aus den biblischen und anderen klassischen Quellen eine moderne Sprache zu rekonstruieren und erfaßte sie in einem Gesamtwörterbuch des Alt- und Neuhebräischen. Zudem gründete er 1890 ein hebräisches Sprachkomitee, aus dem sich später die Akademie der Hebräischen Sprache entwickelte.

In etlichen Städten Israels sind Straßen nach Ben Yehuda benannt, in Jerusalem, wo der Erneuerer der hebräischen Sprache 1922 verstarb, bildet die Ben Yehuda Street gar das moderne Zentrum der Stadt.

Max Brod
(27.5.1884 bis 20.12.1968)

Der in Prag geborene Schriftsteller Max Brod machte sich vor allem einen Namen als Freund und Herausgeber der Schriften Franz Kafkas, die er – entgegen Kafkas ausdrücklichem Wunsch – postum publizierte. Brod selbst trat als expressionistischer Autor mit Werken hervor wie "Über die Schönheit häßlicher Bilder" (1913), "Streitbares Leben" (1960, erweiterte Ausgabe 1969, Autobiographie) und "Von der Unsterblichkeit der Seele" (1969).

Die politische Lage in Prag brachte Brod, der nach abgeschlossenem Jurastudium zunächst als Beamter, dann als Theater- und Musikkritiker sowie als Schriftsteller tätig gewesen war, schon früh zum Zionismus; 1939 emigrierte er dann nach Palästina. Hier arbeitete er lange Jahre als Dramaturg des Habimah-Theaters in Tel Aviv und veröffentlichte daneben Essays und Biographisches, aber auch zahlreiche Romane, die vielfach im jüdischen Milieu angesiedelt sind. Die letzten Jahre seines Lebens verbrachte Brod in einer äußerst bescheidenen Wohnung in Tel Aviv. Beigesetzt wurde er auf einem Friedhof im Süden der Stadt.

David
(regiert 1004 bis 965 v. Chr.)

David wurde nach dem Tod Sauls, des von Jahwe verworfenen ersten israelitischen Königs, in Hebron zum König von Juda gesalbt und wenig später von den zwölf Stämmen als König des Gesamtreichs anerkannt. Die alttestamentlichen Bücher Samuel schildern in Legenden und Sagen den Aufstieg des bethlehemitischen Hirtenknaben David, seine erste Salbung als 'Auserwählter Jahwes', seine Tätigkeit als Knappe und Harfenspieler am Hof Sauls, den Kampf mit dem riesenhaften Philister Goliath und die Feindschaft mit Saul, der in dem erfolgreichen David bald nur noch einen verhaßten Rivalen sah. Die ständigen Spannungen zwischen dem nördlichen Israel und dem südlichen Juda legten die Wahl einer neutralen Residenzstadt nahe: David eroberte die bisher unbezwungene Jebusiterstadt Jebus (Jerusalem). Die ansässigen Jebusiter wurden nicht vertrieben und unterstützten den neuen König. Jerusalem wurde zur Hauptstadt ausgebaut und mit einer Mauer umgeben. Die 'Zion' genannte Jebusiter-Akropolis erhielt den Namen 'Davids Stadt'.

Dem Ausbau und der Befestigung der Hauptstadt folgte die Überführung der Bundeslade (Symbol der Gegenwart Jahwes). Damit machte David Jerusalem zum politischen und geistigen Zentrum eines Reiches, das vom Mittelmeer bis zur Arabischen Wüste reichte.

Im Urteil der Bibel erscheint David als Inbegriff des gottgefälligen Herrschers, zugleich Staatsmann und Jahwe rühmender Dichter, Feldherr und Musiker. An seiner Herrschaft werden alle künftigen Könige gemessen. Zwar ließ er sich Verfehlungen zuschulden kommen – etwa den Tanz vor der Bundeslade bei ihrer Überführung nach Jerusalem –, doch wandte er sich nie von Jahwe ab, und seine größte Sünde wurde ihm verziehen: Als David Bath-Seba baden sah, die Frau seines früheren Waffengefährten Uria, ließ er sie zu sich rufen. Bath-Seba wurde schwanger, worauf David Uria bei einer Schlacht in vorderster Reihe kämpfen ließ: Uria fiel.

David bereute seine Tat und erlangte die Verzeihung Jahwes. Nach Ablauf der Trauerzeit heiratete er Bath-Seba, die ihm den Thronfolger Salomo (siehe S. 80) gebar.

David wollte einen Tempel für die Bundeslade errichten, doch erging an ihn das Prophetenwort, diese Aufgabe werde erst Salomo zufallen. David starb im Alter von 70 Jahren.

David
(Fortsetzung)

Der General Moshe Dayan hat wesentlich zum Mythos der Unbesiegbarkeit der israelischen Armee beigetragen, war aber auch als Politiker lange Jahre führend an den Geschicken seines Landes beteiligt.

Moshe Dayan kam 1915 in dem als ersten Kibbuz überhaupt gegründeten Deganya nahe des Sees Genezareth zur Welt. Seinen Lebensunterhalt erwirtschaftete sich Dayan zunächst als Landarbeiter. Schon früh trat er der jüdischen Selbstverteidigungsorganisation Haganah bei. Erste militärische Erfahrungen erwarb er als Kompaniekommandant einer 'Truppe zum Schutz der jüdischen Gemeinden gegen arabische Überfälle und zur Unterstützung von Sonderaktionen der britischen Armee'. Bei einer dieser Sonderaktionen zerstörte eine Gewehrkugel sein linkes Auge, das er fortan unter seiner charakteristischen schwarzen Augenklappe verbarg. Im Unabhängigkeitskrieg war er an zahlreichen erfolgreichen militärischen Aktionen maßgeblich beteiligt und wurde schließlich zum Stadtkommandanten von Jerusalem ernannt. Politisches Ansehen erwarb er sich, als er 1948/1949 die Verhandlungen über einen Waffenstillstand im Palästinakrieg leitete. Von David Ben Gurion 1953 zum Generalstabschef der Armee ernannt, hatte Dayan den Oberbefehl über die israelischen Truppen während des Sinaifeldzuges 1956.

Nach Ablauf seiner Amtszeit als Generalstabschef begann Dayan 1958, damals 41 Jahre alt, an der Universität von Jerusalem Politikwissenschaften zu studieren. Zwei Studienjahre, die ihm selbst wie 'Urlaub' vorkamen, lieferten ihm die theoretischen Kenntnisse für spätere politische Ämter. In der von Ben Gurion geführten Regierungsmannschaft übernahm er 1959 den Posten des Landwirtschaftsministers, den er bis 1964 innehatte. Er beteiligte sich 1965 an der Gründung der "Rafi" und behielt seinen Sitz in der Knesset, fühlte sich jedoch erst 1967, als sich die politische Lage in Israel immer mehr zuspitzte, berufen, wieder ein führendes militärisches Amt zu übernehmen; 1967 wurde er zum Verteidigungsminister ernannt.

Wegen seiner Verdienste im Sechstagekrieg genoß Dayan in Israel hohes Ansehen, wurde dann allerdings wegen angeblicher Versäumnisse im Jom-Kippur-Krieg 1973 heftig kritisiert und verlor 1974 sein Amt als Verteidigungsminister. Politischen Einfluß erlangte er nochmals als Außenminister 1977–1979, während dieser Zeit war er entscheidend am Abschluß des israelisch-ägyptischen Friedensvertrages beteiligt. Wegen erheblicher Differenzen mit Begin in der Siedlungs- und Außenpolitik trat er von dem Amt zurück.

Als Privatmann war ihm nur noch kurze Zeit beschieden: Moshe Dayan starb am 16. Oktober 1981 in Tel Aviv.

Moshe Dayan
(4. 5. 1915 bis
16. 10. 1981)

Als Botaniker und einer der bekanntesten Forscher auf dem Gebiet der Wüstenökologie war Michael Evenari ganz entscheidend am Aufbau Israels beteiligt. Ihm ist es zu verdanken, daß Teile des Negev und anderer Wüsten in aller Welt durch ein ausgeklügeltes Bewässerungssystem intensiv landwirtschaftlich genutzt werden können.

Begonnen hat der Lebensweg des Forschers in Metz, wo er 1904 als Walter Schwarz geboren wurde. Nach abgeschlossenem Botanikstudium arbeitete er als Assistent an den Universitäten von Frankfurt, Prag und Darmstadt. Zunehmende Judenfeindschaft und schließlich die Kündigung seiner Assistentenstelle zwangen ihn 1933 dazu, Deutschland überstürzt zu verlassen und nach Palästina auszuwandern. Dort begann für ihn,

Michael Evenari
(geb. 9. 10. 1904)

Berühmte Persönlichkeiten

Michael Evenari
(Fortsetzung)

unterbrochen von einer fünfjährigen Dienstzeit in der jüdischen Brigade der britischen Armee und zahlreichen Auslandsreisen, eine fruchtbare Tätigkeit als Wissenschaftler. Evenari spezialisierte sich auf die Erforschung der Reaktionen und Anpassungen von Wüstenpflanzen und mit der Besiedlungsgeschichte des Negev. Was vor einigen tausend Jahren möglich gewesen war – blühende Wüstenstädte, die über Wasserprobleme nicht zu klagen hatten – mußte sich doch auch in der Gegenwart verwirklichen lassen. Evenari rekonstruierte antike Wüstenfarmen und bewässerte deren Felder und Obstplantagen durch die historische Sturzwassermethode.

Hl. Helena
(um 257 bis
um 337)

Die heilige Helena – Mutter Konstantins des Großen – ist die Gründerin fast aller frühchristlichen Kirchenbauten in und um Jerusalem. Helena, Besitzerin einer Herberge in Bithynien, dann Geliebte des späteren römischen Kaisers Constantius Chlorus (aus dieser Verbindung ging Konstantin der Große hervor), trat im Jahre 312 zum Christentum über. Dieser Konversion gingen die religiösen Erlebnisse Konstantins voraus, die angeblich zu den Edikten von Mailand führten (313, sogenanntes Toleranzedikt). Doch sind die Berichte legendär ausgeschmückt und wenig verläßlich. Konstantin soll vor einer Entscheidungsschlacht ein Kreuz mit der Aufschrift "In diesem Zeichen wirst du siegen" gesehen haben. Die 325 in den Rang einer Augusta erhobene Kaiserinmutter folgte der Aufforderung ihres Sohnes zur Pilgerfahrt nach Jerusalem, wo sie das Wahre Kreuz suchte – und fand.
Helenas Entdeckungen im Heiligen Land – überwiegend Reliquienfunde – hatten zahlreiche Kirchenbauten zur Folge. Als wichtigste sind die Grabeskirche in Jerusalem und die Geburtskirche in Bethlehem zu nennen. Die Kreuzesreliquien wurden nach Rom überführt, wo sie jedes Jahr am Karfreitag und am 3. Mai in der Kirche Santa Croce in Gerusalemme ausgestellt werden.
Helena starb mit 80 Jahren wahrscheinlich in Rom, wo sie zunächst an der Via Labicana beigesetzt wurde. Konstantin ließ ihre Leiche nach Konstantinopel überführen. Der Sarg Helenas ist heute im Vatikanischen Museum zu besichtigen. Die Reliquien der hl. Helena wurden im 9. Jahrhundert in die Abtei Hautvilliers nach Frankreich gebracht. Heute ruhen sie in der Kirche Santa Maria in Aracoeli in Rom.

Herodes
der Große
(um 73 v. Chr. bis
4 v. Chr.)

Herodes I. – oft als baubesessenster Herrscher der Antike bezeichnet, gleichzeitig der meistgehaßte und zwiespältigste unter den Potentaten des Landes und der einzige, der den Beinamen 'der Große' erhielt – wurde um 73 v. Chr. im zwangsjudaisierten Idumäa als Sohn des königlichen Statthalters Antipatros und der arabischen Fürstentochter Kypros geboren. Nach der Ermordung Antipatros' ernannte ihn 42 v. Chr. der römische Triumvir Marcus Antonius zum Tetrarchen, doch mußte Herodes während der Kämpfe um den jüdischen Thron nach Rom fliehen. Dort proklamierte ihn der Senat 40 v. Chr. zum König der Juden. Nach der Eroberung Jerusalems und der Hinrichtung großer Teile des jüdischen Adels trat Herodes 37 v. Chr. die Herrschaft an. Enge Anlehnung an Rom und der beständige Versuch, die römische Staatsidee der Pax Romana in Verbindung mit hellenistischem Gedankengut zu verwirklichen, kennzeichneten die Politik von Herodes. Das Land erlebte unter seiner Regierung einen für Palästina beispiellosen Wirtschaftsaufschwung und einen mehr als 30jährigen Frieden. Der Kult der Juden blieb nahezu unangetastet, doch stießen die Hellenisierungstendenzen bei den Orthodoxen auf Widerstand. Jede Opposition wurde radikal unterdrückt.
Der Wohlstand des Landes spiegelte sich auch in der regen Bautätigkeit wider, die Herodes eine mehr an Anheben der Steuern ermöglichte. Neben der Errichtung der Städte Samaria und Caesarea (größte Hafenanlage der Antike) galt sein Interesse vor allem dem Ausbau und der Verschönerung Jerusalems. Oberhalb des Tempelplatzes wurde die Festung Antonia aufgeführt, im Norden entstand ein Viertel mit Theater- und Zirkusbauten, die drei Türme der Zitadelle in der Weststadt überdauerten sogar die Zer-

störung Jerusalems durch die Römer, die Wasserversorgung der Stadt wurde erheblich verbessert. Um 20 v. Chr. veranlaßte Herodes den Um- und Neubau des Tempels, der die vorherigen Anlagen an Pracht und Aus- maßen völlig in den Schatten stellte. Als weitere Bauten, die unter der Herr- schaft von Herodes entstanden, sind u.a. zu nennen: die Felsenfestung Massada am Toten Meer, die Luxusfeste Herodion bei Bethlehem, der Komplex über der Patriarchenhöhle Machpela in Hebron und die Winter- residenz in Jericho.

Herodes der Große (Fortsetzung)

In die christliche Überlieferung, in die Literatur und vielfach auch in die Geschichtsschreibung ist Herodes eingegangen als blutrünstiger Tyrann, als "Größtes Scheusal der Welt" (Titel eines Schauspiels von Calderón de la Barca), als tobsüchtiger Despot, der durch maßlose Prachtentfaltung und durch den ungeheuren Wirtschaftsaufschwung die Juden bestechen wollte; als Errichter von Zwingburgen gegen das Volk; als der vor Eifer- sucht und blinder Triebhaftigkeit rasende Mörder seiner Frau Mariamne; und als jener auf ewig verdammte Unmensch, der den Befehl zum beth- lehemitischen Kindermord gab.

Herodes starb in Jericho "an einer widrigen Krankheit, die in der Ge- schichte nur bei solchen Menschen vorgekommen ist, die sich durch ihren Blutdurst und ihre Grausamkeit entehrt haben" (Anton P. Tschechow, rus- sischer Arzt und Dichter).

Der jüdische Geschichtsschreiber Flavius Josephus beschreibt die prunk- volle Überführung der Leiche von Jericho in das Herodion bei Bethlehem, wo sich Herodes schon zu Lebzeiten ein Mausoleum hatte errichten las- sen. Zwar wurden im Herodion Gräber entdeckt, doch das Grab des Hero- des ist bis heute nicht gefunden worden.

Theodor Herzl ist der Begründer des politischen Zionismus. Die Errichtung des Staates Israel ist im wesentlichen eine Folge der von ihm formulierten Thesen.

Theodor Herzl (2. 5. 1860 bis 3. 7. 1904)

Der in Budapest geborene Jude Herzl promovierte 1884 in Wien zum Dr. phil., zu einer Zeit, da antijüdische Ausschreitungen an der Wiener Univer- sität alltäglich waren. Von 1891 bis 1895 war Herzl als Auslandskorres- pondent in Paris tätig, wo ihn die antisemitische Haltung großer Be- völkerungsteile vor allem während der Dreyfusaffäre entschieden für den Zionismus Partei ergreifen ließ.

Nach der Rückkehr aus Paris veröffentlichte Herzl 1896 in Wien das zioni- stische Manifest "Der Judenstaat, Versuch einer modernen Lösung der Judenfrage". In dieser Schrift forderte er die Errichtung eines souveränen jüdischen Staates mit der Begründung, die Juden seien nicht nur eine Reli- gionsgemeinschaft, sondern ein eigenes Volk. Als mögliche Einwande- rungsländer nannte er Argentinien und Palästina, die Verfassung des künf- tigen Judenstaates stellte er sich in der Art einer konstitutionellen Monar- chie bzw. einer aristokratischen Republik vor.

Im Jahre 1897 berief Herzl in Basel den ersten Zionistenkongreß ein. Hier wurde die Forderung nach einer "öffentlich gesicherten Heimstätte für das jüdische Volk in Palästina" zum Programm des Zionismus erhoben. In einem Tagebucheintrag Herzls vom 30. 9. 1897 heißt es: "In Basel habe ich den Judenstaat gegründet. Vielleicht in fünf Jahren, mit Sicherheit in fünf- zig wird es jeder einsehen."

Die Verhandlungen über die Gründung eines jüdischen Staates, die Herzl als Präsident der Zionistischen Weltorganisation mit dem Sultan und mit mehreren europäischen Herrschern – u.a. mit Wilhelm II. und dem Papst – führte, scheiterten.

Der Leichnam des Zionistenführers wurde nach der Gründung Israels von Wien auf den Herzl-Berg in Jerusalem überführt. Alljährlich finden hier die Eröffnungszeremonien zum israelischen Nationalfeiertag statt.

Bedeutung erlangte Flavius Josephus als Geschichtsschreiber. Seine Werke "Der Jüdische Krieg" und "Die jüdischen Altertümer" sind eine bis heute wichtige Quelle für die israelitisch-jüdische Geschichte im 1. Jahr- hundert n. Chr. Adressat beider Werke war die römisch-hellenistische

Flavius Josephus (37/38 n. Chr. bis nach 100)

Berühmte Persönlichkeiten

Flavius Josephus
(Fortsetzung)

Welt. Im "Jüdischen Krieg" hatte Josephus die Intention, das jüdische Volk zu entlasten und andererseits seine römischen Gönner Vespasian und Titus zu verherrlichen. In den "Altertümern" ging es ihm darum, jüdische Kult- und Lebensformen den Nichtjuden nahezubringen.

Zwar wurde Flavius Josephus von römischer Seite hoch geehrt, doch zeigte sein Wirken zunächst keinen erkennbaren Erfolg. Nachdem die Kirchenväter ihn jedoch als einen der großen Historiker des Altertums eingestuft hatten, blieb Flavius Josephus bis ins 18. Jahrhundert hinein einer der meistgelesenen antiken Autoren. Die Forscher des 19. und 20. Jahrhunderts wiesen ihm allerdings Ungenauigkeiten in der Überlieferung und schriftstellerische Mängel nach, so daß sein Werk heute mit mehr Skepsis betrachtet werden muß.

Der 37 oder 38 n. Chr. in Jerusalem geborene Flavius Josephus (eigentlich Joseph ben Mathitjahu) entstammte dem jüdischen Priesteradel. Erstes Ansehen erwarb er sich während einer Romreise (64 – 66), wo er die Freilassung einiger jüdischer Priester erwirkte. Im Jüdischen Krieg kämpfte er in Galiläa gegen die Römer und geriet schließlich in Gefangenschaft. Indem er dem Flavier Vespasian die Kaiserwürde prophezeite, erlangte er dessen Gunst (daher auch der Beiname 'Flavius') und kämpfte fortan auf der gegnerischen Seite. So war er 70 im Gefolge des römischen Eroberers Titus bei der Einnahme Jerusalems zugegen.

Nach Kriegsende ließ sich Flavius Josephus in Rom nieder und widmete sich hier, begünstigt durch Vespasian, Titus und Domitian, die ihm das Bürgerrecht und eine Jahrespension zubilligten, seinen historischen Schriften.

Vermutlich starb Josephus, der viermal verheiratet gewesen war – zuletzt mit einer Kreterin jüdischen Glaubens – und fünf Söhne hatte, kurz nach 100 in Rom.

Ephraim Kishon
(geb. 23.8.1924)

Der als Verfasser satirischer Kurzprosa bekannt gewordene Ephraim Kishon wurde 1924 in Budapest geboren. Dort studierte er Kunstgeschichte und schloß sein Studium mit dem Lehrerexamen ab. Den Krieg überlebte er in ungarischen, deutschen und russischen Lagern. Für einen satirischen Roman, der in Ungarn nicht erscheinen durfte, erhielt Kishon 1948 einen Literaturpreis. Die Auswanderung nach Israel erfolgte 1949, dort blieb ihm zunächst nichts anderes übrig, als seinen Lebensunterhalt als Installateur und Kfz-Mechaniker zu verdienen – und natürlich Hebräisch zu lernen. Seit 1952 publizierte er politisch-satirische Glossen, u.a. auch in Israels meistgelesener Tageszeitung.

In Deutschland erschienen Anfang der sechziger Jahre seine ersten Werke ("Drehn Sie sich um, Frau Lot", 1961; "Arche Noah, Touristenklasse", 1963 u.a.). Bereits diese wie auch seine späteren satirischen Arbeiten, z.B. "In Sachen Kain und Abel", 1976; "Für alle Fälle", 1987; "Total verkabelt", 1989, um nur einige zu nennen, zeichnen sich durch starke Situationskomik aus. Kishon nimmt allgemeinmenschliche Schwächen, politische und bürokratische Absurditäten sowie Zeiterscheinungen aufs Korn, wobei es ihm nicht darum geht, Mißstände wirklich abstellen zu wollen. Neben Kurzgeschichten und Romanen schreibt Kishon auch Bühnenstücke sowie Drehbücher für Fernsehspiele und Filme.

Der Erfolgsautor, der sich selbst als "israelischer Schriftsteller, der viel in Europa ist" sieht, verfaßt seine Texte in Hebräisch, übersetzt werden sie dann in fast alle Weltsprachen.

Teddy Kollek
(geb. 27.5.1911)

Als Bürgermeister Jerusalems hat sich Teddy Kollek weit über die Grenzen 'seiner' Stadt hinaus einen Namen geschaffen, er gilt als einer der populärsten und fortschrittlichsten jüdischen Politiker.

Geboren wurde er 1911 in Nagyvaszony bei Budapest als Sohn eines jüdischen Angestellten. Kollek engagierte sich in der Jugendbewegung der zionistischen Sozialisten, nahm ab 1923 an Kongressen teil und trat 1930 in ein landwirtschaftliches Ausbildungszentrum für die jüdische Besiedlung Palästinas ein. Er emigrierte 1935 nach Palästina und gründete den Kibbuz En Gev am Ostufer des Sees Genezareth.

Theodor Herzl

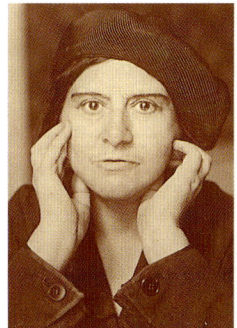

Else Lasker-Schüler

Golda Meir

Nach verschiedenen Missionen für die zionistische Bewegung, u.a. Geheimdiensttätigkeit in Istanbul während des Zweiten Weltkriegs, bereitete Kollek ab 1947 in New York die Gründung des Staates Israel durch Waffenkäufe, Schmuggel und Kollekten bei amerikanischen Juden vor. Von 1952 bis 1964 leitete er das Ministerpräsidentenamt des neuen Staates und gewann nach seinem Ausscheiden 1965 die Kandidatur für das Bürgermeisteramt Jerusalems (bis 1993 hatte er dieses Amt inne).

Teddy Kollek (Fortsetzung)

Das heutige Jerusalem gilt als die Stadt Teddy Kolleks. Kein anderer Politiker hat wie er dazu beigetragen, daß aus dem provinziellen britischen Verwaltungsstädtchen die inzwischen blühende Metropole wurde. Teddy-Kollek-Gedenktafeln gibt es nicht, doch fast alles, was in Jerusalem an Modernem geschaffen und an Altem wieder sehenswert gemacht wurde, geht auf ihn zurück, der auch wesentlich am Aufbau des Israel-Museums beteiligt war und das Frühlings-Festival initiierte.

Else Lasker-Schüler, eine der großen deutschen Lyrikerinnen, starb verarmt und nahezu vergessen 1945 in Jerusalem.

Else Lasker-Schüler (11.2.1869 bis 22.1.1945)

Ihr Lebensweg begann 1869 in Wuppertal-Elberfeld als Tochter eines jüdischen Bankiers und Architekten. Einer glücklichen Kindheit standen zwei gescheiterte Ehen gegenüber. Der Aufstieg der Nationalsozialisten zwang Else Lasker-Schüler 1933 dazu, Deutschland zu verlassen. Die Dichterin ging nach Zürich und setzte hier ihr unstetes bohèmehaftes Leben fort. Freunde finanzierten ihr 1934 eine erste Reise nach Jerusalem, das sie in ihren Gedichten schon vielfach schwärmerisch gepriesen hatte (z.B. "Hebräische Balladen", 1913). Eine zweite Reise in die Heilige Stadt trat sie 1937 auch diesmal in dem Vorhaben an, in die Schweiz zurückzukehren. Der Ausbruch des Zweiten Weltkrieges hinderte sie daran.

Das Leben in Jerusalem verlief für die dem Expressionismus nahestehende Dichterin wenig erfreulich, ihre Briefe an Freunde und Verwandte klingen bitter und verzweifelt. Sie lebte in einem einfachen möblierten Zimmer, verbrachte ihre Tage im Café Sichel in der Jerusalemer Innenstadt und finanzierte ihr Leben mehr schlecht als recht durch Lesungen und Spenden weniger Freunde. Der während dieser Zeit entstehende Gedichtband "Mein blaues Klavier" erschien 1943 nur in einer Auflage von wenigen hundert Exemplaren.

In ihren letzten Lebensjahren arbeitete Lasker-Schüler an dem Drama "Ichundich", das sie jedoch nicht mehr fertigstellen konnte und das nach Ansicht mancher Literaturwissenschaftler deutlich gegenüber ihren früheren Arbeiten abfällt (es wurde erst 1980 veröffentlicht).

Ende Januar 1945 brach Else Lasker-Schüler in ihrem Stammcafé zusammen, wenige Tage später starb sie im Krankenhaus auf dem Skopusberg. Ihre verbliebenen Freunde ließen ihre sterblichen Reste auf dem Ölberg beisetzen.

Berühmte Persönlichkeiten

Golda Meir
(3.5.1898 bis
8.12.1978)

Eine der wenigen Frauen, die in der Geschichte Israels eine bedeutende Rolle spielten, war Golda Meir, die 1969 bis 1974 die Geschicke des Landes als Ministerpräsidentin leitete.
Über ihre Kindheit weiß die 1898 in Kiew geborene Golda Meir in ihren Memoiren wenig Angenehmes zu berichten; die ersten Jahre ihres Lebens waren geprägt von Armut, Kälte, Hunger und Furcht. Die Situation besserte sich, nachdem die Familie 1906 in die USA übergesiedelt war, dort absolvierte Golda Meir eine höhere Schulbildung, arbeitete u.a. als Bibliothekarin und engagierte sich in ihrer freien Zeit für den Zionismus. Mit ihrem Mann Morris, den sie im Dezember 1917 geheiratet hatte, wanderte sie 1921 nach Palästina aus, lebte dort zeitweilig in einem Kibbuz sowie in Tel Aviv und Jerusalem.
Politisch trat sie als Mitglied der Mapai und der Gewerkschaftsorganisation Histadrut hervor. In den Jahren 1946 bis 1948 war sie Vorsitzende der politischen Abteilung der Jewish Agency for Palestine und 1948 gehörte sie zu den Unterzeichnern der Proklamation über die Gründung des Staates Israel. Die weiteren Stationen ihrer politischen Tätigkeit waren ihre Arbeit 1948/1949 als israelische Gesandte in Moskau, dann die Leitung des Arbeitsministeriums und schließlich ihre elf Jahre dauernde Amtszeit als Außenministerin. Im März 1969 wurde sie von der Knesset zur Regierungschefin gewählt und behielt dieses Amt auch nach den Wahlen im Dezember 1973. Wegen der anhaltenden innenpolitischen Auseinandersetzungen um Versäumnisse im Zusammenhang mit dem Jom-Kippur-Krieg erklärte sie jedoch im April 1974 ihren endgültigen Rücktritt.
Die Politikerin starb 1978 in Jerusalem.

Moshe Safdie
(geb. 14.7.1938)

Einer der international bekannten Architekten ist Moshe Safdie, der am 14. Juli 1938 in Haifa geboren wurde und mit fünfzehn Jahren nach Kanada auswanderte. Er absolvierte sein Studium an der Universität von Montreal, wo er 1964 ein eigenes Architekturbüro eröffnete. Im Jahre 1975 erreichte ihn ein Ruf der Universität von Beersheba. Hier übernahm er als Professor die Leitung der Abteilung für Wüstenarchitektur und Umwelt. Es war jedoch nur ein kurzes Intermezzo, bereits 1978 verließ Safdie Israel wieder, um an der Universität von Cambridge zu lehren.
Den Durchbruch als Architekt erlangte Safdie schon 1967 mit dem 'Habitat-Projekt', das er aus Anlaß der Weltausstellung in Montreal verwirklichen konnte. In der Folge entstanden unter Safdies Leitung zahlreiche bedeutende Bauten, etliche von ihnen in Israel. Safdie war wesentlich an der Neugestaltung des Jüdischen Altstadtviertels in Jerusalem beteiligt; für den Bau des Yeshivat Porat Yosef College und das Mamilla-Projekt zeichnete er verantwortlich. Das Anliegen Safdies ist eine Bauweise mit vielen Einheiten aus Fertigteilen. Diese gleichen Einheiten werden unregelmäßig und zwanglos angeordnet. Safdies Ideen erinnern an die mittelalterlichen Städte in Hanglagen in Europa und an die dicht gebauten traditionellen Orte in Nordafrika sowie im Mittleren Osten.

Salomo
(regiert 965 bis
926 v. Chr.)

Salomo, Sohn König Davids (siehe S. 74) und der Bath-Seba, bestieg den Thron noch zu Lebzeiten seines Vaters. Unter seiner Herrschaft erreichte das israelitische Gesamtreich die größte Ausdehnung: mit Ausnahme Philistäas vom Mittelmeer bis zum Euphrat, im Süden bis an die Grenzen Ägyptens.
Salomos Neuorganisierung des Reiches in zwölf Verwaltungsbezirke mit wechselndem Hof- und Heeresdienst, die Umrüstung der Streitkräfte auf Kampfwagen und der Bau zahlreicher Garnisonen hatten zwar defensiven Charakter, doch konnte Salomo das Staatsgebiet auf diplomatischem Weg und vor allem durch seine Heiratspolitik vergrößern: Salomo hatte 700 fürstliche Haupt- und 300 Nebenfrauen (1 Könige 11,3). Der Gebietszuwachs brachte die Kontrolle fast des gesamten Arabienhandels mit sich. Der daraus resultierende Reichtum und die Einnahmen aus den Kupfer- und Eisengruben am Roten Meer flossen überwiegend in den Ausbau der Hauptstadt Jerusalem. Bedeutendste Baumaßnahme, die Salomo hier durchführen ließ, war die Errichtung der Palast-Tempel-Anlage.

Neben dem Bau des Tempels, neben allen außen- und innenpolitischen Erfolgen ist es vor allem die Weisheit Salomos, die ihn bis heute unvergeßlich gemacht hat. Schon im Alten Testament galt er als "weiser denn alle Menschen" (1 Könige 5,11), und es heißt: "Von allen Völkern kamen sie herbei, um die Weisheit Salomos zu hören" (5,14). Ihm werden das "Buch der Sprüche", das wegen seines Realismus in der Frage nach der Bestimmung des Menschen für die damalige Zeit beispiellose "Buch Prediger" und das in seiner natürlichen Erotik einzigartige "Hohelied" zugeschrieben.

Ähnlich wie sein Vater David erscheint Salomo als hin- und hergerissen zwischen Gottesgehorsam und Sünde. Während David jedoch Verzeihung erlangte, wurde das Urteil Jahwes über Salomo nicht mehr zurückgenommen, denn Salomo hatte sich anderen Göttern zugewandt: Unter dem Einfluß seiner ausländischen Frauen hatte Salomo den Kult der phönizischen Fruchtbarkeits- und Liebesgöttin Astherot, des ammonitischen Gottes Moloch, dem Kinderopfer dargebracht wurden (→ Sehenswürdigkeiten von A bis Z, Kidrontal: Hinnomtal), und anderer fremder Gottheiten übernommen. Jahwe verhängte als Strafe, daß das Gesamtreich nach Salomos Tod zerfallen solle.

Salomo starb nach 40jähriger Herrschaft. Das Gesamtreich zerfiel in den Nordstaat Israel und den Südstaat Juda.

Salomo
(Fortsetzung)

Als einer der bedeutendsten Archäologen Israels gilt Yigael Yadin. Er war an den Ausgrabungen der biblischen Stadt Hazor beteiligt und forschte bei den Qumran-Höhlen, wo 1948 durch einen Beduinenhirten die ersten 'Schriftrollen vom Toten Meer' gefunden worden waren. Als Leiter der Ausgrabungen von Massada, die 1963 begannen, wurde Yadin weltberühmt. Doch widmete Yadin sein Leben nicht ausschließlich der Archäologie. Der 1917 in Jerusalem Geborene war zur Zeit des britischen Mandats über Palästina aktiv in der Haganah tätig, nach der Unabhängigkeitserklärung Israels und dem darauf folgenden Einmarsch der arabischen Streitkräfte wurde er der zweite Stabschef der Armee. Er begründete und organisierte das israelische System der Reservistenarmee.

Mit 35 Jahren beendete er seine Militärlaufbahn und widmete sich fortan den archäologischen Studien. Doch auch dies nicht ausschließlich: 1973 wurde Yadin damit beauftragt, eine Untersuchungskommission zu den Ereignissen des Jom-Kippur-Krieges zu leiten. Die Ergebnisse dieser Kommission führten zu einem wenig rühmlichen Ende der Regierungszeit Golda Meirs und Moshe Dayans. Einige Jahre später faßte er den Entschluß, sich selbst politisch zu engagieren. Er gründete 1976 die "Wandlungspartei" und wollte damit 'frischen Wind' in das politische Leben hineintragen. Nachdem seine Partei anfangs recht viel Zulauf gefunden hatte, setzte sich dieser Trend nach dem 1977 in Israel erfolgten Regierungswechsel nicht fort. Yadin wurde unter Menachem Begin stellvertretender Ministerpräsident und kümmerte sich im Rahmen seiner politischen Tätigkeit vorrangig um eine verbesserte Wohnsituation in den israelischen Armutsvierteln. Doch die politische Arbeit brachte nicht die gewünschten Erfolge, resigniert zog sich Yadin 1981 in das Privatleben zurück.

Yigael Yadin
(geb. 21. 3. 1917
bis 28. 6. 1984)

Kunstgeschichte

Die ersten Bauten, Ansätze einer städtischen Kultur, entstehen in Jericho wo es bereits im 8. Jahrtausend Rundhäuser und einen 8,5 m hohen Rundturm gibt, der im Innern durch eine Treppe besteigbar ist und sich an eine 4 m hohe, an der Basis 3 m dicke Mauer, möglicherweise eine Stadtmauer, lehnt. Im 7. Jahrtausend werden hier Häuser auf rechteckigem Grundriß erbaut, in denen man übermodellierte Totenschädel bewahrte: eine Frühform des Porträts. Nach einer längeren Zeit, in der Jericho und andere Siedlungen aufgegeben wurden, setzt im 5. Jahrtausend eine Neubesiedlung dieser Gebiete durch Nomaden ein. Im Negev bei Beersheba legen Halbnomaden ovale Höhlen mit Zugang von oben an (Beersheba-Kultur). Im Raum von Megiddo (Jezreel-Ebene) entsteht im 4. Jahrtausend eine kanaanäische Siedlung mit einem Heiligtum. Andere kanaanäische Städte, weiter südlich gelegen, sind Gezer (Ruinenstätte Tel Gezer) und Arad. Im Norden des Landes gründen Kanaaniter im 2. Jahrtausend Hazor, eine große Stadtanlage, und Bet Shean mit eindrucksvollen Tempeln.

Die Kanaaniter, ein seßhaftes Volk, haben eine polytheistische Religion mit mehr als 30 Göttern, an deren Spitze Baal steht. Man errichtet ihnen Tempel. Auf religiösem Gebiet besteht daher ein grundlegender Gegensatz zwischen der Urbevölkerung und den nach Kanaan eindringenden israelitischen Stämmen, die nur einen Gott – Jahwe – kennen. Der 'Wohnsitz' Jahwes ist das tragbare Zelt, das die Bundeslade birgt. Die Überreste des kanaanäischen Tempels, der in Lachish ausgegraben wurde, lassen eine Haupthalle, an deren einem schmalen Ende ein Altar steht, erkennen.

Vorgeschichtliche und kanaanäische Zeit

Als die Hebräer sich im 13. Jahrhundert, von Ägypten kommend, in Kanaan niederlassen, verfügen sie über keine eigenständige Architektur und bildende Kunst. Im 2. Buch Mose findet sich ein Bericht über eine kunsthandwerkliche Tätigkeit; im 37. Kapitel wird dort die Herstellung der Bundeslade sowie ihre Verzierung mit ornamentalem Goldschmuck beschrieben. Das biblische Bilderverbot (2. Mose 20,4; 5. Mose 5,8) dient laut Mischna der Abgrenzung vom Götzenkult. "Die stark dogmatische Einstellung der Israeliten und der fortwährende Kampf gegen Nachbarvölker oder fremde Herrschaft haben die Entwicklung der Kunst nicht gefördert" (Carel J. du Ry). Die religiöse Komponente im geistigen Leben des Volkes führt zu einer Fixierung auf die Schrift (Altes Testament und spätere theologische Bücher).

Unter Salomo und seinen Nachfolgern entstehen viele Bauten: So wird u.a. die in der Bibel häufig erwähnte Stadt Megiddo von König Salomo neu errichtet und befestigt. Das bedeutendste Bauwerk dieser Zeit ist der Tempel in Jerusalem (953 v. Chr.), in dem von nun an die Bundeslade aufbewahrt wird. Bei der Errichtung dieses Ersten Tempels zieht Salomo phönizische Fachleute aus Tyros heran.

Nach der Teilung des Reiches beim Tode Salomos (928 v. Chr.) sind mehrere Städte nacheinander Hauptstadt des Nordreiches Israel. Im Jahre 878 gründet König Omri dann Samaria als künftige Hauptstadt. Sie wird auf einem Hügel erbaut. Das Areal, auf dem der Palast und die Verwaltungsgebäude liegen, ist von einer Mauer umgeben. Die Ausgrabungen der erhaltenen Fragmente dieser aus flach behauenen Steinen errichteten Mauer waren die ersten, bei denen man in Palästina eine von phönizischem Einfluß zeugende Steinmetzarbeit festgestellt hat. Ferner wurden in Samaria Elfenbeinschnitzereien entdeckt, die möglicherweise Möbeln als Verzierung dienten.

Zeit der Richter und der israelitischen Könige

Nachdem Alexander der Große Ende des 4. Jahrhunderts Judäa unter seine Herrschaft gebracht hat, dringen seit dem 3. Jahrhundert Elemente

Hellenistische Zeit

◀ *Moderne Architektur: Schrein des Buches und Knesset in Jerusalem*

Blick über das Ausgrabungsgelände der Nabatäerstadt Mamshit

Hellenistische Zeit
(Fortsetzung)

der griechischen Kultur in das Land ein. Jetzt werden Theateranlagen, Hippodrome, Tempel und Aquädukte errichtet, wie sie aus der antiken Welt weithin bekannt sind, zum Teil in der Ausprägung, die sie im Vorderen Orient durch die Verknüpfung mit der dort heimischen Bauweise erhalten. So findet man in Bet Shean große Marmorsäulen, die zu einem griechischen Tempel des 3. Jahrhunderts gehörten. Die eindrucksvollsten Überreste in Bet Shean sind jedoch die Ruinen des römischen Theaters, des größten und am besten erhaltenen in Israel.

Bevor Palästina dem Herrschaftsgebiet Roms einverleibt wird, erlebt das Reich der Nabatäer, das von Petra bis in den Negev reicht, eine Blütezeit. Die Nabatäer, begabte Künstler und Architekten, errichten entlang ihren Handelsstraßen u.a. die Städte Avdat, Shivta und Mamshit.

Römische Zeit

Mit Beginn der Römerherrschaft im 1. Jahrhundert v. Chr. verstärkt sich der Einfluß des für die Spätantike charakteristischen Baustils auf Palästina. Herodes der Große überzieht das Land mit monumentalen Bauwerken (Hebron, Herodion, Massada, Caesarea, Samaria/Sebaste, Askalon). In Jerusalem läßt er die Festung Antonia errichten und den Tempel erneuern. Doch das Bilderverbot besteht weiterhin; so werden die Tierabbildungen im Palast des Herodes Antipas in Tiberias als gesetzwidrig verurteilt und bei erster Gelegenheit entfernt.

Nach der Zerstörung des Tempels bildet der Kult das alle Juden einigende Band. Viele Synagogen, Versammlungsorte der Gemeinde für den Gottesdienst, werden errichtet. Das Gebäude ist meist eine rechtwinklige oder zentrale Anlage mit einer nach Osten gerichteten, durch einen Vorhang abgeteilten Nische, in der die heilige Lade (Thoraschrein) mit den Thorarollen aufbewahrt wird. Die Thorarollen sind um Stäbe gewickelt, auf deren Enden Kronen oder Fialen (Rimonim) aufgesetzt sind.

Im 2. bis 3. Jahrhundert entsteht in Kapernaum eine Synagoge, die als die älteste erhaltene gilt. Im 2. oder 3. Jahrhundert n. Chr. wird die als Ruine erhaltene Synagoge von Chorazin aus schwarzem Basalt erbaut. Beide

Hinterlassenschaften der Römer: in Ashqelon und Massada

sind dreischiffige Anlagen. Reste einer alten Synagoge finden sich u.a. auch bei Gush-Halav.

Vom 3. Jahrhundert an vollzieht sich bei den Juden eine Abkehr von der anikonischen Grundhaltung. In galiläischen Synagogen werden Engel, Menschen und Tiere, auch der griechische Gott Helios als Mittelpunkt des Tierkreises, dargestellt; und die Synagoge in Dura Europos am Euphrat (3. Jh.; heute Es-Salahije in Syrien) wird vollständig mit biblischen Themen ausgemalt.

Bei der Grabgestaltung zeigt sich jetzt ebenfalls griechisch-römischer, ferner palmyrenischer Einfluß. Sarkophage mit mythologischen Darstellungen stoßen nicht auf Ablehnung, wie zahlreiche Beispiele in Bet Shearim belegen.

Mit dem 4. Jahrhundert beginnt in Palästina der christliche Einfluß. Seit Kaiser Konstantin dem Großen, der u.a. die Geburtskirche in Bethlehem und die Grabeskirche in Jerusalem erbaut, entstehen zahlreiche Kirchen und Klöster sowie Hospize für Tausende von Pilgern. Diese Entwicklung erreicht ihren Höhepunkt im 6. Jahrhundert unter Justinian mit weiteren Sakralbauten sowie ausgedehnten Stadtanlagen im Negev, wo sie an die Siedlungs- und Bewässerungstechniken der arabischen Nabatäer anknüpfen.

In Tabgha, wo die 'Speisung der Fünftausend' stattgefunden haben soll, wird im 5. Jahrhundert über den Fundamenten einer alten Kirche eine dreischiffige Säulenbasilika errichtet, deren Bodenmosaiken erhalten sind und u.a. Fische und einen Korb mit Brot zeigen. Auch in Bet Guvrin hat man Bodenmosaiken christlicher Kirchen (5./6. Jh.) freigelegt, mit Darstellungen von Jahreszeitensymbolen und Tieren.

Jüdische Synagogen dieser Zeit werden ebenfalls mit Mosaiken ausgestaltet. In Jericho haben sich Bodenmosaiken einer Synagoge (5./6. Jh.) erhalten; bei Bet Alfa legte man 1928 das Bodenmosaik einer Synagoge des 6. Jahrhunderts frei.

Römische Zeit
(Fortsetzung)

Frühchristlich-
byzantinische Zeit

In byzantinischer Zeit entstand die Nordkirche von Avdat

Arabische Zeit

Vom 7. bis 11. Jahrhundert prägt die arabisch-islamische Kultur das Land; die Omaijadenkalifen lassen Moscheen, Paläste und Befestigungen errichten. Das Bilderverbot, das der Islam mit dem Judentum gemeinsam hat, wirkt sich in der omaijadischen Zeit, bis Mitte des 8. Jahrhunderts, noch nicht aus. In Jerusalem werden der Felsendom mit seinem reichen Mosaikschmuck und die El-Aqsa-Moschee erbaut, in Jericho der Hischam-Palast als Winteraufenthalt der Omaijadenkalifen. Außerdem entstehen Karawansereien (Khans).

Zeitalter der Kreuzzüge

Im Verlauf der Kreuzzüge (12./13. Jh.) errichten die Kreuzfahrer, vielfach französische Ritter, im Heiligen Land Befestigungsanlagen. Kreuzfahrerburgen entstehen u.a. in Akko, Atlit, Belvoir, Caesarea und Montfort. Ferner bauen die Kreuzfahrer Kirchen, besonders in Jerusalem (Annakirche, Grabeskirche der Maria, Himmelfahrtskapelle). Die Kreuzfahrerkirche in Abu Gosh ist eine der besterhaltenen des Landes, in der dreischiffigen Basilika findet man an den Wänden Überreste von Freskomalerei.

Die Bauten der Kreuzzugszeit verbinden abendländische Stilelemente mit solchen, welche die Ritter im Orient vorfanden. Kirchen und Burgen zeigen eine Architektur im Übergang von der kompakten Bauweise des 12. Jahrhunderts zur leichteren gotischen des 13. Jahrhunderts.

Osmanische Zeit

Aus der Zeit der Türkenherrschaft (1517–1917) sind zahlreiche Baudenkmäler erhalten, so die 1781 errichtete Moschee in Akko und die 1810 errichtete Mahmudiye-Moschee in Jaffa. In der osmanischen Zeit erstarkt allmählich wieder der christliche Einfluß, so daß neben islamischen Bauten zahlreiche Kirchen entstehen, bis hin zu der 1898 vom deutschen Kaiser Wilhelm II. eingeweihten protestantischen Erlöserkirche.

Seit dem 16. Jahrhundert werden kunstvolle Geräte für die Synagogen gefertigt, hierzu gehören Metallarbeiten (Thorakronen und Leuchter), Gegenstände aus Keramik (Purimteller), Stoffe (Thoravorhänge) und Holzarbeiten (Thorabehälter).

Zur Zeit des britischen Mandats (1920–1948) werden Gebäude im pseudo-orientalischen Stil errichtet, Beispiel hierfür ist das Rockefeller-Museum in Jerusalem. Auf der Suche nach einem landeseigenen Stil verwendet der aus Berlin stammende Architekt Alexander Baerwald beim Bau des Technions in Haifa (1914–1924) ebenfalls orientalische Elemente. Nach der Machtergreifung der Nationalsozialisten in Deutschland kommen seit 1933 Hunderte von Architekten ins Land, zu ihnen gehören der Bauhaus-Schüler Arieh Sharon, dessen Arbeiterwohnungen in Tel Aviv aus den Jahren 1935–1940 zum Vorbild wurden, sowie Joseph Neufeld, Max Loeb und Architekten von internationalem Ruf wie Erich Mendelsohn, Alexander Klein und Johanan Ratner. Unter ihrer Planung verwandeln sich ganze Stadtteile von Tel Aviv und Haifa in geschlossene 'Bauhaus-Siedlungen'.

Britische
Mandatszeit

Nach der Gründung des Staates Israel im Jahre 1948 geht es angesichts der Masseneinwanderung in erster Linie darum, ausreichend Wohnraum zu schaffen. Man kümmert sich dabei wenig um architektonisch interessante Konzepte, zunächst sind Geschwindigkeit, Wirtschaftlichkeit und Menge ausschlaggebende Faktoren. Entsprechend ist das Ergebnis: Die Wohnbauten dieser Zeit zeichnen sich durch Nüchternheit und Gleichförmigkeit aus. Ein Wandel tritt allmählich in den sechziger Jahren ein, die Haustypen werden nun abwechslungsreicher, die Wohnungen etwas komfortabler. Neben dem Wohnungsbauprogramm am Rand großer Städte (z.B. East Talpiot und Ramot in Jerusalem) werden auch Städte wie Arad auf dem Reißbrett völlig neu geplant. Gleichzeitig beginnt man die Kerne alter Städte aufwendig zu restaurieren. Ansprechende Ergebnisse hiermit werden beispielsweise in Safed und Jaffa und natürlich auch in Jerusalem erzielt.
Neben nicht immer geglückten Wohnbauten entstehen in kosmopolitischem Stil Bauten für öffentliche Einrichtungen. Eine interessante Architektur weisen die Universitäten in Beersheba und Jerusalem (Givat Ram

Von 1948 bis zur
Gegenwart

Kreuzfahrerburg in Caesarea   *Khan el-Umdan in Akko*

und Skopusberg) auf, gelungen ist die Konzeption des Israel-Museums in
Jerusalem von Al Mansfield und Dora Gat sowie des Kunstmuseums in Tel
Aviv, für dessen Bau die Architekten Dan Eitan und Yitzhak Yashar verant-
wortlich zeichneten, ferner des Mann Auditoriums in Tel Aviv, das Monu-
mentalität mit Funktionalität verbindet.
Daneben entstehen auch im 20. Jahrhundert Sakralbauten. In Nazareth
wird 1969 die neue Verkündigungskirche fertiggestellt, eines der größten
Heiligtümer der christlichen Welt im Nahen Osten.

In Malerei und Plastik zeigt sich ebenfalls der Einfluß moderner westlicher
Stilrichtungen. Die Darstellung der israelischen Landschaft, beispielsweise
eines Hügels mit Bäumen oder einer wüstenhaften Gegend, in realistischer
oder abstrakter Art ist Thema der Malerei bei Anna Ticho (1894 – 1980),
Raffi Kaiser (geb. 1931), Tamara Rikman (geb. 1934) u.a. Von der bildlichen
Darstellung der Landschaft gelangen die Künstler verschiedentlich zu Pro-
jekten, bei denen ein bestimmtes Gebiet zum Bezugsfeld ihrer Aktion wird.
So führten im Oktober 1970 mehrere Künstler das 'Jerusalem River Pro-
ject' durch, bei dem durch die Geräusche fallenden Wassers, von Ton-
bandgeräten über Lautsprecher verbreitet, in einem Tal des trockenen
Berglands bei Jerusalem die Vorstellung, man höre einen Fluß rauschen,
erweckt werden sollte. Die Werke anderer Maler lassen die Beschäftigung
mit Problemen der Städte erkennen; so zeigt ein Bild von Yossef Asher
(geb. 1946) die Monotonie einer Hausfassade (Apartment Building, 1971).
In den siebziger Jahren tritt die abstrakte Malerei immer stärker in den Vordergrund. Eine besonders herausragende Figur ist in diesem Zusammenhang Moshe Kupferman (geb. 1926), dessen Werke von großer Aus-
druckskraft sind. Geometrische Abstraktionen findet man auf den Bildern
von Alima (geb. in Haifa), kontrastierende Farbfelder beherrschen die
Kompositionen des Reuven Berman (geb. 1929).
Holz und Metall bilden die Materialien für Skulpturen, die an Naum Gabo
denken lassen (Nahum Tevet, geb. 1946) oder Anordnungen von Skulpturen, die aufeinander bezogen sind und so eine starke räumliche Wirkung
erzielen (Michael Gitlin, geb. 1943).
In den siebziger Jahren entstehen darüber hinaus großformatige Objekte,
die auf Plätzen oder in öffentlichen Gebäuden aufgestellt werden. Schöp-
fer solcher meist abstrakten Skulpturen sind u.a. Yehiel Shemi (geb. 1922),
Israel Hadani (geb. 1941), Michael Gross (geb. 1920), Igael Tumarkin (geb.
1933) und Ezra Orion (geb. 1934), dessen 18 m hohe, treppenförmige
Skulptur "Ma'alot" (1979/1980) an einer vielbefahrenen Straße in Jerusalem steht. Die Stahlskulptur "Ma'agalim" des bekannten israelischen
Künstlers Menashe Kadishman (geb. 1932) auf dem Skopusberg hat die
Form eines Ringes, bei dem ein Bogenstück verschoben ist und ein anderes Segment fehlt.
Für die israelische Malerei der siebziger Jahre ist ferner die politische und
sozial-kritische Thematik kennzeichnend; in zahlreichen Bildern kommt
die Reaktion der Künstler auf das Zeitgeschehen zum Ausdruck. Namhafte
Vertreter dieser Richtung sind neben etlichen anderen Zvi Goldstein (geb.
1947), Pinchas Cohen Gan (geb. 1942), Tamar Getter (geb. 1953) und
Micha Ullmann (geb. 1940). Moshe Gershuni (geb. 1936) schafft Werke, die
an Krieg, Leid und Tod denken lassen, jedoch auch tröstliche Elemente
enthalten ("Shalom Soldier", 1981).

Archäologie

Die Zahl von Baudenkmälern aus der Geschichte vieler Jahrtausende in
Israel ist außerordentlich groß, auch wenn im Laufe der Zeit unendlich Vieles der Zerstörung zum Opfer gefallen ist. Eine Reihe von Bauten blieb
erhalten, andere wurden im 19. und 20. Jahrhundert von Archäologen freigelegt.
Nach ersten wissenschaftlichen Untersuchungen von U. Seetzen und C.
Burckhardt begann der Amerikaner E. Robinson 1824/1825 damit, die

Topographie Palästinas zu erforschen. Kartographisch wurde das Land zwischen Dan und Beersheba in den Jahren 1871–1877 von der britischen Palestine Exploration Society unter Leitung von Conder und Kitchener erstmals exakt aufgenommen. Ausgrabungen in Jerusalem unternahmen F. de Saulcy (1864), Ch. Warren (1867–1870) und H. Guthe (1882), ferner F. Bliss und R. S. A. Macalister (1891–1894), die 1899/1900 auch in der Sebulon-Ebene tätig waren; Macalister führte dann 1902–1909 in Gezer Grabungen durch.

Zu Beginn des 20. Jahrhunderts, als Palästina noch unter osmanischer Herrschaft stand, arbeitete E. Sellin in Taanach (1902–1904), Jericho (1907/1908) und Sichem (1913/1914). Die Synagogen in Galiläa erforschten H. Kohl und C. Watzinger (1905). Zu nennen sind auch die Grabungen von G. A. Reisner und C. S. Fisher in Samaria (1908–1911), ferner die von G. Weill in Jerusalem (1914, 1923/1924).

Während der britischen Mandatszeit wurden Grabungen vorwiegend von britischen und amerikanischen Archäologen durchgeführt: In Bet Shean von G. M. Fitzgerald und A. Rower (1921–1923), in Megiddo von P.L.O. Guy und G. Loud (1925–1929), in Jerusalem und Samaria von J. W. Crowfoot (1923–1927 und 1931–1935). Flinders Petrie, der 1891 bei der Arbeit am Tell el-Hesi im Süden des Landes die Methode, Siedlungsgeschichte durch Keramikfunde zu datieren, entwickelt hatte, war 1926–1936 an mehreren Plätzen im Südwesten des Landes tätig. W. F. Albright führte in Südjudäa (Tel Beit Mirsim, 1926–1932) nach Avi-Yonah 'eine Mustergrabung' durch, welche die Schichten für fast die gesamte Bronze- und Eisenzeit festlegte.

Während des Zweiten Weltkrieges und der Nachkriegsjahre wurden die Forschungsarbeiten für längere Zeit unterbrochen. Kathleen M. Kenyon machte in Jericho (1955–1958) und in Jerusalem (1961–1967) bahnbrechende Entdeckungen. L. Harding und de Vaux untersuchten 1951–1958 die Essenersiedlung in Qumran. In Bet Shearim führte N. Avigad 1953 bis 1959 die Arbeiten von B. Mazar (1936–1940) fort. Hazor (1955–1958, 1968/1969) und Massada (1963–1965) waren bevorzugte Arbeitsgebiete von Yigael Yadin. In Jerusalem haben seit 1967 B. Mazar und N. Avigad Ausgrabungen vorgenommen, hauptsächlich an den Außenseiten der Tempelplatzumfassung. Dazu kommen neuere Untersuchungen, beispielsweise am Tell von Akko, in Ashdod, Ramat Rahel, Beersheba, Lachish und in den letzten Jahren vor allem auch in Bet Shean.

Insgesamt arbeiten derzeit etwa 250 professionelle Archäologen an den wichtigsten Ausgrabungsorten und Forschungsstätten des Landes; im Verhältnis zur Gesamtbevölkerung ist das weltweit die höchste Zahl überhaupt.

Israel in Zitaten

Bibel
Josua 11,16 – 19
und 11,23

So nahm Josua dies ganze Land ein, das Gebirge und alles, was im Süden liegt, und das ganze Land Goschen und das Hügelland und das Jordantal und das Gebirge Israel mit seinem Hügelland, von dem kahlen Gebirge an, das aufsteigt nach Seir hin bis nach Baal-Gad in der Ebene beim Gebirge Libanon, am Fuße des Berges Hermon. Alle ihre Könige nahm er gefangen und schlug sie nieder und tötete sie. Er kämpfte aber eine lange Zeit mit diesen Königen. Es war keine Stadt, die Frieden machte mit den Israeliten, ausgenommen die Hewiter, die in Gibeon wohnten; sondern sie eroberten sie alle im Kampf. ...
So nahm Josua das ganze Land ein, ganz so, wie der Herr zu Mose geredet hatte, und gab es Israel zum Besitz, einem jeden Stamm sein Teil. Und das Land war zur Ruhe gekommen vom Kriege.

Aus: Die Bibel. Revidierter Text 1975. Deutsche Bibelstiftung Stuttgart, 1978.

Flavius Josephus
Jüdischer
Geschichts-
schreiber

Einen Felsen von nicht geringem Umfang (die Rede ist von Massada) und ansehnlicher Höhe umgeben allseits gewaltige steile Schluchten, deren Tiefe von oben nicht schätzbar ist und in die weder Menschen noch Tiere hineingelangen können; nur an zwei Stellen erlaubt der Fels einen allerdings sehr unbequemen Zugang. Der eine führt vom Asphaltsee aus nach Osten, der andere, in westliche Richtung weisend, bietet weniger Schwierigkeiten. Der erstere heißt, weil er so schmal ist und zahlreiche Windungen aufweist, der 'Schlangenweg'. Dort nämlich, wo der Berg nach vorn springt, macht dieser Weg eine Biegung und kehrt oftmals in der Richtung gegen sich selbst zurück und dehnt sich dann wieder etwas in die Weite, so daß man auf ihm nur mit Mühe vorwärts kommt. Benutzt man diesen Weg, dann muß man sich stets einmal mit diesem, dann mit dem anderen Fuß einstemmen, andernfalls ist einem der Absturz sicher, da beiderseits tiefe Schlünde gähnen, deren entsetzlicher Anblick Kühnheit in Schrecken wandelt. Hat man auf diesem Weg 30 Stadien bergauf zurückgelegt, so steht man vor dem Gipfel, der sich jedoch nicht etwa zu einer scharfen Nadel verengt, sondern ein Plateau bildet. Der Hohepriester Jonathan hatte hier als erster eine Burganlage errichtet, der er den Namen 'Masada' gab. Später bot Herodes alles auf, um diese Feste in einen guten Zustand zu bringen; er umgab nämlich den oberen Teil, dessen Umfang sieben Stadien mißt, mit einer Mauer von 12 Ellen Höhe und 8 Ellen Breite aus weißem Gestein und errichtete darauf 37 Türme, jeden 50 Ellen hoch. Aus diesen hatte man einen Zugang zu den Behausungen, die entlang der gesamten Innenseite der Mauer angebracht waren.

Aus: Flavius Josephus. Der Jüdische Krieg. Buch VII, 8. Kap. (geschrieben Ende des 1. Jh.s n. Chr.).

Mark Twain
US-Amerika-
nischer
Schriftsteller

Palästina sitzt in Sack und Asche. Über ihm brütet der Bann eines Fluches, der seine Felder hat verdorren lassen und seine Tatkraft gefesselt hat. ...
Das berühmte Jerusalem selbst, der erhabenste Name in der Geschichte, hat all seine alte Größe verloren und ist ein Bettlerdorf geworden; die Reichtümer Salomos sind nicht mehr vorhanden, um die Bewunderung zu Besuch weilender orientalischer Königinnen zu erregen; der wundervolle Tempel, der Israels Stolz und Ruhm war, ist dahin, und der ottomanische Halbmond erhebt sich über der Stelle, wo man einst an jenem, in den Annalen der Welt denkwürdigen Tag das heilige Kreuz aufstellte. Der berühmte See Genezareth, wo einst römische Flotten vor Anker lagen und die Jünger des Herrn in ihren Schiffen fuhren, ist vor langer Zeit von den Kriegs- und Kaufleuten verlassen worden, und seine Ufer sind eine schweigende Wildnis; Kapernaum ist eine gestaltlose Ruine; Magdala ist

die Heimat verarmter Araber, Bethsaida und Chorazin sind vom Erdboden verschwunden, und die 'Wüste' um sie herum, wo Tausende von Menschen einst der Stimme des Heilands lauschten und das wunderbare Brot aßen, schläft in der Stille einer Öde, die nur von Raubvögeln und schleichenden Füchsen bewohnt ist. Palästina ist verlassen und häßlich. Und warum sollte es anders sein? Kann der Fluch der Gottheit ein Land verschönern?

Palästina gehört nicht mehr dieser Alltagswelt an. Es ist der Poesie und der Überlieferung geheiligt – es ist ein Traumland.

Aus: Mark Twain. Die Arglosen im Ausland. Reiseabenteuer in der Alten Welt. Carl Hanser Verlag, München 1966 (Erstveröffentlichung 1869).

Mark Twain (Fortsetzung)

Da wir sie nicht stören wollten, stiegen wir indessen zu den 'Aschenhügeln' hinauf, welche am Fuß des Garizim liegend, einen trefflichen Überblick über die Stadt und ihre Berge gewähren. Wenn man aus dem dürren Süden kommt, ist man vor allem durch die Fülle von Wasser überrascht, welche sie auszeichnet. Zwar in den Gassen hört man keine Bäche mehr rauschen, wie frühere Beschreibungen melden; die Leitungen sind zugedeckt; aber am Abhang des Garizim zumal kommen zahlreiche Bäche herunter und infolgedessen wachsen Kaktus, Ölbäume und Obstbäume aller Art ziemlich ohne Pflege in dichten Scharen. Hier gedenkt man notwendig der klassischen Fabel Jothams von den Bäumen, die einen König wählen (Richter 9); denn hier stehen alle in buntem Durcheinander und in republikanischer Souveränität.

Aus: Conrad von Orelli (1846–1917). Durchs Heilige Land, Tagebuchblätter.

Conrad von Orelli Schweizer Theologe

Der Anblick des Städtchens (gemeint ist Nazareth), besonders im Frühjahr, wenn die blendend weißen Mauern aus der grünen Umgebung von Cactushecken, Feigen- und Ölbäumen hervorglänzen, ist sehr freundlich. Die rasch wachsende Stadt zählt jetzt c. 11 000 Einw., ... Die meisten Einwohner beschäftigen sich mit Acker- und Gartenbau und Viehzucht, einige treiben auch Gewerbe und Handel mit Baumwolle und Getreide. Die Einwohner sind als turbulent bekannt. Man sieht schöne Frauengestalten. Hier in der verhältnismäßig reichen Ortschaft kann man die Eigentümlichkeiten der Kleidung der christlichen Bauern beobachten, besonders bei Gelegenheit von Hochzeiten. Bei festlichen Anlässen tragen die Weiber geschmückte bunte Jacken und sind an Stirn und Brust mit Münzen beladen; auch das Reitkamel, das bei einem solchen Aufzug nicht fehlen darf, ist dann mit vielen Tüchern und Geldschnüren behangen.

Aus: Baedeker's Palästina und Syrien. Leipzig, 5. Aufl. 1900.

Baedeker's Palästina und Syrien

Sulamith
O, ich lernte an deinem süßen Munde
Zuviel der Seligkeiten kennen!
Schon fühl ich die Lippen Gabriels
Auf meinem Herzen brennen ...
Und die Nachtwolke trinkt
Meinen tiefen Zederntraum.
O, wie dein Leben mir winkt!
Und ich vergehe
Mit blühendem Herzeleid
Und verwehe im Weltraum,
In Zeit,
In Ewigkeit,
Und meine Seele verglüht in den Abendfarben
Jerusalems.

Aus: Else Lasker-Schüler. Hebräische Balladen. Berlin 1913.

Else Lasker-Schüler Deutsche Dichterin

Israel in Zitaten

Emil Bock
Deutscher
Theologe

So kommen wir nach Safed, der höchstgelegenen Stadt des Landes. Es ist eine alte Kabbalistenstadt, umgeben von den kleineren Wohnplätzen berühmter mittelalterlicher Lehrer wie Rabbi Meir. Von der Trümmerstätte der alten Johanniterburg aus haben wir einen weitgespannten Blick über die Wunderwelt von Galiläa, die jetzt zu unseren Füßen liegt. Dann führt der Weg noch bis zu einer Paßhöhe hin, von wo wir zugleich den Blick auf den See, auf das Mittelmeer und auf den Schneegipfel des Hermon haben. Einer der großartigsten Punkte der Erde. Die Sonne ist uns günstig. Als ich vor zwei Jahren den gleichen Weg fuhr, war alles von Wolken zugedeckt. Heute glänzt das Land in freundlichstem Gold. Einen schöneren Abschied und Abschluß könnte man nicht ausdenken. ...
Und nun ist der Weg von der Paßhöhe hinab nach Akkon eine ganz neue Welt. Der Atem des Mittelmeeres steigt empor, echter und konzentrierter als bei Jaffa. Von wunderbar ehrwürdigen reichen rot-erdigen Ölbaumhainen ist der Weg zu beiden Seiten eingerahmt. Homerisch-griechische Sonnenwirkungen durchspielen die Luft. Was ist das eigentlich, was sofort den Geruch Griechenlands hervorruft? Es ist nicht bloß die Vermählung von Luft und Licht. Irgendwie dringt die Ätherisierung des Wasserelementes aromatisch mit herein. Man kann es nicht beschreiben. Es hat so etwas Göttlich-Leichtes, das sich sofort dem eignen Lebensgefühl mitteilt.
Dann sind wir in der Kreuzfahrerstadt Akkon. So recht eine Stadt am Meere, die eine entfernte Vorstellung von Tyrus und Sidon ermöglicht. Meeresduft und -helle durchatmet die Stadt. Wir durchstreifen die Straßen, besuchen die Moschee mit ihrem schönen grünenden Arkadenhof, sehen die Gewölbe der alten Kreuzfahrerkirche in nebenan liegenden Häuserkellern und verweilen lange auf den Befestigungsmauern, an die unten die Meeresbrandung heranrauscht. Napoleonische Geschichte deckt ein wenig die Kreuzfahrerzeit zu, aber leise steigt doch am Horizont das Antlitz der Kreuzzüge mit ihrer ritterlichen Hochgesinnung auf.
Nun fahren wir auf den langgestreckten Riegel des Karmelberges zu, der die Bucht, die wir umkreisen, im Süden abschließt. ...
Haifa ist eine mächtig gewachsene Großstadt. In den letzten zwei Jahren hat es sein Antlitz total verändert. Es hat einen großen Hafen mit Kai bekommen, und europäische Häusermassen bedecken lückenlos den zur Bucht hinabsteigenden hohen Karmelabhang.

Der Text entstand während einer Palästinareise im Jahre 1934.
Aus: Emil Bock. Reisetagebücher. Italien, Griechenland, Heiliges Land. Verlag Urachhaus Johannes M. Mayer GmbH, Stuttgart 1986.

Leon Uris
US-Amerikanischer
Schriftsteller

Die Negev-Wüste nahm die Hälfte des Gebiets von Israel ein. Sie war größtenteils unbelebte Wildnis und erinnerte teilweise an die Oberfläche des Mondes. Hier war Moses auf der Suche nach dem Gelobten Land gewandert. Sengende Hitze von mehr als fünfzig Grad stand über den endlosen Schieferfeldern, den tiefen Schluchten und Cañons. Auf den steinigen Plateaus wuchs kein Halm. Keine Lebewesen, nicht einmal ein Aasgeier, wagten sich in diese Einsamkeit.
Die Negev-Wüste war eine Herausforderung, und Israel nahm diese Herausforderung an. Die Israelis machten sich auf in die Wüste. Sie lebten in der erbarmungslosen Hitze und errichteten Siedlungen auf dem felsigen Boden. Sie machten es wie Moses: Sie schlugen Wasser aus den Felsen und ließen Leben in der unbelebten Einöde entstehen.
Sie suchten nach Mineralien. Aus dem Toten Meer holten sie Pottasche. In den Kupfergruben König Salomons, die seit Ewigkeiten stillgelegen hatten, wurde wieder das grüne Erz gewonnen. Spuren von Erdöl wurden gefunden und riesige Mengen von Eisenerz entdeckt. Bar Scheba, am nördlichen Eingang zur Negev-Wüste gelegen, erlebte einen plötzlichen Aufschwung, und fast über Nacht wuchs aus der Wüste eine Industriestadt.
Die größte Hoffnung der Juden richtete sich auf Elath am südlichen Ende der Negev-Wüste und um Rande des Golfs von Akaba. Als israelische Truppen am Ende des Freiheitskrieges hierhergekommen waren, hatte Elath aus zwei Lehmhütten bestanden. Man träumte in Israel davon, aus

Elath eines Tages, wenn die Ägypter die Blockade des Golfs von Akaba aufhoben, einen Hafen mit direkter Schiffahrtsverbindung zum Fernen Osten zu machen. Man begann bereits jetzt mit dem Bau.

Leon Uris
(Fortsetzung)

Aus: Leon Uris. Exodus. Kindler Verlag, München 1959.

Übrigens ist auch die Geschichte Tel Avivs einigermaßen bemerkenswert. Sie datiert nur fünfzig Jahre zurück.

Ephraim Kishon
Israelischer
Schriftsteller

Vor fünfzig Jahren blieben einmal zwei Juden in einer öden Sandwüste stecken, und einer von ihnen drückte die Meinung aus, daß hier kein menschliches Wesen am Leben bleiben könne. Der andere behauptete, daß überall, wo ein Wille ist, auch ein Weg sei. Daraufhin schlossen sie eine Wette ab. So wurde Tel Aviv gegründet.

Aber die Umstände waren wirklich so trostlos, daß sich die längste Zeit niemand an der Gründung beteiligte. Wer es trotzdem versuchte, wurde von der infernalischen Hitze binnen kurzem vertrieben und zerstreute sich in alle Windrichtungen. Selbst jene Handvoll von Juden, die aus nicht immer durchsichtigen Gründen gezwungen waren, an dieser Stelle ihre erbärmlichen Hütten zu bauen und ihre fragwürdigen Geschäfte abzuwickeln, flohen nach geglückter Abwicklung eilends in wirtlichere Gegenden.

Tel Aviv entstand ohne jede Planung, aber mit enormer Lärmentfaltung. Als es etwa 1500 Einwohner zählte, war der Lärm so groß, daß 5000 von ihnen das Weite suchten.

Der Mangel an Planung machte sich immer peinlicher fühlbar. Die Straßen, im Hinblick auf eine mögliche Bevölkerungszahl von 10 000 angelegt, erwiesen sich als viel zu eng, um einen halbwegs flüssigen Verkehr für 50 000 Menschen zu ermöglichen, so daß selbst die größten Optimisten an der Zukunft Tel Avivs verzweifelten. Und in der Tat: die düstere, unschöne Stadt übte schon durch die nahezu völlige Absenz von Grünanlagen eine deprimierende Wirkung auf ihre 100 000 Einwohner aus. Bedenkt man obendrein, daß sie nur über unzulängliche Rudimente eines Kanalisationssystems verfügt und daß zur Regenzeit ganze Wohnviertel unter Wasser stehen, dann begreift man, warum die Bevölkerungszahl nicht über 150 000 hinauskam. Tel Aviv, wir müssen es leider zugeben, ist in keiner Weise anziehend. Wie vielen Juden kann man auch zumuten, in einem unerträglich übervölkerten Häuserhaufen unter katastrophalen hygienischen Bedingungen zu leben? Nun, wie vielen? 250 000? Gut. Aber das ist das absolute Maximum.

Ich bin gewiß kein Querulant. Ich muß mich nur wundern, wie es möglich ist, daß eine Stadt von 400 000 Einwohnern keinen zoologischen Garten besitzt und auch sonst so gut wie nichts für ihre Kinder tut. Warum, zum Beispiel, gibt es kein anständiges Strandbad? Warum gibt es keine gepflegten Ausflugsorte im Grünen? Solche Fragen darf man nicht bagatellisieren. Die berechtigten Beschwerden von 700 000 Juden sind keine Bagatelle.

Es wäre hoch an der Zeit, daß sich die Stadtväter um diese Dinge kümmern. Sonst dauert es noch mindestens drei Jahre, bis Tel Aviv eine Million Einwohner zählt ...

Aus: Ephraim Kishon. Drehn Sie sich um, Frau Lot. Albert Langen – Georg Müller Verlag, München 1965.

Wer Symbole finden will, braucht hier nicht lange zu suchen. Von Sedom waren wir gekommen – Sodom und Gomorrha, die 'verdorbenen' Städte. Qumran, wo die heiligen Schriftenrollen gefunden wurden, am Toten Meer. Eine der biblischen Handschriften heißt: 'Krieg der Söhne des Lichts gegen die Söhne der Finsternis'. Jetzt ging es nach Jericho.

Hans Habe
Deutscher
Publizist und
Schriftsteller

Wir hatten nicht die Hauptstraße gewählt, wir fuhren durch Wüstenland, durch wüstes Land, durch das besetzte Gebiet, das besetzte oder das heimgekehrte. Wüste: Man denkt an endlose Flächen. Hier ist die Wüste ein Bergland, der Sand wie Elefantenhaut, gegerbter Sand, ein Elefantenrücken neben dem anderen. Schluchten in der Wüste, Flußbetten ohne

Israel in Zitaten

Hans Habe
(Fortsetzung)

Wasser, hier floß nie Wasser, hier fließt nur der Wind. Minutenlang kein Wagen, dann ein Lastwagen mit der Nummer der besetzten Gebiete, gleichgültig blicken die Araber unserem Wagen nach, mit leeren, heißen Wüstenaugen. Steine ragen aus dem Sand, die arabischen Dörfer sind keine Oasen, auch sie nur Steine in der Wüste. Die Jordanier haben das Land geschont: vor Kultur und Zivilisation. ...
Jericho ist keine Steinfestung, keine Lehmoase, ein Krankenkassen-Badeort in arabischer Fassung. Das subtropische Klima hat das Städtchen begünstigt, die Fruchtbarkeit der Ebene: Gemüsegarten und Bananenpflanzungen, die Orangen duften, Dattelbäume am Straßenrand. Jericho profitierte von seinem Klima, es profitierte auch von den Palästinensern, die Jordanien hier angesiedelt hatte. Dennoch nichts von der Feindseligkeit Ost-Jerusalems. Einige Geschäfte sind trotz der Mittagshitze geöffnet, vor den Cafés sitzen Araber, sie spielen Karten, blicken nicht auf. Nur hier und da ein Jeep mit israelischen Soldaten.

Aus: Hans Habe. Wie einst David. Walter-Verlag, Olten 1971.

Saul Bellow
US-amerikanischer
Schriftsteller

Das Tal Jehosaphat mit seinen Gräbern. Eine enge Straße und an den Hängen unendliche Steinhalden. Höhlen, Gräber, Abfälle, heruntergestürzte Steinbrocken und in winzigen Schulzimmern arabische Jungen, die ihre Lektionen singen. Selbst im November ist die Gegend unangenehm warm. Die Jordanier haben eine Straße über jüdische Gräber gebaut. Die Stadtverwaltung von Jerusalem plant den Bau einer neuen Straße und will die jordanische abbrechen. Die Überreste aus der Zeit des Herodes sind genau das, was Überreste sein sollten – verunstaltete zeitverwitterte Säulen, Absaloms Grab mit seinem Zwiebeldach und dem seltsamen Schornstein, der darüber spitz zuläuft. Die Heere der Toten in allen Richtungen, ohne Ende. Eine feine Sache für Zwangsvorstellungen: Beerdigung und Klage und unter den Mauern von Jerusalem liegen und warten, daß die Trompete des Messias ertönt. Ein paar arabische Hennen scharren im Staub und picken. Kein Frühstücksei kommt auf den Tisch, das nicht mit dem Tod gesprenkelt ist. Gruppen amerikanischer Mädchen kommen in Jeans den Hügel herunter, die Jacken mit den Ärmeln um die Taille gebunden. Oben zur Linken ein islamischer Friedhof. Das große Goldene Tor, das sich erst öffnen wird, wenn der Erlöser kommt, steht verschlossen. Dicht dahinter der Garten Gethsemane. Wie der Name sagt, war es ein Olivenhain. Jetzt wachsen dort Pinien, Zypressen und Eukalyptusbäume unter den Kuppeln der russisch-orthodoxen Kirche. Ihr gegenüber gibt es noch Oliven, die von Arabern mit langen Stangen geerntet werden. Sie schlagen auf die Zweige und fuchteln mit den Stangen in den Blättern, und die Früchte regnen nieder.

Aus: Saul Bellow. Nach Jerusalem und zurück. Verlag Kiepenheuer & Witsch, Köln 1977.

Lea Fleischmann
Deutsch-
israelische
Schriftstellerin

Ich fahre mit dem Bus an der alten Stadtmauer Jerusalems vorbei, vorbei am arabischen Viertel, vorbei an der russisch-orthodoxen Kirche mit ihren goldenen Zwiebeltürmen, vorbei an der Kirche der Nationen mit dem Garten Gethsemane, vorbei an der Moschee mit der grünen Kuppel, den Ölberg hinauf. Der ganze Berg ist ein Friedhof, ein riesiger, uralter Friedhof mit Gräbern, die noch aus der Zeit des Zweiten Tempels stammen. 'Die Toten halten Wacht', denke ich. Dort, wo der Weg nach Jericho abzweigt, steige ich aus und gehe zu Fuß den Berg hinunter, komme an alten zerfallenen Grabsteinen vorbei, laufe durch Disteln, hier und da ein neues Grab, alles ist verwildert, ungepflegt, sich selbst überlassen. Gegenüber sieht man die Altstadt mit der goldenen und silbernen Kuppel von Omar- und Al-Aksa-Moschee, schaut man nach links, breitet sich die Wüste Juda vor dem Betrachter aus, in ein sanftes rosalila Licht getaucht, und hebt man den Kopf, so wölbt sich der Himmel wie ein heller, luftiger Baldachin über Jerusalem. Die Farben leuchten und sind dennoch nicht aufdringlich. Das Kalkweiß der Grabsteine mischt sich mit dem Gold der Sonne und dem Blau des Himmels. Der Blick verliert sich am Horizont der Wüste, weit und frei erscheint die Welt, keine Mauern, keine Häuser, keine Bäume engen die Sicht ein. Es ist still auf dem Berg, aber nicht bedrückend. Der Platz hier sieht urwüchsig aus. Gräser und Disteln überwuchern die Grabsteine und nehmen dem Berg das friedhofsähnliche ernste Aussehen. Die Toten werden begraben, und ihr Schicksal liegt nun in Gottes Hand. Sie brauchen keine schönen Grabstätten, sie brauchen keine Blumen, für sie zählen nun andere Werte, und wir Lebenden lassen sie in Ruhe.

Lea Fleischmann
(Fortsetzung)

Aus: Lea Fleischmann. Ich bin Iraelin. Hoffmann und Campe Verlag, Hamburg 1982.

Ein kleines Mittelmeerstädtchen ist Aschdod, ein angenehmes, anspruchsloses Städtchen: Hafen, Leuchtturm, Kraftwerk, Fabriken und viele schöne Alleen. Sie gibt sich nicht, als sei sie Paris oder Zürich, und hat auch nicht den Ehrgeiz, Jerusalem zu werden. Eine Stadt, von Sozialdemokraten geplant: ohne stattliche Boulevards, ohne Monumente, ohne Prachthäuser reicher Kaufleute – sie ist durch und durch Gegenwart. Eine saubere und fast sorglose Stadt. Die Autos auf der Straße hupen nicht, und die Passanten sind nicht in Eile. Es scheint, als kenne hier jeder fast jeden. Wenn es hier Armut gibt, fällt sie nicht ins Auge. Auch der Reichtum in den Villenvierteln am Abhang des Meeresufers zeigt sich nicht prahlerisch. Eine Stadt von Arbeitern und Kaufleuten und Handwerkern und Hausfrauen. Beinahe sechzig- oder siebzigtausend Seelen gibt es hier. Die Hälfte davon Einwanderer aus Nordafrika. Ein Drittel kommt aus Europa und Amerika, und der Rest ist im Land geboren. Zu dieser Morgenstunde umgibt Aschdod die Gelassenheit eines Arbeitstages: die Männer sind bei der Arbeit, teilweise zu Hause. Die Kinder sind in den Kindergarten und zur Schule gegangen. Hier findet man kein 'Licht der Völker', aber auch keine Gettos und Slums, sondern eine kleine helle Hafenstadt, die sich zusehends nach Süden und Osten ausbreitet.

Amos Oz
Israelischer
Schriftsteller

Aus: Amos Oz. Im Lande Israel. Suhrkamp Verlag, Frankfurt am Main 1984.

Arabisch-israelischer Krieg. Bombenangriff auf Tel Aviv. Moische sitzt im Keller und klärt: 'Wenn die Engländer uns schon müssen schenken ein Land, was ihnen nicht gehört: warum nicht gleich die Schweiz?'

Jüdischer Witz

Aus: Salcia Landmann (Hrsg.). Jüdische Witze. Walter-Verlag, Olten 1962.

Routenvorschläge

Die folgenden Routenvorschläge sollen dem Individualtouristen Anregungen zur Bereisung von Israel liefern, ohne ihm die Freiheit der eigenen Planung und Streckenwahl zu nehmen.

Vorbemerkung

Die Routenführung ist so gewählt, daß die Hauptsehenswürdigkeiten des Landes berührt werden. Dennoch sind nicht alle in diesem Reiseführer beschriebenen sehenswerten Orte ohne weitere Abstecher zu erreichen. Die vorgeschlagenen Streckenführungen lassen sich auf der zum Buch gehörenden Reisekarte verfolgen, welche die ins Detail gehende Reiseplanung erleichtert.

Orte und Landschaften, die im Abschnitt 'Reiseziele von A bis Z' unter einem Hauptstichwort beschrieben sind, erscheinen innerhalb der folgenden Routenbeschreibungen **in halbfetter Schrift**, Beschreibungen der anderen erwähnten Orte und Landschaften können über das Register gefunden werden.

Hinweise

Bei den in Klammern hinter den Routenüberschriften genannten Entfernungsangaben handelt es sich um gerundete Kilometerzahlen, die sich lediglich auf den direkten Routenverlauf beziehen; sofern bei den empfohlenen Abstechern, Umwegen oder Varianten längere Strecken anfallen, sind die zu bedenkenden Entfernungen jeweils angemerkt.

Rundfahrt durch Nordisrael (ca. 330 km)

Schon bei der Rundfahrt durch Nordisrael bekommt man einen Eindruck von der Vielfältigkeit des Landes. Besonders geeignet ist diese Tour für den Reisenden, dem Landschaftseindrücke wichtiger sind als der Besuch bedeutender Ausgrabungsstätten oder interessanter Städte.

Hinweis

Will man lediglich einige Spaziergänge unternehmen und die wichtigsten Sehenswürdigkeiten besichtigen, kann man die Fahrt mühelos an drei Tagen bewältigen. Ausgangspunkt für die Tour ist Haifa, als Übernachtungsorte bieten sich Tiberias am See Genezareth und ein Kibbuz-Hotel ganz im Norden des Landes an (z.B. Kfar Giladi, Hagoshrim oder Kfar Blum).

Weit eindrucksvoller als die direkte Verbindungsstrecke nach Nazareth ist der Umweg durch das Karmel-Gebirge. Man verläßt **Haifa** über den schönen Stadtteil Central Carmel und fährt auf der Moriah-Straße in südöstlicher Richtung. Die Straße führt vorbei an der Universität von Haifa und steigt dann zur höchsten Erhebung des **Karmel-Gebirges** an. Kurz hinter dem Drusendorf Daliyat zweigt eine Straße zum Berg Muhraka mit dem Karmeliterkloster St. Elias ab. Zurück zur Hauptstraße, nach weiteren 7 km in südlicher Richtung stößt man auf die aus Richtung Zikhron Ya'akov kommende Hauptstraße. Ihr folgt man nun in nordöstlicher Richtung, hält sich nach 6 km links und biegt kurz darauf rechts nach **Bet Shearim** ab. Es hatte im 2. und 3. Jh. als Sitz des Hohen Rates (Sanhedrin) große Bedeutung. Davon zeugen noch heute die beachtlichen Katakomben mit Gräbern von Sanhedrin-Mitgliedern. Kurz hinter Bet Shearim erreicht man die von Haifa nach Nazareth führende Hauptstraße. Die Ebene durchquerend, gelangt man nach knapp 20 km nach **Nazareth**, dessen Verkündigungskirche, Marienbrunnen und andere Stätten an Jesus und seine Eltern erinnern.

Von Haifa über Nazareth nach Tiberias

Nächstes Ziel ist das 9 km nordostwärts gelegene Dorf **Kana**, der Ort der 'Hochzeit von Kana'. Weiter in Richtung Tiberias fahrend, sieht man links

◀ *Badesee am Berg Gilboa*

Routenvorschläge

Rundfahrt durch Nordisrael, von Haifa über Nazareth nach Tiberias (Fortsetzung)	der Straße die **Hörner von Hittim**, bei denen 1184 das Kreuzfahrerheer von Sultan Saladin vernichtend geschlagen wurde. Dann führt die Straße abwärts nach **Tiberias** am **See Genezareth**. In einem der Lokale an der Seepromenade läßt es sich gut verweilen, überall wird hier die Spezialität der Region angeboten: St. Petersfisch. Man sollte Tiberias nicht verlassen, ohne das Kurzentrum und die alte Synagoge im Stadtteil Tiberias-Hammat besucht zu haben. Wer in Tiberias übernachten will, kann für den Spätnachmittag eine Bootsfahrt auf dem See Genezareth einplanen. Zum Kibbuz **En Gev** am anderen Seeufer besteht regelmäßiger Fährverkehr.
Von Tiberias über Kapernaum zur Nordgrenze Israels	Für die Weiterfahrt folgt man der Seeuferstraße in nördlicher Richtung. Einen Stop lohnt der direkt am See Genezareth gelegene Kibbuz Ginnosar, in dem ein 'Fischerboot aus der Zeit Jesu' ausgestellt wird. Rechts der Straße sieht man die Pumpstation Kinneret; sie fördert Wasser aus dem See Genezareth in einen Kanal, durch den es bis in den Negev geleitet wird. Ein Weg bei der Pumpstation führt seewärts zu den Ruinen des Palastes von Minya (1 km), den der Omaijadenkalif el-Walid (705 – 715), Erbauer der Omaijadenmoschee in Damaskus und der El-Aqsa-Moschee in Jerusalem, angelegt hat.
	Unmittelbar nördlich folgen nun mehrere Stätten christlicher Tradition: **Tabgha**, die Stätte der Speisung der Fünftausend, mit der Brotvermehrungskirche (Mosaikboden des 5. Jh.s); in der Nähe die Peterskirche an der 'Mensa Christi' und **Kapernaum** mit einer teilweise wiederaufgebauten Synagoge und anderen Ausgrabungen.
	Bei Tabgha verläßt die Straße das Seeufer und steigt nach Norden ins Bergland auf, wo rechts die Kirche auf dem **Berg der Seligpreisungen** steht. Bald darauf biegt ebenfalls rechts eine Straße zu den Ruinen von **Chorazin** ab.
	Weiter nördlich in **Rosh Pinna** zweigt links die kurvenreiche Straße zur hochgelegenen Stadt **Safed** ab (8 km).
	Geradeaus liegt links der Tell von **Hazor**, wo 23 Siedlungsschichten ausgegraben wurden, und gleich darauf rechts der Kibbuz Ayelet Hashahar mit Gästehaus und Museum für Funde aus Hazor. Man fährt nun entlang der früher versumpften, heute kultivierten **Hule-Ebene**. Einen Eindruck davon, wie diese Landschaft früher einmal ausgesehen hat, vermittelt heute noch das Hule-Naturreservat. Wenige Kilometer hinter dem Kibbuz Ayelet Hashahar zweigt ein Nebensträßchen dorthin ab.
	Man passiert das Städtchen Qiryat Shemona und fährt von hier weiter in östlicher Richtung. Lohnend ist ein Besuch des Naturreservates **Dan**. Bezeichnete Rundwege führen durch dichte Vegetation zu den Dan-Quellen und den Resten des Tell Dan. Ebenfalls ein landschaftlich ausgesprochen schöner Ort ist das wenige Kilometer nordöstlich gelegene **Banyas**, wo einer der drei Quellflüsse des Jordan entspringt.
	Von hier aus schlängelt sich die kurvenreiche Straße die **Golan-Höhen** aufwärts, vorbei an Israels Wintersportzentrum Neve Ativ gelangt man zur Burg Banyas. Die Fahrt hierher lohnt allein schon wegen der grandiosen Aussicht, die man von dieser auch als Nimrodburg bezeichneten Befestigungsanlage hat.
Von Qiryat Shemona entlang der Nordgrenze nach Rosh Hanikra	Von Banyas aus geht es auf derselben Strecke zurück nach Qiryat Shemona. Von dort folgt man rechts der Straße nach Metulla, biegt bald darauf links ab und fährt an Tel Hay vorbei. Hier befindet sich u.a. das Grab von Joseph Trumpeldor, einem der führenden Zionisten, der 1920 bei einem arabischen Angriff heldenmütig die Siedlung verteidigte, schließlich aber doch getötet wurde. Das Gebäude, in dem sich die Siedler verschanzt hatten, fungiert heute als Museum. Bald gewinnt die Straße an Höhe und verläuft dann südwärts, parallel zur libanesischen Grenze. Immer wieder ergeben sich hervorragende Ausblicke auf die fruchtbare **Hule-Ebene**.
	Kurz hinter dem Kibbuz Yiftah hält man sich rechts und fährt weiterhin entlang der libanesischen Grenze bis zur Abzweigung (links) nach Bar'am mit gut restaurierten Resten einer Synagoge des 2. oder 3. Jh.s. Von Bar'am verläuft die Straße in südwestlicher Richtung nach Sasa.

Wer Zeit sparen möchte, folgt von hier der besser ausgebauten Hauptstraße über Hurfeish nach Nahariya (ca. 40 km).

Landschaftlich schöner, allerdings auch erheblich kurvenreicher ist die schmale Straße, die von Sasa nach Nordwesten führt. Über die abgeschiedenen Siedlungen Netu'a, Even Menahem und Shomera gelangt man schließlich zum Goren Natural Forest beim Kibbuz Elon, hier nimmt ein Fußweg zur 3 km entfernten Kreuzfahrerburg **Montfort** seinen Ausgang. Wenige Kilometer hinter Elon stößt die Straße auf die Nord-Süd-Verbindungsachse am Mittelmeer, über sie gelangt man zu dem Dorf Rosh Hanikra an der libanesischen Grenze. Zu den unterhalb des Dorfes am Strand gelegenen Höhlen führt eine Seilbahn hinab.

Rundfahrt durch Nordisrael, von Qiryat Shemona entlang der Nordgrenze nach Rosh Hanikra (Fortsetzung)

Für die Rückfahrt nach Haifa wählt man die nahe des Mittelmeers verlaufende Straße. Auf ihr passiert man zuächst das Ausgrabungsgelände und Erholungsgebiet von Tell Akhziv und bald darauf den 1936 von deutschen Auswanderern gegründete Badeort **Nahariya**. Bei dem Moshav Shave Zion, der 1938 von Auswanderern aus Rexingen in Württemberg gegründet wurde, legte man das Bodenmosaik einer frühchristlichen Basilika (vor 422) frei. Es folgt der Kibbuz Lohamei Hageta'ot, dessen Museum an das traurigste Kapitel jüdischer Geschichte erinnert.

Ein Erlebnis ist ganz sicher der Besuch der recht orientalisch wirkenden Stadt **Akko**. Neben einer Reihe sehenswerter Bauten aus der Epoche der Kreuzfahrer und aus osmanischer Zeit fasziniert hier vor allem die Atmosphäre in den betriebsamen Basargassen und am malerischen Fischerhafen. Hinter Akko umfährt man die Bucht von Haifa mit ihren Industrieanlagen und gelangt schließlich wieder in die Hafenstadt Haifa.

Von Rosh Hanikra nach Haifa

Rundfahrt durch Zentralisrael (ca. 350 km)

Die Rundfahrt durch Zentralisrael berührt, ausgehend von Jerusalem, bedeutende archäologische Ausgrabungsstätten, gibt dem Reisenden aber auch einen Eindruck von der landschaftlichen Vielfalt des Heiligen Landes.

Man durchfährt bei dieser Tour große Teile des von Israel besetzten Westjordanlandes. Dies ist auch nach dem Ausbruch der Intifada für Touristen weitgehend gefahrlos. Man erkundige sich jedoch unbedingt vor Fahrtantritt nach den aktuellen politischen Gegebenheiten und meide gegebenenfalls vor allem die Zentren des Palästinenseraufstandes, Ramallah und Nablus.

Für die Fahrt sollte man sich wiederum mindestens drei Tage Zeit nehmen, gute Übernachtungsmöglichkeiten bestehen in Tiberias am See Genezareth und in Netanya oder Tel Aviv.

Hinweis

Am Flughafen von **Jerusalem** vorbei erreicht man **Ramallah**, kommt hinter Ain Sinya in das fruchtbare 'Tal der Räuber' (Wadi el-Haramiye), dann in die Berge bei Sinyil und wieder hinunter nach Luban, dem biblischen Lebona. Unweit östlich lag Silo, wo vor dem Bau des Salomonischen Tempels die Bundeslade aufbewahrt wurde.

Kurz vor **Nablus** (hebr. Shekhem), dem Hauptort des Westjordanlandes, nimmt man die scharf rechts abbiegende Straße zum Jakobsbrunnen (arab. Bir Yakub), den der Überlieferung zufolge Jakob gegraben hat und bei dem Jesus der Samaritanerin begegnete. Ca. 13 km nordwestlich von Nablus erstreckt sich rechts der Straße die ausgedehnte Ruinenstätte von **Samaria** (arab. Sebastiya, hebräisch Shomron) mit stattlichen Resten aus israelitischer, herodianischer, römischer und frühchristlicher Zeit. Die Straße führt weiter nordwärts durch das Bergland von Samaria, passiert dabei mehrere arabische Dörfer, senkt sich ins Dothan-Tal, wo Joseph von seinen Brüdern an eine ismaelitische Karawane verkauft wurde, und erreicht die arabische Stadt **Jenin**, in der ein Denkmal an deutsche Flieger erinnert, die im Ersten Weltkrieg als Bundesgenossen der Türken gefallen

Von Jerusalem zum See Genezareth

Routenvorschläge

Rundfahrt durch Zentralisrael, von Jerusalem zum See Genezareth (Fortsetzung)

sind. Hinter dem Dorf Jalama verläßt man das Westjordanland und kommt 11 km hinter Jenin zu einer Kreuzung, an der man sich rechts hält und in Richtung Bet Shean weiterfährt. Bei dem 1949 gegründeten Dorf Gidona, am Fuße des **Berges Gilboa**, liegt der Nationalpark Ma'ayan Harod. Kurz darauf verläßt man die Hauptstraße wieder und folgt der zunächst in südlicher Richtung verlaufenden Nebenstraße nach **Bet Alfa**, bekannt wegen des Bodenmosaiks seiner alten Synagoge.

Der Nationalpark Gan HaShelosha, den man kurz hinter Bet Alfa erreicht, erinnert mit seinem Namen (Park der Drei) an drei Siedler, die 1938 bei der Eroberung dieses Gebietes umkamen. Eindrucksvoll sind die Wasserfälle (arabisch Sakhne), oberhalb derer sich ein Badesee erstreckt.

Nicht auslassen sollte man bei einer Israel-Rundreise die 4 km östlich gelegene Ausgrabungsstätte von **Bet Shean** mit römischem Theater gegenüber dem Tell, auf dem kanaanäische Tempel standen. Die weitere Route verläuft von Bet Shean in nördlicher Richtung zum See Genezareth.

Nach gut 10 km zweigt links eine Straße ab, die sich in zahlreichen Serpentinen zur 500 m höher gelegenen Kreuzfahrerfestung **Belvoir** hinaufwindet.

Kurz hinter der Abzweigung nach Belvoir überquert man das Tavor-Tal; 2 km danach biegt bei Gesher rechts eine Straße zum Wasserkraftwerk Naharayim ab. Bei diesem mündet der Yarmuk, an dem 636 die Byzantiner vom arabischen Heer des Kalifen Omar entscheidend geschlagen wurden. Die Straße folgt weiter dem Jordantal und trifft schließlich auf die Südspitze des **Sees Genezareth**.

Nicht entgehen lassen sollte man sich von hier einen Abstecher in das 10 km südöstlich gelegene **Hamat Gader**. Schon in der Antike war es als Badeort bekannt und auch heute kann man in unterschiedlich temperierten Badebecken etwas für die Gesundheit tun.

Vom See Genezareth über Afula und Caesarea nach Netanya

Die Hauptroute verläuft für ein kurzes Stück in nordwestlicher Richtung am Seeufer entlang. In Bet Yerah zweigt die Zufahrt zum Kibbuz Deganya (A) ab. Er wurde 1909 als erster Kibbuz der Welt am Ausfluß des Jordan aus dem See Genezareth gegründet. Vor dem Haupteingang steht ein syrischer Panzer, der 1948 durch einen Molotowcocktail gestoppt werden konnte. Obgleich es sich nicht um den Ort handelt, an dem Jesus Christus getauft wurde, lassen sich viele Pilger bei der Taufstelle Yardenit (ca. 1 km westlich von Bet Yerah) mit dem Wasser des **Jordan** taufen. Hinter der Ausgrabungsstätte Tell Bet Yerah, auf der zahlreiche Reste aus dem 4. bis 6. Jh. freigelegt wurden, verläßt man das Ufer des Sees Genezareth und fährt nun nach Westen in Richtung Afula (wer nicht beabsichtigt, auch die Rundfahrt durch Nordisrael zu unternehmen, sollte noch einen Abstecher an das Nordufer des Sees Genezareth einplanen, siehe S. 98).

Die Straße gewinnt an Höhe, von dem Parkplatz bei der Meereshöhentafel hat man eine herrliche Aussicht auf den See Genezareth. Kurz darauf passiert man einen Tell, in dem die bronzezeitliche Stadt Yin'an vermutet wird. Anschließend kommt man nach Yavne'el, einer 1901 gegründeten Ortschaft, und dann zum Dorf Kafr Kama, in dem 1880 Tscherkessen angesiedelt wurden. Kurz hinter Kefar Tavor zweigt eine Seitenstraße zum **Berg Tabor** ab. Lohnend ist die Besichtigung der gleichnamigen Kirche, noch reizvoller jedoch die Aussicht, die man von diesem höchsten Berg Untergaliläas genießt.

Zurück zur Hauptstraße, auf der man dann bis **Afula** zügig vorankommt; das landwirtschaftliche Zentrum der **Jezreel-Ebene** bietet dem Touristen wenig Interessantes. Mehr verspricht eine Besichtigung des 12 km westlich von Afula gelegenen Tell **Megiddo**, der dank seiner strategisch günstigen Lage seit dem 4. Jahrtausend v. Chr. befestigt war. Durch das instruktive Museum gelangt man zu den bedeutenden Ausgrabungen. Vom Tell Megiddo fährt man weiter nordwestwärts, biegt bei Yoqne'am links ab und stößt schließlich auf die Straße nach **Zikhron Ya'akov**, ein bekannter Weinort in hübscher Landschaft. Hinter Zikhron Ya'akov verliert die Straße an Höhe, man überquert die weiter landeinwärts gelegene Nord-Süd-Verbindungsstraße und gelangt zur nahe des Mittelmeers verlaufenden

Ein lohnendes Ziel: die Altstadt von Jaffa

Schnellstraße, der man südwärts bis **Caesarea** folgt, das seine letzte Blüte unter den Kreuzfahrern erlebte.

Ein geeigneter Ort für einen kürzeren oder längeren Badeaufenthalt ist **Netanya**. Mit seinen ausgedehnten schönen Sandstränden, den zahlreichen großen Hotels und dem mit einer Fußgängerzone aufgewerteten Zentrum hat sich der Ort zum bedeutendsten Touristenzentrum am Mittelmeer gemausert.

Rundfahrt durch Zentralisrael, vom See Genezareth über Afula und Caesarea nach Netanya (Forts.)

Von Netanya gelangt man über die direkt am Mittelmeer entlangführende Schnellstraße zügig südwärts (vorausgesetzt man gerät nicht morgens in den Berufsverkehr!). Schon bald hinter **Herzliya**, das außer einem ansehnlichen Strand und hübschen Villenvierteln nichts Außergewöhnliches zu bieten hat, erreicht man die Randbezirke von **Tel Aviv**. Zwar kann die größte Stadt Israels mit zahlreichen Sehenswürdigkeiten aufwarten, doch fasziniert in erster Linie die besondere Atmosphäre dieser Metropole mit dem leicht mediterranen Flair.

Von Netanya über Tel Aviv nach Jerusalem

Eine Schnellstraße führt in südöstlicher Richtung aus Tel Aviv heraus, passiert den Ben Gurion Airport nahe **Lod** und schließlich das Kloster **Latrun**, das sich rechts der Straße auf einer Anhöhe erhebt. Einen Stop lohnt bald danach das arabische Bergdorf **Abu Gosh**, das von einer mächtigen Kreuzfahrerkirche beherrscht wird. Danach sind noch gut 10 km bis Jerusalem zurückzulegen.

Fahrt zum Toten Meer (ca. 260 km)

Da sich viele Israel-Besucher längere Zeit in Jerusalem aufhalten, wird auch diese Rundfahrt von der Heiligen Stadt aus beschrieben. Man kann die Tour zwar an einem Tag bewältigen, wer sich jedoch für die einzelnen Sehenswürdigkeiten etwas Zeit nehmen möchte, muß mindestens zwei

Hinweis

Routenvorschläge

Fahrt zum Toten Meer, Hinweis (Fortsetzung)

Tage einplanen. Insbesondere lohnen der Naturpark von En Gedi und das grandiose Ausgrabungsgelände von Massada ein längeres Verweilen. Als Übernachtungsort bieten sich das Kibbuz-Gästehaus von En Gedi oder eines der Hotels in En Boqeq am Toten Meer an.

Von Jerusalem über Jericho nach Qumran

Auf gut ausgebauter Schnellstraße verläßt man Jerusalem ostwärts und folgt der Beschilderung nach Jericho. Das heiße Klima läßt hier nichts mehr gedeihen, nur ab und an sieht man die zusammengestückelten Zelte einiger Beduinen. Nach ca. 20 km biegt links ein Weg zum St.-Georg-Kloster im **Wadi Qilt** ab. Von einem Parkplatz mit Aussichtspunkt ergibt sich ein schöner Blick in die romantische Qilt-Schlucht. Weiter der Hauptstraße folgend, führt wenig später rechts eine asphaltierte Straße zu dem islamischen Heiligtum **Nebi Musa**. Nächstes Ziel ist die Oasenstadt **Jericho**. Auch wenn es für den archäologisch nicht Versierten wenig zu sehen gibt, ist der Tell Jericho beinahe für jeden Israel-Reisenden ein obligatorisches Ziel, gilt es doch, die ältesten Reste menschlicher Siedlungen zu betrachten. Man verläßt Jericho wieder über die in südlicher Richtung führende Straße, hält sich bei der Kreuzung jedoch links und erreicht bei Ma'aganit ha Melah das **Tote Meer**. Ein großer Wasservergnügungspark soll Touristen hierher locken, doch wirkt die Gegend nicht allzu einladend. Ausgebrannte Häuser, Einschläge von Geschützen u.a. erinnern daran, daß auch dieser Bereich des Westjordanlandes heftig umkämpft war. Die Straße verläuft südwärts, unmittelbar an der Küste des Toten Meeres. Das nächste Ziel, **Qumran**, verdankt seine Bekanntheit den Schriftrollen, die in Höhlen nahe der Klosteranlage der Essener gefunden wurden.

Von Qumran nach Neve Zohar

Dieser Streckenabschnitt verläuft entlang der Küste des Toten Meeres. Ca. 20 km hinter Qumran biegt rechts eine Zufahrtsstraße zum Kibbuz Metzoke Dragot ab, von dem aus Wüstentouren organisiert werden, ein Gästehaus ist vorhanden. Bei **En Gedi** lockern Palmen und Grünanlagen die Szenerie etwas auf. Schöne Landschaftseindrücke vermitteln Spaziergänge oder Wanderungen durch den Naturpark von En Gedi. Einer der Höhepunkte jeder Israelreise ist der Besuch der Festung **Massada**, die auf einer 400 m hohen Klippe liegt und in den sechziger Jahren unter der Leitung von Y. Yadin ausgegraben und teilweise restauriert wurde (Aufstieg über den Schlangenpfad oder mit der Seilbahn).
Kehrt man zur der Autostraße am Toten Meer zurück, kommt man zunächst nach **En Boqeq** und wenig später nach Neve Zohar. Auf diese beiden Orte konzentrieren sich die meisten Kur- und Badeeinrichtungen am Toten Meer. Da der Wasserspiegel dieses Salzsees infolge des immer geringer werdenden Zuflusses an Jordanwasser ständig weiter sinkt, werden die Wege von den Hotels zu den Stränden immer länger.

Von Neve Zohar über Arad und Hebron nach Jerusalem

Die von Neve Zohar landeinwärts nach Arad führende Straße gewinnt zügig an Höhe. Schon bald kommt man an zwei dicht hintereinander liegenden Aussichtspunkten vorbei; der erste bietet besonders gegen Abend einen herrlichen Blick auf das Tote Meer und die Berge von Moab; der zweite erlaubt einen Blick in die mächtige Berglandschaft und hinunter zur nabatäischen, dann byzantinischen Burg Mezad Zohar, welche die alte Talstraße von Judäa nach Edom bewachte. Weiter nordwestwärts fahrend, gelangt man nach **Arad**, das wegen seiner Wüsten- und Höhenlage ein idealer Aufenthaltsort für Asthmakranke ist. Man läßt die Stadt hinter sich und kommt nach ca. 10 km zu einer Abzweigung zum bedeutenden Ausgrabungsgelände des Tell Arad. Gut 15 km später biegt man rechts auf die Straße nach **Hebron** ab (da es auch in Hebron seit dem Ausbruch der Intifada häufig zu Unruhen kommt, sollte man sich sicherheitshalber vor Fahrtantritt erkundigen, ob ein Besuch für Touristen gefahrlos möglich ist). Hauptsehenswürdigkeit von Hebron ist das monumentale Gebäude über Abrahams Grabhöhle.
Kurz vor Bethlehem sieht man rechts der Straße die Teiche Salomos, dabei handelt es sich um drei große offene Zisternen, die von römischer Zeit bis fast in die Gegenwart der Wasserversorgung dienten. Danach fährt man

nach **Bethlehem**, die Geburtsstadt Davids und Jesu. Der Tourismus konzentriert sich weitgehend auf die Geburtskirche und den Krippenplatz.

Von Bethlehem bietet sich ein Abstecher zu dem 11 km südöstlich gelegenen Berg **Herodeion** an, auf dessen Kuppe Herodes der Große einen prunkvollen Palast anlegen ließ, oder aber zum griechisch-orthodoxen Kloster **Mar Saba.**

Am Ortsausgang von Bethlehem sieht man links der Straße das Grab Rahels und bald darauf rechts das Eliaskloster. Bevor man dann wieder das Stadtzentrum von Jerusalem erreicht, sollte man noch einen kurzen Umweg zur Haas-Promenade, einer schön gestalteten Aussichtsterrasse im Stadtteil East Talpiot einplanen (von der Hebron Road biegt rechts eine Straße dorthin ab).

Fahrt zum Toten Meer, von Neve Zohar über Arad und Hebron nach Jerusalem (Fortsetzung)

Rundfahrt durch den Negev (ca. 500 km)

Bei der Fahrt durch den Negev reiht sich nicht wie bei anderen Rundreisen durchs Heilige Land eine Sehenswürdigkeit an die andere, und auch die Landschaftseindrücke verändern sich nur geringfügig. Dennoch wird kaum jemand die Fahrt als langweilig erleben. Das Wüstengestein hat die unterschiedlichsten bizarren Formen und schimmert insbesondere in den Abendstunden in vielfältigen Farbtönen. Ab und an passiert man landwirtschaftliche Siedlungen, in denen mit künstlicher Bewässerung dem Wüstenboden Erträge abgerungen werden.

Auf den Straßen durch den Negev kommt man relativ zügig voran, so braucht man für diese Fahrt, die von Beersheba aus beschrieben wird, lediglich zwei Tage. Gute Übernachtungsmöglichkeiten bestehen nur in Elat am Roten Meer.

Hinweis

Man fährt von **Beersheba** in südöstlicher Richtung nach Yeroham. Von dort folgt man der nach Südwesten führenden Straße und erreicht nach 19 km den 1952 gegründeten Kibbuz **Sede Boqer**, den Wohnsitz des ersten israelischen Ministerpräsidenten David Ben Gurion. Nach 3 km sieht man links die von Ben Gurion ins Leben gerufene 'Schule des Negev' (Midreshet Sede Boqer), vor deren Bibliothek sich das Grab des Staatsmannes befindet. Der Komplex liegt oberhalb des Wadi Zin, in das von hier eine Straße führt. Vom Parkplatz aus kommt man nach kurzem Fußweg zur Quelle von **En Avdat**, benannt nach der nabatäischen, dann byzantinischen Stadt **Avdat**, deren teilweise rekonstruierte Ruinen 5 km südlich links der Straße auf einem Hügel liegen.

Am Ortsende der 1953 gegründeten, heute 2000 Einwohner zählenden Siedlung Mizpe Ramon wurde eine Aussichtsplattform angelegt (Restaurant), von der man einen hervorragenden Blick in die größte Erdeinsenkung Israels, den **Maktesh Ramon**, hat. Kurz hinter Mizpe Ramon biegt man rechts ab und fährt weiter in westlicher Richtung. Die Straße verläuft unterhalb des Berges Ramon (1035 m ü.d.M.) und stößt kurz vor der ägyptischen Grenze auf eine neu ausgebaute Nord-Süd-Verbindung, auf ihr kommt man in südlicher Richtung zügig voran. Ca. 10 km vor Elat zweigt von dieser Straße ein bezeichneter Weg zur Quelle En Netafim ab, die man nach einem kurzen Spaziergang erreicht. Dann geht es weiter nach **Elat**, der Touristenmetropole am Roten Meer.

Von Beersheba über Avdat nach Elat

Eine Fahrt von Elat nach Norden führt in die Arava-Senke, durch welche die israelisch-jordanische Grenze verläuft; sie erreicht bei Gav Zaarava eine Höhe von 200 m und fällt dann nordwärts allmählich bis zum Toten Meer auf 398 m u.d.M. ab.

Nach 25 km passiert man die Zufahrtsstraße zu den Kupferminen von Timna, in denen seit einigen Jahren wieder Kupfer gewonnen wird, 2 km danach biegt das Sträßchen zum **Timna-Park** ab, den man mit dem Auto durchfahren kann. Besonders bizarre Felsformationen, allen voran die sogenannten Säulen Salomos, beeindrucken den Besucher. Bei der

Von Elat durch die Arava-Senke nach Beersheba

Bizarre Felsformation im Negev

Rundfahrt durch den Negev, von Elat durch die Arava-Senke nach Beersheba (Fortsetzung)	Weiterfahrt nach Norden sieht man nach ca. 17 km rechts der Straße die Reservation Hai Bar, die 1963 als Zufluchtsstätte für Antilopen, Wildesel, Strauße und andere Wüstentiere geschaffen worden ist. Man kann das Areal mit dem Auto erkunden oder aber an einer Busrundfahrt teilnehmen, die ihren Ausgang im Besuchszentrum des 1951 als Armeesiedlung gegründeten Kibbuz Yotvata nimmt. Bei Gerofit, 8 km hinter Yotvata, biegt eine Straße nach Beersheba ab, die Rundfahrt verläuft jedoch weiter in Richtung Totes Meer. Bei der Ansiedlung Paran passiert man nach 45 km das breite Wadi **Paran** und später das Wadi Zin (65 km), das an der Quelle En Avdat beginnt. Kurz darauf folgt man der links nach Beersheba abbiegenden Straße und erreicht nach weiteren 27 km die Überreste der Nabatäerstadt **Mamshit**. Über die 1955 gegründete Stadt Dimona kehrt man dann wieder nach Beersheba zurück.

Große Israelrundreise (ca. 1300 km)

Hinweis	Die beschriebenen Israelrundfahrten können zu einer großen Rundreise durch das gesamte Heilige Land verbunden werden. Für diese Tour, die die wichtigsten Städte, historischen Stätten und landschaftlichen Schönheiten berührt, sollte man sich mindestens zwei Wochen Zeit nehmen. Nur wo die große Israelrundreise von den Regionaltouren abweicht, werden die einzelnen Stationen der Rundfahrt im folgenden ausführlicher beschrieben.
Von Jerusalem zur Nordgrenze	Man verläßt **Jerusalem** in östlicher Richtung, genießt zumindest einen Ausblick auf **Wadi Qilt** und erreicht dann **Jericho**. Von hier bietet sich ein Abstecher (hin und zurück ca. 45 km) in das am **Toten Meer** gelegene **Qumran** an (vorausgesetzt man beabsichtigt nicht, über Qumran zurückzukommen, vgl. S. 107). Danach geht es weiter nordwärts. Die Straße ver-

läuft nahe der jordanischen Grenze. Das Land ist dünn besiedelt, nur ab und an sieht man von Stacheldraht umzogene Ansiedlungen. Erst kurz hinter Mehola endet das Westjordanland, bald darauf erhebt sich links der Straße der **Berg Gilboa**. In einem der Naturparks lassen sich hier ungetrübte Badefreuden genießen; für Kulturinteressierte sind **Bet Shean** und **Bet Alfa** obligatorische Ziele. Weiter nördlich erkennt man links der Straße die Kreuzfahrerfestung **Belvoir** und gelangt schließlich zum **See Genezareth**. Das touristische Leben konzentriert sich in erster Linie auf den Ort **Tiberias**. Von hier lassen sich die Sehenswürdigkeiten der Umgebung, allen voran **Tabgha**, **Kapernaum** und **Hamat Gader**, gut erkunden.
Vorbei am **Berg der Seligpreisungen** und an der Ruinenstätte **Chorazin** fährt man dann über **Rosh Pinna** zum Tell **Hazor**. Wenige Kilometer nördlich beginnt die **Hule-Ebene**. Im äußersten Norden des Landes gewinnt man im Naturreservat von **Dan** und bei **Banyas** wunderschöne Landschaftseindrücke.

Große Israelrundreise, von Jerusalem zur Nordgrenze (Fortsetzung)

Für die Weiterfahrt wählt man die oberhalb der Hule-Ebene, nahe der libanesischen Grenze verlaufende Bergstraße, passiert die Ausgrabungsstätte Bar'am und gelangt über Sasa und **Meron** nach **Safed**. Zurück bis Meron und über die winzigen Ortschaften Parod und Rama nach **Akko** mit seiner malerischen Altstadt und dem hübschen Fischerhafen. Nächstes Ziel ist **Haifa**, von wo aus man unbedingt einen Ausflug in das zum Naturschutzgebiet erklärte **Karmel-Gebirge** unternehmen sollte (des weiteren bietet sich eine Besichtigung der Nekropole von **Bet Shearim** sowie der Ausgrabungsstätte **Megiddo** an, und christlich orientierte Besucher werden sicher **Nazareth** auf ihrer Israel-Rundreise nicht auslassen).

Von Banyas über Safed und Akko nach Haifa

Zwei Straßen führen von Haifa südwärts. Entscheidet man sich für die weiter landeinwärts verlaufende Landstraße, so biegt nach ca. 10 km eine Stichstraße nach En Hod ab, einem früheren arabischen Dorf, das heute von Künstlern bewohnt wird.

Von Haifa entlang der Mittelmeerküste nach Ashqelon

Strand bei Netanya

105

Routenvorschläge

Große Israelrundreise, von Haifa entlang der Mittelmeerküste nach Ashqelon (Fortsetzung)

Folgt man dagegen der neuen, sich in Ufernähe entlangziehenden Schnellstraße, so passiert man bald die Kreuzfahrerburg **Atlit** (militärisches Sperrgebiet) und stößt wenig später auf eine Stichstraße zum Moshav **Dor**. Überquert man die Bahnlinie, sieht man rechts den Kibbuz Nahsholim neben den Resten einer von Baron de Rothschild erbauten Glasfabrik, links das von Einwanderern aus Griechenland geschaffene Dorf Dor. Danach weiter der gut ausgebauten Schnellstraße folgend, kommt man in das Gebiet der antiken Stadt und Kreuzfahrerfestung **Caesarea**. Das südlich davon gelegene **Netanya** ist ein geeigneter Aufenthaltsort für einen Badeurlaub am Mittelmeer. Über **Herzliya** gelangt man dann in die größte Metropole Israels, nach **Tel Aviv**.

Unmittelbar südlich der Stadt liegt das 1882 gegründete Rishon Le Zyyon, es folgt **Rehovot**. Hier entstand dank der Initiative des späteren ersten israelischen Staatspräsidenten Chaim Weizmann das nach ihm benannte naturwissenschaftliche Institut, dessen Arbeitsgebiete heute von der Biologie bis zur Atomforschung reichen. Rehovot in südwestlicher Richtung verlassend, kommt man nach **Yavne**, dem antiken Jamnia, dessen Hafen 8 km nordwestlich beim Kibbuz Palmahim liegt. Weitere Stationen sind die Hafenstadt **Ashdod** und **Ashqelon** mit interessantem Ausgrabungsgebiet. Knapp 10 km südlich von Ashqelon erreicht man den Kibbuz Yad Mordekhay (Gedenkstätten an den Warschauer Ghettoaufstand und an die Abwehr ägyptischer Angriffe 1948).

Von Ashqelon über Beersheba nach Elat

Da man als Tourist den Gazastreifen besser meiden sollte, fährt man dann über Nir'am und Netivot nach **Beersheba**. Die weiteren Stationen der Rundfahrt sind **Sede Boqer**, **En Avdat** und **Avdat**. Hinter Mizpe Ramon bietet sich ein hervorragender Blick auf den **Maktesh Ramon**. Bald darauf hält man sich rechts und fährt entlang der ägyptischen Grenze nach **Elat**.

Von Elat ans Tote Meer

Nördlich von Elat sind der **Timna-Park** sowie das Tierreservat Hai Bar beim Kibbuz Yotvata lohnende Ziele. Die weitere Route kreuzt das breite,

Gedenkstätte beim Kibbuz Yad Mordekhay

fast immer ausgetrocknete Flußtal des **Paran**, verläuft durch die Arava-Senke, führt an den Dead Sea Works und den Salzhöhlen von Sedom vorbei und erreicht bei Neve Zohar das **Tote Meer**. Einer der Höhepunkte einer Israelreise ist der Besuch der Festungsanlage von **Massada** und des noch etwas weiter nördlich gelegenen Naturparks von **En Gedi** (von Neve Zohar hin und zurück ca. 80 km). Weiter der Küstenstraße am Toten Meer folgend, könnte man über **Qumran** zügig nach Jerusalem zurückfahren.

Große Israelrundreise, von Elat ans Tote Meer (Fortsetzung)

Nochmals neue Eindrücke vermittelt jedoch die Fahrt über Hebron. Hat man sich vergewissert, daß der Besuch für Touristen gefahrlos möglich ist (Hebron ist eines der Zentren des Palästinenseraufstandes), fährt man über die Wüstenstadt **Arad** und den Tell Arad nach **Hebron**, von dort weiter nach **Bethlehem**, von wo man ggf. noch einen Abstecher zum **Herodeion** oder zum Wüstenkloster **Mar Saba** unternehmen kann.

Von Neve Zohar über Hebron nach Jerusalem

Will man das Westjordanland keinesfalls durchfahren, wählt man die Route über **Arad** und Qiryat Gat, eine Stadt mit landwirtschaftlicher Industrie. Benannt ist sie nach dem nördlich gelegenen Tell, auf dem man Gat, eine der fünf Philisterstädte, vermutet. Von dort weiter in östlicher Richtung; durch eine fruchtbare und lieblich wirkende Landschaft kommt man zum Tell **Lachish** und an **Maresha** und am Kibbuz **Bet Guvrin** vorbei. Ca. 10 km hinter Bet Guvrin passiert man den Tell des biblischen Azekah, nördlich soll das Grab des Propheten Zacharias gelegen haben. Kurz hinter dem Moshav Zekharya biegt rechts ein Weg nach Beth Gamal ab (2 km) mit einem Waisenhaus des Salesianerordens, in dessen Kreuzgang byzantinische Fragmente aufbewahrt werden. Man fährt weiter nach Norden und erreicht **Bet Shemesh**, das 1950 als Entwicklungsstadt für Neueinwanderer gegründet wurde und heute eine Industriestadt von 12 000 Einwohnern ist. Kurze Zeit später stößt man auf die Schnellstraße Tel Aviv – Jerusalem, über die man – mit Zwischenstop in **Abu Gosh** – zurück in die Heilige Stadt gelangt.

Alternativroute: über Qiryat Gat und Bet Shemesh nach Jerusalem

Reiseziele von A bis Z

Abu Gosh G/H 4

Distrikt: Jerusalem
Höhe: 610 – 720 m ü.d.M.
Einwohnerzahl: 2000

Das arabische Dorf Abu Gosh, 13 km westlich von Jerusalem unmittelbar nördlich der Schnellstraße nach Tel Aviv gelegen, lohnt wegen seiner Kreuzfahrerkirche einen Besuch.

Lage und Bedeutung

Abu Gosh ist benannt nach einem Beduinenscheich aus dem Hedschas, der sich um 1800 mit seinen vier Söhnen hier ansiedelte und von der osmanischen Regierung das Recht erhielt, die vom Meer nach Jerusalem ziehende Pilgerstraße zu sichern. Dafür nahm er einen Wegezoll, der die Grundlage seines Wohlstandes war. Die heutigen Einwohner betrachten sich als Nachkommen dieses Mannes.

Der Ort war schon vor der Ankunft der Beduinen bewohnt, da es hier eine stark schüttende Quelle gab. Die Römer legten im 1. Jh. ein Kastell für Teile der X. Legion Fretensis an, die wahrscheinlich an der Kreuzigung Jesu mitwirkte. In islamischer Zeit entstand dann eine Karawanserei, und 1099 kamen die Kreuzfahrer auf ihrem Weg nach Jerusalem an den Ort, den sie seiner Quelle wegen für das alte Emmaus hielten. Sie bauten hier das Château Fontenoide und 1142 eine Kirche, die nach der Schlacht von Hittim (⟶ Hörner von Hittim) 1187 von den Christen aufgegeben wurde.

Geschichte

Sehenswertes

Die Kreuzfahrerkirche, deren Baumeister von der vorgefundenen Karawanserei den Spitzbogen übernahm, der dann die abendländische Gotik bestimmen sollte, steht wuchtig im Dorf. Lange Zeit diente sie als Stallung. Die französische Regierung kaufte das Gebäude 1899 und übergab es zunächst den Benediktinern. Seit 1956 gehört die Kirche, an die jetzt eine Moschee angebaut ist, den Lazaristen.

*Kreuzfahrerkirche

Daran, daß die Kirche im Gelände des gut 1000 Jahre älteren römischen Kastells erbaut wurde, erinnert ein Stein mit der Inschrift 'Vexillatio Leg(ionis) Fret(ensis)', der neben dem Eingang in die Kirchenwand eingelassen ist. Die Basilika ist ebenso wie die etwas ältere Notre Dame in Tartus (Syrien) und die gleich alte Annenkirche in Jerusalem ein hervorragendes Beispiel für die monumentale Sakralarchitektur der Kreuzfahrer im 12. Jahrhundert. Mit ihren bis zu 4 m dicken Mauern hat die dreischiffige Kirche (20 m lang, 15 m breit) Festungscharakter.

Der Wuchtigkeit des Äußeren entspricht eine schlichte, aber stimmungsvolle Innenausstattung. Die für den Ort seit den Anfängen wichtige Quelle entspringt in der Krypta der Kreuzfahrerkirche.

Eine zweite Kirche, Notre Dame de l'Arche d'Alliance (Unsere liebe Frau von der Bundeslade), steht auf der Höhe oberhalb des Dorfes und ist an einer beherrschend aufgestellten Marienstatue weithin zu erkennen. Sie wurde 1924 über den Resten einer byzantinischen Kirche des 5. Jh.s erbaut und gehört den französischen St.-Joseph-Schwestern. Diese Namensgebung bezieht sich auf die überlieferte Auffassung, an dieser Stelle habe einst Qiryat Yearim gelegen, der Ort, in dem zeitweise die Bundeslade stand.

Notre Dame de l'Arche d'Alliance

◀ *Blick auf die Altstadt von Jerusalem mit dem Felsendom*

Beherrscht wird Abu Gosh von der Kreuzfahrerkirche

Umgebung von Abu Gosh

Qiryat Anavim

Von Abu Gosh in Richtung Jerusalem fahrend, kommt man kurz nach Verlassen des Dorfes zu einer Seitenstraße nach Qiryat Anavim (Dorf der Trauben), einem Ort, der 1920 als erster Kibbuz im judäischen Bergland oberhalb eines Tales in prachtvoller Lage gegründet worden ist. Das geräumige Gästehaus, mit Schwimmbad in gepflegten Grünanlagen, ist ein ruhiger Aufenthaltsort vor oder nach einem Besuch im nahen Jerusalem.

Qiryat Yearim

Das Jugenddorf Qiryat Yearim (Dorf des Waldes), 1 km westlich von Abu Gosh, wurde 1952 gegründet. Es hat den Namen des biblischen Qiryat Yearim übernommen, das auf dem 3 km nordöstlich gelegenen Tell gelegen haben dürfte, von manchen jedoch an der Stelle des heutigen Abu Gosh vermutet wird.

Der Name der Ortschaft taucht im Alten Testament in Verbindung mit der Bundeslade der Israeliten auf.

Die Israeliten hatten bei ihren Kämpfen gegen die Philister im 11. Jh. v. Chr. die sonst in Silo stehende Bundeslade mit sich geführt und bei Eben-Ezer an ihren Feind verloren. Die Philister brachten sie nach Asdod (→ Ashdod), dann nach Gat und Ekron (1. Buch Samuel, 4 und 5). Da die Philister glaubten, die Lade bringe ihnen Unglück, gaben sie sie an die Israeliten zurück, die sie nach Qiryat Yearim transportierten. Dort stand sie 20 Jahre lang im Haus des Abinadab (1. Buch Samuel, 6 und 7). Als dann David König über ganz Israel geworden war und Jerusalem erobert hatte, holte er die Bundeslade dorthin. Zunächst jedoch kam sie nur bis Perez Usa am Berg Qastel (4 km östlich von Abu Gosh). Drei Monate später brachte man sie nach Jerusalem, wo David sie "mit Jauchzen und Posaunenschall" begrüßte (2. Buch Samuel, 6).

Aqua Bella

Ein schönes Ausflugsziel befindet sich wenige Kilometer südöstlich von Abu Gosh. Man fährt in Richtung Jerusalem, erreicht die Schnellstraße und biegt von dieser kurz darauf an der Hemed-Kreuzung rechts ab. Hier liegt der idyllische Platz von Aqua Bella (hebr. En Hemed = Brunnen der Anmut). Die Araber nennen ihn Deir el-Benat (Frauenkloster) nach einem Nonnenkloster des 12. Jh.s, das bereits 1187 der Zerstörung anheimfiel. Die Räume der quadratischen Anlage sind restauriert worden. Die Grünanlagen und ein Hain von Granatapfelbäumen an einer Quelle, die dem Ort den lateinischen Namen 'Schönes Wasser' gab, sind heute ein vielbesuchter Nationalpark mit Picknickgelegenheit und Campingplatz.

Umgebung
von Abu Gosh,
Aqua Bella
(Fortsetzung)

Acre

→ Akko

Afula

H 3

Norddistrikt
Höhe: 60 – 280 m ü.d.M.
Einwohnerzahl: 20 000

Die Stadt Afula, 1925 westlich des 515 m hohen Berges Hamore (Giv'at Hamore) an der Stelle des arabischen Dorfes Afule entstanden, liegt an einer wichtigen Kreuzung in der Jezreel-Ebene. Die Bewohner treiben Landwirtschaft, Handel und verschiedene Handwerke.

Lage und
Bedeutung

Der Ort ist in der Bibel nicht genannt. Die Kreuzfahrer errichteten zum Schutz der alten, hier zusammenlaufenden Wege die Burg La Fève, die von Baibars zerstört wurde. Das arabische Dorf war in der späteren türkischen Zeit eine Station an der Bahnlinie von Haifa über Bet Shean und durch das Yarmuktal nach Damaskus. Im Ersten Weltkrieg bauten Türken und Deutsche die Anschlußbahn von Afula über Jenin nach Süden.

Geschichte

Afula ist eine moderne, wenig ansprechend wirkende Ortschaft. Geringe Reste der alten Siedlung, die an der Stelle des heutigen Hauptmarktortes für die Jezreel-Ebene lag, sind noch zu sehen.
Rund 2 km östlich der Ortsmitte befinden sich in dem 1911 gegründeten Kibbuz Merhavya die Ruinen der Kreuzfahrerburg La Fève.

Ortsbild

Umgebung von Afula

Die Straße führt nach Osten weiter zu dem arabischen Dorf Sulam (hebr. Shunem), dem biblischen Sunem. Im 10. Jh. v. Chr. lebte in Sunem die junge, schöne Abisag, die man zu dem greisen König David in die Residenz holte (1. Buch der Könige 1,1 – 4). Nach ihr heißt der Dorfbrunnen 'En Avishag'.

Sulam

Auf der von Afula nach Nordosten führenden Straße kommt man nach 14 km zum Kibbuz EnDor. Dieser wurde bei seiner Gründung 1941 nach dem biblischen Endor, dessen Tell östlich des Kibbuz liegt, benannt. Angesichts des bei Sunem versammelten Philisterheeres verzagt, befragte König Saul das Orakel der Hexe von Endor, das ihm den Untergang voraussagte (1. Buch Samuel 18,8 – 25). Diese Prophezeiung erfüllte sich am nächsten Tag; in der Schlacht am Berg Gilboa, südöstlich von Afula, verloren Saul und seine Söhne das Leben, Sauls Leiche wurde an der Mauer von → Bet Shean aufgehängt.

EnDor

Bei EnDor zweigt eine Seitenstraße zum → Berg Tabor mit eindrucksvoller Kirche ab.

Berg Tabor

<table>
<tr><td>

Umgebung
von Afula
(Fortsetzung)
Ma'ayan Harod

</td><td>

Ein Nationalpark, Ma'ayan Harod, liegt 10 km südöstlich von Afula bei dem
1949 gegründeten Dorf Gidona, am Fuß des Hare Gilboa (Campingplatz,
Jugendherberge). Man findet dort einen künstlichen See (Schwimmbad),
umgeben von Eukalyptusbäumen. An der Quelle von Harod wählte Gideon
300 Krieger zum Kampf gegen die Midianiter aus (Richter 7,5–7).

</td></tr>
<tr><td>

Weitere Ziele
in der Umgebung

</td><td>

Besuchenswerte Orte in der Umgebung von Afula sind ferner → Megiddo,
→ Nazareth, → Jenin sowie die → Jezreel-Ebene.

</td></tr>
</table>

Akko　　　　　　　　　　　　　　　　　　　　　　　　　　　　　　　G 2

Norddistrikt
Höhe: 20 m ü.d.M.
Einwohnerzahl: 36 800

<table>
<tr><td>

Lage und
Bedeutung

</td><td>

Vom Altertum bis ins 19. Jh. der bedeutendste Hafen Palästinas, ist Akko
eine Stadt mit einer Fülle von Denkmälern aus Mittelalter und früher Neu-
zeit. Die von Menschen wimmelnde Altstadt bildet mit ihren Moscheen,
Karawansereien, Festungswerken, Kreuzfahrerbauten, Basargassen und
alten Hafenanlagen den denkbar größten Gegensatz zum nur 23 km ent-
fernten Haifa.
Akko hat ein Eisen- und Stahlwerk; es gibt chemische, keramische und
metallverarbeitende Industrie.

</td></tr>
<tr><td>

Geschichte

</td><td>

Akko geht auf die Zeiten der Kanaanäer zurück und lag ursprünglich an der
Stelle des Tell el-Fukhar 2 km östlich (beim Stadion), der seit 1973 von
internationalen Archäologengruppen untersucht wird. Unter Schichten
aus hellenistischer und persischer Zeit stieß man auf Reste einer kanaaniti-
schen Siedlung, die nach jüngsten Erkenntnissen wohl schon 3000 v. Chr.
bewohnt gewesen ist. Wegen der strategisch günstigen Lage wurde Akko
bereits von den Pharaonen Thutmosis III. und Ramses II. erobert. Die hier
ansässigen Phönizier wurden 640 v. Chr. von Assurbanipal deportiert. Von
532 v. Chr. bis zur griechischen Eroberung 332 v. Chr. war Akko persisch.
Unter dem in Ägypten herrschenden Ptolemaios II. erhielt es den Namen
Ptolemais (261), kam jedoch 219 an die in Syrien herrschenden Seleuki-
den, unter denen es seine Selbständigkeit als Stadtstaat wahren konnte.
Die Hasmonäer scheiterten zweimal bei dem Versuch, Akko einzunehmen.
Herodes der Große empfing hier 30 v. Chr. den römischen Kaiser Augustus
und ließ später ein Gymnasium erbauen. Vespasian benutzte 67 n. Chr. die
Stadt, neben → Caesarea, als Stützpunkt für seinen Palästinafeldzug.
Die Wirtschaft der Stadt blühte auch in byzantinischer Zeit und seit dem
7. Jh. unter den Omaijadenkalifen, denen Akko als Hafen für ihre Residenz
Damaskus diente.
Die Kreuzfahrer konnten die Stadt erst 1104, fünf Jahre nach Jerusalem,
einnehmen. Sie nannten sie St. Jean d'Acre, errichteten einen Palast und
den gewaltigen Gewölbebau der sogenannten Johanniter-Krypta (Akko
war Hauptsitz des Johanniterordens). Es bestanden Handelsniederlassun-
gen der italienischen Städte Genua, Pisa und Venedig, und in Akko entfal-
tete sich das üppige Leben eines stark frequentierten Hafens. Die Kreuz-
fahrer mußten 1187 vor dem Sultan Saladin kapitulieren; doch schon 1191
gewann der englische König Richard Löwenherz Akko zurück.
Akko war nun, seit dem Verlust Jerusalems 1187, Hauptstadt des verklei-
nerten Königreichs der Kreuzfahrer. Die damalige Einwohnerzahl wird auf
50 000 geschätzt. Im Jahre 1219 kam Franz von Assisi hierher und grün-
dete ein Nonnenkloster. Kaiser Friedrich II. landete 1228 auf seinem Kreuz-
zug im Hafen von Akko, 1250 der französische König Ludwig IX. nach sei-
nem erfolglosen Kreuzzug nach Damiette. Bald darauf kam es zu bürger-
kriegsähnlichen Auseinandersetzungen zwischen den geistlichen Ritter-
orden der Johanniter und der Templer; 1290 ermordeten die Kreuzfahrer
zahlreiche Moslems. Als der Mameluckensultan al Ashraf Khalil am 18. Mai

</td></tr>
</table>

Geschichte
(Fortsetzung)

1291 Akko einnahm, rächte er sich: der Kreuzfahrerstaat ging nach knapp zweihundertjährigem Bestehen blutig unter.

Die zerstörte Hafenstadt war mehr als 300 Jahre unbewohnt. Erst der Drusen-Emir Fakhr ed-Din ließ sie im 17. Jh. neu errichten. In größerem Ausmaß wurde Akko um 1750 durch Tahir al Umar ausgebaut, dann durch seinen Mörder und Nachfolger, den aus Bosnien stammenden Ahmed Jezzar ('Der Schlächter'), der 1775–1805 als Pascha regierte. Mit britischer Hilfe konnte er die Belagerung durch Napoleon im Jahr 1799 abwehren. Von 1833 bis 1840 gehörte Akko zum Machtbereich Ibrahim Paschas, der an der Spitze ägyptischer Streitkräfte die Türken in Palästina besiegte, von den europäischen Mächten jedoch zum Rückzug genötigt wurde. Im späteren 19. Jh. lösten Beirut und dann Haifa Akko als Hafenstadt ab. Als die Engländer 1918 den Türken Akko abnahmen, hatte der Ort 8000 Einwohner, in der Mehrzahl Araber. Die Briten hielten in der Zitadelle 1920 und während des Zweiten Weltkrieges jüdische Untergrundkämpfer gefangen. Am 17. Mai 1948 eroberten israelische Truppen die Stadt.

**Ortsbild

Sehenswert von Akko ist insbesondere die von Stadtmauern umgebene Altstadt mit ihrem arabisch-orientalischen Flair. Außerhalb der gewaltigen

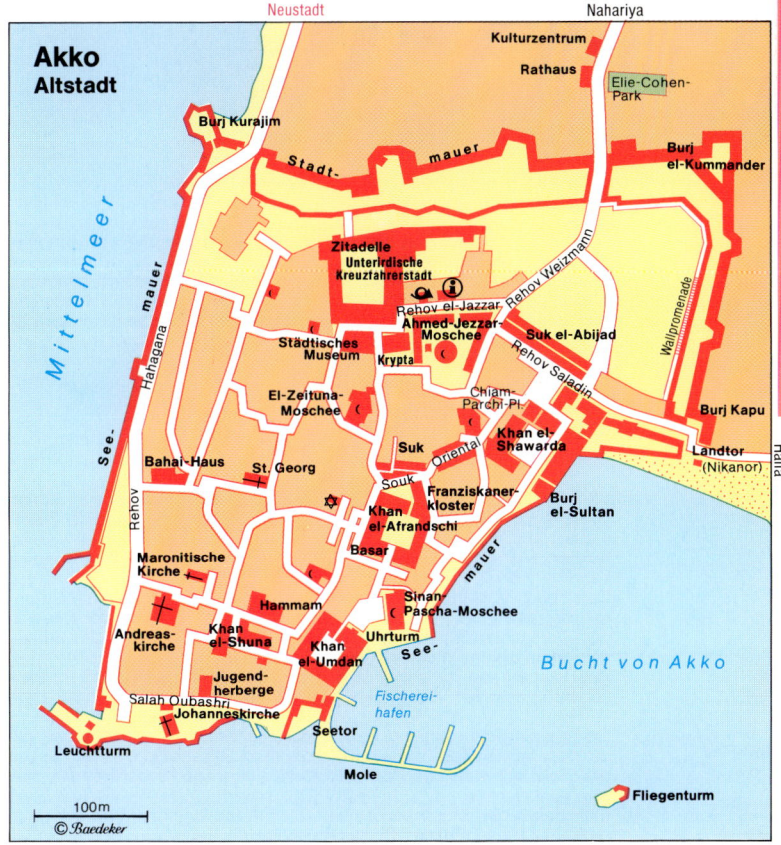

Akko: Ahmed-Jezzar-Moschee ...   *... und Brunnen*

Ortsbild
(Fortsetzung)

Stadtmauern entstanden seit der israelischen Eroberung ausgedehnte, nüchtern anmutende Wohnviertel.

Das antike Akko (Tell el-Fukhar; ⟶ Geschichte) liegt etwa 2 km östlich der Altstadt. Südöstlich des Altstadtviertels erstreckt sich ein kilometerlanger Sandstrand (Argaman-Strand), den einige große Hotels und Restaurants säumen.

Sehenswertes

Die Sehenswürdigkeiten in der Altstadt von Akko werden im Rahmen eines Rundgangs beschrieben.

Stadtmauer

Von der zentralen Busstation gelangt man durch die Weizmann-Straße, vorbei am Kulturzentrum und am Rathaus, zu einer Bresche in der Stadtmauer. Ihre heutige Form erhielt sie unter Ahmed Jezzar im 18. Jahrhundert. Man sollte die Rampe besteigen und entlang der Mauer bis zum Landtor gehen.

Dabei passiert man an der Nordostecke den mächtigen Turm Burj el-Kummander, an dem Napoleon 1799 scheiterte. Er steht auf den Fundamenten des 'Verfluchten Turms', von dem 1191 Richard Löwenherz das Banner des Herzogs von Österreich herunterholen ließ.

Das Landtor war bis zur Anlage der Bresche der heutigen Weizmann-Straße im Jahr 1910 der einzige Zugang von der Landseite.

*Ahmed-Jezzar-
Moschee

Der Saladin-Straße folgend, kommt man zur Ahmed-Jezzar-Moschee, der größten der vier Moscheen von Akko. Ahmed Jezzar errichtete sie 1781 an der Stelle der Kreuzfahrerkathedrale nach dem Muster der osmanischen Kuppelmoscheen.

Man betritt den Moscheehof über einen Treppenaufgang, an dem sich rechts ein kleiner Rokoko-Kiosk erhebt. Der rechteckige Hof der Moschee

Ahmed-Jezzar-
Moschee
(Fortsetzung)

wird auf drei Seiten von Arkadenhallen umgeben; in den angrenzenden
Räumlichkeiten wurden einst Pilger und islamische Geistliche untergebracht. Vom östlichen Arkadengang führen Stufen hinab zu einer Zisterne,
sie stammt aus der Zeit der Kreuzfahrer und diente in Zeiten der Belagerung der Bevölkerung zur Wasserversorgung.

Vor dem Hauptportal der Moschee steht ein Reinigungsbrunnen, dessen
Kupferdach von zierlichen Säulen getragen wird. Ein schlichter kleiner
Kuppelbau rechts vom Eingang der Moschee bewahrt die Sarkophage von
Ahmed Jezzar Pascha (gest. 1804) und von seinem Nachfolger Suleiman
Pascha (gest. 1819).

Die Moschee selbst gilt mit ihrem schlanken hohen Minarett als ein besonders schönes Beispiel für den türkischen Rokokostil. Der riesige Innenraum ist in Blau, Braun und Weiß gehalten.

*Kreuzfahrerstadt

Gegenüber der Moschee befindet sich der Eingang zu dem gewaltigen
Gebäudekomplex der Johanniter, der (heute) unterirdischen Kreuzfahrerstadt. Sie war nach 1291 zugeschüttet worden, und über ihr legte Ahmed
Jezzar seine Zitadelle (s. S. 117) an. Von 1955 bis 1964 wurden große Teile
der mittelalterlichen Anlage freigelegt. Im Nordteil fand man sieben Säle,
die vermutlich den sieben 'Zungen' (Landsmannschaften) des Ordens
entsprechen. Einer von ihnen ist jetzt Konzertsaal. Diese Säle und eine
sehr große Halle (Dormitorium?) sind bisher nur teilweise ausgegraben,
weil sich wegen der darüber liegenden Zitadelle Probleme der Statik ergeben. Völlig freigelegt jedoch ist das Refektorium, oft fälschlich als 'Krypta' bezeichnet, weil man vor der Ausgrabung durch ein Fenster auf dem

Akko

**Unterirdische
Kreuzfahrerstadt**

Rittersäle

Festungs-
hof

Verwaltungs-
hallen

Eingangs-
halle

Eingang

Refektorium

Verbindungs-
tunnel

Bosta

Ausgang

© Baedeker

Akko

<table>
<tr><td>Kreuzfahrerstadt
(Fortsetzung)</td><td>heutigen Straßenniveau in den Raum hinunterstieg. Es ist ein großer Rechteckraum, dessen Kreuzrippengewölbe von drei gewaltigen Rundsäulen getragen werden. Einen Hinweis auf die Datierung gibt das Lilienwappen an zwei Konsolsteinen, das mit dem Aufenthalt des französischen Königs Ludwig VII. im Jahre 1148 in Zusammenhang gebracht wird. Wichtiger als ein solches Detail erscheint aber die außergewöhnliche Raumwirkung dieses monumentalen Bauwerkes der Johanniter.
Im Refektorium steigt man in die Tiefe und folgt einem beleuchteten unterirdischen Gang von ursprünglich 350 m Länge. Er geht auf die persische Zeit zurück und diente noch den Kreuzfahrern als geheime Verbindung zum Hafen. Heute führt er jedoch nur 65 m weit zur 'Bosta', einem Gebäudeteil, das von den Johannitern als Spital und Anlaufstelle für Pilger benutzt wurde.</td></tr>
<tr><td>Städtisches
Museum</td><td>Gegenüber der Kreuzfahrerstadt befindet sich der Eingang zum Städtischen Museum; eingerichtet wurde es in dem 1780 erbauten Paschabad (Hamman el-Basha) des Ahmed Jezzar, das bis 1947 benutzt wurde. In den zahlreichen meist kleineren Räumen vermitteln mehrere ständige Ausstellungen dem Besucher einen Eindruck von der Geschichte der Stadt und ihrer Umgebung: eine archäologische Ausstellung von Funden aus Akko, eine Kollektion islamischer Kunst, eine Sammlung von Trachten, Waffen und anderen Zeugnissen des Volkslebens sowie Fotos zur neueren Geschichte.</td></tr>
<tr><td>Khan el-Afrandschi</td><td>Geht man nach Verlassen des Museums nach rechts in Richtung des alten Hafens, gelangt man durch betriebsame Basargassen in den Südteil der Altstadt mit zwei großen Karawansereien, sogenannten Khans. Der Khan el-Afrandschi (Franken-, d.h. Europäerkhan), die älteste dieser Anlagen, wurde gegen 1600 von Fakhr ed-Din errichtet. Hier befindet sich ein kleines Franziskanerkloster; es erinnert daran, daß an dieser Stelle das 1219 von Franz von Assisi gegründete Klarissinnenkloster stand, dessen Nonnen 1291 ihre Gesichter verstümmelten, um nicht das Interesse der arabischen Eroberer zu erwecken.</td></tr>
<tr><td>Khan el-Umdan</td><td>Unweit südlich der Khan el-Umdan (Säulenkhan), so benannt, weil Ahmed Jezzar für die Galerien Granit- und Porphyrsäulen aus → Caesarea verwendete, als er ihn im Gelände des Dominikanerklosters der Kreuzfahrer errichtete. Über seinem Nordeingang erhebt sich ein Uhrturm, aufgeführt zu Sultan Abdülhamits Thronjubiläum 1906.</td></tr>
<tr><td>Fischerhafen</td><td>Unmittelbar östlich des Khan el-Umdan liegt der Hafen. In Antike und Mittelalter wichtiger Anlaufpunkt – zur Zeit der Kreuzfahrer ankerten hier mitunter 80 Schiffe – ist er heute versandet und wird lediglich als Fischerhafen benutzt.

In westlicher Richtung weitergehend, kommt man durch eine Gasse mit der Jugendherberge und der Johanneskirche zum Leuchtturm und an die Seemauer. Eine Bresche in der Seemauer geht auf das Erdbeben von 1837 zurück.
Der Seemauer nach Norden folgend und bei der griechisch-katholischen Andreaskirche rechts einbiegend, gelangt man linker Hand zur maronitischen Kirche.</td></tr>
<tr><td>Georgskirche</td><td>Vom Khan el-Shuna führt dann eine Straße in nördlicher Richtung zur griechisch-orthodoxen Georgskirche, die auf mittelalterlichen Fundamenten steht. Eine Gedenktafel erinnert an den britischen Major Oldfield, der bei der Belagerung Akkos durch Napoleon fiel.</td></tr>
<tr><td>Burj Kurajim</td><td>Wenn man von hier aus zur Seemauer zurückgeht und dieser nach Norden folgt, kommt man zum Burj Kurajim (Turm des Weinstocks), einem türkischen Bollwerk gegen Seeangriffe auf Fundamenten der Kreuzfahrerzeit an der Nordwestecke der Mauer.</td></tr>
</table>

Khan el-Umdan in Akko

Von der Mauer, die der Seemauer folgt, führt eine Gasse zum Eingang der Zitadelle Ahmed Jezzars (18. Jh.), die in der britischen Mandatszeit Gefängnis war. Ein Gedenkraum mit einer Sammlung von Fotos und Dokumenten erinnert an die von den Briten hier gefangengehaltenen bzw. hingerichteten jüdischen Untergrundkämpfer.

Zitadelle

Umgebung von Akko

Etwa 3 km nördlich von Akko liegen östlich der Straße nach Nahariya die Persischen Gärten von Bahji. Inmitten prachtvoller Gartenanlagen steht der Schrein mit den sterblichen Resten des Baha-Ullah ('Herrlichkeit Gottes'; 1817–1892), dem Begründer des Bahai-Glaubens. Er wurde 1868 nach Akko verbannt und verbrachte die letzten Jahre seines Lebens in dem ebenfalls inmitten der Parkanlagen stehenden Landhaus mit rotem Dach.

Bahji

Auf der Strecke von Akko nach Nahariya kommt man kurz vor Regba zu dem 1949 von Überlebenden der nationalsozialistischen Konzentrationslager gegründeten Kibbuz Lohamei Hageta'ot mit reichhaltigem Museum. Neben einem Kulturzentrum und der nach dem 1944 in Auschwitz ermordeten Dichter Beit Katznelson benannten Dokumentation findet man in dem mehrstöckigen Gebäude Dokumente über die verschiedenen Konzentrationslager und den Widerstand, den die Juden den Nationalsozialisten in Polen und Litauen leisteten. Am 19. April, dem Jahrestag der Erhebung im Warschauer Getto (1943), werden hier in jedem Jahr Ausstellungen gezeigt und Vorträge gehalten.
Im Erdgeschoß ist auf Tafeln die Geschichte der Stadt Wilna, des 'Jerusalem von Litauen', und der dortigen jüdischen Gemeinde für die Zeit von 1551 bis 1940 festgehalten. Neben kleinen Statuen aus Holz sind dort Zeugnisse über den Beginn der sozialistisch-zionistischen Bewegung

Lohamei Hageta'ot

Ende des 19. Jh.s und Gegenstände aus dem Leben polnischer Juden zu sehen. Von der Eingangshalle führt eine Treppe zu zwei unterirdischen Sälen. Im Treppenhaus erinnern Pläne und nationalsozialistische Embleme an die Vernichtungslager im Osten. In einem der Räume sieht man einen großen Plan von Treblinka, in einem anderen eine Darstellung des Arztes und Pädagogen Janusz Korczak (1879–1942), ferner rund zweitausend von Gefangenen erstellte Zeichnungen und Gemälde, darunter Porträts von Häftlingen. In den Sälen im ersten Stock des Museums werden Dokumente über den Antisemitismus unter Hitler, die Gettos und Deportationen, ein Plan vom Haus der Anne Frank in Amsterdam und Bilder aus dem Lager Theresienstadt gezeigt; mit etwa tausend Fotos ist der Warschauer Aufstand festgehalten.

Allone Abba

⟶ Haifa

Arad   H 5

Süddistrikt
Höhe: 640 m ü.d.M.
Einwohnerzahl: 16 000

Lage und
Bedeutung

Arad ist eine moderne aufstrebende Stadt wenige Kilometer nordwestlich des Toten Meeres. Die erst 1961 gegründete Siedlung verfügt über ansprechende Wohnviertel und präsentiert sich unter Berücksichtigung der kahlen Umgebung relativ grün. Die Wüsten- und Höhenlage machen Arad zum idealen Aufenthaltsort für Asthmakranke (trockene und pollenfreie Luft). Die bereits vorhandenen Kureinrichtungen sollen demnächst um ein internationales Medizinzentrum ergänzt werden.
Bekannt ist Arad aber vor allem wegen des bedeutenden Ausgrabungsgeländes, des Tell Arad.

*Tell Arad

Lage und
Allgemeines

Ca. 10 km westlich von Arad zweigt von der in Richtung Beersheba verlaufenden Straße eine Stichstraße zum Tell Arad ab. Bei den Ausgrabungen, die im Zeitraum 1962–1984 durchgeführt wurden, legte man zwei größere Komplexe frei: Kanaaniterstadt und Akropolis, die aus aufeinanderfolgenden Epochen stammen, der vorisraelitisch-kanaanäischen und der israelitischen.

Geschichte

Auf dem seit dem Chalkolithikum (4. Jt. v. Chr.) besiedelten Platz entstand im 2. Jt. eine ausgedehnte kanaanäische Stadt. Ihr König schlug die Israeliten zurück, als sie von Süden her in das Gelobte Land vordringen wollten (4. Buch Mose 21,1). Nachdem Josua die Stadt eingenommen hatte (Josua 12,14), kam sie an den Stamm Juda, und die mit Moses verwandten Keniter ließen sich hier nieder (Buch der Richter 1,16). Der weitere Ausbau und die Befestigung der Stadt dürften König Salomo zuzuschreiben sein, der auch an der Stelle eines Höhenheiligtums der Keniter einen neuen Tempel für Jahwe errichten ließ. Bald darauf, 920 v. Chr., wurde Arad von Pharao Scheschonk, dem Sisak des Alten Testamentes, eingenommen; doch kam es bald wieder an das Königreich Juda, zu dem es bis zum Untergang Judas (586 v. Chr.) gehörte. Arad behielt seine Bedeutung, die es der günstigen Lage an wichtigen Handelsstraßen verdankte, bis in die römische Zeit. Verlassen wurde es erst nach dem islamischen Eroberungszug des 7. Jh.s

Die ausgegrabene Stadt gehört in die Zeit des 2. Jt.s v. Chr. Man sieht im Nordwesten die Bezirke von Königspalast und Tempeln, im Südwesten liegen Wohnviertel. Auf weite Strecken noch in ihrer Linienführung erkennbar ist die von Rundtürmen verstärkte Kasemattenmauer, die sich bis zur Zitadelle auf der Akropolis hinaufzieht. Kanaaniterstadt

Die Bauten auf der Akropolis stammen aus der nachkanaanäischen Epoche; ihre Entstehung reicht von frühisraelitischer bis in römische Zeit, umfaßt also gut ein Jahrtausend. Die gewaltigen Befestigungsmauern der Zitadelle wurden mit dem Originalmaterial rekonstruiert. Man betritt den Komplex durch das von starken Wehrtürmen eingerahmte Osttor. Innerhalb der Mauern sieht man neben den Resten verschiedener Lagerräume einen Turm aus hellenistischer Zeit. Akropolis

Das wichtigste Gebäude aber ist der jüdische Tempel im Nordwesten der Zitadelle. Kleinere Räume umgeben den Hof, in dem sich rechts der aus Bruchsteinen und Lehmziegeln zusammengesetzte Brandopferaltar erhebt. In Richtung auf das Allerheiligste entdeckte man die Basen für zwei Kultsäulen, die unter den Namen Jachin und Boas auch für den Salomonischen Tempel in Jerusalem bezeugt sind. Zwei niedrige Hörneraltäre flankieren den Eingang in den kleinen Rechteckraum des Allerheiligsten (Hekal), in welchem zwei anikonische Kultsteine in situ stehen. Im Tempelbereich befinden sich in den Felsen gehauene Anlagen zur Wasserzuführung und -speicherung, u. a. ein mannshoher Kanal, der links vom Allerheiligsten die Stadtmauer durchbricht.

Der Tempel ist der einzige jüdische Sakralbau seiner Art, der bisher durch Ausgrabungen freigelegt wurde. Aufschluß über den Tempel in Jerusalem kann man, da Ausgrabungen auf dem Tempelplatz nicht statthaft sind, nur schriftlichen Quellen entnehmen. Mehrmals zerstört und jedesmal wiederhergestellt, ist der Tempel von Arad daher von besonderer Bedeutung für Archäologie und Religionsgeschichte. Die Anlage ist ein Zeugnis für die Dezentralisierung des Kultes in den ersten Jahrhunderten nach der Land-

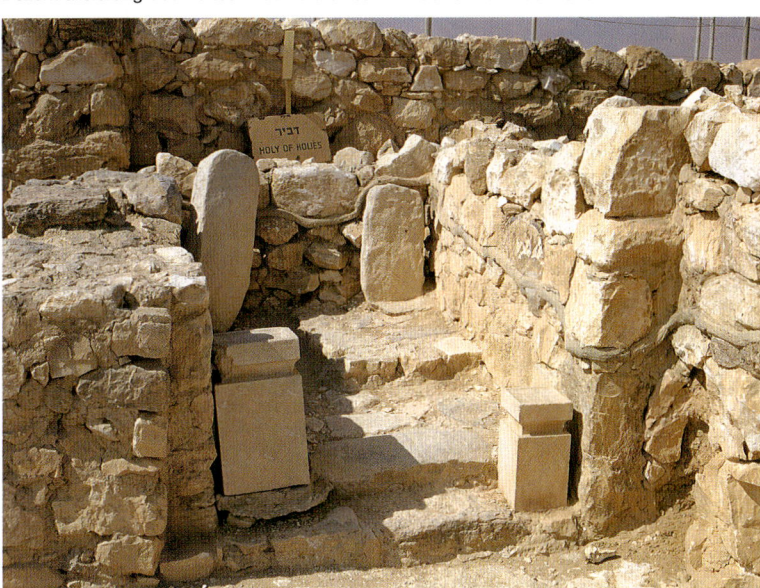

Allerheiligstes im Tempel von Arad

Arad, Akropolis
(Fortsetzung)

nahme der Israeliten in Kanaan, als es neben dem Heiligtum von Silo u.a. Kultstätten in Betel und Dan, aber auch hier in Arad gegeben hat. Dies endete mit König Josia von Juda, der im 7. Jh. v. Chr. im Rahmen einer umfassenden Reform des religiösen Lebens den Tempelkult auf Jerusalem konzentrierte.

Ashdod   **F 4**

Süddistrikt
Höhe: 0 – 10 m ü.d.M.
Einwohnerzahl: 65 700

Lage und
Bedeutung

Das erst 1957 gegründete Ashdod liegt rund 40 km südlich von Tel Aviv-Jaffa (Yafo). Innerhalb kürzester Zeit hat sich die Stadt zum größten israelischen Hafen neben Haifa entwickelt. So verwundert es nicht, daß sich hier zahlreiche Industrie- und Transportunternehmen angesiedelt haben.

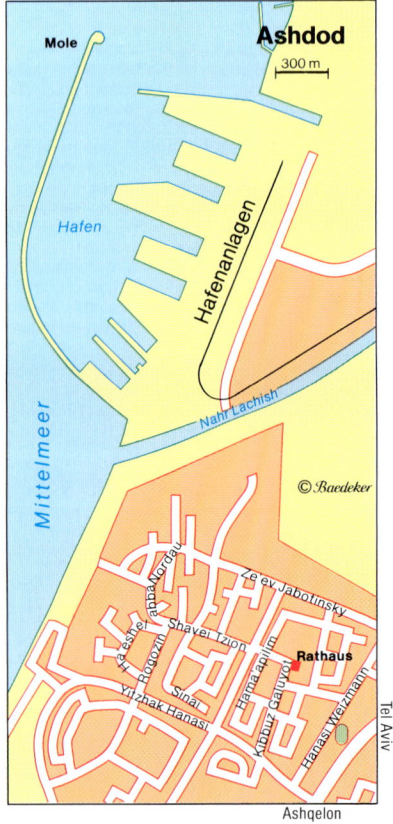

Geschichte

Das alte Asdod, das sich südlich der modernen Siedlung befand, wird zusammen mit Gaza und Gath für das 12.–11. Jh. v. Chr. als Stadt der Enakiter genannt (Josua 11,22) und erscheint neben Gaza, Askalon (→ Ashqelon), Gath und Ekron als einer der fünf Fürstensitze der Philister (Josua 13,3). Als diese von den Israeliten die Bundeslade erbeutet hatten, brachten sie sie zunächst nach Askalon und dann in den Dagon-Tempel von Asdod (1. Buch Samuel 5,1–5). Von den Assyrern 732 v. Chr. erobert, wurde Asdod ein selbständiger Stadtstaat; unter den Persern gewann es im 6.–5. Jh. v. Chr. Bedeutung als Hafenstadt. Unter hellenistischer Herrschaft nahm Asdod im 3. Jh. v. Chr.

den Namen Azolus an. Diesen Namen übernahmen im 12. Jh. die Kreuzfahrer, während die Araber die Stadt Minat el-Qala (Burghafen) nannten. In den letzten Jahrhunderten war Asdod ein bescheidenes Dorf. Eine neue Entwicklung setzte ein, als der Staat Israel 1957 beschloß, 3 km nördlich der Ruinen der alten Stadt die Industriesiedlung Ashdod mit einem Hochseehafen anzulegen.

Ashdod ist eine moderne Stadt mit großzügigem Straßennetz, die dem Touristen allerdings wenig bietet. Den besten Überblick über Stadt und Hafenanlagen hat man von dem Hügel am nördlichen Rand des Zentrums (Fotografierverbot).

Ashdod
(Fortsetzung)
Stadtbild

Ashqelon   F 5

Süddistrikt
Höhe: 0–10 m ü.d.M.
Einwohnerzahl: 53 000

Die Stadt Ashqelon (Askalon), 56 km südlich von Tel Aviv-Jaffa (Yafo) am Mittelmeer, deren Geschichte auf die Epoche der Kanaanäer und der Philister zurückgeht, ist interessant wegen der Überreste aus alter Zeit und beliebt wegen ihres ausgedehnten Badestrandes. Bisher verbringen überwiegend Einheimische hier ihre Freizeit, es ist jedoch geplant, Ashqelon zu einem internationalen Touristenzentrum zu machen.

Lage und
Bedeutung

Die kanaanäische Handelsstadt Askalon wird schon im 18. und 15. Jh. v. Chr. in ägyptischen Texten genannt. Als die Philister im Zuge der Seevölkerwanderung gegen 1200 v. Chr. ins Land kamen, wurde Askalon einer ihrer fünf Fürstensitze. Von diesen kennt man die Lage Gazas, Askalons und Asdods (→ Ashdod), während die Orte Ekron und Gath nicht lokalisiert werden können. Wahrscheinlich war Askalon der bedeutendste dieser Sitze.
Bis in die Zeit des jüdischen Aufstandes gegen Rom (1. Jh. n. Chr.) bestand Feindschaft zwischen Askalon und den Israeliten. Diese spiegelt sich in der biblischen Erzählung von Simson (Samson), die im Buch der Richter, Kapitel 13–16 überliefert ist. Von Simson, Sohn des in Zora lebenden Manoah, war verheißen, "er wird ein Geweihter Gottes sein vom Mutterleibe an, und er wird anfangen, Israel zu erretten aus der Philister Hand" (Buch der Richter 13,5). Nachdem er in Timna eine Philisterin geheiratet hatte, kam es zum Streit, und er brachte in Askalon dreißig Philister um; als die Philister seine Frau verbrannt hatten, erschlug der bärenstarke Mann mit einem Eselskinnbacken tausend Männer (Buch der Richter, 14 und 15). Er lernte dann die Philisterin Dalila aus Hebron kennen und verriet ihr das Geheimnis seiner Stärke: er habe eine unüberwindliche Kraft, solange sein Haupthaar ungeschoren bleibe. Nachdem man ihm sieben Locken abgeschnitten hatte, wurde er gefangengenommen, gefesselt und geblendet. Doch mit dem nachwachsenden Haar kehrte seine Kraft zurück; als er bei einem Fest zu Ehren des Gottes Dagon zur Volksbelustigung vorgeführt wurde, brachte er den Dagontempel zum Einsturz, wobei viele Philister und ihre Fürsten, die sich in dem Gebäude aufhielten, umkamen, "so daß es mehr Tote waren, die er durch seinen Tod tötete, als die er zu Lebzeiten getötet hatte" (Buch der Richter 16,30).
Die Philister übernahmen die phönizischen Gottheiten, den düsteren Fruchtbarkeitsgott Dagon, der in Ugarit als Vater des Baal und in Byblos als Bruder des El verehrt wurde (Tempel in Asdod), sowie den erhabenen Baal (Baal-Zebub, was die Israeliten als "Gott der Fliegen" interpretierten) und seine Partnerin Astarte. Um die Mitte des 1. Jt. v. Chr. gingen die Philister in der durch Zuwanderung von den nördlichen Küstenbereichen erstarkenden phönizischen Bevölkerung auf.
Der philistäische Fürstensitz Askalon wurde 732 v. Chr. von dem Assyrer Tiglatpilesar III. eingenommen, 701 von Sanherib. Im 6. Jh. kam das Gebiet unter persischer Herrschaft zur phönizischen Stadt Tyros und wurde nach 332 v. Chr. hellenisiert. Unter den Seleukiden Antiochos IX. erhielt Askalon 104 v. Chr. Autonomierechte und einen eigenen Kalender. Vom geistigen Leben dieser Zeit zeugt der um 120 v. Chr. geborene Antiochos von Askalon, der in Athen zum Haupt der platonischen Akademie aufstieg, die 'Fünfte Akademie' gründete und Ciceros Lehrer wurde.

Geschichte

Ashqelon

Geschichte (Fortsetzung)

Um 73 v. Chr. wurde vermutlich in Askalon der spätere jüdische König Herodes I. geboren (als Sohn eines Idumäers und einer Nabatäerin, d.h. als Nichtjude), und er versah die Stadt, wie Flavius Josephus bezeugt, "mit prachtvollen Bädern und Brunnen sowie mit Säulenhallen von staunenswerter Größe und Arbeit" (Geschichte des Jüdischen Krieges I 21,11). Unter den Römern entwickelte sich das durch seine Lage an der wichtigen Nord-Süd-Straße (Via Maris) begünstigte Askalon zu einer wohlhabenden Handelsstadt, deren Festspiele berühmt waren.

Aus byzantinischer Zeit sind zwei Basiliken bekannt. Nach der islamischen Eroberung errichtete der Omaijadenkalif Abd el-Malik, Erbauer des Felsendoms in Jerusalem, im Jahr 685 eine Moschee.

Im Jahre 1099 gewann Gottfried von Bouillon, als er vor Askalon mit den Kreuzfahrern das Heer der ägyptischen Fatimiden schlug, den Zugang zu Jerusalem, doch nahm erst König Balduin II. die Stadt 1135 ein. Sie fiel 1187 an Saladin, 1192 baute Richard Löwenherz während des 3. Kreuzzuges die zurückgewonnene Stadt wieder auf; aus seiner Zeit stammen die Stadtmauern. Schließlich eroberte 1290 der Mameluckensultan Baibars Askalon, das in der Folgezeit verfiel.

Im ausgehenden 18. Jh. holte Ahmed Jezzar aus den Trümmern von Askalon wie von Caesarea Material für seine Bauten in Akko. An Stelle der alten Hafenstadt entstand das arabische Dorf Migdal (Turm).

Juden aus Südafrika gründeten 1952 östlich von Migdal die Siedlung Afridar (das heutige Geschäftszentrum), aus der sich die moderne Stadt Ashqelon entwickelt hat.

Stadtbild

Ashqelon besteht aus fünf relativ weit auseinanderliegenden Stadtteilen (Migdal, Givath Zion, Samson, Afridar, Barnea), die weitgehend autonom

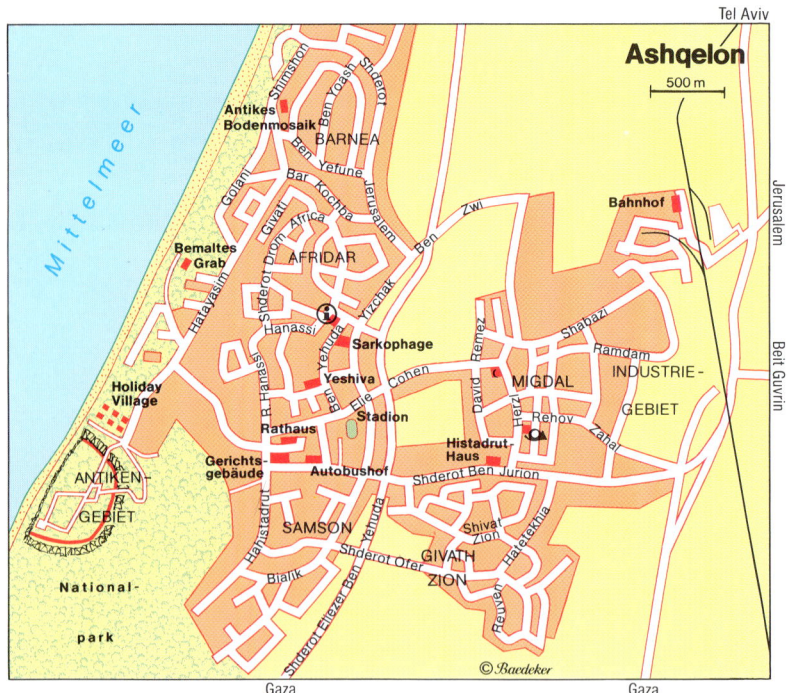

Das Ausgrabungsgebiet von Ashqelon wurde in einen schönen Nationalpark integriert

sind. Breite, schon für einen größeren Verkehrsfluß konzipierte Straßen durchziehen die moderne Stadt. Auffallend sind die riesigen Grünflächen im Stadtbild, sie sollen 80% des Stadtgebietes ausmachen.

Von der Nord-Süd-Straße Tel Aviv – Gaza biegt man seewärts in die Shde-rot Ben Gurion ein, die in die Stadt führt. Nördlich dieser Straße liegen, unmittelbar westlich der Bahnlinie, die Industriezone, in der die Pipeline von ⟶ Elat endet, und der bis 1948 arabische Ort Migdal, der 1955 in die junge Stadt Ashqelon einbezogen wurde. Hier wird allwöchentlich am Montag und Donnerstag ein vielbesuchter Markt abgehalten.

Am Histadrut-Haus vorbei kommt man ins Zentrum der Stadt mit Bus-bahnhof, Klinik und Gericht, wo rechts die Rehov Hanassi abbiegt. Diese Straße, an der das Rathaus liegt, führt in den 1952 gegründeten Stadtteil Afridar, Keimzelle der modernen Stadt und heute ein lebhaftes Geschäfts-viertel (Uhrturm, Informationsbüro).

Stadtbild (Fortsetzung)

Sehenswertes

Schräg gegenüber vom Informationsbüro im Stadtteil Afridar stehen unter einem Schutzbau zwei prächtige römische Sarkophage. Man fand sie hier 1972 bei Baggerarbeiten. Während auf dem einen Sarkophag Kampf-szenen dargestellt sind, zeigt der andere die Entführung der Persephone durch Hades. Auf dem Sargdeckel sieht man zwei ruhende Figuren, deren Köpfe nicht vollendet wurden, um erst beim Verkauf die Züge der künftig hier Beerdigten herauszuarbeiten.

Römische Sarkophage

Etwa 2 km südlich des Stadtzentrums liegt in einem Nationalpark (Cam-pingplatz, Picknickmöglichkeiten, Restaurants, schöner Badestrand) das Antikengebiet des historischen Askalon, von der heutigen Siedlung durch einen breiten Streifen von Grünanlagen mit Orangenpflanzungen getrennt. Eine halbkreisförmige Stadtmauer der Kreuzfahrerzeit, deren beide Enden

⁂ Nationalpark / Antikengebiet

123

Überreste aus römischer Zeit: Göttin Isis ...   ... und Kapitell

Nationalpark/
Antikengebiet
(Fortsetzung)

bis zur Küste geführt sind, umgrenzt dieses Gebiet mit seinen sehenswerten Funden, die von der Philisterzeit bis ins Mittelalter reichen.

Die vom englischen König Richard Löwenherz 1192 aufgeführte Stadtmauer hatte vier Tore: Jaffator (Norden), Jerusalemtor (Osten), Gazator (Süden) und Seetor (Westen). Vom Eingang im Norden des Geländes führt ein Weg zu einem großen Parkplatz. Nur wenige Meter südlich davon kommt man zu Überresten aus römischer Zeit; man findet große korinthische Kapitelle, Basen und andere Reste der ausgedehnten Hundert-Säulen-Stoa, die Herodes der Große errichten ließ. Die Apsis am Südende der Stoa wurde später mehrfach umgebaut, zuletzt als Gebetsnische einer Moschee. In ihr erhebt sich ein großformatiges Relief: Über einer vom knienden Atlas getragenen Weltkugel steht eine geflügelte Siegesgöttin. Ein anderes Relief zeigt die Göttin Isis mit ihrem Sohn Horus. In dem schön angelegten Gelände findet man eine Fülle weiterer Denkmäler aus alter Zeit, hauptsächlich Säulen und Brunnen.

Der Siedlungshügel der Philisterstadt liegt am alten Hafen ganz im Süden des Geländes; man erreicht ihn, wenn man vom Mittelpfad rechts einbiegt. Die am alten Hafen entlangführende Mauer ist ohne Verkleidung, so daß die zur Verstärkung eingebauten römischen Säulen aus der Mauer herausragen.

Bemaltes Grab

Sehenswert ist ferner das sogenannte Bemalte Grab aus römischer Zeit (3. Jh.). Es liegt an der Hatayasim-Straße in der Nähe des Hotels Ganei Shulamit. Vier Stufen führen in den tonnengewölbten Raum mit Freskomalerei hinunter. Das Fresko an der Wand gegenüber dem Eingang zeigt zwei nackte Nymphen, die zwischen Bäumen und Tieren an einem Bach sitzen. Am Deckenfresko sieht man ein weibliches Brustbild (Demeter oder Kore), darüber einen Hund, der eine Gazelle jagt, und das Haupt einer Gorgo. Außerdem sind Knaben mit Korb und Trauben, Pan mit der Hirtenflöte, Gazellen und Vögel zu erkennen, all dies in einem Geflecht von Weinranken angeordnet.

Geht man weiter nordwärts, so findet man im Stadtteil Barnea Reste einer byzantinischen Basilika und daneben ein Bodenmosaik, wohl ebenfalls Teil einer Kirche (beide 5.–6. Jh.).

Ashqelon
(Fortsetzung)
Barnea

Umgebung von Ashqelon

Der 10 km südlich von Ashqelon gelegene Kibbuz Yad Mordekhay (Abb. S. 106) wurde 1943 gegründet und nach dem Anführer des Warschauer Gettoaufstandes benannt. Im Unabhängigkeitskrieg 1948 konnten die Mitglieder des Kibbuz die ägyptischen Truppen fünf Tage lang aufhalten, was den israelischen Streitkräften die Möglichkeit verschaffte, sich in Tel Aviv wieder zu sammeln. Das Gefechtsfeld ist originalgetreu nachgebaut. An den Widerstand im Warschauer Getto erinnert eine Gedenkhalle.

Yad Mordekhay

Atlit

Distrikt: Haifa
Höhe: 25 m ü.d.M.

Die große Kreuzfahrerburg Atlit liegt 16 km südlich von Haifa auf einer ins Mittelmeer vorspringenden Halbinsel. Da das gesamte Gebiet militärische Sperrzone ist, kann man nur aus der Ferne einen Blick auf die Reste der Kreuzfahrerburg werfen.

Lage und
Allgemeines

Die Geschichte der Kreuzfahrer in Atlit beginnt 1187, als die Ritter Jerusalem an Sultan Saladin verloren. Der Großmeister der Tempelherren hatte seinen Sitz beim Templum Domini Salomos (d.h. dem omaijadischen Felsendom auf dem Jerusalemer Tempelberg), nach dem der Orden benannt war: diesen Sitz mußten die Templer jetzt aufgeben. Deshalb schufen sie sich neue Bauten u. a. in ⟶ Akko und Atlit. Die Templer nannten ihre 1218 errichtete Burg Castrum Peregrinorum oder Château des Pèlerins (Pilgerschloß); der Name Atlit stammt aus späterer Zeit.

Geschichte

Nach dem mißglückten Kreuzzug gegen Damiette im Nildelta (1249) hielt sich der französische König Ludwig IX. in Akko und Atlit auf. Erstmals 1265 wurde Atlit von den Arabern angegriffen. Diese zerstörten die Vorstadt; die Templer mußten von nun an den Arabern einen Tribut zahlen, konnten jedoch ihr Leben wie gewohnt weiterführen. Doch am 18. Mai 1291 stürmte Sultan Melik el-Aschraf Akko, die Hauptstadt des christlichen Königreiches. Damit war das Ende des Kreuzfahrerstaates gekommen, auch wenn einzelne Festungen sich noch kurze Zeit hielten. Zu diesen gehörten Tortosa (Tartus in Syrien) und Atlit. Nachdem Tortosa am 3. August 1291 gefallen war, entschlossen sich die Templer zur Heimkehr nach Frankreich. Mitte August 1291 räumten sie ihr 'Pilgerschloß'.

In den folgenden Jahrhunderten verfielen die Bauten von Atlit, doch gab es auch nach dem Erdbeben von 1837 noch stattliche Gebäudeteile. Als Kaiser Wilhelm II. 1898 von Haifa nach Jerusalem aufbrach und bei den Ruinen von Atlit Halt machte, waren zwei Araberfamilien die einzigen Bewohner der ehemaligen Festung. Das Land um Atlit gehörte damals bereits Baron Edmond de Rothschild, auf dessen Initiative die Erschließung der Gegend in neuerer Zeit zurückgeht. Er gründete 1903 1 km südlich der Burg das jüdische Dorf Atlit. Im versumpften Gelände legte Aaronson eine landwirtschaftliche Versuchsstation an, und in Evaporationsbecken gewann man durch Verdunstung von Meerwasser Kochsalz (heute wird hier der größte Teil des in Israel verbrauchten Kochsalzes erzeugt). Das Dorf Atlit hat seit 1948 zahlreiche Einwanderer aufgenommen.

Die britische Mandatsmacht benutzte die Ruinen von Atlit im Zweiten Weltkrieg als Lager für deutsche und italienische Kriegsgefangene und nach Kriegsende für illegale jüdische Einwanderer. In den Jahren 1956 und 1967 wurden hier ägyptische Soldaten gefangengehalten.

Atlit
(Fortsetzung)
Kreuzfahrerburg

Nicht zugänglich!

Die Kreuzfahrerburg bildet ein Rechteck von 200 x 450 m und nimmt die nach Westen ins Meer vorspringende felsige Halbinsel ein. Der Zugang liegt an der östlichen Schmalseite. Davor befand sich eine vor 1938 teilweise ausgegrabene Vorstadt. Die Burg selbst ist durch einen Graben, bei dessen Anlage ein phönizischer Friedhof durchschnitten wurde, und eine starke doppelte Mauer geschützt.

An der inneren Mauer erhebt sich auf rechteckigem Grundriß der Hauptturm El-Karnifeh, errichtet aus mächtigen Quadern mit Randschlag. An diesen Turm grenzte der Kapitelsaal; von ihm haben sich Ansätze der Gewölbebogen erhalten, die von Konsolen mit Heiligenköpfen getragen werden. Im Westteil der Anlage, wo eine Treppe zum Anlegeplatz hinunterführt, stand die achteckige Templerkirche, deren Fundamente noch vorhanden sind. Der Bau war eine verkleinerte Kopie des 1187 verlorenen Jerusalemer Felsendoms, wie sie in allen Templerniederlassungen errichtet wurden. Der Altar stand nicht wie üblich in einer Apsis, sondern in der Mitte der Kirche.

Avdat   G 6

Süddistrikt
Höhe: 625 m ü.d.M.

Lage und
Bedeutung

Die Ruinen der Stadt Avdat (arab. Avda) liegen 65 km südlich von Beersheba, unmittelbar links der Straße nach Elat, weithin sichtbar auf einem Berg. Teilweise wieder aufgebaut, gehören sie zu den bedeutendsten Denkmälern aus nabatäischer, römischer und byzantinischer Zeit im Negev.

Geschichte

Den ersten Ausgrabungen, die 1870 begannen, folgten seit 1953 systematische archäologische Untersuchungen durch Michael Avi-Yonah und Abraham Negev. Sie haben den Nachweis erbracht, daß die Stadt nicht erst unter dem nabatäischen König Obodas II. (30–9 v. Chr.) gegründet wurde, sondern bereits im 3. Jh. v. Chr. Damals waren die aus Nordwestarabien zugewanderten und 312 v. Chr. erstmals nachweisbaren Nabatäer vom Nomadentum zur Seßhaftigkeit übergegangen. In Petra östlich der Arava-Senke errichteten sie ihre Hauptstadt, die durch die Fülle ihrer aus den Sandsteinfelsen gehauenen Denkmäler Berühmtheit erlangt hat. Die Nabatäer, überwiegend Karawanenführer und Kaufleute, die ihren Reichtum dem Handel entlang den alten Karawanenstraßen verdankten, sicherten die Verbindung zwischen Petra und dem Mittelmeerhafen Gaza durch mehrere Niederlassungen – Nizzana, Subeita (→ Shivta), Obodas (Avdat) und Mampsis (→ Mamshit) – sowie durch Wachstationen entlang der Wege. Diese Siedlungen gehörten zu den mehr als 2000 nabatäischen Niederlassungen, die Nelson Glueck im südlichen Jordanien, im Negev und im Sinaigebiet festgestellt hat. Die Anlage von Ortschaften war nur möglich aufgrund einer hochentwickelten Bewässerungsmethode (sogenannte Sturzwasserbewässerung), die es den Nabatäern erlaubte, in den Trockengebieten Felder anzulegen und die Bevölkerung mit Wasser und Lebensmitteln zu versorgen.

Im ausgehenden 1. Jh. v. Chr. erhielt die Stadt den Namen des Nabatäerkönigs Obodas II., von dem sich der heutige Name Avdat ableitet. Obodas wurde in Avdad beigesetzt und als Gott verehrt. Unter ihm und seinem bedeutenden Nachfolger Aretas IV. (9. v. Chr. – 40 n. Chr.) erlebte die Stadt ihre erste große Blüte.

Die Römer eroberten 106 n. Chr. die Region Nabatene und verleibten sie als Provincia Arabia Petraea ihrem Reich ein. Sie bauten eine Straße von Elat nach Damaskus, die Avdad umging, was zum Verfall der Stadt führte. Als im späten 3. Jh. nördlich der Stadt ein Militärlager errichtet und an der Stelle des Obodastempels auf der Akropolis ein Jupitertempel erbaut wurde, erholte die Stadt sich wieder. Unter Kaiser Theodosius I. (379–395) wurden die Nabatäer christianisiert. Der byzantinische Kaiser Justinian (527–564) siedelte im Negev Mönche an, die sich dem Ausbau der Bewässerungsanlagen und der Landwirtschaft widmeten. Neue Gebäude entstanden, u. a. im alten Tempelgebiet auf der Akropolis zwei Kirchen und ein Kloster; und die Stadt erlebte ihre zweite Blütezeit. Doch die Einnahme Avdats durch die Perser (614) und die islamischen Araber (634) führte zum Untergang der Stadt. Seitdem blieb Avdat verlassen, und die Bewässerungssysteme verfielen.

Geschichte (Fortsetzung)

Nach der Errichtung des Staates Israel 1948 hat der Botaniker Michael Evenari die alten nabatäisch-byzantinischen Bewässerungsanlagen

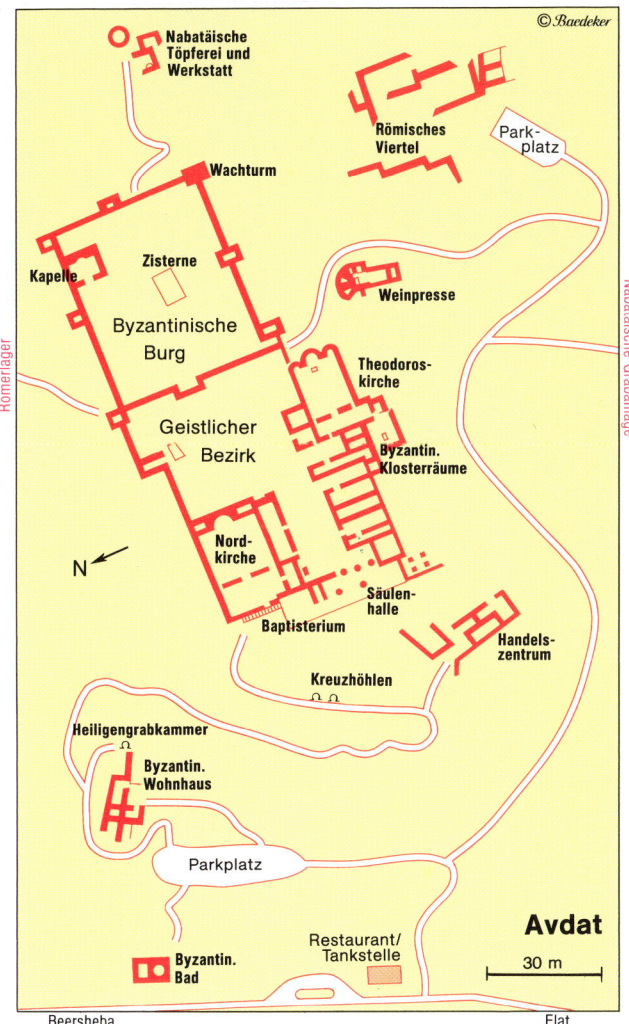

© Baedeker

Nabatäische Töpferei und Werkstatt

Römisches Viertel

Park-platz

Wachturm

Zisterne

Kapelle

Weinpresse

Byzantinische Burg

Theodoros-kirche

Geistlicher Bezirk

Byzantin. Klosterräume

Nord-kirche

N

Säulen-halle

Baptisterium

Handels-zentrum

Kreuzhöhlen

Heiligengrabkammer

Byzantin. Wohnhaus

Römerlager

Nabatäische Grabanlage

Parkplatz

Avdat

30 m

Restaurant/ Tankstelle

Byzantin. Bad

Beersheba

Elat

studiert und rekonstruiert, so daß es ihm gelang, bei Avdat ein Versuchsgut in antiker Art und mit den zur Nabatäerzeit hier kultivierten Nutzpflanzen einzurichten. Die Erfolge ermutigten ihn zur Gründung ähnlicher Farmen bei Beersheba und Shivta.

*Ausgrabungsstätte

Von der Straße Beersheba – Elat führt eine Fahrstraße zu einem Parkplatz (Kiosk, Rasthaus) westlich der Ruinen von Avdat. Man kann von hier noch bis zu einem weiteren Parkplatz unmittelbar südlich der antiken Stadt hinauffahren.

Nabatäische
Grabanlage

Auf diesem Weg sollte man auf etwa halber Strecke anhalten, um auf einem rechts abbiegenden Fußpfad zu einer Grabanlage zu gehen. Man betritt den überwölbten, aus Quadern errichteten Vorraum und sieht eine Tür, deren Türsturz in Relief einen Hörneraltar, flankiert von Mond mit Stern (links) und Sonne (rechts), sowie zwei Säulen zeigt. Durch sie geht man in die Grabkammer, nach nabatäischer Sitte in den Felsen gehauen und mit zahlreichen schmalen Grabnischen in den Wänden (links fünf, geradeaus acht, rechts neun).
Von dem Platz vor dem Grab aus hat man einen guten Blick auf Even-Aris 'nabatäisches' Versuchsgut.

Röm. Wohnviertel,
Weinpresse

Vom oberen Parkplatz geht man durch ein Wohnviertel aus römischer Zeit nordwärts und sieht dann eine nabatäische, bis in byzantinische Zeit benutzte Weinpresse mit halbrundem oberen und rechteckigem unteren Teil. Nahebei steht ein Stein mit nabatäischer Inschrift.

Byzantinische
Burg

Der Weg führt nun durch das Südtor in die rechteckige byzantinische Burg. Von einem Aussichtspunkt in der Südostecke überblickt man die gesamte weiträumige Anlage mit ihren teilweise restaurierten Mauern und Türmen, die große Zisterne in der Mitte des Hofes sowie Ruinen einer spätbyzantinischen Kapelle an der Nordmauer. Ein Durchlaß in der Nordmauer führt zum 90 x 90 m großen römischen Militärlager.

Geistlicher Bezirk

Im Westen schließt sich an die Burg ein zweiter Hof an. Es ist der geistliche Bezirk aus byzantinischer Zeit mit zwei Kirchen, die an Stelle der nabatäischen bzw. römischen Tempel errichtet wurden.

Theodoroskirche

Links liegt die nach einem griechischen Märtyrer des 4. Jh.s benannte Theodoroskirche, eine dreischiffige Säulenbasilika mit drei Apsiden. Das Mittelportal wird von zwei nabatäischen Hörnerkapitellen geschmückt. In den Boden der Seitenschiffe sind Grabplatten mit griechischen Inschriften eingelassen. Im südlichen Seitenschiff zeigt eine Platte den siebenarmigen Leuchter neben dem Kreuz; eine andere gibt an, daß Zacharias, Sohn des Johannes, hier 'im Martyrium des heiligen Theodoros' bestattet wurde. Der Altarraum, vor dem links die runde Basis des Ambo (Lesepult) erhalten ist, liegt zwei Stufen höher. In ihm sieht man den alten Altartisch. An der rechten Seite der Hauptapsis sowie vor den Seitenapsiden sind Teile des Templons, d.h. der Trennwand zwischen Gemeinde- und Altarraum, erhalten. Im Westen grenzen Klosterräume an diese Kirche.

Terrasse,
Säulenhalle

Der Platz, an dem die Theodoroskirche steht, wird am Steilabfall der Westseite von einer breiten Terrasse begrenzt, die sich mit Säulen auf den Hof öffnet. Man betritt sie durch ein Tor, das – wie der Mitteleingang der Theodoros-Kirche – mit nabatäischen Kapitellen versehen ist. Auf der Terrasse befindet sich ein wiederhergestelltes kreuzförmiges Taufbecken.

Nordkirche

Daneben liegt der Eingang zum Atrium der Nordkirche, deren ursprünglicher Name nicht bekannt ist. Auch sie ist eine dreischiffige Säulenbasilika mit drei Apsiden. An der südlichen Säulenreihe haben sich die skulptierten Konsolen erhalten, auf denen das Dachgebälk des Seitenschiffes auflag. Vor dem Altarraum sieht man links den quadratischen Ambosockel. Zwei Stufen führen in den Altarraum mit dem viereckigen Altar.

Theodoroskirche auf der Akropolis von Avdat

Terrasse an der Westseite

Avdat (Fortsetzung)	Um zum unteren Parkplatz zurückzugelangen, verläßt man die Terrasse über eine Treppe beim Taufbecken. Man kommt an zwei Grabkammern (Kreuzhöhlen) und an der nach einem griechisch beschrifteten Heiligenbild benannten Heiligengrabkammer nahe den Resten eines byzantinischen Hauses vorbei. Westlich vom Parkplatz liegt ein byzantinisches Bad, das noch in arabischer Zeit benutzt wurde.

Umgebung von Avdat

En Avdat	Unweit nördlich der Ruinen von Avdat sprudelt die Quelle ⟶ En Avdat, eine der stärksten im Gebiet der Wüste Zin, die sich von Avdat zur Arava-Senke hinunter erstreckt.
Sede Boqer	Folgt man der Straße von En Avdat nach Norden, so kommt man zu dem Kibbuz ⟶ Sede Boqer mit dem Grab David Ben Gurions im Gelände der Negev-Hochschule.

Banyas / Baniyas J 2

	Golan-Gebiet Höhe: Meereshöhe Einwohnerzahl: 200
Lage und Bedeutung	Den Ort Banyas (Baniyas), 13 km östlich von Qiryat Shemona am gleichnamigen Quellfluß des Jordan südwestlich des Berges Hermon gelegen, umgibt eine außergewöhnlich schöne Landschaft mit reizvoller Vegetation. Das seit 1967 durch Israel besetzte Gebiet wurde zum Naturschutzgebiet erklärt und wird vor allem am Sabbat (!) gern von israelischen Familien und Gruppen besucht.
Geschichte	Der Name Banyas leitet sich vom griechischen Paneas ab. An der Quelle stand seit hellenistischer Zeit ein bedeutendes Heiligtum des Hirtengottes Pan, dessen Verehrung einen älteren Baalskult abgelöst hatte. Antiochos III. siegte hier 200 v. Chr. über die Ptolemäer und gewann damit Coelesyrien und Palästina für sein seleukidisches Reich. Augustus schenkte das Gebiet dem Herodes, dessen Sohn Philippus hier die Hauptstadt seiner Tetrarchie baute, die er zum römischen Kaiser zu Ehren Caesarea nannte. Zur Unterscheidung von anderen Plätzen gleichen Namens hieß sie auch Caesarea Philippi. In diesem Gebiet nannte Jesus den Petrus den Felsen, auf den er seine Kirche bauen wolle, und verhieß ihm die Schlüssel des Himmelreiches (Matthäus 16,13–20). Im 4. Jh. war Caesarea Bischofssitz, im 7. Jh. wurde es von den Arabern erobert, kam dann bis 1165 an die Kreuzfahrer und war anschließend bis 1967 ein arabisches Dorf.

Sehenswertes

*Banyasquelle	Geht man am Jordanquellfluß Banyas bis zur rotgrauen Felswand hinan, aus der er wasserreich hervorquillt, so sieht man dort einige Nischen mit griechischen Inschriften. Hier standen einst Statuen des Pan. Links daneben befindet sich die große Höhle, aus welcher der Fluß kam, bis ein Erdbeben diesen Weg verlegte.
Weli	Weiter links auf einer Anhöhe steht das Grabmal (Weli) eines islamischen Heiligen, des Scheichs el-Khidr (der Grüne).
Wasserfall	Etwa 1 km westlich der Quelle erreicht man (bei dem Kibbuz Snir) einen schönen, etwa 10 m hohen Wasserfall.

Ca. 3 km östlich, links der Straße ins Hermongebiet, steht auf einem Berg-kamm eine Burg, die von den Moslems 1226 unter dem Namen Qalat Subeiba gegründet wurde, dann an die Kreuzritter überging und heute ara-bisch Qalat Nimrod (Nimrodburg) heißt.

Banyas
(Fortsetzung)
Nimrodburg

Beersheba / Be'er Sheva

Süddistrikt
Höhe: 240 m ü.d.M.
Einwohnerzahl: 115 000

Beersheba (Be'er Sheva), aus dem Alten Testament als Stadt der Patriar-chen bekannt, hat sich in wenigen Jahrzehnten zur 'Hauptstadt des Negev' und zu einer der größten Städte des Landes entwickelt. An der Grenze zwischen den ariden Weidegebieten im Süden und dem Ackerland im Norden gelegen, ist es bedeutend durch seine Universität und seine Industrie.
Mit herausragenden Sehenswürdigkeiten kann Beersheba nicht aufwar-ten. Touristen kommen vor allem hierher, um den großen Beduinenmarkt, der allwöchentlich am Donnerstag abgehalten wird, zu besuchen.

Lage und
Bedeutung

Die früheste Siedlung im Raum von Beersheba (Tell Beersheva) lag am Ostrand der jetzigen Großstadt am Wadi Beersheva. Bei Grabungen wurde hier eine chalkolithische Siedlung des 4. Jt.s v. Chr. gefunden. In der hier lebten Halbnomaden, die am Flußufer Zisternen und ovale Höhlen mit Zugang von oben anlegten. In der Trockenzeit verließen sie diese Unterkünfte und zogen mit ihren Herden nordwärts. In der Trockenzeit verließen sie diese Unterkünfte und zogen mit ihren Herden nordwärts. Einige Funde aus ihrer Siedlung wer-den im städtischen Museum aufbewahrt; ein aus Knochen geschnitztes Fruchtbarkeitsidol befindet sich im Jerusalemer Israel-Museum. Gleich-falls in Höhlen lebten die in der Genesis genannten Horiten (Höhlensöhne), auf die der Erzvater Abraham stieß. Wie das Alte Testament berichtet, schlossen am 'Brunnen des Schwurs' oder 'Siebenbrunnen' (beides = Beer oder Bir Seba) zwei Stammeshäupter, nämlich König Abimelech von Gerar und Abraham, einen Vertrag, der Abraham die ungestörte Nutzung des von ihm gegrabenen Brunnens sicherte (1. Buch Mose 21,32), eine Vereinbarung, die zur Zeit von Abrahams Sohn Isaak wiederholt wurde (1. Buch Mose 26,33).
Zum Weidegebiet der Amalekiter gehörend, bildete Beersheba zur Zeit der Richter die Südgrenze des israelitischen Siedlungsraumes, der 'von Dan bis Beersheva' reichte (Buch der Richter 20,1). Um 1100 v. Chr. entstand auf dem Tell Be'er Sheva 6 km östlich der heutigen Stadt eine Stadt der Israeliten. Yohanan Aharoni hat sie 1969 ausgegraben und dabei eine israelitische Burg freigelegt und Funde aus aramäischer, edomitischer, persischer und hellenistischer Zeit gemacht. In der Folgezeit diente Beer-sheba als Garnison: Vom 2. Jh. v. Chr. bis ins 7. Jh. n. Chr. waren nachein-ander Truppen der Makkabäer, der Römer und der Byzantiner hier statio-niert. Über lange Zeit wohnten jedoch keine Menschen hier; lediglich die Brunnen waren ein Treffpunkt der Beduinen und ihrer Herden.
Eine neue Ära in der Geschichte der Stadt begann, als die türkischen Lan-desherren hier gegen 1900 das Verwaltungszentrum für die Beduinen-stämme des Negev einrichteten. In ihrem Auftrag planten 1907 Deutsche eine Stadtanlage mit geraden Straßen, die heutige Altstadt, und dem Beduinenmarkt. Im Jahre 1915 wurden eine Eisenbahnlinie zur Versorgung der türkischen und deutschen Truppen angelegt und eine Moschee erbaut (heute Stadtmuseum). Als erste Stadt Palästinas nahm 1917 General Allenby Beersheba ein. Damit begann die Zeit der britischen Herrschaft, und Beersheba erhielt ein Polizeifort; als Arbeitsbeschaffungsmaßnahme wurde die 'Hungerstraße', eine Asphaltstraße nach Gaza, gebaut.
Um 1900 hatten sich in Beersheba Juden angesiedelt, doch verließen sie den Ort während der arabischen Unruhen im Jahre 1929. Nach der Unab-

Geschichte

Beersheba

Geschichte
(Fortsetzung)

hängigkeit Israels 1948 kamen erneut Juden in die Stadt. Damals hatte sie gerade 3000 Einwohner. Heute ist Beersheba eine rein jüdische Stadt, ihre Bewohner stammen aus den verschiedensten Herkunftsländern.

Stadtbild

Beersheba ist in seinem Erscheinungsbild eine junge Stadt, die noch immer ein wenig vom 'Wildwestcharakter' ihrer Gründungsjahre beibehalten hat. Das Leben konzentriert sich auf die auf türkische Zeit zurückgehende Altstadt mit ihrer rechtwinkligen Straßenanordnung. Hier gibt es zahlreiche Läden, einfache Restaurants und Imbißbuden. Im Norden der Altstadt entstanden ausgedehnte Wohnviertel. Im Osten schuf man Industrieniederlassungen, die die Rohstoffe aus dem Negev verarbeiten.

Sehenswertes

Städtisches
Museum

Hauptachse der Altstadt ist die Ha'Azmaut-Straße, an der sich auch das Städtische Museum befindet. Es ist in einer aus türkischer Zeit stammenden Moschee eingerichtet. Das Alter der hier zu besichtigenden Fundstücke reicht bis zur frühen Siedlung vom Tell Beersheva (4. Jt. v. Chr.) zurück. Vom Minarett der einstigen Moschee hat man einen schönen Blick auf Stadt und Umland.

Abrahams
Brunnen

Der Ha'Azmaut-Straße in südöstlicher Richtung folgend, erreicht man bei der Einmündung der Hebron-Straße (Derekh Hevron) einen alten, restau-

Beersheba
Be'er Sheva

500 m

Abrahams Brunnen in Beersheba

rierten Brunnen. Zwar wird er Abrahams Brunnen (vgl. Geschichte) genannt, entstand aber wohl erst in türkischer Zeit. Doch auch mit dem Namen läßt sich Geld verdienen: In dem Areal rund um den Brunnen hat ein Restaurant seine Tische aufgestellt und werden Souvenirartikel vertrieben.

Abrahams Brunnen (Fortsetzung)

Am südlichen Ortsende von Beersheba, an der nach Elat führenden Straße wird donnerstags der Beduinenmarkt abgehalten. Hierher kommen nicht nur Beduinen von nah und fern, auch zahlreiche Touristen zieht das bunte Treiben auf dem Markt an. Letztere interessieren sich vor allem für Teppiche, kunstvoll bestickte Kissen und Kamelsättel sowie Kupferwaren und zahlreiche andere kunstgewerbliche Gegenstände. Die Einheimischen dagegen erstehen in erster Linie Bekleidungsartikel, Haushaltswaren, Felle und auch Ziegen und Hühner. Was auch immer man erwerben möchte, grundsätzlich gilt: Niemals den erstgenannten Preis bezahlen, feilschen gehört unbedingt dazu!

Beduinenmarkt

Die von der Derekh Elat abbiegende Sderot Ha'Nesim führt am Stadtpark vorbei zum Rathaus, in dessen unmittelbarer Nähe das Kulturzentrum Bet Ha'am (Vorführung von Filmen, Konzert- und Theatervorstellungen, Vorträge, Ausstellungen u.a.) und das Institut für die Erforschung arider Gebiete (Arid Zone Research Institute) liegen. Nordwärts führt der Sderot Ha'Nesim zum Medizinischen Zentrum Soroka und zur 1969 gegründeten Ben-Gurion-Universität (Führungen durch das Universitätsgelände sind nach telefonischer Anmeldung möglich).

Weitere Sehenswürdigkeiten

Umgebung von Beersheba

Verläßt man Beersheba in nordöstliche Richtung, so biegt bald nach Überquerung der Bahnlinie links der Weg zum Denkmal für die Negev-Brigade ab, die sich im Unabhängigkeitskampf ausgezeichnet hat.

Negev-Brigaden-Denkmal

Umgebung von Beersheba (Forts.)
Tell Beersheva

Unweit südöstlich des Denkmals (ca. 4 km nordöstlich des modernen Beersheba) erreicht man die Überreste (Befestigungsmauern, Wasserkanäle) des antiken Beersheba (Tell Beersheva). Zu der Ausgrabungsstätte gehört ein kleines Museum mit dem Motto 'Der Mensch in der Wüste'.
In der Nähe der antiken Ausgrabungsstätte wurde 1969 von Israelis eine Beduinensiedlung gegründet, die den Bedürfnissen der bisherigen Nomaden entgegenkommen sollte. Zunächst stieß diese neue Siedlungsform auf wenig Zustimmung bei den Beduinen; erst nachdem ihnen gestattet wurde, ihre eigenen Häuser zu bauen, fanden sie sich mit den neuen festen Wohnsitzen ab. Heute gibt es hier eine der wenigen Beduinenschulen und mittlerweile sogar ein Gymnasium.

Kibbuz Lahav /
Beduinen-Museum

Im Kibbuz Lahav, knapp 20 km nordöstlich von Beersheba, wurde 1985 ein Beduinen-Museum gegründet. Die gut zusammengestellten Exponate (Kleidung, Haushaltsgeräte, Werkzeug, Schmuck u.a.) vermitteln einen Einblick in Kunst und Kultur der verschiedenen Beduinenstämme des Sinai und der Negev-Wüste.

Israeli Air Force
Museum

Etwa 10 km westlich von Beersheba, nahe beim Kibbuz Hazerim, vom Busbahnhof Beersheba mit dem Bus Nr. 31 zu erreichen, wurde beim Stützpunkt Hazerim das israelische Luftwaffenmuseum eingerichtet. Die dort gezeigten originalen Flugzeuge, eine Fotoausstellung und Filmvorführungen dokumentieren die Geschichte der israelischen Luftwaffe von den Anfängen bis heute.

Hazeva

Rund 100 km südöstlich von Beersheba, an der Straße nach → Elat, kann man die hochinteressanten Reste einer israelitischen Stadt besichtigen, die vom 10. Jh. v. Chr. bis zum 7./8. Jh. besiedelt war. Bei den ältesten Ruinen handelt es sich um die Reste der biblischen Stadt Tamar, einer der Hauptfestungen an der südlichen Grenze Judäas. Im ersten nachchristlichen Jahrhundert war der Ort eine wichtige Station an der Weihrauchstraße. Zwischen dem 2. und 4. Jh. errichteten die Römer über der Stadtanlage ein Lager, von dem die Archäologen ebenfalls Reste freilegten.

Belvoir   H 3

Norddistrikt
Höhe: 312 m ü.d.M.

Lage und
Allgemeines

Hoch über dem Jordantal erheben sich die Ruinen der großen Kreuzfahrerburg, die von den französischen Templern wegen ihrer Aussicht auf das Tal 'Belvoir' genannt wurde und hebräisch 'Kokhav Hayarden' (Stern des Jordan) heißt. Man erreicht Belvoir auf zwei Wegen: entweder man biegt, aus nördlicher Richtung kommend, von der Straße Tiberias – Bet Shean kurz hinter dem Tavortal (13 km südlich des Sees Genezareth) rechts auf eine Serpentinenstraße ab, die sich zur 500 m höher gelegenen Burg hinaufwindet; oder man zweigt von der Straße Bet Shean – Afula nach 14 km (bei En Harod) rechts auf eine allerdings sehr schlechte Straße ab, die an den Dörfern Ramat Zevi und Bene Brit vorbei auf die Höhe des Ramot Yissakhar und nach Belvoir führt (von En Harod 13 km).

Geschichte

Das Gebiet der Kreuzfahrerburg erwarben die Johanniter 1168, sie errichteten hier eine der stärksten Grenzfestungen des fränkischen Königreichs. Die Burg konnte 1187 sogar den Ansturm des bei den → Hörnern von Hittim siegreichen Saladin widerstehen. Zwei Jahre später jedoch mußten die Ritter gegen die Zusage des freien Abzuges nach Tyros die Festung aufgeben. Als die Gefahr bestand, daß sich die Kreuzfahrer wieder der Burg bemächtigten, ließen die Araber sie 1219 schleifen. Die Christen, die erst 1241 wieder in den Besitz der Festung kamen, verzichteten darauf, sie erneut aufzubauen.

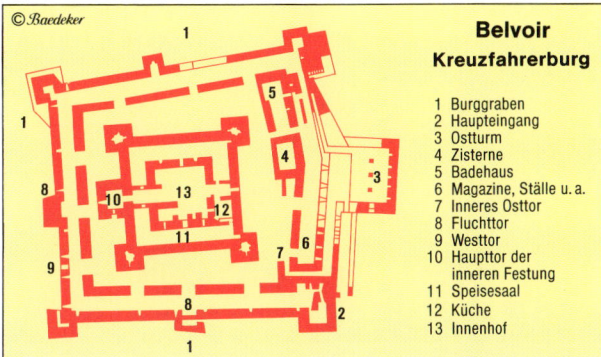

Belvoir

Kreuzfahrerburg

1 Burggraben
2 Haupteingang
3 Ostturm
4 Zisterne
5 Badehaus
6 Magazine, Ställe u. a.
7 Inneres Osttor
8 Fluchttor
9 Westtor
10 Haupttor der
   inneren Festung
11 Speisesaal
12 Küche
13 Innenhof

© Baedeker

Die 1966/1967 freigelegte, 100 x 140 m große Burganlage von Belvoir ist an drei Seiten von einem 25 m breiten und bis zu 12 m tiefen Burggraben umgeben. Die äußeren Befestigungsmauern bilden ein Fünfeck und werden durch sieben Türme, je einer an den Ecken und einer in der Mitte dreier Seiten, verstärkt. Östlich der Burganlage fällt der Berg steil zum Jordantal hin ab. Diese Seite war durch einen weit hinausragenden Außenturm befestigt, der jedoch bei der letzten Belagerung Belvoirs zerstört wurde. Die Burgmauern umschließen eine Festung in der Festung. Die quadratische innere Festung (40 x 40 m) konnte im Ernstfall nach der Einnahme der äußeren Burg weiterverteidigt werden. Im Erdgeschoß dieser inneren Burg befanden sich Vorratsräume, die Küche und daran angrenzend ein Speisesaal. Im Obergeschoß waren Wohnräume der Ritter sowie eine Kirche untergebracht. Der Hof der inneren Festung war ehemals vermutlich überdacht. Der Hauptzugang zur Burg befand sich im Turm der Südostecke des Komplexes. Im Westen führte eine Zugbrücke anstelle der heutigen Fußgängerbrücke in das Befestigungsbauwerk.

Belvoir (Forts.),
*Burganlage

Benot Ya'akov

⟶ Rosh Pinna

Berg der Seligpreisungen   H 2

Norddistrikt

Am Nordufer des Sees Genezareth steigt oberhalb der Ruinen von ⟶ Tabgha und ⟶ Kapernaum der Berg der Seligpreisungen an, die traditionelle Stätte der Bergpredigt Jesu. Um vom See Genezareth dorthin zu gelangen, fährt man von Tiberias in Richtung Rosh Pinna und läßt die Straße nach Kapernaum rechts liegen; dann sieht man die Kuppelkapelle, zu der ein Fahrweg führt, beherrschend auf der rechten Seite.

Lage und
Allgemeines

Seit früher Zeit wird der Ort, an dem Jesu die für seine Lehre grundlegende Bergpredigt hielt (Matthäus 5–7), an diesem Berg gesehen. Ursprünglich befand sich eine Kirche zum Gedächtnis an dieses Ereignis weiter unterhalb, dicht nördlich der Straße nach Kapernaum bei ⟶ Tabgha. Die neue, innerhalb einer schattigen Gartenanlage am Ospizio Monte di Beatitudine gelegene Kirche wurde 1937 errichtet.

Geschichte

Kirche auf dem Berg der Seligpreisungen

Berg der
Seligpreisungen
(Fortsetzung)
Kirche der
Seligpreisungen

Die Kirche der Seligpreisungen ist erbaut aus lokalem Basalt; weißer Naza-
rethstein wurde für die Bögen und römischer Travertin für die Säulen verwandt. Von dem Säulenumgang des Achteckbaus bietet sich ein prächti-
ger Ausblick auf den See Genezareth. Die acht Seiten der Kirche sind, wie
lateinische Inschriften im Inneren zeigen, je einer der Seligpreisungen
gewidmet, die Jesus am Anfang der Predigt (Matthäus 5,3–10) über die
geistlich Armen, die Leidtragenden, die Sanftmütigen, die nach Gerechtigkeit Hungernden, die Barmherzigen, die Menschen reinen Herzens, die
Frieden Stiftenden und die um der Gerechtigkeit willen Verfolgten aus-
sprach. Die Kuppel dagegen symbolisiert die neunte Seligpreisung (Matthäus 5,11–12), mit der Jesus sich direkt an die um seinetwillen Verfolgten
wandte: "Es wird euch im Himmel reichlich belohnt werden".

Berg Gilboa / Har Gilboa   H 3

Norddistrikt
Höhe: 508 m ü.d.M.

Lage und
Allgemeines

Die Bergkette Gilboa steigt auf 508 m ü.d.M. an und erhebt sich damit
628 m über die Stadt Bet Shean, die 120 m unter dem Meeresspiegel liegt.
Als Ausläufer des Berglandes von Samaria begrenzt der Berg Gilboa die
Jezreel-Ebene im Südosten.
Von der Straße Afula – Bet Shean führt ein Serpentinenweg auf die Höhe
(die Gipfelzone ist als militärisches Gebiet gesperrt, doch unterwegs bieten sich lohnende Ausblicke).

Geschichte

In der jüdischen Geschichte war der Berg Gilboa Schauplatz eines tragi-
schen Geschehens. Der von Samuel aufgegebene König Saul versam-
melte an dieser Stelle sein Heer zum Kampf gegen die Philister, die bei

Shunem lagerten, und befragte das Totenorakel von EnDor (→ Afula, Umgebung). Wie das Orakel vorausgesagt hatte, unterlagen die Israeliten den Philistern. Sauls Söhne Jonathan, Abinadab und Malkischua fielen; der verzweifelte König stürzte sich in sein Schwert, und die siegreichen Philister hängten seinen Leichnam an die Mauer von Bet Shean (1. Buch Samuel 31,1 – 12). David sang in seinem Klagelied über dieses Schicksal: "Ihr Berge von Gilboa, es soll weder tauen noch regnen auf euch..., denn daselbst ist der Helden Schild verworfen" (2. Buch Samuel 1,21).

Berg Gilboa, Geschichte (Fortsetzung)

Am nördlichen Fuß des Gilboa, zwischen → Bet Shean und → Bet Alfa, liegt der Nationalpark Gan HaShelosha (Restaurant und Picknickplätze) mit Teichen und natürlichen Wasserfällen. Die Wasserfälle dienten früher dazu, eine Mühle anzutreiben; heute kann man in den großen Teichen oberhalb der Fälle schwimmen.

* Nationalpark Gan HaShelosha

Ein zweiter Nationalpark, Ma'ayan Harod (Quelle des Harod; Jugendherberge, Campingplatz), liegt 10 km nordwestlich in Richtung Afula am bewaldeten Nordhang der Bergkette.
Die Quelle des Harod gilt als diejenige, an welcher der Richter Gideon seine Kämpfer aussuchte, welche die Midianiter besiegten (Buch der Richter 7,5). Im Mittelalter war hier der Schauplatz einer weiteren Schlacht: 1260 errang der Mameluckengeneral Baibars an der Harodquelle einen entscheidenden Sieg über die bereits bis Gaza vorgedrungenen Mongolen, die er anschließend bis ins nördliche Syrien jagte. Nach diesem Sieg stieg Baibars zum Sultan von Ägypten und Syrien auf.

Nationalpark Ma'ayan Harod

Berg Tabor / Har Tavor   H 3

Norddistrikt
Höhe: 588 m ü.d.M.

Der Berg Tabor, 588 m hoch, der sich 21 km nordöstlich von Afula aus der Jezreel-Ebene erhebt, wird im Alten Testament vielfach erwähnt und gilt als der Berg der Verklärung Christi.
Man erreicht den Gipfel des Tabor-Berges über eine beschilderte Straße, die am südlichen Ortsanfang von Kefar Tavor von der Hauptstraße Afula – Tiberias in nordwestlicher Richtung abzweigt (eine etwas weiter südlich ebenfalls von der Hauptstraße Afula – Tiberias abzweigende Straße führt über das arabische Dorf Dabburiya auch zum Berg Tabor). Für Busse oder Wohnmobile sind die letzten Kilometer der Serpentinenstraße hinauf zum Gipfel nicht geeignet.

Lage und Allgemeines

Im 2. Jt. v. Chr. gab es auf dem Tabor ein Heiligtum der Kanaanäer, einen Hohen Platz wie auf anderen Bergen, z. B. auf dem → Karmel und dem Hermon. Sie verehrten hier den nach dem Berg benannten Baal, dessen Kult wohl noch im 2. Jt. v. Chr. im Zuge von Handelsbeziehungen nach Rhodos kam, wo der Gott als Zeus Atabyrios auf dem 1215 m hohen Berg Atabyrion verehrt wurde (Atabyrion war auch der griechische Name für den Tabor).
In der Zeit der Richter (12. Jh. v. Chr.) versammelten die Prophetin Deborah und der Feldherr Barak ihre Truppen auf dem Berg, um von hier aus den Kanaanäer Sisera, Feldherrn des Königs von Hazor, "mit allen seinen Wagen und dem ganzen Heer" zu vernichten (Buch der Richter 4,12 – 16).
Die Bedeutung des Berges für die Geschichte des Christentums beginnt mit dem 4. Jahrhundert. Von dieser Zeit an lokalisiert man hier die Verklärung Christi (Matthäus 17; Markus 9,2 – 13; Lukas 9,28 – 36): Jesus ging mit den Jüngern Petrus, Jakobus und Johannes auf einen hohen Berg. "Da wurde er vor ihnen verklärt, und sein Angesicht leuchtete wie die Sonne, und seine Kleider wurden weiß wie Licht. Und da erschienen ihnen Moses und Elia". Jesus erschien den Jüngern also in seiner göttlichen Gestalt, als

Geschichte

Geschichte
(Fortsetzung)

der Christus und Gottes "lieber Sohn". Dieser Gedanke wurde neben der Auferstehung zu einem der zentralen Themen ostkirchlicher Theologie und Ikonographie. Die Lichterscheinung des Verklärten hat auch die Mystik des ostkirchlichen Mönchstums bestimmt, jene noch heute auf dem heiligen Berg Athos anzutreffende Strömung, die durch Askese des "unerschaffenen Lichtes vom Berg Tabor" teilhaftig zu werden und dadurch zur unio mystica zu kommen hofft.

Die ersten Kirchen auf dem Tabor sind bereits vor 422 anzusetzen. Seit 553 war der Tabor Sitz eines Bischofs; aus dieser Zeit stammt auch das große Verklärungsmosaik in der Katharinenkirche auf dem ⟶ Sinai. Die Kreuzfahrer haben den Berg erneut ausgebaut – als Wallfahrtsort und als Festung. Diese Anlage konnte sich 1191 gegen Saladin behaupten, wurde aber 1263 durch Baibars zerstört. Der Drusenemir Fakhr ed-Din übergab den Berggipfel 1631 den Franziskanern, deren Niederlassung bis heute besteht. Im Jahre 1911 errichteten die Griechisch-Orthodoxen im ihnen gehörenden Nordteil des Gipfelplateaus eine Eliaskirche, 1921–1923 baute Antonio Barluzzi die große Kirche des katholischen Franziskanerkonvents.

Sehenswertes

Eliaskirche

Auf der Höhe gabelt sich der Weg:
Links kommt man in den griechisch-orthodoxen Nordteil mit der Eliaskirche, die seit 1911 an der Stelle eines Kreuzfahrerbaus steht.
Der Hof, in dem sich eine tiefe offene Zisterne befindet, wird an der Nord- und an der Ostseite von Zellentrakten umgeben.

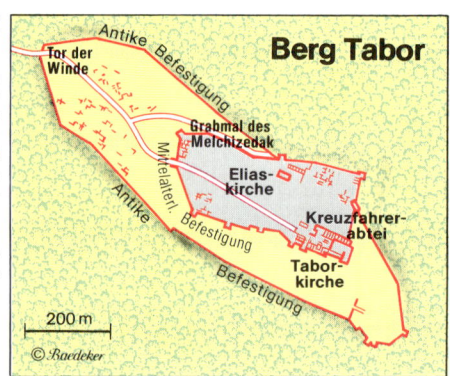

Berg Tabor

Tor der Winde
Antike Befestigung
Grabmal des Melchizedak
Mittelalterl.
Antike Befestigung
Elias-kirche
Kreuzfahrer-abtei
Tabor-kirche
Befestigung
200 m
© Baedeker

*Taborkirche

Rechts betritt man den Besitz der katholischen Franziskaner, kommt bald in den ummauerten Klosterhof und geht zwischen Resten einer älteren Kirche (links) und dem Konventsgarten mit einem Denkmal zur Erinnerung an den Besuch Papst Pauls VI. 1964 und mit einer Gedenktafel für den Architekten Barluzzi (rechts) zur Taborkirche (oder Basilika der Verklärung).

Aus hellem Kalkstein aufgeführt, greift sie auf den Kirchenbau zurück, wie er im 4.–6. Jh. in Syrien entwickelt wurde. Diese Architektur beschränkte sich nicht auf die Ausgestaltung des Innenraumes, sondern verlieh erstmals auch dem Außenbau monumentales Gepräge. In dieser syrischen Tradition (insbesondere von Qalb Lozé bei Aleppo) steht z.B. die Fassade mit ihren zwei vorspringenden Türmen, zwischen denen ein giebelbekrönter Bogen in den Portalraum führt, und mit der volutenförmigen Umrahmung der Fenster.

Im Innern trennen, wiederum nach syrischem Vorbild, weitgespannte Bögen das Mittel- von den Seitenschiffen. Kleine Säulen im Obergaden tragen den offenen Dachstuhl.

Die Taborkirche umfaßt die drei Grotten, die Jonas Korte 1751 beschrieben hat "als drey Capellen, mit einem kleinen Altar, man nennet sie Tabernakel, und sie sollen die drey Hütten vorstellen, die Petrus begehrte zu bauen, eine für seinen Herrn, die anderen beyde für Mosen und Eliam". Die Chri-

Hoch oben auf dem Berg Tabor: die gleichnamige Kirche

stusgrotte befindet sich im Ostteil der Kirche. Einige Stufen führen auf tieferes Niveau hinunter zu einem von Mauern einer Kreuzfahrerkirche eingefaßten, von modernem Tonnengewölbe überspannten Altarraum. Das Apsisgewölbe in der oberen Zone der Kirche enthält ein Goldgrundmosaik, das die Verklärung Christi darstellt.

Taborkirche (Fortsetzung)

Zwei weitere Kapellen sind in die beiden Fassadentürme einbezogen. Rechts (im Süden) die Eliaskapelle, links (im Norden) die Moseskapelle, deren Mosaikboden Kreuze aufweist, woraus hervorgeht, daß er zu einer vor 422 erbauten Kapelle gehörte (in diesem Jahr untersagte Kaiser Theodosius II. die Verwendung des Kreuzsymbols in Fußböden, damit das Kreuz nicht mit Füßen getreten werde).

Im Süden und Norden der Kirche stehen Mauern alter Gebäude aufrecht. Von ihrer Höhe überblickt man große Teile des elliptischen Gipfelplateaus mit seinen Resten alter Bebauung zwischen üppigen Gartenanlagen. Vor allem aber hat man eine weite Aussicht auf die Berge von Nazareth im Westen, die Jezreel-Ebene und die südlich aufsteigenden Berge von Samaria, den Jordangraben und die östlich gelegenen Berge, sowie auf das grüne galiläische Land mit den 'Hörnern von Hittim' im Norden.

*Aussicht

Umgebung vom Berg Tabor

In dem wenige Kilometer nordöstlich des Berges Tabor gelegenen Dorf Kafr Kama wurden 1880 Tscherkessen angesiedelt. Damals verließen zahlreiche von ihnen Rußland, weil sie sich zum islamischen Glauben bekannten. Von den Türken erhielten sie neue Wohnsitze im Nahen Osten, u.a. in Amman und Djerash (Gerasa) im heutigen Jordanien. In Israel gibt es neben der Tscherkessensiedlung Kafr Kama noch eine weitere, das Dorf Rihanya in Obergaliläa (13 km nördlich von Safed). Die Tscherkessen standen 1948 auf seiten der Israelis und dienen seitdem im israelischen Heer.

Kafr Kama

Bet Alfa   H 3

Norddistrikt
Höhe: 75 m ü.d.M.
Einwohnerzahl: 800

Lage und
Bedeutung

Der Kibbuz Bet Alfa am Fuß des Gilboa-Berges, 6 km westlich von → Bet Shean und 19 km östlich von → Afula, entstand 1921. Sein Name wurde bekannt, als man in der Nähe den großenteils erhaltenen Mosaikfußboden einer Synagoge des 6. Jh.s freilegte.
Beim Ausheben eines Bewässerungskanals im nahegelegenen Kibbuz Hefzi Bah stieß man 1928 zufällig auf ein Bodenmosaik, das zusammen mit demjenigen von Tiberias-Hammat (→ Tiberias) zu den bedeutendsten Belegen für den Synagogenbau in byzantinischer Zeit zählt. Die Synagoge, die auf dem Gelände des Kibbuz Hefzi Bah liegt, trägt den Namen des benachbarten Bet Alfa, da das Synagogengelände zum alten Bet Alfa gehörte.

Synagoge

In der heute wieder überdachten Synagoge, einer dreischiffigen Anlage mit einer halbrunden Apsis für den Thoraschrein im Süden, sind im Mittelschiff und im rechten Seitenschiff Bodenmosaiken erhalten. Während das Seitenschiff ornamentale Muster zeigt, wird das Mittelschiff von figürlichen Darstellungen beherrscht. Am Eingang zum Mittelschiff sieht man zwischen einem Löwen und einem Rind eine griechisch-aramäische Widmungsinschrift.

*Bodenmosaik
des Mittelschiffs

Das Bodenmosaik des Mittelschiffs gliedert sich in drei Felder.
Hinter dem alten Mittelportal ist die Opferung Isaaks durch Abraham dargestellt: Links führen zwei Männer den Esel Abrahams. In der Mitte steht der bärtige Abraham in langem Rock, in der Rechten das Opfermesser, mit der Linken den kleinen Isaak haltend. Hinter dem Erzvater ist der Widder an einen Baum gebunden, darüber erscheint die Hand Gottes, der Abraham an-

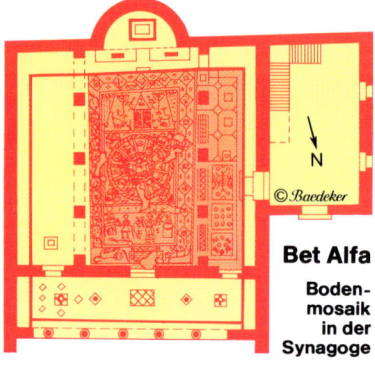

Bet Alfa

**Boden-
mosaik
in der
Synagoge**

weist, an Stelle des Sohnes den Widder zu opfern; und rechts erkennt man den Brandopferaltar.
Das Mittelfeld wird beherrscht von einem kosmologischen Bild. Der zentrale Kreis zeigt in frontaler Darstellung den Sonnengott Helios auf seinem von einer Quadriga gezogenen Wagen. Ringsum sind die zwölf Tierkreiszeichen angebracht, in den vier Ecken die Jahreszeiten. Auf dem südlichen Feld ist in der Mitte der geschlossene Thoraschrein abgebildet, flankiert von siebenarmigen Leuchtern, Weihrauchschaufeln, zwei Vögeln und zwei Löwen. Seitliche Vorhänge begrenzen das Bild.
Zwei Themenbereiche, Tierkreis und Thoraschrein, findet man auch bei den Bodenmosaiken der Synagoge von Tiberias-Hammat. Doch während die Mosaiken dort von künstlerischer Vollendung zeugen, sind die von Bet Alfa in volkstümlich schlichtem Stil gehalten.

Bet Guvrin   G 5

Süddistrikt
Höhe: 275 m ü.d.M.
Einwohnerzahl 200

Der Kibbuz Bet Guvrin liegt im westlichen judäischen Bergland, 36 km östlich von Ashqelon an der Straße über Qiryat Gat und Bet Shemesh nach
Jerusalem. Der Ort wurde 1949 zur Sicherung der israelisch-jordanischen
Grenze auf den Ruinen eines arabischen Dorfes angelegt und mit dem
althebräischen Namen bezeichnet.

Lage und
Bedeutung

Bet Guvrin war im 6. Jh. v. Chr. Vorort der nur 2 km entfernten Edomiter-
Hauptstadt ⟶ Maresha. Im 2. Jh. v. Chr. wurde es mit diesem von den
Makkabäern erobert. Unter römischer Herrschaft entwickelte es sich vom
1. Jh. v. Chr. an zu einer bedeutenden befestigten Siedlung, der Kaiser
Septimius Severus (193–211) den Namen Eleutheropolis (freie Stadt) verlieh. Noch in byzantinischer Zeit war es Verwaltungssitz des bis nach Gaza
reichenden größten Bezirkes von Palästina. Die Kreuzfahrer erbauten hier,
zur Sicherung der Südstraße nach Jerusalem, die Burg Gibelin, die 1187
von Saladin erobert, dann von den Kreuzrittern zurückgewonnen und 1244
von den Mamelucken eingenommen wurde.

Geschichte

Bei Ausgrabungen wurden seit 1921 1 km südöstlich des Dorfes u.a. zwei
Bodenmosaiken christlicher Kirchen des 5.–6. Jh.s freigelegt, mit Darstellungen von Hirschen, Vögeln, Jahreszeitensymbolen und einer Jagdszene
(Führungen auf Anfrage im Kibbuz). Ferner stieß man auf eine Synagoge
aus dem 3. Jahrhundert. Auf einer Säule stand eine hebräische Inschrift,
auf dem Kapitell einer anderen war ein siebenarmiger Leuchter eingemei-
ßelt. Die meisten Altertümer dieser Synagoge befinden sich heute im Rok-
kefeller-Museum, Jerusalem. Neben der Straße steht eine Ruine aus der
Kreuzfahrerzeit; das Gebäude war bis 1948 von Arabern bewohnt.

Sehenswertes

⟶ Maresha

Nationalpark
Bet Guvrin

Bethanien

⟶ El-Azariye

Bethlehem / Beit Lahm   H 5

Westjordanland
Höhe: 750 m ü.d.M.
Einwohnerzahl: 20 000

Das in der Bibel als Stadt Davids und Jesu gerühmte Bethlehem (arabisch
Beit Lahm) liegt etwa 10 km südlich von Jerusalem in einer hügeligen, recht
fruchtbaren Landschaft. Auf letzteres weist auch die volksetymologische
Ableitung des Namens 'Bethlehem' hin: Das hebräische Wort 'lehm'
bedeutet 'Brot', und Bethlehem wird meist als 'Haus des Brotes' wiedergegeben. Die Araber deuten den Namen der Stadt als 'Haus des Fleisches'
(Beit Lahm).
Bethlehem hat eine arabische Bevölkerung, die je zur Hälfte aus Christen
und Moslems besteht. Ein Großteil der Einwohner lebt heute vom Fremdenverkehr. Haupterwerbsquellen bilden Herstellung und Verkauf von
Andenken. Heiligenbilder und Plastiken aller Art aus Perlmutt, Holz und
bituminösem Kalkstein, dem sogenannten Toten-Meer-Stein, bestickte

Lage und
Bedeutung

Bethlehem

Lage und
Bedeutung
(Fortsetzung)

Blusen, Kreuzfahrerjacken u.a. werden überall angeboten. Weitere Er-
werbsquellen sind daneben Ackerbau und Schafzucht, Handwerk und
Handel.

Biblische
Überlieferung

Erstmals erwähnt wird der Ort beim Bericht vom Tod der Rahel, Jakobs
Frau. Auf dem Weg von Betel nach Süden starb sie bei der Geburt ihres
zweiten Sohnes Benjamin "und wurde begraben am Wege nach Efrata,
das nun Bethlehem heißt" (1. Buch Mose 35,19).
Jahrhunderte später ging die verwitwete Ruth aus Moab mit ihrer Schwiegermutter Naemi in deren Heimat Bethlehem zurück. Als sie Ähren auf dem
Feld des Boas las, begegnete sie diesem. Er heiratete sie, und sie gebar
ihm "Obed, den Vater Isais, welcher Davids Vater ist" (Buch Ruth). Und
David, Isais jüngster Sohn, wurde von Samuel in Bethlehem zum König
gesalbt (1. Buch Samuel 16,13).
Aus dem Geschlechte Davids schließlich stammt Jesus, der in Bethlehem
geboren ist, wohin seine Eltern zu einer Volkszählung zur Zeit des Kaisers
Augustus von ihrem Wohnsitz Nazareth aus gezogen waren (Lukas 2,1–7);
die Engel verkündeten es den Hirten auf dem Feld (Lukas 2,10).

Geschichte

Nach Niederschlagung des Bar-Kochba-Aufstandes errichtete Kaiser
Hadrian 135 ein Adonisheiligtum über der Geburtsgrotte, von der zwar
nicht in den Evangelien, wohl aber um 155 beim Märtyrer Justinus die
Rede ist. Um 200 war sie 'für die Pilger bereits ein fester Begriff geworden'
(Hollis/Brownrigg). Im Jahre 325 ließ Kaiser Konstantin über dieser Grotte
an Stelle des hadrianischen Heiligtums eine Kirche aufführen. Aus
Beschreibungen und aufgrund einer Ausgrabung von 1934 läßt sich fol-
gender Plan rekonstruieren (nach R. W. Hamilton): Durch ein von Säulenhallen umgebenes Atrium (unter dem heutigen Kirchenvorplatz) kam man
in eine fünfschiffige Basilika mit Mosaikfußboden und Marmorinkrustation
an den Wänden. Am Ostende dieser Basilika führten drei Stufen in ein
höher gelegenes Oktogon. Dieses stand genau über der Grotte, und eine
Öffnung in der Mitte erlaubte es den Pilgern, in die Grotte hinunterzublik-
ken. Unklar ist, ob der Grotteneingang sich im Westen oder im Osten
befand. Wenige Jahrzehnte nach Errichtung dieses Baus reiste der aus
Dalmatien stammende heilige Hieronymus im Jahre 386 nach Bethlehem,
ließ sich in einer Grotte neben der Geburtsgrotte nieder und verfaßte hier
seine lateinische Bibelübersetzung, die Vulgata. Damals kamen Pilger-
scharen aus vielen Ländern; Hieronymus notierte: "Die Menschen sangen
in den verschiedensten Sprachen zum Lobe Gottes".
Rebellierende Samaritaner zerstörten die konstantinische Kirche 529. Der
heilige Sabbas, der im nahen Sabbaskloster (→ Mar Saba) lebte, begab
sich nach Konstantinopel und suchte den seit zwei Jahren herrschenden
Kaiser Justinian für einen Neubau zu gewinnen. Justinians Architekt übernahm von der älteren Kirche das Schema des fünfschiffigen Langhauses,
ersetzte jedoch das Oktogon durch eine Dreikonchenanlage und verzichtete auf das Atrium.
Diese Kirche steht bis heute, was wie ein Wunder anmutet. So haben die
gegen Byzanz vorrückenden Perser sie 614 verschont, weil sie in den
orientalisch gewandeten Drei Königen aus dem Morgenland auf einem
Relief über dem Eingang Landsleute zu erkennen glaubten. In der Zeit der
Kreuzfahrer, die Bethlehem noch vor Jerusalem einnahmen, ließ Kaiser
Manuel von Byzanz die Kirche gründlich restaurieren (1161–1169). Zuvor,
an Weihnachten 1100, war Balduin I. hier zum ersten König von Jerusalem
gekrönt worden. Auch die Mamelucken zerstörten im 13. Jh. die Kirche
nicht. Doch verfiel sie in der Folgezeit immer mehr. 1479 mußte das Dach
abgestützt werden; nach 1516 verwendeten die Türken die Marmorverkleidung für ihre Bauten auf dem Jerusalemer Tempelplatz. Die Griechisch-
orthodoxen begannen 1670 mit Genehmigung der osmanischen Behörden
die Kirche wiederherzustellen.
Im 18. und 19. Jh. kam es häufig zu heftigen, auch tätlichen Auseinandersetzungen zwischen Griechisch-Orthodoxen, Katholiken und Armeniern,
die im 19. Jh. durch das Eingreifen der beiderseitigen Schutzmächte Ruß-

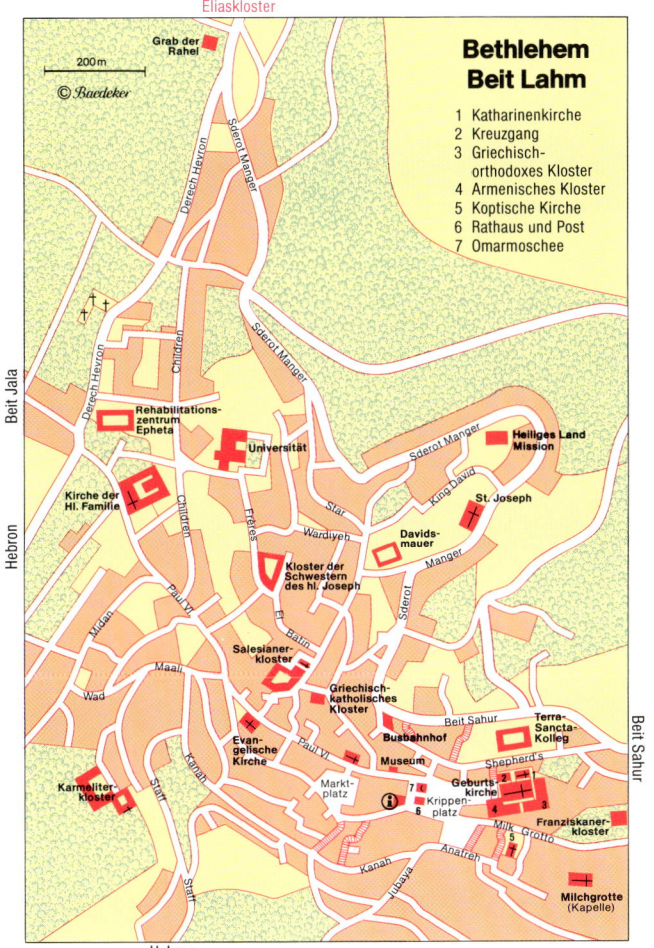

Bethlehem Beit Lahm

1 Katharinenkirche
2 Kreuzgang
3 Griechisch-orthodoxes Kloster
4 Armenisches Kloster
5 Koptische Kirche
6 Rathaus und Post
7 Omarmoschee

land und Frankreich noch verschärft wurden. Die Hohe Pforte suchte dem durch die 1757 festgesetzte und 1852 erneuerte Eigentumsregelung (Status quo) entgegenzusteuern, eine Regelung, die über das Ende der osmanischen Herrschaft bis heute in Kraft geblieben ist. Von 1967 bis zum 21. Dezember 1995 war Bethlehem von Israel besetzt.

Geschichte (Fortsetzung)

Bethlehem präsentiert sich teilweise noch als echt orientalisches Landstädtchen mit arabischen Märkten, bunten Basargassen und Bauern, die ihre Schafe zur Weide treiben.

Stadtbild

Bis zum Abzug der israelischen Armee Ende 1995 war das Stadtbild Bethlehems stark von der Militärpräsenz Israels und dem arabischen Kampf dagegen geprägt. Nach der Übergabe an die palästinensische Autorität

Stadtbild
(Fortsetzung)

gehört Bethlehem zu den arabischen Städten, die sich größte Hoffnungen machen können, ein größeres Stück vom Kuchen des regionalen Tourismus abzubekommen.

Sehenswertes

Krippenplatz

Den Mittelpunkt von Bethlehem bildet der heute als Parkplatz dienende Krippenplatz (Manger Square; wer mit dem eigenen bzw. gemieteten Wagen hierher kommt, wird von Kindern und Jugendlichen gleich bei Ankunft in einen Abstellplatz eingewiesen, ein Angebot, daß man aus Sicherheitsgründen nicht unbedingt abschlagen sollte!). Man findet rund um den Krippenplatz Cafés, Restaurants und Andenkengeschäfte sowie eine Polizeiwache und das Informations- und Verkehrsbüro. Während sich an der Westseite des Platzes die moderne Omarmoschee erhebt, beherrscht die Ostseite die Geburtskirche.

**Geburtskirche

Die Geburtskirche stellt sich vom Vorplatz als ein festungsartiges Gebäude dar, an dessen Fassade man erst bei genauem Hinsehen den Mittelschiffgiebel erkennt. Von den ursprünglich drei Eingängen sind die seitlichen vermauert. Am Mittelportal kann man die Jahrhunderte ablesen. Man bemerkt das originale Türgewände und den auf Konsolsteinen liegenden reliefierten Architravbalken vom justinianischen Bau des 6. Jh.s. Die Kreuzfahrer haben diesen Eingang verkleinert, indem sie ein Spitzbogenportal hineinstellten und die oberen Partien vermauerten. Auch dieses Portal wurde später noch einmal verkleinert, damit die Mamelucken nicht hoch zu Roß in die Kirche reiten konnten. Der Durchlaß ist jetzt nur 1,20 m hoch, so daß der Besucher sich bücken muß, um die Kirche zu betreten. Der Innenraum zeigt im wesentlichen noch heute die ursprüngliche ruhige Monumentalität des 6. Jh.s. Der Blick bis zur Altarwand ist frei, seitdem der englische General Allenby 1917 die von den Griechen hochgezogene Trennwand zwischen Langhaus und Chor hat niederreißen lassen. Vier Reihen von je 11 Monolithsäulen mit – ursprünglich vergoldeten – korinthischen Kapitellen tragen das Dach der Seitenschiffe und die Obergaden im Langhaus, das 54 m lang und 46 m breit ist. Zwei Öffnungen im

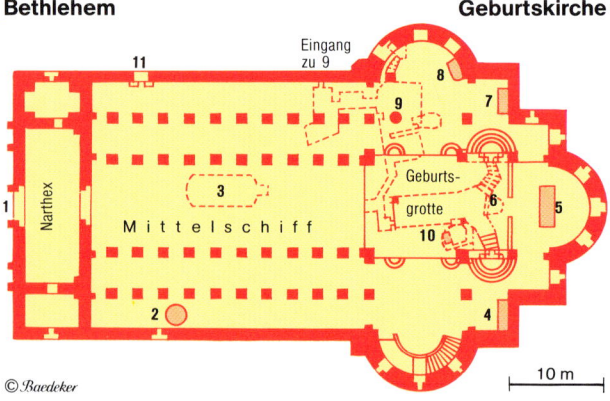

Bethlehem — **Geburtskirche**

1 Eingang
2 Taufbecken
3 Bodenmosaiken
4 Altar der Beschneidung
5 Hauptaltar
6 Ikonostase
7 Altar der Heiligen Drei Könige
8 Altar der Jungfrau
9 Grotte der Unschuldigen Kinder
10 Krippenaltar
11 Durchgang zur Katharinenkirche

Die Geburtskirche in Bethlehem: ein unauffälliger Bau

Boden des Mittelschiffs gestatten einen Blick auf Mosaiken des 60 cm tiefer gelegenen Bodens der konstantinischen Kirche von 325. Aus Justinians Zeit stammt das Taufbecken im rechten Seitenschiff.

Geburtskirche (Fortsetzung)

An den Obergadenwänden haben sich Teile der Mosaikverkleidung erhalten, die 1261–1269, in der Kreuzfahrerära, angebracht worden ist. An der Südseite sind über den Ahnen Christi die von der Ostkirche anerkannten ersten sieben Ökumenischen Konzile dargestellt; dies erklärt sich daraus, daß hier nicht westliche, sondern griechische Künstler gearbeitet haben. Kaiser Manuel von Byzanz war verschwägert mit Balduin III., dem vierten König des Kreuzfahrerstaates, und ließ die Mosaiken durch die Meister Basilios und Ephremos aus seiner Hauptstadt Konstantinopel ausführen. Bemalung aus der Kreuzfahrerzeit hat sich an den Säulenschäften noch erhalten. Man sieht u.a. Heiligenbilder (den heiligen Georg und König Knut von Dänemark) und den Helm Balduins I. mit einem Schwan als Helmzier (Balduin, der 1100 in der Geburtskirche zum ersten König von Jerusalem gekrönt wurde, galt als Nachfahr des Schwanenritters Lohengrin).

Einige Stufen führen in die Vierung. Chor und Querhaus haben Halbrundabschlüsse (Konchen). Im Nordteil stehen die armenischen Altäre der Jungfrau und der Drei Könige, im südlichen Teil der Altar der Beschneidung, der ebenso wie der hinter der Bilderwand stehende Hauptaltar den Griechen gehört.

Vom südlichen Querhaus (rechts), von dessen Konche eine Tür in das angrenzende griechisch-orthodoxe Kloster führt, betritt man durch ein sehr fein gearbeitetes Spitzbogenportal der Kreuzfahrer die Treppe, die in die 12,30 m lange und 3,15 m breite Geburtsgrotte hinunterführt. Die Stelle der Geburt Jesu ist durch einen Silberstern mit der lateinischen Inschrift "Hic de virgine Maria Jesus Christus natus est" (Hier wurde von der Jungfrau Maria Jesus Christus geboren) gekennzeichnet. Darüber ein Altar in einer Nische, mit kaum noch erkennbaren Mosaiken des 12. Jh.s. Gegenüber befinden sich, drei Stufen tiefer, die Krippenkapelle und nahebei der Altar der Drei Könige. Der hintere Teil der Grotte ist nicht zugänglich: die zu

Inneres der Geburtskirche   *Geburtsgrotte*

Geburtskirche (Fortsetzung)	den übrigen Grotten des verzweigten Höhlensystems führende Tür wird nur zu Prozessionen geöffnet.
Katharinenkirche	Man verläßt die Geburtsgrotte über die zweite Treppe und geht vom nördlichen Querhaus der Geburtskirche hinüber in die benachbarte katholische Katharinenkirche, die 1881 von Franziskanern an Stelle einer früheren Kirche errichtet worden ist. Eine Treppe im rechten Seitenschiff führt zu den nördlichen Teilen des Grottensystems. Links die Kapelle der Unschuldigen (eine Erinnerung an den Bethlehemitischen Kindermord des Herodes), geradeaus die Josephskapelle; rechter Hand kommt man an der Eusebiuskapelle und den Gräbern der heiligen Paula und ihrer Tochter Eustachia vorbei zum Grab des heiligen Hieronymus, mit dem die beiden Frauen nach Bethlehem gekommen waren. An der Rückwand ist die Felsbank zu erkennen, auf welcher der 420 gestorbene Heilige ruhte, bis man seine Gebeine nach Rom brachte und in Santa Maria Maggiore bestattete. Der nördlich davon gelegene Raum gilt als derjenige, in dem Hieronymus die Vulgata geschaffen hat.
Kreuzgang	An die Katharinenkirche grenzt ein ursprünglich aus fränkischer Zeit stammender Kreuzgang. Er wurde erst Mitte dieses Jahrhunderts freigelegt und dann von dem italienischen Architekten Barluzzi unter Verwendung des alten Materials neu aufgebaut. Im Innenhof des Kreuzganges steht auf einer gut 2 m hohen Säule eine Statue des hl. Hieronymus.
Milchgrotte / Frauenhöhle	Vom Vorplatz der Geburtskirche führt ein Weg südöstlich zwischen Häusern und dem griechischen Kloster mit seinen Nebenbauten hindurch. Nach fünf Minuten erreicht man rechts die sogenannte Milchgrotte oder Frauenhöhle, eine in eine Kapelle umgewandelte Höhle (5 x 3 x 2,6 m), in der sich die Heilige Familie vor der Flucht nach Ägypten verborgen haben soll. Dabei soll ein Tropfen der Muttermilch Marias auf die Erde gefallen sein.

Katharinenkirche: Inneres und ...   *... Kreuzgang*

Kehrt man zum Krippenplatz zurück, gelangt man der Paul-VI.-Straße folgend zum Marktplatz und in verschiedene Geschäftsviertel der Stadt.

Marktplatz

Unweit nordwestlich der Omar-Moschee wurde 1972 das Museum von Alt-Bethlehem eröffnet. Anhand von Möbeln, Trachten, Kunsthandwerk und Dokumenten soll das Bethlehem des 19. Jh.s lebendig werden.

Museum von Alt-Bethlehem

Westlich der Krippenstraße (Sderot Manger), die nach Norden führt, liegt unweit der Kirche St. Joseph Davids Brunnen, eine in den Felsen gehauene Zisternenanlage. An der 'Mauer Davids', die sie umgibt, werden Grabungen durchgeführt.

Davids Brunnen

Umgebung von Bethlehem

Heute beinahe mit Bethlehem zusammengewachsen ist der westlich gelegene kleine Ort Beit Jala. Von den vier Kirchen des Ortes ist die dem hl. Nikolaus geweihte die sehenswerteste.
Die Straße führt weiter zum 2 km entfernt gelegenen Har Gillo (923 m ü.d.M.), von dessen Gipfel aus man einen hervorragenden Ausblick auf Jerusalem hat.

Beit Jala / Har Gillo

Im Norden der Stadt sieht man bei der Ortsausfahrt links das Grab der Rahel, die bei der Geburt Benjamins starb; es ist ein Wallfahrtsort für fromme Juden. Der heutige Kuppelbau datiert im wesentlichen aus dem 18.–19. Jh.; 1841 entstand der kleine Vorraum mit dem Mihrab, der muslimischen Gebetsnische.

Grab der Rahel

Ca. 2 km nördlich von Bethlehem erhebt sich rechts der nach Jerusalem führenden Hauptstraße auf einem Hügel das Eliaskloster; im 6. Jh. errichtet, von den Kreuzfahrern im 11. und von den Griechisch-Orthodoxen im

Eliaskloster

Bethlehem

Unweit von Bethlehem erhebt sich das Eliaskloster

Umgebung, Elias-
kloster (Forts.)

17. Jahrhundert erneuert, besteht der Bau bis heute. Von hier bietet sich ein schöner Blick auf Bethlehem.

Ramat Rahel

Fährt man auf der Hauptstraße 1 km weiter in Richtung Jerusalem, folgt die 1926 gegründete, 1948 zerstörte und 1950 unmittelbar an der Grenze Jordaniens wiederaufgebaute Siedlung Ramat Rahel, deren Name auf das Grab Rahels Bezug nimmt. Auf dem 818 m hohen Berg beim Kibbuz hat man einen befestigten Palast der Könige von Juda ausgegraben. Im 9.–8. Jh. v. Chr. erbaut, wurde er bis in die Zeit König Jojakims (608–598 v. Chr.) bewohnt, nach der Babylonischen Gefangenschaft ab 535 v. Chr. erneuert und wahrscheinlich im Jahre 70 von den Römern unter Titus zerstört.

Beit Sahur

Südöstlich von Bethlehem liegt das Dorf Beit Sahur. Hier wird das Feld des Boas gezeigt, der die aus Moab gekommene Ruth heiratete (Buch Ruth), desgleichen das Feld der Hirten, wo die Engel die Geburt Christi verkündigten (Lukas 2,10). Neben Resten einer byzantinischen Kirche steht eine katholische Franziskanerkirche aus dem Jahre 1954. Davon 1 km entfernt befindet sich eine griechisch-orthodoxe Kirche, wo Archäologen bei Grabungen im Jahre 1972 eine aus der Literatur bekannte Kirche des 4. Jh.s mit sehr schönem Mosaikboden freilegten.
Am Ostrand von Beit Sahur gabelt sich die Straße: links kann man über das Theodosiuskloster zum Wüstenkloster ⟶ Mar Saba (8 km) fahren, rechts über das Dorf Za'tara, das in den sechziger Jahren für Beduinen vom Stamm Taamara geschaffen wurde, zum Berg ⟶ Herodeion (11 km).

Teiche Salomos

Verläßt man Bethlehem in südwestlicher Richtung auf der Straße nach ⟶ Hebron (24 km), sieht man nach kurzer Zeit links die Teiche Salomos. Es sind drei mächtige offene Zisternen, die in alter Zeit zur Wasserversorgung Jerusalems angelegt wurden, glaubwürdiger Tradition zufolge im 10. Jh. v. Chr. von König Salomo: "Ich machte mir Teiche, daraus zu bewässern den Wald der grünenden Bäume" (Prediger Salomo 2,6).

Artas

Eine 5 km südlich von Bethlehem links einbiegende Seitenstraße führt an diesen Teichen, bei denen die Türken 1540 eine kleine Burg bauten, entlang zum 2 km entfernten Dorf Artas in einem Tal mit üppiger Vegetation. Das unterhalb des Dorfes gelegene Nonnenkloster 'Hortus conclusus' erinnert daran, daß auf diese Gegend nicht nur das Bibelwort von den Teichen und Bäumen bezogen wird, sondern auch das vom verschlossenen Garten (Hohelied 4,12) – jenem Hortus conclusus, der später zur Metapher der Jungfräulichkeit, zum Sinnbild Mariens wurde. Aus dem lateinischen 'Hortus' hat sich der heutige arabische Dorfname Artas entwickelt.

Umgebung von Bethlehem, Artas (Fortsetzung)

Kurz bevor von der Straße Bethlehem – Hebron links die Straße nach Artas abbiegt, führt rechts eine andere Straße nach Nordwesten. Auf ihr passiert man das Dorf Khadr (4 km), dessen Name auf el-Chodr, den heiligen Georg, verweist. Diesem Heiligen ist auch eine alte griechisch-orthodoxe Kirche geweiht.

Khadr

Etwa 1 km hinter Khadr biegt rechts der Weg nach Battir (4 km) ab. Dieses Dorf, das alte Betar, liegt an den Hängen südlich des Ephraimtales, durch das die Bahnlinie Tel Aviv – Jerusalem verläuft. Dank einer kräftigen Quelle konnte sich hier eine blühende Landwirtschaft entwickeln. Eine (nicht ausgegrabene) Ruine oberhalb des Dorfes wird von den Arabern 'Khirbet el-Yahud', Ruine des Juden, genannt. Hier stand die Festung, die sich im Aufstand der Jahre 132–135 gegen die Römer bis zuletzt halten konnte. In ihr hat der Führer dieses Aufstandes, Bar Kochba, den Tod gefunden.

Battir

Bet Shean   H 3

Norddistrikt
Höhe: 98 m unter dem Meeresspiegel
Einwohnerzahl: 15 000

Bet Shean liegt 26 km südlich des Sees Genezareth im Ostteil der dank sorgfältiger Regulierung der Bewässerung fruchtbaren Jezreel-Ebene am Fluß Harod. Im Talmud heißt es: "Falls der Garten Eden im Lande Israel ist, dann ist sein Tor in Bet Shean." Ende der 80er Jahre brachten Ausgrabungen in Bet Shean die Ruinen einer antiken Stadt zum Vorschein, die in byzantinischer Zeit größer als Jerusalem gewesen sein soll und heute zu den am besten erhaltenen archäologischen Stätten Israels zählt.

Lage und Bedeutung

Archäologen der amerikanischen Pennsylvania-Universität konnten bei ihren Ausgrabungen 1921–1923 18 Siedlungsschichten feststellen, von denen die ältesten in das 4. Jt. v. Chr. zurückgehen. Urkundlich erwähnt wird Bet Shean erstmals in ägyptischen Dokumenten des 19. Jh.s v. Chr. Nach der Eroberung Kanaans im 15. Jh. v. Chr. baute der ägyptische Pharao Thutmosis III. die Stadt zur Festung aus. Im 11. Jh. v. Chr. übernahmen die von der Küste vordringenden Philister die Herrschaft. Als sie 1010 v. Chr. König Saul und seine Söhne in der Schlacht am nahen Gilboagebirge besiegt hatten, brachten sie Sauls Rüstung "in das Haus der Ashtoreth und hängten seine Leiche an die Stadtmauer von Bet Shean"; in der Nacht holten dann Leute aus Gilead, jenseits des Jordans, die Leichname und bestatteten sie (1. Buch Samuel, 31). Sauls Nachfolger David unterwarf die Philisterstadt, die im 8. Jh. v. Chr. aus unbekannter Ursache verlassen wurde; erst im 3. Jh. v. Chr. von skythischen Veteranen erneut besiedelt, erhielt sie den Namen Skythopolis. In der Hasmonäerzeit des 2. und 1. Jh.s v. Chr. kamen wieder jüdische Einwohner hinzu. Pompeius erklärte sie 63 v. Chr. zur freien Stadt, die zum Zehn-Städte-Bund (Dekapolis) gehörte. Unter römischer Herrschaft erlebte Bet Shean dank seiner ertragreichen Landwirtschaft und Textilindustrie eine neue Blüte, von der noch zahlreiche Bauten zeugen. In der byzantinischen Ära wohnten ca. 40 000 Menschen in der Stadt, die meisten von ihnen waren Christen, doch gab es auch eine jüdische Gemeinde. Diese Epoche endete mit der islamischen Eroberung im Jahre 639. Kurz darauf wurde die Stadt durch ein Erdbeben zerstört verlassen. Im 12. Jh. kam Bet Shean zum Gebiet des Fürsten von Galiläa. Neben der jüdischen Bevölkerung siedelten sich später zunehmend Araber an.

Geschichte

Stadtpark /
Serail

Von Tiberias kommend, erreicht man den kleinen Stadtpark mit einem bescheidenen Freilichtmuseum. Hier steht der türkische Serail von 1905, für dessen Portalgewände antike Säulen verwendet wurden.

Die König-Saul-Straße wendet sich nach rechts. Man geht an einem Viertel vorbei, in dem Teile des römischen Hippodroms gefunden wurden, und kommt zu einem Weg, der rechts hinunter zum Theater und zum anschließenden Ruinengelände der antiken Stadt führt.

✳✳Ausgrabungsgelände

Römisches
Theater

Erbaut im ausgehenden 2. Jh. unter Kaiser Septimius Severus, ist es das am besten erhaltene römische Theater in Israel und bot ursprünglich 6000 Zuschauern Platz. Der untere Teil der halbrunden Anlage mit den Zuschauerreihen ist in das Gelände eingetieft; der obere Teil erhebt sich auf starken Substruktionen, durch welche neun Eingänge (Vomitorien) ins Innere führen, das sie in der Höhe vom Umgang (Diazoma) erreichen. Von den Vomitorien zweigen kurze schmale Gänge ab, an deren Ende sich kleine, einst überkuppelte Räume befinden; ihre Bestimmung ist unbekannt. Während die oberen Sitzreihen teilweise zerstört sind, haben sich die 14 Reihen unterhalb des Umgangs sehr gut erhalten. Auch von der Bühnenwand sind noch stattliche Reste vorhanden. Zahlreiche Architekturbruchstücke finden sich im Gelände hinter dieser einst reich mit Säulen und Statuen geschmückten Wand.

Tell el-Husn

Vom Theater geht man zum unmittelbar nördlich aufragenden Tell el-Husn. Bei Ausgrabungsarbeiten in den zwanziger Jahren wurden in erster Linie Stelen, Plastiken und Geräte aus der Epoche der ägyptischen Herrschaft freigelegt. Die meisten Funde, so eine Stele von Pharao Sethos I. (1318 v. Chr.) und eine Stele der Kriegsgöttin Anat (1250 v. Chr.), sind heute im Rockefeller-Museum in Jerusalem ausgestellt. Bei den 1986 erneut aufgenommenen Ausgrabungsarbeiten förderten die Archäologen derart Eindrucksvolles zutage, daß der Tell nun als eine der bedeutendsten archäologischen Stätten Israels gilt. Ein Erdbeben hatte die Stadt kurz nach der

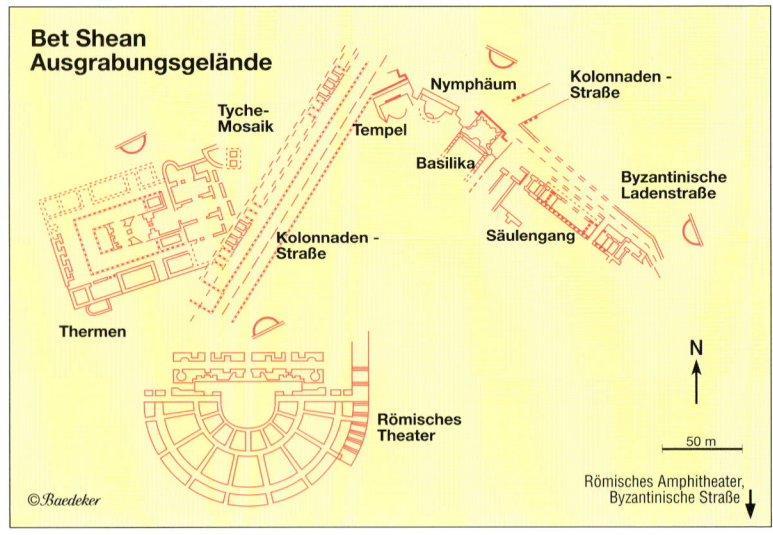

**Bet Shean
Ausgrabungsgelände**

Nymphäum

Kolonnaden-Straße

Tyche-Mosaik

Tempel

Basilika

Byzantinische Ladenstraße

Kolonnaden-Straße

Säulengang

Thermen

N

Römisches Theater

50 m

Römisches Amphitheater,
Byzantinische Straße

©Baedeker

Das Römische Theater in Bet Shean

islamischen Eroberung erschüttert und die Bewohner vertrieben – zum Glück für die Nachwelt, denn dadurch wurde das antike Baumaterial nicht – wie dies beispielsweise in Caesarea der Fall war – abtransportiert und für spätere Bauten wiederverwendet. Das erleichterte den Forschern die Arbeit: Sie mußten nur die durch die Erdstöße in eine Richtung gestürzten Mauern wieder aufrichten.

Im Süden des Areals wurde ein weiteres hervorragend erhaltenes römisch-byzantinisches Theater freigelegt, das ebenfalls 6000 Zuschauern Platz bot. Nördlich davon befindet sich ein Thermenkomplex aus byzantinischer Zeit. Sein Zentrum bildet ein an drei Seiten von Säulengängen umgebener Innenhof; an manchen Stellen sieht man noch Reste des einstigen Mosaik- und Marmorschmucks. Besonders kunstvoll ist das sogenannte Tyche-Mosaik, das in einem byzantinischen Bau unmittelbar nordöstlich des Badehaus-Komplexes entdeckt wurde. Im Mittelpunkt des auf das 6. Jh. n. Chr. datierten Mosaiks ist Tyche, die Göttin der Schicksalsfügung und des Gelingens, mit einem ihrer Attribute, dem Füllhorn, dargestellt.

Von dem Badehauskomplex führen Treppen aufwärts zu einer Kolonnadenstraße, die das Theater und die Thermen mit dem einstigen Zentrum der Stadt verband. An ihrem nördlichen Ende gelangt man über breite Stufen zu den Resten eines römischen Tempels, der Dionysos geweiht war. Östlich dieses Tempels stieß man auf die Fundamente und Architekturbruchstücke eines Nymphenheiligtums (Nymphäum) und eines Gebäudes, das in römischer Zeit zu Versammlungszwecken und als Handelsplatz genutzt wurde (Basilika). Südöstlich der Basilika wurden eine Reihe monolithischer römischer Säulen freigelegt sowie Teile einer byzantinischen Ladenstraße, die in den Süden der Stadt führte.

Funde aus byzantinischer Zeit kamen nördlich des Tell el-Husn, jenseits des Harodtales, ans Licht. Hier stifteten eine Edelfrau Maria und ihr Sohn Maximus 567 ein Kloster mit bedeutenden Mosaiken, die heute durch ein Schutzdach gesichert sind.

Tell el-Husn
(Fortsetzung)

Marienkloster

Bet Shean,
Marienkloster
(Fortsetzung)

Vom Eingang dieser Anlage kommt man in einen großen trapezförmigen Hof, dessen Mosaikboden Tier- und Vogeldarstellungen, zwei griechische Inschriften sowie in der Mitte – innerhalb eines griechisch beschrifteten Tierkreises – den Sonnengott Helios und die Mondgöttin Selene zeigt. Links liegt ein Rechteckraum, dessen Mosaik laut Inschrift 'in der Zeit des Priesters und Abtes Georg und seines Stellvertreters Komitas vollendet' wurde. Weitere Mosaiken (Weinranken, Jäger, Tiere) befinden sich in einem kleinen Raum gegenüber dem Klostereingang, ferner im Ostteil der Klosteranlage, im Vorraum zur Kirche und in der Kirche selbst. Hinter dem Kirchenportal sind Pfauen dargestellt. Im Altarraum findet man griechische Grabinschriften.

Museum

Einige der Funde, auf die man bei den Ausgrabungen in der Nähe von Bet Shean stieß, können in dem in einer ehemaligen Moschee eingerichteten Museum besichtigt werden. Erwähnenswert ist vor allem das Leontis-Mosaik, benannt nach dem wohlhabenden Juden Leontis, der im 5. Jh. n. Chr. aus Alexandrien nach Bet Shean kam und dort für seine prächtige Villa ein Mosaik in Auftrag gab. Es zeigt eine Darstellung aus der Odyssee.

Umgebung von Bet Shean

Bet Alfa

Das 6 km westlich von Bet Shean gelegene → Bet Alfa ist bekannt wegen des Bodenmosaiks seiner alten Synagoge.

Nationalpark
Gan Hashelosha

Der Nationalpark Gan Hashelosha (Park der Drei) liegt an der Strecke Bet Shean – Bet Alfa (→ Berg Gilboa).

Nationalpark
Ma'ayan Harod

Ca. 10 km nordwestlich davon liegt der Nationalpark Ma'ayan Harod (→ Berg Gilboa).

Neve Ur

Fährt man von Bet Shean in nördlicher Richtung, erreicht man nach 12 km den von Juden aus dem Irak bewohnten und deshalb nach der mesopotamischen Heimat Abrahams benannten Kibbuz Neve Ur.
Unweit nordwestlich sieht man links auf der Höhe die Ruinen der Kreuzfahrerfeste → Belvoir, zu der eine Serpentinenstraße hinaufführt.

Bet Shearim H 3

Norddistrikt
Höhe: 138 m ü.d.M.

Lage und
Bedeutung

Man erreicht das 20 km südöstlich von Haifa gelegene Ausgrabungsgelände von Bet Shearim, wenn man, von Haifa kommend, kurz hinter Qiryat Tivon rechts von der Straße nach Nazareth abbiegt. Bet Shearim ist eine bedeutende Stätte jüdisch-rabbinischer Tradition. Die Katakomben, die B. Mazar (1936) und später N. Avigad hier freigelegt haben, sind überaus beeindruckend. Sie liegen in einer landschaftlich schönen Gegend, innerhalb eines 2 ha großen, zum Nationalpark erklärten Gebietes.

Geschichte

Bet Shearim erlangte besondere Bedeutung, als der Rabbi Juda Hanassi nach dem gescheiterten Bar-Kochba-Aufstand 135 sein Lehrhaus von → Yavne hierherverlegte und den Ort zum geistigen Zentrum der Juden machte. Daher hatte auch der Hohe Rat, als dessen Oberhaupt Juda den Titel 'Hanassi' (der Fürst) führte, hier zeitweise seinen Sitz. Zahlreiche Mitglieder dieses Rates sind in Bet Shearim beigesetzt; und der Ruhm des Ortes führte dazu, daß andere fromme Juden sich ebenfalls hier bestatten ließen.

Bet Shearim: Eingangsfront der Katakombe Nr. 20 ▶

Sehenswertes

Synagoge, Ölpresse

Noch bevor man den Eingang zum Nationalpark passiert, sieht man links des Zufahrtsweges zunächst die Ruine einer großen dreischiffigen Synagoge des 2. oder 3. Jh.s, deren Fassade nach Jerusalem ausgerichtet war, und etwas weiter eine Ölpresse mit zwei Räumen.

Zaid-Statue

Ca. 150 m weiter erhebt sich links oberhalb des Sträßchens an der höchsten Stelle des Geländes die Zaid-Statue. Sie erinnert an Alexander Zaid, der 1936 die Nekropole entdeckte.

✳✳Nekropole

Dann fährt man um die Kurve bis zur Schranke und der Eintrittskartenverkaufsstelle; den Wagen kann man auf einem Parkplatz innerhalb des Nationalparks abstellen.

Die Nekropole wurde im 2.–4. Jh. in Form mehrerer Katakomben im Berghang angelegt. In jeder der Katakomben entdeckte man 20–400 Gräber, die zum Zeitpunkt der archäologischen Ausgrabung bereits sämtlichst ausgeraubt waren, man fand weder Gebeine noch Grabbeigaben. Die Sarkophage wurden größtenteils aus örtlichem Kalkstein gefertigt und sind mit jüdischen Symbolen (siebenarmige Leuchter, Thoraschreine u.a.), aber auch mit Abbildungen von Menschen und Tieren verziert. Die Darstellungen zeigen keine allzu große Kunstfertigkeit. Vor dem Eingang der Katakombe liegt vielfach ein offener Vorhof, eine steinerne Tür führt von hier ins Innere.

Von den bisher 26 entdeckten Grabanlagen sind gewöhnlich nur zwei ständig für Besucher zugänglich, darunter die Katakombe 20, die größte der gesamten Anlage.

Museum

In einem der Haupträume der Katakombe 20 wurde ein Museum eingerichtet, in dem neben anderen Fundstücken auch ein modern anmutendes Menora-Relief aufgestellt ist.

Reste einer Synagoge in Bet Shearim

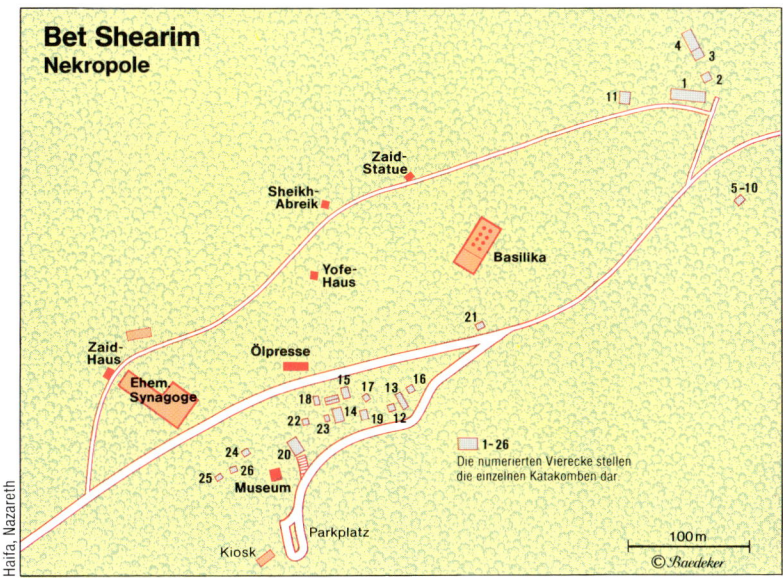

Die Katakombe 20 (Abb. S. 153) hat eine teilweise wiederhergestellte Fassade mit drei Steintoren unter drei Bögen; im Inneren verläuft ein breiter Mittelgang, an den sich mehrere Seitengänge anschließen. In diesem 'unterirdischen Palast' fand man über 200 Sarkophage, von denen viele 3–5 t schwer sind. Im hinteren Teil des ersten linken Seitenganges stehen u.a. der Jagdsarkophag (ein Löwe jagt eine Gazelle) und der Löwensarkophag. In dem kleineren ersten Gang rechts der Adlersarkophag, im nächsten Gang rechts der Sarkophag mit einer bärtigen Männermaske, im dritten Gang rechts schließlich der ganz am Ende stehende, besonders kunstvoll verzierte Muschelsarkophag.

Bet Shearim (Fortsetzung) Katakombe 20

Katakombe 14 hat an der Stirnseite ebenfalls eine Dreibogenfassade. In ihr fand man aufschlußreiche Inschriften in hebräischer, griechischer und aramäischer Sprache, so auf den Sarkophagen eines Simon und eines Gamaliel, vermutlich die Söhne des Rabbi Juda Hanassi, der selbst in Bet Shearim beigesetzt war.

Katakombe 14

Bet Shemesh

G 4

Distrikt Jerusalem
Einwohnerzahl: 11 600

Bet Shemesh wurde 1950 ca. 30 km westlich von Jerusalem in der Nähe des gleichnamigen biblischen Ortes gegründet. Man erreicht den Ort, wenn man 5 km östlich von Latrun bzw. 10 km östlich von Abu Gosh von der Straße Tel Aviv – Jerusalem nach Süden abbiegt und die über Bet Guvrin nach Qiryat Gad und Ashqelon führende Straße nimmt.
In relativ kurzer Zeit hat sich Bet Shemesh aus einer Zeltstadt für Neueinwanderer zu einer modernen Siedlung entwickelt. Da die meisten Menschen, die zuwanderten, mit Aufforstungsarbeiten beschäftigt wurden,

Lage und Bedeutung

Bet Shemesh (Fortsetzung)	gibt es in dieser Gegend viele Kiefernwälder. In einer Zementfabrik wird der Kalkstein aus den Steinbrüchen im judäischen Bergland verarbeitet.
Geschichte	Ihren Namen erhielt die neue Stadt nach dem biblischen Bet Shemesh, das 1838 mit dem Tell westlich der heutigen Siedlung identifiziert und durch Ausgrabungen vor und nach dem Ersten Weltkrieg erforscht wurde. Dabei hat man eine Stadt der Hyksos und der Kanaanäer festgestellt, die seit dem 18. Jh. v. Chr. bestand. Der Name Bet Shemesh bedeutet 'Haus der Sonne' und bezieht sich wahrscheinlich auf den kanaanäischen Tempel, auf dessen Fundamente man stieß. Im 13. Jh. eroberte Josua die Stadt (Josua 21,16). Im 11. Jh. gewannen die Philister den Israeliten in einer Schlacht bei Eben-Ezer die Bundeslade ab. Doch brachte sie ihnen Unglück, weshalb sie sie zurückgaben. Der von zwei Rindern gezogene Wagen, auf den sie die Bundeslade gestellt hatten, hielt in Bet Shemesh an (1. Buch Samuel 6,12). Von hier brachte man das Heiligtum dann nach Qiryat Yearim (nahe dem heutigen Abu Gosh). Um 800 v. Chr. fanden bei Bet Shemesh Kämpfe zwischen den Königen Amasja von Juda und Joas von Israel statt (2. Buch der Könige 14,11). Wie die Ausgrabungen gezeigt haben, war der Ort auch in hellenistischer und römischer Zeit besiedelt. Über den Resten jener Epoche errichteten die Mamelucken im 13./14. Jh. eine Karawanserei.
Umgebung Beit Jimal	Knapp 5 km südlich von Bet Shemesh liegt links der Straße das 1881 von Salesianermönchen gegründete Kloster Beit Jimal (Bet Gamal). Die wenigen hier noch lebenden Mönche betreiben etwas Landwirtschaft mit Weinbau. Im Kreuzgang der Klosteranlage werden Fragmente aus byzantinischer Zeit aufbewahrt, so das Bodenmosaik einer Kirche, die im 5. oder 6. Jh. über dem vermeintlichen Grab des Erzmärtyrers Stephanus erbaut wurde. Bei seit 1989 vorgenommenen Ausgrabungen stieß man 2 km vom Kloster entfernt auf eine byzantinische Kirche und eine große Ölpresse.
Sorek Höhle	Etwa 2 km östlich von Bet Shemesh, südlich von Nahal Sorek, öffnet sich an den Westhängen der Judäischen Berge die 91 m lange und 80 m breite Tropfsteinhöhle Sorek, die für ihre herrlichen Stalaktiten und Stalagmiten bekannt ist (Führungen).

Caesarea   G 3

Distrikt: Haifa
Höhe: 20 m ü.d.M.

Lage und Bedeutung	Das Gebiet der antiken und Kreuzfahrerstadt Caesarea, auf halbem Weg zwischen Tel Aviv und Haifa, bietet neben sehenswerten Ruinen und Bauten auch Einrichtungen für Urlaub und Freizeit. Im Sommer finden im wiederhergestellten römischen Theater Konzerte im Rahmen des israelischen Musikfestivals statt. Die wichtigsten Sehenswürdigkeiten von Caesarea sind das Areal der Kreuzfahrerstadt und das 1 km südlich gelegene Theater, beide bilden zusammen einen Nationalpark (das gelöste Eintrittsticket berechtigt zum Zugang zu beiden Arealen). Ohne Eintrittsticket können die Reste des weiter nördlich am Strand gelegenen Aquäduktes besichtigt werden. Um dorthin zu gelangen, passiert man ein recht nobles Villenviertel mit schönen Gärten.
Geschichte	Die erste Ansiedlung geht auf die Phönizier zurück, die im 4. Jh. v. Chr. einen Hafen anlegten (man nimmt an, daß sich hier ihr bereits besiedelte Gebiet mit dem 'Straton-Turm' nördlich der Kreuzfahrerstadt erstreckt). Nach der Eroberung des Landes durch Alexander d. Gr. 332 v. Chr. lebten hier Griechen. Herodes d. Gr. begann 22 v. Chr. mit dem Bau einer großen Stadt, der er zu Ehren des Augustus den Namen Caesarea gab. Mit Augustustempel, Theater, Hippodrom und guter Wasserversorgung wurde

Geschichte
(Fortsetzung)

Caesarea zu einer ansehnlichen Stadt mit viel frequentiertem Hafen; Juden und Nichtjuden wohnten hier. Als Judaea römische Provinz wurde, residierten vom Jahre 6 n. Chr. an deren Prokuratoren in Caesarea, darunter von 26 bis 36 Pontius Pilatus, unter dem Jesus gekreuzigt wurde, und von 52 bis 60 Felix, der den Apostel Paulus hier zwei Jahre gefangen hielt (Apostelgeschichte 23,35). Um 35, wohl noch unter Pilatus, hatte Petrus den Centurio Cornelius getauft (Apostelgeschichte 10), was Aufsehen erregte, da es die erste Taufe eines Nichtjuden war, und das 'Apostelkonzil' auslöste (Apostelgeschichte 11,1–18).

Auseinandersetzungen zwischen der jüdischen und der griechischen Bevölkerung der Stadt waren 66 der Anlaß für den Ausbruch des jüdischen Aufstandes, den Vespasian und sein Sohn Titus im Jahr 70 niederschlugen. Vespasian wurde 69 in Caesarea zum Kaiser ausgerufen und erhob die Stadt zur römischen Kolonie. Nach dem Scheitern des mit dem Namen Bar Kochbas verbundenen zweiten jüdischen Aufstandes gegen Rom wurde dessen geistiger Führer, Ben Akiba, 135 in Caesarea zu Tode gefoltert.

Noch im 1. Jh. gründete der Apostel Philippus eine christliche Gemeinde. Ende des 2. Jh.s war Caesarea Bischofssitz. Im 3. Jh. lehrte hier der aus Alexandria stammende Kirchenlehrer Origenes und gründete seine berühmte Bibliothek. 313–340 war der wohl in Caesarea geborene Eusebius, der erste Kirchenhistoriker, Bischof der Stadt. Gegen 500 wurde in Caesarea der Historiograph des Justinianischen Zeitalters, Prokopios, geboren.

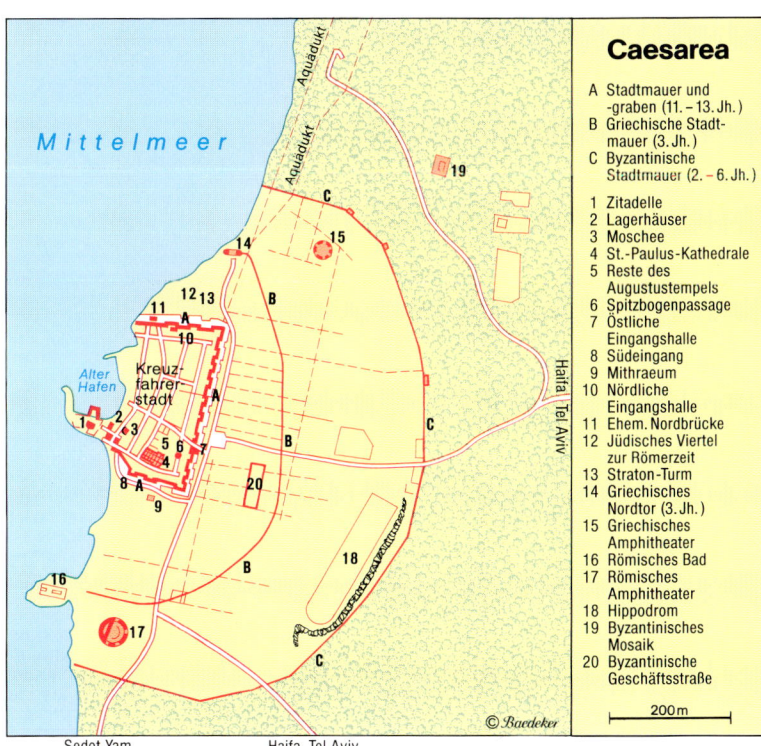

© Baedeker

157

Geschichte
(Fortsetzung)

Diese Ära endete 637 mit der Eroberung durch die Araber. Der Hafen war fortan bedeutungslos. Die Kreuzfahrer kamen 1101, doch erst 1254 wurde Caesarea vom französischen König Ludwig IX. neu befestigt. Seine Anlage nahm nur einen Bruchteil des antiken Stadtgebietes ein. Bereits 21 Jahre später eroberte der Mameluckensultan Baibars die Stadt, deren Hafen nun vollends versandete. Die Türken siedelten Ende des 19. Jh.s auf dem Gebiet der Kreuzfahrerstadt moslemische Flüchtlinge aus Bosnien an. Erneute Besiedlung setzte 1940 mit der Gründung des Kibbuz Sedot Yam ein. Mit der archäologischen Untersuchung des Gebietes wurde 1951 begonnen, sie ist bis heute noch nicht abgeschlossen. Einige wichtige Funde, so eine Artemis aus dem 3. Jh. v. Chr. und ein bedeutendes byzantinisches Mosaik, werden im Israel-Museum, Jerusalem, aufbewahrt.

Sehenswertes

Hippodrom

Biegt man links von der Straße Tel Aviv – Haifa nach Caesarea ab, so erkennt man bei der Einfahrt in das Gelände der herodianischen Stadt links den überwachsenen, noch nicht ausgegrabenen Hippodrom (Rennbahn), der 230 m lang und 80 m breit war und 20 000 Menschen faßte.

Byzantinische
Geschäftsstraße

Etwa nach 200 m sieht man links Reste einer byzantinischen Geschäftsstraße. Von Norden führt eine Treppe zu einem Vorplatz, dessen Mosaik eine griechische Inschrift zeigt, die besagt, daß Flavius Stategius den Komplex unter dem Statthalter Flavius Entolius errichtet hat. Der durch Säulen gebildete Eingang wurde später zugemauert. Hinter ihm befinden sich zwei Statuen ohne Köpfe (2.–3. Jh.), die eine aus weißem Marmor, die zweite aus Porphyr; zumindest bei dieser handelt es sich nach Ausweis des 'Purpur'-Materials um eine Kaiserstatue, vielleicht für Hadrian.

✵✵Kreuzfahrer-
stadt

Nun kommt man zur Kreuzfahrerstadt, gesichert durch gebößchte, mit vorspringenden Bastionen verstärkte Mauern hinter einem tiefen Graben. Diese von Ludwig IX. von Frankreich 1254 vollendete Befestigung, deren Rechteck mit der westlichen Langseite an die See grenzt, ist in kurzer Zeit nach einheitlichem Plan errichtet worden. Man betritt sie von der Ostseite her und kommt durch einen gewölbten Torbau (mit einem Kreuzrippengewölbe aus dem 13. Jh.) in das Innere. Nach links gehend, sieht man Reste von Häusern, in denen sich Zisternen mit marmorner Brunnenmündung befinden. Nahebei lassen umgelegte, nebeneinandergepackte Säulenschäfte und andere Bruchstücke erkennen, wie die Kreuzfahrer antikes Material als Unterlage für Straßen und Gebäude verwendet haben. Durch eine Spitzbogenpassage gelangt man zur Südostecke, wo man die Mauer besteigen kann, von der aus man die Anlage gut überblickt. Im Inneren des Festungsbereiches steigt das Gelände an. Dort stößt man auf Reste des antiken Kanalsystems und vom herodianischen Augustustempel. In der Nähe befindet sich die Kreuzfahrerkathedrale, deren drei halbrunde Apsiden noch aufrecht stehen. Sie wurde von den Kreuzfahrern als St.-Paulus-Kathedrale an der Stelle einer byzantinischen Klosterkirche errichtet. Aus dieser stammt wahrscheinlich ein berühmter Gegenstand, den König Balduin I. bei der Eroberung der Stadt am 17. 5. 1101 erbeutete; Wilhelm von Tyrus, der Chronist des 1. Kreuzzuges, beschreibt ihn als eine aus einem großen Smaragd geschnittene flachrunde Schüssel und berichtet, sie sei der Heilige Gral (sacro catino), d.h. der Kelch des letzten Abendmahles Jesu. König Balduin galt als Nachkomme Lohengrins und stand daher in der Tradition der Gralsritter, doch mußte er den kostbaren Fund den Genuesen für ihre Flottenhilfe überlassen. So kam der 'sacro catino', der als Bestätigung der Gralssage galt und die Dichtung bis hin zu Wolfram von Eschenbach inspirierte, nach Genua, wo er in San Lorenzo aufbewahrt wird (inzwischen hat man festgestellt, daß es eine römische Glasschüssel ist). Von der Kathedrale seewärts gehend, blickt man hinunter auf die Moschee, die bosnische Siedler hier Ende des 19. Jh.s errichteten, und auf Lagerhäuser vom Alten Hafen. Das heute sichtbare Hafenbecken wurde in

Spitzbogenpassage in der Kreuzfahrerstadt

Caesarea: Römisches Theater ...   ... Skulptur

Caesarea

Kreuzfahrerstadt (Fortsetzung)

der Kreuzfahrerzeit angelegt. Aus der vom Meer abgespülten Hafenmauer sieht man noch Säulenschäfte herausragen – Reste des antiken Caesarea, mit denen die Kreuzfahrer ihre Molen befestigt hatten. Auf der ins Meer hineinragenden Landzunge stand die Kreuzfahrer-Zitadelle. Der völlig zerstörte Donjon erhob sich einstmals über einer Fläche von 19 x 19 m. Auf den Resten der Zitadelle errichtete man ein Restaurant.

Hafen des Herodes

Etwa 200 m westlich des Hafens lag der 21–9 v. Chr. entstandene, heute völlig vom Meer überspülte Hafen des Herodes, der schon wenige Jahre nach seiner Erbauung abzusinken begann. Als archäologischer Unterwasserpark sind die eindrucksvollen Ruinen des antiken Hafens seit ein paar Jahren auch für Touristen 'zugänglich'. Die nötige Tauchausrüstung kann man vor Ort mieten, bei der Orientierung unter Wasser hilft, sofern man sich nicht einem geführten Tauchgang anschließt, ein Museumsführer in Form einer Plastikkarte, auf der die Fundstellen verzeichnet sind.

*Römisches Theater

Südlich dieser Kreuzfahrerstadt, nahe dem herodianischen Südwall, befindet sich das römische Theater. Am Eingang zu diesem Bezirk steht neben anderen im Theatergebiet gefundenen Skulpturenresten die Kopie eines Steins mit der einzigen bekannten Namensinschrift des Procurators Pontius Pilatus (26–36): "Tiberieum (Pon)tius Pilatus (praef)ectus Juda(eae)." Das Theater ist so angelegt, daß man von den Sitzreihen über Orchestra und Bühnenausreste aufs Meer hinausblickt. Nach Entfernung der Bühnenwand wurde an die halbrunde Orchestra ein zweites Halbrund angefügt, so daß die amphitheaterartige, elliptische Form entstand.

*Aquädukt

Ein weiteres Denkmal aus herodianischer Zeit findet man ganz im Norden der antiken Anlage, den teilweise von Dünensand zugewehten Aquädukt, mit dem Wasser von einer Quelle 6 km nördlich der Stadt nach Caesarea geleitet wurde. Es ist eine doppelte Wasserleitung; an der Bruchstelle am südlichen Ende sieht man, daß der rechte Teil zuerst errichtet wurde. Ein weiterer Aquädukt wurde um 100 etwas landeinwärts angelegt.

Aquädukt in Caesarea

Die Synagoge von Chorazin: aufgeführt in schwarzem Basalt

Chorazin H 2

Norddistrikt
Höhe: 270 m ü.d.M.

Die Ruinen von Chorazin (oder Korazim), einer kleinen jüdischen Stadt, die im Neuen Testament erwähnt wird, liegen etwa 4 km nördlich des Sees Genezareth, 2 km östlich der Straße von Tiberias nach Rosh Pinna. Von Tiberias nordwärts in Richtung Rosh Pinna fahrend, biegt man nach 19 km rechts in die asphaltierte Nebenstraße zum Kibbuz Almagor ein. Nach 2 km (Achtung, nicht vorher links zur neuen Siedlung von Chorazin abbiegen!) erstreckt sich rechts der Straße das Ruinenfeld der alten Stadt Chorazin.

Lage und Bedeutung

Die Stadt Chorazin wird im Neuen Testament als eine jener Stätten genannt, deren mangelnde Glaubensbereitschaft Jesus beklagt hat (Matthäus 11,21). Die bis heute erhaltenen Gebäudereste stammen von einer Stadt, die im 2. Jh. n. Chr. auf den Resten einer älteren Siedlung entstand. Die Einwohner dieser Stadt kamen schnell zu einem gewissen Wohlstand und konnten Ende des 2. oder Anfang des 3. Jh.s eine Synagoge errichten. Infolge eines Erdbebens oder aber bei Auseinandersetzungen zwischen Christen und Juden wurde Chorazin zu Beginn des 4. Jh.s zerstört und bis ins 16. Jh. hinein nicht wieder besiedelt. Danach ließen sich hier eine kleine jüdische Gemeinde und später dann Moslems nieder, die das Dorf jedoch Mitte dieses Jahrhunderts aufgaben.

Geschichte

Sehenswertes

Das einstmals sich über 6 ha erstreckende Chorazin war in vier Stadtteile gegliedert. Man baute die Häuser aus dem hier vorkommenden schwarzen

Häuserreste

161

Chorazin, Häuserreste (Fortsetzung)	Basalt, der die Ortschaft noch heute düster erscheinen läßt. Viele der Wohnhäuser sind restauriert; innerhalb der Mauerreste eines Gebäudes nahe der Synagoge sieht man eine Ölpresse.
*Synagoge	Bedeutendstes Bauwerk von Chorazin war und ist die Synagoge, die im 2. oder 3. Jh. ebenfalls aus schwarzem Basalt aufgeführt worden ist. Es handelt sich – wie in → Kapernaum und → Bet Alfa – um eine dreischiffige Anlage. Der Eingang lag im Süden. Teile der Wände des rechteckigen Gebetssaales, der Boden und die Sockel von zehn der ursprünglich vierzehn Säulen, welche die drei Schiffe trennten, sind noch erhalten. Die Synagoge war mit reicher Architekturplastik geschmückt, ähnlich wie die in Kapernaum, jedoch, durch das spröde Material bedingt, in herberen Formen. Man sieht Gebälkstücke mit Ranken, Früchten, Tieren und menschlichen Gesichtern.
	Ein kunstvoll ausgeführter Steinstuhl mit einer judäisch-aramäischen Widmungsinschrift galt als besonders interessanter Fund. Solche Stühle wurden in den alten Synagogen als Ehrensitz für das Gemeindeoberhaupt aufgestellt. Heute befindet sich der Stuhl im Israel-Museum in Jerusalem.

Dan   J 2

	Norddistrikt Höhe: 200 m ü.d.M. Einwohnerzahl: 450
Lage und Bedeutung	Der Kibbuz Dan, 8 km östlich von Qiryat Shemona unweit der israelischen Nordgrenze, wurde 1939 gegründet und nach dem 1 km nördlich gelegenen Tell der antiken Stadt Dan benannt. An dessen Fuß entspringt der Dan, einer der drei Quellflüsse des Jordan.
Geschichte	An der Stelle des Tells stand die kanaanäische Stadt Lais (Lajish), die in ägyptischen Texten des 18. und 15. Jh.s v. Chr. genannt ist. Auf der Suche nach einem Siedlungsgebiet eroberte sie der jüdische Stamm Dan, auf den ihr Name zurückgeht. Die Daniter stellten ein Götzenbild auf, das sie im Efraimgebirge geraubt hatten, und erbauten ihm ein Heiligtum (Buch der Richter 18,27–31). Ein weiteres dem Jahwekult fremdes Heiligtum errichtete Jerobeam I., seit 933 v. Chr. erster König des Nordreiches Israel. Da der Jerusalemer Tempel im Besitz des Reiches Juda war, ließ er zwei Heiligtümer errichten, eines in Betel, das andere in Dan (1. Buch der Könige 12,28–30); in ihnen wurde ein goldenes Kalb angebetet. Außerdem erbaute er in Dan einen Palast. Diese Stadt wurde 200 Jahre später durch Tiglatpilesar III. zerstört.

Sehenswertes

Museum	Bei dem Kibbuz gibt ein Naturkundemuseum Einblick in die Geologie dieser Gegend und die Trockenlegung der → Hule-Ebene.
**Dan-Natur-reservat	Lohnend ist ein Weg durch das Dan-Naturreservat, auf dessen Areal sich die Dan-Quellen und die Reste des Tell Dan befinden. Beim Eingang zum Naturreservat beginnen Rundwege, es empfiehlt sich, den längeren der bezeichneten Wege zu wählen. Er führt den Besucher durch dichte Vegetation, über hölzerne Brücken und an Höhlen vorbei zu den Quellen des Dan, die noch in ihrer Ursprünglichkeit belassen sind, und hinauf zum Siedlungshügel des alten Dan. Auf dem Gebiet des Tell Dan werden seit 1965 archäologische Ausgrabungen durchgeführt. Man stieß u.a. im Süden des Geländes auf die Überreste eines Stadttores aus dem 10. Jh. v. Chr; von hier führt eine Treppe hinauf zu einer 18,7 x 18,2 m großen Plattform, bei der es sich wohl um die Reste eines israelitischen Heiligtumes handelt.

Dor G 3

Distrikt: Haifa
Meereshöhe
Einwohnerzahl: 200

Dor, ein Moshav mit schönem Strand, das 1949 von Einwanderern aus Griechenland auf den Ruinen des arabischen Dorfes Tantura geschaffen wurde, liegt 29 km südlich von Haifa am Mittelmeer.
Um den Ort zu erreichen, biegt man von der Straße Haifa – Tel Aviv nach rechts ab und überquert die Bahnlinie; links führt dann ein Sträßchen zu dem Moshav Dor, auf der rechten Seite sieht man den Kibbuz Nahsholim neben den Resten einer von Baron de Rothschild erbauten Glasfabrik. Unweit nördlich davon liegen die Reste des antiken Dor.

Lage und Bedeutung

Dor war einer der 31 Stadtstaaten, die Josua gegen 1200 v. Chr. eroberte (Josua 12,11). Salomo setzte den Mann seiner Tochter Tafat, nach der eine der vier der Küste vorgelagerten Inseln benannt ist, als Statthalter ein (1. Buch der Könige 4,11). Nach assyrischer Eroberung (8. Jh. v. Chr.) gehörte Tantura zeitweise den phönizischen Königen von Sidon. Vom 4. Jh. n. Chr. an war die Stadt von Christen bewohnt, ehe sie im 7. Jh. von Moslems zerstört wurde. Im 12. Jh. legten die Kreuzfahrer eine nach der Familie de Merel benannte Burg an, die 1291 von den Mamelucken zerstört wurde.

Geschichte

Bei den bisherigen Ausgrabungen nördlich des Kibbuz Nahsholim stieß man auf Reste des alten Hafens, der Burg Merel und einer byzantinischen Kirche des 6. Jh.s. Eine 1000 m^2 große Basilika des 5. Jh.s wurde 1979 ausgegraben; in ihr verehrte man ein Stück des Felsens von Golgatha, das in eine Marmorsäule eingefügt war.

Sehenswertes

Elat / Eilat G 8

Süddistrikt
Höhe: 20 m ü.d.M.
Einwohnerzahl: 21 000

Elat (Eilat) ist die südlichste, am Nordende des Roten Meeres gelegene Stadt Israels. Der erst 1949 gegründete Ort hat sich aus einer Polizeistation rasch zu einer Siedlung entwickelt, die zunächst noch ein wenig vom Pioniergeist geprägt war, in der aber heute der Tourismus die Szenerie beherrscht. Mit seinem trockenen und heißen Klima – jährlich nur etwa acht Regentage, Temperatur im Winter mindestens 10° C, im Sommer über 40° C – zieht Elat Urlauber aus dem In- und Ausland an, die den Ort auf einer Fahrt durch den Negev oder mit dem Flugzeug erreichen können.
Zwischen den Bergen des Sinai im Westen und von Edom im Osten an einem nur 11 km langen Küstenstreifen gelegen, der 1949 an das neugegründete Israel fiel, hat Elat seit 1964 einen Überseehafen, der als Umschlagplatz für Erdöl dient und durch eine Pipeline mit Ashqelon am Mittelmeer verbunden ist.
Altertümer kann man in Elat zwar nicht besichtigen, doch hat auch die Region von Elat und dem benachbarten jordanischen Hafen Aqaba eine weit zurückreichende Geschichte.

Lage und Bedeutung

Als die Israeliten unter Moses Ägypten verlassen hatten, kamen sie nach der Wanderung durch den Sinai "weg von Elat und Ezion-Geber" zum Weideland der Moabiter, in dem die Söhne Lots saßen (5. Buch Mose 2,8–9). Die beiden eng benachbarten Orte Elat (wohl an der Stelle des heutigen Aqaba) und Ezion-Geber (1934 auf dem Tell al-Khalayfa in jordanischem Gebiet ausgegraben) bestanden also bereits in vorisraelitischer

Geschichte

Elat

Zeit, Ezion-Geber, der sogenannte 'Hafen Salomos', ist vermutlich eine Gründung der Edomiter oder der südlich von ihnen, an der jetzt saudiarabischen Küste, ansässigen Midianiter. Er wurde auch von den ägyptischen Kupferschiffen angelaufen, um das in ⟶ Timna gewonnene Metall zu transportieren. Im 10. Jh. v. Chr. baute Salomo in Ezion-Geber Schiffe und bemannte sie mit eigenen und phönizischen Seeleuten, die ihm König Hiram von Tyros zur Verfügung stellte. In Ofir holten sie 420 Zentner Gold (1. Buch der Könige 9,26–28). Zur selben Zeit landete wohl auch die Königin von Saba in diesem Hafen, ehe sie zu einer Unterredung mit Salomo nach Jerusalem zog (1. Buch der Könige 10,1 ff.).

Im 8. Jh. v. Chr. verloren die Israeliten den Hafen, der im 3. Jh. v. Chr. den ägyptischen Ptolemäern, dann den Nabatäern und schließlich den Römern gehörte. Diese nannten ihn Aila. Aus diesem Aila stammte der Baumeister des Katharinenklosters auf dem Berg ⟶ Sinai im 6. nachchristlichen Jahrhundert. Die Kreuzfahrer erbauten 1116 unter König Balduin I. auf der dem heutigen Elat vorgelagerten Insel eine Burg, die 1170 von Saladin eingenommen wurde und nach einer Rückeroberung durch Rainald von Chatillon endgültig zum islamischen Bereich gehörte, zunächst der Mamelucken, dann der Türken.

Nach dem Ersten Weltkrieg kam Elat zum britischen Mandatsgebiet und 1949 an Israel. Noch in dem Jahr entstand eine neue jüdische Siedlung, der Kibbuz Elot, der später 3 km landeinwärts verlegt wurde.

Freihandelszone

Um den Tourismus in Elat weiter zu beleben, wurde die Stadt 1985 zur Freihandelszone erklärt. Durch den Fortfall der Mehrwertsteuer und von Zöllen sind die meisten Waren, Dienstleistungen und auch Übernachtungspreise in den Hotels erheblich (ca. 15%) günstiger als im übrigen Israel.

Stadtbild

Elat ist eine moderne, sich immer weiter die umliegenden Berghänge hinaufziehende Stadt. Die meisten (im Vergleich zum übrigen Israel recht luxuriösen) Hotels findet man am bzw. nahe des Nordstrandes. Hier gibt es auch einige Einkaufspassagen, eine Promenade und einen nunmehr schon

▼ *Elat: Israels moderne Touristenmetropole am Roten Meer*

wieder zu kleinen Yachthafen. 1994 wurde mit dem Bau einer zweiten Lagune begonnen. Im Gegensatz zur bereits bestehenden Lagune soll sie nicht als Yachthafen genutzt werden, sondern von Badestränden für die dahinterliegenden, neu entstehenden Hotelkomplexe gesäumt sein. Das eigentliche Zentrum von Elat mit zahlreichen Geschäften, Restaurants, der Touristeninformation und Stadtverwaltung liegt nordwestlich des Nordstrandes entlang der Ha-Temarim-Straße. Im Süden von Elat beginnen die Anlagen des Alten und Neuen Hafens, sie ziehen sich bis zum Korallenstrand hinunter.

Stadtbild
(Fortsetzung)

Das Stadtbild von Elat beherrscht der direkt im Zentrum liegende Flughafen mit seiner erschreckend kurzen Landepiste (er wird derzeit nur noch von der El Al angeflogen, Charterflugzeuge landen und starten in der Regel auf dem 60 km entfernten Militärflughafen Uvda). Es ist beabsichtigt, einige Kilometer nördlich von Elat einen neuen Flughafen in Betrieb zu nehmen, das Terminalgebäude des alten Flughafens soll dann Teil eines großen Geschäftszentrums mit Boutiquen und Straßencafés sein, auf die Start- und Landebahn werden neue Hotels in den Himmel wachsen.

Meist dicht bevölkert ist der von Hotelbauten gesäumte Nordstrand, der bald durch die Sandstreifen an der neuen Lagune entlastet werden soll. Einige Hotels besitzen entlang dieses Kieselstrandes abgegrenzte Strandabschnitte, die nur den Hotelgästen zur Verfügung stehen. Auch an den öffentlich zugänglichen Küstenteilen werden Sonnenschirme und Liegestühle vermietet. Weitaus schöner ist sicher der 5 km südlich von Elat gelegene feinsandige Südstrand, der sogenannte Korallenstrand. Er gehört zu dem Korallenstrand-Naturreservat (Coral Beach Nature Reserve) und ist nur gegen eine Eintrittsgebühr zugänglich. Dafür kann man hier zwischen faszinierenden Korallenbänken schwimmen, schnorcheln und tauchen. Unter Wasser sind verschiedentlich Markierungen angebracht, die Erläuterungen zu den unterschiedlichsten Korallenarten und Pflanzen geben. Etwa auf halber Strecke zwischen Nord- und Südstrand liegt der Strand des Dolphin Reefs, für den ebenfalls Eintritt erhoben wird.

Strände

Sehenswertes

Dolphin-Reef

Etwa 3 km südlich von Elat erreicht man das Dolphin Reef, einen Privatstrand mit einem Delphinarium, Restaurant und Souvenirladen.

**Unterwasser-Observatorium

Südlich des Hafens liegt am Korallenstrand ein Naturschutzgebiet. Hier hat man ein überaus sehenswertes Unterwasser-Observatorium angelegt. Ein 100 m langer Steg führt zu diesem Bau, durch dessen 20 Fenster man das Leben 6 m unter dem Wasserspiegel beobachten kann. Zu diesem Komplex gehört auch ein vorbildlich eingerichtetes Aquarium, in dem Hunderte von Fischarten des Roten Meeres zu sehen sind sowie ein Haifisch- und ein Schildkrötenbecken.

U-Boot,
Glasbodenboote

Die jüngste Attraktion am Korallenstrand ist eine Fahrt mit dem U-Boot Jacqueline, mit dem man zu einem unberührten Korallenriff abtauchen kann – für den stolzen Preis von rund 100 DM. Man kann die interessante Unterwasserwelt des Roten Meeres auch bei einem Ausflug mit einem 'Glasbodenboot' (Glas-Bottom-Boat) kennenlernen. Die Boote starten im Yachthafen am Nordstrand.

Texas-Ranch

Ursprünglich zu Filmzwecken wurde kurz hinter dem Dolphin Reef die Texas-Ranch angelegt. Heute kann der Besucher hier am 'Wildwest-Leben' (oder was die Betreiber dafür halten) teilhaben. Eine Reitschule ist der Ranch angeschlossen.

Etwa 1 km landeinwärts hinter der Texas-Ranch liegt die Ostrich-Farm. Die auf der Farm lebenden Strauße sind so zahm, daß man sie füttern kann. Neben 'Reit'-Vorführungen werden auch Kameltouren und Jeep-Ausflüge angeboten. Zu dem Komplex gehören auch eine Kletterwand, eine Cafeteria und ein Souvenirshop.

Ostrich-Farm

Besonders im Frühjahr, wenn die Zugvögel in den Gefilden rund um Elat Station machen, ist es lohnend, an geführten Wanderungen entlang spezieller Pfade mit versteckten Beobachtungsposten teilzunehmen (Auskünfte erteilt das International Birdwatching Center, Ha-Tmarim-Blvd).

Vogel-beobachtungen

Umgebung von Elat

Etwa 10 km nordwestlich von Elat liegt die Quelle En Netafim. Man erreicht sie, wenn man von der Straße Elat – Mondtal nach ca. 10 km auf einen bezeichneten, nicht asphaltierten Weg abbiegt, der zu einem Parkplatz führt. Der Abstieg zur Quelle ist stellenweise sehr schmal und steil, d. h. gutes Schuhwerk und etwas Übung im Klettern sollte man mitbringen. Das Wasser der Quelle wird – sofern es nicht durch die Hitze bereits verdunstet ist – in einem Becken gesammelt.

En Netafim

Fährt man an der Abzweigung nach En Netafim vorbei, erreicht man nach weiteren 5 km das sich in 800 m Höhe erstreckende, vegetationslose Mondtal mit seinen Granitbergen.

Mondtal

Die Schlucht der Inschriften, die nach nabatäischen, griechischen und hebräischen Inschriften an den Felswänden benannt ist, erreicht man (mit geländegängigem Fahrzeug), wenn man von der Straße zum Mondtal links abbiegt (22 km westlich von Elat).

Schlucht der Inschriften

Der Streit zwischen Ägypten und Israel um die 8 km südwestlich von Elat gelegene Enklave Taba wurde 1989 beendet. Der etwa 1 km² große Landstreifen samt Luxushotel und Feriendorf gehört nunmehr zu Ägypten. Allerdings soll das recht komfortable Hotel noch 20 Jahre unter israelischer Leitung bleiben. Für eine Fahrt nach Taba und weiter entlang der Sinai-Halbinsel müssen die ägyptischen Einreisevorschriften beachtet werden (→ Praktische Informationen, Reisedokumente).

Taba

Etwa 5 km jenseits der israelisch-ägyptischen Staatsgrenze erscheint links der Straße nahe am Ufer des Golfes von Akaba die von Korallen um einen Granitkern gebildete Korallen- oder Pharaoneninsel. Sie mißt 320 m in der Länge, 150 m in der Breite, besitzt einen kleinen, gut geschützten Hafen (viele Seesterne) an der Südseite und wird von manchen mit der im Alten Testament erwähnten Hafenstadt 'Ezio Geber' gleichgesetzt. Die Insel dürfte seit der 20. altägyptischen Dynastie bewohnt gewesen sein und als Ausfuhrhafen von Kupfer aus den Bergwerken des Aravatals und des Timnatals (beide heute in Israel) Bedeutung gehabt haben. Weithin sichtbar ist noch die Ruine einer Kreuzfahrerburg aus dem 12. Jh. (Abb. S. 168).

Koralleninsel

Die Küstenstraße entlang dem Westufer des Golfes von Akaba führt weiter südwärts über Nuweiba, vorbei an Dahab und über den Sharira-Paß zu der Hafenstadt Sharm el-Sheikh (240 km von Elat). Ca. 15 km (Luftlinie) weiter südlich liegt Ras Muhammad, die Südspitze der Halbinsel Sinai; von hier bietet sich ein großartiger Blick über das Rote Meer mit seinen beiden nördlichen Golfen (Golf von Sues und Golf von Akaba) und die Randgebirge.
Weitere Sehenswürdigkeiten dieser Region (z.B. das Katharinenkloster) sind unter dem Stichwort → Sinai-Halbinsel beschrieben.

Sinai-Halbinsel

Gut 25 km nördlich von Elat biegt links von der in Richtung Totes Meer führenden Hauptstraße ein Sträßchen zum → Timna-Park ab.

Timna-Park

Kreuzfahrerburg auf der Koralleninsel

Umgebung von Elat (Fortsetzung)
Yotvata

Ca. 20 km nördlich der Abzweigung nach Timna erreicht man die Dattelpalmenoase des 1951 als Armeesiedlung gegründeten Kibbuz Yotvata, den die starke Quelle En Yotvata (arab. Ain Radian) bewässert (Erfrischungskiosk); "Jotbata, ein Land mit Wasserbächen," wird bereits im Alten Testament genannt (5. Buch Mose 10,7).
In dem zu dem Kibbuz gehörenden Besuchszentrum vermittelt eine audiovisuelle Show einen Einblick in die Gegebenheiten der Region, zudem beleuchtet eine Ausstellung die Flora und Fauna, Geologie und Geschichte des Wüstengebietes.

*Hai Bar

Vom Yotvata-Besuchszentrum werden täglich (allerdings nur am Vormittag!) Touren zu dem nahegelegenen Tierreservat Hai Bar organisiert. Die 10 000 Morgen große Reservation wurde 1963 geschaffen, um Wüstentieren, die in biblischen Zeiten in dieser Region vorkamen, wieder einen Lebensraum zu geben. Heute leben hier u.a. Antilopen, Wildesel und Strauße, und seit kurzem gehört zu dem Naturreservat auch ein Gebiet, in dem Leoparden, Wölfe, Füchse, Hyänen und andere Raubtiere in ihrer natürlichen Umgebung beobachtet werden können. Im 'Nocturnal's Room' sieht man nachts aktive Wüstentiere.

El-Azariya / Bethanien   H 4

Distrikt Jerusalem
Höhe: 660 m ü.d.M.
Einwohnerzahl: 2200

Lage und Bedeutung

Das arabische Dorf El-Azariya (auch Eizariya), das in den letzten Jahrzehnten von wenigen Häusern auf über 2000 Einwohner angewachsen ist, liegt am Osthang des Ölberges. Es ist das Bethanien des Neuen Testaments.

In Bethanien lebten die Schwestern Maria und Martha, die Jesus aufnahmen (Lukas 10,38), und er erweckte ihren toten Bruder Lazarus wieder zum Leben (Johannes 11,11–45). Als er zum letzten Mal von Jericho nach Jerusalem hinaufzog, wo er die Passion erleiden sollte, kam er sechs Tage vor dem Passahfest wieder in das Haus der drei Geschwister, und Maria salbte ihm die Füße (Johannes 12, 1–4). Am nächsten Tage zog er, auf einem Esel aus Bethphage reitend, über den Ölberg nach Jerusalem.

In dem Dorf El-Azariya, das seinen Namen von dem des Lazarus (arab. el-Azar) herleitet, erinnern einige Stätten an das Geschehen zur Zeit Jesu. Im 4. Jh. wurde über der dem Lazarus zugeschriebenen Grabhöhle eine Kapelle errichtet. Im 12. Jh. restaurierten die Kreuzfahrer die im Laufe der Zeit verfallene Kapelle und bauten ein Kloster zum Gedenken an das Haus von Maria und Martha. Später errichteten die Moslems eine Moschee über dem Grab des Lazarus; erst im 17. Jh. wurde es auch den Christen wieder zugänglich gemacht.

Im 19. und 20. Jh. konnten die Christen die Gedenkstätten erneuern. Im 1858 erworbenen Gelände unmittelbar unterhalb des Grabes errichteten die Franziskaner 1953 – neben Resten aus byzantinischer und Kreuzfahrerzeit – eine neue Lazaruskirche.

Sehenswertes

Die neue Lazaruskirche erhebt sich über dem Grundriß eines griechischen Kreuzes in Form eines überkuppelten Mausoleums. Das Innere ist mit lateinischen Inschriften versehen – Worten, die Jesus in Bethanien gesprochen hat. So steht an der Wand hinter dem Altar "Ego sum resurrectio et vita" (Ich bin die Auferstehung und das Leben), und in der Kuppelrundung wird der Text fortgesetzt: "Wer an mich glaubt, wird leben, selbst wenn er stirbt, und wer lebt und an mich glaubt, wird nimmermehr sterben" (Johannes 11,25).

Lazaruskirche

In nächster Nähe der Kirche befindet sich der Eingang zum Lazarusgrab, in das man auf 24 Stufen hinuntergelangt; es ist in moslemischem Besitz.

Lazarusgrab

Außerdem findet man in El-Azariya eine moderne griechisch-orthodoxe Kirche, kenntlich an ihrer hellblauen Kuppel und dem vierstöckigen Turm mit einer lichten Laterne.

Griech.-orthodoxe Kirche

Emeq Hefer

→ Hefer-Ebene

Emeq Hula

→ Hule-Ebene

Emeq Sharon

→ Sharon-Ebene

Emeq Yizre'el

→ Jezreel-Ebene

En Avdat G 6

Süddistrikt

Lage und Bedeutung

En Avdat, die Quelle bei der Ruinenstadt ⟶ Avdat, bildet eine der überraschendsten Naturerscheinungen im Negev: inmitten einer Landschaft, die bis auf wenige Siedlungen ein kahles Bergland von fast beklemmenden Konturen ist, findet man zwischen Avdat und ⟶ Sede Boqer vier Quellen. Um dieses Gebiet wegen seiner landschaftlichen Eigenart zu erhalten, wurde es zum Nationalpark erklärt.

Das Wasser der Quelle En Avdat fällt in ein Wasserbecken und gelangt in eine tiefe Schlucht, von der der Nahal Zin seinen Ausgang nimmt, der dann durch die Wüste Zin (Midbar Zin) fließt. Nach der Landnahme des Stammes Juda bildete diese die äußerste Südgrenze des Reiches (Josua 15,1). Sie wird im Norden von 500 m, im Süden von fast 800 m hohen Bergen begrenzt und zieht sich hinab bis zur Arava-Senke, die sie südlich des Toten Meeres erreicht.

Geschichte

Von der Wüste Paran kam einst das wandernde Volk der Israeliten unter Führung des Moses in die Wüste Zin, wo es ihnen an Wasser mangelte. In der Bibel wird berichtet, daß Moses auf Gottes Geheiß mit seinem Stab an den Felsen schlug und "ging Wasser heraus, daß die Gemeinde trank und ihr Vieh" (4. Buch Mose 20,1–11). Es wird nicht gesagt, ob es sich bei der Quelle um die von En Avdat handelt, doch zeigt der Bericht, welche Bedeutung einer Quelle in einem Trockengebiet wie dem Negev zukommt.

Anfahrt und Wanderung zur *Quelle

Der Zugang zur Quelle beginnt bei der Negev-Hochschule 3 km südlich von Sede Boqer; von hier aus braucht man gut eine Stunde.

Von der Landstraße auf diese Hochschule zufahrend, biegt man kurz vor den ersten Häusern rechts ab und kommt auf zunehmend schlechterem

Quellteich En Avdat: eine der überraschendsten Naturerscheinungen im Negev

Weg in die Tiefe der Schlucht. Dabei muß man sich immer rechts halten, bis man im Tal auf einen Parkplatz stößt. Von diesem kann man die Quelle nur zu Fuß erreichen. Das Tal wird immer enger, die Felswände reflektieren die Sonne, zwischen Geröll und Buschwerk fließt das Wasser. Zuletzt gelangt man zu dem Teich, in den das Quellwasser über eine Felswand hinabfließt. Morgens und abends kommen die in dieser Gegend lebenden Steinböcke hierher, um zu trinken; doch das Wasser ist ziemlich bitter.
Auf dem Rückweg zum Parkplatz sieht man auf hoher Felswand beherrschend den Bibliotheksbau der Negev-Hochschule und davor die Bäume, die das Grab David Ben Gurions umgeben.

En Avdat, Anfahrt und Wanderung zur Quelle (Fortsetzung)

En Boqeq **H 5**

Süddistrikt
Höhe: 400 m unter d.M.

En Boqeq, Fremdenverkehrs- und Kurbadezentrum am südwestlichen Ufer des → Toten Meeres (siehe auch Abb. S. 387), hat eine warme mineralische Quelle, die seit dem Altertum zu Heilzwecken genutzt wird. Durch die außergewöhnlichen klimatischen Gegebenheiten und die einzigartige Wasserbeschaffenheit des Toten Meeres werden hier vor allem bei der Behandlung von Hautkrankheiten erstaunliche Ergebnisse erzielt.
Die extrem salzhaltigen tieferen Wasserschichten des im Ort gelegenen Sees werden als Speicher für Sonnenwärme und so zur Energiegewinnung genutzt.

Lage und Bedeutung

Hotels und Badeeinrichtungen bestimmen das Bild von En Boqeq. Die Könige von Juda errichteten hier zum Schutz gegen die Moabiter eine Burg (Mezad Boqeq), deren Ruinen nördlich des Ortes stehen.

Ortsbild

Blick auf die Zohar-Schlucht bei En Boqeq

171

Umgebung von En Boqeq

Neve Zohar

Am Toten Meer, 8 km südlich von En Boqeq, liegt Neve Zohar mit mehreren heißen Schwefelquellen, ein Ort, der ebenfalls zu Heil- und Kurzwecken aufgesucht wird. Man findet hier ein Strandrestaurant und eine Tankstelle. Im Bet-Hayozer-Museum kann man sich über Natur und Nutzung des Toten Meeres informieren.

Mezad Zohar

Folgt man der Schlucht des bei Neve Zohar mündenden Zohar-Flusses, so erreicht man nach einem Fußweg von 3 km Mezad Zohar, eine naba-täische, dann von den Byzantinern benutzte Burg auf spitzem Felskegel inmitten einer großartigen Gebirgslandschaft. Einen schönen Blick auf diese Burg hat man auch, wenn man von Neve Zohar auf der Straße in Richtung ⟶ Arad bis zum zweiten, oberen Aussichtspunkt (rechts) fährt. Der untere Aussichtspunkt bietet eine herrliche Sicht auf das Tote Meer und die jordanischen Berge.

Massada

Fährt man von En Boqeq, das Tote Meer zur Rechten, nach Norden, erreicht man nach 12 km die Festung ⟶ Massada.

En Gedi   H 5

Süddistrikt
Höhe: 400 m unter d.M.
Einwohnerzahl: 600

Lage und Bedeutung

Der Kibbuz En Gedi und seine Umgebung haben, dank der schon im Alten Testament bekannten 'Ziegenquelle' (En Gedi), nach der die Siedlung benannt ist, eine reiche Vegetation. Der große Naturpark mit seinen histori-schen Zeugnissen, seinen Pflanzen und Tieren bildet neben Massada die Hauptsehenswürdigkeit am Westufer des Toten Meeres.

Geschichte

Die Besiedlung des Platzes läßt sich zurückverfolgen bis in das Chalkoli-thikum, d.h. den Übergang von der Stein- zur Metallzeit im 4. Jt. v. Chr. Aus dieser Zeit wurde oberhalb der Shulamitquelle ein Tempel festgestellt. In der Zeit eines ägyptischen Eroberungszuges durch Palästina haben die Bewohner in einer Höhle am Nahal Mishmar (12 km südlich von En Gedi) wertvolle Gegenstände in Sicherheit gebracht: Bei Ausgrabungen hat man u.a. 240 Köpfe von Amtsstäben und fünf Elfenbeinschnitzereien gefunden, die wohl aus dem chalkolithischen Tempel stammten.
Nach der Landnahme der Israeliten wird En Gedi als Stadt im Gebiet des Stammes Juda genannt (Josua 15,62). Als David vor dem Zorn des altern-den Königs Saul floh, suchte er Zuflucht 'in den Bergfesten bei En Gedi'. Saul zog mit 3000 Mann aus, um ihn und seine Gefolgschaft zu fangen, und es kam zu einem dramatischen Vorgang: Saul legte sich in einer Höhle zum Schlaf nieder – 'David aber und seine Männer saßen hinten in der Höhle', doch vergriff sich David gegen den Rat seiner Gefolgsleute nicht an dem Gesalbten des Herrn, sondern schnitt lediglich einen Zipfel seines Gewandes ab. Als Saul die Höhle verlassen hatte, trat David aus ihr hervor und zeigte den Zipfel als Beweis dafür, daß er ihm nicht feindselig ge-sonnen sei. Saul sagte zu ihm: "Du bist gerechter als ich, du hast mir Gutes erwiesen; ich aber habe dir Böses erwiesen". Und er erkannte David als seinen Nachfolger an: "Ich weiß, daß du König werden wirst und das Königtum über Israel durch deine Hand Bestand haben wird" (1. Buch Samuel 24,2–23). An dieses Ereignis erinnert der Flußname Nahal David.
Als ein Ort großer Schönheit ging En Gedi in jene Liebesdichtung ein, die wir als das Hohelied von Davids Sohn Salomo kennen. Da singt das Mäd-

Im Naturpark En Gedi ▶

chen: "Mein Freund ist mir eine Traube von Zyperblumen in den Weingärten von En Gedi" (Hohelied Salomos 1,14).

Auf dem Tell Goren nördlich des Kibbuz wurden bei Ausgrabungen seit 1961 fünf Siedlungsschichten nachgewiesen, die vom 7. Jh. v. bis ins 5. Jh. n. Chr. anzusetzen sind, also etwa 1200 Jahre umfassen.

Die erste Siedlung wurde 582 v. Chr., vier Jahre nach dem Fall Jerusalems, von Nebukadnezar zerstört. Nach der Rückkehr aus der Babylonischen Gefangenschaft wurde sie wieder aufgebaut, und diese zweite Stadt erlebte ihre Blüte im 5.–4. Jh. v. Chr. Darüber entstand dann die hellenistische dritte Stadt der Hasmonäer (2.–1. Jh. v. Chr.), die beim Parthereinfall während der Auseinandersetzungen zwischen den Hasmonäern und Herodes unterging. Herodes baute und befestigte die vierte Siedlung, die 68 dem Jüdischen Krieg zum Opfer fiel. Die fünfte und letzte Siedlung lag etwas nordöstlich des Tells, die Reste einer Synagoge geben ihren Standort an: sie wurde aus unbekannter Ursache im 5. Jh. aufgegeben.

Beim Bar-Kochba-Aufstand, der 135 durch Kaiser Hadrian niedergeschlagen worden ist, spielten die zahlreichen Höhlen im Gebiet von En Gedi eine wichtige Rolle, wie durch Yigael Yadins Ausgrabungen deutlich geworden ist. Im Tal des Nahal Hever, 5 km südlich von En Gedi, barg man Funde, die von Not und Untergang der hierher geflohenen jüdischen Aufständischen zeugen: so in der 150 m tiefen 'Briefhöhle' 15 Briefe von Bar Kochba, ein Psalmenfragment, Metallgefäße, Schlüssel verlassener Häuser, die Schädel von Toten, Kleidungsstücke und Sandalen. Die gegenüberliegende 'Schreckenshöhle' hat ihren Namen nach den Überresten der hier umgekommenen Flüchtlinge.

Seit dem 5. Jh. war En Gedi unbesiedelt, bis 1949 – nur 4 km südlich der israelisch-jordanischen Grenze – ein israelisches Militärlager angelegt wurde, aus dem sich 1953 eine landwirtschaftliche Siedlung entwickelte.

Sehenswertes

Tell Goren

Unmittelbar nördlich vom Kibbuz En Gedi erstreckt sich in West-Ost-Richtung das Tal des Nahal Arugot. Nördlich davon liegen nahe dem Meeresufer große neuere Palmenpflanzungen und etwas landeinwärts der Tell Goren. Nordöstlich vom diesem findet man am Rand der Palmenpflanzungen die Synagoge aus der Zeit der fünften Stadt von En Gedi; das Bodenmosaik zeigt mehrere Vogelpaare im Mittelkreis und in den Ecken, ferner den Davidstern und eine Inschrift, von der 18 Zeilen erhalten sind.

✶✶Naturpark

Die größte Sehenswürdigkeit jedoch ist der Naturpark, in dem Wasserneben Wüstenpflanzen wachsen, ferner Steinböcke, Hyänen, Leoparden und Vögel der verschiedensten Arten leben. Der Eingang zum Park liegt an dem Weg, der nördlich der Palmenpflanzung von der Uferstraße abzweigt (Verkauf von Lageplänen; Parkplatz). Von hier aus geht man auf beschildertem Weg entlang dem Nahal David aufwärts in ein Gebiet von immer üppigerer Vegetation, ein starker Gegensatz zu den Wüstengebieten dieser Region, und erreicht einen Teich, in den der Bach über senkrechte Felsen hinabfällt. Von dem Wasserfall aus auf teilweise beschwerlichem Weg weiter steigend und sich südwärts haltend, kommt man zur En-Gedi-Quelle, in deren Nähe Reste einer alten Wassermühle gefunden worden sind. Geht man von hier aus nach Nordwesten, stößt man auf die Reste vom chalkolithischen Tempel (4. Jt. v. Chr.), der dem Mond- und dem Quellkult gedient hat. In der Mitte des Gebäudes liegt noch der runde Mondstein; die beiden Tore des Kultbezirkes deuten auf die En-Gedi-Quelle auf der einen und die nördlich gelegene Shulamit-Quelle auf der anderen Seite. Von der Shulamit-Quelle weiter nordwärts gelangt man zur Dodim-Höhle oberhalb des genannten Wasserfalls. Vom chalkolithischen Tempel aus kann man ferner zum 'Trockenen Cañon' (Nordwesten) gehen oder zu einem viereckigen römischen Kastell und einer runden israelitischen Befestigung (Westen). Man muß mit folgenden Wanderzeiten rechnen: 1. vom Eingang bis zum Wasserfall und zurück: 1 1/4 Std.; 2. zur En-Gedi-Quelle, dem chalkoli-

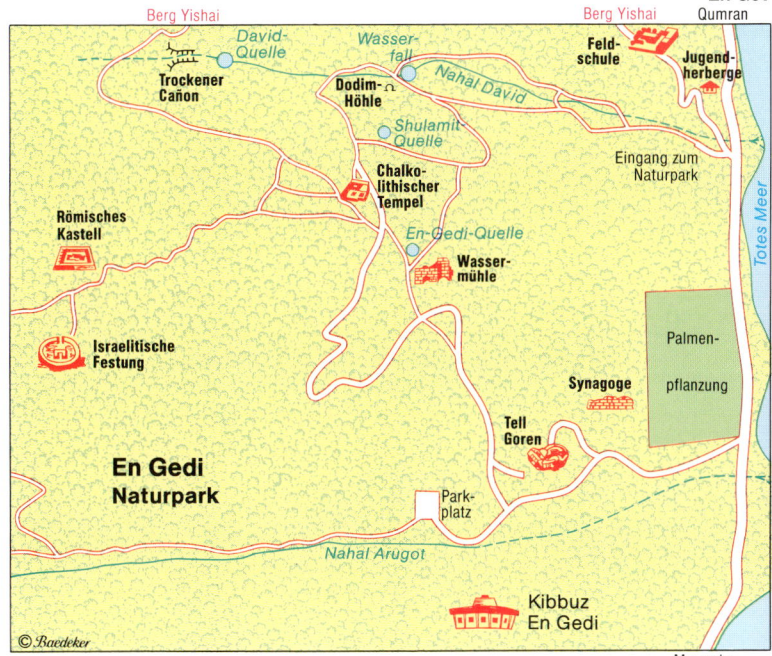

Berg Yishai

David-Quelle

Wasserfall

Feldschule

Jugendherberge

Trockener Cañon

Dodim-Höhle

Nahal David

Shulamit-Quelle

Eingang zum Naturpark

Chalkolithischer Tempel

Römisches Kastell

En-Gedi-Quelle

Wassermühle

Totes Meer

Israelitische Festung

Palmen-

pflanzung

Synagoge

Tell Goren

En Gedi

Naturpark

Parkplatz

Nahal Arugot

© Baedeker

Kibbuz En Gedi

Massada

thischen Tempel und der Dodim-Höhle: 4 Std.; 3. über den Tempel hinaus bis zum 'trockenen Cañon': 5 Std. – Genaue Auskünfte erhält der Besucher von den Aufsehern der Reservation und in der nördlich des Eingangs gelegenen Feldschule, die sich dem Studium von Flora und Fauna der judäischen Wüste und der Region des Toten Meeres widmet. Für größere Touren sollte man sich einen ortskundigen Führer nehmen, denn die angrenzende Wüste ist heiß, trocken und nicht ungefährlich.

En Gedi, Naturpark (Fortsetzung)

En Gev   J 3

Norddistrikt
Höhe: 200 m unter d.M.
Einwohnerzahl: 300

Der Kibbuz En Gev, 1937 am Ostufer des Sees Genezareth gegründet, liegt am Fuß des Stadthügels von Susita.
Von Tiberias aus erreicht man den Kibbuz auf dem Landweg (28 km) oder mit dem Boot (9 km). Bis 1967 bestand nur ein Zugang über den See. Eine 1941 geschaffene Straßenverbindung wurde 1948 unterbrochen, als die Syrer bis zum Seeufer vorstießen.

Lage und Bedeutung

Umgebung von En Gev

Etwa 2 km östlich von En Gev liegt auf steiler Höhe, 350 m über dem See Genezareth, das Ruinengelände der Stadt Susita, deren Name vom hebrä-

Susita

175

ischen 'sus' (Pferd) abgeleitet ist und in hellenistischer Zeit in 'Hippos' umgewandelt wurde. Die Stadt gehörte im 1. Jh. zur Dekapolis, kam dann zum Reich des Herodes und war in byzantinischer Zeit eine christliche Bischofsstadt, ehe sie im 7. Jh. von Persern oder Arabern zerstört wurde. Auf dem Gipfel findet man Ruinen aus jüdischer, römischer und byzantinischer Zeit.

Kursi

Ca. 5 km nördlich von En Gev, an der Abzweigung nach Afiq, stieß man 1970 auf die Reste einer zu einem Klosterkomplex gehörenden byzantinischen Kirche. Sie wurde inzwischen recht gut restauriert. Seine Blütezeit erlebte das Kloster Ende des 5. bis Mitte des 6. Jh.s; aus unbekannten Gründen wurde es Ende des 7. Jh.s aufgegeben.

En Karem

→ Jerusalem

En Sheva

→ Tabgha

Galiläa / Galil   G / H 2 / 3

Norddistrikt
Höhe: bis 1208 m ü.d.M.

Lage und
Allgemeines

Galiläa, hebräisch Galil, ist die nördlichste Landschaft Israels. Begrenzt von der Mittelmeerküste, der libanesischen Grenze, dem Jordantal und der Jezreel-Ebene, umfaßt es einen westlichen Küstenstreifen und die Berge von Ober- und Untergaliläa um Safed bzw. Nazareth. Es ist die niederschlagsreichste Region des Landes, was der Landwirtschaft zugute kommt.
Der Nordteil der Landschaft, Obergaliläa, erreicht im Hare Meron 1208 m ü.d.M., der südliche Teil, Untergaliläa, hat geringere Höhe (Berg Tabor: 562 m ü.d.M.). Die Grenze zwischen Ober- und Untergaliläa bildet die Ebene von Bet Kerem.

Geschichte

Bei der israelitischen Landnahme ließen sich die Stämme Naphtali, Sebulon und Asser in Galiläa nieder (Josua 19), später auch der Stamm Dan (Buch der Richter 18,27). Im 8. Jh. v. Chr. besetzten die Assyrer das Land, später kamen Babylonier, Perser und Griechen. Nach der Eroberung durch die Hasmonäer 163 v. Chr. lebten in der Küstenebene Nichtjuden, Juden dagegen im Bergland. Als die Römer Galiläa eingenommen hatten, wurde es zusammen mit Judaea von dem Hasmonäer Hyrkanos II. und dann von Herodes d. Gr. beherrscht; anschließend, zu Lebzeiten Jesu, gehörte es zur Tetrarchie des Herodes Antipas, der Tiberias zu seiner Hauptstadt machte, anschließend bis 44 zum Herrschaftsbereich des Herodes Agrippa. Im Jahre 66 war Galiläa ein Zentrum des jüdischen Aufstandes gegen die Römer; nach dem Bar-Kochba-Aufstand (135) wurde es an Stelle von Judaea zum Mittelpunkt des Judentums, insbesondere die Städte Bet Shearim, Sepphoris (Zippori) und Tiberias. Im 16. Jh. entwickelte sich Safed zum Zentrum der religiösen Erneuerung.
Seit dem 7. Jh. war Galiläa zunehmend arabisch besiedelt. Erste jüdische Siedlungen neuerer Zeit entstanden in Rosh Pinna (1878) und Metulla, dem nördlichsten Dorf Israels (1886). Im Jahre 1948 kam Galiläa zum neugegründeten Staat Israel.

Gaza / Azza   F 5

Gaza-Streifen
Höhe: 30 m ü.d.M.
Einwohnerzahl: 175 000 (Gaza-Streifen: 633 000)

Die ca. 80 km südlich von Tel Aviv, nahe der Mittelmeerküste gelegene arabische Stadt Gaza ist das Handels- und Gewerbezentrum des rund 40 km
langen und bis zu 10 km breiten Gaza-Streifens. Diese Region war seit
dem Sechstagekrieg von Israel besetzt. Erst das im Mai 1994 von Israels
damaligem Ministerpräsidenten Rabin und PLO-Chef Arafat unterzeich-
nete Gaza-Jericho-Abkommen erklärte den Gaza-Streifen zu einem autonomen palästinensischen Gebiet. Die Stadt Gaza ist zur Zeit Sitz des palästinensischen Rates sowie des Präsidenten Yassir Arafat.
Auch nach dem Inkrafttreten des Teilautonomieabkommens und dem
Abzug des israelischen Militärs ist die Situation im Gaza-Streifen ange-
spannt. Der Widerstand islamischer Fundamentalisten gegen die Aussöhnung mit Israel hat in der wirtschaftlich ausgebluteten Region eine starke
Basis. Immer wieder kommt es zu Terroranschlägen der Hamas auf Israelis. Von einem Aufenthalt in dieser Region ist deshalb abzuraten. Wer dennoch in den Gaza-Streifen fahren möchte, erkundige sich in jedem Fall bei
der Palästinensischen Vertretung in Bonn, Tel. (0228) 21 20 35, oder beim
Auswärtigen Amt, Tel. (0228) 170, über die aktuelle politische Lage.

Lage und Bedeutung

Die arabische Bevölkerung des südlichen Palästina flüchtete im Palästinakrieg 1948/1949 in das von ägyptischen Truppen besetzte Gebiet um
die Stadt Gaza. Nach dem Waffenstillstand im Februar 1949 fiel diese
Region an Ägypten. Im Suezkrieg (1956/1957) versuchte sich Israel erneut
des Gaza-Streifens zu bemächtigen, gab das Gebiet jedoch 1957 an
Ägypten zurück. Im Juni 1967 (Sechstagekrieg) drang Israel wiederum in
den Gaza-Streifen ein und stellte das Gebiet nunmehr unter Militärverwaltung. Im Rahmen der ägyptisch-israelischen Friedensvereinbarungen von
1979 wurde erwogen, dem Gaza-Streifen Autonomie zu gewähren – ein
Vorschlag, der jedoch nicht auf die Zustimmung der kommunalen Behörden stieß; 1982 scheiterten erneute Verhandlungen. Im Mai 1994 trat das
Teilautonomieabkommen für den Gaza-Streifen und Jericho in Kraft.

Geschichte

Daß Gaza auf eine viertausendjährige Geschichte zurückblickt, belegt der
7 km südwestlich der Stadt gelegene Tell al-Ajjul; hier entdeckte man bei
1929–1931 vorgenommenen Ausgrabungen Befestigungsanlagen und
Gräber, die um 1750 v. Chr. angelegt wurden.
In der geschäftigen lauten Stadt selbst ist die Große Moschee sehenswert,
die auf eine Kreuzfahrerkirche des 13. Jh.s zurückgeht. In Hafennähe stieß
man auf Reste einer Synagoge aus dem 5. Jh.; das Bodenmosaik im
Mittelschiff zeigt König David als Orpheus, umgeben von wilden Tieren.

Sehenswertes

Genezareth, See

→ See Genezareth

Golan / Golan-Höhen   J 2/3

Das 1981 von Israel annektierte Gebiet der Golan-Höhen östlich von Jordan und See Genezareth umfaßt in nordsüdlicher Richtung, zwischen den
Ausläufern des Hermon und dem Yarmuk-Fluß, 50 km und erstreckt sich
vom Jordan etwa 20 km nach Osten. Im Avital-Berg (Har Avital) westlich
von Quneitra erreicht das Hochplateau 1204 m.

Lage und Allgemeines

Am Rand der Golan-Höhen bei Kefar Szold: Ausstellung landwirtschaftlicher Geräte

Lage und
Allgemeines
(Fortsetzung)

Der Golan wird vorwiegend aus vulkanischem Basalt aufgebaut und ist von vielen Wadis durchzogen. Heute leben in diesem Gebiet neben den Juden noch einige Araber und etwa 10 000 drusische Bauern. Seit dort Israelis ansässig sind, ist viel für die Verbesserung der Infrastruktur, etwa Einrichtung von Schulen oder Verbesserung der medizinischen Versorgung, getan worden.

Geschichte

Im Altertum bestanden im Gebiet der Golan-Höhen jüdische Siedlungen. Im 1. Jh. n. Chr. gehörte der Golan zum Gebiet von Herodes' Sohn Philippus, der Caesarea Philippi (⟶ Banyas) gründete. Im Süden des Golan, am Yarmuk, hatte Gadara (⟶ Hamat Gader) Bedeutung als Zentrum griechischer Kultur und Badeort.
Ab 1948 verlief die israelisch-syrische Grenze am Jordan. Nach der israelischen Besetzung der Golan-Höhen (1967) entstanden dort mehrere jüdische Siedlungen; in einer Pufferzone sind UN-Truppen stationiert. Ende 1981 annektierte Israel den Golan.

Sehenswertes

Bei organisierten Bus- oder Taxi-Touren in das Golan-Gebiet werden meist eroberte syrische Befestigungsanlagen besichtigt. Zudem erinnern von Stacheldraht umgebene Siedlungen, Panzer am Straßenrand und zu primitiven Denkmälern zusammengeschweißter Kriegsschrott an die Kämpfe, die hier 1967 und 1973 tobten.

Banyas

Ein vielbesuchtes Ausflugsziel im Norden der Golan-Höhen ist heute das Naturschutzgebiet ⟶ Banyas.

Neve Ativ

Der im nördlichen Golan-Gebiet, in den Ausläufern des Berges Hermon gelegene Moschav Neve Ativ ist Israels 'Wintersportort' (Skilifte).

Das 8 km südöstlich der Brücke Benot Ya'akov im Zentrum des Golan-Gebietes gelegene Katzrin (oder Qazrin) ist mit seinen 2000 Einwohnern das Verwaltungszentrum der israelischen Siedlungen auf dem Golan. Sehenswert sind hier ein archäologisches Museum sowie die unweit der heutigen Siedlung gefundenen Reste einer im 4. Jh. n. Chr. errichteten Synagoge.

Golan
(Fortsetzung)
Katzrin / Qazrin

Die alte Stadt Gamla, die 68 n. Chr. von den Römern zerstört worden war, lokalisierte man 1970 ca. 10 km südöstlich von Katzrin. Freigelegt wurden Teile von Wohnhäusern und einer Synagoge sowie Wasserleitungen.

Gamla

Weitere wichtige archäologische Funde im Gebiet der Golan-Höhen machte man in der Umgebung von ⟶ En Gev sowie bei ⟶ Hamat Gader.

Weitere Ausgrabungsstätten

Hadera   G 3

Distrikt Haifa
Höhe: 20 m ü.d.M.
Einwohnerzahl: 37 000

Hadera, eine aufstrebende Stadt, liegt auf halber Strecke zwischen Haifa und Tel Aviv in der Sharon-Ebene. Ihr Name leitet sich von dem arabischen Wort für 'grün' her. Sehenswert u.a. Gräber aus der Zeit des 2. Tempels und ein römisches Mausoleum.

Lage und Bedeutung

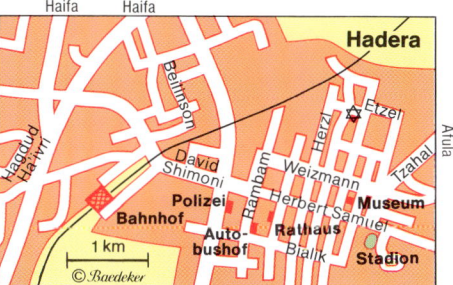

Ausgangspunkt für die Gründung des Ortes ist eine Karawanserei, die 1890 mit dem umgebenden Land gekauft worden war. Der Bau beherbergt heute das Gemeindezentrum mit dem Historischen Museum und einer Synagoge.

Geschichte

Im Jahre 1891 entstand eine landwirtschaftliche Siedlung, die den alten arabischen Ortsnamen 'Hudaira' (grün) übernahm. Die ersten Siedler hatten im malariaverseuchten Gelände mit großen Schwierigkeiten zu kämpfen. Bessere Lebensbedingungen entstanden erst, nachdem die Sümpfe mit der Hilfe des Baron de Rothschild trockengelegt worden waren. Als der Ort 20 Jahre alt war (1911), hatte er 500 Einwohner, darunter auch Einwanderer aus Rußland und dem Yemen.

Die Engländer schlossen 1920 Hadera an die neue Bahnlinie Tulkarm – Haifa an; die Verbindungslinie mit Tel Aviv wurde nach 1948 gebaut. Damals setzte auch eine starke Entwicklung des Gebietes ein. Mehrere Orte der Umgebung wurden eingemeindet, Werke der Papier- und Gummiindustrie entstanden.

Umgebung von Hadera

Etwa 10 km nordwestlich liegt die antike Stadt ⟶ Caesarea.

Caesarea

Fährt man von Hadera nach Norden, so kommt man nach 9 km zu dem Dorf Binyamina, benannt nach dem hebräischen Vornamen von Baron

Binyamina,
Zikhron Ya'akov

Umgebung von
Hadera, Zikhron
Ya'akov (Forts.)

Edmond de Rothschild, dessen monumentale Grabanlage Ramat Hanadiv man nach weiteren 5 km kurz vor dem Weinort → Zikhron Ya'akov erreicht.

HaEmeq

→ Jezreel-Ebene

Haifa / Hefa G 3

Distrikt: Haifa
Höhe: 0–300 m ü.d.M.
Einwohnerzahl: 227 000

Lage und
Bedeutung

Haifa (Hefa), der Haupthafen Israels, liegt am Nordhang des hier ins Meer vorspringenden → Karmelgebirges, an dem es in der geschützten Westecke der Bucht von Haifa allmählich ansteigt.
Die Stadt ist ein bedeutender Umschlagplatz für die Ausfuhr der Landesprodukte, Industriestandort sowie Sitz einer Technischen Hochschule und einer Universität. Stätten wie der Bahai-Schrein und die 'Schule des Propheten' weisen auf die Bedeutung des Ortes für Gläubige der verschiedenen Religionen hin.

Geschichte

In der Bibel ist Haifa nicht erwähnt. An seiner Stelle gab es zunächst zwei Siedlungen: Salmona lag im Osten beim Kishonfluß am Tell Abu Hauwam, der in neuerer Zeit eingeebnet wurde und Industrieanlagen Platz machte. Im Westen lag Shiqmona, dessen Reste südlich des Ozeanographischen

Blick auf Haifa

Institutes freigelegt worden sind; die Siedlung geht auf die Zeit Salomons (10. Jh. v. Chr.) zurück (Funde im Museum für alte Kunst von Haifa). Zwischen diesen Orten lag das im Talmud erwähnte Haifa, dessen Name in byzantinischer Zeit auf die gesamte Ansiedlung überging. Obwohl im 7. Jh. zerstört, war Haifa im 11. Jh. bekannt durch seinen Schiffbau und seine Talmudschule. Den Kreuzfahrern konnte es 1099 ein halbes Jahr widerstehen, wurde dann aber zerstört. 1187 nahm Sultan Saladin es den Kreuzfahrern ab, 1191 konnte Richard Löwenherz es zurückerobern. Sultan Baibars vertrieb 1265 endgültig die Kreuzritter. Die Klöster der Karmeliter, Angehörigen eines Ordens, der 1150 hier vom Mönch Berthold gegründet worden war, verfielen nach dem Fall von Akko 1291 der Zerstörung, die Mönche gingen nach Europa.

Geschichte (Fortsetzung)

Unter Mamelucken und (seit 1517) Osmanen war Haifa nur ein unbedeutendes Fischerdorf. Im Jahre 1740 eroberte Dahir el-Umar, der Herr von Galiläa, den Platz und erbaute eine neue Siedlung, die heutige 'Altstadt' zwischen dem Pariser Platz (Kikar Paris) und dem Postgebäude. Den Hafen baute er für Getreidetransporte nach Ägypten aus. Unter Ahmed Jezzar Pascha, der 1775 Dahir ablöste, konnten die Karmeliter sich wieder bei der Eliasgrotte niederlassen. Ihr Kloster diente 1799 beim Vorstoß Napoleons gegen Akko als Lazarett. Die Verwundeten wurden nach Napoleons Abzug von Ahmed Jezzar umgebracht. Bei Ausbruch des griechischen Unabhängigkeitskrieges baute Jezzars Nachfolger Abdallah Pascha 105 m oberhalb des Meeres bei der Eliasgrotte einen Leuchtturm (Stella maris). Er verfolgte die Griechisch-Orthodoxen, gestattete aber den französischen Karmelitern 1828, ihr Kloster beim Leuchtturm wieder aufzubauen.
Die Bedeutung Haifas wuchs, als Dampfschiffe aufkamen, für die der Hafen des benachbarten Akko zu klein war. Zur jüdischen Bevölkerung kamen 1868 deutsche Siedler, die Templer aus Württemberg; ihre Häuser sind zu beiden Seiten der Ben-Gurion-Straße erhalten, ihr Friedhof nordwestlich davon an der Jaffastraße. Als die Templer sich auf den Karmel ausdehnen wollten, kam es zu Konflikten mit den französischen Karmelitern, die den Berg durch eine Mauer abgrenzten (daher der Name 'Französischer Karmel' für den Westteil).
Für den Besuch Kaiser Wilhelms II. wurde 1898 eine Landebrücke gebaut, und damit begann der Ausbau des Hafens. Der Kaiser regte an, Haifa an die Hedschasbahn anzuschließen, wodurch das Hinterland der Stadt erschlossen wurde. Der Aufschwung führte zu einer Ausdehnung der Altstadt nach Nordwesten, in Richtung auf die Deutsche Kolonie.
Bereits im Jahre 1881 war die erste jüdische Schule eröffnet worden; auch Christen aus dem Libanon und Araber wanderten zu, und die vom Islam abgespaltenen Sekten der Bahai und der Ahmediya, die eine aus Persien, die andere aus Indien kommend, wählten Haifa zu ihrem zentralen Sitz.

Mit dem Beginn des 20. Jh.s wirkten sich jüdische Initiativen bestimmend aus: 1902 hatte Theodor Herzl Haifa in seinem Buch "Altneuland" als 'Stadt der Zukunft' bezeichnet; 1903 entstand der Vorort Herzliya, 1906 gründeten drei russische Zionisten die Seifenfabrik Atid (Zukunft). Im Jahre 1912 wurde das Technion ins Leben gerufen, dessen Gebäude die Türken 1914 als Lazarett verwendeten. Als es 1925 eröffnet werden konnte, führte man Hebräisch als Unterrichtssprache ein (die deutschen zionistischen Gründer hatten sich für Deutsch eingesetzt, was einen erbitterten Sprachenstreit auslöste). Das Technion entwickelte sich in der Folgezeit so stark, daß 1953 das erweiterte Technion-Gelände (Qiryat Hatechnion) erschlossen werden mußte.
Am 23.9.1918 nahmen die Briten die Stadt ein und verbanden sie durch eine Bahnlinie über Gaza mit Ägypten. 1920 fand in Haifa die Gründung des Arbeiterverbandes Histadrut statt. Neue Vororte wurden angelegt: 1920 Hadar Hakarmel (Ruhm des Karmel), 1921 Ahusat Samuel, 1922 Bat Galim (Meerjungfrau), Geula (Errettung) und Neve Sha'an (Heim der Ruhe). Neue Industrieanlagen entstanden. Diese Entwicklung ging trotz Ausein-

andersetzung zwischen jüdischer und arabischer Bevölkerung weiter. Der moderne Tiefhafen wurde 1933 fertiggestellt; 1934 erfolgte der Ausbau zum Ölhafen am Ende der irakischen Pipeline.

Im Jahre 1936 veranlaßten erneute Unruhen die jüdische Bevölkerung, den Osten der Unterstadt aufzugeben und sich auf Hadar Hakarmel zu konzentrieren. Haifa war damit praktisch geteilt. Im Zweiten Weltkrieg wurden die Deutschen Templer evakuiert, nach dem Krieg kam es zu Konflikten zwischen der jüdischen Untergrundorganisation Haganah, dem britischen Marinestützpunkt und den Arabern. Aus ihnen ging die Haganah siegreich hervor.

Nach der Ausrufung des Staates Israel 1948 gewann Haifa große Bedeutung als Hafen für die Einwanderer aus Europa. Der wirtschaftliche Aufschwung prägte das Gesicht der Stadt, auch der Fremdenverkehr wurde planmäßig auf- und ausgebaut.

✲ Stadtbild

Bedingt durch die Hanglage am Karmelgebirge gliedert sich das Stadtgebiet in drei übereinandergestaffelte Zonen. Die Altstadt mit Hafen und Küstenstreifen bildet die Unterstadt, die mittlere Zone nimmt das 60 bis 120 m hoch gelegene Viertel Hadar HaCarmel mit dem Hauptgeschäftszentrum der Stadt ein; die Oberstadt, Central Carmel schließlich liegt 250–300 m hoch. Hier befinden sich die schönsten Wohnhäuser der Stadt, einige exklusive Hotels und Restaurants.

Verbunden sind diese Zonen seit 1959 durch die Carmelit-Untergrundbahn, die mit einer Steigung von 12% von der Talstation am Pariser Platz (Kikar Paris) über vier Stationen im Stadtteil Hadar zum Gan Ha'em (280 m ü.d.M.) nahe der Panoramastraße Yefe Nof führt.

Besuchsordnung

Bahai-Schrein und Bahai-Gärten
(Persische Gärten)
Hazionut-Straße
Öffnungszeiten der Gärten: tgl. 9.00–18.00, im Winter bis 17.00 Uhr; Mausoleum des Bab: So.–Do. 9.00–12.00 Uhr (das Mausoleum darf nicht in Schuhen betreten werden; Fotografieren ist verboten)

Cable Car
Kabinenbahn zum Karmeliterkloster
Betriebszeiten: Sa.–Do. 10.00–20.00; Fr. 9.00–14.00 Uhr

Dagon-Silo und Museum
am Hafen
Führungen: So.–Fr. 10.30 Uhr (oder nach Absprache: Tel. 66 42 21)

Eisenbahnmuseum
beim Bahnhof Haifa-Ost
Öffnungszeiten: So., Di., Do. 10.00–13.00 Uhr
Alte Dampflokomotiven, luxuriös ausgestattete Waggons und Speisewagen.

Elias-Höhle
am südlichen Ortseingang von Haifa, nahe des Karmeliterklosters
Öffnungszeiten: So.–Do. 8.00–16.00; Fr. 8.00–12.00 Uhr

Ethnographisches Museum
siehe Haifa-Museum

Gan Ha'em (Park)
am Hanassi-Boulevard (Central Carmel)

Haifa-Museum
Shabtai-Levi-Straße 26
Öffnungszeiten: Mo.–Do. 17.00–21.00; Sa. 10.00–13.00 und 17.00 bis
21.00; So. 10.00–13.00 Uhr

Besuchsordnung
(Fortsetzung)

Karmeliterkloster
neben dem Leuchtturm
Kirche und Museum: Mo–Sa. 8.00–13.30 und 15.30–17.30 Uhr

Haifa

Besuchsordnung
(Fortsetzung)

Künstlerhaus Chagall
Hazionut-Straße 24
Öffnungszeiten: So.–Do. 10.00–14.00 und 16.00–18.00; Sa. 10.00 bis
13.00 Uhr

Museum der illegalen Einwanderung und der Marine
Allenby-Str. 204
Öffnungszeiten: Mo., Mi., Do. 9.00–15.00; Di., So. 9.00–16.00; Fr. 9.00 bis
13.00 Uhr

Museum für alte Kunst
siehe Haifa-Museum

Museum für Biologie und Vorgeschichte
am Park Gan Ha'em
Öffnungszeiten: So.–Do. 8.00–14.00; Sa. 10.00–14.00 Uhr

Museum für moderne Kunst
siehe Haifa-Museum

Museum für Speiseöl
Shemen Oil Factory, Industriebezirk
Öffnungszeiten: So.–Do. 8.00–14.00 Uhr
Anhand von Werkzeugen und anderen Materialien wird die Geschichte der
Speiseölherstellung in Israel dokumentiert.

Museum für Wissenschaft und Technologie
auf dem Gelände des Alten Technions
Balfour-Straße
Öffnungszeiten: Mo., Mi., Do. 9.00–17.00; Di. 9.00–19.00; Fr. 9.00–13.00;
Sa. 10.00–14.00 Uhr

Museum Mane Katz
Yefe-Nof-Straße 89
Öffnungszeiten: So.–Do. 10.00–13.00 und 16.00–18.00; Fr., Sa. 10.00 bis
13.00 Uhr
Sammlung von Bildern und Skulpturen des jüdischen Künstlers Mane
Katz; ausgestellt sind auch seine persönliche Judaikasammlung und
antike Möbel.

Museum Tikotin
für japanische Kunst
Hanassi-Boulevard 89
Öffnungszeiten: So.–Do. 10.00–17.00; Sa. 10.00–14.00 Uhr

Prähistorisches Museum
siehe Museum für Biologie und Vorgeschichte

Reuben-und-Edith-Hecht-Museum
in der Universität von Haifa
Öffnungszeiten: So.–Do. 10.00–16.00; Fr., Sa. 10.00–13.00 Uhr

Schiffahrtsmuseum
Allenby-Str. 198
Öffnungszeiten: So.–Do. 10.00–16.00; Sa. 10.00–13.00 Uhr

Schule des Propheten
siehe Elias-Höhle

Universität
Öffnungszeiten der Aussichtsplattform des Eshkol-Turmes: So.–Do.
8.00–15.00; Fr. 8.00–13.00 Uhr

Zoologischer Garten
im Park Gan Ha'em
Öffnungszeiten: So.–Do. 8.00–18.00; Fr. 8.00–13.00; Sa. 9.00–16.00 Uhr

Sehenswertes

Der Hafen von Haifa ist in den Jahren 1929–1933 zum Tiefwasserhafen ausgebaut worden. Er wird durch zwei Molen geschützt. Durch größere Landanschüttungen, die den Küstenverlauf verändert haben, schuf man das Gelände, das für Verwaltungs-, Abfertigungs- und Lagerräume, Straßen und Bahnlinien erforderlich war.
Erlaubnisscheine für den Besuch des Hafengeländes erhält man im Informationsbüro rechts vom Eingang. Auch werden Hafenrundfahrten angeboten (Fotografieren im Hafengelände verboten).

Hafen

Neben einem 10 000-Tonnen-Schwimmdock ist der 68 m hohe Dagon-Silo die bemerkenswerteste Anlage auf dem Hafengelände. Der Silo faßt 100 000 t Getreide. In seinem Erdgeschoß wurde 1955 ein Getreide-Museum eingerichtet, das im Rahmen von Führungen zugänglich ist. Man gewinnt hier einen Einblick in Getreidelagerung und -verarbeitung; die ältesten Exponate – Mahlsteine und anderes Gerät aus Jericho – stammen aus dem 8. Jt. v. Chr.

Dagon-Silo

Gegenüber dem Dagon-Silo beginnt die Ben-Gurion-Straße (früher Shderot Hakarmel), die ehemalige Hauptstraße der 1868 begründeten Kolonie der Deutschen Templer, die bis in den Zweiten Weltkrieg bestand. Die Häuser mit ihren Ziegeldächern sind charakteristisch.
(Der Friedhof der Templer – neben demjenigen in Jerusalem der einzige, der noch heute besteht – findet sich nordwestlich der Siedlung auf dem Grundstück Jaffastraße 150, neben dem britischen Soldatenfriedhof des Ersten Weltkrieges.)

Ben-Gurion-Straße

Zurück zum Anfang der Jaffastraße, man erreicht den Pariser Platz (Kikar Paris) mit der Talstation der Carmelit-Bahn (siehe S. 182) und einer maronitischen Kirche.

Pariser Platz

Vom Pariser Platz folgt man zunächst der Khatib und dann der Hanevi'im-Straße nach Südwesten. Nach ca. 300 m zweigt links die Hassan Shukri ab, die zum Rathaus und zum gegenüberliegenden Gan Haziqaron (Gedächtnispark) führt. Die Grünanlage erstreckt sich 60 m ü.d.M. an der Stelle der Zitadelle, die Dahir el-Umar, 1740–1775 Herr von Galiläa, erbaut hat. An diese erinnert eine Kanone.

Rathaus, Gan Haziqaron

Einige hundert Meter südwestlich des Rathauses erreicht man das Alte Technion (Technische Hochschule); das erweiterte Neue Technion liegt im Südosten der Stadt; Qiryat Hatechnion). Errichtet wurde das Gebäude 1914–1924 nach Plänen des aus Berlin stammenden Architekten Alexander Baerwald. Er schuf einen Bau, bei dem orientalische Elemente mit westlichen Vorstellungen der Raumorganisation verknüpft sind.
Die Räumlichkeiten des Alten Technions beherbergen ein Institut für Architektur; ferner wurde ein Museum für Wissenschaft und Technologie eingerichtet, in dem sich der Besucher über einfache wissenschaftliche Prinzipien und neuere israelische Forschungsergebnisse informieren kann.

*Altes Technion

Vom Alten Technion kann man zum Zentralkarmel (Central Carmel), dem höchstgelegenen und nobelsten Stadtteil von Haifa, hinaufgehen. Hier erstreckt sich der Park Gan Ha'em mit seinem kleinen Zoologischen Garten und dem Museum für Biologie und Vorgeschichte.
Folgt man nun den Hanassi-Boulevard (Nr. 89 das japanische Museum Tikotin) und der Panoramastraße Yefe Nof abwärts, so bietet sich ein herrlicher Blick über Stadt und Hafen bis hin nach Akko.

Central Carmel

Wahrzeichen von Haifa: der Bahai-Schrein

*Bahai-Schrein, Persische Gärten

Unterhalb der Yefe Nof liegen an der UN-Avenue (Hazionut) die wunderschön angelegten Persischen Gärten mit dem Bahai-Schrein, dessen goldene Kuppel das Stadtbild beherrscht. Im Inneren das Grab des Begründers der Bahai-Religion, das zu ihrem Zentrum geworden ist.

Im Jahre 1844 hatte der Perser Mirsa Ali Mohammed sich zum 'Bab' (Tor; zu Gott) erklärt; er wurde 1850 in Täbris erschossen. Sein Nachfolger Mirsa Hussein Ali nannte sich Baha-u-illah, floh ins Osmanische Reich, wo er sich 1868 zum Imam ausrief, war dann 24 Jahre lang als Gefangener in Akko, starb 1892 und wurde beim heutigen Kibbuz Shamerat nördlich von Akko beigesetzt. Seine Anhänger brachten die Gebeine seines Vorgängers Mirsa Ali Mohammed heimlich aus Persien nach Palästina und errichteten 1909 sein Grab in Haifa. Der monumentale Kuppelbau über diesem Grab wurde 1953 vollendet.

Bahai-Archiv

Jenseits des Sderot Hazionut steht ebenfalls in einer gepflegten Gartenanlage das 1957 fertiggestellte, klassizistische Archivgebäude der Bahai-Religionsgemeinschaft, deren Glaube sich bis nach Europa und Amerika ausgebreitet hat.

*Haifa-Museum

Einige hundert Meter nordöstlich der Persischen Gärten steht in der Shabtai-Levi-Straße (Nr. 26) das Haifa-Museum. In seinen Räumen sind seit 1977 das Museum für moderne Kunst und das Museum für alte Kunst untergebracht, ferner enthält das Haifa-Museum Exponate der Völker- und Volkskunde sowie Gegenstände jüdischer Zeremonialkunst. In dem Museum für alte Kunst gibt es u.a. Fundstücke aus Caesarea und byzantinische Mosaiken aus Shiqmona. Gemälde israelischer und ausländischer Maler (Westeuropa, Amerika, Japan) aus der Zeit vom 18. Jh. bis zur Gegenwart werden im Museum für moderne Kunst gezeigt.

Dem Publikum stehen ein Auditorium, ein Lesesaal und mehrere Säle mit Wechselausstellungen zur Verfügung; abends finden Lichtbildervorträge statt.

Persische Gärten

Haifa-Museum

Schräg gegenüber dem Museum befindet sich das Künstlerhaus Chagall, in dem wechselnde Ausstellungen zeitgenössischer israelischer Künstler gezeigt werden.

Künstlerhaus Chagall

Ein anderer sehenswerter Bau, das Karmeliterkloster, liegt am Kap Karmel, am westlichen Stadtrand von Haifa. Man erreicht es vom Hafen aus über die Allenby- und Stella-Maris-Straße oder vom Park Gan Ha'em aus über den Hanassi-Boulevard und die Tchernikovsky-Straße. Das Kloster unmittelbar neben dem Leuchtturm Stella Maris (Stern des Meeres) gehört den nach dem Karmel benannten Karmelitern.

Karmeliterkloster

Das erste Kloster dieses 1150 hier gegründeten Ordens wurde 1291, nach dem Fall Akkos, zerstört, im späten 18. Jh. unter Ahmed Jezzar erneuert, 1821 wiederum zerstört und 1828 wieder aufgebaut. Das Kloster ist dem Propheten Elias und seinem Schüler Elisa geweiht. Deren Leben schildern Bilder in der Kirche, in der man außerdem eine Marienfigur aus Zedernholz mit Porzellankopf (1820) findet: die Madonna vom Berge Karmel.
Stufen führen zu einer Grotte hinunter, in der man die Wohnung bzw. das Grab des Elias sieht. Ein kleines Museum ist in einem Raum neben dem Klostereingang eingerichtet.
Vor dem Kloster befindet sich das Grab der 1799 von Ahmed Jezzar getöteten französischen Invaliden aus dem Heer Napoleons.

Gegenüber dem Kloster beginnt ein Weg hinab zur Elias-Höhle (oder Schule des Propheten). Diese Höhle am Fuße des Kaps gilt als diejenige, in der Elias sich vor den Königen von Israel verbarg, und ist "die heiligste jüdische Stätte in Haifa" (Zev Vilnay). Als el-Khidr wird Elias auch von den Moslems verehrt, die bis 1948 hier eine Moschee hatten.

Elias-Höhle

Gegenüber dem Karmeliterkloster befindet sich die obere Station einer Kabinenbahn (Cable Car). Bei der Fahrt hinunter zum Meer bekommt der Benutzer einige Erklärungen zu bedeutenden Bauwerken Haifas.

Cable Car

187

Haifa (Fortsetzung)
Museum der illegalen Einwanderung und der Marine

Nur 200 m südöstlich der unteren Cable-Car-Station erreicht man das Museum der illegalen Einwanderung und der Marine (Allenby-Straße 204). Auf dem Dach des Museumsgebäudes befindet sich das Schiff "Af Al Pi", das während der britischen Mandatszeit die englische Blockade durchbrach und illegal jüdische Einwanderer nach Palästina brachte.

Schiffahrtsmuseum

Auf dem angrenzenden Gelände hat das Schiffahrtsmuseum seinen Sitz. Schiffsmodelle, Landkarten, Drucke u.a. illustrieren die Geschichte der Seefahrt und der Häfen im Heiligen Land.

Universität

Im Süden Haifas hat an der auf dem Kamm des Karmel-Gebirges entlangführenden Straße die 1972 gegründete Universität von Haifa ihren Sitz. Blickfang ist der 30stöckige, nach Plänen des brasilianischen Architekten Oscar Niemeyer errichtete Eshkol-Turm (Besucher können vom obersten Stockwerk des Turms eine phantastische Aussicht genießen).
Zum Universitätskomplex gehört das Reuben-und-Edith-Hecht-Museum mit archäologischen Funden zum Thema "Das Volk von Israel und sein Land" sowie einer Sammlung impressionistischer und jüdischer Malerei.

Umgebung von Haifa

Allone Abba

Allone Abba, 25 km südöstlich von Haifa gelegen, ist ein Moshav, das auf eine deutsche Gründung zurückgeht. Man erreicht den Ort, wenn man 4 km südlich von Qiryat Tivon von der Straße Haifa-Nazareth links abbiegt. Deutsche Templer gründeten hier 1908 die Siedlung Waldheim, deren Bewohner Landwirtschaft betrieben und ihre Produkte in Haifa absetzten. Die Engländer evakuierten die Bewohner des Ortes im Zweiten Weltkrieg; 1948 wurde die Ortschaft von israelischen Siedlern übernommen. Diese benannten Waldheim nach Abba Bardishev, der im Zweiten Weltkrieg als Saboteur hinter den deutschen Linien in Europa abgesetzt, gefangengenommen und hingerichtet wurde. Man hat einige Gebäude von Waldheim wiederhergestellt und benutzt die Kirche als Kulturzentrum des Moshav.

En Hod

Das Künstlerdorf En Hod liegt 15 km südlich von Haifa am Westhang des ⟶ Karmel-Gebirges.

Hamat Gader J 3

Norddistrikt

Lage und Bedeutung

Hamat Gader (arab. El-Hamma) liegt im unteren Yarmuktal unweit vom Ostufer des Sees Genezareth. Hier gab (und gibt) es von der Antike an schwefelhaltige Quellen und bedeutende Kuranlagen, die zu Gadara gehörten, einer Stadt, die auf dem jenseitigen, südlichen (heute jordanischen) Ufer des Yarmuk in hellenistischer Zeit ein Mittelpunkt griechischer Kultur im Ostjordanland war. Neben eindrucksvollen Badeanlagen wurden in Hamat Gader Reste einer Synagoge sowie eines römischen Theaters freigelegt. Viele Touristen besuchen den Ort jedoch nicht wegen der archäologischen Funde, sondern wegen des modernen Mineralschwimmbades, in dem man sich in heißen und kalten Wasserbecken vorzüglich entspannen kann.
Um nach Hamat Gader zu kommen, fährt man von Tiberias südwärts, überquert den Jordan, passiert Ma'agan und biegt dann in die Nebenstraße nach Sha'at Hagolan ein (von Tiberias 20 km).

Geschichte

Aus Gadara stammten die Satiriker Menippos und der Dichter Meleagros. In römischer Zeit wurde die Stadt Glied der Dekapolis, zu der Skythopolis (Bet Shean) am Westufer des Jordan sowie neun Städte östlich des Jordan gehörten, darunter Damaskus, Philadelphia (Amman), Pella und Gerasa (Djerash). Hauptort war zeitweise Gadara. Die Dekapolis bestand bis ins 2. Jahrhundert. Erstmals erwähnt ist dieses Zehn-Städte-Gebiet im Neuen Testament (Matthäus 4,25; Markus 5,20; 7,31).

Geschichte (Fortsetzung)

Sehenswertes

Hauptattraktion einer schön angelegten Parkanlage mit Picknickplatz, Restaurant, Kinderspielplatz und archäologischen Ausgrabungsstätten sind unterschiedlich temperierte Badebecken. Das Wasser in dem überdachten Becken ist 42° C heiß, es kommt aus einer neben dem Badehaus

*Moderne Badeanlagen

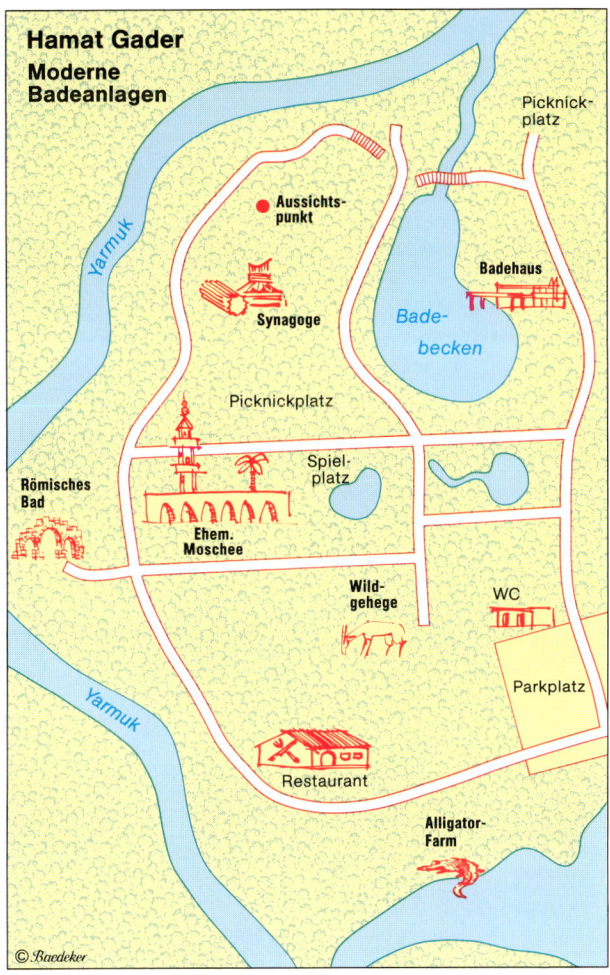

189

Antike Thermenanlagen in Hamat Gader

Badeanlagen (Fortsetzung)	gelegenen mineralhaltigen, leicht radioaktiven Quelle und verspricht vor allem bei rheumatischen Beschwerden Linderung.
Synagoge	Nahe der Badeteiche, auf der höchsten Stelle des Komplexes, legte man die Reste einer aus dem 5. Jh. stammenden Synagoge frei. Drei Säulenreihen mit je vier Säulen teilten das Gotteshaus in drei Schiffe. Man fand hier Mosaikreste mit einfachen geometrischen Mustern, Pflanzen- und Tierdarstellungen.
Römisches Theater	Vom Römischen Theater, das 2000 Zuschauern Platz bot, sind nur geringfügige Spuren erhalten. Dieses Areal dient heute als Freigehege für Wild.
*Römisches Bad	Die Badeanlagen aus römischer Zeit sind außergewöhnlich gut erhalten. Von einer Eingangshalle gelangt man durch ein rekonstruiertes Säulen-

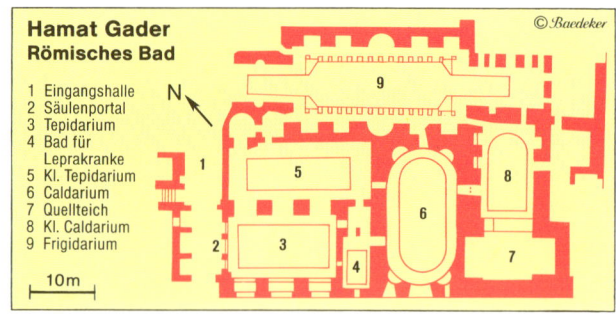

Hamat Gader
Römisches Bad

1 Eingangshalle
2 Säulenportal
3 Tepidarium
4 Bad für
   Leprakranke
5 Kl. Tepidarium
6 Caldarium
7 Quellteich
8 Kl. Caldarium
9 Frigidarium

N

© Baedeker

10 m

portal aus dem 4. Jh. zu den verschiedenen Becken. Das erste recht große Becken war mit lauwarmem Wasser gefüllt (Tepidarium), es nahm den wohl prachtvollsten Raum der gesamten Badeanlage ein. Südlich daran grenzt ein kleines Becken, bei dem es sich um eine Einrichtung für Leprakranke gehandelt haben könnte. Einen ovalen Grundriß hatte das Heißwasserbad (Caldarium). Es wurde aus der danebengelegenen Quelle gespeist, die mit 52° C aus der Erde sprudelt. Da das zum Baden zu heiß ist, wurde ständig kaltes Wasser zugeführt. Zu der Römischen Badeanlage gehören ein weiteres kleines Heißwasserbad, der Quellteich sowie ein nur teilweise freigelegtes großes Kaltwasserbad (Frigidarium), das in einer weiten großen, nach oben offenen Halle lag.

Neben den alten und neuen Badeanlagen ist die nahe gelegene Alligator-Farm ein beliebtes Ausflugsziel. Rund 2000 Reptilien – Nilkrokodile aus Afrika, Alligatoren und Kaimane aus Nord- bzw. Südamerika – kann man in diesem großzügigen, offenen Tiergehege aus nächster Nähe beobachten. Für ein Erinnerungsfoto kann man eines der kleinen Krokodil-Babys sogar auf den Arm nehmen.

Zur Krokodilfarm gehört auch ein Minizoo mit einem großen Gehege für tropische Vögel, Reptilien und einem Theater mit 300 Sitzplätzen, in dem Tiervorführungen stattfinden.

Hamat Gader,
Römisches Bad
(Fortsetzung)

Alligator-Farm

Har Gilboa

→ Berg Gilboa

Har Tavor

→ Berg Tabor

Hazor

H 2

Norddistrikt
Höhe: 330 m ü.d.M.

Der Tell Hazor erhebt sich beherrschend an der von Tiberias nordwärts nach Metulla führenden Straße, an der Stelle, wo diese das Bergland verläßt und die Hule-Ebene erreicht. Nach ersten Untersuchungen von John Garstang (1928) hat Yigael Yadin durch seine Ausgrabungen (1955–1969) die Geschichte dieses Tells weitgehend erforscht.

Lage und
Bedeutung

Bei den Grabungen hat man 21 Siedlungsschichten festgestellt, deren jüngste (I) ins hellenistische 3.–2. Jh. v. Chr. datiert wird, während die älteste (XXI) bis in die frühe Bronzezeit (um 2600 v. Chr.) zurückreicht. Ihre erste Blüte erlebte diese Kanaanäerstadt im 18. und 17. Jh. v. Chr. (Schicht XVII). Damals wird der Ort in den Archiven von Mari am Euphrat (Ostsyrien) genannt, und zwar in Verbindung mit Qatna, Babylon und anderen Städten dieser Größe.
Diese Angaben wie auch die ausgedehnte Fläche des Areals und die Vielzahl der Gebäude aus kanaanäischer Zeit stimmen mit dem biblischen Bericht überein, Hazor sei die Hauptstadt zahlreicher vorisraelitischer Königreiche gewesen (Josua 11,10). Der letzte König, Jabin, faßte die Truppen vieler Könige aus dem Gebiet zwischen → Dor an der Mittelmeerküste und dem Berg Hermon im Norden zusammen, als die Israeliten unter Josua im 13. Jh. v. Chr. das Land in Besitz nahmen. Doch Josua schlug die Kanaanäer 'am Wasser von Merom' (dem heutigen Hule-Gebiet), eroberte

Geschichte

ihre Städte und erschlug die Unterlegenen; von den Städten verbrannte er allein Hazor (Josua 11,13).

Im 12. Jh. entstand die erste israelitische Niederlassung im Gebiet der zerstörten Stadt. Doch stärker ausgebaut wurde sie erst im 10. Jh. unter König Salomo (Toranlage und Kasemattenmauer) und vor allem unter dem in Samaria residierenden Ahab (9. Jh. v. Chr.). Schicht VIII der Zitadelle und das große Lagerhaus mit seinen Pfeilerreihen (früher Salomo zugeschrieben) sind Belege für die großartige Architektur und die wirtschaftliche Bedeutung von Hazor in der Zeit des Königs Ahab.

Diese Stadt wurde 732 v. Chr. durch den Assyrer Tiglatpilesar III. zerstört und bestand danach, ohne wirtschaftliche Bedeutung zu haben, noch als Festung bis ins 2. vorchristliche Jahrhundert.

✳ Ausgrabungsstätte

Man betritt das ausgedehnte Gelände des Tells von Westen her. Der Grabungswächter, der Eintrittskarten verkauft, gibt Auskunft. Weitere Information vermitteln die großen Tafeln mit ihren beschrifteten Lageplänen, die an den einzelnen Grabungskomplexen aufgestellt sind.

Hazor bestand aus der 600 m langen und bis zu 200 m breiten Oberstadt sowie der nördlich und östlich davon gelegenen 700 x 1000 m großen Unterstadt. Besonders beeindruckend sind in der Oberstadt für den Touristen die Abschnitte A, B, und L sowie in der Unterstadt der Abschnitt H.

Abschnitt A

Von einem Aussichtspodest aus überblickt man zunächst Abschnitt A. Hier standen der kanaanäische Königspalast und eine zu ihm hinaufführende breite Zeremonialtreppe. Nach seiner Zerstörung durch Josua (13. Jh. v. Chr.) schuf Salomo einen für seine Zeit charakteristischen Torbau mit je drei Kammern an beiden Seiten des Durchgangs sowie anschließende Kasemattenmauern (links der Treppe) und eine Kaserne. Über dieser legte

Hazor: Reste der Pfeilerhalle des Königs Ahab

im folgenden Jahrhundert König Ahab einen Teil seines großen Lagerhauses an, dessen anderer Teil durch die von dem genannten Aussichtspodest gut sichtbaren beiden Pfeilerreihen gekennzeichnet ist.

Abschnitt A
(Fortsetzung)

Abschnitt B umfaßt die Zitadelle. Hier fand man u.a. einen israelitischen Gebetsplatz des 11. Jh.s. Ausgebaut wurde die Zitadelle in monumentalem Stil unter Ahab, doch sind auch spätere Ein- und Umbauten festgestellt worden.

Abschnitt B

In Abschnitt H wurde über Resten von drei älteren Tempeln ein dreigeteilter Tempel freigelegt, der aus der Zeit des letzten kanaanäischen Königs Jabin stammt und zerstört wurde, als Josua die Stadt verbrannte. Er bestand aus Vorraum, Halle und Allerheiligstem in axialer Anordnung. In der Vorhalle standen zwei Säulen. Im Allerheiligsten, das von Orthostaten umgeben ist, fand man Räucheraltar, Trankopfertische, ein Basaltgefäß mit Spiralmuster, Sitzfigürchen (des Königs?), einen Bronzestier, Strahlenscheiben u.a.; das alles läßt erkennen, daß der Tempel dem Wettergott Hadad geweiht war. Yadin sieht in diesem kanaanäischen Bau, der eine Parallele im Tempel des 20./19. Jh.s v. Chr. in → Megiddo hat, den 'Prototyp des salomonischen Tempels' in Jerusalem, was um so wichtiger ist, als dieser nicht durch archäologische Funde, sondern nur durch Beschreibung bekannt ist.

Abschnitt H

In Abschnitt F wurde ebenfalls ein Tempel festgestellt, ferner ein etwa 5 t schwerer Altarstein (15. Jh. v. Chr.); in Abschnitt C entdeckte man einen Tempel für den Mondgott aus dem 14. Jh. v. Chr. mit zahlreichen Stelen.

Abschnitt F,
Abschnitt C

In Abschnitt L ist das Wasserversorgungssystem von Hazor freigelegt worden, eine ähnlich erstaunliche Ingenieurleistung aus der Zeit Ahabs (9. Jh. v. Chr.) wie der Wassertunnel von Megiddo. Die Anlage besteht aus einem Schacht, der durch ältere Siedlungsschichten und dann durch den Felsen

Abschnitt L

Museum von Hazor im Kibbuz Ayelet Hashahar

Hazor, Abschnitt L (Fortsetzung)	getrieben ist und bei einer oberen Weite von 19 x 25 m eine Tiefe von 30 m hat. An seinen vier Wänden führen Treppen von 3 m Breite in die Tiefe; die fünfte, unterste Treppe nimmt den ganzen Schacht ein und führt in einen 25 m langen Tunnel, der in ein 5 m breites, 10 m tiefer gelegenes Wasserbecken mündet. Hier ist der Grundwasserspiegel erreicht, so daß die Versorgung Hazors auch dann gesichert blieb, wenn die Quelle außerhalb des Tells bei einer Belagerung nicht zugänglich war. Eine moderne Treppe von 150 Stufen über den alten Steinstufen erlaubt es, bis in diese untere Felskammer zu gelangen.
Hazor-Museum	Die Funde von Hazor befinden sich heute im Israel-Museum in Jerusalem, zum Teil auch im Hazor-Museum am Eingang des 1 km entfernten Kibbuz Ayelet Hashahar. Zu den Exponaten dieses Museums gehört auch ein Modell des antiken Hazor.

Hebron / Hevron   G / H 5

Westjordanland
Höhe: 926 m ü.d.M.
Einwohnerzahl: 38 500

Lage und Bedeutung	Die Stadt Hebron (arab. El-Khalil, hebr. Hevron) im judäischen Bergland zwischen Jerusalem (37 km) und Beersheba (48 km) ist das religiöse Zentrum des Islam im Südteil des Westjordanlandes. Die Stadt besitzt eine islamische Universität, die von den israelischen Behörden wegen Unruhestiftung immer wieder zeitweilig geschlossen wurde. Das monumentale Gebäude über Abrahams Grabhöhle Machpela läßt den Ort für Besucher, die an biblischer Geschichte interessiert sind, zu einem Erlebnis werden. Allerdings ist Hebron auch die einzige große Stadt im Westjordanland, in der es weiterhin israelische Militärpräsenz geben wird. Da es in der jüngsten Vergangenheit häufig zu gewalttätigen Auseinandersetzungen zwischen Palästinensern und israelischen Siedlern kam, wird von einem Besuch Hebrons eher abgeraten.
Geschichte	Hebron ist eine sehr alte Stadt, die seit ihrer Gründung durch die Kanaanäer immer bewohnt war. Die religiöse Tradition des Ortes geht auf Abraham, den Stammvater der Juden wie der Araber, zurück, der, als seine greise Frau Sara gestorben war, von Efron, dem Sohn Zohars, das Feld Machpela östlich von Mamre "mit der Höhle darin und mit allen Bäumen" erwarb und die Höhle zum Erbbegräbnis machte (1. Buch Mose 23,17–20). Nach Sara wurden auch Abraham selbst, sein Sohn Isaak mit seiner Frau Rebekka und sein Enkel Jakob mit seiner Frau Lea in dieser Höhle beigesetzt. Von Hebron zog Jakobs Sohn Joseph aus, seine Brüder zu suchen, die ihm nach dem Leben trachteten (1. Buch Mose 37,14). Nach dem Tode von König Saul (Ende 11. Jh. v. Chr.) wurde in Hebron der dreißigjährige David zum König von Juda gesalbt. Er residierte hier siebeneinhalb Jahre – bis zur Eroberung Jerusalems – mit seinen sechs Frauen (darunter Ahinoam aus Jezreel, Mutter des erstgeborenen Amnon; Abigail aus Karmel, Mutter des Kilab; und Maascha, Mutter Absaloms). Während dieser Zeit brachte sein Feldherr Joab den Feldherrn des Saul, Abner, in Hebron um (2. Samuel 3,27). Am Teich von Hebron ließ David die beiden Männer hinrichten, die König Sauls letzten Sohn Isch-Boschet ermordet hatten und ihm dessen abgeschlagenes Haupt nach Hebron brachten. Es wurde in Abners Grab beigesetzt (2. Samuel 4,7–12). Als die Juden in die Babylonische Gefangenschaft gehen mußten, ließen sich im 6. Jh. v. Chr. Edomiter aus dem Negev in Hebron nieder. Sie beherrschten es, bis 163 v. Chr. Judas Makkabäus gegen sie zog (1. Buch der Makkabäer 5,65). Herodes der Große (37–4 v. Chr.) baute die Stadt neu aus und errichtete den großen Bau über der Höhle Machpela, der bis heute steht.

Blick auf Hebron

Im 6. Jh. erbaute Kaiser Justinian im Osten über Machpela eine Kirche, die im 7. Jh., nach dem Ende der byzantinischen Herrschaft, in eine Moschee umgewandelt wurde. Kreuzfahrer haben 1215 die Höhle geöffnet und, wie berichtet wird, die Überreste der Patriarchen gesehen. 1267 nahm dann der Mameluckensultan Baibars den Ort ein. Den Juden wie den Christen wurde das Betreten des heiligen Bezirks verboten. Dieses Verbot für alle Nichtmoslems blieb bis in neuere Zeit bestehen. Nur auf Grund eines speziellen Firmans des türkischen Sultans durften 1862 der Prinz von Wales und 1869 Kronprinz Friedrich Wilhelm von Preußen die Moschee betreten. Zu dieser Zeit hatte Hebron knapp 10 000 Einwohner, darunter 500 Juden. Die jüdische Gemeinde wurde größer, als sich Ende des 19. Jh.s chassidische Juden aus Osteuropa und 1925 Einwanderer aus Rußland in Hebron niederließen. Im Jahre 1929 jedoch kam es zu einem Pogrom, dem zahlreiche Juden zum Opfer fielen. Nach dem Sechstagekrieg erhielten die Juden 1967 erstmals seit 700 Jahren wieder Zugang zum Heiligtum von Machpela; der Preis hierfür ist jedoch teuer: Immer wieder flackern Unruhen in Hebron auf.

Geschichte (Fortsetzung)

Die Altstadt von Hebron hat einen stark orientalischen Charakter. In den zahlreichen Marktgassen beim Haram el-Khalil werden neben Nahrungsmitteln auch Tonkrüge und Glaswaren feilgeboten.
Deutlich abgegrenzt von der arabischen Bevölkerung haben jüdische Siedler im Nordosten von Hebrons Altstadt 1968 den Ort Qiryat Arba gegründet. Hier leben heute etwa 700 israelische Familien hinter Schutzwällen aus Stacheldraht.

Stadtbild

Sehenswertes

Das Stadtbild wird beherrscht vom Heiligtum über der Höhle Machpela, dem Haram el-Khalil (Heiligtum des Freundes), der so benannt ist, weil

*Haram el-Khalil

Hebron

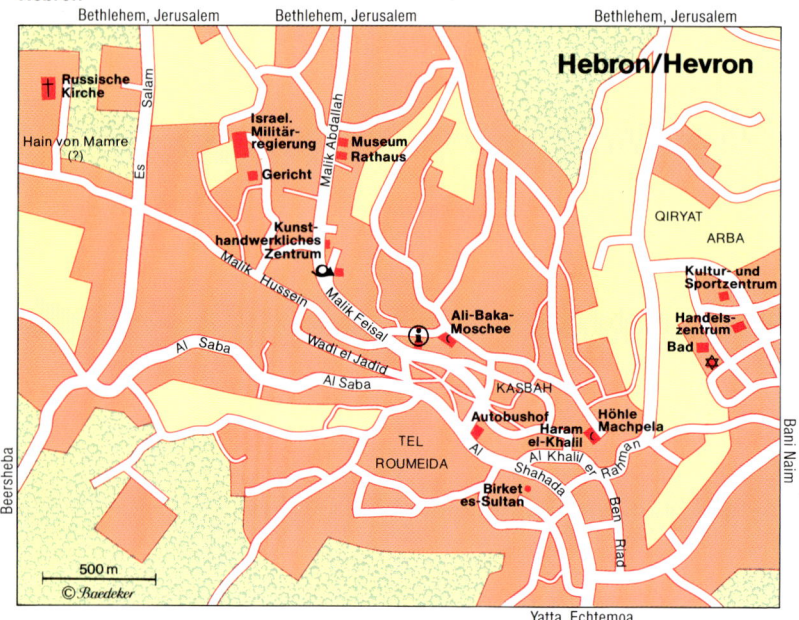

Hebron/Hevron

Russische Kirche

Hain von Mamre (?)

Israel. Militärregierung

Museum
Rathaus

Gericht

Kunsthandwerkliches Zentrum

Malik Abdallah

Malik Hussein

Malik Feisal

Wadi el Jadid

Al Saba

Al Saba

Ali-Baka-Moschee

KASBAH

Autobushof

TEL ROUMEIDA

Haram el-Khalil

Höhle Machpela

Birket es-Sultan

Al Khalil

Al Shahada

Ben Riad

QIRYAT

ARBA

Kultur- und Sportzentrum

Handelszentrum
Bad

Bani Naim

Beersheba

500 m

© Baedeker

Yatta, Echtemoa

Haram el-Khalil (Fortsetzung)	Abraham für die Moslems 'al-Khalil el-Rahman' (der Freund des Herrn) ist. Er erhebt sich nahe beim Sultansteich (Birket el-Sultan), an dem David die Mörder von Isch-Boschet, dem letzten Sohn König Sauls, hinrichten ließ (2. Buch Samuel 4,7–12). Seit die jordanische Regierung 1960 die Hütten beim Haram abgerissen hat, liegt das mächtige Gebäude frei. Die Außenmauer, über deren glattem unteren Teil man eine durch Lisenen gegliederte Zone sieht, wurde von Herodes dem Großen über einer Rechteckfläche von 65 x 35 m erbaut. Der obere Mauerabschluß mit seinen Rundzinnen stammt aus islamischer Zeit, desgleichen die beiden noch vorhandenen der ursprünglich vier Minarette.

Über eine Treppenanlage kommt man zum Eingang an der nordöstlichen Langseite und betritt den Hof. Hier findet man vier Grabmäler, unter denen in der nicht zugänglichen Höhle die Patriarchengräber liegen: Geht man nach rechts, so steht man vor den Mausoleen, die im 14. Jh. über den Kenotaphen für Jakob (links) und seine Frau Lea (rechts) errichtet worden sind. Wendet man sich dann um, so erblickt man die Kenotaphe für Abraham (rechts) und Sara (links); auf den Grabmälern reich bestickte Decken.

Anschließend betritt man den dreischiffigen geschlossenen Innenraum, der 28 m breit und 24 m tief ist. Er geht wahrscheinlich auf einen Kirchenbau Justinians und der Kreuzfahrer zurück und erhielt seine heutige Gestalt als Moschee im 14. Jh. von den Mamelucken. Vier Säulen tragen die Decke; in der Mitte der Südostseite die Gebetsnische (Mihrab), rechts daneben erhebt sich die reichgeschnitzte Kanzel (Mimbar), die Sultan Saladin 1191 aufstellen ließ. In diesem Raum befinden sich zwei weitere Kenotaphe für Isaak (rechts) und Rebekka. Im rechten Teil des Raumes, der nach 1967 den Juden als Gebetsplatz zugewiesen wurde und nicht mehr als Moschee gilt, liegen keine Teppiche. Hier befindet sich eine Öffnung im Boden, durch die fromme Juden Zettel mit Gebeten in die Höhle Machpela sinken lassen.

Verläßt man den Moscheeraum durch den westlichen Seiteneingang, so kommt man in einen langen Gang, der als Frauenmoschee dient. An seiner linken Seite ist die herodianische Außenmauer durchbrochen und ein quadratischer Raum angebaut. Der hier stehende Sarkophag wird von den Moslems als derjenige Josephs verehrt. Die Juden dagegen verweisen auf die Bibel, derzufolge Josephs Gebeine aus Ägypten nicht nach Hebron, sondern nach Sichem (→ Nablus, Umgebung) gebracht und dort beigesetzt worden sind (Josua 24,32).

Haram el-Khalil (Fortsetzung)

Bevor Abraham die Höhle Machpela erwarb, hatte er sich im Hain von Mamre niedergelassen. Hier errichtete er einen Altar (1. Buch Mose 13,18), "und der Herr erschien ihm", wie auch die drei Männer zu ihm kamen, die er bewirtete (1. Buch Mose 18,1–2). Hier starb auch seine Frau Sara, und er begrub sie in der Höhle, die "östlich von Mamre" lag (1. Buch Mose 23,17; 49,30). Das biblische Mamre lag demzufolge westlich von Hebron, und dieser Angabe entspricht am ehesten der 1 km westlich der Umgehungsstraße gelegene russisch-orthodoxe Bezirk Moskabia mit seiner Kirche (1871) bei der alten "Eiche der Ruhe" (Balut el-Sebat), die vielfach als 'Abrahamseiche' bezeichnet wird.

Mamre / Abrahamseiche

Außerdem gibt es einen Platz, 4 km im Norden von Hebron, mit dem man die Mamre-Tradition verknüpft hat. Es ist das 1024 m hoch gelegene Beit Ilanim, 500 m östlich der Straße nach Jerusalem. Hier existieren Gebäudereste aus großen herodianischen Quadern. Bei Ausgrabungen wurde 1926 festgestellt, daß der herodianische Bau von Titus im Jahre 70 zerstört, von Hadrian 135 aber wieder aufgebaut und mit einem Tempel versehen wurde, den Konstantin im 4. Jh. durch eine Kirche ersetzte. Bis zu seiner Zerstörung im 7. Jh. durch Perser oder Araber galt der Platz den christlichen Pilgern als der einstige Wohnort Abrahams.

Mamre / Beit Ilanim

Umgebung von Hebron

Das Bergland südlich und östlich von Hebron ist reich an Ruinenstätten, die zeigen, daß auch nach der Zerstörung Jerusalems im Jahre 70 nicht nur, wie früher angenommen, in Galiläa, sondern auch in Judäa relativ viele und wohlhabende Juden lebten. Einige ihrer Siedlungen wurden von den Byzantinern übernommen, manche bestehen als arabische Dörfer bis heute.

Gut 5 km östlich von Hebron liegt in 951 m Höhe das arabische Dorf Bani Naim. In der über einer byzantinischen Kirche errichteten Moschee befindet sich nach der Dorfüberlieferung das Grab Lots; gute Aussicht zum Toten Meer.

Bani Naim

Von Hebron auf der Straße nach Beersheba nach 6 km links abbiegend, kommt man zu dem großen arabischen Dorf Yatta (6 km), dem Jutta des Alten Testamentes. Seine Häuser bestehen teilweise aus wiederverwendeten alten Hausteinen; man findet die Ruine einer Synagoge des 6. Jh.s.

Yatta

Etwa 5 km südöstlich von Yatta liegt das weite, noch nicht ausgegrabene Ruinenfeld von Karmel. Es gehörte mit dem 2 km südlich gelegenen Maon, wo gleichfalls ausgedehnte Ruinen auf archäologische Untersuchung warten, zum Besitz des reichen Nabal, dessen Frau Abigail nach Nabals Tod den Ort Karmel verließ und den von Saul vefolgten David heiratete (1. Buch Samuel 25,2–42).

Karmel, Maon

Eine andere Straße führt von Yatta südwärts nach Sammu, dem biblischen Eshtemoa (Josua 21,14). Bei der Moschee dieses Dorfes wurde 1935 eine Synagoge des 3. Jh.s ausgegraben, die vermutlich noch in frühislamischer Zeit bis ins 8. Jh. bestand.

Sammu

Von Sammu ostwärts geht ein Feldweg nach Horvat Suseya (Sussia, 5 km). Dort hat man vor einigen Jahren auf der Höhe eine große Synagoge

Horvat Suseya

Umgebung von
Hebron,
Horvat Suseya
(Fortsetzung)

mit Marmorportal, Frauenempore, Menora-Mosaik und Inschriften freigelegt. Sie bestand bis ins 10. oder 11. Jahrhundert.
Im Hinblick auf die der Tradition verhafteten Ackerbaumethoden, die Herden der Bewohner und die Lebensweise der Menschen in dieser abgeschiedenen Bergwelt sagt Hans Kühner über das Dorf Sussia: "Hier lebt
noch die völlig unberührte Welt der Erzväter".

Hefa

$\longrightarrow$ Haifa

Hefer-Ebene / Emeq Hefer G 3

Zentraldistrikt, Distrikt Haifa

Lage und
Allgemeines

Die Ebene Hefer, früher Wadi Hawarit genannt, erstreckt sich als Teil der
Sharon-Ebene zwischen Hadera und Netanya an der Mittelmeerküste.
Bewässert von Bächen, die aus den Bergen von Samaria kommen, ist sie
fruchtbar und ein blühender Landstrich mit zahlreichen Ansiedlungen.

Geschichte

Der König von Hefer wurde mit 30 anderen kanaanäischen Fürsten von
Josua im Zug der israelitischen Landnahme geschlagen (Josua 12,17).
Das biblische Hefer entspricht dem Tell beim Kibbuz Mabarot. Im 10. Jh.
wurde der Hof Salomos von der Hefer-Ebene her mit Nahrungsmitteln
beliefert (1. Buch der Könige 4,10). Später versumpfte die Ebene, so daß
sich Malaria ausbreitete und dauernde Besiedlung nicht möglich war.
Lediglich einige ägyptische Fellachen, die Ibrahim Pascha 1830 hierher-
brachte, lebten in dieser unwirtlichen Gegend.

Siedlungen

Im Jahre 1929 erwarb der Jüdische Nationalfonds das Gelände; 1930
begann man die Sümpfe trockenzulegen. Bald entwickelte sich die Region
zu einem der fruchtbarsten Gebiete des Landes. Viele Siedlungen entstanden, 1933 als erste Kefar Vitkin; auch eine Landwirtschaftsschule wurde
gegründet. Einige Dörfer sind nach bekannten Persönlichkeiten benannt,
so Kefar Monash nach dem bekannten General des Ersten Weltkriegs und
Kefar Yadidia nach dem jüdischen Philosophen Philo (hebr. Yedidia) von
Alexandrien. Im Kibbuz Mabarot kann man ein Museum mit regionalen
archäologischen Funden besichtigen.

Herodeion / Herodion H 5

Westjordanland
Höhe: 758 m ü.d.M.

Lage und
Bedeutung

Der weithin sichtbare Berg Herodeion (Herodion) erhebt sich im israelisch
besetzten Westjordanland 11 km südöstlich von Bethlehem zu einer Höhe
von 758 m, das Umland überragt er um ca. 100 m. Seine charakteristische,
einem Vulkan mit oben abgeplattetem Krater ähnelnde Form erhielt er, als
König Herodes, nach dem er benannt ist, dort einen befestigten Palast
anlegen ließ.
Die 1968 zum Nationalpark erklärte Ausgrabungsstätte auf dem Berg
Herodion wird derzeit ständig von israelischen Soldaten bewacht; an dem
Häuschen, wo man die Eintrittskarten erwirbt, weist eine Gedenktafel darauf hin, daß ein Parkwächter 1988 von Palästinensern getötet wurde.

Peristyl und Ostturm in der Palastanlage Herodeion ▶

Herodeion

Schon 40 v. Chr., als im römisch-parthischen Kriege der Hasmonäer Antigonos Hoherpriester und König wurde, hatte Herodes sich mit Mariamne und seiner übrigen Familie auf diesen Berg und dann nach → Massada zurückgezogen. Nachdem er 37 v. Chr. seine Herrschaft durch den Sieg über Antigonos gesichert hatte, ordnete er den Ausbau der Festung an, die er zu seinem Mausoleum bestimmte. Nach Herodes' Tode 4 v. Chr. brachte sein Sohn Archelaos den Leichnam in prunkvollem Zug von → Jericho in das Mausoleum.

Ausgrabungen seit 1962 haben die anschauliche Schilderung, die Flavius Josephus in seiner Geschichte des Jüdischen Krieges (I 21,10) gibt, bestätigt. Herodes ließ den Gipfel abtragen und eintiefen, wobei das überschüssige Erdreich über den Rand der kreisrunden Fläche geschüttet wurde. Das so gewonnene Plateau umgab er mit einer mächtigen, durch Türme verstärkten Doppelmauer. Auf die Fläche innerhalb der Mauer "setzte er herrliche Paläste, die nicht nur im Inneren herrlich anzuschauen, sondern auch außen an Wänden, Zinnen und Dächern mit verschwenderischer Pracht ausgestattet waren". Man fand eine Gartenanlage innerhalb eines Peristyls, Wohnräume, Thermen und eine Synagoge. Die sogenannten Teiche Salomos wenige Kilometer südlich von Bethlehem lieferten das erforderliche Wasser. 200 Stufen aus weißem Marmor bildeten den Aufstieg zum einzigen Tor.

Nicht gefunden wurde bisher das Grab des Königs. Vermutlich ist es frühzeitig zerstört worden, wohl während des Jüdischen Krieges 66–70, als sich jüdische Zeloten hierher zurückzogen, oder während des Bar-Kochba-Aufstandes 132–135, als Bar Kochba hier sein Hauptquartier hatte.

Später lebten noch einzelne byzantinische Mönche auf dem Herodeion; nach persischer und arabischer Invasion verließen sie im 7. Jh. n. Chr. den Palastkomplex, der in den folgenden Jahrhunderten zerfiel.

Im Jahre 1967 wurde mit dem Westjordanland auch dieses Gebiet von israelischen Truppen besetzt.

Herodeion: Unterstadt

✳✳Ausgrabungsstätte

Heute führt ein breiter Fußweg in großer Kurve hinauf zum Palastbereich. Palastanlage
In der Regel erklimmt man die an der Spitze des Berges gelegene Palastanlage jedoch durch unterirdische Gänge und Zisternen. Bisher entdeckte
man 25 m unterhalb des Palastkomplexes drei große Zisternen, die zusammen 2500 m³ Wasser faßten.

Oben angekommen, bietet sich dem Besucher eine umfassende Aussicht:
Man sieht über das judäische Bergland nach Norden bis zu den Türmen
auf dem Ölberg bei Jerusalem, nach Osten bis zum 1150 m tiefer gelegenen Toten Meer.

Deutlich erkennbar ist noch die den Palastkomplex umgebende Doppelmauer, die durch drei Halbrundtürme und den Rundturm im Osten verstärkt wurde. Die äußere der beiden Ringmauern hat einen Durchmesser
von 63 m und erreichte ebenso wie die Innenmauer eine Höhe von 20 bis
30 m. Die Räume zwischen den beiden Mauern dienten als Gänge und als
Magazine. Der östliche Rundturm hat einen Durchmesser von 18,3 m und
ragte ehemals wohl 45 m hoch auf.

Die Rundfläche innerhalb der Mauern gliedert sich in zwei gleich große Flächen. Der östliche Teil wurde von einem Garten eingenommen, den an drei
Seiten korinthische Säulen umgaben, während an der östlichen Seite
Halbsäulen in die umgebende Außenmauer integriert waren. Nördlich und
südlich schlossen halbrunde Nischen (Exedrae) den Garten ab.

Der westliche Teil des Palastkomplexes bestand aus meist einstöckigen,
aber dennoch hohen Wohngebäuden. Noch erkennbar ist das 15 x 10,5 m
große Triclinium. Der 'Speisesaal' hatte zur Gartenanlage hin eine große
Tür und zu jeder Seite davon ein Fenster. Die Säulen und Sitzbänke an den
drei Seiten des Raumes wurden erst 70 n. Chr. zugefügt, als Juden den
Raum zu einer Synagoge umgestalteten. Nördlich grenzten beidseits eines
kreuzförmigen Hofes Schlafräume an das Triclinium. Hier stand in byzantinischer Zeit eine Kapelle, die Teil eines kleinen Klosters war, das auf
den Ruinen der Palastfestung errichtet worden war. An diesen Komplex

Herodeion/Herodion
Palastanlage

1 Zugangsrampe
2 Empfangsraum
3 Kreisförmig angelegte
   Doppelmauern
4 Ostturm
5 Halbrundtürme
6 Garten mit Säulenhalle
   (Peristyl)
7 Exedra
8 Triclinium
   (später Synagoge)
9 Kreuzhof (umgeben
   von Schlafräumen)
10 Byzantinische Kapelle
11 Therme

20 m

© Baedeker

Herodeion,
Palastanlage
(Fortsetzung)

wiederum schlossen die Thermen an. Größter Raum des Badehauses war das fast quadratische Caldarium; das Tepidarium hat einen runden Grundriß und wurde von einem 5 m hohen Kuppeldach abgeschlossen.

Unterstadt

Am Fuß des Berges wird seit einigen Jahren die von Herodes für seine Hofhaltung angelegte Unterstadt freigelegt. Sie dehnt sich über eine Fläche von 15 ha aus. Die Anlage der Stadt war – ebenso wie der Palastkomplex auf dem Berg – in Nord-Süd-Richtung ausgerichtet. Die Unterstadt gliederte sich in drei Bereiche: einen weiteren großen Palast, von dem heute allerdings nur spärliche Reste erhalten sind, nördlich daran angrenzend ein Areal mit einem künstlich angelegten großen Teich und noch weiter nördlich einen Bezirk mit Wohngebäuden. Noch heute gut erkennbar ist das 70 x 46 m große Wasserbecken im Zentrum der Unterstadt. Es war 3 m tief und faßte 10 000 m³ Wasser. In der Mitte des Beckens fand man Reste eines von Säulen umgebenen Rundbaus. Vermutlich diente das Becken einerseits als Wasserreservoir, andererseits aber auch als Vergnügungsstätte zum Baden oder für Bootsfahrten. Umgeben wurde das Wasserbecken von einem großzügig angelegten Garten, den wiederum mächtige Mauern einfaßten.

Herzliya / Herzliyya   G 4

Distrikt: Tel Aviv
Höhe: 10–40 m ü.d.M.
Einwohnerzahl: 61 000

Lage und
Bedeutung
als Seebad

Das nach Theodor Herzl benannte Herzliya (Herzliyya) entstand 1924 rund 15 km nördlich von Tel Aviv, seine Bevölkerung hat sich von 500 Einwohnern im Jahre 1948 auf mehr als das Hundertfache vergrößert. Der schöne lange Sandstrand, den nunmehr Hotels und Strandanlagen säumen, hat Herzliya zu einem beliebten Badeort werden lassen; insbesondere am Sabbat kommen viele Einheimische hierher (auf der Strecke Tel Aviv – Herzliya fahren auch am Samstag Autobusse).

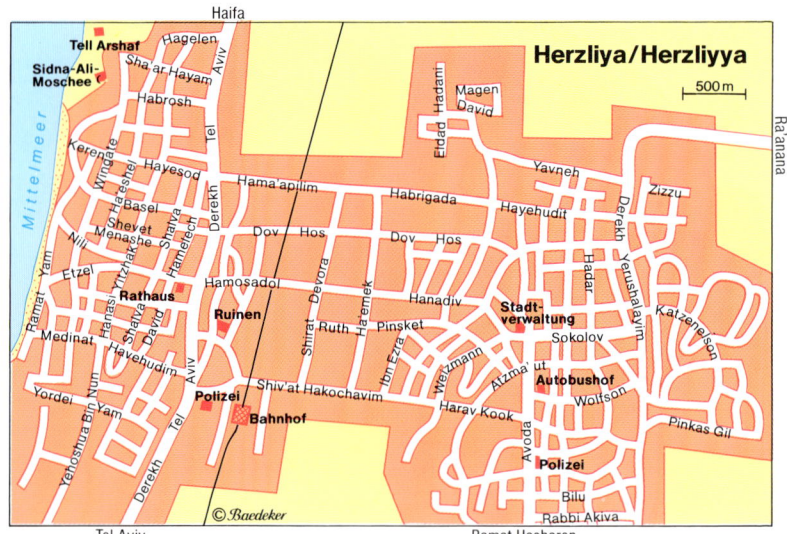

Ein beliebtes Freizeitziel der Israelis: der Strand von Herzliya

Die Stadt besteht aus zwei Teilen. Der ältere liegt östlich eines jener Sandsteinkämme, die die Sharon-Ebene von der Küste trennen. Im Altertum hat man diesen Kamm durchstoßen, um den Wasserabfluß zum Meer hin zu verbessern und die Versumpfung des Landes zu verhindern. Der Kanal wurde nach der Gründung der Siedlung vom Schutt der Jahrhunderte freigeräumt; seine Öffnung kann man östlich der Küstenstraße bei der Herzliya-Kreuzung sehen. Von dieser Kreuzung nach Osten kommt man zum alten Ortskern, nach Westen dagegen zu den neuen Vierteln oberhalb des Strandes.

Stadtbild

Sehenswertes

Am Nordwestrand der Stadt, jenseits der kleinen Vororte Nof Yam und Reshef, sieht man auf einer Anhöhe das Minarett des Heiligtums Sidna Ali (Unser Herr Ali). Der islamische Heilige fiel im Kampf gegen die Kreuzfahrer.

Sidna Ali

Unmittelbar nördlich des Heiligtums Sidna Ali befindet sich der Tell Arshaf. Die Ruinen von Arshaf gehören zum antiken Hafen Rishpon, der in assyrischen Texten erwähnt ist. Er war dem kanaanäischen Feuer- und Fruchtbarkeitsgott Reshef geweiht. Diesen setzten die seit dem späteren 4. Jh. v. Chr. hier ansässigen Griechen mit Apollon gleich, daher nannten sie die Stadt Apollonia. Der Hasmonäerkönig Alexander Jannaios eroberte die Stadt 95 v. Chr., aber 63 v. Chr. erstarkte, infolge der Einnahme durch Pompejus, der hellenistische Einfluß wieder. Die Araber benutzten vom 7. Jh. an den Hafen. Sie nannten ihn Arsuf, woraus unter den Kreuzfahrern im 12. Jh. 'Burg Arsur' wurde. Im Jahre 1191 schlug der englische König Richard Löwenherz hier den Sultan Saladin; 1265 zerstörten die Mamelukken die Stadt. Seit 1950 hat man römische Gebäude, darunter ein Theater, freigelegt.

Tell Arshaf

Hevron

⟶ Hebron

Horeshat-Tal

⟶ Hule-Ebene

Hörner von Hittim / Qarne Hittim **H 3**

Norddistrikt
Höhe: 326 m ü.d.M.

Lage und Allgemeines

Ein nicht allzu hoher Berg, der beim Einsinken seines Kraters die charakteristische Form erhielt, derentwegen man ihm den Namen 'Hörner von Hittim' (hebräisch Qarne Hittim) gab, erhebt sich rund 10 km westlich von Tiberias. Der Berg war Schauplatz einer entscheidenden Schlacht der Kreuzfahrerzeit.

Der Besucher gelangt von der Straße auf einem Fußweg in einer knappen halben Stunde zum Gipfel des Berges, wo man Ruinen aus der Bronzezeit findet; von hier oben bietet sich ein schöner Blick auf Ostgaliläa und den See Genezareth.

Geschichte

Am 4. Juli 1187 schlug Sultan Saladin die Kreuzritter bei den Hörnern von Hittim vernichtend. Das von den Kreuzfahrern begründete Königreich Jerusalem verlor nach 88jährigem Bestehen seine Hauptstadt Jerusalem und große Landesteile: für die noch folgenden 104 Jahre seines Bestehens war es auf einen Küstenstreifen mit der Hauptstadt ⟶ Akko beschränkt.

Der Kurde Saladin, der seit 1171 Herrscher Ägyptens war und seit 1174 Syrien seinem Herrschaftsbereich eingegliedert hatte, überschritt 1187 den Jordan und lagerte mit einem großen Heer in der Nähe von Tiberias, um die Schlacht mit den Kreuzrittern zu suchen. Diese hatten sich am 2. Juli 1187 bei Sepphoris (⟶ Zippori), 6 km nordwestlich von Nazareth, gesammelt, wo sie genügend Wasser für sich und ihre Pferde fanden. In einem Kriegsrat setzten sich der Templer-Großmeister Gerhard und der Abenteurer Rainald von Châtillon gegen die besonnene Mehrheit durch; König Guido von Lusignan ließ unter ihrem Einfluß das schwer gerüstete Heer bei glühender Hitze durch wasserlose Gegend nach Hittim ziehen, das in Luftlinie 20 km entfernt ist. Halb verdurstet fanden sie dort nur einen ausgetrockneten Brunnen. Zudem zündeten die Moslems das verdorrte Buschwerk an. Am nächsten Morgen griffen sie an. Die Ritter schlugen sich mit dem Mut der Verzweiflung, einigen gelang der Durchbruch nach Tripolis. Der Bischof von Akko, der das Heilige Kreuz in die Schlacht getragen hatte, fiel, und die Reliquie ging verloren. Die meisten Kreuzritter gerieten mit dem König in Gefangenschaft. Saladin bot König Guido Wasser an, schlug aber dem neben ihm stehenden Rainald von Châtillon den Kopf ab, nachdem er ihm seine zahllosen Untaten – Überfall auf Karawanen während eines Waffenstillstandes, Plünderung von Mekkapilgern usw. – vorgeworfen hatte. Die Johanniter- und Templerritter wurden von fanatischen Sufis umgebracht, die weltlichen Barone blieben gefangen, die Fußtruppen und einfachen Leute kamen auf den Sklavenmarkt von Damaskus, wo die Preise infolge des Überangebotes rapide fielen.

So steht der Name der Hörner von Hittim für ein militärisch völlig sinnloses Unternehmen, das für seine Initiatoren verhängnisvolle Folgen hatte. Saladin gewann infolge seines Sieges Jerusalem und auch Akko, das jedoch nach vier Jahren von den Christen noch einmal für 100 Jahre zurückerobert wurde.

Hule-Ebene / Emeq Hula   H/J 2

Norddistrikt

Die Hule-Ebene (Emeq Hula) im nördlichen Teil Israels reicht von → Dan an der libanesischen Grenze bis nach → Hazor im Süden, sie wird im Osten von den → Golan-Höhen und im Westen von libanesischen Bergen begrenzt. Das Tal ist eines der größten Entwässerungs- und Kultivierungsgebiete des Landes. Das Gebiet der Hule-Ebene war durch Jahrhunderte versumpft und malariaverseucht. Als der Ägypter Ibrahim Pascha zwischen 1830 und 1840 den Türken Palästina abgenommen hatte, ließ er einen Teil des Vulkanfelsens im Süden der Brücke Benot Ya'aqov (→ Rosh Pinna) sprengen, damit das Wasser besser im Jordan abfließen konnte. Sein Programm, das Land mit Hilfe umgesiedelter ägyptischer Fellachen zu kultivieren, konnte wegen der politischen Entwicklung nicht verwirklicht werden; nur wenige Beduinen hielten sich mit ihren Wasserbüffeln in dieser Region. Jüdische Einwanderer gründeten dann 1883 das Dorf Yesud HaMa'ala 15 km nordöstlich von Rosh Pinna). Die Unterstützung durch Baron de Rothschild, der 1890 zur Entwässerung die Anpflanzung von Eukalyptusbäumen veranlaßte, war eine Hilfe in den schwierigen Anfangszeiten. Mit Trockenlegungen größeren Stils begann man jedoch erst, als der Jüdische Nationalfonds 1934 Gelände erworben hatte; 1951–1958 wurde diese Arbeit dann planmäßig fortgeführt, jetzt in Zusammenhang mit der großen Wasserleitung zur Versorgung der südlichen Landesteile mit Wasser aus Galiläa. Die Anlage von Kanälen, die Vertiefung und Begradigung des → Jordans haben die Sümpfe schwinden und fruchtbares Land entstehen lassen; neben Feldern gibt es dort auch Fischzuchtteiche.

Lage und Allgemeines

Die verbesserten Lebensmöglichkeiten haben zur Anlage mehrerer landwirtschaftlicher Siedlungen geführt. 1940 entstanden (6 km südöstlich von Qiryat Shemona) die Dörfer Amir und Sede Nehemya, bei dem die Flüsse Hazbani, Dan und Banyas sich zum Jordan vereinigen, sowie Bet Hillel (4 km östlich von Qiryat Shemona). 1946 folgte Ne'ol Mordekhay (8 km südlich von Qiryat Shemona), 1948 HaGosherim, das am Nordrand des Hule-Gebietes 5 km östlich von Qiryat Shemona liegt.
Qiryat Shemona, heute eine Stadt mit 15 500 Einwohnern, wurde 1949 in den Ruinen eines verlassenen arabischen Dorfes am Nordwestrand der Hule-Ebene als Einwandererlager gegründet. Von Qiryat Shemona führen zwei Straßen nach Süden, eine im Tal, eine zweite westlich davon unmittelbar an der libanesischen Grenze. Von dort bieten sich schöne Ausblicke auf die Hule-Landschaft.

Siedlungen

Von der Straße Rosh Pinna – Qiryat Shemona zweigt ca. 15 km nördlich von Rosh Pinna rechts ein Sträßchen zum Hule-Naturreservat ab. Das Gebiet des Naturreservates (Eintrittsgebühr; von der Bushaltestelle ca. 45 Gehminuten) wurde weitgehend in seinem ursprünglichen Zustand belassen. Nachdem man die Picknickplätze am Eingang hinter sich gelassen hat, kann man auf Wegen durch die Sumpflandschaft spazieren und erlebt dabei eine einzigartige Flora und Fauna. Neben zahlreichen Wasservögeln gibt es hier Wildkatzen, Wildschweine, Biber und Herden von Wasserbüffeln. Von einem Beobachtungsturm im Zentrum des Gebietes kann man das gesamte Areal überschauen.

*Hule-Naturreservat

In Obergaliläa, 5 km westlich von Qiryat Shemona, liegt im Horeshat-Tal (oder Hurshat-Tal) ein ausgedehnter Nationalpark (Campingplatz) mit einem See (Baden erlaubt), der vom Dan gespeist wird. Auf dem Gelände wachsen einige riesige Eichen, von denen manche bis zu 2000 Jahre alt sein sollen. Der Legende nach wurden sie von zehn Soldaten Mohammeds gepflanzt. Sie lagerten in diesem Gebiet und stemmten, da keine Bäume vorhanden waren, Pfähle in den Boden um ihre Pferde daran anzubinden. Aus den Pfählen wurden über Nacht große Eichenbäume.

Nationalpark Horeshat-Tal

Jaffa

→ Tel Aviv

Jenin H 3

Westjordanland
Einwohnerzahl: 13 200

Lage und Bedeutung

Bei der arabischen Stadt Jenin, zwischen Afula (18 km) und Nablus (42 km) im seit 1967 besetzten Westjordanland gelegen, tritt die alte Straße, die von Jerusalem über die Berge von Samaria verläuft, durch das Dotantal in die Ebene Yezreel ein, so daß Jenin seit dem Altertum diesen wichtigen Verbindungsweg kontrollieren konnte.

Geschichte

Im 13. Jh. zerstörten die Mamelucken, die einen erneuten Zustrom von Kreuzfahrern fürchteten, alle Küstenstädte und bauten Jenin zum Karawanenstützpunkt zwischen Damaskus und Ägypten aus. Im Ersten Weltkrieg wurde Jenin Station der Bahnlinie Afula – Nablus, die nach Jerusalem und dann zum Sues-Kanal führen sollte. Da die Briten jedoch das Gebiet unter ihre Herrschaft brachten, wurde der Bau eingestellt.
Die Deutschen, die während des Ersten Weltkriegs auf seiten der Türken kämpften, errichteten in Jenin einen Luftstützpunkt. Ein Denkmal am westlichen Stadtrand erinnert noch heute an deutsche Flieger, die damals hier fielen.
Der Weg von Jerusalem nach Haifa und Galiläa verlief bis in die frühen dreißiger Jahre durch Jenin. Als in Zusammenhang mit der Eröffnung des Hafens von Haifa die Küstenstraße über Hadera gebaut wurde, verlor die Stadt verkehrsgeographisch an Bedeutung.

Jericho / Yeriho H 4

Westjordanland
Höhe: 260 m unter d.M.
Einwohnerzahl: 7000

Lage und Bedeutung

Jericho (arab. El-Riha, hebr. Yeriho), 36 km nordöstlich von Jerusalem und 15 km nordwestlich des Toten Meeres im seit 1967 israelisch besetzten Westjordanland gelegen, ist eine Oasenstadt mit Bewässerungsfeldbau. Wegen der reichen Süßwasserquellen und des milden Klimas gedeihen in der Umgebung des Ortes Bananen, Datteln und Orangen. Im Altertum war Jericho, das als die älteste (und tiefstgelegene) Stadt der Welt gilt, Winterresidenz verschiedener Herrscher, so des Herodes und des Kalifen Hischam.

Geschichte

Die Siedlungsschichten auf dem Tell Jericho reichen bis in die Zeit um 8000 v. Chr. zurück. Damals, in der Mittleren Steinzeit, erbaute eine Nomadenbevölkerung am Nordende des Tells ein auffallendes rechteckiges Gebäude von 3,50 x 6,50 m. Auf der 30 cm starken Deckschicht aus Lehm über dem Kalksteingrund führten sie Steinmauern auf. Zwei der 75 cm hohen Blöcke waren von oben bis unten durchbohrt, so daß man Pfähle hineinstecken konnte, die als Totempfähle gedeutet werden. Die Forscher halten das Gebäude für das Heiligtum dieser Nomaden.
Ein anderer Gebäudekomplex in der Mitte des Tells wird auf die Jungsteinzeit datiert. Über einer 3,90 m starken Schuttschicht, die infolge der Besiedlung im 8. Jt. entstand, fanden die Archäologen Häuser aus handgeformten plankonvexen Ziegeln, teils mit rundem Grundriß, teils Viereck-

häuser mit halbrundem Abschluß. Diese Siedlung wurde mit einer starken Befestigung versehen und erhielt damit den Charakter einer Stadt. Die Mauer ist 1,95 m dick und im Westen noch 3,60 m hoch, an ihre Innenseite lehnt sich ein 9 m hoher runder Steinturm. Etwas später legte man vor der Mauer einen Graben von 2,70 m Tiefe und 8,10 m Breite an. Die Stadtmauer wurde auf 7,60 m erhöht. Dieser Zustand war um 7000 v. Chr. erreicht.

Zwischen 8000 und 7000 v. Chr. also vollzogen hier Jäger und Sammler den Übergang zu einer seßhaften Lebensweise, sie betrieben von nun an Ackerbau und Viehzucht. Dadurch konnte ein einzelner für sehr viel mehr Menschen Nahrung erwirtschaften, und es kam zu einer Arbeitsteilung, da nicht mehr jeder für den Lebensmittelerwerb sorgen mußte; beides sind Voraussetzungen für das Entstehen einer Hochkultur.

"Die Nachfahren jener Jäger, die ein Heiligtum an der Quelle von Jericho errichtet hatten, haben erstaunliche Fortschritte erzielt. In einem Zeitraum, der nach Karbon-14-Test ungefähr 1000 Jahre umfaßt, haben sie den gesamten Übergang von der nomadischen zur seßhaften Lebensform vollzogen und, wie die imposanten Wehranlagen bezeugen, ein differenziertes Gemeinwesen mit einer gut funktionierenden kommunalen Organisation aufgebaut ... Die ältesten andernorts bekannten dörflichen Siedlungen sind wahrscheinlich zwei Jahrtausende später anzusetzen, und die Pyramiden von Ägypten, die ersten großen Steinbauten des Niltales, sind 4000 Jahre jünger als der große Turm von Jericho" (Kathleen Kenyon).

Die Bewohner Jerichos hatten in dieser Zeit einen Fruchtbarkeits- und Totenkult. Die Köpfe ihrer Toten überzogen sie mit einer Stuckschicht und stellten sie in ihren Häusern auf (Funde im Rockefeller-Museum, Jerusalem, und im Archäologischen Museum, Amman).

Nach einer Zerstörung der Stadt (durch Krieg oder Erdbeben) wohnte an dem Ort im 6. Jt. ein anderer Volksstamm, dessen Angehörige bereits die Töpferei kannten, aber nur sehr einfache Häuser bauten.

Im Chalkolithikum (5. Jt.) wurde die Siedlung erstmals nach Westen an den Eingang des → Wadi Qilt verlegt, möglicherweise weil sich die Quelle verlagert hatte, doch kehrte man bald wieder zum alten Platz zurück. Es entstanden quadratische Häuser innerhalb einer starken Mauer.

Aus der Zeit um 2000 v. Chr. fanden die Archäologen Tonkrüge in Form menschlicher Gesichter. In der Hyksoszeit (18.–16. Jh. v. Chr.) entstand eine neue Stadtmauer, geböscht und aus gestampfter Erde. Diese Stadt wurde um 1400 v. Chr. zerstört.

Ausführlich schildert die Bibel (Josua, 2–6) die Eroberung und Zerstörung Jerichos durch die aus dem Ostjordanland einwandernden Israeliten unter der Führung von Josua ('Posaunen von Jericho'), die früher durchgehend ins 15., heute eher ins 13. Jh., die Zeit des Pharao Ramses II., datiert wird. Das Gebiet von Jericho fiel bei der Landnahme an den Stamm Benjamin (Josua 18,21). Unter König Ahab von Israel (9. Jh. v. Chr.) wurde die zerstörte Stadt wieder aufgebaut. In dieser Zeit kam der Prophet Elia mit seinem Schüler Elisa nach Jericho (2. Buch der Könige, 2). Elia ging über den Jordan, "da kam ein feuriger Wagen mit feurigen Rossen, ... und Elia fuhr im Wetter gen Himmel" (2. Buch der Könige 2,11). Elisa ging nach Jericho zurück, und die Bewohner klagten ihm, daß das Land durch das Wasser der Quelle nicht fruchtbar werde. "Da ging er hinaus zu der Wasserquelle und warf Salz hinein und sprach: So spricht der Herr: Ich habe dies Wasser gesund gemacht; es soll hinfort weder Tod noch Unfruchtbarkeit von ihm kommen. So wurde das Wasser gesund bis auf diesen Tag" (2. Buch der Könige 2,21–22). So heißt die Quelle Elisaquelle.

Die Babylonier nahmen 586 v. Chr. den aus Jerusalem geflohenen letzten König von Juda, Zedekia, bei Jericho gefangen, blendeten ihn und führten ihn ins babylonische Exil (2. Buch der Könige 25,7). In der persischen Zeit wurde der Tell von Jericho erneut, wie schon im 5. Jt., verlassen.

Nach 332 v. Chr. entstand weiter südlich, beim Eingang des Wadi Qilt, das hellenistische Jericho. Es wurde 161 v. Chr. von den Makkabäern erobert. Herodes, der die Oase 30 v. Chr. von Octavian, dem späteren Kaiser Augustus, erhielt, baute den Ort zu seiner Winterresidenz aus, sicherte ihn durch

Geschichte
(Fortsetzung)

die nach seiner Mutter benannte Festung Kypros und starb hier 4 v. Chr.; sein Leichnam wurde in einem pompösen Zug ins → Herodeion überführt. Als Jesus zum letzten Mal von Galiläa durch das Jordantal nach Jerusalem wanderte, redeten ihn bei Jericho zwei Blinde als 'Sohn Davids' an; er heilte sie, "und sie folgten ihm" (Matthäus 20,30–34). Das hellenistisch-herodianische Jericho wurde 70 n. Chr. von den Römern zerstört. In der Folgezeit entstand an der heutigen Stelle südöstlich des Tells eine Siedlung. Aus byzantinischer Zeit sind mehrere christliche Kirchen und eine Synagoge bekannt. Eine neue Periode begann im Jahre 634 mit der arabischen Eroberung. Die in Damaskus residierenden Omaijadenkalifen errichteten eine Festung und eine Moschee. Kalif Hischam erbaute 724 einen Palast (Qirbat al-Mafyar). Später verlor Jericho an Bedeutung und wurde ein bescheidenes Dorf. Während der britischen Mandatszeit zwischen den beiden Weltkriegen trat an die Stelle der alten Römerstraße durch das Wadi Qilt eine neue Straße von Jerusalem zum Toten Meer und nach Jericho. Im Jahre 1940 zählte der Ort 4000 Einwohner, die ihren Lebensunterhalt aus dem Verkauf von Bananen und Zitrusfrüchten der Oase bestritten. Seit der Unterzeichnung des israelisch-palästinensischen Abkommens über eine Teilautonomie in den besetzten Gebieten im Mai 1994 wird Jericho von den Palästinensern selbstverwaltet.

Ortsbild

Jericho ist ein freundlicher, überwiegend von Arabern bewohnter Ort. Wegen der reichen Süßwasserquellen grünt und blüht es hier, wohin man schaut. Die Hauptstraße ist von zahlreichen Gartenrestaurants gesäumt.

Sehenswertes

*Tell Jericho

Etwa 2,5 km nordwestlich vom zentralen Platz der heutigen Oasenstadt, gegenüber der Elisa- bzw. Sultansquelle (Ain el-Sultan), liegt der Tell des alten Jericho. Die archäologische Erforschung des Tells begann 1860, anfangs ohne Erfolg (J. Warren verfehlte bei seiner Versuchsgrabung knapp einen steinernen Turm). In den Jahren 1906/1907 setzten Sellin und Watzinger diese Arbeit fort. Von Briten durchgeführte Grabungen erzielten jedoch erst 1930/1931 größere Erfolge; die gründlichen Untersuchungen von Kathleen Kenyon in den fünfziger Jahren bilden zunächst den Abschluß der Forschungsarbeit.

Auf dem 21 m hohen und eine Fläche von 40 000 m² einnehmenden Tell stellte Kenyon 23 Siedlungsschichten fest. Die ältesten Reste menschlicher Siedlungen stammen aus der Zeit um 8000 v. Chr. Was aus dieser frühen Zeit der Menschheitsgeschichte übrigblieb, bietet dem Auge des Laien natürlich wenig Sensationelles. Das Auffallendste ist ein tiefer und

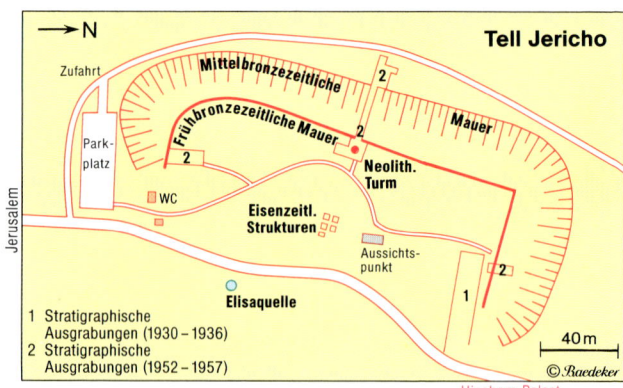

Tell Jericho

N

Zufahrt
Mittelbronzezeitliche
Frühbronzezeitliche Mauer
Mauer
2
2
Park-
platz
2
Neolith.
Turm
WC
Eisenzeitl.
Strukturen
Jerusalem
Aussichts-
punkt
2
1
Elisaquelle

1 Stratigraphische
  Ausgrabungen (1930–1936)
2 Stratigraphische
  Ausgrabungen (1952–1957)

40 m

© Baedeker

Hischam-Palast

Turm des neolithischen Jericho

breiter Graben, den die Archäologen quer durch den Hügel gelegt haben, um die Siedlungsschichten bis zum Boden hinunter zu untersuchen. In diesem Graben sieht man Reste der neolithischen Stadt (um 7000 v. Chr.): einen Teil der Stadtmauer und an sie angelehnt den 9 m hohen runden Turm. Man erkennt an der Ostseite den Eingang, der zu den 22 Stufen einer Wendeltreppe führt, und eine obere Öffnung.
Nördlich davon fand Kenyon das tausend Jahre ältere Heiligtum mesolithischer Nomaden (um 8000 v. Chr.).

Tell Jericho
(Fortsetzung)

Von der Elisaquelle nordwärts gehend und nach 1 km rechts in einen von Zypressen gesäumten Weg einbiegend, erreicht man ein Haus, in dessen Keller das Bodenmosaik einer jüdischen Synagoge aus byzantinischer Zeit (5.–6. Jh.) erhalten ist. In der Mitte erkennt man ein Medaillon mit einer Menorah, einem Palmzweig, einem Widderhorn und der hebräischen Inschrift "Shalom al Israel – Friede für Israel".

Synagoge

Der Palast Qirbat al-Mafyar (oder Hischam-Palast) liegt gut 2 km nördlich der Elisaquelle, jenseits eines trockenen Flußbettes. Errichtet wurde er 724 von Hischam, dem 10. Omaijadenkalifen und letzten bedeutenden Vertreter dieser Dynastie (724–743). Der Bau blieb unvollendet und wurde bereits 746 bei einem Erdbeben zerstört. Von Sand bedeckt, war die Anlage vergessen, bis englische Archäologen 1937 auf sie stießen und eine Fläche von 160 x 130 m freilegten. Zahlreiche Fundstücke, mit ihren figürlichen Darstellungen charakteristisch für die frühislamische Kunst, werden heute im Rockefeller-Museum, Jerusalem, gezeigt.
Der Palast ist als quadratisches Castrum angelegt: Vier Gebäudetrakte liegen rings um einen Innenhof, auf den sie sich öffnen, während die Anlage nach außen geschlossen ist. An diese Bauten schließt sich im Norden eine große Badehalle an.
Über einen geräumigen Vorhof mit einem quadratischen Wasserbecken, über dem einst ein Kuppelbau stand, erreicht man die Toranlage, die in den

*Hischam-Palast /
Qirbat al-Mafyar

Hischam-Palast
(Fortsetzung)

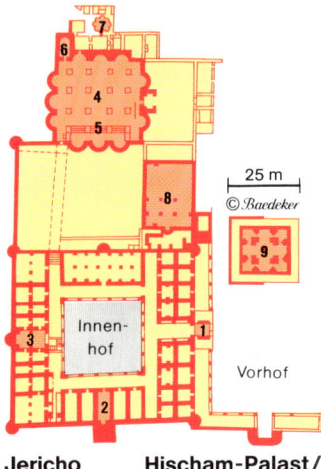

**Jericho   Hischam-Palast /
                Qirbat al-Mafyar**

1 Toranlage
2 Kleine Moschee
3 Unterirdische
   Badeanlage
4 Badehalle
5 Wasserbecken

6 Raum mit
   Mosaiken
7 Caldarium
   (Dampfbad)
8 Große Moschee
9 Wasserbecken

quadratischen Innenhof führt. Hier steht ein rundes Fenster, das ursprünglich seinen Platz in einem der den Hof umgebenden Räume hatte. Geradeaus im Westflügel führen Stufen zu einer unterirdischen Badeanlage. Wendet man sich nach Norden (rechts), so kommt man, vorbei an den Resten einer Moschee, zu der großen quadratischen Badehalle (40 mal 40 m), deren Außenmauern durch halbrunde Nischen aufgelockert sind; in diesen standen abwechselnd männliche und weibliche Figuren. Das Dach trugen 16 Pfeiler. Teile des Mosaikbodens sind erhalten.

An die Nordwestecke schließt sich ein kleiner Raum mit apsidialem Abschluß an, wohl ein Ruhe- oder Empfangsraum des Kalifen. Er ist berühmt wegen eines vollständig erhaltenen Mosaiks: Unter einem Orangenbaum sind dort drei Gazellen dargestellt, von denen eine von einem Löwen angegriffen wird; eine Arbeit von erlesener Qualität.

Berg der
Versuchung

Nordwestlich von Alt-Jericho erhebt sich ein auffallender Berg, in dem die christliche Überlieferung den Berg der Versuchung sieht. Auf diesem fastete Jesus, nachdem ihn Johannes der Täufer im Jordan getauft hatte, vierzig Tage; dann wurde er vom Teufel versucht: "Bist du Gottes Sohn, so sprich, daß diese Steine Brot werden. Er aber antwortete: Der Mensch lebt nicht vom Brot allein, sondern von dem Wort, das aus Gottes Mund kommt" (Matthäus 4,1–4). Die Araber nennen den Berg 'Qarantal'. 340 errichtete der hl. Chariton auf seinem Gipfel eine Kapelle, eine weitere entstand bei der Grotte, in der sich Jesus aufhielt. Die griechisch-orthodoxe Kirche erwarb das Gelände 1874 und erbaute 1895 auf halber Höhe das Kloster Sarandarion.

Vom Kloster führt ein steiler Pfad zum Gipfel mit Resten der Chariton-Kapelle und der Hasmonäerburg Dok (Aussicht).

Hasmonäerpalast

Etwa 2,5 km westlich von Jericho tritt das → Wadi Qilt in die Jordanebene ein. Hier hat Yehud Netzer bei neueren israelischen Ausgrabungen einen weitläufigen Palast, der hellenistischen Einfluß erkennen läßt, freigelegt. Er wurde vermutlich vom Hasmonäerkönig Alexander Jannaios (103–76 v. Chr.) angelegt und von den letzten Hasmonäern und anschließend von Herodes bewohnt, der ihn prächtig ausbaute und in seinen Mauern starb. Während der Palast in → Massada mehr privaten Charakter hatte, handelt es sich hier um eine Anlage für staatliche Repräsentation. Der Palast lag in einem Park mit Terrassen, die von Kanälen gespeist waren. Das Gebäude war symmetrisch um einen weiten Hof errichtet. Gefunden wurden u.a. eine große Empfangshalle, mit Fresken ausgestattete Räume, römische und jüdisch-rituelle Bäder.

Auffallend ist ein 32 x 18 m großes, 4 m tiefes Schwimmbecken, nach Netzer Schauplatz einer grausigen Episode im Leben des Königs Herodes: In diesem Becken ließ Herodes seinen 18jährigen Schwager Aristobulos, den er selbst ein Jahr zuvor zum Hohenpriester gemacht hatte, beim Bad

Hischam-Palast: Säulen ...   *... Fenster*

ertränken (Flavius Josephus I 22,2). Bald darauf ließ er auch seine Frau Mariamne, Hasmonäerprinzessin und Schwester des Aristobulos, töten.

Jericho, Hasmonäerpalast

⟶ Wadi Qilt

St.-Georg-Kloster

Jerusalem / Yerushalayim   **H 4**

Distrikt: Jerusalem
Höhe: 606–826 m ü.d.M.
Einwohnerzahl: 415 000

Die 'hochgebaute Stadt' Jerusalem, hebräisch Yerushalayim (Wohnung des Friedens), griechisch und lateinisch Hierosolyma, arabisch El-Quds (die Heilige), einst die Residenz des jüdischen Reiches, ist Hauptstadt des Staates Israel sowie Sitz eines griechisch-orthodoxen, eines armenischen und eines römisch-katholischen Patriarchen sowie eines anglikanischen Bischofs. Als Tempelstadt Davids und Salomos, als Passionsstätte Christi und Ort der Himmelfahrt Mohammeds wird Jerusalem von Juden, Christen und Moslems gleichermaßen verehrt. Seine Stellung als 'heilige' Stadt zeigt sich in einzigartiger Weise in einer Fülle von Kultstätten der drei monotheistischen Religionen. Pilger und Touristen aus aller Welt besuchen daher in jedem Jahr die Stadt.

Lage und Bedeutung

Jerusalem liegt bei 31° 47' nördlicher Breite und 35° 14' östlicher Länge am Ostabhang des Hochlands von Judäa auf einem wasserarmen Kalkplateau, das über dem Kidrontal im Osten und dem Hinnomtal im Süden halbinselartig aufsteigt und durch Einschnitte in einen schmalen Osthügel (744 m ü.d.M.), den alten Tempelberg, und in den Westhügel (777 m ü.d.M.) mit der ehemaligen Oberstadt geschieden wird. Noch höher erhebt sich die mit dem Höhenzug zusammenhängende Nordwestseite.

Geschichte

Funde von Geräten aus Flintstein (im Ephraimtal unweit des Bahnhofs) und von Gräbern zeigen, daß hier schon in der Altsteinzeit Menschen lebten. Siedlungskern war seit dem 3. Jt. v. Chr. der Berg Ophel südlich des Tempelberges. Hier, nahe der für die Menschen lebenswichtigen Gihonquelle, bestand eine frühkanaanitische Stadt. Zur Zeit Abrahams (vermutlich im 18. Jh. v. Chr.) hatte die Stadt den Namen Salem, ihr Priesterkönig Melchisedek hieß den wandernden Abraham willkommen (1. Buch Mose 14,18). Gegen Ende des 2. Jt.s v. Chr. gehörte den Jebusitern die Stadt, die David um 1000 v. Chr. eroberte (2. Buch Samuel 5,6–10). Er errichtete die 'Davidsstadt', wiederum auf dem Berg Ophel, und machte Jerusalem zum politischen und religiösen Mittelpunkt des Israelitenreiches.

Sein Sohn Salomo (um 969 bis 930) errichtete einen Palast und einen Tempel für Jahwe (1. Buch der Könige, 6–8). Nach Salomos Tod wurde Jerusalem die Hauptstadt des südlichen Reiches Juda. Königin Athalja (845–840) führte im Tempel den Baalskult ein, unter König Ahas (733–727) wurden auch assyrische Götter verehrt. Sein Sohn Hiskia (727–698) reinigte den Tempel und sicherte die Stadt durch Mauern und einen Tunnel zur Wasserversorgung. 628 v. Chr. machte Josia Jerusalem zur allein legitimen israelitischen Kultstätte (2. Buch der Könige, 22f). 587 nahm der neubabylonische Herrscher Nebukadnezar die Stadt ein und siedelte einen Großteil der Bevölkerung um. Nach dem Ende der Babylonischen Gefangenschaft wurde 520 v. Chr. der 2. Tempel erbaut. 445 v. Chr. errichtete Nehemia eine neue Stadtmauer.

Im Jahre 332 v. Chr. kam Jerusalem unter griechische Herrschaft und wurde zunehmend hellenisiert. Die Entweihung des Tempels durch Antiochos IV. löste 167 v. Chr. den Makkabäeraufstand aus. Unter den Makkabäern bzw. Hasmonäern wuchs die Stadt nach Westen bis zum heutigen Zionsberg. 63 v. Chr. kam sie zum Machtbereich der Römer und 37 v. Chr.

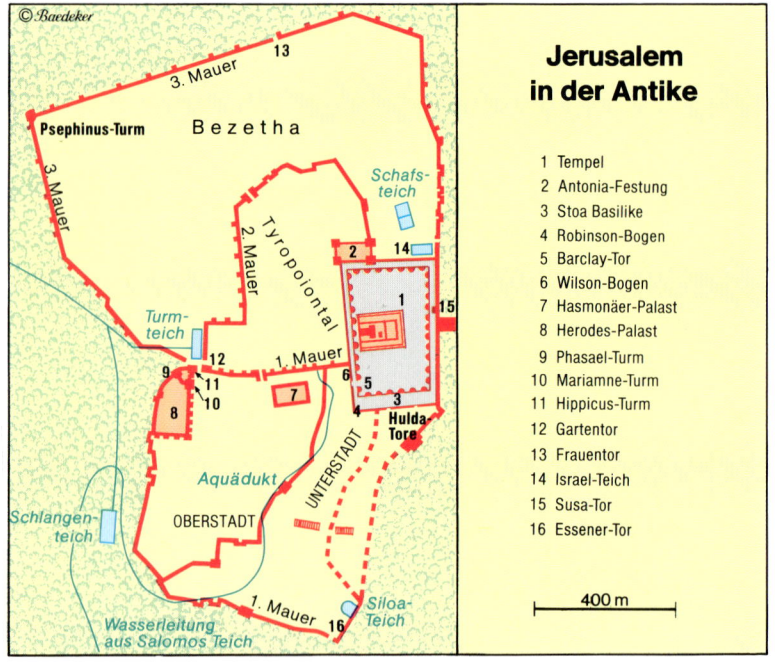

© Baedeker

Jerusalem in der Antike

1 Tempel
2 Antonia-Festung
3 Stoa Basilike
4 Robinson-Bogen
5 Barclay-Tor
6 Wilson-Bogen
7 Hasmonäer-Palast
8 Herodes-Palast
9 Phasael-Turm
10 Mariamne-Turm
11 Hippicus-Turm
12 Gartentor
13 Frauentor
14 Israel-Teich
15 Susa-Tor
16 Essener-Tor

400 m

wurde der Idumäer Herodes Herrscher über das Land. Er baute den Tempelplatz prächtig aus und versah die Stadt nach hellenistisch-römischem Vorbild mit Palastbauten, Zitadelle, Theater, Hippodrom, Agora und weiteren Bauten. Nach seinem Tod (4 v. Chr.) war Jerusalem die Stadt der Hohenpriester – unter römischen Prokuratoren. Von 41 bis 44 herrschte König Agrippa I., der die Stadt nach Norden ausdehnte (3. Mauer). Im Jahre 70 wurde Jerusalem von Titus zerstört und nach 135 von Kaiser Hadrian als Aelia Capitolina erneuert. Zur christlichen Stadt entwickelte sich Jerusalem seit 326, als Kaiser Konstantin und seine Mutter Helena Kirchen erbauen ließen. Auch Kaiserin Eudokia, Gemahlin von Theodosius II., die von 444 bis 460 in Jerusalem lebte, und Kaiser Justinian (527–565) förderten den Bau christlicher Kirchen. Diese Ära endete 614 mit der Eroberung durch die Perser; 627–638 waren die Byzantiner noch einmal im Besitz der Stadt.

Islamische Heere eroberten 638 Jerusalem, wo die Omaijadenkalifen den Felsendom und die El-Aksa-Moschee errichten ließen. Eine Epoche unter christlicher Vorherrschaft begann erneut am 15. Juli 1099 mit der Eroberung durch die Kreuzfahrer, die das Stadtbild durch zahlreiche Bauten (Kirchen, Paläste, Hospize) prägten. Als 1187 Sultan Saladin Jerusalem einnahm, wurde wieder der Islam bestimmend; dies blieb so unter den ägyptischen Mamelucken (1291–1517) und unter den Osmanen (1517–1917), auf welche die heutige Stadtmauer (1537) zurückgeht.

Im 19. Jh. gewannen die christlichen Mächte Europas, nachdem sie den türkischen Sultan gegen den Ägypter Ibrahim Pascha unterstützt hatten, seit 1840 zunehmend an Einfluß, was in der Errichtung von Kirchen, Schulen, Kranken- und Waisenhäusern zum Ausdruck kam. Der Papst erneuerte das 1099 begründete, 1291 wieder aufgelöste lateinische Patriarchat. 1845 entstand ein englisch-preußisches Bistum. Die deutschen Templer gründeten 1873 eine Siedlung (nahe beim Bahnhof), und 1881 Angehörige einer amerikanisch-schwedischen Religionsgruppe die American Colony (nördlich des Damaskustores). Nachdem es den Juden jahrhundertelang untersagt war, in der Stadt zu leben, wanderten seit dem 13. Jh. wieder Juden zu. 1267 gründete Ramban (Rabbi Nachmanides) eine Synagoge, 1488 zogen Juden aus Ägypten in die Stadt, nach 1492 sephardische Juden aus Spanien. Aschkenasische Juden kamen 1701 dazu: Rabbi Hanassi aus Polen mit 500 Anhängern. Im 18. Jh. gab es nun neben 1000 Sephardim (der jüdischen Elite) 700 Aschkenasim. Im 19. Jh. verstärkte sich die Einwanderung. Man gründete 1854 das erste jüdische Krankenhaus, 1855 legte Sir Moses Montefiore die erste jüdische Siedlung außerhalb der Altstadt an, noch heute kenntlich durch ihre Windmühle. 1868 bauten Juden aus Nordafrika Makhane Israel (Ecke König-David- und Agron-Straße). Die Siedlung Mea Shearim entstand 1874. Staatlich anerkannter Vertreter der religiös gespaltenen Juden war der sephardische Oberrabbiner. Am 11. Dezember 1917 zogen die Briten unter General Allenby in Jerusalem ein. Vom 1. Juli 1920 an war Jerusalem Sitz des britischen Hochkommissars für das Mandatsgebiet Palästina. Im Jahre 1925 wurde die Hebräische Universität eröffnet. Die Vereinten Nationen beschlossen 1947, das Land zwischen Arabern und Juden zu teilen und Jerusalem zu internationalisieren. Nach dem Ende der Mandatszeit kam es 1948 zu israelisch-jordanischen Kämpfen um die Stadt, die im Waffenstillstand von 1949 geteilt wurde. Die Israelis erhoben 1950 Westjerusalem zur Hauptstadt ihres Staates; im Sechstagekrieg 1967 wurde Ostjerusalem erobert. Zu neuen Unruhen kam es, als 1980 Jerusalem, einschließlich der arabischen Altstadt, zur 'ewigen Hauptstadt Israels' erklärt wurde. Der israelisch-arabische Konflikt verschärfte sich im Dezember 1987 mit dem Beginn der Intifada. Gewaltsame Auseinandersetzungen zwischen Palästinensern und Israelis waren seitdem auch in Jerusalem keine Seltenheit. Ihren (vorläufigen) Höhepunkt erreichten die Gewaltaktionen mit dem Massaker auf dem Tempelberg im Oktober 1990. Bei der Wahl zum Bürgermeister von Jerusalem im November 1993 unterlag der langjährige Amtsinhaber Telly Kollek gegen Ehud Olmert. Mit zahlreichen Veranstaltungen hat Jerusalem 1996 sein 3000jähriges Jubiläum gefeiert.

✳✳Stadtbild

Die Altstadt ist von einer 12 m hohen und etwa 4 km langen turmbewehrten Ringmauer umschlossen, die in ihrer jetzigen Form 1537 von Sultan Suleiman dem Prächtigen erbaut wurde. Zwei Hauptstraßen, die vom Jaffator nach Osten führende Davidstraße (im östlichen Teil Kettenstraße) und die vom Damaskustor nach Süden ziehende Suq Khan ez-Zeit, kreuzen sich in der Mitte der Altstadt und teilen sie in vier Quartiere: in das Christenviertel im Nordwesten, das armenische im Südwesten, das Moslemviertel im Nordosten und das jüdische Viertel im Südosten. Die Gassen sind winkelig und vielfach überwölbt.

Die an die Altstadt westlich anschließende Neustadt hat sich betont modern entwickelt, mit Verwaltungseinrichtungen, Ministerien und Parlamentsgebäude, aber auch ausgedehnten Parkanlagen und Museen. Hier befindet sich auch das wichtigste Einkaufsviertel der Stadt, dessen Zentrum die Ben-Yehuda-Straße (Fußgängerzone) bildet.

Seit 1967, seit der Wiedervereinigung der Stadt, sind rings um die Altstadt und die neuere West-Stadt zahlreiche Trabantenstädte entstanden, die sich in der Regel durch eine zweckmäßige, aber wenig ansprechende Architektur auszeichnen.

Buslinie 99

Insbesondere an Touristen dachte man bei der Einrichtung der Buslinie 99. Der Bus verkehrt in regelmäßigen Abständen auf einer Strecke, an der alle wesentlichen Sehenswürdigkeiten der Stadt liegen, es gibt mehr als 30 Halteplätze (u.a. am Jaffator).

Besuchsordnung

Hinweis

Die meisten Museen, Ausgrabungsstätten u.ä. haben Freitagnachmittag und Samstag, dem jüdischen Sabbat, geschlossen bzw. verkürzte Öffnungszeiten. Die Eintrittskarten für diese Tage müssen im Vorverkauf erworben werden.

▼ *Ein hervorragender Ausblick auf die Heilige Stadt bietet sich von der Haas-Promenade*

Besuchsordnung
(Fortsetzung)

Über die Anschriften und Öffnungszeiten hinausgehende Informationen zu den einzelnen Sehenswürdigkeiten werden im folgenden nur für die gegeben, die bei der Stadtbeschreibung nicht berücksichtigt werden.

Abendmahlssaal
⟶ Coenaculum

Altes Jischuw-Museum
(Old Yishuv Court Museum)
Rehov Or Hahayyim 6 (Altstadt, Jüdisches Viertel)
Öffnungszeiten: So.–Do. 9.00–14.00 Uhr
In einem restaurierten Haus-Hof-Komplex aus dem 19. Jh. wird die Lebensweise der jüdischen Altstadtbewohner vom 19. Jh. bis 1948 anhand von Gebrauchsgegenständen, authentischen Interieurs u.a. dargestellt.

Ammunition Hill
⟶ Munitionshügel-Museum

Anna-Ticho-Haus
⟶ Ticho-Haus

Archäologischer Park Ophel
(Ausgrabungsstätte)
Unterhalb der Südmauer des Tempelbezirks, Eingang beim Dungtor
Öffnungszeiten: So.–Do. 9.00–16.00; Fr. 9.00–14.00 Uhr

Archäologisches Museum
⟶ Rockefeller-Museum

Archäologisches Museum Wohl
⟶ Herodianisches Wohnviertel

Jerusalem

500m

MAHANAYIM

KIRYAT ZANZ

MEI NEFTOAH

Harav Meir Bar-Ila

Yirmeyahu

BUCHARA VIERTEL

Fernseh-anstalt

Brandeis-Zentrum

ROMEMA

Malchei

KEREM AVRAHAM

Autobus-hof

Allenby-Denkmal

Derekh

GEULA

ETZ HAIM

Yafo

Kikar Nordau

Sarei Yisrael

MEKOR BARUKH

Porath Yosef Yeshiva

Yisrael

Jehezkel

Nordau

HAMEKASHER

Herzl

Yehuda Halevi

Derekh

Y'GIA KAPAYIM

KIRYAT MOSHE

Sderot

Binyane ha-umma

Außen-ministerium

Agrippas

ZIKHRON MOSHE

Histradut

Strauss

Ben

Zevi

MAHANE YEHUDA

Yafo

Ha-herut

Hanevi-im

OHEL MOSHE

Derekh

Ruppin

Sacher Park

Yizhag

Bezalel

Sderot

NAHLAT ZION

Yafo

Premier-minister

NAHLAT AHIM

Bezalel

Ben Yehuda

Kikar Ziy

Wise Auditorium

Innen-ministerium

KIRYAT BEN GURION

Ratisbonne-Kloster

Hamelech

Koch

Hillel

Planetarium

Finanz-ministerium

Unabhäng

Hebräische Universität

Ben

Yeshurun-Synagoge

Mamilla Teich

keitspark

National-bibliothek

Stadion

Zevi

SHA'AREI HESSED

Jewish Agency

George

Ussishkin

Rosenkranz schwestern

Knesset

Bible Lands Museum

Oberrabbinat

Kikar Zafart

Y.M.C.

Schrein des Buches

Ruppin

Tal des Kreuzes

Ramban

REHAVIA

Azza

Terra Sancta Kolleg

Karen Hayes

Billy-Rose-Kunst-garten

Jasons Grab

Balfour

Kikar Chile

Universitäts-synagoge

NEVE SHA'ANAN

Israel-Museum

Kreuz-kloster

Israelische Akademie

Jabotinsky

TALBIYA

NEVE GRANOT

Derekh

KIRYAT SHEMUL

Residenz d. Präsidenten

Dubnov

NAYOT

Herzog

Chopin

Stadttheater

Herzog

Hapalmah

Naturhis Muse

Tel-Aviv, Ben-Gurion-Flughafen

Yad Vashem, Herzl-Berg, En Karem

Weizmann

Yirmeyahu

Sderot

Derekh

Kikar Nordau

Flughafen Atarot, Ramallah, Nablus

Britischer
Soldaten-
friedhof

Hadassah-
Krankenhaus

Wadi

Derekh shekhem

el

SHEIK JARRAH

Ölbergstraße

Sderot Sir Winston Churchill

NAHLAT
SHIMON

Simonsgrab

Nationalbibliothek
(Hebr. Universität)

Ölbergstraße

T ISRAEL

Shemuel

Hanavi

St. Georg

Joz

Königs-
gräber

Khalid

ibn

el

Waleed

WADI EL-JOZ

Skopusberg

Mandelbaum-
tor

Shivte Yisrael

Salah

ed-

AMERICAN COLONY

El Mukaddasi

Ben

Adaya

EARIM

iopische
che

USS.
RTEL
nalka

Shivte

Hanevi'im

Az-Zahara

Nur ed-

Shmuel

St.
Stephan

Derekh

Garten-
grab

Jeremias-
grotte

Rockefeller-
Museum

Russische
Kathedrale

Shekhem

Sultan

Suleiman

Yericho

Gericht

Damaskustor

Herodestor

Notre-Dame
de France

Hatzanhanim

St. Anna

St. Stephanstor
(Löwentor)

EL-TUR

Rathaus

Yisrael

Hativat

MOSLEM

Tariq

al-Mujahedeen

St.
Stephan

Mariengrab

Neues Tor

Kikar
Zahal

CHRISTEN

Khanqa

Via D

Suq Khan ez-Zeit

Kirche der
Nationen

Himmelfahrts-
kapelle

Mamila

Grabeskirche

VIERTEL

Tempel-

Goldenes Tor

Dominus
Flevit

Felsendom

berg

Maria-Magdalenen-
Kirche

Muristan

Erlöserkirche

Jaffator

David

Absaloms-
grab

Pater-Noster-
Kirche

ERKAZ
S'HARI

Zitadelle

ARME-

JÜDISCHES

Klagemauer

Jakobs-
grotte

Gräber
der
Propheten

© Baedeker

Christusk.

Grab des
Zacharias

NISCHES

VIERTEL

El-Aqsa-
Moschee

erodianer-
ab

Jakobus-
kathedrale

Dungtor

OPHEL

Kidrontal

Ölberg

YEMIN
MOSHE

VIERTEL

Zionstor

Derekh Ha-Shiloah

Kar Montefiore-
her Windmühle

Dormitio-
Abtei

Gihon-
quelle

Davidsgrab
(Coenaculum)

Berg Zion

St. Peter
in Gallicantu

Malki

Zedek

Derekh Yeriho

Shiloah

St. Andreas

Siloah-
teich

SILWAN

Khan

Hativat

Yerushalayim

Hinnomtal

ahnhof

ehem, Hebron

Bethphage

Jericho, Totes Meer, Qumran

Jerusalem

Hiskias Tunnel
⟶ Gihonquelle und Hiskias Tunnel

Holocaust-Museum ⟶ Yad Vashem

Hurva-Synagoge ⟶ Ramban- und Hurva-Synagoge

Islamisches Museum
Tempelberg in der Altstadt
Öffnungszeiten: So. – Do. 8.00 – 16.00, Ramadan 9.00 – 11.00 Uhr

Israel-Museum
Derekh Ruppin
Öffnungszeiten: So., Mo., Mi., Do. 10.00 – 17.00; Di. 16.00 – 22.00;
Fr. 10.00 – 14.00, Sa. 10.00 – 16.00 Uhr

Jakobuskathedrale
im Armenischen Viertel der Altstadt
Öffnungszeiten: Mo. – Fr. 15.00 – 15.30; Sa., So. 14.30 – 15.15 Uhr

Jasons Grab
Rehov Alfasi 10
Öffnungszeiten: Mo., Do. 10.00 – 13.00 Uhr

Jerusalem-Museum ⟶ Zitadelle

Jischuw-Museum ⟶ Altes Jischuw Museum

Kirche des hl. Jakob ⟶ Jakobuskathedrale

Knesset (Israelisches Parlament)
Derekh Ruppin
Führungen (nur an sitzungsfreien Tagen): So., Do. 8.30 – 14.30 Uhr
Paß erforderlich!

Königsgräber
Rehov Salad en-Din
Öffnungszeiten: Mo. – Fr. 8.30 – 13.00 Uhr

Kreuzkloster
Sederot Yizay Ben Zevi
Öffnungszeiten: Sa. – Do. 9.00 – 17.00; Fr. 9.00 – 13.00 Uhr

Künstlerhaus ⟶ Bezalel-Kunstschule

Landwirtschaftsmuseum
Rehov Heleni Ha-Malka 13
Öffnungszeiten: So. – Fr. 8.00 – 13.00 Uhr

Mariengrab
am Fuß des Ölbergs
Öffnungszeiten: Tgl. 6.30 – 12.00, 14.00 – 17.00 Uhr

Markuskloster
im Südwesten der Altstadt
Öffnungszeiten: Mo. – Sa. 9.00 – 12.00, 15.30 – 18.00 Uhr

Mayer-Institut für Islamische Kunst ⟶ Museum für Islamische Kunst

Modell des antiken Jerusalem
im Garten des Holyland Hotel, Bayit we-Gan
Öffnungszeiten: So. – Do. 8.00 – 22.00, Fr., Sa. 8.00 – 17.00 Uhr

Antiker Sarkophag im Israel-Museum

Montefiore-Museum
in der Montefiore-Windmühle, Yemin Moshe
Öffnungszeiten: So.–Do. 9.00–16.00; Fr. 9.00–13.00 Uhr

Besuchsordnung
(Fortsetzung)

Munitionshügel-Museum
Eshkol Boulevard
Öffnungszeiten: So.–Do. 8.30–17.00; Fr. 8.30–13.00 Uhr
Gedenkmuseum für die im Sechs-Tage-Krieg gefallenen israelischen
Soldaten.

Museum der Geteilten Stadt ⟶ Turgemanposten-Museum

Museum für Islamische Kunst
Rehov Palmach 2
Öffnungszeiten: So., Mo., Mi., Do. 10.00–17.00, Di. 16.00–20.00,
Fr., Sa., feiertags 10.00–14.00 Uhr. Islamische Kunst verschiedener Epo-
chen und Länder: u.a. Keramik, Teppiche, Textilien, Miniaturen, Graphiken.

Musikinstrumentenmuseum
(Rubin Akademie für Musik)
Rehov Smolenskin 7
Geöffnet: So.–Fr. 9.00–13.00 Uhr

Nahon-Museum
Rehov Hillel 27
Geöffnet: So.–Do. 10.00–13.00; Mi. 16.00–19.00 Uhr
Antike jüdische Kultobjekte in einer italienischen Synagoge des 18. Jh.s.

Naturgeschichtliches Museum
Rehov Mohliver 6, Deutsche Kolonie
Geöffnet: So.–Do. 8.30–13.00 Uhr

Ölbaumkloster
im Armenischen Viertel der Altstadt
Öffnungszeiten: Mo. – Fr. 8.00 – 17.00 Uhr

"One Last Day"-Museum
Cardo (jüdisches Viertel)
Öffnungszeiten: So. – Do. 9.00 – 17.00, Fr. 9.00 – 13.00 Uhr

Päpstliches Bibelinstitut
Rehov Emile Botta 3
Geöffnet: Mo., Mi., Fr. 9.00 – 12.00 Uhr
Archäologisches Museum und umfassende Bibliothek.

Ramban- und Hurva-Synagoge
im Jüdischen Viertel der Altstadt
Öffnungszeiten: So. – Do. 9.00 – 17.00; Fr. 9.00 – 13.00 Uhr

Rockefeller-Museum
Rehov Suleiman 1
Öffnungszeiten: So. – Do. 10.00 – 17.00;
Fr., Sa. 10.00 – 14.00 Uhr

Römischer Platz
(Ausgrabungsstätte)
beim Damaskustor
Öffnungszeiten: Sa. – Do. 9.00 – 17.00; Fr. 9.00 – 14.00 Uhr

Rubin Akademie für Musik
⟶ Musikinstrumentenmuseum

Sanhedringräber
Sanhedriya
Öffnungszeiten: Tgl. 8.00 Uhr bis Sonnenuntergang

Schocken Institut
Rehov Balfour 6
Öffnungszeiten: So. – Do. 9.00 – 13.00 Uhr
Jüdische illuminierte Manuskripte ab dem 13. Jh.; Autographen, ca. 50
Inkunabeln.

Schrein des Buches ⟶ Israel-Museum

Sephardische Synagogen
im Jüdischen Viertel der Altstadt
Öffnungszeiten: So. – Do. 9.00 – 15.00; Fr. 9.00 – 13.00 Uhr

Siloahteich
Kidrontal
Öffnungszeiten: So. – Do. 9.00 – 16.00; Fr. 9.00 – 13.00 Uhr

Sir Isaac und Lady Wolfson Museum
im Gebäude des Oberrabbinats, Ha-Melekh George 58
Öffnungszeiten: So. – Do. 9.00 – 13.00 Uhr
Jüdische Kultgegenstände, Exponate der Volkskunst.

Skirball-Museum
King David Str. 14
Öffnungszeiten: So. – Do. 10.00 – 16.00, Sa. 10.00 – 14.00 Uhr

Stadtmauerrundgang
Eingänge am Jaffa- und Damaskustor
Öffnungszeiten: Sa. – Do. 9.00 – 17.00; Fr. 9.00 – 15.00 Uhr

Stadtmuseum
⟶ Zitadelle

St.-Anna-Kirche
Altstadt, nähe Löwentor
Öffnungszeiten: Tgl. 8.00 – 12.00, 14.00 – 18.00 Uhr (im Winter bis 17.00)

Steinbruch Salomos ⟶ Zedekiahöhle

Steuermuseum
Rehov Agron 32
Öffnungszeiten: So., Di., Do. 13.00 – 16.00; Mo., Mi., Fr. 10.00 – 12.00 Uhr

St.-Markus-Kirche
⟶ Markuskloster

St. Peter in Gallicantu
Malki Zedeq
Öffnungszeiten: Mo. – Sa. 8.30 – 11.45, 14.00 – 17.30 Uhr
(Winter bis 17.00)

St.-Stephan-Kloster
Derekh Shekhem
Öffnungszeiten: Tgl. 7.30 – 13.00, 15.00 – 18.00 Uhr

Teich Bethesda
Ausgrabungsstätte neben der St.-Annen-Kirche in der Altstadt
Öffnungszeiten: Tgl. 8.00 – 12.00, 14.00 – 18.00 Uhr (Winter bis 17.00)

Tempelberg
Altstadt
Öffnungszeiten: Sa. – Do. 8.00 Uhr bis Sonnenuntergang

Ticho-Haus
Rehov Harav Kook 7 – 9
Öffnungszeiten: So. – Do. 10.00 – 24.00; Fr. 10.00 – 15.00 Uhr
Gemälde der Künstlerin Anna Ticho sowie eine Judaika-Sammlung.

Turgemanposten-Museum
Chail Hahandasa Str. 4
Öffnungszeiten: So. – Do. 9.00 – 17.00; Fr. 9.00 – 13.00 Uhr
In einem Haus, das 19 Jahre als Grenzstation diente, wird die Geschichte
des geteilten und wiedervereinigten Jerusalem anhand von Fotografien
und Dokumenten sowie audiovisuell dokumentiert.

Universität
⟶ Hebräische Universität

Verbranntes Haus
im Jüdischen Viertel der Altstadt
Öffnungszeiten: So. – Do. 9.00 – 17.00; Fr. 9.00 – 13.00 Uhr

Warrenschacht
⟶ Davidsstadt und Warrenschacht

Wilsonbogen
bei der Klagemauer
Öffnungszeiten: So., Di., Mi. 8.30 – 15.00; Mo., Do. 12.30 – 18.00;
Fr. 8.30 bis 12.00 Uhr (Zeiten variabel)

Wolfson-Museum
⟶ Sir Isaac und Lady Wolfson Museum

Jerusalem

Yad Vashem
Har Hazikkaron
Öffnungszeiten: So. – Do. 9.00 – 16.45; Fr. 9.00 – 13.00 Uhr

Zedekiahöhle
Rehov Sultan Suleiman (zwischen Damaskus- und Herodestor)
Öffnungszeiten: Tgl. 9.00 – 14.00 Uhr

Zitadelle
Altstadt, beim Jaffator
Öffnungszeiten: So. – Do. 9.00 – 17.00;
Fr. und Sa. 9.00 – 14.00 Uhr

Zoologischer Garten
⟶ Biblischer Zoo

Sehenswertes

Vom Jaffator zur Klagemauer

Jaffator

Benannt nach der hier beginnenden Straße zur Hafenstadt Jaffa, ist das Jaffator die Verbindungsstelle zwischen Altstadt und jüdischer Neustadt von Jerusalem und neben dem Damaskustor der wichtigste Zugang zur 1981 der UNESCO zum 'schützenswerten Kulturgut' erklärten Altstadt. Das Tor wird von den Arabern Bab el-Khalil (Hebrontor), von den Juden Shaar Yafo genannt. Es gehört zum Mauerring Suleimans des Prächtigen (16. Jh.). Die Bresche rechts daneben wurde 1898 von den Türken geschlagen, um dem deutschen Kaiserpaar den Einzug in die Stadt zu ermöglichen. Heute erlaubt sie Kraftfahrzeugen die Einfahrt.

*Zitadelle

Unmittelbar südlich des Jaffatores erhebt sich die Zitadelle, im Volksmund in ihrer Gesamtheit auch 'Davids Turm' genannt. Sie geht jedoch nicht auf David zurück, sondern auf Herodes, der um 24 v. Chr. im südlich angrenzenden Gelände seinen Palast erbaute und ihn durch eine befestigte Anlage sicherte. Deren drei Türme nannte er nach seinem Bruder, seinem Freund und seiner Frau – Phasael, Hippicus und Mariamne. Nach der Eroberung der Stadt durch Titus im Jahre 70 legten die Römer eine Garnison in die Festung, die später verfiel und von Kreuzfahrern, Mamelucken und Türken erneuert wurde. Auf den Fundamenten des Phasaelturmes entstand im 14. Jh. der sogenannte Davidsturm; der nordwestliche Turm steht an der Stelle des Hippicus-Turmes.
Die Zitadelle beherbergt heute eine stadtgeschichtliche und volkskundliche Sammlung, ist gleichzeitig eine interessante Ausgrabungsstätte – und nicht zuletzt bietet sich von ihren Mauern und insbesondere vom Davidsturm (Phasaelturm) aus eine hervorragende Aussicht auf die Stadt. Abends (außer Fr.) wird in der Zitadelle eine aufwendige 'Sound and Light Show' gezeigt (zu bestimmten Zeiten auch in Deutsch), die die Geschichte Jerusalems beleuchtet.

Christuskirche

Gegenüber dem Eingang zur Zitadelle sieht man die anglikanische Christuskirche (1849).

**Armenisches
Viertel**

Man wendet sich nun nach Süden zum Armenischen Viertel und folgt der Straße des armenischen Patriarchates. Nachdem man eine Polizeistation (rechts) passiert hat, biegt man links in die St.-Jakob-Straße ein, folgt dieser und geht dann links in die Araratstraße zum syrischen Markuskloster.

Markuskloster

Die im 12. Jh. erbaute reich ornamentierte Kirche steht nach der Überlieferung an der Stelle des Hauses von Maria, der Mutter des Evangelisten Markus, das Petrus aufsuchte, als er aus dem Gefängnis des Herodes

Die Zitadelle in der Jerusalemer Altstadt

Agrippa I. entwichen war (Apostelgeschichte 12,12–17). Hinter dem Kirchenportal sieht man rechts eine aramäische Inschrift und im Kirchenraum ein mit Silber beschlagenes Taufbecken, darüber eine Marienikone, welche die Mönche dem Evangelisten Lukas zuschreiben (Lukas gilt in der Ostkirche als der Maler der ersten und daher authentischen Marienikone). Sehenswert ist auch der reich geschnitzte Patriarchenthron.

Markuskloster (Fortsetzung)

Man kehrt zur Straße des armenisch-orthodoxen Patriarchates zurück, wendet sich nach Süden und gelangt zum Kloster des armenischen Patriarchates (links), der größten Klosteranlage der Stadt und dem geistigen Zentrum der Armenier, die hier eine Bevölkerungsgruppe von etwa 3500 Personen bilden.

Kloster des armenischen Patriarchates

Die Jakobuskathedrale ist ein Bau der Kreuzfahrerzeit (12. Jh.). Die Vorhalle im Süden hat ein schönes Portal aus dieser Zeit.
Die Beziehung zum Patron Jakobus ist zweifacher Natur. Eine Kapelle links vom Eingang gilt als der Platz, an welchem Jakobus d. Ä., Sohn des Zebedäus, auf Befehl des Herodes Agrippa I. im Jahre 44 hingerichtet wurde (Apostelgeschichte 12,2); nach der arabischen Eroberung hat man, wie die Überlieferung berichtet, seinen Leib nach Spanien gebracht, wo er vom 11. Jh. an der Mittelpunkt des Kultes von Santiago de Compostela wurde. Ferner zeigt man unter dem Altar der Kathedrale das Grab des gleichnamigen ersten Bischofs von Jerusalem, der als ältester Bruder Jesu und als der Verfasser des Jakobusbriefes im Neuen Testament gilt und im Jahre 62 gesteinigt wurde.
Durch ein Tor im Süden kommt man in die Etschmiadsin-Kapelle, in der u.a. Steine vom Sinai und vom Berg Tabor aufbewahrt werden.

Jakobuskathedrale

Nahe dem Eingang des Bezirkes führt eine Treppe zum Armenischen Kunst- und Geschichtsmuseum. Gezeigt werden eine Dokumentation der Geschichte des armenischen Volkes sowie Kult- und Kunstgegenstände

Armenisches Museum

Jerusalem

Armenisches Museum (Fortsetzung)

(z.B. das Zepter des letzten armenischen Königs aus dem 14. Jh., liturgische Gewänder, Kronen u.a.). Zudem bewahrt man hier etwa 4000 illuminierte Handschriften des 10.–17. Jh.s auf.

Haus des Annas / Ölbaumkloster

Auf der anderen Seite des Geländes, an der Gulbenkian-Bücherei vorbei durch einen Torbogen und dann rechts, findet man eine Kapelle (1300) an der Stelle vom 'Haus des Annas', dem Schwiegervater des Hohenpriesters Kaiphas, und das Nonnenkloster Deir el-Zeituni (Ölbaumkloster). Es wird ein Ölbaum gezeigt, an den Jesus vor dem Verhör durch den Hohenpriester gebunden gewesen sein soll.

*__Jüdisches Viertel__

Anschließend geht man weiter nach Süden und dann entlang der Stadtmauer nach Osten (passiert man das Zionstor, gelangt man zum Hinnom- und Kidrontal und hinauf zum Berg Zion), bleibt man jedoch innerhalb der Stadtmauer, erreicht man das Jüdische Viertel.

Dieser Bezirk wurde in den israelisch-arabischen Kämpfen 1948 und in der Folgezeit in Trümmer gelegt und nach 1967 wieder aufgebaut. In der zweiten größeren Straße, der Straße des jüdischen Viertels (Rehov Ha-Yehudim), wende man sich nordwärts und findet auf der rechten Seite mehrere in den letzten Jahren wiederaufgebaute Synagogen.

Ramban-Synagoge

Rechter Hand zunächst die Ramban-Synagoge, die 1267 als erste in der Altstadt erbaut wurde, und zwar von Rabbi Moshe ben-Nahman Ramban (Nachmanides), der aus Spanien ins Heilige Land gekommen war.

Hurva-Synagoge

Unmittelbar nördlich davon stehen die Reste der Hurva-Synagoge. Sie geht auf den Rabbi Yehuda Hanassi zurück, der 1701 mit 500 aschkenasischen Anhängern aus Polen gekommen war, worauf die jüdische Gemeinde der Stadt sich spaltete und die Aschkenasim eine eigene Synagoge errichteten. Nach dem Tode des Rabbi fiel sie in Trümmer (daher der Name Ha-Hurva = Ruine) und wurde erst 1856 erneuert. Dann war die

Im Jüdischen Viertel

Cardo

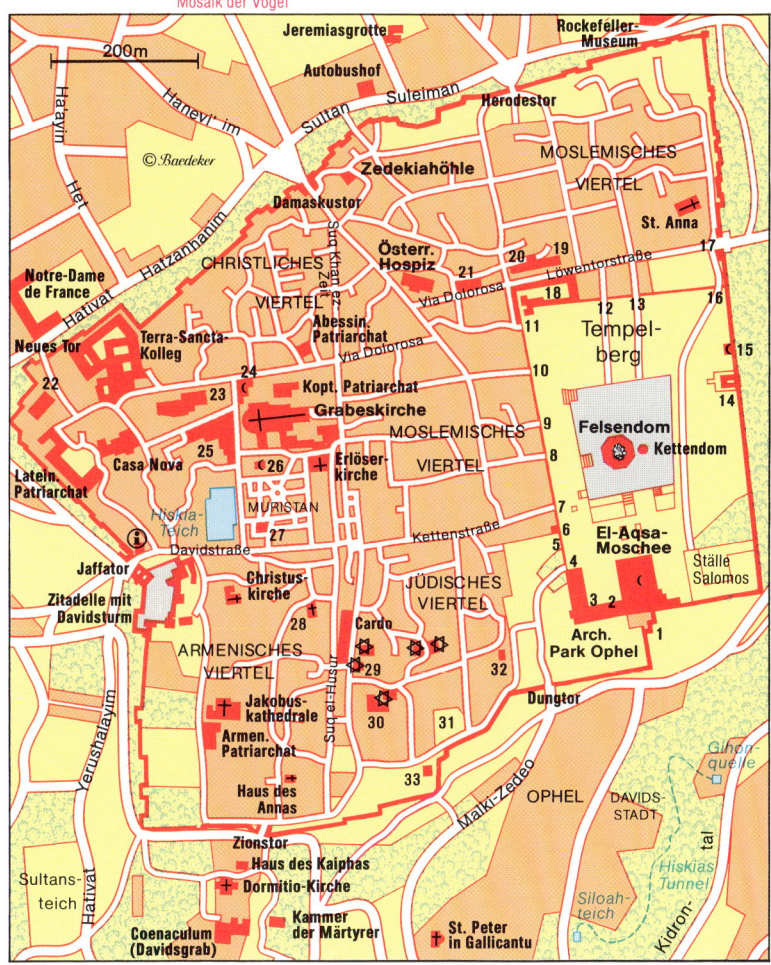

Mosaik der Vögel

Jeremiasgrotte

Rockefeller-Museum

Autobushof

Sultan Suleiman

Herodestor

MOSLEMISCHES VIERTEL

Zedekiahöhle

St. Anna

Damaskustor

Notre-Dame de France

CHRISTLICHES VIERTEL

Österr. Hospiz

Löwentorstraße

Via Dolorosa

Abessin. Patriarchat

Tempelberg

Neues Tor

Terra-Sancta-Kolleg

Via Dolorosa

Kopt. Patriarchat

Grabeskirche

MOSLEMISCHES VIERTEL

Felsendom

Kettendom

Casa Nova

Erlöser-kirche

Latein. Patriarchat

Hiskia-teich

MURISTAN

Kettenstraße

El-Aqsa-Moschee

Davidstraße

Ställe Salomos

Jaffator

Christus-kirche

JÜDISCHES VIERTEL

Arch. Park Ophel

Zitadelle mit Davidsturm

ARMENISCHES VIERTEL

Cardo

Dungtor

Jakobus-kathedrale

Armen. Patriarchat

Gihonquelle

Haus des Annas

OPHEL

DAVIDS-STADT

Zionstor

Haus des Kaiphas

Dormitio-Kirche

Hiskias Tunnel

Siloah-teich

Sultans-teich

Coenaculum (Davidsgrab)

Kammer der Märtyrer

St. Peter in Gallicantu

Kidrontal

© Baedeker

Altstadt Jerusalem

1 Doppeltor
2 Weiße Moschee
3 Islamisches Museum
4 Tor der Marokkaner
5 Klagemauer (Westmauer)
6 Klagemauer-Synagoge
7 Kettentor
8 Tor der Baumwollhändler
9 Eisentor
10 Bab en-Nadhir (Nazir)
11 Bab el-Ghawanima

12 Bab el-Atim
13 Bab Hitta
14 Goldenes Tor
15 Thron Salomos (Moschee)
16 Bab el-Asbat
17 Löwentor (Stephanstor)
18 El-Omariye-Schule
19 Geißelungskapelle
20 Urteilskapelle
21 Kirche der Schwestern Zions
22 Jesuitenkolleg
23 Griechischer Patriarchenpalast

24 El-Khanqa-Moschee
25 Konstantinskloster
26 Omar-Moschee
27 Kirche Johannes des Täufers
28 Markus-Kirche
29 Ramban- und Hurva- Synagoge
30 Sephardische Synagogen
31 Beth- Machase-Platz
32 Porat Yosef Yeshiva
33 Reste der Nea-Kirche

Jerusalem

Hurva-Synagoge (Fortsetzung)

Synagoge bis zu ihrer Zerstörung 1948 wieder ein Zentrum der aschkenasischen Juden. Nach 1967 wurden mehrere Vorschläge zum Wiederaufbau der Synagoge geprüft. Völlig wiederhergestellt wurde sie jedoch nie: Bis heute besteht sie lediglich aus einem überkuppelten Zentralbau und einem rekonstruierten Bogen, der an die einstige Größe der Synagoge erinnert und heute als Wahrzeichen des gesamten Viertels gilt.

Cardo

Westlich der Ramban- und Hurva-Synagoge führen Treppen hinab zum Cardo, eine der Hauptstraßen der Stadt in römischer und byzantinischer Zeit. Die 1976 bis 1985 auf einer Länge von knapp 200 m freigelegte Straße liegt heute 6 m unter dem Straßenniveau des Viertels und verläuft daher teilweise unterirdisch. Gesäumt wurde die Prachtstraße einstmals (wie ein hier ausgestellte Nachbildung eines Bodenmosaiks des 6. Jh.s beweist) von Säulenreihen, die eine Überdachung trugen, und von Geschäften – und auch heute ist ein Abschnitt des Cardo wieder als nobles Einkaufsviertel hergerichtet.

Sephardische Synagogen

Wendet man sich von der Ramban-Synagoge nach Süden, so erreicht man nach wenigen Metern links eine Gasse, die zu den Sephardischen Synagogen führt. Sie wurden 1967 nach alten Plänen aufgebaut und präsentieren sich nunmehr wieder weitgehend so wie zum Zeitpunkt ihrer Errichtung im 17. bzw. 18. Jahrhundert. Die Yohananben-Zakkai-Synagoge ist benannt nach einem Rabbi der römischen Zeit. Die Eliahu-Hanavi-Synagoge erinnert an den Aufenthalt des Propheten Elias an dieser Stätte. Die Emtzai-Synagoge (mittlere Synagoge) ist die kleinste von allen und war ursprünglich nur der Vorraum zu den anderen Beträumen. Die Istanbuli-Synagoge befand sich ehemals im Besitz von türkischen Juden.

Herodianisches Wohnviertel

Nordöstlich dieses Komplexes befindet sich eine weitere bedeutende Ausgrabungsstätte, das Herodianische Wohnviertel. Hier wurden verschiedene Häuser freigelegt, die während der Herrschaft des Herodes (40–4 v. Chr.) errichtet und im Jüdischen Krieg 70 n. Chr. zerstört worden waren. Die Größe und Ausstattung der Bauten, insbesondere die teilweise gut erhaltenen Bodenmosaiken und die aufwendigen Bäder, zeugen vom Reichtum der einstigen Bewohner. Der Ausgrabungsstätte angeschlossen ist ein Museum, in dem neben Fresken, Stuckverzierungen und Resten der Mosaikböden auch verschiedene Gebrauchs- und Luxusgegenstände gezeigt werden.

Verbranntes Haus

Auch das nahe gelegene 'Verbrannte Haus' wurde 70 n. Chr. durch die Römer zerstört. Zwar sind die hier präsentierten archäologischen Funde eher spärlich, doch wird mehrmals täglich in einer audio-visuellen Show die Geschichte des Viertels zur Zeit des Herodes und die Zerstörung durch die Römer lebendig.

Tipheret Israel

Gegenüber dem Verbrannten Haus liegen die Ruinen der chassidischen Hauptsynagoge Tipheret Israel (Ruhm Israels) und ebenfalls ganz in der Nähe der Hof der jüdischen Sekte der Karäer.

**Klagemauer

Vorbei an der Porat-Josef-Synagoge kommt man zur 48 m langen und 18 m hohen Klagemauer oder Westmauer (Kotel Hama'aravi), an der Südwestseite des Tempelbezirks, dem größten Heiligtum der Juden. Seit 1967 hat man das bis dahin dicht bebaute Gelände in einen großen freien Platz umgewandelt, dessen an die Mauer anstoßender Teil durch ein Gitter abgegrenzt wird und als Synagoge gilt, in dem rechts die Frauen, links die Männer ihren Platz haben. Hier finden große religiöse Feiern und auch die Rekrutenvereidigungen statt. Die Klagemauer hat ihren Namen von den Klagen der Juden um den Untergang des Tempels. Sie war der einzige Teil des Tempelgebietes, der für sie fast immer zugänglich war. Heute machen fromme Juden von der Möglichkeit, den Tempelberg selbst zu betreten, keinen Gebrauch, da die Lage des Allerheiligsten, das niemand außer den Hohenpriestern betreten durfte, nicht genau bekannt ist.

Klagemauer: heiligste Stätte des Judentums

Ein gewölbter Durchgang in der Nordostecke der Klagemauer führt entlang der herodianischen Mauer bis zum sogenannten Wilsonbogen (unterhalb des heutigen Kettentores), der einst das Tyropoiontal überspannend, ein Tempelzugang war. Unter diesem Bogen sieht man in den viereckigen Schacht hinab; man erkennt 14 Quaderschichten unterhalb des heutigen Niveaus bis hinunter zum gewachsenen Fels und erhält dadurch einen Eindruck von der Mächtigkeit dieser Mauer.

Wilsonbogen

Das Areal südlich und südöstlich der Klagemauer, unterhalb der Südmauer des Tempelbezirkes nimmt der Archäologische Park Ophel ein. Hier haben israelische Altertumswissenschaftler seit 1968 bedeutende Funde gemacht. Unweit südlich der Klagemauer befindet sich der nach seinem Entdecker benannte Robinsonbogen, der einst jedoch kein Bogen war; vielmehr konnte man auf einer Treppe zum Tempelplatz hinaufsteigen. Bereits 1971 war ein zwei Meter hoher Stein von der Südwestecke des Tempelplatzes gefunden worden, und zwar 35 m unter der oberen Abgrenzung der Umfassungsmauer, von der er wohl bei der Zerstörung des Tempels im Jahre 70 hinabgestürzt worden war. Dieser von Flavius Josephus erwähnte Eckstein hat eine Nische, in der vermutlich der Priester stand, der Anfang und Ende des Sabbats ausrief. Im Ostteil des Archäologischen Parks wurden die Treppen freigelegt, die zu den sogenannten Huldatoren führten, von denen man unter der Stoa basilike des Herodes zum Tempelplatz hinaufstieg.

Archäologischer Park Ophel

Im südlichen Teil des Geländes hat man 1975 die Reste eines zweistöckigen Palastes entdeckt, der ein Areal von rund 1000 m² umfaßt; er wurde als derjenige der Königin Helena von Adiabene im nördlichen Mesopotamien identifiziert, die um 50 n. Chr. zum jüdischen Glauben übertrat und sich in Jerusalem niederließ.

Anschließend geht man zurück zum Platz vor der Klagemauer und gelangt dann durch eine Gasse im Nordwesten zur Kettenstraße, wo man sich

nach links wendet, die Bazarstraße überquert und durch die belebte Davidsstraße mit ihren Cafés und Geschäften zum Ausgangspunkt am Jaffator zurückkommt.
Man kann auch rechts in die Bazarstraße (Khan ez-Zeit) einbiegen und ihr bis zum Damaskustor folgen.

Tempelberg

Bedeutung

Östlich der Klagemauer erhebt sich der Tempelberg. Der alte Tempelplatz Israels (von den Arabern 'Haram el-Sharif' = 'erhabenes Heiligtum' genannt) ist das bedeutendste islamische Heiligtum nach Mekka und Medina.
Nirgendwo sonst liegen heilige Stätten der drei monotheistischen Weltreligionen so dicht beieinander wie hier. Heilig ist der Ort für die Moslems und nicht minder für die Juden, deren Tempel hier stand; Bedeutung hat er auch für die Christen, denn im Tempel wurde Jesus als Knabe dargebracht (Lukas 2,22), hier disputierte der Zwölfjährige mit den Schriftgelehrten (Lukas 2,46), aus dem Vorhof vertrieb er später Händler und Geldwechsler (Matthäus 21,12) und auf der Tempelzinne versuchte ihn der Teufel (Matthäus 4,5).

Geschichte

Am Anfang der Geschichte dieses Platzes, in der sich Mythos, Wunder und Historie zu einer großen, religiös geprägten Einheit verbinden, steht Abraham. Von Ur am unteren Euphrat eingewandert, lebte er mit seiner Sippe in Beersheba, als Gott ihm befahl (Genesis 22), seinen Sohn Isaak auf dem Berg Morija zu opfern. Dieser Berg ist, wie allgemein angenommen wird, der Platz, auf dem später der Tempel erbaut wurde. Abraham folgte der Weisung, legte in drei Tagen die 85 km weite Strecke nach Jerusalem zurück und bereitete das Opfer vor. Das Menschenopfer wurde durch göttliches Eingreifen verhindert, an Isaaks Stelle trat ein Widder; dieser Vorgang kann als mythisches Bild für die Ablösung des Menschen- durch das Tieropfer verstanden werden. Dieses wohl ins 18. Jh. v. Chr. zu datierende Geschehen heiligte den Felsengipfel, der sich damals steil zwischen Kidron- und Tyropoion-Tal erhob, für alle Zeiten.
Um 1000 v. Chr. nahm David die damals jebusitische Stadt ein, errichtete auf Morija, an der Stelle einer Tenne des Jebusiters Ornan, einen Altar und brachte die Bundeslade mit den Gesetzestafeln hierher (2. Buch Samuel, Kapitel 6).
Sein Sohn Salomo (960–926 v. Chr.) ließ dann im Zusammenhang mit der Errichtung seines Palastes an dieser Stelle den 1. Tempel aufführen (1. Buch der Könige, 5–6). Es war der erste größere Bau der Israeliten, und da sie auf architektonischem Gebiet nicht erfahren waren, versicherte Salomo sich der Hilfe des phönizischen Königs Hiram von Tyros. Gegen die jährliche Lieferung von 20 000 Sack Weizen und 20 000 Eimern gepreßten Öls sandte ihm Hiram Zedernholz vom Libanon sowie seine Baumeister. Daher hatte der Tempel Merkmale phönizischer Architektur; Details wie die beiden Kupfersäulen Boas und Jachin im Vorhof haben ihre genaue Entsprechung in Tempeln der vorisraelitischen, kanaanäischen Bevölkerung (z.B. den in ⟶ Hazor ausgegrabenen Tempeln des 20./19. Jh.s v. Chr.) wie auch in sehr viel späteren Baalstempeln etwa von Palmyra.
Der Tempel wurde im vierten Jahr Salomos begonnen und nach sieben Jahren, also 950 v. Chr., vollendet. Er war 10 m breit, 14 m hoch und 27 m tief. Er hatte eine etwa 4,50 m tiefe Vorhalle und seitliche Räume für den Tempelschatz und liturgische Gewänder. Der Hauptraum (Hekal) maß in der Längsachse 18 m, das anschließende Allerheiligste (Debis) 9 m. Die Wände waren mit Zedernholz getäfelt und vergoldet. Im Hauptraum stand der Altar, im Allerheiligsten die Bundeslade, bewacht von zwei großen goldenen Cherubim, deren Flügel von Wand zu Wand reichten. In dem kostbar ausgestatteten Tempel verrichteten die von Salomo eingesetzten Priester,

Tempelberg: Blick auf El-Kas und Felsendom ▶

die Zadoks, Gebet und Opfer. Der Brandopferaltar war die in den Tempel einbezogene Spitze des Felsens Morija.

Der salomonische Bau stand fast 400 Jahre, bis zur Zerstörung durch den Babylonier Nebukadnezar 587 v. Chr. Nach der Rückkehr aus der Babylonischen Gefangenschaft beseitigte man die Trümmer und errichtete den 2. Tempel, der 516 v. Chr. fertiggestellt wurde. Im Buch Esra (Esra 6,3) sind seine Maße angegeben; die Ausstattung war wahrscheinlich bescheidener als die des 1. Tempels.

Im Laufe der Zeit, insbesondere bei den Auseinandersetzungen mit den seleukidischen Herrschern, die zum Makkabäeraufstand führten, hat dieser Tempel wohl größere Schäden erlitten. Daher ließ Herodes (37–4 v. Chr.), der bei den Juden als fromm und gesetzestreu gelten wollte, das Heiligtum neu ausbauen. Dazu holte man sich, wie beim Bau des ersten Tempels, Anregungen bei einer anderen Kultur. Herodes verband die Erfordernisse des jüdischen Kultes mit Elementen des hellenistisch-römischen Stils, wie es auch von anderen semitischen Tempeln (etwa Palmyra und Petra) bekannt ist.

Zunächst erweiterte er die Fläche des Heiligtums auf den heutigen Umfang von rund 300 x 480 m. Dazu waren Aufschüttungen erforderlich und der Bau von mächtigen Pfeiler-Substruktionen (die 'Ställe Salomos'), da das Gelände nach Süden abfällt. Das so gewonnene Terrain wurde mit mächtigen Quadermauern eingefaßt, die an der Ost- und Südseite wie in der südlichen Hälfte der Westseite noch sichtbar sind. An der Südostecke erreichen sie über dem Kidrontal eine Höhe von 65 m. Auf den Umfassungsmauern zogen sich Säulenhallen entlang, deren südliche – als königliche Halle (Stoa basilike) – mit vier Reihen korinthischer Säulen besonders reich ausgestattet war. In den Tempelbezirk führten zahlreiche Eingänge: im Osten ein Zugang dort, wo heute das Goldene Tor liegt; im Süden die durch Ausgrabungen nach 1967 wieder sichtbar gewordenen Huldatore unter der königlichen Halle; im Westen, nach ihren Erforschern benannt, das Warren- und das Barclaytor, ferner der Wilsonbogen, der das Tyropoiontal überspannte; in der Südwestecke der heute wieder sichtbare Robinsonbogen, zu dem eine Treppe hinaufführte.

Der äußere Vorhof war die Stätte des weltlichen Lebens und der Händler; zu ihm hatte jedermann Zutritt. Auf höherem Niveau lag der innere Vorhof, den nur Juden betreten durften. Er war dreigeteilt: in den Hof der Frauen, den Hof der Israeliten (nur für Männer zugänglich) und den Hof der Priester. In diesem stand, wohl über dem heiligen Felsen, der große gehörnte Altar, auf dem die Tieropfer dargebracht wurden. Im innersten schließlich stand der Tempel, den Flavius Josephus detailliert geschildert hat (Geschichte des Jüdischen Krieges V,4–6). Die Fassade aus weißem Marmor war mit goldenen Kapitellen und einem goldenen Türsturz mit Weinrankenornamenten geschmückt. Die Front war rund 50 m breit und hoch, das dahinter gelegene Gebäude um 20 m schmaler. Der vordere Teil hatte keine Tore, denn "er sollte ein Sinnbild des unübersehbaren offenen Himmels sein". Der anschließende Raum war zweigeteilt. Im vorderen Teil standen der siebenarmige Leuchter und das Rauchfaß. Ein Vorhang trennte das leere Allerheiligste ab, die Wohnung des unsichtbaren Gottes. "Der äußere Anblick des Tempels bot alles, was Auge und Herz entzücken konnte. Auf allen Seiten mit schweren goldenen Platten bekleidet, schimmerte er bei Sonnenaufgang im hellsten Glanz und blendete das Auge wie Sonnenstrahlen." So Flavius Josephus, der auch den Tempeldienst seiner Zeit und die Zerstörung des Tempels beschreibt, denn der herodianische Tempel, der nur knapp 100 Jahre bestand, wurde 70 n. Chr. durch die Römer zerstört.

Seitdem hat es nie mehr einen jüdischen Tempel gegeben. Der Opferkult wurde eingestellt, an die Stelle des Priesters trat der Rabbiner, als Gebetsraum verblieb die Synagoge, als Erinnerung an den Tempel die Klagemauer. Der Tempelplatz ist heute ein islamisches Heiligtum.

Doch bevor die Mohammedaner den Ort unter ihre Herrschaft brachten, stand Jerusalem im Zeichen des Kreuzes. Nachdem Kaiser Konstantin d. Gr. im 4. Jh. Kirchen über dem Heiligen Grab und am Ölberg errichtet hatte, ließ Justinian (527–564) in Jerusalem eine Marienkirche erbauen. Es war eine Basilika, deren Dachkonstruktion aus großen Zedernstämmen bestand. Sie erhob sich, wie sich aus der Beschreibung durch Prokop von Caesarea ergibt (De aedificiis V,6), auf dem Tempelplatz.

Als die moslemischen Heere 638 Jerusalem eroberten, besuchte Omar, ursprünglich ein erbitterter Gegner Mohammeds, dann sein zweiter Nachfolger (Kalif), die Stadt. Begleitet von Erzbischof Sophronius begab er sich in einfachster Kleidung auf den Tempelplatz und sprach am Felsen Abrahams ein Gebet. Dieser Felsen war den Moslems heilig. Die 17. Sure des Korans berichtet von der wunderbaren Nachtreise des Propheten "vom heiligen Tempel zu Mekka zum fernen Tempel" zu Jerusalem; vom Felsen Morija aus stieg Mohammed in die sieben Himmel auf, um dann wieder nach Mekka zurückzukehren.

Aufgrund dieser Überlieferung messen die Moslems dem Haram el-Sharif große Bedeutung zu. Sie stieg in unserem Jahrhundert weiter an: Hier ist König Hussein I. (1853–1931), ein Vorkämpfer der arabischen Bewegung im 20. Jh., begraben, und hier wurde 1951 sein Nachfolger Abdallah ermordet.

In der glanzvollen Zeit der in Damaskus residierenden Omaijadenkalifen erhielt der Tempelplatz die beiden Bauten, die seitdem Wahrzeichen der Stadt sind: 687–691 erbaute Abd el-Malik über dem Felsen Morija den Felsendom, und sein Sohn Al-Walid I. (705–715) machte Justinians Kirche der Gottesmutter zur El-Aqsa-Moschee.

Unterbrochen wurde die Herrschaft des Islams über den Tempelberg durch die Kreuzfahrerzeit, die in Jerusalem von 1099 bis 1187 dauerte. Die Kreuzfahrer plünderten den Felsendom und die El-Aqsa-Moschee (während Kalif Omar die Grabeskirche verschont hatte). Die ersten Könige von Jerusalem residierten in der El-Aqsa-Moschee, übergaben sie dann aber dem 1149 gestifteten Templerorden, der seinen Namen nach dem Templum Salomonis (el-Aqsa) und dem Templum Domini (Felsendom) erhielt.

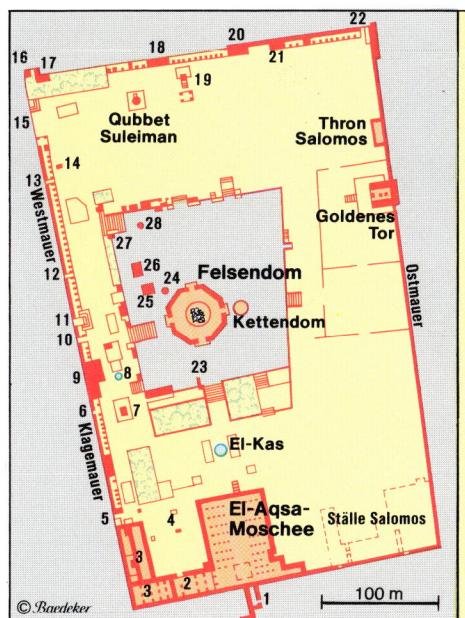

Jerusalem Tempelberg

1 Doppeltor
2 Weiße Moschee
3 Islamisches Museum
4 Jussefkuppel
5 Bab el-Magharibeh
6 Bab es-Silsileh (Kettentor)
7 Qubbet Musa
8 Qaitbay-Brunnen
9 Medresse
10 Bab el-Mastarak
11 Bab el-Qattanin
12 Bab el-Hadid (Eisentor)
13 Bab en-Nadhir (Nazir)
14 Sebil Ala ed-Din el-Basir
15 Bab el-Ghawanima
16 Minarett
17 Medresse el-Malakiyeh
18 Bab el-Atim
19 Sebil es-Sultan Suleiman
20 Bab Hitta
21 Medresse el-Gahdiriyeh
22 Bab el-Asbat
23 Kanzel
24 Gebetsnische des Propheten
25 Himmelfahrtsdom
26 Hebron-Dom
27 St.-Georgs-Dom
28 Geisterdom

Jerusalem

Tempelberg, Geschichte (Fortsetzung)

Seit der Rückeroberung durch Saladin 1187 wieder in islamischem Besitz, wurde der Tempelplatz in der Folgezeit mit weiteren Bauten ausgestattet, insbesondere von den ägyptischen Mamelucken. In den israelisch-arabischen Kämpfen des Jahres 1948 durch Granaten beschädigt, wurde der Felsendom 1958–1964 durch Jordanien, Ägypten und Saudiarabien wiederhergestellt und erhielt dabei eine neue goldene Kuppel. Im Sechstagekrieg erreichten israelische Soldaten am 7. Juni 1967 die Klage- bzw. Westmauer, die seitdem für die Juden wieder zugänglich ist.

Umfassungs- mauern

Ihre größte Höhe (65 m) erreicht die den Tempelberg einfassende Mauer an der Südostecke. Hier erkennt man deutlich die für herodianische Bauten charakteristischen mächtigen Quader und das darüber liegende kleinteilige Mauerwerk von Ausbesserungen späterer Zeit.

Die Eingänge zum Tempelberg für Nichtmuslime befinden sich an der 490 m langen, bis zur ehemaligen Antoniafestung reichenden Westmauer. Sie hat außer dem Bab el-Magharibeh sechs weitere Tore, die wichtigsten sind das Kettentor (Bab es-Silsileh), das stalaktitengeschmückte Tor der Baumwollhändler (Bab el-Qattanin), das Eisentor (Bab el-Hadid) und das Bab en-Nadhir, durch das man den Tempelplatz betreten kann, wenn man vom Damaskustor über König-Salomo- und Ala-ud-Din-Straße kommt.

An der West- und der Nordmauer des Haram el-Sharif erheben sich vier Minarette, je eines in der Südwestecke (1278, umgebaut 1622), über dem Silselehtor (1329), in der Nordwestecke (1297) und schließlich das jüngste an der Nordmauer (1937).

Platzanlage

Wir betreten den Tempelberg (Haram el-Sharif) durch das Tor der Marokkaner (Bab el-Magharibeh) und befinden uns nun in dem weitläufigen moslemischen Gelände. Die westliche Seite des Platzes ist mit Arkadenbauten der Mameluckenzeit versehen, in denen sich moslemische Einrichtungen befinden. Im Gebäude zwischen Bab el-Qattanin und Bab el-Hadid einige Gräber, darunter das von König Hussein I. Ibn Ali (1853–1931).

El-Aqsa-Moschee auf dem Tempelberg

Tempelberg,
Platzanlage
(Fortsetzung)

Er gehörte zu der nach Mohammeds Großvater Haschem benannten Haschemitenfamilie, die von 960 an als Großscherifen in Mekka residierte. 1916 erklärte er seine Unabhängigkeit vom Osmanischen Reich und nannte sich König von Arabien (anerkannt nur als König des Hedschas), seit 1924 als Kalif. Am 3.10.1924 verzichtete er auf beide Würden zugunsten seines Sohnes Ali, der jedoch Ende 1925 die Herrschaft über Arabien an die Wahabiten unter Ibn Saud abtreten mußte. Husseins zweiter Sohn Abdallah (geb. 1882), seit 1921 Herrscher von Transjordanien, seit 1948 König von Jordanien, wurde 1951 beim Betreten der El-Aqsa-Moschee in Gegenwart seines Enkels, des jetzigen jordanischen Königs Hussein II., ermordet. Sein jüngerer Bruder Faisal (1883–1933) wurde 1920 König von Syrien, 1921 König des Iraq.

Die beherrschenden Gebäude des Tempelplatzes sind einander zugeordnet: der Felsendom als Ort der Verehrung des heiligen Felsens und die El-Aqsa-Moschee.

*El-Aqsa-
Moschee

Die El-Aqsa-Moschee (Mesdschid el-Aksa) nimmt mit ihren Nebengebäuden, dem an das Marokkanertor anschließenden Museum für islamische Kunst und Gebetsräumen für Frauen, den größten Teil der Südseite des Haram el-Sharif ein. Ihre Gebetsrichtung weist nach Süden, nach Mekka. Aufgeführt wurde sie an der Stelle der justinianischen Muttergottes-Basilika vom Omaijadenkalifen Al-Walid I. (705–715). Die Kreuzfahrer sahen in ihr das Templum Salomonis, und die Juden nennen sie Salomos Schule (Midrash Schelomo). Der Bau wurde mehrfach erneuert, zuletzt in den Jahren 1938–1943, als ihr von Mussolini zur Verfügung gestellten Säulen aus weißem Carrara-Marmor aufstellte und die vom ägyptischen König Faruk gestiftete Decke einzog.
Die Moschee hat ohne die Nebenbauten eine Länge von 80 m und eine Breite von 55 m. Der jordanische König Abdullah (Großvater von König Hussein) wurde 1951 beim Betreten der Moschee erschossen. Im Jahre 1967 wurde die Moschee durch Beschuß und 1969 durch Brandstiftung beschädigt (inzwischen restauriert).

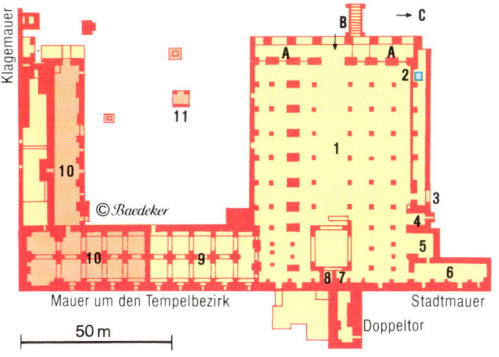

Jerusalem El-Aqsa-Moschee

A Vorhalle
B Treppe zum
unterirdischen Raum
C Treppe zur 'Wiege Christi'

1 Gebetsraum
2 Brunnen
3 Eliastor
4 Gebetsnische des Zacharias
5 Moschee der 40 Märtyrer
6 Omarmoschee
7 Gebetsnische (Mihrab)
8 Kanzel
9 Weiße Moschee (Frauenmoschee)
10 **Islamisches Museum**
11 Jussefkuppel

Das Innere der El-Aqsa-Moschee mit seinen sieben Langschiffen wirkt überraschend. Die holzgeschnitzte Kanzel aus dem 12. Jh., die bei dem Brand von 1969 erheblich beschädigt wurde (wiederhergestellt), ist ein Geschenk Saladins, von dem auch das schöne Mosaik auf Goldgrund in der Trommel der Kuppel herrührt. Aus derselben Zeit stammt die Gebetsnische mit den eleganten Marmorsäulchen. An das Querschiff schließt sich westlich die für die Frauen bestimmte sogenannte Weiße Moschee aus der Zeit der Tempelritter an.

Tempelberg,
Reinigungs-
brunnen

Von der El-Aqsa-Moschee nach Norden gehend, passiert man den großen runden Reinigungsbrunnen (El-Kas) und steigt auf einer breiten Treppe zur oberen Plattform hinauf.

Waagschalen

Diese wie die Treppen an den anderen Seiten der Plattform werden von schönen mameluckischen Spitzbogenarkaden überspannt. Sie werden als 'Waagschalen' bezeichnet, da nach muslimischem Glauben am Tag des Jüngsten Gerichts hier die Waagen aufgehängt werden, mit denen die Menschen gewogen werden.

Unmittelbar links des oberen Treppenrandes befindet sich die Sommerkanzel, die in der Mameluckenzeit aus Marmor, unter Verwendung von Säulchen eines Kreuzfahrerbaus, geschaffen wurde.

**Felsendom

Nun steht man vor dem Felsendom (Qubbet el-Sakhra), einem der bedeutendsten islamischen Baudenkmäler, fälschlich immer wieder 'Omarmoschee' genannt, doch er ist keine Moschee und geht auch nicht auf den Kalifen Omar zurück. Vielmehr wurde er von Abd el-Malik (685–705), dem fünften Kalifen aus dem Omaijadenhaus, aufgeführt: ein Zentralbau, bestehend aus einem achtseitigen Unterbau und einer Kuppel, die sich über dem heiligen Felsen Morija erhebt. Die eindrucksvolle Wirkung des Felsendoms resultiert aus der Verbindung von kostbarer Ausstattung und vorteilhafter Festlegung der Proportionen mit einem scheinbar einfachen Grundriß. Dieser weist drei konzentrische Anlagen auf. Um den Felsen ist eine kreisförmige Pfeiler- und Säulenstellung angeordnet, welche die Kuppel trägt. Ein breiter Umgang trennt diesen Kreis von einem Achteck, ebenfalls auf Pfeilern und Säulen; auf einen schmalen Umgang folgt dann die achtseitige Außenmauer.

K. A. Creswell hat erkannt, wie die Proportionen gefunden und festgelegt wurden. In den inneren Kreis "fügte man zwei Quadrate ein, wobei das zweite um 45 Grad aus dem ersten herausgedreht wurde. Verlängerte man die Seiten dieser Quadrate jeweils nach beiden Seiten, dann trafen sie sich in acht Punkten – den Stützpfeilern des die beiden Rundgänge trennenden Oktogons. Verlängerte man nun die Seiten dieses Oktogons, dann trafen sie sich wieder in acht Punkten und ergaben so zwei größere Quadrate, deren Kanten parallel zu den inneren Quadraten lagen. Schlug man nun einen äußeren Kreis um die beiden größeren Quadrate und verschob die Seiten des inneren Oktogons parallel bis zum Schnitt mit diesem Umkreis,

Jerusalem

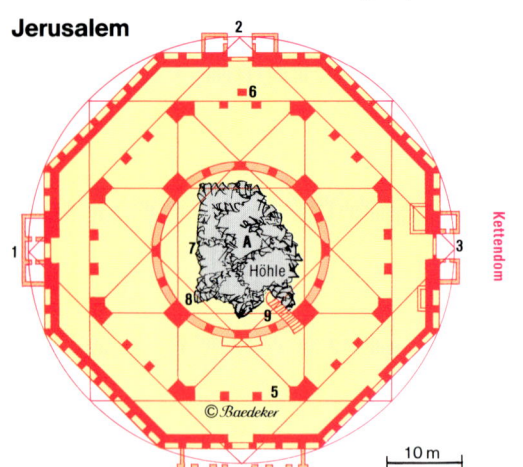

© Baedeker

10 m

Felsendom

A **Heiliger Felsen** (El-Sachra)

1 Westtor
(Bab el-Gharb)
2 Tor zum Paradies
(Bab el-Dschenneh)
3 Davids Tor des Gerichts
(Bab el-Silsileh)
4 Sudtor
(Bab el-Qibleh)
5 Gebetsnische
(Mihrab)
6 Platte, die das Grab
Salomos bedeckt haben und
in die Mohammed zwölf
Nägel aus Gold geschlagen
haben soll
7 Fingerabdrücke des Erzengels
Gabriel, der bei der Himmelfahrt
Mohammeds den Felsen zurückgehalten haben soll
8 Fußabdruck eines Propheten
9 Treppe zum 'Brunnen der Seelen'
(Bir el-Arwa)

Der Felsendom: die drittheiligste Stätte des Islam

Tempelberg, Felsendom (Fortsetzung)

dann erhielt man ein größeres Oktogon – die Außenwände des Felsendoms" (nach Jerry M. Landay, Der Felsendom). Der Durchmesser des Oktogons beträgt 54,8 m, jede Seite des Achtecks ist außen 20,5 m lang (innen: 19,2 m). Die Kuppel hat einen Durchmesser von von 23,7 m; ihre Höhe beträgt vom Boden aus 33 m. Über ihr erhebt sich der aufgesetzte 3,6 m hohe Halbmond. Am Äußeren des Felsendoms besticht zunächst die prachtvolle Ausstattung des Oktogons mit Fayencen, die der osmanische Sultan Suleiman (1520–1566) anbringen ließ, und die Eleganz der Kuppel, die seit einer Restaurierung 1958–1964 in vergoldetem Aluminium erstrahlt. König Hussein von Jordanien stiftete 1994 die Geldmittel zur Erneuerung der Kuppelvergoldung.

Betritt man das Innere durch eines der vier Tore, deren Kupferplatten von Qaitbai (1468–1496) gestiftet worden sind, so beeindruckt die erlesene Ausstattung: reich geschmückte Holzdecken in den beiden Umgängen, das edle Material von Marmorpfeilern und -säulen, deren antike Kapitelle vergoldet sind, zweifarbige Rundbogen über der inneren Säulenstellung, die Lichtführung durch farbige Fenster, dazu Goldgrundmosaiken in den Umgängen und vor allem in der inneren Rotunde, darüber die üppige Ornamentierung des Kuppelgewölbes. Deutlich wird der Kontrast zwischen den Fayencen, welche die klare Körperhaftigkeit des Außenbaus betonen, und dem mystischen Schimmer der byzantinischen Mosaiken im Inneren.
In der Mitte des inneren Umgangs erhebt sich 1,25–2 m über dem Boden der Heilige Fels (El-Sakhra), auf dem vielleicht schon der Brandopferaltar der Juden gestanden hat. Er ist fast 18 m lang, 13,25 m breit und am besten von der hohen Bank neben der Nordwesttür des Gitters zu übersehen; das Gitter brachten die Kreuzfahrer im 12. Jh. an, um zu verhindern, daß Reliquiensammler Stücke vom Felsen abschlugen. Nach jüdischem und islamischem Glauben bezeichnet der Fels die Stätte, wo Abraham den Isaak opfern wollte und wo Mohammed in den Himmel entrückt wurde.

Felsendom: Detail der Fassade

**Tempelberg,
Felsendom
(Fortsetzung)**

Unter dem Felsen liegt eine Höhle, welche die Moslems 'Bir el-Arwah' (Seelenbrunnen) nennen und für den Ort halten, an dem sich die Seelen der Toten zum Gebet versammeln.

Kettendom

Unmittelbar östlich des Felsendoms steht ein kleiner runder Kuppelbau, 'Gerichtsplatz Davids' (Mehkemet Daud) oder Kettendom (Qubbet el-Silsileh) genannt, weil es heißt, Salomo habe am Gerichtsort seines Vaters David eine Kette aufhängen lassen, aus der bei Eidesleistungen Meineidiger ein Glied herausgefallen sei. Die große Gebetsnische an der Südseite (gegen Mekka) wurde im 13. Jh. angebracht.

**Weitere Bauten
beim Felsendom**

Im Nordwestteil der erhöhten Plattform des Felsendoms stehen mehrere Denkmäler (vgl. Plan S. 233): die 1538 errichtete Gebetsnische des Propheten (Mihrab el-Nebi), der Hebron-Dom (Qubbet el-Khalili), im 19. Jh. vom Scheich von Hebron als Gebetsraum aufgeführt, und der Himmelfahrtsdom (Qubbet el-Miraj), an der Stelle, an der Mohammed nach islamischer Überlieferung vor seiner Himmelfahrt betete. Vor der Arkade des Treppenaufgangs an der Nordwestecke erheben sich die Kuppel des hl. Georg (Qubbet el-Kadr) und der Geisterdom (Qubbet el-Arwah), ein Bau aus dem 15. Jahrhundert. Das Brunnenhaus westlich des Felsendoms, neben der breiten Treppe stiftete der Mameluke Qaitbay 1455.

Goldenes Tor

Eine Unterbrechung in der Ostmauer des Tempelbezirks bildet das Goldene Tor, das im 7. Jh. an der Stelle des herodianischen Susatores errichtet wurde. Die Araber nennen den südlichen der beiden Durchgänge Bab el-Rameh (Tor des Heils), den nördlichen Bab el-Tobeh, was sich auf die (jüdische wie moslemische) Erwartung bezieht, daß Kidrontal und Ölberg die Stätte des Jüngsten Gerichtes sein werden. Die Juden glaubten, daß der Messias hier die Stadt betreten werde. Deshalb (und sicher auch aus strategischen Überlegungen) vermauerten die Araber die Durchgänge und legten außerdem einen Friedhof vor die Toranlage.

Tempelberg: Himmelfahrtsdom ...   *... Goldenes Tor*

Geht man nun zur Südostecke des heiligen Bezirkes, so findet man dort eine Treppe, die zu den Ställen Salomos hinunterführt (meist geschlossen), den Substruktionen, die Herodes zur Erweiterung des Tempelplatzes errichten ließ. 88 mächtige, mit Bögen verbundene Pfeiler bilden 12 parallele Gänge, die, wie die in manche Pfeiler geschlagenen Ringe zum Anbinden der Tiere erkennen lassen, von den Kreuzfahrern im 12. Jh. als Pferdeställe verwendet wurden.

Tempelberg (Fortsetzung) Ställe Salomos

Vom Stephanstor zur Zitadelle

Im Nordteil der östlichen Altstadtmauer befindet sich das Stephanstor. Nach christlicher Überlieferung erlitt hier der heilige Stephanus das Martyrium. Es heißt auch 'Löwentor', nach Löwenreliefs an der Außenseite, und wird arabisch Bab Sitti Maryam, 'Marientor', genannt.

Stephanstor / Löwentor

Vom Stephanstor stadteinwärts gehend, kommt man nach wenigen Metern rechter Hand zur St.-Anna-Kirche, einem vollständig erhaltenen Bau der Kreuzfahrerzeit. Avda, die Witwe von Balduin I., dem ersten König von Jerusalem, hat die Kirche 1142 an jener Stelle errichtet, an der man das Wohnhaus von Joachim und Anna, den Eltern Mariens, vermutete. Nachdem Sultan Saladin Jerusalem erobert hatte, wandelte er die Kirche bereits 1192 in eine Koranschule um. Als Dank für die französische Unterstützung beim Krimkrieg wurde sie 1856 vom osmanischen Sultan Abdülmecit an Napoleon III. übereignet und anschließend von späteren Einbauten befreit.

St.-Anna-Kirche

Den Außenbau, insbesondere die dreiseitig vorspringende Hauptapsis, das Querhaus und die flache Kuppel, kann man von Osten aus gut überblicken, wenn man eine Treppe an der Stadtmauer nördlich des Stephanstores hinaufsteigt. Er besteht aus kompaktem Quadermauerwerk und ist nur mit kleinen Fensteröffnungen versehen. Den Eingang der Kirche bildet ein strenges Spitzbogenportal zwischen zwei Strebepfeilern. Im Tympanon sieht man eine arabische Inschrift aus der Zeit, in welcher der Bau als Koranschule diente. Das obere der beiden Fenster über dem Portal hat dieselbe Ornamentik wie das Portal der Grabeskirche.

Das Innere der dreischiffigen Pfeilerbasilika ist von strenger Monumentalität. Spitzbogenarkaden trennen das Hauptschiff von den niedrigeren Seitenschiffen. Kreuzgratgewölbe bilden die Decken. Drei Joche führen zu der von einer Kuppel überwölbten Vierung. Dahinter steigen einige Stufen zum erhöhten Altarraum mit dem Hochaltar, den der französische Bildhauer Philippe Kaeppelin 1954 geschaffen hat. Seine Frontseite zeigt rechts die Verkündigung, links Christi Geburt und in der Mitte die Kreuzabnahme. An den Schmalseiten sind die Erziehung der Maria durch ihre Mutter Anna (links) und Mariens Darbringung im Tempel (rechts) dargestellt. Die Schmuckelemente, gänzlich der Architektur untergeordnet, beschränken sich auf die Kapitelle. Man sieht am ersten Pfeiler links ein Fäßchen, am ersten Pfeiler rechts zwei Sandalen, darüber gelegt eine Buchrolle (vielleicht als Hinweis auf den Ehekontrakt von Joachim und Anna). An anderen Kapitellen findet man Voluten, Ranken- und Blattornamente, die zum Teil an korinthische Kapitelle erinnern. Links der Hauptapsis ist eine menschliche Gestalt angebracht, rechts ein Stier (Symbole der Evangelisten Matthäus und Lukas); Tiergestalten sieht man zu beiden Seiten des Apsisfensters als oberen Abschluß von Halbsäulchen.

Vom rechten Seitenschiff führt eine Treppe in die Krypta. Sie befindet sich in einer Grotte, welche die Kreuzfahrer für die Geburtsstätte Mariens hielten. Dieser Ort hat sich der Überlieferung nach in unmittelbarer Nähe des Teichs Bethesda befunden.

Der Teich Bethesda liegt im Ausgrabungsfeld gleich nordöstlich der St.-Anna-Kirche. Hier heilte Jesus, der von Galiläa zu einem jüdischen Fest nach Jerusalem gekommen war, einen seit 38 Jahren kranken Mann (Johannes 5,1–9). "Jesus sagte zu ihm: Steh auf, nimm dein Bett und gehe hin! Und sogleich wurde der Mann gesund." Jesus zog sich damit, da es an einem Sabbat geschah, den Ärger der frommen Juden zu.

Das Wasserbecken, an dessen Rand der Kranke lag, war beim Schafstor und hieß deshalb lateinisch Piscina probatica (Schafsteich). Der Hinweis des Evangelisten, daß es hier fünf Säulenhallen gab, ist so zu verstehen, daß zwei je 50 x 50 m große und 13 m tiefe Becken durch einen Damm getrennt waren; je eine Säulenhalle stand an den vier Seiten des Beckens, die fünfte auf dem trennenden Damm. Das Wasser galt als heilkräftig, es wurde von Zeit zu Zeit "vom Engel des Herrn bewegt", was auf eine intermittierende Quelle schließen läßt.

An dieser Stelle, die ursprünglich als Zisterne zur Wasserversorgung des Tempelbereichs gedient haben dürfte und zu Jesu Zeiten von Kranken aufgesucht wurde, entstand im 2. Jh. ein Heiligtum des Heilgottes Asklepios, dessen Kult sich von Epidauros aus in der gesamten antiken Welt ausgebreitet hatte. Bei den 1871 begonnenen Ausgrabungen hat man mehrere Weihgaben für Asklepios gefunden, u.a. ein Relief mit der Äskulapschlange und ein von Pompeia Lucilia geweihtes Fußvotiv.

Im 5. Jh. errichteten die Byzantiner an der Stelle eine dreischiffige Basilika. Ihr Westteil stand auf dem Damm der einstigen Mittelhalle, der zu diesem Zweck durch hohe Substruktionen verbreitert wurde, der Ostteil auf festem Grund. Diese Kirche wurde im frühen 11. Jh. zerstört. In den Trümmern des nördlichen Seitenschiffes erbauten die Kreuzfahrer im 12. Jh. eine Kapelle.

Durch die Ausgrabungen wurden die Ortsangaben des biblischen Berichtes bestätigt und Reste der verschiedenen Epochen freigelegt: die jetzt trockenen Wasserbecken mit Teilstücken des mittleren Dammes, dazu Säulen vom Asklepieion der römischen Zeit, ferner die Substruktionen und einen Frontbogen der byzantinischen Kirche, ein Mosaik mit Gemmenkreuzdarstellung aus dem Martyrion dieser Kirche und anderes. Französische Beschriftung und eine Übersichtstafel erleichtern die Orientierung in diesem von den französischen Weißen Vätern bebauten Gelände.

Man folgt nun der Marientorstraße (Tariq Sitti Maryam) in westlicher Richtung und kommt in den Bereich der Antonia-Festung, die Herodes (37 bis 4 v. Chr.) erbaut und nach Marcus Antonius, dem damaligen Herrn im Osten des Römischen Reiches, benannt hat.

Das Gelände liegt hier höher als der unmittelbar südlich angrenzende Tempelberg, den man von diesem Punkt aus gut kontrollieren konnte. Das veranlaßte Herodes, im Winkel zwischen West- und Nordmauer des Tempelbezirkes, an der Stelle der Hasmonäerburg Baris, eine starke Festung zu errichten.

Die Antonia-Festung war ein Komplex von 100 x 160 m, umgeben von hohen Zinnenmauern. Flavius Josephus sagt in seiner 'Geschichte des jüdischen Krieges' (V 5,8), daß die Festung Antonia auf einem etwa 33 m hohen Felsen stand, dessen geböschte Mauern mit Platten belegt waren, bis zu einer Höhe von 27 m. An den vier Ecken standen Türme, von denen der südöstliche mit fast 50 m der höchste war, "so daß man von ihm aus den ganzen Tempelraum überschauen konnte. Wo die Burg an die Tempelhallen grenzte, führten Treppen hinunter, auf denen die Wachmannschaften der stets in der Antonia liegenden römischen Abteilung hinabstiegen, um, bewaffnet in den Hallen verteilt, an Festtagen mögliche aufrührerische Bewegungen des Volkes zu überwachen." Das Innere hatte, wieder nach Josephus, "die Räumlichkeiten und die Einrichtung eines Palastes, denn es war in Räume aller Art und Bestimmung geteilt, in Hallen, Bäder und große Höfe für die Truppen, so daß die Burg... in bezug auf Pracht ein Königspalast zu sein schien."

Diese Anlage stand nur einige Jahrzehnte. Titus ließ sie nach der Eroberung der Stadt im Jahre 70 schleifen. Dennoch müssen damals größere Teile erhalten geblieben sein, denn hinter dem im Westen gelegenen Haupteingang wurde im Jahre 135 für den Besuch Kaiser Hadrians ein Triumphbogen errichtet. Als 'Ecce-Homo-Bogen' überspannt er noch heute die Via Dolorosa. Andere Teile des Triumphbogens sowie weitere Reste der Antonia, Zisterne und Hofpflaster, sieht man beim Besuch der Kirche der Schwestern Zions.

Geht man, von Osten kommend, rechts der Straße an der 1927 errichteten Geißelungskapelle und etwas weiter an der Urteilskapelle, deren Namen an hier lokalisierte Ereignisse aus der Passion Christi erinnern, vorbei, so steht man vor dem Ecce-Homo-Bogen, benannt nach dem Wort des Pilatus "Sehet, welch ein Mensch!" (Johannes 19,5).

Hier ist rechts der Eingang zur Kirche der Schwestern Zions (französ. Basilique des Dames de Sion). Im Inneren wird ein Modell der Antonia-Festung gezeigt und erläutert. Ein Bogen des hadrianischen Triumphbogens ist in den Chor der Kirche eingefügt, was eine große Raumwirkung ergibt. Besonders eindrucksvoll ist ein Gang in das Untergeschoß, wo man an einer großen herodianischen Zisterne vorbei in die Krypta gelangt. Hier befindet man sich auf dem ursprünglichen Straßen- und Hofniveau: Der Boden der Krypta ist der Boden eines Hofes der Antonia, der 'Lithóstrotos', von dem das Evangelium spricht. Sein Plattenbelag zeigt Einritzungen römischer Soldaten, u.a. eine Art Mühlespiel. Es kann als sicher gelten, daß auf diesem Pflaster Jesus vor Pilatus stand, daß er hier verurteilt, verspottet und mit der Dornenkrone gekrönt wurde (sofern Pilatus nicht, wie in letzter Zeit verschiedentlich angenommen, statt an der Antonia in der Zitadelle beim Jaffator residiert hat).

Im Bereich der Antonia-Festung beginnt deshalb, als Fortsetzung der Marientorstraße, die Via Dolorosa, deren erster Teil in der ostwestlichen Längsachse der Festung Antonia verläuft. Diese 'Straße der Schmerzen' bezeichnet den Weg, den Jesus nach seiner Verurteilung bis zur Hinrichtungsstätte Golgatha gehen mußte. An jedem Freitag um 15 Uhr folgt eine von italienischen Franziskanern angeführte Prozession diesem Weg, dessen Verlauf durch die 14 zum Teil auf die Passionsberichte der Evangelien, zum Teil auf die Tradition zurückgehenden Kreuzwegstationen markiert ist.

Via Dolorosa
(Fortsetzung)

Die Stationen I–IX befinden sich entlang der Straße, die Stationen X–XIV sind innerhalb der Grabeskirche, die sich über Golgatha und dem Heiligen Grab erhebt.

Die Stationen der Via Dolorosa sind nicht als historische Punkte zu verstehen, sondern als Markierungen für die Prozession. Der Schutt der Jahrhunderte hat das heutige Straßenniveau weit über dasjenige der Zeit Jesu angehoben, durch spätere Bebauung wurde der Straßenverlauf im einzelnen verändert. Entsprechend erfuhr die Route während der Jahrhunderte oft Abwandlungen; die ursprünglich sieben Stationen sind mit der Zeit auf 14 angewachsen. Die jetzige Route geht im wesentlichen auf das 18. Jh. zurück, die Stationen I, IV, V und VIII wurden erst im 19. Jh. festgelegt.

Station I dieses Weges (Jesus wird zum Tode verurteilt) liegt an der Südseite der Via Dolorosa, im Hof der islamischen El-Omariye-Medrese, zu der eine Treppe hinaufführt. Hier versammeln sich freitags die Franziskanermönche zu ihrer Prozession. Von Fensternischen in der Südmauer, die der Südmauer der Antonia entspricht, bietet sich ein sehr schöner Blick auf den Tempelplatz.

Station II (Jesus nimmt das Kreuz) befindet sich auf der anderen Straßenseite beim Eingang der Urteilskapelle. Man verläßt nun, nach Westen gehend, den Antoniabereich und sieht Station III (Jesus fällt zum ersten Mal) links an der Einmündung in die König-Salomon-Straße, in der man sich links hält und dann Station IV (Jesus begegnet seiner Mutter) passiert. Gleich darauf biegt man wieder rechts ein. In dieser Straße sind die Stationen V (Simon hilft Jesus, das Kreuz zu tragen) und VI (Veronika reicht Jesus das Schweißtuch).

Eine dicht bevölkerte Basarstraße (Suq Khan ez-Zeit) überquerend, kommt man zu den Stationen VII (Jesus fällt zum zweiten Mal) und VIII (Jesus spricht zu den weinenden Frauen). Hier kehrt man um, denn der direkte Weg durch ein Stadttor nach Golgatha ist heute wie schon im Mittelalter

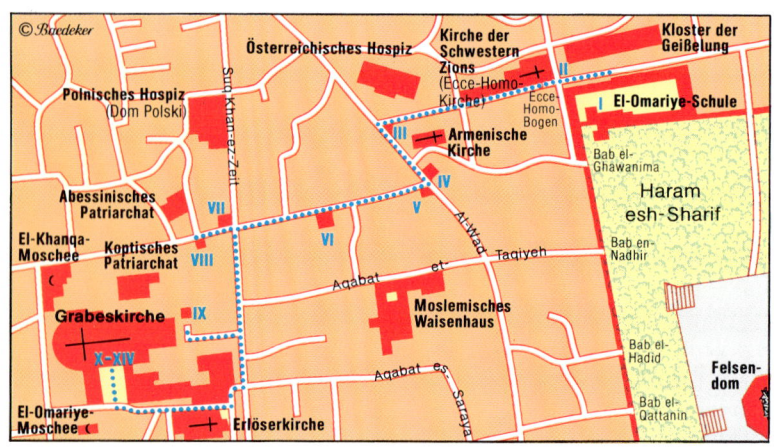

Via Dolorosa   I ········ XIV   Vierzehn Stationen auf dem Schmerzensweg Jesu

I Jesus wird von Pontius Pilatus
zum Tode am Kreuz verurteilt

II Jesus nimmt das Kreuz auf sich

III Jesus fällt zum ersten Mal
unter der Last des Kreuzes

IV Jesus begegnet seiner Mutter

V Simon aus Kyrene hilft Jesus
das Kreuz tragen

VI Veronika reicht Jesus
das Schweißtuch

VII Jesus fällt zum zweiten Mal
unter der Last des Kreuzes

VIII Jesus tröstet die Frauen
von Jerusalem

IX Jesus fällt zum dritten Mal
unter der Last des Kreuzes

IN DER GRABESKIRCHE

X Jesus wird entkleidet

XI Jesus wird gekreuzigt

XII Jesus stirbt am Kreuz

XIII Jesu Leichnam wird vom
Kreuz abgenommen

XIV Jesu Leichnam wird ins
Grab gelegt (Heiliges Grab)

Via Dolorosa: Straßenschild ...   *... Straßenszene*

verbaut, und geht rechts in die genannte Basarstraße. Nach etwa 60 m findet man rechts eine breite Treppe zur IX. Station (Jesus fällt zum dritten Mal). Station IX ist gekennzeichnet durch eine römische Säule neben dem Koptischen Patriarchat (rechts) und dem Eingang zum Kloster der abessinischen Mönche (links).

Via Dolorosa (Fortsetzung)

Das Kloster der abessinischen Mönche ist über der Helenakapelle der Grabeskirche errichtet. Die Mönche leben in Hütten, die eine Laura (ostkirchliche Bezeichnung für ein Kloster) bilden. Am 24. jeden Monats feiern sie das Weihnachtsfest.

Kloster der abessinischen Mönche

Man kann nun durch das abessinische Kloster, in dessen Kapellen Zeugnisse abessinischer Volkskunst zu sehen sind, zum Vorplatz der Grabeskirche gehen. Oder man kehrt zur Basarstraße zurück, hält sich rechts und biegt wiederum rechts in die nächste Straße ein. Hier erhebt sich (rechts) das russisch-orthodoxe Alexandrahospiz, in dessen Bereich zur Zeit Jesu die Stadtmauer verlief (Ausgrabungen werden von den Nonnen gezeigt). Gegenüber die Erlöserkirche und der Bezirk Muristan. Läßt man den Muristan links liegen und geht ein kleines Stück in westlicher Richtung weiter, so öffnet sich der schmale Weg auf den Vorhof der Grabeskirche.

Die Grabeskirche (arabisch 'Keniset el-Kijame' = 'Auferstehungskirche'), über den Stätten von Jesu Kreuzigung und Grablegung erbaut, mit vergoldetem Kreuz über der weithin sichtbaren Hauptkuppel, bezeichnet einen der heiligsten Orte der Christenheit. Gleichwohl ist der Besuch für viele Menschen eine Enttäuschung. Sie finden nicht einen Bau von der Monumentalität und sakralen Größe der Hagia Sophia oder des Petersdomes, sondern ein mittelgroßes, recht unübersichtliches Gebäude.

✳✳Grabeskirche

Immer wieder wurde die Frage gestellt, ob das Grab Christi wirklich an der heute bezeichneten Stelle in der Grabeskirche lag. So hat der englische General Charles George Gordon, der sich im 19. Jh. in Ägypten militärisch

Authentizität des Grabes

ausgezeichnet hatte, die Echtheit des Grabes in der Grabeskirche bestritten, weil es innerhalb der Stadtmauern liegt. Er hatte recht mit dem Hinweis, daß Gräber als unreine Orte immer außerhalb der jüdischen Städte lagen, übersah jedoch, daß die osmanische Stadtmauer des 16. Jh.s, vor deren Nordseite er 1882 das 'Gartengrab' fand, weiter nördlich verläuft als die zweite Mauer Jerusalems, die zu Jesu Zeiten bestand. Genaue Untersuchungen haben seither eindeutig erwiesen, daß diese zweite Mauer in einem Winkel südlich und östlich von Golgatha entlangzog, so daß die Hinrichtungsstätte vor der Mauer, d.h. außerhalb der Stadt lag.

Weitere Argumente zugunsten der Authentizität der Stätte des Heiligen Grabes lassen sich aus der bis in früh-, ja urchristliche Zeit zurückreichenden historischen Überlieferung herleiten. Die christliche Urgemeinde kannte den Ort von Hinrichtungsstätte und Grab ihres Meisters. Soweit diese Christen Juden waren, durften sie, wie alle Juden nach der Zerstörung der Stadt durch den Römer Titus im Jahre 70, Jerusalem nicht betreten. Doch ist die Liste der Jerusalemer Bischöfe dieser Zeit lückenlos, und man kannte auch später die Stätte von Christi Tod. So ist der Entschluß Kaiser Hadrians (117–138), die christlichen Kirchen zu beseitigen, nur daraus zu erklären, daß zu seiner Zeit bereits die Verehrung der heiligen Stätten überaus stark geworden war. Über der Grabstätte errichteten die Römer einen Venustempel und auf Golgatha eine Jupiterstatue. Doch die Christen wußten nach wie vor von der Existenz der Stätten, so daß der Jerusalemer Bischof Makarios der Kaiserin Helena, der Mutter Konstantins des Großen, bei ihrem Besuch 326 entsprechende Hinweise geben konnte; "was zur Folge hatte, daß ein kaiserlicher Tempel abgetragen werden mußte (nämlich derjenige Hadrians), damit auf Anweisung eines neuen Kaisers – Konstantins – das zentrale Heiligtum der Christenheit errichtet werden konnte" (Hollis/Brownrigg).

Als Tempel und Tempelterrasse beseitigt waren, kamen das in einen Felshang getriebene Grab, der Hügel von Golgatha und östlich davon eine unterirdische römische Zisterne zutage. In diese hatte man einige Hinrichtungskreuze geworfen. Kaiserin Helena identifizierte eines als das Kreuz Christi, und es wurde eine der wichtigsten Reliquien. Daran erinnert das katholische Fest der Kreuzauffindung (3. Mai).

Man trug das Hügelgelände so weit ab, daß eine ebene Fläche als Baugrund gewonnen wurde. Golgatha und das Heilige Grab blieben dabei als Felsklötze stehen. Darüber entstand die Grabeskirche.

Die dominierende Form des Kirchenbaus in konstantinischer Zeit war die drei- oder fünfschiffige Basilika, mit einem breiten Mittelschiff und niedrigeren Seitenschiffen. Mittel- und Seitenschiffe wurden von einem waagerechten Gebälk (Architrav) oder einer Bogenstellung (Archivolte) getrennt. Der Eingangsseite ist ein Atrium vorgelegt, am anderen Ende, meist im Osten, befinden sich das Querschiff und eine Apsis mit Altar. Daneben gab es den kuppelüberwölbten runden oder achteckigen Zentralbau, vorwiegend als Tauf- oder Grabkapelle.

Kaiser Konstantin verband beim Bau der Grabeskirche diese beiden Grundformen. Der Felsen mit dem Grab Christi wurde Mittelpunkt einer Rotunde. Nach Osten hin schloß sich eine fünfschiffige Basilika an und an diese ein Atrium. Dessen Eingangsfront stand in der Flucht einer Säulenstraße, in deren Trasse die heutige Basarstraße Khan ez-Zeit verläuft. Im offenen Raum zwischen der Basilika und der Rotunde erhob sich der Felsen von Golgatha, überragt vom heiligen Kreuz.

Dieser 326 begonnene, etwa 335 vollendete Bau wurde zerstört, als die Perser unter Chosroes 614 das Land eroberten. Nach der Rückeroberung durch die Byzantiner unter Kaiser Herakleios konnte Abt Modestos ihn 629 nach dem alten Plan wiederherstellen. Auch das Kreuz, das die Perser als Kriegsbeute mitgenommen hatten, wurde zurückgegeben und wieder auf Golgatha aufgestellt (Fest der Kreuzerhöhung, 14. September).

Der fanatische Fatimidenkalif El-Hakim zerstörte 1009 die Kirche fast vollständig, sie wurde 1048 unter dem byzantinischen Kaiser Konstantin IX. Monomachos wieder aufgebaut, nun jedoch in wesentlich kleinerem

Blick auf die Grabeskirche vom Turm der Erlöserkirche

Umfang. Die konstantinische Basilika wurde aufgegeben. Es blieb die Rotunde, an die sich im Osten nur ein von kleinen Räumen umstandener Hof anschloß.

Die Kreuzfahrer, die 1099 nach Jerusalem kamen, stellten die zweipolige Anlage wieder her. Ihre Kirche war 1149 vollendet. Der französische Baumeister Jourdain setzte an die Stelle der ursprünglichen Basilika ein kürzeres Kirchenschiff, das im Osten halbrund geschlossen ist und im Stil der Zeit eingewölbt wurde. Auch jetzt blieb die Grabrotunde erhalten. Golgatha, das bisher freigestanden hatte, wurde in das geschlossene Langhaus als erhöhte Seitenkapelle einbezogen, und in einer Höhlung unter dem Golgathafelsen schuf man Gräber für den Eroberer von Jerusalem, Gottfried von Bouillon, und Balduin I., den ersten König des Kreuzfahrerstaates. So hat die Grabeskirche, wenn auch in veränderter Gestalt, die Anlage mit zwei sakralen Schwerpunkten und zwei aufeinander bezogenen Bauteilen bis heute beibehalten. Schon am Außenbau weisen zwei Kuppeln auf diese Anordnung hin. Da die Kirche im Laufe der Jahrhunderte unansehnlich geworden und durch das Erdbeben von 1927 stark beschädigt worden war, beschlossen 1958 die verschiedenen christlichen Gemeinschaften, die Anteil an der Grabeskirche haben, die Kirche zu restaurieren. Zwar ist dies in den vergangenen Jahrzehnten teilweise geschehen – so haben einige der massiven Pfeiler, die das Heilige Grab im Kreis umgaben, einer lichteren Ordnung von Pfeilern und Säulen Platz gemacht –, doch wurden andere dringend notwendige Arbeiten nicht vorgenommen, weil sich die einzelnen Glaubensgemeinschaften über deren Ausführung nicht einigen können. Im März 1995 unterzeichneten die Vertreter der Glaubensgemeinschaften nach jahrzehntelangen Verhandlungen ein Abkommen über die Renovierung der großen Kuppel.

An dem Besitz der Grabeskirche sind sechs Religionsgemeinschaften beteiligt: Der griechisch-orthodoxen Kirche gehören das Katholikon (Langhaus), der nördliche Teil von Golgatha, die darunter gelegene

Grabeskirche, Baugeschichte (Fortsetzung)

Besitzverhältnisse

Jerusalem

Grabeskirche, Besitzverhältnisse (Fortsetzung)	Adamskapelle und das 'Gefängnis Christi'. Die römisch-katholischen 'Lateiner' besitzen den südlichen Teil des Golgatha-Felsens, den Chor zwischen Rotunde und Katholikon, die Kapelle der Erscheinung mit dem angrenzenden Franziskanerkloster, den Altar der Maria Magdalena und die Kreuzauffindungskapelle. Armenisch sind die Stelle der drei Marien, die östliche Kapelle im Chorumgang und die Helenakapelle. Dazu kommen die Kopten mit der Kapelle an der Rückseite des Heiligen Grabes, die Syrer mit der westlichen Kapelle in der Rotunde und die Abessinier mit dem von dieser Kapelle aus zugänglichen 'Grab des Joseph von Arimathia'. Gemeinschaftlicher Besitz sind der Salbungsstein und das Christusgrab.
Außenbau	An der Eingangsseite, der südlichen Querseite der Grabeskirche, wird die Fassade von zwei Spitzbogenportalen der Kreuzfahrerzeit beherrscht, deren rechtes 1187 von Saladin zugemauert wurde. Über den Bogenwölbungen ein korinthisches Konsolengesims, mit üppiger Ornamentik, das dem konstantinischen Kirchenbau zuzurechnen ist. Zwischen den beiden Portalen befindet sich ein viergeteiltes Wappen. Es bezeichnet das Grab von Philippe d'Aubigny, dem Erzieher des englischen Königs Heinrich III. Der Epitaph dieses 1236 gefallenen Ritters ist das einzig erhaltene von vielen Gräbern, die einst rings um die Kirche lagen.
Inneres	Durch das linke Portal betritt man das Innere, vorbei an der Nische (links) für die islamischen Torwächter aus der Familie Nuseibeh, die seit Jahrhunderten das Privileg innehaben, die Schlüssel der Kirche zu verwalten. Um eine Grundorientierung zu erhalten, sollte man vor Beginn des Rundgangs in das Langhaus (Katholikon) gehen, oder, wenn dieses geschlossen ist, in den kleinen Chor zwischen Katholikon und Rotunde, denn hier steht man in der Raumachse.
Golgatha	Rechts vom Eingang führt eine Treppe zum Kalvarienberg (Golgatha) hinauf, dessen Fels sich 5 m über das Fußbodenniveau erhebt und insgesamt, wie Untersuchungen unter dem Bodenniveau ergeben haben, noch 10 m

Fensterverzierungen über dem Hauptportal der Grabeskirche

246

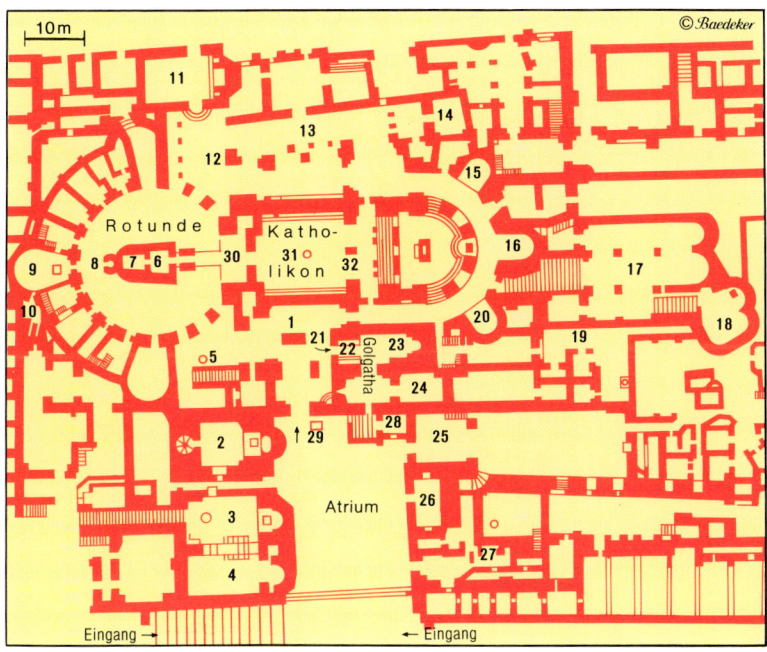

10 m

© Baedeker

11

14

13

12

15

Rotunde

Katho-

16

9 8 7 6 30 31 ○ 32
           likon

17

10

1

20

18

21 22 23 19

Golgatha

5

24

28

29 25

2

26

Atrium

3

27

4

Eingang →   ← Eingang

Grabeskirche in Jerusalem

1 Salbungsstein
2 Kapelle der Vierzig Märtyrer
   und Glockenturm
3 Johanneskapelle
   und Baptisterium
4 Jakobskapelle
5 Stelle der drei Frauen
   (armen. Orth.)
6 Kapelle des Engels
7 Heiliges Grab
8 Kapelle der Kopten
9 Kapelle der Jakobiten
   (syr. Orth.)
10 Grab des Joseph von
   Arimathia (Abessinier)

11 Franziskanerkapelle (kath.)
12 Altar der Maria Magdalena
   (kath.)
13 Bogen der Jungfrau
14 Gefängnis Christi
   (Kapelle; griech. Orth.)
15 Longinuskapelle (griech. Orth.)
16 Kapelle der Kleiderverteilung
   (armen. Orth.)
17 Helenakapelle (armen. Orth.)
18 Krypta der Kreuzauffindung
   (kath.)
19 Mittelalterlicher Kreuzgang
20 Kapelle der Beschimpfungen
21 Adamskapelle (griech. Orth.)

22 Ehem. Grabmäler von
   Gottfried von Bouillon
   und Balduin I.
23 Kreuzigungsaltar und Stabat-
   Mater-Altar (griech. Orth.)
24 Kreuzannagelungsaltar (kath.)
25 Michaelskapelle
26 Johanneskapelle (armen.)
27 Abrahamskapelle
28 Kapelle der Schmerzen
   (Kapelle der
   Ägyptischen Maria)
29 Grabmal des
   Philippe d'Aubigny
30 Lateinischer Chor (kath.)
31 Nabel der Welt
   (Marmorschale)
32 Griechischer Chor

hoch ist. Auf dem Felsen zwei mit Mosaiken reich ausgestattete Kapellen. Man betritt zunächst die katholische Kapelle mit dem Kreuzannagelungs-altar, mit Kupferreliefs aus dem Jahre 1588. Die realistischen Mosaiken von 1937 zeigen, wie Jesus an dieser Stelle ans Kreuz genagelt wurde. Durch ein Fenster in der rechten Wand sieht man in die gleichfalls katho-lische Kapelle der Schmerzen. Man wendet sich nach links und kommt am katholischen Stabat-Mater-Altar vorbei, wo nach der Überlieferung Maria während der Kreuzigung ihres Sohnes stand, in die griechisch-orthodoxe Kreuzigungskapelle. An der Wand über dem Altar ist in fast lebensgroßen Figuren der Gekreuzigte zwischen Maria und seinem Jünger Johannes dargestellt. Seit 1989 ist durch Panzerglas der Felsen zu sehen, wo das

Grabeskirche,
Golgatha
(Fortsetzung)

Jerusalem

Grabeskirche,
Golgatha
(Fortsetzung)

Kreuz Jesu gestanden haben soll. Die Freilegung des zuvor von Marmorplatten verhüllten Felsens hat nichts Außergewöhnliches zu Tage gefördert. Man erkennt lediglich, daß der Felsen an einigen Stellen mit dem Meißel bearbeitet wurde; zudem ist eine kleine rote Marmorplatte sichtbar, die möglicherweise zu einem älteren Fußboden gehörte. Rechts vom Altar verdeckt eine Metallschiene den Riß im Felsen, der nach biblischem Bericht beim Tode Jesu entstand (Matthäus 27,52).

Adamskapelle

Von hier geht man über die nördliche Treppe wieder hinunter und sieht die unter Golgatha gelegene Adamskapelle (griechisch-orthodox), wo wiederum die Felsspalte zu sehen ist. Ihren Namen hat sie nach der Legende, daß hier bei der Kreuzigung Christi der Schädel Adams gefunden worden sei. Zu beiden Seiten des Eingangs bezeichnen Steinbänke die Gräber der ersten Herren des Kreuzfahrer-Königreiches, Gottfried von Bouillon und Balduin I. Im Jahre 1808 wurden sie von fanatischen griechischen Mönchen zerschlagen, nachdem die Gebeine schon im 13. Jh. von Moslems herausgerissen worden waren. Durch Zeichnungen kennt man ihr Aussehen: Niedrige Säulen trugen jeweils ein steinernes Satteldach, auf dem sich die lateinischen Inschriften befanden. Auch diese sind uns bekannt. Die eine hieß (nach Zev Vilnay): "Hier liegt der berühmte Herzog Gottfried von Bouillon, der dieses ganze Land dem christlichen Glauben gewann. Möge seine Seele in Christo ruhen. Amen." Die andere lautete: "Hier liegt König Balduin, ein zweiter Judas Maccabäus, die Hoffnung seines Landes, der Stolz der Kirche und ihre Kraft. Arabien und Ägypten, Dan und das übermütige Damaskus fürchteten seine Macht und brachten ihm demütig Geschenke und Tribute. O Schmerz! Ihn deckt dieser armselige Sarkophag."

**Rotunde /
Heiliges Grab**

Von hier nach Westen gehend, passiert man die Steinplatte, auf der nach katholischem Glauben der Leichnam Jesu nach der Kreuzabnahme lag und gesalbt wurde (Matthäus 27,59); an der Stelle der drei Marien (armenisch) vorbei kommt man dann in die Rotunde, wo das Heilige Grab ist. Dessen Äußeres wurde nach dem Brand von 1808 von Kalfa Komnenos, einem Griechen aus Smyrna, im überladenen Geschmack des türkischen Rokoko aufgebaut. Vor der Fassade stehen große Kandelaber, und über dem Portal hängen 43 Lampen, je 13 der Griechen, Lateiner und Armenier, 4 der Kopten. Der Grabbau macht den Felsen unkenntlich, den man in der koptischen Kapelle an der Rückseite des Grabes noch sehen kann.

In einem Vorraum, der Engelskapelle, steht ein Stein, auf dem der Engel, der den drei Frauen die Auferstehung verkündete, gesessen haben soll. Es ist wahrscheinlich ein Rest jenes Rundsteins, der einst das Grab verschloß. Durch eine niedrige Tür kann man die kleine Grabkammer betreten, an deren rechter Wand eine Marmorplatte das Lager des Leichnams bedeckt. Denkt man sich die Marmorverkleidung weg, so ist dies ein Grab, wie sie aus Jesu Zeiten vielfach bekannt sind. Der Felsen, als Verschluß davorgerollt, war ein Rollstein (ähnlich einem Mühlstein), dessen Durchmesser auch die Höhe des Eingangs bestimmte.

In der Osternacht ist das Heilige Grab der Ort einer oft beschriebenen kultischen Handlung. Der griechisch-orthodoxe Patriarch von Jerusalem entzündet in der Engelskapelle, die am Karfreitag versiegelt worden ist, das 'heilige Feuer', ein Licht aus dem Grabesdunkel als Symbol der Auferstehung.

**Kapelle der
Jakobiten**

Aus der Außenmauer der Rotunde springen nach Süden, Westen und Norden halbrunde Konchen vor. In der westlichen Konche, gegenüber der Koptischen Kapelle, eine Kapelle der syrischen Christen (Jakobiten), in der sich links der Zugang zu einem Felsengrab öffnet. Es wird dem Joseph von Arimathia zugeschrieben, der auch das Grab für Jesus zur Verfügung gestellt hatte (Matthäus 27,60). Nicht mit Marmor ausgestattet, bietet es noch den ursprünglichen Zustand.

**Nördliches
Seitenschiff**

Geht man von hier in den Nordteil der Rotunde, so kommt man in den lateinischen Teil der Kirche. Hier befinden sich eine Kirche der Franziskaner, deren Konvent sich anschließt, und der Altar der Maria Magdalena. Damit ist man bereits im nördlichen Seitenschiff des Langhauses, in dem einige Säulen aus verschiedenen Zeiten stehen, u.a. reiche korinthische Säulen

Im Innern der Grabeskirche

aus der Erbauungszeit im 4. Jahrhundert. Sie heißen Bogen der Jungfrau, weil man sagt, daß der Auferstandene hier seiner Mutter erschienen sei. Am Ostende des Seitenschiffs wird ein kleiner Viereckraum ohne historische Begründung als Gefängnis Christi bezeichnet.

Grabeskirche, nördl. Seitenschiff (Forts.)

Durch einen runden Gang am Ostende des Langhauses, vorbei an den Kapellen des Longinus und der Kleiderverteilung, erreicht man die Treppe, die zur armenischen Helenakapelle hinunterführt. In der Felswand rechts haben Pilger aus der Kreuzfahrerzeit kleine Kreuze eingekerbt. Die Helenakapelle ist ein etwa quadratischer Raum. Vier kurze Säulen aus byzantinischer Zeit tragen die hohen Bögen für die Dachkonstruktion. Durch die Kuppel fällt Licht von oben in das geräumige Mittelquadrat und gibt dem Raum eine eigene Atmosphäre, die durch die Lampen, die schmückenden Tücher und den Altar noch gesteigert wird.

Helenakapelle

Rechts der Hauptapsis befindet sich eine Nische. Es wird berichtet, daß Kaiserin Helena von hier aus die Freilegung der römischen Zisterne, in der sich das heilige Kreuz fand, verfolgt hat.

Zu dieser einstigen Zisterne führt eine weitere Treppe hinab. Sie ist heute die schlichte katholische Kreuzauffindungskapelle, deren Wände die ursprüngliche Bestimmung noch erkennen lassen. An Kaiserin Helena erinnert eine Statue, die wie der Altar vom österreichischen Erzherzog Maximilian, dem späteren Kaiser von Mexiko, gestiftet wurde.

Kreuzauffindungskapelle

Beim Verlassen der Grabeskirche wendet man sich vom Vorhof aus nach rechts und geht bis zur Christenstraße. Folgt man dieser südwärts, so findet man nach etwa 40 m auf der rechten Seite den Eingang zu der um 1170 von Kreuzfahrern erbauten Kirche Johannes' des Täufers. Sie liegt an einem Vorplatz, zu dem ein mit einem Kreuz gekennzeichnetes Portal führt. In der Fassade römische Spolien. Die Kirche, eine Drei-Konchen-Anlage ohne Langhaus, dient heute dem griechisch-orthodoxen Gottesdienst. Man betritt sie von der westlichen Langseite und steht der breiten, reich geschnitzten orthodoxen Bilderwand gegenüber, hinter der Altar und Ost-

Kirche Johannes' des Täufers

Jerusalem

Kirche Johannes' des Täufers (Fortsetzung)

apsis verborgen sind. Die beiden anderen Halbrundabschlüsse (Konchen) sind im Norden und Süden zu sehen.

Die Kirche hat einen Vorgängerbau, eine Kapelle des 5. Jh.s, heute Krypta; doch ursprünglich stand sie, wie sich an den alten Fensteröffnungen ablesen läßt, zu ebener Erde. Ein hier gefundenes, einst vor den Arabern versstecktes Kristallreliquiar soll jetzt im nicht zugänglichen Schatz der Grabeskirche aufbewahrt sein. Diese erste Kirche war Johannes dem Barmherzigen, Patriarch von Alexandrien, geweiht.

Die Kirche gehört zum Pilgerhospiz, das hier 1073, noch vor dem ersten Kreuzzug, von Kaufleuten aus der italienischen Seerepublik Amalfi gegründet worden ist. In der Folgezeit entstand am selben Ort der geistliche Ritterorden der Johanniter (Ordo militiae Sancti Ioanni Baptistae hospitalis Hierosolymitani), der 1113 von Papst Paschalis II. bestätigt wurde. An die Stelle des ursprünglichen Patrons der Kirche trat jetzt Johannes der Täufer. Die Kirche wird von den englischen Johannitern als ihre Mutterkirche verehrt. Der Hospizkomplex nimmt das Gebiet zwischen Davidstraße und Grabeskirche, Christen- und Basarstraße Khan ez-Zeit ein. Entlang der Davidstraße finden sich noch die Gewölbe der Johanniter. Die Tradition des Hospizes blieb über das Ende der Kreuzfahrerzeit in Jerusalem, also über 1187 hinaus, lebendig, und das nördlich der Davidstraße liegende Gebiet heißt mit einem persisch-arabischen Wort bis heute 'Muristan' (Krankenhaus).

Muristan

Man erreicht den Muristan, wenn man von der Davidsstraße links in die zur Erlöserkirche führende Straße einbiegt, wo er linker Hand liegt.

Im Jahre 1868 schenkte der osmanische Sultan den östlichen Teil dem preußischen Kronprinzen Friedrich Wilhelm; den westlichen Teil erhielt aus Proporzgründen das griechisch-orthodoxe Patriarchat zugesprochen. Heute ist hier der griechische Basar, in dem insbesondere Lederwaren angeboten werden. In der Mitte des Basars steht ein ornamentaler Brunnen des 19. Jh.s und im Nordteil die Omarmoschee, 1216 zur Erinnerung an den Besuch des Kalifen Omar im Jahre 638 errichtet.

Erlöserkirche

Am Ostrand des Muristan erhebt sich die evangelisch-lutherische Erlöserkirche. Von Kaiser Wilhelm II. am Reformationstag 1898 eingeweiht, steht sie an traditionsreicher Stelle. Das Gelände war Karl dem Großen durch den damaligen Landesherren, den Kalifen Harun el-Raschid, zugesprochen worden, und hier errichtete man die Kirche St. Maria Latina, die 1009 durch El-Hakim zerstört, noch im 11. Jh. wieder aufgebaut wurde. Kirche und Kreuzgang verfielen im Lauf der Jahrhunderte; nachdem das Gelände 1868 an Preußen gekommen war, wurde 1893 der Grundstein zu einer neuen Kirche gelegt. Sie sollte die alte abendländische Tradition in nächster Nähe des Heiligen Grabes fortsetzen, nun als geistliches Zentrum des Protestantismus im Heiligen Lande. Kirche und anschließende Gebäude sind seitdem der Sitz der lutherischen Propstei für Jerusalem.

Der schlichte Innenraum ist vor einigen Jahren renoviert worden. Rechts hinter dem Eingang befindet sich die Tür zum Turm, den zu besteigen sich sehr lohnt, da man von dort die gesamte Altstadt und das Gelände des Ölbergs überschauen kann. Sehenswert ist außerdem der erneuerte Kreuzgang, in den einige mittelalterliche Bauglieder eingearbeitet sind.

Khankha-Moschee

Geht man beim Verlassen der Grabeskirche durch die Stufenstraße rechts bis zur Christenstraße und folgt dieser nach Norden, so kommt man am Ende der Straße, an der Ecke der Khankhastraße (rechts) zur Khankha-Moschee, die als der Palast des Patriarchates der Kreuzfahrer gilt.

Konstantinskloster

Kurz vorher biegt man rechts von der Christenstraße in die Straße des griechisch-orthodoxen Patriarchates ab, benannt nach dem Griechischen Patriarchenpalast, der die rechte Straßenseite einnimmt. Gegenüber steht das griechisch-orthodoxe Konstantinskloster; in der Konstantinskapelle wertvolle Ikonen. In einem kleinen Museum des Klosters kann man u.a. den schlanken, an der Schauseite mit Ranken und Rosetten geschmück-

Erlöserkirche ...   *... Aussicht vom Turm*

ten Sarkophag der 29 v. Chr. von ihrem Gatten Herodes I. ermordeten Königin Mariamne sehen. Er wurde mit einem zweiten Sarkophag im Zweiten Weltkrieg aus dem Herodianergrab beim King-David-Hotel hierher gebracht.

Nördlich des Klosters befand sich der Palast, in dem die Könige von Jerusalem residierten, nachdem sie ihre erste Residenz, die El-Aqsa-Moschee, dem Templerorden übergeben hatten.

Am Ende der Christenstraße links einbiegend, kommt man in den katholischen (lateinischen) Bezirk. Man passiert die Terra-Sancta-Kirche (rechts) und erreicht jenseits der Abzweigung zum Neuen Tor das Lateinische Patriarchat, das unmittelbar hinter der Stadtmauer steht. Von hier geht man durch enge Gassen in Richtung Davidsstraße, auf die man gegenüber der Zitadelle, unmittelbar beim Jaffator, gelangt.

Konstantinskloster (Fortsetzung)

Vom Ölberg zum Berg Zion

Man beginnt den Gang über den Ölberg an einer Kurve der Jerichostraße unterhalb vom Stephanstor. Vorbei an einem Denkmal für israelische Fallschirmjäger, die hier 1967 gefallen sind, kommt man zum Mariengrab (links der Straße) mit seiner gotischen Kreuzfahrerfassade des 12. Jh.s. Es ist eine von zahlreichen Anlagen dieser Region, die in drei Epochen geschaffen wurden: im frühchristlichen 4. und 5. Jh., in der Zeit des Kreuzfahrerstaates (12. Jh.) und im 19.–20. Jahrhundert.

Eine Treppe von 47 breiten Marmorstufen führt in das dunkle unterirdische Heiligtum. Auf halbem Wege sieht man zwei Nischen: rechts eine mit den Gräbern von Joachim und Anna, den Eltern Marias, und links eine mit einem Altar über dem Grab Josephs. In der Tiefe angekommen, 12 m unter dem Niveau des Vorplatzes, wendet man sich hinter einem griechisch-orthodoxen Altar nach rechts, wo sich im Osten des langgestreckten

Mariengrab

251

Der Ölberg mit seinen Kirchen, im Vordergrund die Kirche der Nationen

Mariengrab (Fortsetzung)	Raumes das aus einem Felsen gehauene Mariengrab befindet. Es wird flankiert von einem armenischen Altar (links) und einer mittelalterlichen islamischen Gebetsnische (rechts). Im Westteil des Raumes eine Zisterne, deren Wasser als heilkräftig gilt, und ein Altar der abessinischen Christen. An dieser Stelle wurde zuerst im 5. Jh. eine Andachtsstätte geschaffen.
	Ein Haus, in dem Maria gelebt haben soll, wird beim kleinasiatischen Ephesos gezeigt. Ihre letzte Lebenszeit verbrachte Maria nach frühchristlicher Überlieferung jedoch in Jerusalem, starb 22 Jahre nach ihrem Sohn und wurde im Josaphattal begraben.
	Die Stätte des Mariengrabes wird auch als 'Kirche der Assumptio', der Himmelfahrt Mariens, bezeichnet, da man glaubte, Maria sei hier von Engeln in den Himmel getragen worden.
*Garten Gethsemane	Man verläßt das Mariengrab, wendet sich vom Portal nach links und kommt durch einen Gang zur Todeskampfgrotte, an die südlich der Garten Gethsemane mit acht uralten Ölbäumen angrenzt ('Gethsemane' entstand aus dem hebräischen 'Gath-Shamma' = 'Ölpresse').
	Nachdem Jesus mit seinen Jüngern an dem später als Gründonnerstag bezeichneten Tag das Abendmahl gefeiert hatte, ging er mit ihnen "nach seiner Gewohnheit ... zu einem Stück Land, das Gethsemane hieß" (Matthäus 26,36). "Und er riß sich von ihnen los, etwa einen Steinwurf weit, betete und rang mit dem Tode und betete heftiger" (Lukas 22,41 und 44). Die Jünger schliefen und ließen ihn in dieser Stunde allein. Kurz darauf wurde er gefangengenommen und in die Stadt gebracht.
Kirche der Nationen	Im Garten Gethsemane erbaute bereits Kaiser Theodosius I. im 4. Jh. eine Basilika, und zwar über den Felsen, an dem Jesus gebetet haben soll. Ihr Grundriß ist sichtbar im Fußboden der modernen Kirche, die 1924 an derselben Stelle errichtet wurde. Die Kirche, wiederum dreischiffig, hat größere Ausmaße als der Vorgängerbau. In deutlichem Kontrast zur Farbigkeit der Fassade wirkt das Innere dämmerig. Sechs Säulen tragen das aus

zwölf kleinen, mosaikgeschmückten Kuppeln bestehende Dach. Vor dem Altar sieht man den Felsen, umgeben von einem niedrigen Gitter, das an die Dornenkrone erinnert. Die bildlichen Darstellungen der Kirche sind Geschenke mehrerer Länder, worauf sich die Bezeichnung Kirche der Nationen bezieht.

Kirche der Nationen (Fortsetzung)

Wendet man sich nun nach rechts, so kommt man zur russischen Maria-Magdalena-Kirche, einem prunkvollen Bau mit sieben Kuppeln. Zar Alexander III. hat sie 1888 zum Gedächtnis an seine Mutter Maria Alexandrowna, eine hessische Prinzessin, erbaut. Hier wurde die 1918 ermordete Großfürstin Elisabeth (1864–1918), Schwester der letzten Zarin, ebenfalls eine hessische Prinzessin und mit dem Großfürsten Sergius verheiratet, beigesetzt. Eine Ikone aus dem Sarg der Großfürstin befindet sich heute in der russischen Kapelle zu Darmstadt.

Maria-Magdalena-Kirche

Etwa 200 m weiter aufwärts erreicht man den Eingang (links) zu einem Gelände, in dem die Franziskanerkapelle Dominus Flevit ("Der Herr hat geweint") steht. Sie wurde 1955 über den Fundamenten einer Kirche des 5. Jh.s, von der links des Eingangs ein Mosaik erhalten ist, erbaut. Im Inneren ist in einem großen Fenster über dem Altar der Umriß eines Kelches angebracht. Der Name der Kapelle erinnert daran, daß Jesus, als er zum letzten Mal nach Jerusalem zog, über das künftige Geschick der Stadt weinte (Lukas 19,41).
Bei der Kapelle hat man 1953 während der Bauarbeiten jüdische und byzantinische Gräber freigelegt.

Dominus Flevit

Nach etwa 200 m erstreckt sich rechts ein größeres Areal, wo die Prophetengräber liegen. Der Besitzer des Grundstückes öffnet die Felsengruft (Eintrittspreis vorher ausmachen!), deren Grabnischen der Überlieferung nach u.a. den Propheten Haggai und Maleachi sowie ihren Schülern zugeschrieben werden.

Prophetengräber

Ölberg: Garten Gethsemane ...   *... Kirche Dominus Flevit*

Jerusalem

**Aussichtsterrasse auf dem Ölberg

Geht man vom Eingang bei den Prophetengräbern noch einige Meter aufwärts und wendet sich dann nach rechts, so kommt man zu einer Terrasse, von der aus sich ein eindrucksvoller Blick auf Jerusalem bietet: Man sieht den Tempelberg und die Altstadt mit Kuppeln, Minaretten und Kirchtürmen sowie die Hochhäuser in Westjerusalem.

Unterhalb der Aussichtsterrasse dehnt sich der große Jüdische Friedhof (siehe unten) aus, dessen Gräber bis in biblische Zeit zurückreichen und 1948 von Arabern stark beschädigt wurden.

Pater-Noster-Kirche

Man wendet sich nordwärts und findet rechts des Weges die Pater-Noster-Kirche. Sie steht am Platz der konstantinischen Eleona-Basilika (326–333), die von den Persern 614 zerstört wurde; die Kreuzfahrer errichteten eine neue Kapelle. Die Prinzessin de la Tour d'Auvergne erwarb 1874 das vernachlässigte Gelände und stiftete ein Kloster für Karmeliter-Nonnen. Hier wurde sie 1957, lang nach ihrem Tode, beigesetzt. Die Kapelle erinnert daran, daß Jesus seine Jünger das Vaterunser gelehrt hat (Lukas 11,2–4); das Gebet hat man in 80 Sprachen auf farbigen Fayence-tafeln angebracht.

Bethphage

Von der Pater-Noster-Kirche kann man einen Abstecher in östlicher Richtung nach Bethphage (900 m ü.d.M.) machen. In Bethphage erinnert eine Kirche daran, daß Jesus hier von den Jüngern die Eselin losbinden ließ, auf der er am Palmsonntag nach Jerusalem ritt (Lukas 19,29). 1876 hat man Reste einer Kreuzfahrerkirche gefunden. Ein bemalter Steinwürfel aus diesem Bau, interessant als Beispiel frühgotischer Malerei, befindet sich jetzt in der neueren Franziskanerkirche.

Himmelfahrtskapelle

Man kommt nun in das arabische Dorf El-Tur, in dem sich, innerhalb eines Moscheebezirkes, die Himmelfahrtskapelle befindet. Der Ort liegt am Weg von Jerusalem nach Bethanien (→ El-Azariye), und auf diesem Weg, so Lukas 24,50–51, fuhr Jesus auf zum Himmel. Hier errichteten die Kreuzfahrer im 12. Jh. eine Kapelle, die später von den Moslems in einen Kuppelbau umgewandelt wurde. Die Kapelle war ein achteckiger Zentralbau, dessen offene Seiten von acht Spitzbögen überspannt wurden. Diese trugen einen schmalen Fries als obere Begrenzung des Bauwerks, das auch nach oben offen war und so das Geschehen der Himmelfahrt architektonisch gestaltete.

Der moslemische Wächter hat auch den Schlüssel zu einem Grab, das sich ein wenig westlich, gegenüber der Pater-Noster-Kirche, befindet. Die Juden betrachten es als 'Grab der Prophetin Hulda', die zur Zeit des Königs Josia (639–609 v. Chr.) in Jerusalem lebte (2. Buch der Könige, 22; nach ihr sind die südlichen Tore zum Tempelplatz benannt). Nach christlicher Tradition (beides braucht einander nicht auszuschließen) handelt es sich um die Grotte der heiligen Pelagia aus Antiochien, die hier als Büßerin lebte und im Jahre 280 starb.

Himmelfahrtskloster

Östlich der Himmelfahrtskapelle liegt das russische Himmelfahrtskloster, dessen 60 m hoher Turm das gesamte Gebiet beherrscht (Aussicht!).

*Kidrontal

Vom Dorf El-Tur geht man auf einem der Ölberg-Wege nach Gethsemane zurück. Ein wenig südlich der Gethsemanekirche biegt rechts die schmale, nicht befestigte Siloastraße ins Kidrontal ab, das sich südwärts im Josaphattal fortsetzt und den Berg Morija (Tempelplatz) vom Ölberg trennt ('Jehosaphat' bedeutet 'Gott wird richten'). Auf diese Gegend und ihren Namen beziehen sich zwei Prophezeiungen des Alten Testamentes, die des Sacharja und die des Joel. In dieser heißt es: "Denn siehe, in jenen Tagen und zur selben Zeit, da ich das Geschick Judas und Jerusalems wenden werde, will ich alle Heiden zusammenbringen und will sie ins Tal Josaphat hinabführen und will dort mit ihnen rechten, wegen meines Volkes und wegen meines Erbteils Israel..." (Joel 4,1–2). "Es werden Scharen über Scharen von Menschen sein im Tal der Entscheidung, denn des Herrn Tag ist nahe im Tal der Entscheidung" (Joel 4,14).

Pater-Noster-Kirche und ...   *... Himmelfahrtskapelle auf dem Ölberg*

Die Juden erwarten also hier das Jüngste Gericht, und auch der Islam glaubt an ein solches künftiges Geschehen: Ein Seil wird von der Tempelzinne über das Tal zum Ölberg gespannt werden, die Gerechten werden, gestützt von ihren Schutzengeln, hinübergehen, die Sünder werden hinabstürzen in die Verdammnis.

Der Wunsch, am Jüngsten Tage an diesem Ort zu sein, ist die Ursache dafür, daß Juden und Moslems zu beiden Seiten des Kidrontales – am Ölberghang und vor der Mauer des Tempelberges – Friedhöfe angelegt haben. Der große jüdische Friedhof reicht bis in biblische Zeit zurück. Im Zusammenhang mit ihm sind auch die großen Grabmonumente an seinem unteren Rand zu sehen. Sie liegen links des Weges und werden nach Gestalten des Alten und Neuen Testamentes benannt, stammen jedoch alle aus hellenistischer oder herodianischer Zeit. Nicht gebaut, sondern fast durchgängig aus dem Felsen gehauen, weisen sie die hellenistisch-römischen Mischformen jener Epoche auf.

Die Reihe beginnt mit dem Grab Absaloms, das man früher mit Steinen bewarf, in Erinnerung an die Erhebung Absaloms gegen seinen Vater David. Doch ist die Zuschreibung an Absalom unhistorisch. Die quadratische Grabkammer weist in charakteristischer Stilmischung über ionischen Halb- und Viertelsäulen einen dorischen Fries auf. Auf diesem Unterbau sitzen eine Attika und ein niedriger Zylinder, der in ein aus einzelnen Quadern und Platten gebautes kegelförmiges Spitzdach mündet.

Etwas weiter südlich sieht man eine loggiaartige Fassade mit zwei dorischen Säulen und dorischem Architrav. Nach christlicher Überlieferung verbarg sich hier Jakobus nach der Verhaftung Jesu. Diese Jakobsgrotte ist ein jüdisches Familiengrab, und zwar, wie eine hebräische Inschrift auf dem Architrav zeigt, für die Priesterfamilie Hezir (1. Jh. v. Chr.). Im Inneren ein Mittelraum, an den kleine Grabkammern angrenzen. Anschließend das

Kidrontal
(Fortsetzung)

Jüdischer Friedhof

Absaloms Grab

Weitere Grabmäler

![Jüdischer Friedhof am Ölberg]

Jüdischer Friedhof am Ölberg

Kidrontal: Absaloms Grab ...

... und Zachariasgrab

Zachariasgrab, ein Felswürfel, der von einer Dachpyramide bekrönt wird. Rechts davon liegt ein anderes loggiaartiges Grab, das unvollendet geblieben ist.

Kidrontal, Grabmäler (Fortsetzung)

Geht man etwa 400 m weiter, so kommt man zur Gihonquelle. Sie liegt am Ostfuß vom Berg Ophel, der sich von der Südmauer des Tempelberges bis zur Vereinigung von Kidron- und Hinnomtal hinabzieht. Auf ihm lag die 'Stadt Davids' wie schon vorher die der Jebusiter, denen David den Ort abgewann.

Gihonquelle

In jüngster Zeit hat eine Archäologengruppe unter der Leitung von Yigal Shiloh vom Archäologischen Institut der Hebräischen Universität in diesem Gebiet Ausgrabungen vorgenommen. Dabei ist man bis zu Schichten aus der Zeit der Stadtgründung durch David um 1000 v. Chr. vorgedrungen. Das am Berghang gelegene davidische Jerusalem war terrassiert, so wie das gegenüberliegende heutige arabische Dorf Silwan. Seine vier durch Treppen verbundenen Terrassen waren künstlich angelegt. Auf ihnen fand man Gebäudereste und ein Abwassersystem. Einzelfunde aus späterer Zeit zeigen, daß sich Juden, die aus der babylonischen Gefangenschaft heimkehrten, hier niederließen und daß der Ort auch in persischer, hellenistischer und römischer Zeit bewohnt war. Erst im Mittelalter war die Davidsstadt nicht mehr besiedelt, da Jerusalem inzwischen nach Westen verlegt worden war, ins Gebiet der heutigen Altstadt und der dann als 'Berg Zion' bezeichneten Anhöhe.

Davidsstadt

Um die Stadt mit Wasser zu versorgen, gruben die Jebusiter einen Tunnel von der Gihonquelle bis zur Stadtanlage. An seinem Ende wurde von oben ein 13 m tiefer treppenloser Schacht gegraben, aus dem das Wasser dann mit Eimern geschöpft wurde. Den Eingang zu diesem Wasserversorgungssystem, dem 'Warrenschacht', so benannt nach seinem Entdecker, dem Engländer Charles Warren, erreicht man südlich des Ausgrabungsgeländes der Davidsstadt.

Warrenschacht

Einige Jahrhunderte später ließ König Hiskia (727–698 v. Chr.) ein weiteres Wasserversorgungssystem, einen 540 m langen, bis zu 4 m hohen und 1 m breiten Tunnel anlegen, der unter dem Südostteil des Berges Ophel verlief und Wasser aus der Gihonquelle in die Stadt hineinleitete, wo es beim Teich Siloah wieder zutage trat. Auf diese Weise konnten die Bewohner Jerusalems auch dann mit Wasser versorgt werden, wenn Feinde die Stadt belagerten (man muß den Tunnel teilweise in gebückter Haltung durchschreiten).

Hiskias Tunnel

Den Ausgang zum Siloahteich findet man knapp 500 m von der Gihonquelle entfernt rechts der Straße, unterhalb des Minaretts einer Moschee, die zum arabischen Dorf Silwan gehört. Hier hat man 1880 eine hebräische Inschrift gefunden, die den biblischen Bericht vom Tunnelbau bestätigt. Sie wird jetzt in Istanbul aufbewahrt. An dem Teich, heute 6 x 17 m groß, heilte Jesus den Blindgeborenen (Johannes 9,7). Im 5. Jh. hat man an dieser Stelle eine Kirche gebaut; einige ihrer Säulen liegen noch im Teich.

Siloahteich

Südlich des Siloahteiches erstreckt sich das Hinnomtal. Man erreicht es, wenn man von Siloah zur Straße zurückgeht, ihr 200 m weit folgt und dann rechts abbiegt.
In kanaanäischer Zeit war dieses Tal eine Stätte des Baals- und Molochkultes, bei dem man Kinder "durchs Feuer gehen" ließ, d.h. als Opfer verbrannte. Gegen diesen grausamen Kult, der für den phönizischen Bereich bis hin nach Karthago bezeugt ist, wenden sich verschiedene Verbote der Mosaischen Bücher. Dennoch hat es auch in israelitischer Zeit den Molochkult gegeben: Manasse, Sohn und Nachfolger jenes Königs Hiskia, der den Wassertunnel anlegte, hat nicht nur Altäre für Baal und Astarte errichtet, sondern ließ auch "seinen Sohn durchs Feuer gehen" (2. Buch der Könige 21,6). Der Ort dieses Geschehens wurde später zum Inbegriff

Hinnomtal

Hinnomtal (Fortsetzung)	des Bösen. So leitet sich vom Wort 'Hinnom' das arabische 'Gehenna' (Hölle) ab. Die im Nordwesten sich erhebende Höhe heißt 'Berg des bösen Rates', weil hier der Hohepriester Kaiphas die Versammlung abgehalten haben soll, bei der die Tötung Jesu beschlossen wurde (Johannes 11,42–53). Und hier liegt beim Onuphrioskloster der Blutacker (Hakeldama), gekauft von den 30 Silberlingen, die der reuige Verräter Judas Ischarioth in den Tempel geworfen hatte (Matthäus 27,6–8).
St. Peter in Gallicantu	Vom Siloahteich führt ein Treppenweg aus römischer Zeit hinauf zum Berg Zion. Die Überlieferung, daß Jesus in einem Haus der Oberstadt das Abendmahl feierte, dürfte zutreffen. Infolgedessen wird er, als er sich dann nach Gethsemane begab, diesen Treppenweg gegangen sein. Man folgt ihm zur katholischen Kirche St. Peter in Gallicantu (St. Peter zum Hahnenschrei), die an die dreimalige Verleugnung Jesu durch Petrus erinnert (Matthäus 26,69–75). Die 1931 erbaute Klosterkirche enthält Funde aus jüdischer und frühchristlicher Zeit. Auch wird bei ihr das 'Gefängnis Christi' gezeigt.
*Berg Zion	Von hier aus führt die Straße nach Norden zu Misttor (Dungtor) und Klagemauer, nach Nordwesten zum Zionstor. Kurz vor diesem links abbiegend und an der nächsten Weggabelung rechts, kommt man zum Berg Zion mit seinen jüdischen, christlichen und moslemischen Heiligtümern. Diese Höhe gehörte in herodianischer Zeit zur Oberstadt. Hier hat man seit dem 4. Jh., wie Kirchenbauten dieser Zeit bezeugen, die Stätte verehrt, an der Jesus mit seinen Jüngern das Abendmahl feierte und die Eucharistie einsetzte (Matthäus 26,17–30; Markus 14,12–25; Lukas 22,7–20) und an der auch das Pfingstwunder der Ausgießung des Heiligen Geistes geschah (Apostelgeschichte, 2); hier soll Maria, wie zuerst eine Urkunde des Patriarchen Modestos im 7. Jh. sagt, zuletzt gelebt haben und gestorben sein. Seit dem 12. Jh. verehrt man auf dem Berg Zion das Grab König Davids, das jedoch in der alten Davidsstadt am Berg Ophel zu suchen ist. Die bereits im 4./5. Jh. errichteten Kirchen waren verfallen, als 1099 die Kreuzfahrer kamen. Sie bauten das Zionsmünster wieder auf und errichteten ein romanisches zweistöckiges Haus, in dessen Untergeschoß sich der Saal der Fußwaschung und in dessen Obergeschoß sich der Abendmahlssaal befand. Kirche und Abendmahlssaal wurden 1219 von Ägyptern zerstört. Den Abendmahlssaal bauten die Franziskaner, denen Papst Clemens IV. 1342 die Wache an dieser Stätte übertrug, in seiner jetzigen Gestalt gotisch wieder auf. Auf sie geht auch ein südlich davon gelegenes kleines Kloster zurück. Im 16. Jh. wies Sultan Suleiman die Franziskaner aus, die Moslems richteten eine Moschee ein. Zu den älteren Gebäuden trat schließlich noch die Dormitio-Abtei, deren Gelände Kaiser Wilhelm II. 1898 in Besitz nehmen konnte, nachdem er die evangelische Erlöser-Kirche eingeweiht hatte. Er überwies das Grundstück an der Nordwestseite des alten Gebäudekomplexes "dem deutschen Verein vom Heiligen Lande zur freien Nutznießung im Interesse der deutschen Katholiken". Das Davidsgrab wurde damals auf Befehl des Sultans für das Kaiserpaar geöffnet; Christen und Juden hatten sonst keinen Zugang, was sich erst in der britischen Mandatszeit nach dem Ersten Weltkrieg änderte.
Davidsgrab	An einem Platz auf der Anhöhe sind Gebäudereste aus herodianischer Zeit freigelegt. Rechts des Weges findet man den Eingang zum 'Saal der Fußwaschung' (Johannes 13,1–11), der jetzt als Synagoge dient. Im anschließenden Raum befindet sich das Davidsgrab. Die Datierung des Mauerwerkes in diesem Raum ist ungeklärt. Es gibt drei Lesarten: 1. Es gehört zum romanischen Kreuzfahrerbau des 12. Jh.s; 2. es stammt bereits von einem frühchristlichen Kirchenbau, den die Pilgerin Ätheria im Jahre 384 erwähnt; 3. es ist Bestandteil jener antiken Synagoge, von welcher der Pilger von Bordeaux im Jahre 333 als der einzigen unzerstörten in dieser Region berichtet (diese Deutung stützt sich darauf, daß die Apsisnische nach

Dormitio-Kirche auf dem Zionsberg

Norden, zum Tempelplatz, gerichtet ist). Vor dieser 2,48 m breiten, 2,44 m hohen Apsis steht der Kenotaph, der als das eigentliche Grab des Königs gilt. Er ist mit ornamentierten Tüchern bedeckt, auf ihm stehen silberne Thorakronen und Thorarollen. Jüdische Pilger beten hier, besonders an Shavuot, dem traditionellen Todestag des Königs. Links von diesem Raum hat man einen Märtyrerraum (Martet Hashoa) zum Gedächtnis an die von den Nationalsozialisten ermordeten Juden eingerichtet.

Verläßt man das Davidsgrab und geht nach rechts in eine Gasse, passiert man, wiederum rechts, einen Torbogen und kommt zu der Treppe, die zum Abendmahlssaal (Coenaculum) führt. Er befindet sich über dem Saal der Fußwaschung und dem Davidsgrab. Zwei gotische Säulen tragen die Gewölbe des 10 x 16 m großen Raumes, den die Franziskaner im 14. Jh. erneuert haben. Ein Felsquader gegenüber der moslemischen Gebetsnische des 16. Jh.s gilt als der Platz, den Jesus während des Abendmahles einnahm.

Zurück zur Gasse, kommt man zur katholischen Kirche Dormitio Sanctae Mariae (Todesschlaf der hl. Maria), die nach Plänen von Heinrich Renard in neuromanischem Stil erbaut und 1908 eingeweiht wurde. Die beherrschend gelegene, von deutschen Benediktinern betreute Kirche ist ein Zentralbau, der von der Rotunde der Grabeskirche beeinflußt ist. Der schöne Mosaikboden weist in der Mitte drei verschlungene Kreise als Symbol der Dreieinigkeit auf. Von diesem Zentrum gehen Strahlen aus zu den beiden nächsten (konzentrischen) Kreisen, deren erster die Namen der vier Propheten Daniel, Jesaias, Jeremias und Ezechiel, deren zweiter die der 12 Apostel enthält. Nach außen schließen sich der Tierkreis und eine Inschrift (Sprüche Salomos 8,25–26) an. Ein Mosaik in der Apsiswölbung zeigt Maria mit dem Kinde. Die den Zentralraum umgebenden Kapellen sind dem heiliggesprochenen englischen Benediktiner Willibald, den drei Weisen aus dem Morgenland, St. Joseph und den Ahnen Jesu

Davidsgrab (Fortsetzung)

Coenaculum

Dormitio-Kirche

Dormitio-Kirche: Turm ...   *... Hauptportal*

Dormitio-Kirche (Fortsetzung)	sowie Johannes dem Täufer geweiht. Den Mittelpunkt der Krypta bildet, unter einer Mosaikkuppel, eine Skulptur von Maria auf dem Totenbett. Sie ist von Kapellen umgeben, die von mehreren Ländern gestiftet worden sind.
	Von hier gelangt man zum Zionstor zurück oder entlang der Außenseite der westlichen Altstadtmauer zur Zitadelle und dem Jaffator.

Vom Damaskustor zum Berg Skopus

Damaskustor	Das Damaskustor verbindet die neueren Stadtviertel im Norden mit der südlich anschließenden Altstadt. Hier beginnt die Straße nach Damaskus, die über Nablus bzw. Sichem führt; deshalb wird ihr Anfang von den Arabern Nablusstraße und das Tor von den Juden 'Shaar Shekhem' (Sichem-Tor) genannt; bei den Arabern heißt das Tor 'Bab el-Amud' (Pfeilertor), nach einem Pfeiler, von dem aus die Entfernung nach Damaskus gemessen wurde.
	Das 1537 errichtete Tor ist das schönste und aufwendigste der auf Suleiman den Prächtigen zurückgehenden Tore. Mit den vorspringenden flankierenden Türmen und den dekorativen Zinnen bildet es eine Baugruppe, deren ästhetischer Wert nicht hinter dem fortifikatorischen zurücksteht.
*Rundgang auf der Stadtmauer	Beim Damaskustor führt (wie auch beim Jaffator) eine Treppe hinauf zu einem Wehrgang auf den Altstadtmauern.
Römischer Platz	Unter der auf das Damaskustor zuführenden Brücke wurde bei 1982 abgeschlossenen Ausgrabungsarbeiten der Römische Platz freigelegt. Zu sehen sind Reste der sogenannten Dritten Mauer, die erst kurz vor der Zerstörung Jerusalems durch Titus (70 n. Chr.) fertiggestellt wurde, sowie ein Teil der römischen Toranlage.

Östlich des Damaskustores erstreckt sich vor der Mauer eine Grünanlage. Nach 150 m sieht man am Fuß der Mauer ein vergittertes Tor, das zum Steinbruch Salomos gehört, einer Höhle, die sich, vielfach verzweigt, weit unter der Altstadt erstreckt. Nach alter Überlieferung hat Salomo hier die Steine für seine Bauten brechen lassen. Die Juden nennen den Ort 'Höhle des Zedekia', da sie glauben, Zedekia, der letzte König von Juda, habe sich 587 v. Chr. hier vor den babylonischen Truppen versteckt, ehe er gefangengenommen und mit dem Großteil seines Volkes nach Babylon gebracht wurde.

Steinbruch Salomos / Zedekiahöhle

Gegenüber dieser Höhle öffnet sich eine kleine Gasse; an ihrem Ende liegt die Grotte des Jeremias; sie gilt als das Gefängnis, in dem der Prophet Jeremias um 605 v. Chr. seine Klagelieder über den bevorstehenden, 587 v. Chr. tatsächlich eingetretenen Untergang der Stadt niedergeschrieben hat (Jeremias 38,6).

Grotte des Jeremias

Man geht zum Damaskustor zurück und biegt rechts in die Nablusstraße ein, wo man gleich rechts auf eine Gasse stößt, die zum sogenannten Gartengrab führt. Hier erstreckt sich ein gartenartiges Gelände vor einem niedrigen Felshügel, in dessen senkrecht abgearbeiteter Wand sich ein Grab befindet. Eine aus dem Felsen gehauene Tür führt in einen rechteckigen Vorraum, an den sich rechts die Grabkammer anschließt. In ihr sieht man links eine Grabstelle und rechts, unterhalb eines kleinen Fensters, eine zweite, die jedoch unvollendet blieb. Das Grab stammt aus römischer oder byzantinischer Zeit.

Gartengrab

Der englische General Charles George Gordon hat es 1882 gefunden und als Grab Christi bezeichnet, weil es vor der Stadtmauer lag, wie es für jüdische Grabstätten vorgeschrieben war; im Umriß des Hügels sah er das Abbild eines Schädels (Golgatha = Schädelstätte). Gordons These erwies sich jedoch als unhaltbar, u. a. deshalb, weil die Stadtmauer zur Zeit Jesu einen anderen Verlauf hatte als heute. Gleichwohl halten einige, zumal

Gartengrab: für viele Anglikaner das Grab Christi

Jerusalem

Gartengrab (Fortsetzung)	anglikanische Christen das 'Gartengrab' für die Stätte, an der Jesus beigesetzt wurde und auferstanden ist.
St.-Stephan-Kloster	Folgt man der Nablusstraße, so sieht man rechts das französische Dominikanerkloster St. Stephan, das an die hier angenommene Steinigung des ersten christlichen Märtyrers Stephanus erinnert.
Mandelbaumtor	Ein wenig weiter biegt halblinks eine Straße ab, an deren Kreuzung mit der St.-Georg-Straße das Mandelbaumtor befand. Hier war von 1948 bis 1967 der einzige Übergang zwischen dem israelischen und dem jordanischen Jerusalem. Ungeachtet seines poetischen Namens gab es weder ein eigentliches Tor noch einen Mandelbaum, sondern nur einen Durchlaß zwischen Stacheldrahtverhauen, und der Name bezieht sich auf den Besitzer des nächststehenden Hauses, S. Mandelbaum (Gedenktafel).
Königsgräber	Man folgt der St.-Georg-Straße und biegt rechts in die nächste Gasse ein, die bei der anglikanischen St.-Georg-Kirche auf die Nablusstraße führt. Unmittelbar nördlich dieser Kirche, wo die Saladin- in die Nablusstraße einmündet, befinden sich rechts, im Gebiet der 1881 gegründeten Amerikanischen Kolonie, die sehr sehenswerten Königsgräber. Man steigt 26 breite Felsstufen hinab und bemerkt in der senkrecht abgearbeiteten rechten Felswand zwei Wasserrinnen und die zugehörigen Zisternen. Dann geht man durch ein rundbogiges Felstor nach links in einen geräumigen Hof und steht vor der Eingangsfassade der Grabanlage, die aus dem Felsen herausgearbeitet ist. Drei Stufen führen in eine Vorhalle, über der man einen dorischen Fries erkennt. In der linken Ecke dieser Halle befindet sich der niedrige Eingang zum Inneren, einst verschließbar mit einem noch vorhandenen Rollstein. Im Inneren gehen von einem Zentralraum mehrere Grabkammern in zwei Geschossen ab.
	Die Anlage wurde 1874 von einer französischen Jüdin erworben und ging nach deren Tod in französischen Staatsbesitz über, die Sarkophage kamen in den Louvre. Der Name 'Königsgräber' beruht auf der Annahme, hier seien die Könige von Juda bestattet gewesen. Indessen stammt die Stätte aus erheblich späterer Zeit. Die Königin Helena von Adiabene, dem heutigen Kirkuk zwischen Mossul und Bagdad, ließ sie schaffen, nachdem sie zum jüdischen Glauben übergetreten war und um 45 n. Chr. ihren Wohnsitz in Jerusalem genommen hatte. Adiabene hatte sich beim Niedergang des Seleukidenreiches im 2. Jh. die Unabhängigkeit erkämpft, seine Statthalter wurden Könige. Helena, die sich durch ihre Wohltaten um die Bevölkerung Jerusalems verdient machte, nahm den jüdischen Namen Sara Melaka (Königin Sara) an; dieser Name steht in aramäischer Schrift auf einem der Sarkophage im Louvre.
*Rockefeller-Museum	Man wendet sich nun wieder stadteinwärts und kommt durch die Saladinstraße zur Stadtmauer, die man beim Herodestor erreicht. Der Stadtmauer ostwärts folgend, sieht man gegenüber ihrer Nordostecke den von einem massigen Turm überragten Komplex vom Archäologischen oder Rockefeller-Museum, benannt nach John D. Rockefeller, der diesen Bau 1927 mit einer Zwei-Millionen-Dollar-Spende finanziert hat. Das Rockefeller-Museum, eines der bedeutendsten Museen Israels, enthält in chronologischer Ordnung Funde von der Steinzeit bis ins 18. Jh. und verfügt über eine umfangreiche Bibliothek.
	Hinter der Eingangshalle liegt der Turmsaal mit Abgüssen von Reliefs aus dem Palast von Ninive, welche die Einnahme des Ortes Lachish durch den Assyrerkönig Sanherib im Jahr 701 v. Chr. zeigen; Jerusalem belagerte er jedoch erfolglos.
	Von hier führt der Rundgang durch das Museum in das südliche Oktogon mit ägyptischen und mesopotamischen Stücken, die in Palästina (viele von ihnen in Beth Shean) gefunden wurden. Zu den eindrucksvollsten Exponaten gehört eine Stele des Pharaos Sethos I. (1319–1304 v. Chr.).
	Die langgestreckte Südgalerie enthält Funde, die bis in die Zeit um 200 000 v. Chr. zurückreichen. In diese frühe Zeit werden der 'Galiläa-Schädel', in

Rockefeller-Museum   **Jerusalem**

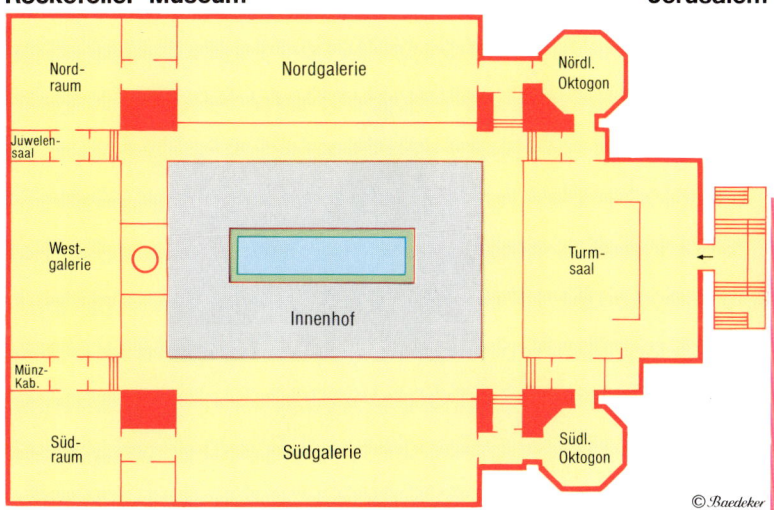

Nord-raum

Nordgalerie

Nördl. Oktogon

Juwelen-saal

West-galerie

Turm-saal

Innenhof

Münz-Kab.

Süd-raum

Südgalerie

Südl. Oktogon

© *Baedeker*

Rockefeller-Museum (Fortsetzung)

die Zeit um 100 000 v. Chr. Überreste eines Menschen vom Berg Karmel, in die Zeit um 10 000 v. Chr. ein Skelett aus einem Hockergrab datiert. In weiteren Vitrinen sieht man Köpfe aus Jericho (um 6000 v. Chr.), einen Schädel, der plastisch gestaltet und überarbeitet wurde (andere Beispiele im Museum von Amman, Jordanien), ein anderer aus Ton. Sehenswert sind ferner ein kupfernes Schwert (um 3500 v. Chr.), eine Tonform für Bronze-guß (um 1600 v. Chr.), ein Spielbrett mit Fayencefiguren (gleichfalls um 1600 v. Chr.), ein Gefäß aus Zypern (um 1400 v. Chr.) und eine hethitische Streitaxt aus Bronze (um 1500 v. Chr.).

In dem quadratischen Südraum sind Holzarbeiten des 8. Jh.s aus der El-Aqsa-Moschee zu begutachten. Der angrenzende Raum enthält ein Münz-kabinett (u.a. jüdische Münzen aus dem 1./2. Jh. n. Chr.).

In der Westgalerie sind Funde aus dem Hisham-Palast ausgestellt, den der Omaijadenkalif Hisham 724 bei Jericho angelegt hat. Man sieht Fenster und rekonstruierte Gewölbe mit reicher Ornamentik und vielen figürlichen Darstellungen (Tiere und Menschen), an denen sich Eigenart und Qualität der frühislamischen Kunst der Omaijadenzeit ablesen läßt: Die Künstler lie-ßen sich durch die Kunst der damaligen Großmächte Byzanz und Persien anregen, die spätere bildlose islamische Kunst der Arabeske war noch nicht entwickelt.

Antike Schmuckstücke, die ältesten Exponate reichen bis 2000 v. Chr. zurück, werden in den sogenannten Juwelensaal aufbewahrt. Ins Auge fallen große goldene Ohrringe aus römischer Zeit sowie ein geschnitzter Elefan-tenzahn. Der danebengelegene Nordraum ist Exponaten der Kreuzfahrer-zeit (12./13. Jh.) vorbehalten; u.a. sind Reliefarbeiten aus der Grabeskirche ausgestellt.

Vom Nordraum gelangt man in die langgestreckte Nordgalerie, die zeitlich an ihr südliches Gegenstück anschließt und der Zeit nach um 1200 v. Chr. gewidmet ist. Man findet hier einen anthropomorphen Tonsarkophag (um 1100 v. Chr.), menschliche und tierische Figuren an einem Tongerät, in welchem Weihrauch verbrannt wurde (1100 v. Chr.), dann die 588 v. Chr. entstandenen 'Lachish-Briefe' (Tonscherben mit hebräischer Inschrift), Elfenbeinstücke aus dem Palast des Königs Ahab von Israel in Samaria (um 850 v. Chr.) und eiserne Werkzeuge (um 1000 v. Chr.); ferner phöni-

Rockefeller-Museum: Innenhof

Ausstellungsraum des Rockefeller-Museums

zische, griechische und römische Stücke, darunter eine Herakles-Statuette aus Bronze (2. Jh. v. Chr.), eine nabatäische Schüssel (um Christi Geburt), römische Gläser (2.–3. Jh.) und eine justinianische Bronzemünze (6. Jh.). Schließlich kommt man zu einem Familiengrab aus der Hyksoszeit (um 1600 v. Chr.), das 1954 in Jericho gefunden und dann in die Bestände des Museums aufgenommen wurde.

Im nördlichen Oktogon werden jüdische Gegenstände aus alter Zeit, besonders Leuchter und Reliefs, sowie ein Mosaik aus der Synagoge von En Gedi, aufbewahrt.

Den Innenhof des Museums ziert ein Wasserbecken; rings herum sind weitere archäologische Funde (Sarkophage, Kapitelle, Mosaiken u. a.) sowie moderne Darstellungen aus der Geschichte Palästinas aufgestellt.

Rockefeller-Museum (Fortsetzung)

Vom Rockefeller-Museum geht man westwärts auf der Shmuel-Ben-Adiya-Straße weiter und biegt links in die Ölbergstraße ein. In nördlicher Richtung fortschreitend, erreicht man die auf dem Berg Skopus (813 m ü.d.M.) gelegene alte Hebräische Universität (1925 eröffnet; auch Neubauten). Unweit nördlich die alten Hadassah-Kliniken und der massive Bau des von Kaiser Wilhelm II. gestifteten Auguste-Viktoria-Spitals.

Skopusberg

Viertel nordwestlich und südwestlich der Altstadt

Vor der Nordwestecke der Altstadtmauer, 300 m vom Jaffator entfernt, liegt der Zahal-Platz (Kikar Zahal). Hier nimmt die Hatzanhanim-Straße ihren Anfang, die zum Damaskustor hin verläuft, vorbei am Neuen Tor, dem gegenüber der 1877 erbaute Komplex Notre Dame de France liegt. Hier beginnt auch die Jaffastraße, die nach Nordwesten ins Zentrum der Neustadt führt, zum Bar-Kochba-Platz und zum Zionsplatz.

Am Bar-Kochba-Platz biegt rechts eine Straße zum Russischen Viertel ab. Man sieht die von grünen Kuppeln beherrschte Russisch-orthodoxe Kathedrale. Das Viertel entstand um 1860 als großer, von einer Mauer geschützter Komplex zur Aufnahme russischer Pilger, die vor allem zur Osterzeit nach Jerusalem kamen. Die Gebäude an der Nordostseite dienten als Konsulat und als Frauenhospiz. An der Südwestseite befanden sich das Krankenhaus, das Missionshaus mit Räumen für den Archimandriten, die Priester und wohlhabende Pilger und, auf der anderen Seite der Kathedrale, eine große Männerherberge. Heute haben hier Behörden wie die Polizeidirektion und Gerichtshöfe ihren Sitz.

An dieser Stelle war in der Antike ein Steinbruch. Zu ihm gehört eine gut 12 m hohe Säule, die bei der Bearbeitung zerbrach und deshalb unvollendet blieb. Sie liegt, noch mit dem Felsen verbunden, in einer Vertiefung gegenüber dem Eingang der Kathedrale und war entweder für die Säulengänge des herodianischen Tempels oder, worauf einige hier gefundene Kapitelle hinweisen, für einen Bau theodosianischer Zeit (2. Hälfte 4. Jh.) bestimmt.

Russisches Viertel

Man geht durch ein Seitentor nordwestwärts bis zur Prophetenstraße (Rehov Hanevi'im), jenseits derer das Viertel Mea Shearim beginnt. Man wendet sich nach links in die Prophetenstraße und dann gleich rechts in die Abessinierstraße (Ha-Habbashim). Sie hat ihren Namen nach dem Abessinischen Kloster, das von den Kaisern Johannes (1872–1889) und Menelik (1889–1913) gegründet und ausgebaut wurde. Die dazugehörige Abessinische Kirche, ein Rundbau, wird von einer grünen Kuppel überwölbt. Die Löwenreliefs über dem Tor erinnern an den Titel 'Löwe von Juda', den die Herrscher der sich von der Königin von Saba herleitenden äthiopischen Dynastie führten; sie glaubten, die Königin von Saba sei auch Königin von Abessinien und Salomo habe der Königin bei ihrem Besuch in Jerusalem das Wappen mit dem Löwen von Juda verliehen ('Abessinien' ist eine frühere Bezeichnung für 'Äthiopien'); in der Kirche sind einfache abessinische Ikonen zu sehen.

Abessinische Kirche

Jerusalem

Ben-Yehuda-Haus

Neben dem Kloster steht das Haus von Eliezer Ben Yehuda (⟶ Berühmte Persönlichkeiten), der maßgeblich an der Schaffung des Neuhebräischen (Ivrit) beteiligt war (Gedenktafel).

*Mea Shearim

Nördlich des Klosters erstreckt sich das 1875 als zweite jüdische Siedlung außerhalb der Altstadt begründete Stadtviertel Mea Shearim. An den Zugängen finden sich Hinweistafeln, die zur Beachtung der Sitten der hier wohnenden streng orthodoxen Juden auffordern. Das gilt insbesondere am Sabbat; auch sonst ist es unerwünscht, 'indezente Kleidung' (z.B. Shorts, kurzärmelige Blusen und Kleider) zu tragen oder die Bewohner zu fotografieren. Der Name Mea Shearim geht auf die 'hundertfältige Ernte Isaaks' (1. Buch Mose 26,12) zurück, bedeutet aber auch '100 Tore'. In den Gassen sieht man die Ultra-Orthodoxen in ihrer alten osteuropäischen Tracht mit Peiyot (Seitenlocken), Streimel (pelzbesetztem Hut) und schwarzer Kleidung. Sie sprechen überwiegend Jiddisch, da sie Hebräisch als heilige Sprache betrachten, die dem religiösen Dienst vorbehalten ist. Die extreme Gruppe der Neturei Karta verweigert dem Staat Israel die Anerkennung, weil er nicht vom Messias geschaffen worden ist, und betrachtet sich daher als ein Getto der wahren Rechtgläubigkeit innerhalb des jüdischen Staates.

Man findet in diesem Viertel zahlreiche Synagogen, 'Mikvot' (rituelle Bäder), Talmudschulen und Werkstätten von Thoraschreibern. In den Geschäften werden religiöse Gegenstände feilgeboten, Silberwaren und dergleichen, insbesondere um den Marktplatz.

Buchara-Viertel

Geht man von hier aus nordwärts in die Yezekiel-Straße und dann links in die Rehov Habuharim, so ist man im 1892 begründeten Buchara-Viertel (Viertel der Juden aus Buchara), die, besonders an Festtagen, noch ihre alten malerischen Trachten tragen.

Sanhedringräber

Auf der Straße des Propheten Samuel (Rehov Shemuel Hanavi) nordwärts gehend, gelangt man zu einer Gabelung, hält sich rechts und erreicht die Sanhedringräber, Felsengräber des 1. Jh.s n. Chr. Das Giebeldreieck über dem Eingang wird von einem feinen Akanthus- und Granatapfel-Ornament geziert, desgleichen auch das Dreieck über der Tür. Der Hauptraum ist zweigeschossig, Treppen führen in das dritte Geschoß hinunter. Grabnischen nahmen einst die Särge auf. Da die Anlage sehr stattlich ist, wird angenommen, daß hier die Mitglieder des Sanhedrin, des Hohen Rates der Juden, bestattet worden sind. Synhedrium ist die griechische Bezeichnung für das höchste Richtergremium vor Herodes dem Großen (bis 37 v. Chr.). Auch als später die Römer sich die Blutgerichtsbarkeit vorbehielten, blieb das Synhedrium die höchste religiöse Richtinstanz der Juden.

Allenby-Denkmal

Von dort aus geht man zunächst südlich, dann rechts in die Sarei-Yisrael-Straße und gelangt beim Denkmal für den britischen Eroberer Jerusalems, General Edmund Henry Allenby (1917), wieder auf die Jaffastraße.

Ben-Yehuda-Straße

Der Jaffastraße nunmehr wieder in Richtung Altstadt folgend, erreicht man nach etwas mehr als 1 km das Hauptgeschäftszentrum von Jerusalem. Anziehungspunkt ist hier die nach dem jüdischen Sprachwissenschaftler Eliezer Ben Yehuda (⟶ Berühmte Persönlichkeiten) benannte Straße, die samt einiger Nebenstraßen in den achtziger Jahren zur Fußgängerzone mit zahlreichen Cafés umgestaltet wurde.

Yeshurun-Synagoge

Die Ben-Yehuda-Straße mündet beim Eilon-Tower-Hotel auf die König-Georg-Straße (Hamelekh George), an der sich auf der rechten Seite einige wichtige Gebäude des modernen Israel befinden. Ihre Reihe beginnt mit der Yeshurun-Synagoge.

Ratisbonne-Kloster

Dahinter steht das 1874 gegründete und nach seinem Stifter Alfonso Ratisbonne benannte Kloster der französischen Pères de Sion.

Zentrum des modernen Jerusalems ist die Ben-Yehuda-Straße samt Seitenstraßen

Gegenüber diesem Teil der Straße erstreckt sich der ausgedehnte Unabhängigkeitspark (Gan Ha'atsmaut). In ihm befindet sich die 'Löwenhöhle', in der nach der Legende ein frommer Löwe die Gebeine von Märtyrern bewacht hat, und im Ostteil, im Bereich eines alten islamischen Friedhofes, der Mamillateich, eine Zisterne, die zum Wasserversorgungssystem des antiken Jerusalem gehörte.

Unabhängigkeitspark

Es folgt das Gebäude der zionistischen Institutionen. Sein mittlerer Flügel beherbergt die 1897 von Theodor Herzl geschaffene Jewish Agency, in Seitenflügeln haben der Jüdische Nationalfonds (Keren Kayemet), dessen Aufgabe früher der Landkauf war und heute die Urbarmachung des Landes ist, und der Gründungsfonds (Keren Hayesod) ihren Sitz. Man zeigt hier das zionistische Archiv und die Goldenen Ehrenbücher.

Gebäude der zionistischen Institutionen

Etwas weiter südlich erhebt sich die 1982 eingeweihte Große Synagoge. Innen wie außen präsentiert sie sich als Prachtbau, um dessen Errichtung es zahlreiche Kontroversen gegeben hat.
An sie schließt südlich das Oberrabbinat (Heikhal Shelomo), die höchste religiöse Behörde des Landes. Es ist der Sitz des sephardischen und des aschkenasischen Oberrabbiners, die für Fragen des jüdischen Rechtes zuständig sind. An dem von Sir Isaac Wolfson gestifteten Gebäude erkennt man zu beiden Seiten des Eingangs die Waagschalen der Gerechtigkeit, mit der hebräischen Umschriftung "Und sie sollen das Volk gerecht richten" (5. Buch Mose 16,18). Eine Darstellung des siebenarmigen Leuchters (Menorah) ziert die Stirnseite. Im Inneren eine Synagoge mit einer aus Padua stammenden Bundeslade, ein nach dem Stifter benanntes Museum für jüdische Sakral- und Volkskunst und eine Bibliothek.

Große Synagoge / Oberrabbinat

Kurz hinter dem Oberrabbinat gelangt man zum Kikar Tsarfat. Ein Abstecher führt von hier nach rechts in die Ramban-Straße und nach ca. 300 m links in die Straße Ibn Ezra, die ihre Fortsetzung in der Alfasi-Straße findet.

Jasons Grab

267

Jerusalem

Jasons Grab (Fortsetzung)

Hier wurde bei Ausschachtungsarbeiten 1956 auf dem Grundstück Nr. 10 das Grab Jasons, ein hellenistisches Grab, freigelegt. Seinen Namen hat es nach einer Inschrift erhalten. Man steht vor einer aus Quadern errichteten Fassade, deren Eingang durch eine kompakte Säule zweigeteilt ist. Eine Dachpyramide bildet den oberen Abschluß. Das Innere der ins 2. Jh. v. Chr. datierten Anlage durchzieht ein Gang, der von Kammern mit Grabnischen umgeben ist.

YMCA-Gebäude

Zurück zum Kikar Zarfat; man folgt der Fortsetzung der König-Georg-Straße noch ein Stück in südöstlicher Richtung (gleich rechts steht das den Franziskanern gehörende Terra-Sancta-Kolleg) und biegt links in die erste Seitenstraße ein. Ihr folgend gelangt man schließlich auf die König-David-Straße (Hamelech David). Dort erhebt sich rechts das 1928 erbaute Gebäude des Christlichen Vereins Junger Männer (YMCA) mit einem als Aussichtspunkt beliebten 46 m hohen Turm. Der Fußboden der Eingangshalle weist eine Nachbildung der Landkarte des Heiligen Landes auf, deren Original (6. Jh.) sich in Madaba (Jordanien) befindet.

King-David-Hotel

Gegenüber liegt das King-David-Hotel. Im Zweiten Weltkrieg und danach benutzten die britischen Truppen es als Verwaltungssitz. Ein Flügel wurde deshalb 1946 von der jüdischen Untergrundorganisation gesprengt. Seit 1948 wird die Anlage wieder als Hotel verwendet.

Herodianergrab

Unmittelbar neben dem Hotel befindet sich in einer Seitengasse eine der antiken Grabanlagen der Stadt, das Herodianergrab. Herodes I. hatte für sich selbst eine monumentale Grablege auf dem Berg Herodion bei Bethlehem (→ Herodeion) geschaffen, für seine Familie jedoch eine gesonderte Grabanlage oberhalb des Hinnomtales. Hier wurden seine Frau Mariamne und andere Opfer seines Jähzornes und Verfolgungswahnes beigesetzt. Links des Eingangs hat man die Fundamente einer Pyramide freigelegt. Auf Stufen gelangt man zunächst in den aus dem Felsen gehauenen

Herodianergrab

Montefiore-Windmühle

Vorhof hinab und dann in den Eingangsstollen, in dem der als Verschluß dienende Rollstein, ähnlich wie bei den Königsgräbern, noch erhalten ist. Man kommt nun in einen quadratischen Raum und dann in einen kleineren, an den sich drei Grabkammern anschließen. Hier standen bis zum Zweiten Weltkrieg die Sarkophage an ihrer ursprünglichen Stelle. Als die Briten, die im benachbarten King-David-Hotel stationiert waren, das Grab als Luftschutzbunker benutzten, brachte man die Sarkophage in das griechisch-orthodoxe Konstantinskloster nahe der Grabeskirche.

Herodianergrab (Fortsetzung)

Der König-David-Straße weiter nach Süden folgend, sieht man links die Montefiore-Windmühle mit einem kleinen Museum, dessen Exponate sich mit dem Leben des jüdisch-englischen Philanthropen Sir Moses Montefiore (1784–1885) befassen.
Montefiore hatte das Areal bei der Windmühle Mitte des 19. Jh.s erworben und errichtete hier das erste jüdische Viertel außerhalb der Altstadtmauern (Mishkenot Shaanaim). Ende des 19. Jh.s wurde auch das nördlich angrenzende Gebiet, nun bekannt als Yemin Moshe, bebaut. Es ist heute ein Künstlerviertel.

Montefiore-Windmühle

Schräg gegenüber der Windmühle erstreckt sich der Garten der Freiheitsglocke. In der schönen Parkanlage wurde eine Nachbildung der US-amerikanischen Freiheitsglocke aufgestellt.

Garten der Freiheitsglocke

Ein wenig weiter südlich, jenseits der Straßenkreuzung, steht links die schottische St.-Andreas-Kirche (1927) und daneben der Khan, eine ehemalige türkische Karawanserei, die in ein Theater umgewandelt worden ist.

St.-Andreas-Kirche / Khan

Südlich des Khan liegt der Bahnhof, Endstation der 1891 erbauten Bahnlinie Jaffa – Jerusalem.

Bahnhof

Man läßt ihn links liegen, geht in die Straße Emek Refaim und befindet sich nun im Gelände der 1873 gegründeten Kolonie der Deutschen Templer. Das durch Apsis und kleinen Glockenstuhl gekennzeichnete Gemeindehaus und die in Gärten liegenden Wohnhäuser geben der Gegend noch heute ihr Gepräge. Am Ende der Kolonie, unmittelbar neben dem amerikanischen Friedhof, erstreckt sich der 1878 angelegte Templer-Friedhof.

Kolonie der Deutschen Templer

Einige hundert Meter östlich dieses Viertels liegt auf einem Hügel der Stadtteil Abu Tor. Von diesem strategisch günstigen Punkt aus hat Titus im Jahre 70 Jerusalem erstürmt. Dem Besucher bietet sich von hier ein schöner Blick auf Hinnomtal, Zionsberg und Altstadt.

Abu Tor

Westliche Neustadt und Vororte

Während man die bisher beschriebenen Rundgänge zu Fuß machen kann, erfordert die Besichtigung der westlichen Stadtbezirke, die sich bis über das Dorf En Karem hinaus erstrecken, die Benutzung von Bus, Taxi oder Wagen.

Zwischen dem Stadtteil Rehavia und dem Israel-Museum erstreckt sich das Tal des Kreuzes. An der Sderot Hayim Hazaz ragt aus dem mit Ölbäumen bestandenen Tal das mächtige festungsartige Kreuzkloster (arabisch Deir el-Musalliba) heraus, eine mittelalterliche Klosterburg.
Die Legende berichtet, daß sich Lot nach der Trennung von seinen beiden Töchtern hier ansiedelte und die Samen von Zeder, Zypresse und Kiefer in die Erde senkte; sie keimten und wuchsen zu dem Baum zusammen, von dessen Holz das Kreuz Christi gemacht wurde. Nach dieser Legende, die wohl an einen alten Baumkult erinnert, erhielt das Kloster seinen Namen. Seine frühe Geschichte ist nicht ganz geklärt. Nach griechisch-orthodoxer Überlieferung hat Helena, die Mutter Kaiser Konstantins des Großen, es

Kreuzkloster

Das Kreuzkloster: ein mittelalterlicher Festungsbau

Kreuzkloster
(Fortsetzung)

bei ihrem Palästina-Besuch gegründet. Eine andere Tradition sagt, daß Konstantin das Gelände dem ersten christlichen König von Georgien, Mirian (gest. 342), zur Verfügung gestellt und dieser das Kloster errichtet habe. Über lange Zeit bestand auch eine enge Verbindung zwischen Georgien und dem Kreuzkloster, das für das christliche Volk in Transkaukasien eine ähnliche Bedeutung wie das Georgierkloster (Iviron) auf dem heiligen Berg Athos hatte. Das Kloster blieb auch in der Kreuzfahrerzeit und in der folgenden islamischen Ära bis ins 18. Jh. in georgischem Besitz. Im 16. Jh. zählte man 365 Mönchszellen, im 18. noch 220. Als das Kloster in der Zeit des staatlichen Niedergangs Georgiens im späteren 18. Jh. in finanzielle Schwierigkeiten geriet, ging es in den Besitz des griechisch-orthodoxen Patriarchates von Jerusalem über, dem es bis heute gehört. In der Patriarchatsbibliothek werden seitdem die georgischen Handschriftenbestände aufbewahrt. Wenige Jahre nach der Gründung der Universität Athen richteten die Griechen hier 1843 eine Hochschule ein, in der Priester orientalischer Herkunft sich allgemeinen und theologischen Studien widmen konnten. Das Institut, dessen erster Leiter der griechische Mönch Dionysios Kleophas war, bestand bis zum Ersten Weltkrieg.

Bis vor einigen Jahrzehnten lag das Kreuzkloster weit westlich der Stadt in der Einsamkeit, die es durch die Bautätigkeit des rasch wachsenden modernen Jerusalem jetzt verloren hat.

Man betritt durch ein niedriges Portal den Klosterkomplex und kommt in eine Anlage von Höfen, Terrassen und Zellentrakten, in deren Mitte die Kirche steht. Ihr Turm weist barocke Formen auf, der Bau selbst geht zumindest auf das 12. Jh., wenn nicht auf ältere Zeit zurück.

Ein Silberring im Altarraum bezeichnet den Standort des Baumes des heiligen Kreuzes. Die zum guten Teil noch erhaltene (stellenweise leider unzulänglich restaurierte) Ausmalung zeigt biblische Motive, georgische Könige und Heilige. Darunter befindet sich auch eine Darstellung von Shotha Rustaveli, dem bedeutendsten georgischen Dichter, der von Königin Tamara (1184–1211) als Mönch hierher geschickt wurde, wo er um 1187 sein Werk "Vapkis Takossani" (Der Mann im Pantherfell) schrieb. Er ist als kleine knieende Gestalt zu Füßen von Maximos dem Bekenner und Johannes von Damaskus dargestellt.

Kreuzkloster (Fortsetzung)

Folgt man der Sderot Hayim Hazaz nordwärts, kommt man zur Ruppinstraße, auf der man zur Knesset, dem israelischen Parlament und markantesten Gebäude im Regierungsviertel Hakirya, gelangt. Die Menorah in Eingangsnähe, ein 5 m hoher siebenarmiger Leuchter, Sinnbild des Staates Israel, wurde von Benno Elkan entworfen und in Bronze gegossen. Die 29 Reliefs zeigen Gestalten und Ereignisse aus der jüdischen Geschichte. Der Leuchter ist ein Geschenk des britischen Parlaments. Die Knesset wurde 1966 eingeweiht; Mosaik und Wandteppich stammen von Marc Chagall. Außerhalb der Parlamentssitzungszeiten werden Führungen veranstaltet, während der Sitzungen ist in der Regel die Besuchergalerie zugänglich (Reisepaß erforderlich). Nordwestlich der Knesset stehen das Finanz- und Innenministerium sowie das Amt des Ministerpräsidenten.

*Knesset

Südwestlich der Knesset erreicht man das Bibelland Museum mit Exponaten zur Geschichte des Judentums und des frühen Christentums.

Bibelland Museum

Weiter südlich erstrecken sich auf einem Hügel die Pavillons vom Israel-Museum, das die Abteilungen Schrein des Buches, Biblisches und Archäologisches Museum Samuel Bronfman, Bezalel-Kunstmuseum sowie den Kunstgarten Billy Rose umfaßt. Das 1965 eröffnete Museum ist das einzige des Landes, das archäologische Funde wie Kunst im weitesten Sinne sammelt und ausstellt.

**Israel-Museum

Vom Eingang wendet man sich zunächst nach rechts zum Schrein des Buches. Seine helle Betonkuppel hat, im Großen, eine Form wie die Verschlüsse jener Tonkrüge, in denen man seit 1947 die 'Schriftrollen vom Toten Meer' gefunden hat. Sie stammen aus Höhlen beim Kloster der Essener-Sekte von ⟶ Qumran und kamen durch Vermittlung des Archäo-

Schrein des Buches

Israel-Museum: Schrein des Buches

Jerusalem

Israel-Museum,
Schrein des
Buches
(Fortsetzung)

logen Yigael Yadin in israelischen Besitz (andere Stücke finden sich im Archäologischen Museum von Amman). Die Schriftrollen bilden die ältesten Handschriften des Alten Testaments in hebräischer Sprache (abgesehen von zwei Silberplättchen, in die Worte aus dem 4. Buch Moses eingraviert sind; siehe unten). Im Mittelteil des Rundbaus sind jene Rollen ausgestellt, die große Partien des Buches Jesaia enthalten (Kopien). Um 100 v. Chr. niedergeschrieben, weisen sie nur wenige Abweichungen von den Handschriften späterer Zeit auf, ein Beweis für die Treue der biblischen Handschriften-Überlieferung. Weitere Texte sind an den Außenwänden der Rotunde angebracht. In den Vitrinen des Untergeschosses werden Funde aus → Massada gezeigt, Zeugnisse aus der Zeit des im Jahre 73 gebrochenen Widerstandes der jüdischen Zeloten gegen die römischen Belagerer, die 1964 und 1965 bei Ausgrabungen entdeckt wurden, sowie die 1960 und 1961 am Nahal Hever gefundenen Kochba-Briefe.

Bezalel-
Kunstmuseum

In dem langgestreckten Hauptgebäude befinden sich das Archäologische und das Bezalel-Kunstmuseum, das über eine eindrucksvolle Sammlung jüdischer Sakralkunst verfügt. Ein großer Teil der Exponate stammt aus der Diaspora und zeigt stilistische Einflüsse der jeweiligen Gastländer. Sehenswert vor allem: die Bundeslade der alten Synagoge von Kairo und die Tore der Maimonides-Synagoge aus Kairo (11. Jh.), Skulpturen aus der ersten Synagoge von Tiberias (2.–3. Jh.), die Rekonstruktion der venezianischen Synagoge von Vittorio Veneto (Ende 17. Jh.) sowie die Nachbildung der Synagoge von Horb (in der Nähe von Coburg). Im ethnographischen Flügel liefern Festtagskleidung aus Marokko, dem Jemen, Buchara und anderen Diaspora-Gebieten, Brautschmuck und vieles mehr ein eindrucksvolles Zeugnis der Volkskunst.

Eine weitere Abteilung ist den Werken berühmter Künstler vom 16. bis 19. Jh. vorbehalten. Wenngleich sich das Museum auf diesem Gebiet nicht mit anderen großen, international bekannten Museen messen kann, so besitzt es doch bedeutende Werke flämischer und holländischer Meister. Beachtung verdienen ferner der 'Rothschild-Saal', ein 'Grand Salon' im Stil Louis-XV, der 1887 von Baron Rothschild erworben wurde, der 'Italienische Pavillon' mit venezianischen Möbeln des 18. Jh.s sowie ein Englisches Speisezimmer aus dem 18. Jahrhundert.

Erweitert wurde das Israel-Museum 1990 um einen dreistöckigen Pavillon, das Nathan-Cummings-Gebäude für Kunst des 20. Jahrhunderts. Es beherbergt die Sammlungen moderner und zeitgenössischer Malerei, Skulpturen, Fotografien, Graphiken und Zeichnungen. Hier sind international bekannte Künstler, wie Klee, Dali, Picasso und Chagall, ebenso vertreten wie israelische Künstler der Gegenwart (u.a. Agam, Arikha, Aroch, Dagan, Engelsberg, Kupferman, Mokady, Paldi, Rubin, Witkin, Zaritsky).

Biblisches und
Archäologisches
Museum
Samuel Bronfman

Das Biblische und Archäologische Museum Samuel Bronfman zeigt Exponate vom Paläolithikum bis ins Mittelalter: Graburnen in Form von Häusern aus Azor, die Gußform einer kanaanitischen Göttin aus Nahariya; ein Stadttor von Hazor, Säulenkapitele aus Ramat Rahel, das Allerheiligste des Tempels von Arad; ein Steintäfelchen mit der Inschrift Pontius Pilatus, gefunden in Caesarea; Bodenmosaike früher Synagogen und anderes.

Die Bestände werden laufend um weitere bedeutende Grabungsfunde erweitert: Eine der neueren Hauptattraktionen sind zwei bei Ausgrabungen im Hinnomtal zum Vorschein gekommene Silberplättchen, in die Worte aus dem 4. Buch Mose eingraviert sind. Man datiert sie auf das 6. Jh. v. Chr., damit sind diese Texte rund 400 Jahre älter als die Schriftrollen von Qumran (siehe Schrein des Buches). Für einen anderen, 1986 gemachten Fund wurde eigens ein neuer Pavillon errichtet: Es handelt sich um das 1700 Jahre alte Fußbodenmosaik aus einer römischen Villa in Zippori. Da es nach Aussage des amerikanischen Grabungsleiters kein vergleichbar schönes Frauenbild im ganzen römischen Reich gibt, betitelte er das Werk spontan als 'Mona Lisa'. Die 'Mona Lisa' wurde aus Mosaiksteinchen in 16 verschiedenen Farbtönen geschaffen, besonderes Kennzeichen: Ihre ansonsten roten Lippen ziert ein kleines schwarzes Steinchen.

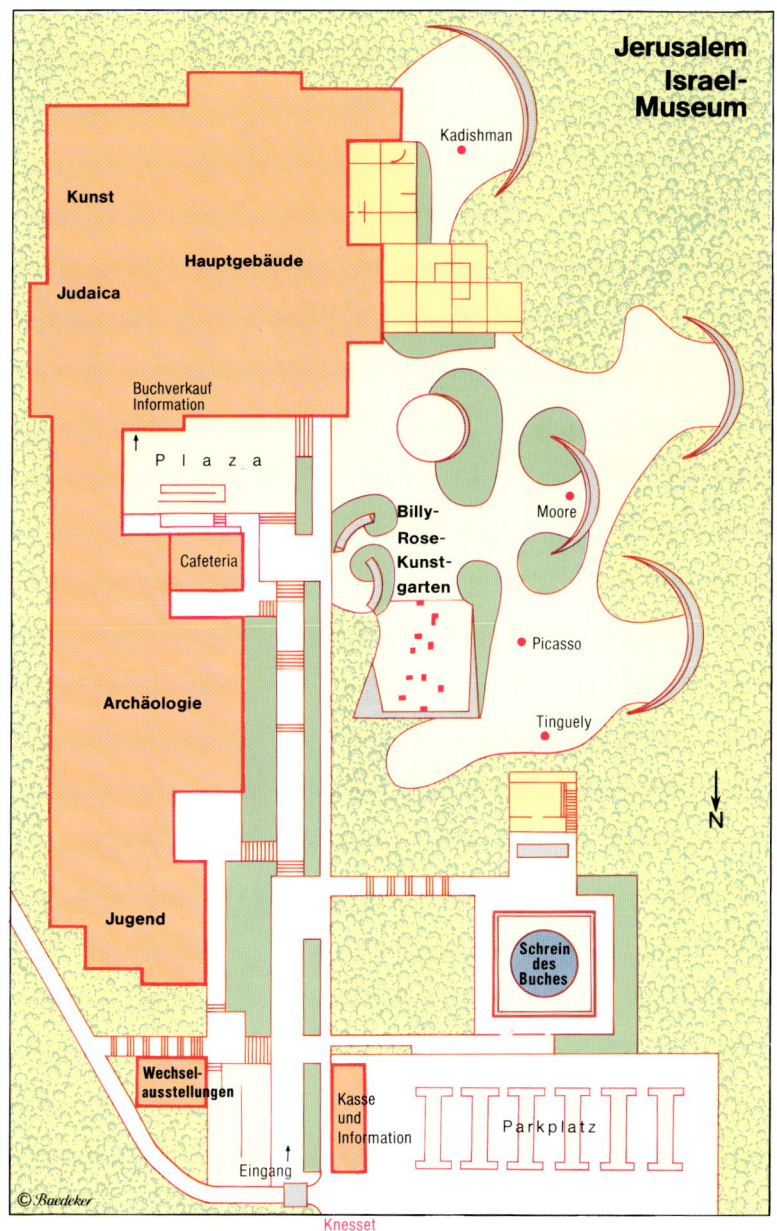

Jerusalem
Israel-
Museum

Kadishman

Kunst

Hauptgebäude

Judaica

Buchverkauf
Information

Plaza

Billy-
Rose-
Kunst-
garten

Moore

Cafeteria

Picasso

Archäologie

Tinguely

N

Jugend

Schrein
des
Buches

Wechsel-
ausstellungen

Kasse
und
Information

Parkplatz

Eingang

© Baedeker

Knesset

Israel-Museum: Skulpturen im Billy-Rose-Kunstgarten

Israel-Museum,
Biblisches und
Archäologisches
Museum (Forts.)

Angeschlossen ist dem Archäologischen Museum eine spezielle Jugendabteilung, in der Ausstellungen mit didaktischem Charakter gezeigt werden. Die Themen sind der älteren Geschichte oder auch der modernen Kunst entnommen. Daneben gibt es Ausstellungen von Kinderarbeiten.

Billy-Rose-
Kunstgarten

Am Hang des Neveh Sha'anan ist der Billy-Rose-Kunstgarten angelegt worden. Benannt ist er nach seinem Stifter; der Entwurf stammt von dem japanischen Architekten Isamo Noguchi. Die hier ausgestellten Skulpturen sind größtenteils Werke der Moderne. Man findet u.a. Plastiken von Henry Moore, Victor Vasarely, Fritz Wotruba, Jacques Lipchitz, Aristide Maillol, Pablo Picasso, Jean Tinguely, Menashe Kadishman und Yehiel Shemi.

Hebräische
Universität

Nun der Ruppinstraße westwärts folgend, erreicht man die Hebräische Universität mit dem ausgedehnten Campus Givat Ram. Rechts des Eingangs das Verwaltungsgebäude, in der Vorhalle ein Mosaik des 5.–6. Jh.s aus der Jezreel-Ebene. In der Nähe das Wise-Auditorium. In der Mitte des Geländes steht die Jüdische National- und Universitätsbibliothek, und im südlichen Teil lenkt die weiße Kuppelwölbung der zu Ehren von Rabbiner Israel Goldstein nach Plänen des aus Deutschland stammenden Architekten Rau errichteten Synagoge den Blick auf sich.

Herzl-Berg

Die Ruppinstraße trifft stadtauswärts auf den Herzl-Boulevard (Sderot Herzl), auf dem man zum Militärfriedhof für die seit 1948 gefallenen Israelis und zum Herzl-Berg, der dem Begründer des Zionismus gewidmet ist, fährt.
Die sterblichen Überreste des 1904 in Edlach (Niederösterreich) verstorbenen Theodor Herzl (⟶ Berühmte Persönlichkeiten) wurden 1949, ein Jahr nach der Gründung des von ihm geforderten unabhängigen jüdischen Staates, nach Israel gebracht und auf dem Herzl-Berg in einem freistehenden Sarkophag beigesetzt. Auch wurde, neben dem Haupteingang, Herzls Studierzimmer mit seiner Bibliothek nachgebildet. In dem ausgedehnten

Parkgelände befinden sich auch die Gräber von Herzls Eltern und mehrerer führender Zionisten; am Weg zum Militärfriedhof sind die Ministerpräsidenten Levi Eschkol und Golda Meir beigesetzt.

Herzl-Berg (Fortsetzung)

Vom Herzl-Berg gelangt man auf der Har Hazikaron-Straße zum Hügel des Gedenkens (Har Hazikaron) mit der Gedenkstätte Yad Vashem für die von den Nationalsozialisten ermordeten Juden.

**Yad Vashem

Der Name der Stätte "Yad Vashem" bedeutet 'ein Denkmal und ein Name'; er bezieht sich auf ein Wort des Propheten Jesaia (Jesaia 56,4–5): "So spricht der Herr: Ich will ihnen in meinem Hause und in meinen Mauern ein Denkmal und einen Namen geben; einen ewigen Namen will ich ihnen geben, der nicht vergehen soll." Im Jahre 1953 von der Knesset beschlossen und 1957 vom Amt für die Erinnerung an die Märtyrer und Helden errichtet, wurde Yad Vashem zu einem monumentalen Mahnmal für die Millionen von Opfern des Nationalsozialismus.

Man kommt zunächst in die Allee der Gerechten. Sie ist Nichtjuden gewidmet, die unter Einsatz ihres Lebens Juden gerettet haben; ihnen verleiht Israel den Ehrentitel 'Gerechter der Völker', und sie erhalten das Recht, hier einen mit ihrem Namen gekennzeichneten Johannisbrotbaum zu pflanzen.

Die Gedenkhalle ist errichtet aus großen Feldsteinen, auf denen eine mächtige Betonplatte ruht. Im Inneren einer weiten fensterlosen Halle sind die Namen der Vernichtungslager in hebräischen und lateinischen Buchstaben in den Boden eingelassen. Eine ewige Flamme brennt zum Gedenken und als Mahnung. Dokumentationsräume schließen sich an: ein Saal mit Namen der Opfer, eine Ausstellung mit Fotos und eine Spezialbibliothek; ferner ein Kunstmuseum mit Arbeiten von KZ-Insassen bzw. von Künstlern, die sich mit dem Holocaust beschäftigten.

Ganz besonders berührt die meisten Besucher sicher eine 1987 geschaffene Kindergedenkstätte. In einem unterirdischen, völlig dunklen Raum stehen Glaswände, auf denen die Flammen von fünf Kerzen unzählige

Yad Vashem: Kindergedenkstätte

275

Yad Vashem
Gedenkstätte für Holocaust und Heldentum

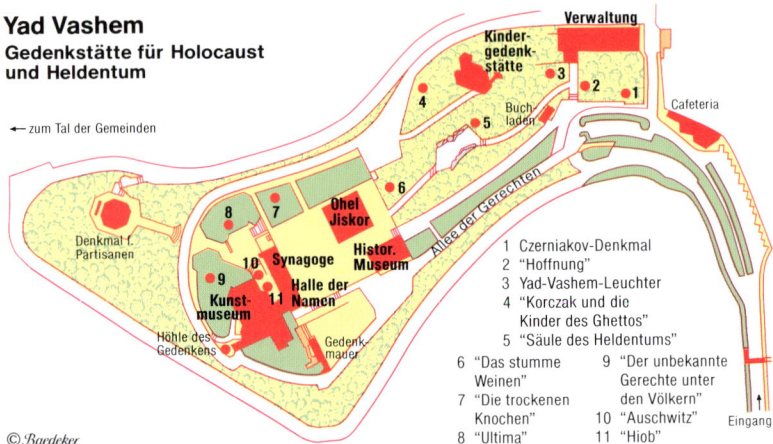

Verwaltung

Kindergedenkstätte

← zum Tal der Gemeinden

Buchladen

Cafeteria

Ohel Jiskor

Denkmal f. Partisanen

Synagoge

Histor. Museum

Kunstmuseum

Halle der Namen

Höhle des Gedenkens

Gedenkmauer

Allee der Gerechten

Eingang

© Baedeker

1 Czerniakov-Denkmal
2 "Hoffnung"
3 Yad-Vashem-Leuchter
4 "Korczak und die Kinder des Ghettos"
5 "Säule des Heldentums"
6 "Das stumme Weinen"
7 "Die trockenen Knochen"
8 "Ultima"
9 "Der unbekannte Gerechte unter den Völkern"
10 "Auschwitz"
11 "Hiob"

Yad Vashem (Fortsetzung)

Male gespiegelt werden. Jede Flamme ist Symbol für die Seele eines Kindes. Aus dem Hintergrund ertönt eine Frauenstimme, die Namen der Kinder, ihr Alter und ihren Geburtsort nennt.

Neu eingeweiht wurde 1990 das "Tal der Gemeinden", in einem aufgeforsteten Areal stehen hohe Mauern, in die Gedenktafeln der Gemeinden eingelassen sind, die durch das Naziregime ausgelöscht wurden.

Des weiteren trifft man in dem weitläufigen Areal von Yad Vashem auf zahlreiche Skulpturen und Denkmäler, die mit dem Holocaust in Verbindung

"Korczak und die Kinder des Ghetto"

"Das stumme Weinen"

stehen. Zu den eindrucksvollsten gehören die Plastiken "Das stumme Weinen" von Lea Michelson, "Hoffnung" von Ilana Gur, "Die trockenen Knochen" von Nandor Glid sowie "Korczak und die Kinder des Ghetto" von Boris Saktsier (der polnische Pädagoge Korczak war freiwillig mit Kindern in das Vernichtungslager Treblinka gegangen).

Yad Vashem
(Fortsetzung)

Als Symbol von Yad Vashem gilt der sechsarmige Leuchter in der Nähe des Eingangs zum Verwaltungsgebäude. Seine sechs Arme stehen für die sechs Millionen Juden, die Opfer des Naziterrors wurden.

Man kehrt zur Hauptstraße zurück und schlägt die En-Karem-Straße ein, die in das Tal von En Karem hinabführt (4 km). Dieses Dorf mit seinen Terrassenanlagen gilt in der christlichen Überlieferung, zumindest seit dem 5.–6. Jh., als der Ort, wo Zacharias und Elisabeth lebten, wo Maria ihre schwangere Base Elisabeth besuchte (Lukas 1,39–56) und wo Elisabeths Sohn, Johannes der Täufer, geboren wurde (Lukas 1,57–66). Von der Hauptstraße führt eine Straße nach rechts zum Johanneskloster, das den Franziskanern gehört. Die Johanneskirche wurde im 17. Jh. über der Geburtsgrotte erbaut. Nahe dem Eingang ist in einer Grotte ein Mosaik des 5. oder 6. Jh.s mit Pfauen und Tauben erhalten; die griechische Inschrift bedeutet "Sei gegrüßt, Märtyrer Gottes". In der Kirche schöne schmiedeeiserne Gitter. Eine Treppe führt in die Krypta hinunter, in der eine Marmorplatte die Inschrift "Hic Praecursor Domini natus est" (Hier wurde der Vorläufer des Herrn geboren) zeigt. Reliefs erinnern an Ereignisse aus dem Leben des Täufers.

*En Karem

Zur Hauptstraße zurück, findet man auf der anderen Seite mitten im Dorf eine Quelle, die seit der Kreuzfahrerzeit als Marienquelle bezeichnet wird. Bei ihr steht eine Moschee der arabischen Bevölkerung, die den Ort 1948 verließ. Steintreppen führen zur Franziskanerkirche Visitatio Mariae (Kirche der Heimsuchung), an der Stelle eines Landhauses, in dem der Besuch Mariens bei Elisabeth lokalisiert wird. Der zweigeschossige moderne Bau, dessen Stirnseite mit einer Mosaikdarstellung der Visitatio versehen ist,

En Karem: Johanneskirche ...   *... Kirche der Heimsuchung*

En Karem (Fortsetzung)	wurde in den Ruinen einer Basilika der Kreuzfahrer errichtet. In der Unterkirche eine alte Zisterne. In der Oberkirche blieben Teile der Apsis des Kreuzfahrerbaus erhalten, daneben sind Pilgerkreuze ins Mauerwerk geritzt. Die Ausstattung ist modern.

Von der zuvor genannten Quelle aus kann man auf schmalem Felspfad noch die zwischen Bäumen gelegene, von Nonnen bewohnte russische Lavra mit ihrer kleinen farbigen Kirche aufsuchen. Oberhalb der Häusergruppe steht eine unvollendete Basilika.

Hadassah-Medizinzentrum

Von En Karem nimmt man die nordwestwärts nach Eitanim führende Straße und biegt nach 2 km links ab, um das Hadassah-Medizinzentrum (Universitätskliniken) zu besuchen. In diesem 1962 eröffneten medizinischen Zentrum der Hebräischen Universität ist die Synagoge mit den von Marc Chagall gemalten zwölf Glasfenstern, die die Stämme Israels darstellen, sehenswert.

St. Johannes in der Wildnis

Unterhalb im Tal liegt das kleine Franziskanerkloster St. Johannes in der Wildnis, das an die Jugend des Täufers erinnert (Lukas 1,80).

Kennedy Memorial

Auf einem Hügel im Süden sieht man das von Spenden amerikanischer Bürger errichtete hochragende Kennedy Memorial zur Erinnerung an den ermordeten US-amerikanischen Präsidenten. Wenn man von Hadassah südostwärts fährt und dann rechts zum Ort Ora einbiegt, erreicht man es 3 km hinter diesem.

*Modell des antiken Jerusalem

Vom Herzl-Berg führt eine andere Straße, Rav Uziel, nach Süden zum Holyland Hotel im westlichen Vorort Bet Vegan. Im Gelände dieses Hotels befindet sich ein Modell des antiken Jerusalem.

Veranlaßt wurde das Projekt vom Besitzer des Holyland Hotels, Hans Kroch, der auch die Finanzierung übernahm. Für die wissenschaftliche Konzeption konnte Michael Avi-Yonah gewonnen werden. Mit der Ausführung wurde zunächst der Bildhauer E. Scheffler, dann R. Brotze betraut. Das Ergebnis der 1965 begonnenen und 1968 im wesentlichen abgeschlossenen Arbeit ist eine stattliche Anlage, die wissenschaftlichen Aussagewert mit Anschaulichkeit verbindet: So etwa hat Jerusalem "zur Zeit des Zweiten Tempels, kurz nach der Herrschaft von Herodes dem Großen", mit anderen Worten zur Zeit Jesu ausgesehen.

In dem 1000 m² großen Areal (= 1 Dunam) hat man mit Eisenbeton das ursprüngliche Geländeprofil hergestellt, und zwar in der richtigen Orientierung (was für die Wirkung von Licht und Schatten wichtig ist). Für die Gebäude wählte man den Maßstab 1 : 50, so daß 2 cm des Modells einem Meter in der Natur entsprechen. Dieser große Maßstab erlaubte es, auf sonst übliche Verzerrungen zwischen Höhe und Breite zu verzichten. Zwischen dem höchsten Punkt, dem Psephinusturm (815 m ü.d.M.), und dem tiefsten Punkt im Kidrontal (606 m ü.d.M.) besteht im Modell ein Höhenunterschied von rund vier Metern. Für die Bauten hat man Originalmaterialien (Stein, Marmor, Metall) verwendet, so daß man auf eine Überdachung verzichten konnte. Dies kommt der lebendigen Wirkung sehr zugute; man nahm es deshalb in Kauf, daß Details nicht ganz so akkurat wie in Gips oder Kunststoff ausgearbeitet werden konnten.

Was die Ausführung im einzelnen angeht, so hat Michael Avi-Yonah in mehreren Veröffentlichungen dargelegt, daß der archäologische Befund und die schriftlichen Quellen sorgsam geprüft und ausgewertet wurden. Bei diesen boten sich in der Hauptsache die bald nach der Zerstörung des Tempels entstandenen Mischna-Traktate 'Midot' (Vermessung) und 'Tamid' (Das tägliche Tempelopfer) für den Tempel, seine Gestalt und seine Einrichtung an, für die Stadt im allgemeinen die Beschreibung von Flavius Josephus in der "Geschichte des Jüdischen Krieges". Dennoch bleibt die Kenntnis der Stadt vor ihrer Zerstörung im Jahre 70 lückenhaft, und zwar in bezug auf die Bebauung im einzelnen und vor allem im Hinblick auf die bei größeren Bauten verwendeten Stile. Hier mußte man sich mit Analogieschlüssen behelfen. So hat man sich beim Hasmonäerpalast (2./1.Jh. v.

Modell Jerusalems zur Zeit Herodes' I. im Garten des Holyland Hotels

Chr.) wie bei den herodianischen Gebäuden (1. Jh. v. Chr.) an das Vorbild hellenistischer Paläste gehalten, beim Palast der aus Mesopotamien gekommenen Königin Helena von Adiabene dagegen an parthische Anlagen der dortigen Gegend.

Modell des antiken Jerusalem (Fortsetzung)

Betritt man das Gelände (in dem man Erläuterung per Tonband und Kopfhörer erhalten kann), so befindet man sich zunächst vor der Westseite des Modells. Man überblickt die gesamte Stadt bis hinüber zum Tempelberg. Im Nordteil erkennt man den Verlauf der Zweiten und der von Agrippa I. errichteten Dritten Mauer, dazwischen ein weithin unbebautes Gelände. An der Nordwestecke erhebt sich der achteckige Psephinusturm. In der Mitte der Westseite stehen die drei Türme der herodianischen Zitadelle, des sogenannten 'Davidsturms': vorn der viereckige Turm Phasael, benannt nach Herodes' älterem Bruder, mit einem zweigeschossigen Aufbau über dem unteren Wehrgang. Stadteinwärts folgt der Turm Hippicus, benannt nach einem Freund des Herodes und gekennzeichnet durch eine hohe Pfeilerstellung an den vier Seiten und einen runden, von einer kleinen Kuppel abgeschlossenen Oberbau. Südlich davon steht der Mariamne-Turm, benannt nach der hasmonäischen Prinzessin und Frau des Herodes; auf dem quadratischen Unterbau drei unterschiedlich hohe, mit Säulen umgebene Geschosse, der obere Abschluß ist ein spitz zulaufender Kegel. Nördlich der Zitadelle das von einer Dachpyramide bekrönte Grab des hasmonäischen Hohenpriesters Johannes Hyrkanos (135–104). Im Süden schließt sich die rechteckige Palastanlage des Herodes mit ihren Gartenanlagen und Raumfolgen an (im heutigen Armenierviertel). Die angrenzende Oberstadt ist dargestellt als nobles Viertel, dessen Straßen nach dem rechtwinkligen System des Hippodamos von Milet angelegt sind. An die von der Zitadelle zum Tempelberg führende Mauer (im Verlauf der heutigen David- und Kettenstraße) lehnt sich der rechteckige Komplex des Hasmonäerpalastes an. Etwas südlich davon (an der Mauer, welche Ober- und Unterstadt trennt) sieht man das Theater, das Herodes in der Art römischer Theater erbaute.

Modell des
antiken
Jerusalem
(Fortsetzung)

Geht man nun entgegen dem Uhrzeigersinn, so kommt man zur Süd- und zur Ostseite. Dabei sieht man die Unterstadt, 'als Gemengsel kleiner Häuser' rekonstruiert. Hier gab es Geschäfte, Handwerker- und Industriebetriebe. Östlich schließt sich das schmale Gebiet der einstigen Davidsstadt auf dem Berg Ophel an, in dem Avi-Yonah nicht nur einen römischen Hippodrom, sondern auch vornehme, palastartige Bebauung darstellt. Nördlich folgt der mächtige Tempelberg-Komplex, der im Westen durch das (heute aufgefüllte) Käsemachertal (Tyropoion) von der Stadt getrennt ist. An der Südwestecke führt die Treppenanlage des Robinsonbogens zu seiner Höhe, etwas weiter nördlich der Wilsonbogen. In der Südmauer sieht man die Huldatore, einen der Hauptzugänge zum Tempel (bei neueren Ausgrabungen freigelegt). Die Höhe der Südmauer wird überragt von der Königshalle (Stoa Basilike). Säulenhallen erkennt man auch an den anderen Seiten des großen Platzes, dessen Mitte der herodianische Tempel mit seinen östlich vorgelagerten Höfen einnimmt. Der hochragende Bau weist außen Halbsäulen, Pilaster, einen reich ornamentierten Giebelschmuck und Treppenzinnen auf. Im Norden überragt die mächtige Antonia-Festung mit ihren vier Ecktürmen den Tempelplatz, auch sie ein Bau herodianischer Zeit. Weiter nördlich sieht man, eingeschlossen von der inneren (Zweiten) Mauer, verschiedene Märkte. Hinter der äußeren (Dritten) Mauer ist am auffallendsten der Teich Bethesda; vier hellenistische Säulenhallen umgeben den Teich, eine fünfte Halle teilt ihn in zwei Hälften. Hier wie an anderen Stellen macht das Stadtmodell deutlich, daß Jerusalem im 1. Jh., als Jesus hier wirkte, weitgehend hellenistisch überformt war. Dabei verbanden sich die Merkmale griechisch-römischer Kultur mit solchen orientalischen Ursprungs, so daß, wie auch sonst im Nahen Osten zu dieser Zeit, eine charakteristische Mischkultur entstand.

Biblischer Zoo

Im Stadtteil Manhat ist seit 1993 der Biblische Zoo eingerichtet. In dem modernen Tiergarten kann man viele seltene Tierarten, darunter auch solche, die bereits in der Bibel erwähnt werden, bewundern.

Umgebung von Jerusalem

Bethlehem/
Hebron

Auf der am Bahnhof beginnenden Hebronstraße (Derech Hevron) fährt man in südlicher Richtung nach ⟶ Bethlehem. Nach 6,5 km liegt links auf einer Höhe das im 12. Jh. erbaute und im 17. Jh. erneuerte griechisch-orthodoxe Elias-Kloster; 1,5 km weiter rechts das Grab der Rahel, ein aus dem 18. Jh. stammender kleiner Kuppelbau. Kurz darauf gelangt man zu einer Straßenteilung: rechts geht es nach ⟶ Hebron, links noch 2 km bis Bethlehem, dem Geburtsort von David und Jesu.

Abu Gosh/
Latrun

Man verläßt Jerusalem auf der Schnellstraße nach Tel Aviv. Nach ca. 10 km kommt man zu einer Abzweigung in das arabische Bergdorf ⟶ Abu Gosh. Nach weiteren 15 km wird das Kloster ⟶ Latrun erreicht.

Givat Shaul
Nebi Samwil

An der Straße nach Ramallah, 5 km nördlich von Jerusalem erhebt sich der Berg Givat Shaul (839 m ü.d.M.), wo das Gibea Benjamins sich befand (Josua 18,28). Im 1 km südlich gelegenen Shufat wohnte der Prophet Samuel (1. Buch Samuel 9,5–6), und hier salbte er im 11. Jh. v. Chr. Saul zum ersten König der Juden (1. Buch Samuel 10,1). Kurz hinter Givat Shaul biegt man links ab und erreicht nach wenigen Kilometern ⟶ Nebi Samwil, benannt nach dem Propheten Samuel, dessen Grab hier verehrt wird.

Gibeon/Jib

Knapp 10 km nordwestlich von Jerusalem (und nur wenige Kilometer nördlich von Nebi Samwil) liegt in der Berglandschaft Judäas das arabische Dorf Jib, von dem man annimmt, daß es sich um das im Alten Testament erwähnte Gibeon handelt. Bei Ausgrabungen stieß man auf ein bemerkenswertes Wasserversorgungssystem, man fand eine große runde Zisterne aus kanaanitischer Zeit und einen Tunnel, der von dieser Zisterne zu einer nahe gelegenen unterirdischen Quelle führte.

Von Gibeon führt ein Sträßchen in westlicher Richtung zu dem wenige Kilometer entfernt gelegenen Dorf El-Qubeiba, in dem manche seit der Kreuzfahrerzeit das biblische Emmaus sehen, wo der Auferstandene zwei Jüngern erschien (Lukas 24,13; vergleiche → Latrun); 1901 haben Franziskaner eine Kirche an der Stelle einer Kreuzfahrerkirche erbaut.

Umgebung von Jerusalem (Fortsetzung) El-Qubeiba

Von Jerusalem in östlicher Richtung fahrend, passiert man das Dorf → El-Azariye (Bethanien), wo Jesus den Lazarus auferweckte (Johannes 11,1). Bei Ma'aleh Adummim (16 km) biegt in einer Rechtskurve links ein Weg ins → Wadi Qilt ab, durch das eine Römerstraße nach → Jericho führte. Von einem Aussichtspunkt aus gelangt man in das Wadi hinab und zum griechisch-orthodoxen Georgskloster.

El-Azariye/ Wadi Qilt

Jezreel-Ebene / Emeq Yizre'el / HaEmeq   G/H 3

Norddistrikt, Distrikt Haifa.

Das große fruchtbare Tal der Jezreel-Ebene, häufig kurz 'HaEmeq' (das Tal) genannt, erstreckt sich von der Bucht nördlich von Haifa in Südostrichtung bis zum Jordantal und trennt die Bergländer von Samaria und Galiläa. Die Araber nennen es 'Marge Ibn Amer', aus dem Alten Testament ist es als 'Ebene Esdrelon' bekannt.
Die Jezreel-Ebene ist das größte Tal Israels und eine seiner fruchtbarsten Regionen. Im Südwesten bildet das Iron-Tal einen Übergang zur → Sharon-Ebene. Das am Iron-Paß gelegene → Megiddo hatte wegen seiner strategisch günstigen Lage vom Altertum bis in unser Jahrhundert große militärische Bedeutung. Als Durchzugsgebiet, aber auch ihrer Fruchtbarkeit wegen war die Jezreel-Ebene häufig umkämpft, u.a. in der Zeit von Deborah (Richter 5,19) und Gideon (Richter 7,5).

Lage und Allgemeines

Hauptstadt und Verkehrsknotenpunkt der Jezreel-Ebene ist heute die Stadt → Afula.
Im Jahre 1938 wurde an der Straße Afula – Jenin, die etwa der Wasserscheide zwischen dem Ost- und dem Westteil der Ebene folgt, der Kibbuz Yizre'el gegründet. Er ist eine der vielen jüdischen Siedlungen, die entstanden, nachdem der Jüdische Nationalfonds 1910 begonnen hatte, das Gebiet, das sich seit 1870 in libanesischem Privatbesitz befand, aufzukaufen. Der Kibbuz Yizre'el liegt an dem Ort, wo der Palast König Ahabs von Israel stand. Ahab hatte den Weinberg des Jesreeliters Naboth mit Gewalt an sich gebracht und an dieser Stelle seinen Palast erbaut (1. Buch der Könige, 21). Seine Frau Jesebel und sein Enkel Joram wurden hier von seinem Nachfolger Jehu getötet (2. Buch der Könige 9,27 und 33). Ahabs Palast wurde von den Assyrern zerstört.
Auf dem Tell beim Kibbuz findet man Reste der Kreuzfahrerburg 'Le petit Gerin' und ihrer Kirche (Aussicht).

Siedlungen

Jordan / Yarden   H/J 2−4

Der Jordan, hebräisch Yarden, mit 252 km der längste und wasserreichste Fluß des Landes, hat drei Quellflüsse, fließt durch den See Genezareth und mündet nach streckenweise mäanderreichem Lauf in das Tote Meer, dem er Süßwasser zuführt.
Obwohl der Jordan nicht besonders tief oder breit ist, zählt er wegen seiner Bedeutung für die christliche Religion zu den berühmtesten Flüssen der Erde.

Lage und Allgemeines

Von den drei Quellflüssen des Jordan entspringt der Hazbani im Libanon, der Dan im Naturschutzgebiet → Dan und der Banyas bei → Banyas.

Quellflüsse

Jordan

Jordanausfluß aus dem See Genezareth   *Taufstelle im Jordan (Yardenit)*

Quellflüsse (Fortsetzung)	Diese Flüsse vereinigen sich im Hule-Becken. Dann fließt der Jordan durch ein enges Tal in den See Genezareth, den er nach 60 km erreicht.
Yarmuk-Fluß	Nach Austritt aus dem See nimmt er den von Osten kommenden Yarmuk auf, den Grenzfluß zwischen Jordanien und den von Israel besetzten Golanhöhen. Der Yarmuk war Schauplatz eines dramatischen historischen Geschehens: Am 20. August 636 besiegten bei heftigem Sandsturm die von Süden her vorgedrungenen Araber das Heer des byzantinischen Kaisers Herakleios vernichtend; dadurch waren Palästina und Syrien für das Reich von Byzanz verloren, und die islamische Herrschaft begann. An seinem Nordufer haben israelische Archäologen nach 1967 begonnen, den bedeutenden antiken Badeort ⟶ Hamat Gader auszugraben.
Weitere Nebenflüsse	Die Flußebene zwischen dem See Genezareth und der Mündungsstelle des Yarmuk ist breit und fruchtbar. Im Süden verschmälert sich das Westufer, wird bei ⟶ Bet Shean jedoch wieder breiter. In diesem Gebiet mündet der von Westen kommende Nahal Harod in den Jordan. Weiter südlich nimmt der Jordan den Nahal Tirza (von Westen) und den Nahal Yaboq (von Osten) auf. Das Ostufer, von Naharayim bis Damiya, wurde von der jordanischen Regierung mit Hilfe der USA bewässert; dort haben sich seit den sechziger Jahren über 100 000 Landwirte angesiedelt.
Jordanebene	Südlich von Damiya verbreitert sich das Westufer des Flusses zur Jordanebene mit der Oase von ⟶ Jericho. Seit 1967 entstanden dort zahlreiche Dörfer, deren Bewohner die Möglichkeit, außerhalb der Jahreszeit wertvolle landwirtschaftliche Produkte zu ernten, nutzen. Südlich des Sees Genezareth bis zu seiner Mündung in das Tote Meer hat der Jordan einen stark gewundenen Lauf. Auf dem Weg zum Toten Meer wird er von Adam-(Damiya-), Allenby- und Abdullah-Brücke überspannt. Zwischen den beiden letzteren liegt die Stelle, wo Jesus der Überlieferung nach getauft wurde (8 km östlich von Jericho).

Der Jordangraben ist Teil der syrisch-afrikanischen Senke. Im Toten Meer (−398 m an der Seeoberfläche, bis 831 m u.d.M. am Seeboden) erreicht er seinen tiefsten Punkt, zugleich die tiefste Stelle der Erdoberfläche. Der Grabenbruch setzt sich über die Arava-Senke und den Golf von Aqaba bis nach Ostafrika fort.

Jordan
(Fortsetzung)
Jordangraben

Judäa / Yehuda   **F−H 4/5**

Süddistrikt, Zentraldistrikt, Distrikt Tel Aviv, Distrikt Jerusalem, Westjordanland

Judäa reicht vom Mittelmeer bis zur Linie Jordan – Totes Meer, vom bei Tel Aviv mündenden Yarkon-Fluß bis zur Linie Gaza – En Gedi. Es gliedert sich in die Shefela-Ebene im Westen, das zentrale Bergland (Har Yehuda) und die zum Toten Meer sich erstreckende judäische Wüste (Midbar Yehuda). Der südliche Teil steigt bei Hebron auf 1020 m an, der nördliche in den Betel-Bergen auf 1016 m.
Judäa ist, nach Galiläa und Samaria, die südlichste der drei biblischen Landschaften westlich des Jordan. Im Süden, wo sie zur Zeit Jesu von Idumaea begrenzt wurde, schließt sich heute der ⟶ Negev an.
Der Nordteil der judäischen Küstenebene hat die höchste Bevölkerungsdichte des Landes. Im Süden, wo die Ebene durch vom Nil herbeigeführte Sande verbreitert wurde, baut man Zitrusfrüchte und, weiter landeinwärts, Weizen und Gemüse an. Das Bergland fällt zum Toten Meer hin steil ab. Der Osthang des judäischen Berglandes hält den Regen ab, in seinem Bereich entstand daher eine Wüste, die sich nur als Weideland nutzen läßt. Ausnahmen bilden Oasengebiete, wie das von ⟶ En Gedi am Toten Meer und das von ⟶ Jericho. Die Oasen liegen unter dem Meeresspiegel und haben warmes Klima, so daß hier Pflanzen der verschiedensten Arten gedeihen können.

Lage und
Allgemeines

Im Altertum hatten sich um 1200 v. Chr. in der Küstenebene die Philister niedergelassen, im Bergland saßen die Stämme Juda und Benjamin, die David – nach dem Tod des ersten Königs Saul – zum Königreich Juda zusammenfaßte, ehe er als König aller zwölf Stämme anerkannt wurde. Nach dem Tod seines Sohnes Salomo bildeten die zehn Nordstämme das Reich Israel, die beiden Südstämme das Reich Juda, das 586 v. Chr. mit der babylonischen Eroberung endete. Unter römischer Herrschaft (seit 63 v. Chr.) gehörte Judäa mit Galiläa und Samaria zum Gebiet der Herrscher Hyrkanos II. und Herodes, unterstand dann römischen Prokuratoren. Nachdem schon das babylonische Gefangenschaft 586–535 v. Chr. zur Bildung jüdischer Diaspora geführt hatte, begann mit der Zerstörung Jerusalems die Zerstreuung der Juden. Im 4. Jh. wurde das Land weitgehend christianisiert und vom 7. Jh. an islamisiert, doch hielten sich kleine jüdische Bevölkerungsgruppen in Jerusalem, Hebron und seiner Umgebung. In den Unabhängigkeitskämpfen 1948/1949 kam der Westteil von Judäa an den neugegründeten Staat Israel, der Ostteil mit dem Zentrum Hebron an Jordanien, das auch den Großteil von Samaria erhielt. Diese Gebiete und Ostjerusalem wurden 1967 von israelischen Truppen besetzt.

Geschichte

Kana / Kafr Kanna   **H 3**

Norddistrikt
Höhe: 250–310 m ü.d.M.
Einwohnerzahl: 8500

Das Dorf Kana (Kafr Kanna), acht Kilometer nordöstlich von Nazareth an der Straße nach Tiberias, ist bekannt als der Ort, an dem Jesus sein erstes

Lage und
Bedeutung

Kana,
Lage und
Bedeutung
(Fortsetzung)

Wunder bewirkte, die Verwandlung von Wasser in Wein bei der 'Hochzeit von Kana' (Johannes 2,1–11). In dem freundlichen Ort, dessen Bevölkerung aus Christen und Moslems besteht, erinnern zwei Kirchen an dieses Geschehen; zudem knüpft der hier verkaufte Wein mit dem Etikett "Wein aus Kana" an die christliche Tradition an.

Sehenswertes

Franziskanerkirche

In der Ortsmitte von Kana erhebt sich die katholische, 1883 geweihte Kirche der Franziskaner. Sie wurde der Überlieferung nach an der Stelle des Hochzeitshauses errichtet. Im Mittelschiff, kurz vor der Treppe zur Krypta, befindet sich eine hebräische Inschrift zum Gedenken an 'Jo-

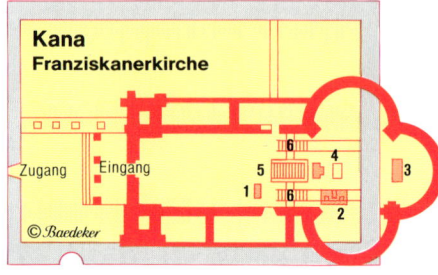

Kana
Franziskanerkirche

Zugang — Eingang

© Baedeker

1 Hebräische Inschrift   3 Altar   5 Treppe zur Krypta
2 Brunnen   4 Alter Krug   6 Treppe nach oben

seph, Tanhums Sohn' (3. oder 4. Jh.). In der Kirche wird ein alter Krug gezeigt, bei dem es sich um einen von den sechs handeln soll, in denen das Wasser zu Wein wurde.

Griechisch-orthodoxe Kirche

Gegenüber der Franziskanerkirche steht die nun etwas verfallen wirkende griechisch-orthodoxe Kirche. Sie wurde 1556 über den Ruinen einer Moschee errichtet. Auch hier bewahrt man zwei Steingefäße auf, die mit dem Wunder in Verbindung gebracht werden (tatsächlich aber wohl nicht älter als 300 Jahre sind).

Nathanael-Kapelle

Ebenfalls den Franziskanern gehört die Nathanael-Kapelle am nördlichen Ortsausgang. Sie wurde Ende des 19. Jh.s zu Ehren des aus Kana stammenden Nathanael errichtet, der Jesus gegenüber zunächst ein Vorurteil hatte ("Was kann aus Nazareth Gutes kommen!"), ihn dann aber als Gottes Sohn verehrte (Johannes 1,46–49) und auch beim Fischzug des Petrus, bei dem sich der Auferstandene offenbarte, anwesend war (Johannes 21,2).

Kapernaum / Kefar Nahum   J 2

Norddistrikt
Höhe: 205 m unter d.M.

Lage und
Bedeutung

Kapernaum (Kapharnaum, hebr. Kefar Nahum – Dorf des Nahum, arab. Tell Num) am Nordufer des Sees Genezareth ist eng mit dem Wirken von Jesus verbunden, der, nachdem er seine Heimatstadt Nazareth verlassen hatte, meist in diesem Fischerort und seiner Umgebung lehrte.
Seit 1894 gibt es hier ein Franziskanerkloster, dessen Mönche zusammen mit mehreren Archäologen die alte Stadt erforscht und zur Wiedererrichtung zweier bedeutender Gebäude, des Hauses des Petrus und der Synagoge, beigetragen haben.

Biblische
Geschichte

Jesus verließ Nazareth "und wohnte in Kapernaum, das am See im Gebiet von Sebulon und Naphtali liegt" (Matthäus 4,13). Hier berief er seine ersten

Jünger, die alle Fischer waren: Simon Petrus und seinen Bruder Andreas, Jakobus und seinen Bruder Johannes (Matthäus 4,18–22). Er predigte in der Synagoge, wo er einen Besessenen heilte (Markus 1,32). Auch heilte er Gelähmte und Verkrüppelte (Matthäus 15,29–31), den Knecht des Hauptmanns von Kapernaum (Lukas 7,5–10) und erweckte die zwölfjährige Tochter des Synagogenvorstehers Jairus vom Tode (Markus 5,21–43). In der Umgebung von Kapernaum speiste er die Fünftausend mit fünf Broten und zwei Fischen (Matthäus 14,13–21; Markus 6,35–44) und bei anderer Gelegenheit die Viertausend mit sieben Broten und einigen kleinen Fischen (Matthäus 15,32–39; → Tabgha). In Kapernaum formulierte er seine Lehre in Gleichnissen vom Sämann, vom Unkraut unter dem Weizen, vom Senfkorn, vom Sauerteig, vom Schatz im Acker, vom Fischernetz u.a. (Matthäus 13), vor allem aber in der Bergpredigt, die er auf einem nahen Berg hielt (Matthäus 5–7; → Berg der Seligpreisungen).

Biblische Geschichte (Fortsetzung)

Münzfunde legen nahe, daß der im Alten Testament nicht genannte Ort im 2. Jh. v. Chr. entstanden ist. Kapernaum war eine kleine unbefestigte Stadt, die sich an den Aufständen gegen Rom im 1. und 2. Jh. nicht beteiligte und daher damals auch keine Zerstörungen erlitt. In der Folgezeit wurde sie größer. Hatte sich der Ort ursprünglich zwischen Synagoge und See erstreckt, so kamen im 4. Jh. neue Viertel östlich und nördlich der Synagoge hinzu. Für den Wohlstand der Bewohner spricht, daß die Synagoge nicht aus dem hier anstehenden schwarzen Basalt erbaut wurde, sondern aus Kalkstein, der herbeitransportiert werden mußte. Südlich der Synagoge erstand um 450 über älteren Wohnhäusern eine Achteckkirche zum Gedenken an Petrus, der an dieser Stelle gewohnt hatte. Nach dem islamischen Einbruch des 7. Jh.s ging das städtische Leben zurück. Der Pilger Burchardus notierte im 13. Jh.: "Die einst berühmte Stadt Kapernaum bietet heute einen traurigen Anblick. Sie zählt nur sieben arme Fischerhütten". Eine neue Entwicklung setzte ein, als der Amerikaner Robinson den Ort

Geschichte

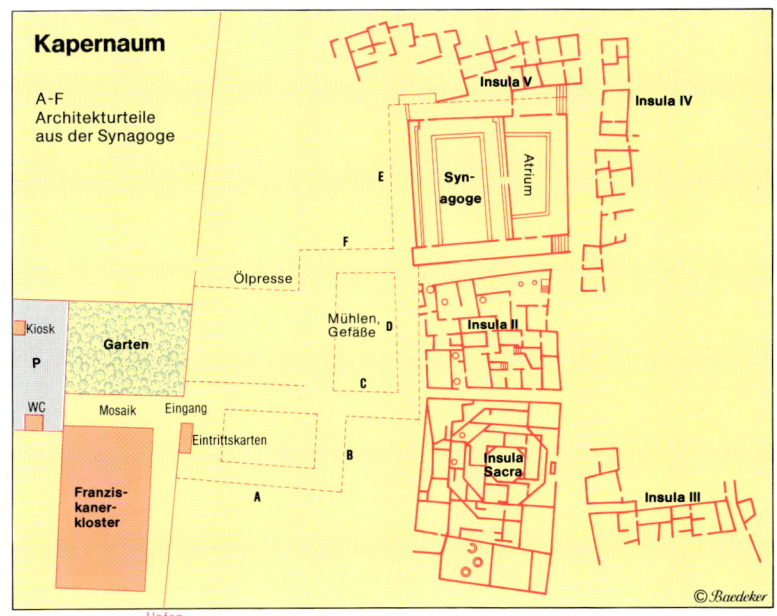

Kapernaum

A–F
Architekturteile
aus der Synagoge

Insula V

Insula IV

E Syn-
   agoge

Atrium

F

Ölpresse

Kiosk

Garten

P

WC

Mosaik   Eingang

Eintrittskarten

Franzis-
kaner-
kloster

Mühlen,
Gefäße D

C

B

A

Insula II

Insula
Sacra

Insula III

© Baedeker

Hafen

Kapernaum

Geschichte
(Fortsetzung)

1838 identifizierte. Die ersten Sondierungen führte 1866 Charles Wilson durch. Die Kustodie der Franziskaner erwarb 1894 die Ruinen. Im Jahre 1905 legten die deutschen Archäologen Kohl und Watzinger das Mittel- und östliche Seitenschiff der bei einem Erdbeben eingestürzten Synagoge frei; anschließend grub der Franziskanerbruder Wendelin Hinterkeuser bis 1914 den Rest der Synagoge und den Hof aus und untersuchte das angrenzende Gebiet. Zwischen 1921 und 1926 legte der Franziskaner- pater Gaudentius Orfali das Wohnviertel mit der achteckigen Petruskirche frei.

Weitere Ausgrabungen setzten 1968 ein. Dabei haben die archäologischen Untersuchungen von Stanislao Loffreda den Nachweis erbracht, daß in Kapernaum und seiner Umgebung von den Zeiten der Apostel an immer Judenchristen gewohnt haben, die ihre Kenntnis dieser heiligen Plätze an die Pilger weitergaben, welche seit dem 4. Jh. aus dem Westen ins Heilige Land kamen und in ihren Heimatländern über den Ort und seine Stätten berichteten.

Ausgrabungsstätte

Vom Eingang zwischen Franziskanerkloster und Garten kommt man zum Kiosk für Eintrittskarten, Dias und Sachliteratur, darunter der empfehlens- werte Führer "Ein Besuch in Kapharnaum" von Stanislao Loffreda. In der parkartigen Anlage vor dem Besucher liegen viele Teile von skulptierten Architekturfragmenten neben Mosaiken, im Hintergrund geradeaus das von einer modernen, wenig ansprechenden Beton-Konstruktion über- wölbte Petrus-Oktogon und links die zum Teil wieder aufgerichtete Syn- agoge.

Architektur-
fragmente

Beginnt man entgegen dem Uhrzeigersinn, so sieht man zunächst an der Südseite ein Bodenmosaik aus Kana und zahlreiche Architekturteile der

Architekturfragmente in Kapernaum

286

Synagoge, u.a. Säulen von einem Fenster, ein Relief mit Weinlaub, Trauben und Palmwedeln, ein Gesims mit Seepferd und zwei Adlern, die eine Girlande tragen, eine Säule mit der aramäischen Inschrift "Alphäus, Sohn des Zebedäus, Sohn des Johannes, machte die Säule sich zum Segen", ferner ein Relief mit einem Wagen, der wahrscheinlich die fahrbare Gesetzeslade darstellt, dann ein Gesims mit Trauben und Feigen, eine Muschel in einem Kranz (Schlußstein eines Bogens in der Fassade), Stücke mit Hakenkreuzmäander bzw. 'Davidsstern' und ein zweites Mosaik aus Kana.

Architektur-
fragmente
(Fortsetzung)

Man biegt nun nach links und wieder nach rechts ein und befindet sich vor dem durch literarische Quellen und archäologische Untersuchungen gesicherten Petrus-Oktogon, das seit einigen Jahren durch ein Betondach vor Witterungseinflüssen geschützt werden soll. Das Petrus-Oktogon steht über Wohnhäusern, die jeweils in Vierecken (Insulae) zusammengefaßt sind. Die ältesten Häuser konnten ins 1. Jh. v. Chr. datiert werden. Sie waren ärmlich – enge Räume um kleine Höfe mit Feuerstellen – und gehörten, worauf Funde von Angelhaken schließen lassen, wohl Fischern.
Eines der Häuser wurde in der Folgezeit wenigstens dreimal neu verputzt. Auf den Putzresten stellte man 131 Inschriften fest, in denen die Namen von Jesus Christus und von Petrus mehrfach erscheinen, so daß man vermuten kann, daß das Haus bereits im ausgehenden 1. Jh. sakralen Charakter hatte: als das Haus des Apostels Petrus.
Um 350 erhielt es eine Umfassungsmauer und eine durch einen Bogen getragene neue Decke. Die spanische Pilgerin Aetheria notierte im ausgehenden 4. Jh., daß das Haus des Fürsten der Apostel in Kapernaum eine Kirche wurde und daß seine Wände dabei unverändert blieben. Das heißt, daß es sich damals um eine Domus-ecclesia handelte, um ein gottesdienstlich genutztes Privathaus.
Um 450 schließlich führte man über diesem Gebäude eine Achteckkirche auf (runde oder achteckige Bauten verwendete man vorzugsweise für Baptisterien oder, so hier, für Memorien). Das Bodenmosaik zeigt in der

Petrus-Oktogon
und Insulae

Kapernaum: Synagoge

Kapernaum,
Petrus-Oktogon
(Fortsetzung)

Mitte einen Pfau als Symbol der Unsterblichkeit. Die halbrunde Apsis im Osten diente als Baptisterium.

Nördlich der Insula sacra mit dem Oktogon liegt eine weitere Insula.

*Synagoge

An diese Insula grenzt nördlich die Synagoge. Über einige Stufen betritt man eine offene Vorhalle, von der sich drei Türen in die Schiffe öffnen, zwei weitere in den östlich anschließenden Hof. An der Mitteltür sind jetzt wieder Konsolen mit Palmbäumen angebracht. Im Inneren trennen Säulenstellungen die drei Schiffe und umlaufen sie an der Rückseite. An der linken Wand sind Sitzstufen zu erkennen. An einer der korinthischen Säulen der Rückseite ist eine griechische Inschrift angebracht: "Herodes, Sohn von Monimos, und Justus, sein Sohn, mit ihren Kindern errichteten diese Säule." Vermutlich hatte die Synagoge eine Frauenempore. Eine Thoranische ist nicht vorhanden. Die Thora muß jeweils an der nach Jerusalem gerichteten Süd-, d.h. Eingangsseite, zum Gottesdienst aufgestellt worden sein.

Im Osten schließt sich der Hof an, der von der Synagoge wie von der Vorhalle aus zugänglich war.

Watzinger hatte den Bau auf Grund stilistischer und historischer Überlegungen ins 2. oder frühe 3. Jh. datiert. Neuere Untersuchungen führten auf Grund von Münz- und Keramikfunden unter dem Pflaster des Synagogenraumes zu dem Schluß, daß er erst um 400 errichtet worden ist. Während man im älteren Niveau des Petrus-Oktogons wohl die Räume sehen darf, in denen Jesus sich aufhielt und die Schwiegermutter des Petrus heilte (Matthäus 8,14–17; Markus 1,29–31; Lukas 4,38–41), handelt es sich bei der Synagoge jedenfalls um einen späteren Bau.

Man hofft, diejenige Synagoge, in der Jesus "mit Vollmacht lehrte und nicht so wie die Schriftgelehrten" und wo er mehrere Wunder wirkte (Matthäus 12,9–13; Markus 1,21), bei künftigen Grabungen zu finden.

Karmel / Har Karmel   G 3

Distrikt Haifa
Höhe: 546 m ü.d.M.

Lage und
Allgemeines

Das Karmelgebirge (Karmel = Weingarten Gottes), bis 546 m ü.d.M. ansteigend, ist ein Ausläufer der Berge von Samaria, der sich 23 km lang und 8 bis 10 km breit nach Nordwesten vorschiebt, bis er im Karmelkap steil zur Küste abfällt. Nach Nordosten begrenzt sein Steilhang die → Jezreel-Ebene, nach Südwesten senkt sich der Karmel zur → Sharon-Ebene hin.

Geschichte

Funde in den Höhlen des Gebietes, so bei Bet Oren, haben gezeigt, daß hier schon in der Altsteinzeit, vor 130 000 Jahren, Menschen lebten (Funde im Rockefeller-Museum, → Jerusalem).

Auf den Höhen wurde mindestens seit kanaanäischer Zeit der Baal des Karmels als göttlicher Herr der Region verehrt. David hat um 1000 v. Chr. den Karmel seinem Reich eingegliedert, doch erst im 9. Jh. setzte der Prophet Elias den Jahwe-Kult gegen den von König Ahab von Israel geförderten Baalskult durch (1. Buch der Könige 18). In einem für die Entwicklung des strengen Monotheismus wie für die jüdische Geschichte bedeutsamen Akt theologischen Rigorismus trat der eifernde Prophet den 450 Baals- und 400 Astartepriestern aus dem Reich des Ahab auf den Karmelhöhen entgegen. Er wie seine Gegner brachten im Angesicht des Volks hier, an einem der alten Hohen Plätze, Opfer dar und warteten, daß ihre Gottheit 'mit Feuer antworten' werde. Baal blieb stumm, doch auf den Altar des Elias "fiel das Feuer des Herrn herab". Nach diesem Gottesurteil führte Elias die Baals- und Astartepriester hinunter zum Bach Kishon in der Ebene und tötete sie.

Als Ort dieses Geschehens gilt die felsige Höhe von Muhraka (arab. 'Ort des Verbrennens', 482 m ü.d.M) im Südosten des Karmel, wo 1886 über

Resten einer älteren Kirche ein Karmeliterkloster errichtet wurde (siehe unten). Im Tell el-Kassis (Priesterhügel) unten in der Ebene vermutet man das Grab der getöteten Priester. Nach anderer Auffassung fand das Gottesurteil am Karmelkap statt, dort, wo das Karmeliterkloster in der Nähe der Eliasgrotte steht (→ Haifa).

Geschichte (Fortsetzung)

Die von Elias herbeigeführte Form des religiösen Lebens fand ihr Ende bereits nach gut hundert Jahren mit der assyrischen Eroberung 732 v. Chr. Der nun wieder verehrte Baal vom Karmel wurde von den Griechen nach Errichtung der Diadochenreiche mit Zeus gleichgesetzt und von den Römern Deus Carmelus genannt. Im 2. und 3. Jh. gab es hier einen Filialkult des Jupiter von Heliopolis, d.h. Baalbek (der gleichfalls auf einen Baal zurückgeht), und ein Bürger von Caesarea stiftete eine Statue dieses 'Heliopolitanischen Zeus vom Karmel', von der das Karmelkloster ein durch seine Inschrift gesichertes Fußfragment aufbewahrt.

In der Kreuzfahrerzeit ließen sich erstmals Christen auf diesem uralten kultischen Berg nieder. Der Karmeliterorden wurde hier 1150 gegründet; nach mehreren Zerstörungen baute man dessen Kloster zuletzt 1828 wieder auf.

Das Karmelgebirge, das zwei Bergkämme hat, besteht aus hartem Kalkstein und Dolomit. Dank reichlicher Niederschläge gedeihen in den Niederungen Pflanzen und Sträucher der verschiedensten Arten. Wegen der landschaftlichen Ursprünglichkeit und Schönheit hat man das Gebiet des Karmel zum Nationalpark erklärt (mehrere Campingplätze).

*Landschaftsbild

Im 20. Jh. ist das rasch sich vergrößernde Haifa an dem nordwestlichen Hang des Karmel hinaufgewachsen, der Turm der Universität steht weithin sichtbar auf der Höhe; und die Drusendörfer des waldreichen Karmel sind beliebte Ausflugsziele.

Sehenswertes

Man verläßt → Haifa von dem Stadtteil Zentralkarmel auf der Moriah-, dann Horev-Straße in südöstlicher Richtung, passiert die Militärakademie Biran (links), den Ort Hod Karmel (rechts), das Gebiet der neuen Universität von Haifa (links) und steigt dann zur höchsten Karmelhöhe (546 m ü.d.M.) auf. Schließlich kommt man zu dem von Drusen und Christen bewohnten Dorf Isfiya (14 km) und zum Drusendorf Daliyat (4 km). In südöstlicher Richtung führt eine Straße zum Berg Muhraka (4 km; 482 m ü.d.M.) mit dem Karmeliterkloster St. Elias. Hier vermutet man nach der Überlieferung die Stelle, wo Elias im Streit mit den Baalspriestern einen Altar errichtete (1. Buch der Könige 18,30).

Fahrt zum Eliaskloster

Bet Oren (Haus des Kiefernwaldes), ein 1939 gegründeter Kibbuz, liegt südlich von Haifa im Karmelgebirge, ist aber dennoch nur 6 km vom Meer entfernt, so daß es dem Urlauber viel Abwechslung bietet. Um Bet Oren zu erreichen, fährt man entweder vom Haifa an der Küste nach Süden bis zur Kreuzung von Atlit (13 km) und biegt dann links ein; oder man fährt von Haifa direkt auf den Karmel und wendet sich nach 19 km nach rechts. In Höhlen 6 km westlich des Dorfes entdeckte man Reste des Karmelmenschen, der vor 130 000 Jahren, in der Altsteinzeit, lebte (Funde im Rockefeller-Museum, → Jerusalem).

Bet Oren

Das Künstlerdorf En Hod wurde 15 km südlich von Haifa am Westhang des Karmel-Gebirges 1953 von dem Dadaisten Marcel Janco an der Stelle eines verlassenen arabischen Dorfes gegründet. Derzeit leben hier 130 Familien, die gemeinsam eine Dorfkooperative (Agudat Shitufi) bilden und von denen jeweils mindestens ein Familienmitglied die Bezeichnung 'Künstler' verdient. Die Aktivitäten der Dorfbewohner erstrecken sich auf alle Bereiche: Fotografen, Schriftsteller, Schauspieler, Goldschmiede, Maler und Bildhauer sind in En Hod ansässig und verkaufen ihre Arbeiten in Ateliers und Galerien. Zudem zieht ein Museum, in dem der Dadaismus im Vordergrund steht, Besucher an.

*En Hod

Kefar Nahum

→ Kapernaum

Lachish

Süddistrikt
Höhe: 250 m ü.d.M.

Lage und Bedeutung

Der Moshav Lachish, 10 km südöstlich von Qiryat Gat, südlich der Straße Ashqelon – Bet Guvrin – Bet Shemesh – Jerusalem, wurde 1955 an der Stelle des antiken Lachish gegründet und übernahm dessen Namen. Lachish gehört mit den wenige Kilometer nordöstlich gelegenen Siedlungen von → Bet Guvrin und Tell Maresha (→ Maresha) zu den sehenswerten archäologischen Plätzen dieser Region im Westen des judäischen Berglandes.

Geschichte

Schon im 3. Jt. besiedelt, war Lachish im 2. Jt. v. Chr. eine Stadt der Kanaanäer. König Zimridu (1375–1340 v. Chr.) verteidigte sich in Briefen, die in Tell el-Amarna gefunden wurden, bei seinem ägyptischen Oberherrn Echnaton gegen den Vorwurf der Untreue. Josua, der im 13. Jh. v. Chr. nach der Eroberung von Jericho, Ai und Gibeon in der Höhle von Makkeda fünf verbündete Amoriterkönige gefangennahm und tötete, darunter Jafia von Lachish, eroberte dessen Stadt wie auch das benachbarte Maresha (Josua 10). Der Palast wurde von David oder Salomo im 10. Jh. v. Chr. wiederhergestellt. Salomos Sohn Rehabeam befestigte um 920 v. Chr. die Stadt, die ein Areal von 75 000 m² einnahm (2. Buch der Chronik 11,11). Im 8. Jh. v. Chr. wurde hier der aus Jerusalem geflohene König Amasja von Juda getötet (2. Buch der Könige 14,19).
Der Assyrer Sanherib nahm Lachish 701 v. Chr. ein (2. Buch der Könige 18,13–17) und stellte dieses Ereignis in Reliefs an seinem Palast in Ninive dar. Bei Starkeys Ausgrabungen fand man eine Grube mit 1500 Skeletten

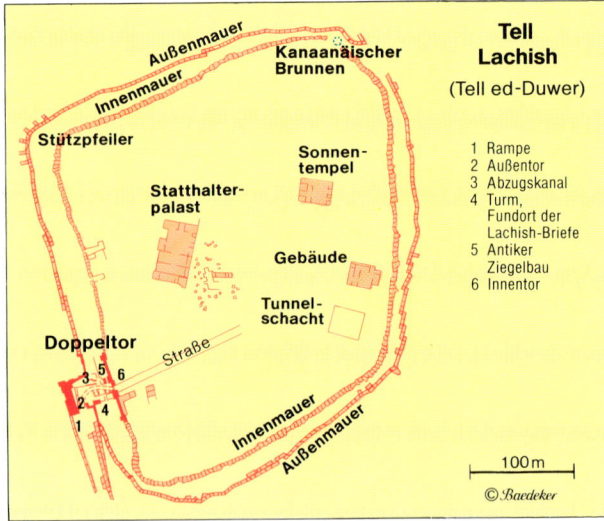

Tell Lachish
(Tell ed-Duwer)

Außenmauer
Innenmauer
Kanaanäischer Brunnen
Stützpfeiler
Sonnentempel
Statthalterpalast
Gebäude
Tunnelschacht
Doppeltor
Straße
Innenmauer
Außenmauer

1 Rampe
2 Außentor
3 Abzugskanal
4 Turm, Fundort der Lachish-Briefe
5 Antiker Ziegelbau
6 Innentor

100 m

© Baedeker

Auf dem Tell Lachish fand man neun Siedlungsschichten

von Menschen, die damals ums Leben kamen. 588 v. Chr. (zwei Jahre vor Jerusalem) eroberte dann der Babylonier Nebukadnezar die Stadt. Die Zeit unmittelbar vor dieser Katastrophe ist in den 21 sogenannten Lachish-Briefen dokumentiert (heute im Britischen Museum, London; sowie im Rockefeller-Museum, → Jerusalem). Nach der Rückkehr aus der Babylonischen Gefangenschaft wieder besiedelt, erhielt Lachish eine persische Burg. Im 2. Jh. v. Chr. sank es zu einem kleinen Dorf ab.

Lachish, Geschichte (Fortsetzung)

Die alte Stadt, Tell Lachish, wurde von John L. Starkey (1932–1936) und Yohanan Aharoni (1967/1968) ausgegraben. Starkey fand neun Siedlungsschichten vom 3. Jahrtausend bis ins 3. vorchristliche Jahrhundert. Freigelegt wurden nördlich des heutigen Moshav die Reste einer Stadtmauer, die aus einer Außen- und einer Innenmauer bestand. Diese doppelte Mauer hat eine mächtige Toranlage, in deren Turm (rechts hinter dem äußeren Tor) die Lachish-Briefe gefunden wurden, in althebräischer Schrift mit Tinte beschriebene Tontafeln.
In dem Ruinengelände stellte man ferner einen Palast, Sitz des Statthalters, und, im Südosten, einen Brunnentunnel fest. Im Nordosten steht ein Sonnentempel (um 1480 v. Chr.), den Kathleen Kenyon als Tempel einer kanaanäischen Göttertrias interpretiert. Man fand dort eine dreizinkige Eisengabel und ein Gefäß für Opferfleisch (9. Jh. v. Chr.), die das Nachleben des kanaanäischen Kultes noch in dieser späten Zeit bezeugen.

Ausgrabungen

Latrun

G 4

Westjordanland

Das Kloster Latrun, 1927 von französischen Trappisten an der Ostseite des Ayalontales erbaut, liegt – mit seiner breiten Fassade weithin sichtbar –

Lage und Bedeutung

Das Kloster Latrun inmitten einer fruchtbaren Landschaft

Lage und
Bedeutung
(Fortsetzung)

zwischen der älteren Land- und der neuen Schnellstraße Tel Aviv – Jerusalem, kurz bevor diese sich vereinigen (28 km westlich von Jerusalem, im israelisch besetzten Westjordanland).

Das Gebiet war bis in die jüngste Vergangenheit hinein strategisch bedeutsam: Die Briten errichteten hier während ihrer Mandatszeit eine Polizeifestung, die 1948 der Arabischen Legion übergeben wurde. Daraufhin kam das Kloster samt Umland unter jordanische Herrschaft, und die Straße nach Jerusalem wurde gesperrt. Sie konnte erst 1967 wieder geöffnet werden.

Sehenswertes

Kloster

Im schön angelegten Klostergarten gibt es eine Sammlung spätantiker und frühchristlicher Kapitelle und Reliefs, im Kloster selbst kann man die Kirche besichtigen. Bekannt ist der Wein der Mönche von Latrun (Verkaufsraum beim Tor).

Kreuzfahrerburg

Auf dem Berg hinter dem Kloster (Aussicht!) findet man die Ruine der Kreuzfahrerburg Toron des Chevaliers (12. Jh.). Aus diesem Namen machten die Araber El-Torun/Latrun, und christliche Pilger des späten Mittelalters sahen daher hier die Heimat des guten Schächers, der mit Jesus gekreuzigt wurde (lat. Latro = Dieb).

Umgebung von Latrun

Amwas/Emmaus

Ca. 1 km nördlich von Latrun liegen an der Schnellstraße die Ruinen des arabischen Dorfes Amwas, dessen Name sich vom alten Emmaus ableitet. Emmaus ist der griechische Name mehrerer Orte in Palästina. Das Emmaus, in welchem der auferstandene Jesus zwei Männern erschien

(Lukas 24,13), lag 60 Stadien (= 11,5 km) von Jerusalem entfernt, weshalb man es beim heutigen Qubeiba (→ Jerusalem, Umgebung) nordwestlich von Jerusalem vermutet. Eine andere Tradition sucht es in einer Entfernung von 160 Stadien (= 30 km) und kommt damit nach Amwas. Hier fanden sich u.a. eine römische Villa mit Mosaikböden (2. Jh.), eine Synagoge mit hebräischer und griechischer Inschrift (3. Jh.) sowie zwei byzantinische Kirchen aus dem 4. und 6. Jahrhundert. Eine Kreuzfahrerkirche wurde 1834 von Ibrahim Pascha zerstört.

Umgebung von Latrun, Amwas/Emmaus (Fortsetzung)

Lod (Lydda)   G 4

Zentraldistrikt
Höhe: 65 m ü.d.M.
Einwohnerzahl: 38 000

Lod (Lydda), 22 km südöstlich von Tel Aviv, 3 km nordöstlich von Ramla, ist heute vor allem durch den internationalen Flughafen bekannt. Doch reichen Geschichte und Mythos weit in die Vergangenheit zurück.

Lage und Bedeutung

Die Stadt wurde in der Zeit der israelitischen Landnahme vom Stamm Benjamin gegründet (1. Buch der Chronik 8,12), im 8. Jh. v. Chr. von den Assyrern zerstört, im 5. Jh. v. Chr. erneuert und vom 4. Jh. v. Chr. an von Griechen besiedelt, die es Lydda nannten. Die Hasmonäer nahmen die Stadt 143 v. Chr. ein (1. Buch der Makkabäer 11,34). Schon in urchristlicher Zeit gab es hier eine Christengemeinde. Petrus kam zu diesen Gläubigen und heilte einen seit acht Jahren bettlägerigen Mann (Apostelgeschichte 9,32–34), ehe er nach Joppe (Jaffa; → Tel Aviv) und weiter nach → Caesarea ging. Die Römer nahmen die Stadt beim Vormarsch auf Jerusalem 67 n. Chr. ein und gaben ihr später den Namen Diospolis (Stadt des Zeus), unter dem es noch auf der Landkarte von Madaba (6. Jh.) erscheint. Nach der Zerstörung Jerusalems im Jahre 70 bestanden einige jüdische Schulen in der Stadt, doch verließen die Rabbiner sie im 2. Jh. wegen ihres

Geschichte

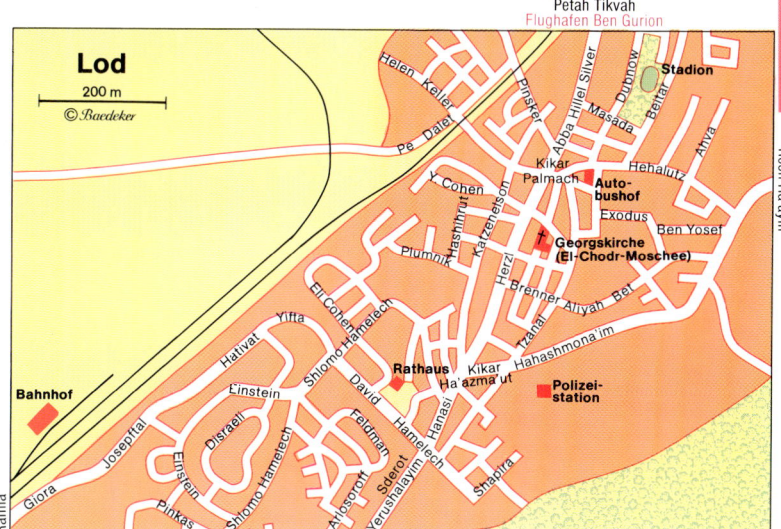

Geschichte
(Fortsetzung)

heidnischen Charakters. In konstantinischer Zeit (4. Jh.) war Lod vorwiegend christlich. Es gewann besondere Bedeutung als die Stadt des hl. Georg. Er wurde der Überlieferung zufolge hier geboren, diente als Tribun im römischen Heer und erlitt 303 unter Diokletian das Martyrium. Seine Gebeine wurden in seine Heimat Lod gebracht, wo man seit dem 5. Jh. sein Grab zeigte. Die Darstellung des Heiligen als Sieger über den Drachen scheint auf den älteren Mythos vom Drachen, den der griechische Heros Perseus besiegte, als er beim nicht weit entfernten Jaffa die Andromeda befreite, zurückzugehen (Th. F. Meysels) – und hinter dem Drachen des Perseusmythos verbirgt sich anscheinend der Philistergott Dagon.

Der hl. Georg, Großmärtyrer der Ostkirche, wurde auch zum islamischen Heiligen: als der lichte el-Chodr, der am Jüngsten Tag vor den Toren von Lod den Dämon Dadjal überwinden wird. Zu Ehren dieses Kriegerheiligen wurde in byzantinischer Zeit eine Basilika errichtet, die unterging, als der Omaijade Abd el-Malik Lod zerstörte. Die Kreuzfahrer bauten sie unter dem englischen König Richard Löwenherz wieder auf, und St. Georg wurde dann zum Schutzheiligen von England.

Im 13. Jh. verwendeten die Mamelucken das Baumaterial der Kirche zum Teil für ihre demselben Georg geweihte El-Chodr-Moschee. Später sank der Ort zur Bedeutungslosigkeit ab. Die Griechisch-Orthodoxen erwarben 1870 die Überreste der alten Kirche und errichteten in ihnen eine neue Kirche.

Die meisten arabischen Einwohner verließen 1948 die Stadt, in die nun jüdische Neueinwanderer kamen. Heute leben hier 4000 arabische und 34 000 jüdische Israelis.

In der britischen Mandatszeit wurde wenige Kilometer nördlich von Lod ein Flughafen angelegt, der bald nach der israelischen Staatsgründung, im November 1948, für die zivile Luftfahrt geöffnet wurde. Im folgenden Jahr entstand die israelische Fluggesellschaft El Al. Lod wurde zum internationalen Flughafen, der 1975 den Namen des ersten israelischen Ministerpräsidenten Ben Gurion erhielt.

Georgskirche / El-Chodr-Moschee

Baugeschichte

Als das Minarett der El-Chodr-Moschee 1927 eingestürzt war, errichtete man das weiße Minarett, das auf das christlich-islamische Doppelheiligtum des hl. Georg aufmerksam macht. Der Komplex nimmt die Stelle der

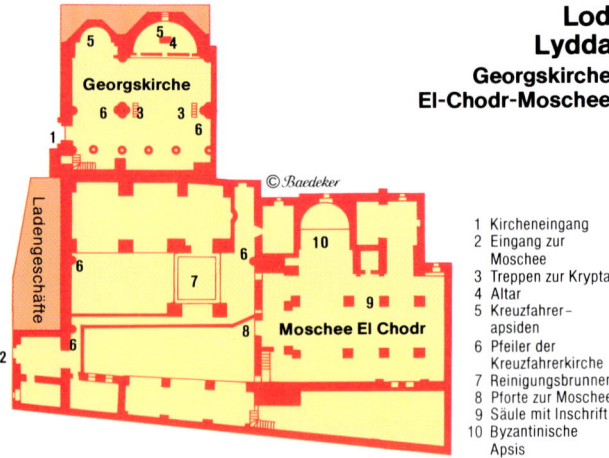

**Lod
Lydda**
**Georgskirche
El-Chodr-Moschee**

© Baedeker

1 Kircheneingang
2 Eingang zur
 Moschee
3 Treppen zur Krypta
4 Altar
5 Kreuzfahrer-
 apsiden
6 Pfeiler der
 Kreuzfahrerkirche
7 Reinigungsbrunnen
8 Pforte zur Moschee
9 Säule mit Inschrift
10 Byzantinische
 Apsis

byzantinischen Georgskirche des 6. Jh.s und der sie ablösenden Kreuzfahrerkirche des 12. Jh.s ein. Säulen und Vorgängerbauten haben sich in
der heutigen Anlage erhalten.
Die Eingänge zur Kirche wie zur Moschee befinden sich an der Westseite,
zwischen ihnen liegen Geschäfte.

Lod (Fortsetzung)

Links dieser Geschäfte betritt man die 1870 erneuerte, griechisch-orthodoxe Georgskirche, über deren Eingang ein Relief den Heiligen als Dra-
chentöter zeigt. Die Kirche besteht aus den nördlichen Teilen von Mittel-
und linkem Seitenschiff der Kreuzfahrerzeit. Aus dieser Ära stammen die
beiden zugehörigen Apsiden, die entgegen der Regel nicht nach Osten,
sondern nach Norden gerichtet sind, sowie zwei Säulen. Der großzügige
Raumeindruck wird durch die Ausmalung beeinträchtigt. Zwischen den
beiden Säulen, vor der Ikonostasis (Bilderwand), befinden sich zwei Treppen zur Krypta. In ihr steht der Sarkophag des Heiligen, auf dem laut
Inschrift 1871 unter dem Patriarchen Kyrillos erneuerten Deckel ist der heilige Georg abgebildet.

Georgskirche

Den Südteil des Komplexes nimmt die El-Chodr-Moschee ein. Man passiert den zum islamischen Kult gehörenden Reinigungsbrunnen (links) und
kommt in den Gebetsraum. In dessen Nordteil ist eine Apsis der byzantinischen Kirche eingebaut, aus der auch eine Säule mit griechischer Widmungsinschrift stammt.

El-Chodr-Moschee

Umgebung von Lod

Ca. 3 km südlich liegt die Stadt → Ramla mit islamischen und christlichen
Denkmälern.

Ramla

An der von Lod nordwärts führenden Straße befindet sich eine steinerne
Spitzbogenbrücke; zwischen zwei Löwen, wie man sie ganz ähnlich am
Löwen- bzw. Stephanstor in → Jerusalem sieht, ist eine arabische
Inschrift angebracht, derzufolge der Mameluckensultan Baibars die
Brücke 1273 errichten ließ.

Spitzbogenbrücke

Fährt man auf dieser Straße weiter nach Norden, so passiert man den
Flughafen Ben Gurion und kommt 9 km nördlich von Lod zu einer Seiten-
straße. Man folgt dieser nach Osten, biegt nach 5 km links in Richtung
→ Rosh Ha'ayin ab und erreicht nach weiteren 4 km das Grab von Mazor,
das nach dem einige Kilometer westlich gelegenen Dorf Mazor benannt ist.
Inmitten einer älteren Nekropole wurde dieser römische (oder nabatäische)
Grabtempel im 2./3. Jh. aus Quadern errichtet. An der Eingangsseite tra-
gen zwei korinthische Säulen zwischen kräftigen Mauerpfeilern das
Gebälk. Eine Treppe führt auf das Dach.

Grab von Mazor

Maktesh Hagadol

G 6

Süddistrikt

Maktesh Hagadol (Großer Mörser) ist die mittlere der drei Erosionsmulden
im Negev, kleiner als der → Maktesh Ramon, und liegt wie der Kleine Mörser (Maktesh Haqatan) nördlich der Wüste Zin.

Lage und
Allgemeines

Man fährt von der Entwicklungsstadt Yeroham (32 km südöstlich von
Beersheba), die 1951 gegründet wurde, nach Südosten und befindet sich
nach 7 km an der nordwestlichen Langseite des Mörsers.
Hat man ihn durchquert und durch eine Schlucht im Südosten wieder ver-
lassen, so liegen rechts etwa 5 km südwestlich abseits die Phosphatwerke
Oron, in denen viele Einwohner von Yeroham arbeiten. Links führt eine

Fahrt durch den
Mörser

Maktesh Hagadol, Fahrt durch den Mörser (Forts.)	Straße nach Norden und mündet nach 12 km beim Berg Rotem, unweit der Ruinen von → Mamshit, in die Straße von Beersheba über Dimona zum Toten Meer.
Maktesh Haqatan	Eine weitere Ausflugsmöglichkeit bietet sich für geländegängige Fahrzeuge von der Straße Oron – Rotem: 3 km hinter dem Ausgang des Mörsers Hagadol biegt rechts eine schmale Straße ab, die in südöstlicher Richtung zum Kibbuz Hazeva in der Arava-Senke führt (32 km). Nach 10 km ist man in der Nähe des Kleinen Mörsers (Maktesh Haqatan, links), den man in einer halben Stunde zu Fuß erreicht. An seiner Südostseite öffnet sich eine Schlucht zur Wüste Zin. Etwa 4 km weiter kommt man zur Skorpionsstiege (Ma'ale Aqrabim). Sie wird bei Moses als Südgrenze des jüdischen Siedlungsgebietes genannt: Diese soll "ausgehen vom Ende des Salzmeeres und südlich vom Skorpionssteig sich hinaufziehen und hinübergehen nach Zin und weitergehen südlich von Kadesh-Barnea" (4. Buch Mose 34,4). Auf einer von den Briten ausgebauten 'Stiege' geht es 450 m sehr steil hinunter in die Wüste Zin und dann hinüber nach Hazeva, das 137 m unter dem Meeresspiegel liegt. Hier hat man Anschluß an die Straße Elat – Totes Meer.

Maktesh Ramon   G 6/7

Süddistrikt

Lage und Allgemeines	Drei elliptische Erdeinsenkungen gehören zu den charakteristischen Landschaftsformen des Negev. Ihre größte, Maktesh Ramon ('Krater' oder 'Mörser' von Ramon), mißt 30 x 8 km und liegt zwischen der Wüste Zin und dem Wadi Paran, 86 km südlich von Beersheba. Maktesh Ramon ist kein Vulkankrater, der Kessel bildete sich vielmehr vor 70 Mio. Jahren durch

Blick in den Maktesh Ramon von der Aussichtsterrasse bei Mizpe Ramon

Erdeinbrüche über Hohlräumen. Man fand hier Riesenfossilien, Überreste von Sauriern aus der Zeit vor 150 Mio. Jahren.

Maktesh Ramon
(Fortsetzung)

Kommt man von Beersheba, so hält man in der 1953 gegründeten Kleinstadt Mizpe Ramon. An ihrem südlichen Ortsrand wurde eine Aussichtsterrasse (mit Restaurant) angelegt; von hier bietet sich ein eindrucksvoller Blick in den Kessel, dessen Grund 500 m tiefer liegt.
Am Westrand steigt der Har Ramon auf 1035 m ü.d.M. an, im Süden der Har Ored auf 935 m ü.d.M. Im Ostteil findet man Reste von Festungen, darunter Mezad Mishhor, die die Nabatäer im 1. Jh. v. Chr. und im 1. Jh. n. Chr. zur Sicherung der Karawanenstraße von ihrer Hauptstadt Petra nach Avdat und über Shubeita (Shivta) nach Nizzana angelegt haben.

*Aussichts-terrasse

Mamshit (Mampsis)

G 6

Süddistrikt
Höhe: 470 m ü.d.M.

Die sehenswerten Ruinen von Mampsis (hebr. Mamshit, arab. Kurnub), der nördlichsten Stadt der Nabatäer im Negev, liegen 42 km südöstlich von Beersheba und 6 km südöstlich von Dimona weithin sichtbar auf einem Hügel.
Abraham Negev hat bei seinen Ausgrabungen zwischen 1965 und 1973 eine Siedlung freigelegt, deren nabatäische Anlage in byzantinischer Zeit nur wenig verändert wurde, so daß der ursprüngliche Charakter noch deutlicher als in → Avdat, Nizzana oder → Shivta zu erkennen ist.

Lage und
Allgemeines

Die Grundung der Stadt steht im Zusammenhang mit der Kolonisationstätigkeit, welche die Nabatäer von ihrer Hauptstadt Petra aus im Negev

Geschichte

Mamshit: Treppe zur Ostkirche ...   *... Ostkirche*

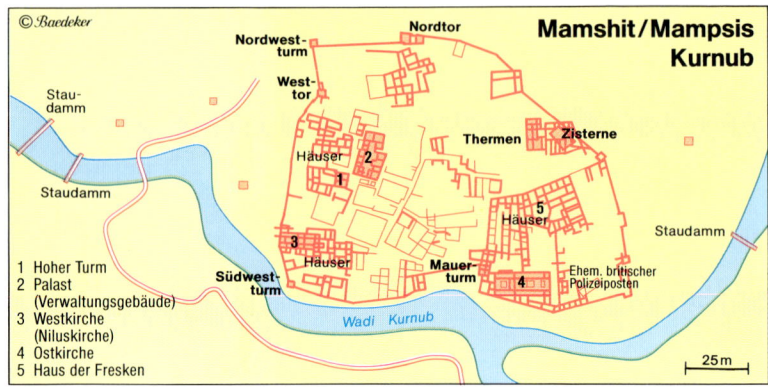

© Baedeker

**Mamshit/Mampsis
Kurnub**

Nordtor
Nordwest-turm
West-tor
Stau-damm
Staudamm
Thermen   Zisterne
Häuser 2
1
5
Häuser
3 Häuser
Südwest-turm   Mauer-turm 4   Ehem. britischer Polizeiposten
Staudamm
Wadi Kurnub
25 m

1 Hoher Turm
2 Palast
  (Verwaltungsgebäude)
3 Westkirche
  (Niluskirche)
4 Ostkirche
5 Haus der Fresken

Geschichte (Fortsetzung)

durchführten. Seine Blüte hat Mampsis im 1. Jh. n. Chr. erlebt, als Handelsstadt mit Karawanserei, Stallungen, Wohn- und Verwaltungsgebäuden. Nach dem Untergang von Nabatene im Jahre 106 erbauten die Römer hier Truppenunterkünfte. In der byzantinischen Zeit, in der Mampsis auf der Landkarte von Madaba verzeichnet wurde, wandte man die nabatäischen Bewässerungsmethoden weiterhin an, ähnlich wie in Avdat; ferner wurden zwei Kirchen errichtet. Der Einbruch der islamischen Araber führte auch hier zum Niedergang.

✳Ausgrabungsstätte

Verwaltungs-gebäude

Man betritt das Stadtgebiet durch das Nordtor der Stadtmauer und geht zwischen Häuserblocks durch antike Straßen zu zwei benachbarten großangelegten Verwaltungsgebäuden. Hier wie bei manchen Wohnhäusern sieht man noch die Ansätze von Steinbögen, welche die Decken der Räume trugen. Ornamentik ist sparsam verwendet. Eines der Gebäude, in dem die Steinbögen erhalten sind, ist besteigbar, so daß man von der Höhe einen schönen Überblick über die Stadtanlage erhält.

Westkirche (Niluskirche)

Geradeaus weitergehend, erreicht man die an die Stadtmauer angelehnte Westkirche, eine dreischiffige Säulenbasilika, erbaut vom hl. Nilus vom Sinai (um 400), an den eine Inschrift im Mosaikboden des Mittelschiffes erinnert: "Herr, hilf deinem Diener Nilus, dem Erbauer dieser Kirche. Amen." Erhalten sind außer diesem Mosaik und den Säulen auch die Ostapsiden und Teile der marmornen Chorschranke, die den Altar- vom Gemeinderaum trennt.

Ostkirche

Weiter östlich, unmittelbar vor den Resten einer Polizeistation aus der britischen Mandatszeit, steht die den heiligen Märtyrern geweihte Ostkirche. Von einem Platz, der von nabatäischer bis in byzantinische Zeit als Marktplatz diente, führt eine breite Treppe zu ihr hinauf. Auch hier handelt es sich um eine dreischiffige Säulenbasilika. Ihr Atrium schließt eine geräumige Zisterne ein. Im Mittelschiff der Kirche ist der Mosaikboden noch vorhanden, in der rechten Seitenapsis erkennt man ein Märtyrergrab.

Weitere Gebäude

Beim weiteren Rundgang machen Hinweistafeln auf interessante Bauten aufmerksam, so auf Stallungen, eine Halle mit nabatäischen Hörnerkapitellen und ein Gebäude mit recht gut erhaltener Wandbemalung.

Staudämme

Ehe man Mampsis verläßt, sollte man sich noch nach Westen wenden, wo man tief unten im Wadi Staudämme sieht. Seit kurzem wiederhergestellt,

Mamshit: Wasserleitung ... ... *Torbogen*

zeigen sie eine Anlage, mit deren Hilfe Nabatäer und Byzantiner das Wasser der kurzen Regenzeit stauten, um es für die trockenen Sommermonate zu speichern.

Mamshit, Staudämme (Fortsetzung)

Geht man durch den Eingang des Grabungsgebietes zum Parkplatz zurück, so findet man rechts ein Hinweisschild. Es führt zu einem nordöstlich des Stadtgebietes gelegenen Friedhof, in dem zahlreiche Grabkammern freigelegt worden sind.

Friedhof

Maresha

G 5

Süddistrikt
Höhe: 275 m ü.d.M.

Die antike Stadt Maresha liegt in Judäa, an der Straße Ashqelon – Qiryat Gat – Bet Shemesh – Jerusalem, 16 km östlich von Qiryat Gat und 2 km südlich von → Bet Guvrin. Die Araber nannten den Siedlungshügel nach einer St.-Anna-Kirche 'Tell Sandahanna'.

Lage und Allgemeines

Die Besonderheit von Maresha sind die vielen, rings um den Tell gelegenen Höhlen, deren Zahl mit etwa 60 angegeben wird. Für einen Besuch dieses Labyrinthes sollte man einen ortskundigen Führer mitnehmen (man wende sich an den örtlichen Kibbuz).

Nationalpark Bet Guvrin

Maresha wird im Buch Josua (Josua 15,44) dem Gebiet des Stammes Juda zugerechnet. Der Grundriß der Stadt ist ein unregelmäßiges Viereck von rund 160 x 150 m; mit einer Fläche von 24 000 m² beanspruchte sie nur ein Drittel des benachbarten → Lachish. Salomos Sohn Rehabeam, König von Juda, befestigte Maresha um 920 v. Chr. zusammen mit Lachish und 14 anderen Orten – "das waren die festen Städte in Juda und Benja-

Geschichte

Maresha,
Geschichte
(Fortsetzung)

min" (2. Buch der Chronik 11,8–10). Im Jahre 587 v. Chr. von Babyloniern zerstört, wurde die Stadt nach dem babylonischen Exil nicht wieder von Juden besiedelt. Wie auch andernorts im südlichen Judäa und im Negev ließen sich hier Edomiter nieder; sie erhoben Maresha zu ihrer Hauptstadt. Im 4. Jh. v. Chr. gründeten die Phönizier hier eine Kolonie, gegen ihre Gewohnheit nicht an der See, sondern im Binnenland. Im 3. Jh. wurde die Stadt unter dem Namen Marissa hellenisiert und war Hauptort der Provinz Idumäa. Gegen 160 v. Chr. nahm Judas Makkabäus auf dem Zug von Hebron nach Asdod ein (1. Buch der Makkabäer 5,66); unter dem Hasmonäer Johannes Hyrkanos I. wurde sie, wie ganz Idumäa, um 115 v. Chr. zwangsweise judaisiert. Die endgültige Zerstörung fällt in das Jahr 40 vor Christi Geburt.

Der Ort wurde 1838 durch den Amerikaner E. Robinson als das biblische Maresha identifiziert, der Palestine Exploration Fund führte im Jahr 1900 Ausgrabungen durch.

Sehenswertes

Grabhöhlen

Am Westhang des Tells findet sich eine Grabhöhle aus dem 2. Jh. v. Chr., 32 m lang und 2,3 m breit. Die Wände enthalten nicht weniger als 1906 Urnennischen, weshalb die Anlage nach Analogie römischer Grabbauten 'Columbarium' (Taubenhaus) genannt wird.

Im Tal östlich des Tells wurden zwei Grabkammern (2. Jh.) entdeckt, von denen eine ausgemalt und an der Stirnseite mit Urnen und Adlern geschmückt ist. Das Innere hat ähnlich wie Gräber in Palmyra den Grundriß eines umgekehrten T und enthält 44 Grabnischen mit griechischen Inschriften. Die Inschrift eines Mädchens an seinen Freund läßt darauf schließen, daß sich in der Grabhöhle Liebende getroffen haben.

*Höhlenstadt

Noch eindrucksvoller als die Grabhöhlen ist die ebenfalls östlich des Tells gelegene 'Höhlenstadt'. Sie besteht aus 44 Höhlen, die durch unterirdische Gänge miteinander verbunden sind. Die einzelnen Höhlen sind glockenförmige Gebilde, in die durch Öffnungen in der Decke Licht gelangt. Entstehung und Bedeutung sind nicht genau erwiesen. Man vermutet, daß die Phönizier sich im 4. Jh. v. Chr. in Maresha niederließen, weil sie hier Baumaterial für den Hafen Askalon fanden; sie drangen durch Löcher im harten Oberflächenfels in die Tiefe und beuteten die unterirdischen Steinbrüche aus.

In christlicher Zeit wohnten, wie eingeritzte Kreuze erkennen lassen, Einsiedler in diesen Höhlen.

St.-Anna-Kirche

Aus späterer christlicher Zeit stammt die Kirche St. Anna östlich der Straße Maresha – Bet Guvrin, die im 12. Jh. von Kreuzfahrern erbaut wurde (gut erhalten die Mittelapsis).

Mar Saba / Sabaskloster   H 5

Westjordanland
Höhe: 240 m ü.d.M.

Lage und
Allgemeines

Das traditionsreiche griechisch-orthodoxe Kloster des heiligen Sabas (Mar Saba), nur 18 km von ⟶ Bethlehem entfernt, liegt inmitten der sich zum Toten Meer hinabziehenden judäischen Berge, im israelisch besetzten Westjordanland.

Man gelangt über Bethlehem zum Kloster bzw. verläßt Jerusalem in südöstlicher Richtung und fährt über Abu Dis nach Mar Saba. Einen Wachturm des Klosters sieht man schon von weitem inmitten der kahlen judäischen Berge; auf zuletzt abfallendem Weg kann man bis unmittelbar vor die Klosterpforte fahren.

In den fast senkrechten Felswänden der Kidronschlucht westlich des Sabasklosters befinden sich zahllose Höhlen, in denen sich in den ersten christlichen Jahrhunderten Eremiten niederließen. Eine von ihnen wählte sich der junge Sabas, der wie der Gründer des Theodosiusklosters in Kappadokien geboren wurde (439). Er war 457 in ein Jerusalemer Kloster eingetreten und ging 478 in die Einsamkeit des Kidrontales. Hier bildete sich eine Gemeinschaft von Anachoreten, und Sabas gründete 492 auf dem seiner ersten Höhle gegenüberliegenden Hang der Schlucht das nach ihm benannte Kloster. Sabas war in Palästina hoch angesehen, aber auch in der Reichshauptstadt Konstantinopel. Im hohen Alter von 90 Jahren reiste er zu Kaiser Justinian in die Residenz und veranlaßte ihn zum Neubau der Geburtskirche in Bethlehem. Als er 532 im Alter von 93 Jahren gestorben war, wurde sein Grab zu einer Wallfahrtsstätte. Viele Tochtergründungen gingen von seinem Kloster aus.

Perser (614) und Araber (636) zerstörten das Kloster und töteten die Mönche. Doch bestand die Anlage weiter, und 712 zog sich in seine Mauern ein Mann zurück, der nicht minder stark auf die Welt des östlichen Christentums eingewirkt hat wie der Klostergründer Sabas: Johannes von Damaskus. Um 650 als Sohn einer vornehmen arabischen christlichen Familie geboren, stieg er am glanzvollen Hof der Omaijaden in Damaskus zu hohen Ehren auf und war der Repräsentant der christlichen Untertanen des Kalifen. Im Alter von etwa 60 Jahren aber zog er 'die Schmach Christi den Schätzen Arabiens' vor, verließ Damaskus und wurde Mönch in Mar Saba. Als 726 mit einem Erlaß Kaiser Leos III. der leidenschaftliche, erst 843 beendete Bildersturm (Ikonoklasmos) begann, dem zahllose Ikonen zum Opfer fielen, wurde Johannes Damascenus vom Sabaskloster aus zum namhaftesten Verfechter der Verehrung heiliger Bilder, die er in drei berühmten Reden gegen die Ikonoklasten theologisch begründete. Darüber hinaus verfaßte er hier seine Schriften gegen den Islam und gegen Abweichungen von der christlichen Rechtsgläubigkeit (Nestorianer und Monophysiten). Auch sein theologisches Hauptwerk, die 'Quelle der Erkenntnis', ist in diesem Kloster entstanden. Als Johannes Damascenus in hohem Alter, der Überlieferung nach mit 104 Jahren, um 750 starb, galt er als größter Theologe seiner Zeit.

Die beiden bedeutendsten Männer des Klosters, Sabas und Johannes, sollten im Tode nicht ungestört bleiben. Die Kreuzfahrer brachten die Gebeine des hl. Sabas im 12. Jh. nach Venedig; und als die Russen nach Zerstörungen des frühen 19. Jh.s das Kloster 1838 wiederherstellten, nahmen sie die sterblichen Überreste von Johannes Damascenus mit nach Moskau.

Im Zuge seiner Politik der Aussöhnung zwischen Rom und der Ostkirche gab Papst Paul VI. die Reliquien des hl. Sabas 1965 an das Kloster zurück.

Sehenswertes

Zum Klosterbezirk von Mar Saba haben nur Männer Zutritt. Frauen können zu einer Anhöhe rechts gehen, wo sich ein Turm erhebt. In diesem wurden weibliche Besucher untergebracht, wie es Ida Pfeiffer in ihrem Buch "Reise einer Wienerin in das Heilige Land" unter dem 7. 6. 1842 eindringlich beschreibt. Von diesem Turm, der eine Kapelle und einen Schlafraum enthält, hat man eine gute Übersicht über das Kloster mit seinen Kuppeln, Höfen und Gebäuden, die am Berghang übereinandergestaffelt sind.

Männliche Besucher betreten den Klosterbezirk durch ein kleines Portal und steigen auf schmalem Treppenweg hinunter in einen Hof. In dessen Mitte steht der kleine Kuppelbau, in dem von 532 bis in die Kreuzfahrerzeit der Klostergründer Sabas ruhte. Nach seiner Rückkehr 1965 hat man ihn in der Hauptkirche (Katholikon) erneut beigesetzt. Einer der hier lebenden griechischen Mönche, der den Besucher durch die labyrinthische Klosteranlage führt, zeigt diese Kreuzkuppelkirche mit ihrer reichen Ausmalung und ihren Ikonen und deckt auch die relativ wohlerhaltenen Reste des

Heiligen auf. Auch wird man in eine Kapelle geführt, die an die Höhle des
hl. Sabas angebaut worden ist. Ähnlich wie im Georgskloster im → Wadi
Qilt bewahrt man hier die Schädel jener Mönche auf, die 614 von den Persern ermordet wurden. Diese Opfer eines lang zurückliegenden Krieges
und mehr noch Sabas, der 'Stern der Wüste', sein Leben, seine Entführung
nach Venedig und seine Rückkehr sind für die Mönche unmittelbar gegenwärtig. Schließlich wird man von einem Söller hinunterblicken ins Tal des
Kidron, dessen 180 m tiefer gelegenes Bett im Sommer ausgetrocknet ist.
"Die herrlichsten Felsenterrassen" so schrieb Ida Pfeiffer 1842, "von der
Natur so schön und gleichförmig gebildet, daß man beim ersten Anblick
sehr überrascht wird, engen ihn gleich Galerien von beiden Seiten ein."

Umgebung von Mar Saba

Theodosiuskloster Von Bethlehem führt eine schmale, doch gute Asphaltstraße in östlicher
Richtung nach Bet Sahur und von hier weiter nach Nordosten zum Theodosiuskloster, das man mit 12 km erreicht.
Es wurde 476 von dem aus Kappadokien (Kleinasien) stammenden hl.
Theodosius gegründet und bot in seiner Blütezeit 400 Mönchen Raum. Die
gegen Byzanz zu Felde ziehenden Perser zerstörten 614 dieses Kloster
(wie auch Mar Saba und das Georgskloster im → Wadi Qilt, während sie
die Bethlehemer Geburtskirche verschonten). Um 1900 wurde es von griechisch-orthodoxen Mönchen wieder aufgebaut.

Ubeidiya Kurz hinter dem Theodosiuskloster erreicht man die Ortschaft Ubeidiya,
deren Name sich mit 'Ort der Diener' übersetzen läßt. Hier leben die Nachkommen jener Wächter und Diener, die von Byzanz zum Schutz des Theo-
dosius- wie des Sabasklosters in dieser Gegend angesiedelt wurden.

Massada / Masada / Mezada   H 5

Süddistrikt
Höhe: 60 m ü.d.M.; 434 m über dem Niveau des Toten Meeres

Lage und
Allgemeines Der gewaltige Felsklotz von Massada (Masada, Mezada), 434 m über das
Niveau des Toten Meeres aufsteigend, bot den jüdischen Herrschern die
besten Voraussetzungen für die Anlage einer Festung. Doch war Massada
nur während einer Zeitspanne von gut 100 Jahren eine Stätte von historischer Bedeutung: als uneinnehmbare Fluchtburg von König Herodes
dem Großen und als der Ort, an dem sich Zeloten noch drei Jahre nach
dem Fall Jerusalems, bis 73 n. Chr., gegen die Römer halten konnten.
Massada hat zwei Zugänge. Wer von Arad (19 km) kommt, kann bis zum
Fuß der römischen Rampe fahren und von dort zum Westtor steigen
(Höhenunterschied 100 m; Achtung: die Zufahrtsstraße endet in Massada,
man muß also auf demselben Weg zurückfahren). Der weitaus eindrucks-
vollere Zugang jedoch ist der von der Seite des Toten Meeres. Beim 3 km
vom Ufer entfernten Kibbuz (Restaurant, Erfrischungsmöglichkeiten,
Parkplatz) beginnt der Aufstieg über den 1954 wiederhergestellten alten
Schlangenpfad (3 km), oder man überwindet den Höhenunterschied von
400 m mit Hilfe der Seilbahn (Bergstation unterhalb des Osttores).

Geschichte Der jüdische Historiker Flavius Josephus schreibt die ersten Anlagen auf
diesem Berg dem Hohenpriester Jonathan zu, doch ist darunter mit
Sicherheit nicht der Bruder des Judas Makkabäus zu verstehen, sondern
dessen Großneffe Alexander Jannaios (103–76 v. Chr.), der gleichfalls den
Namen Jonathan führte. Herodes baute die anfänglich kleine Festung zu
einer Anlage aus, die königlichen Glanz und fortifikatorische Stärke verband, so daß Massada zur Burg schlechthin (metsuda) wurde. Schon in
den Wirren des Jahres 40 v. Chr., als die Parther den Hasmonäer Anti-

Eindrucksvoll erhebt sich der Berg von Massada über dem Toten Meer

Geschichte
(Fortsetzung)

gonos auf den Schild erhoben, brachte Herodes seine Familie und seine Verlobte Mariamne hier in Sicherheit. Das wiederholte sich, als Octavian 31 v. Chr. bei Aktion über Antonius und Kleopatra, die bisherigen Herren des Ostens, gesiegt hatte und Herodes nach Rhodos fuhr, um dem neuen Herrn Roms Treue zu geloben; Mariamne und ihre Mutter Alexandra allerdings ließ er damals getrennt von der eigenen Familie auf die Festung Alexandreia in Samaria bringen.

Zwischen 37 und 31 hatte Herodes Massada zu einer gewaltigen Festung ausgebaut. Eine 1300 m lange Kasemattenmauer, verstärkt durch 38 je 10 m hohe Türme, umschloß das 200 x 600 m große Gipfelplateau mit seinen Palästen, Verwaltungsgebäuden, Magazinen, Truppenunterkünften und Zisternen. Zwölf solcher Zisternen mit einem Fassungsvermögen von je 4000 m³ hatte Herodes anlegen lassen; ihre Vorräte sollten zusammen mit den gestapelten Nahrungsmitteln die Versorgung der Burg auch bei langer Belagerung sichern.

Das geschah einige Jahrzehnte später, beim jüdischen Aufstand gegen Rom. Im Jahre 66, noch vor Beginn des Aufstandes, setzte sich, angeführt von Menachem ben Juda, auf Massada eine Gruppe von Zeloten fest, Angehörige der radikalen Partei, die Jerusalem im Zuge harter innerjüdischer Konflikte verlassen hatte. Diese Auseinandersetzungen führten dazu, daß Menachem bald darauf in Jerusalem ermordet wurde. Als dann der Aufstand ausbrach, übernahm sein Neffe Eleazar ben Yair in Massada das Kommando. Die Römer eroberten die Burg ⟶ Herodeion, und die Truppen der Festung Machaerus im Ostjordanland kapitulierten gegen freien Abzug; ihre Garnison verstärkte die Gruppe auf Massada, wo schließlich 967 Männer, Frauen und Kinder lebten. Sie gaben auch nach dem Fall Jerusalems im Jahre 70 nicht auf, so daß die Römer sich 72 entschlossen, diesen letzten Widerstand durch Belagerung zu brechen. Ihr Befehlshaber Flavius Silvus schloß Massada mit einem 4500 m langen Wall ein und legte dahinter acht Lager an, darunter auf rhombischem Grundriß sein Hauptlager an der Westseite. Von dieser Seite wurde eine Rampe angeschüttet,

Massada

um Sturmböcke und andere Belagerungsmaschinen an die Mauer bringen zu können. Nach acht Monaten durchbrachen die Römer die Westmauer und setzten die von den Verteidigern dahinter angelegte Holzverschanzung in Brand. In dieser aussichtslosen Lage forderte Eleazar seine Kampfgefährten in einer von Flavius Josephus (Geschichte des Jüdischen Krieges VII 8,6–8) überlieferten Rede auf, lieber zu sterben, als in Gefangenschaft zu gehen. Sie verbrannten ihre Habe außer den (noch seit Herodes' Zeiten vorhandenen) Lebensmittelvorräten, um den Römern zu zeigen, daß nicht der Hunger dieses Ende erzwungen habe. Dann bestimmten sie, wiewohl das jüdische Gesetz Selbstmord verbietet, durch das Los zehn Männer, welche die übrigen und zuletzt sich selbst töteten. Als die Römer am nächsten Morgen zum Angriff antraten, stießen sie auf 960 Tote. Zwei Frauen, die sich mit fünf Kindern in eine Wasserleitung verkrochen hatten, berichteten ihnen, was geschehen war. "Als sie aber die Menge der Gemordeten entdeckten, freuten sie sich nicht über den Untergang des Feindes, sondern bewunderten den edlen Entschluß und die unerschütterliche Todesverachtung so vieler bei der Tat beteiligter Menschen" (VII 9,2).

Dieser im Letzten irrationale Heroismus hat Massada für das moderne Israel zu einem Mythos jüdischen Behauptungswillens auch in hoffnungsloser Lage werden lassen. Wenn die israelischen Rekruten an dieser Stätte vereidigt werden, heißt es in der Eidesformel: "Nie wieder darf Massada fallen". Nachdem Robinson den Ort 1838 identifiziert hatte, haben Amerikaner, Engländer und Deutsche ihn erforscht, vor allem aber Yigael Yadin (→ Berühmte Persönlichkeiten) und Shemaria Gutmann.

✳✳Ausgrabungsstätte

Wendet man sich vom Osttor (Schlangenpfadtor) an einem Wachtturm vorbei nach rechts, so kommt man zu mehreren Gebäuden, dann zu den

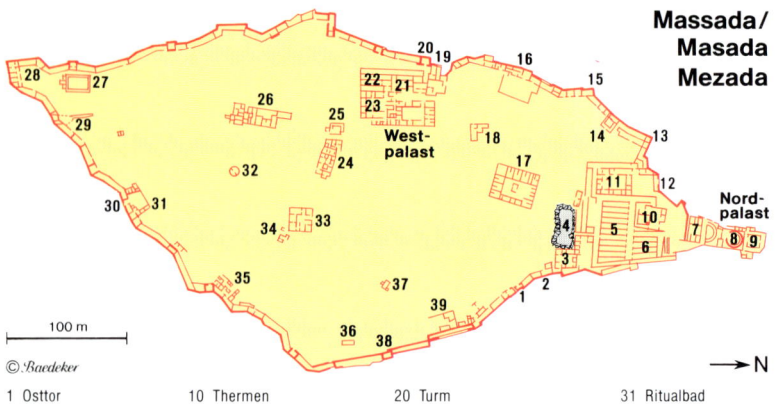

**Massada/
Masada
Mezada**

1 Osttor
(Schlangenpfadtor)
2 Kasemattenmauer
3 Gebäude
4 Steinbruch
5 Magazin
6 Magazin
7 Obere Terrasse
des Nordpalastes
8 Mittelterrasse
des Nordpalastes
9 Untere Terrasse
des Nordpalastes

10 Thermen
11 Verwaltungsgebäude
12 Nordtor (Wassertor)
13 Turm
14 Synagoge
15 Kasemattenmauer
16 Turm
17 Byzantinischer Bau
18 Kirche aus der Zeit,
als byzantinische
Mönche hier lebten
(5. Jh.)
19 Westtor

20 Turm
21 Verwaltungstrakt
des Westpalastes
22 Vorratslager
23 Königliche Wohnräume
des Westpalastes
24 Kleiner Palast
25 Ritualbad
26 Kleiner Palast
27 Zisterne
28 Südbastion
29 Unterirdische Zisterne
30 Südtor (Zisternentor)

31 Ritualbad
32 Kolumbarium
33 Kleiner Palast
34 Wohngebäude aus
byzantinischer Zeit
35 Wohngebäude der
Zeloten
36 Zisterne
37 Wohnbau aus
byzantinischer Zeit
38 Turm
39 Wohnbauten der
Zeloten

© Baedeker

100 m

→ N

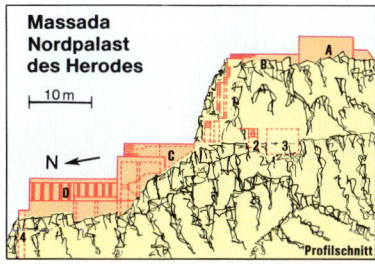

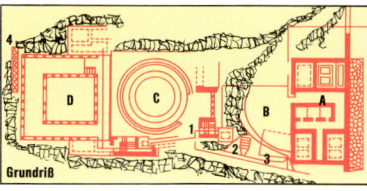

© Baedeker

A Wohnräume
B Halbrunde Terrasse
C Mittelterrasse
D Untere Terrasse, Peristyl

1 Wendeltreppen
2 Badebecken
3 Palastzisterne
4 Stützmauer

großen Magazinen und erkennt die bei einem Erdbeben umgestürzten (teilweise wiederaufgerichteten) Wände zwischen den schmalen Vorratsräumen. Man fand in ihnen zahlreiche Amphoren und Krüge.

Magazine (Fortsetzung)

Der monumentalste Bau befindet sich an der Spitze des Felsens, der Nordpalast des Herodes, eine außerordentlich kühne Drei-Stufen-Anlage. Der obere Teil mit seinen Wohnräumen endet in einem Halbrund, von dem man auf die beiden unteren Terrassen hinunterblickt. Sie sind durch moderne Treppen an der Westseite zugänglich. Beim Abstieg sieht man Wasserbehälter im Felsen. Die 20 m tiefer gelegene Mittelterrasse, von Yadin als ein Lusthaus des Königs gedeutet, besteht aus zwei konzentrischen Mauerringen. Noch einmal 14 m tiefer liegt die quadratische untere Terrasse, ein Peristyl (von Säulen umgebener Innenhof), dessen kannelierte korinthische Säulen über einem farbig verputzten Mauersockel stehen.

Nordpalast

Südlich dieses Palastes befindet sich ein nach römischem Muster angelegtes Badehaus: Von einem auf drei Seiten von Säulen umgebenen Hof gelangt man in einen Umkleideraum, dessen Boden mit schwarzen und weißen dreieckigen Fliesen ausgelegt war. An ihn grenzten das Tepidarium (Lauwarmwasserraum) mit ebenfalls gekacheltem Fußboden, das nur aus einem Becken bestehende Frigidarium (Kaltwasserraum) sowie das Caldarium (Heißwasserraum). Letzteres präsentiert sich wegen der erhaltenen Hypokausten noch heute recht eindrucksvoll. Der mit einem Fliesenmosaik ausgelegte Fußboden ruhte ehemals auf über 200 kleinen Säulen. Vom Dach der Thermenanlage hat man einen vorzüglichen Blick über die gesamte Festungsanlage.

Thermen

Südwestlich schließt an die Thermen ein Gebäude, in dem man Arbeitsräume des Herodes vermutet; während ihres Aufenthaltes 66–73 bauten die Zeloten ein rituelles Bad (Mikwe) ein.

Verwaltungsgebäude

An der Festungsmauer westlich des Verwaltungsgebäudes stieß man auf die Reste der ältesten Synagoge der Welt und der einzigen aus der Zeit des

Synagoge

Massada: Byzantinische Kirche ...   *... Mosaik in der Kirche*

Synagoge (Fortsetzung)	Tempels. Ihr Dach wurde von Säulen getragen, und zur Zeit des Herodes unterteilte eine Mauer das Gebäude. Die Zeloten bauten die Synagoge um und errichteten u.a. Steinbänke. In der Synagoge fand man Schriftrollen, die heute im Jerusalemer Israel-Museum aufbewahrt werden.
Byzantinische Kirche	Südöstlich der Synagoge liegen ein weiterer großer Gebäudekomplex und eine Kirche aus der Zeit, als byzantinische Mönche sich im 5. Jh. hier niedergelassen hatten. Über einen Vorraum betritt man die eigentliche Kirche. Die Apsis im Osten weist eine Vertiefung auf, die wohl zur Ablage von Reliquien gedient hat. Der nördlich an das Kirchenschiff grenzende Raum besaß einen teilweise noch erhaltenen Mosaikfußboden mit Darstellungen von Pflanzen und Früchten.
Westpalast	Wieder zur Mauer gehend, sieht man südlich eines der Türme das Westtor (gegenüber der römischen Rampe) und den ausgedehnten Westpalast. Die Zeloten haben seine Räume, wie deutlich erkennbar, für ihre Wohnzwecke umgebaut und etwas südöstlich eine weitere Mikwe angelegt. Während der Nordpalast als Privatresidenz des Herodes fungierte, war der ca. 4000 m² große Westpalast die offizielle Amtsresidenz. Der Nord- und Westflügel des Palastes beherbergte Wirtschafts- und Verwaltungsräume sowie Wohnräume für die Bediensteten, im Südflügel befanden sich die Wohn- und Repräsentationsräume des Königs. In einem ehemals als Empfangszimmer genutzten Raum stieß man auf einen noch recht gut erhaltenen Mosaikboden, es ist der älteste, der jemals in Israel entdeckt wurde. Er zeigt neben geometrischen Mustern auch verschiedene pflanzliche Motive (u.a. Wein- und Feigenblätter, Olivenzweige). An den Stellen, an denen der Boden zerstört ist, sind verschiedentlich noch die Hilfslinien erkennbar, die zum Legen des Mosaikbodens benötigt wurden.
Kolumbarium	Das südöstlich des Westpalastes gelegene Kolumbarium ist ein aus der Zeit des Herodes stammender Rundbau mit zahlreichen Nischen. In ihnen

wurden vermutlich die Aschenreste nichtjüdischer Angehöriger der Garnison des Herodes beigesetzt.

Wer von hier bis zur Südspitze des weitläufigen Areals geht, sieht dort zwei große offene Zisternen und die Südbastion. Beim Rückweg entlang der Ostmauer passiert man ein drittes Ritualbad (beim Südtor), eine weitere Zisterne sowie Wohnbauten aus byzantinischer Zeit (links) und der Zeloten (an der Mauer), ehe man zum Osttor zurückkommt.
Ständig bieten sich bei diesem Weg großartige Ausblicke auf die Landschaft des Toten Meeres und der gegenüberliegenden Berge mit ihrem wechselnden Farbenspiel.

Im Amphitheater von Massada (nur zu erreichen über Arad) wird zweimal wöchentlich (Di. und Do. von April bis Okt.) in einer aufwendigen Show mit Lichteffekten, Musikuntermalung u.a. die Geschichte Massadas lebendig.

Megiddo

Norddistrikt
Höhe: 160 m ü.d.M.

Megiddo, 12 km westlich von Afula und 32 km südöstlich von Haifa gelegen, war im Altertum eine wichtige Festung und spielte militärisch aufgrund seiner strategischen Lage noch bis ins 20. Jh. hinein eine Rolle. Um das Karmelkap zu umgehen, verläßt die alte Straße von Ägypten nach Syrien etwa bei Caesarea die Küste und wendet sich nach Nordosten, wo sie durch das Iron-Tal die Jezreel-Ebene erreicht. Am Ausgang dieses Tales gelegen, wo sich die Straße in einen westlichen Zweig nach Tyros und Sidon und einen östlichen Zweig nach Damaskus und Mesopotamien gabelt, kontrollierte Megiddo diesen wichtigen Verbindungsweg.
Dank der überaus gründlichen Ausgrabungen und der Ausgestaltung durch die National Parks Authority ist der Tell von Megiddo ein historisch sehr instruktives Gelände.

Die Ausgrabungen auf dem Tell von Megiddo begannen 1903–1905 mit Arbeiten des Deutschen Palästinavereins, bei denen Schumacher den nach ihm benannten tiefen und breiten Graben an der Ostseite anlegte. Zwischen 1925 und 1939 folgte die systematische Erforschung durch das Chicago Oriental Institute; und 1960 begann Yigael Yadin mit seinen Untersuchungen, bei denen die chronologische Zuordnung gesichert wurde. Danach ergibt sich folgendes Bild: Nach jungsteinzeitlichen Anfängen bestand im 4. Jt. v. Chr. eine kanaanäische Siedlung, die bis zur Landnahme der Israeliten existierte. Aus dieser Epoche ist ein chalkolithisches Heiligtum und neben ihm ein weiteres mit großem Rundaltar vorhanden. Seit der Schlacht von 1479, als Thutmosis III. den Paß bei seinem Vorstoß zum Euphrat bezwang, stand die Stadt unter ägyptischem Einfluß. In den Amarna-Archiven (14. Jh. v. Chr.) fanden sich Briefe des ägyptischen Statthalters Biridja mit der Bitte um militärische Verstärkung gegen die Chabiru (Hebräer?). Im 13. Jh. v. Chr. besiegte Josua nach seinem Triumph über den König von Hazor auch den König von Megiddo (Josua 12,21), doch blieben die Israeliten nur kurze Zeit im Besitz seiner Hauptstadt, denn im 12. Jh. nahmen die Philister, von der Küste ins Landesinnere vordringend, Megiddo und die ganze Jezreel-Ebene bis nach Bet Shean ein.
Eine neue Entwicklung setzte ein, als David um 1000 v. Chr. die Philister besiegte. Salomo baute Megiddo im 10. Jh. zum Hauptort des 5. Verwaltungsbezirkes aus, der unter dem Statthalter Baana, Sohn Ahiluds, bis nach Bet Shean reichte (1. Buch der Könige 4,12). Aus dieser Zeit hat Yadin östlich des Haupttores einen Nordpalast für zeremonielle Anlässe, wahrscheinlich die königliche Residenz, und anschließend eine der für Salomo charakteristischen Kasemattenmauern, wie sie auch in → Hazor und

Megiddo

Gezer (⟶ Ramla, Umgebung) festgestellt wurden, sowie ein starkes Tor freigelegt. Im Südteil befanden sich der Palast des Statthalters Baana und ein weiterer Verwaltungsbau. "Wir haben nicht mehr nur ein einzelnes Fort, sondern eine Metropole mit imposanten, für zeremonielle Zwecke vorgesehenen Bauten vor uns" (Yadin). Salomos Stadt wurde 923 v. Chr. durch Pharao Scheschonk, den Sisak der Bibel, zerstört, so daß König Ahab im 9. Jh. v. Chr. Wiederaufbauarbeiten zu leisten hatte. Dabei wurden der Nord- und der Südpalast Salomos mit den Stallungen überbaut, die Ahab für 450 Pferde errichten ließ (und die lange Zeit fälschlich als 'Salomos Ställe' bezeichnet worden sind). Ahab, für den Megiddo wegen seiner Lage an der Straße zur phönizischen Heimat seiner Gemahlin besonders wichtig sein mußte, hat außerdem die salomonische Toranlage erneuert, eine starke neue Festungsmauer aufgeführt und den großen Wassertunnel angelegt. Dadurch erreichte Megiddo eine Blütezeit; diese endete jedoch 733 v. Chr. mit der Eroberung durch die Assyrer unter Tiglatpilesar III. Im Kampf gegen einen anderen Gegner, den Pharao Necho, fiel 609 v. Chr der König Josia von Juda bei Megiddo. In der persischen Zeit (nach 538 v. Chr.) wurde Megiddo verlassen, doch gab es in römischer Zeit 2 km südlich des Tells ein Lager der 6. Legion, von dem sich der Name des arabischen Dorfes Lajun (heute Kibbuz Megiddo) ableitete.

In neuerer Zeit siegten Napoleon 1799 und General Allenby 1917 bei Megiddo über türkische Heere; 1948 schlugen Israelis hier arabische Verbände, die Haifa bedrohten.

*Ausgrabungsstätte

Museum

Vom Parkplatz geht man zunächst in ein Gebäude, in dem außer einem Erfrischungsstand auch das Museum untergebracht ist, das mit Schautafeln

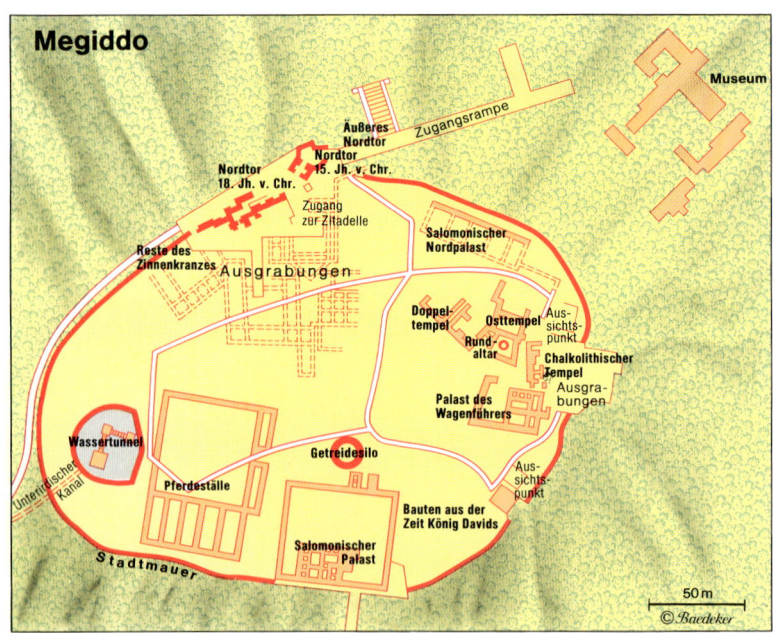

Megiddo: Kanaanäisches Heiligtum

und einem großen Modell des rekonstruierten Megiddo auf den Besuch des Tells vorbereitet.

Museum (Fortsetzung)

Nun wandert man auf einem Fußpfad zum Eingang in den Nordteil des Tells, wo man zunächst eine Toranlage des 15. Jh.s v. Chr. (rechts) sieht und bei einer Wegbiegung am Tor Salomos steht. Die drei Kammern an beiden Seiten des Torganges können gut beobachtet werden.

Toranlagen

Im südlich anschließenden Gelände sieht man ausgedehnte Gebäudereste, in denen einige Elfenbeinschnitzereien des 13. Jh.s v. Chr. gefunden worden sind.
Der Besichtigungsweg wendet sich nach links (Osten) und führt an Ruinen von Gebäuden für Stallungen oder Wagen vorbei, die Ahab über dem salomonischen Nordpalast errichtet hat (links), zu einem Aussichtspunkt. Von diesem blickt man nach Norden über die fruchtbare Jezreel-Ebene bis hin zu den galiläischen Bergen um Nazareth.

Aussichtspunkt

An der anderen Seite der Plattform sieht man hinunter in den 'Schumacher-Graben', wo ein kanaanäisches Heiligstem ausgegraben ist. Besonders auffallend ein großer Rundaltar (Hoher Platz), der auf ältere Zeit zurückgeht, jedoch bei der Anlage vom unmittelbar angrenzenden Osttempel (Schicht XV) um 1900 v. Chr. erneuert wurde. Er ist ca. 1,25 m hoch und hat einen Durchmesser von 7 m, an der Ostseite führt eine Treppe zum 'Hohen Platz' hinauf.

Rundaltar

Der Osttempel besteht, wie es bei semitischen Tempeln die Regel ist, aus einer Vorhalle, Hauptraum und Allerheiligstem. Die Rückwand des Allerheiligsten grenzt an den Bereich des Rundaltars an. An ihre Innenseite ist ein viereckiger Altar angebaut, zu dem seitliche Stufen führen. In spitzem Winkel schließen nach Westen weitere Kultgebäude an, vermutlich ein Doppeltempel für ein Götterpaar.

Osttempel/ Doppeltempel

Megiddo (Fortsetzung)	An der Talseite sieht man einige Mauerzüge eines älteren Tempels, er stammt aus dem chalkolithischen 4. Jt. v. Chr. (Schicht XIX).
Getreidesilo	Man geht wieder zurück, dann links und kommt nun in den Südteil des Tells. Hier befindet sich der in die Erde eingetiefte große runde Getreidesilo aus der Zeit König Jerobeams II. (8. Jh. v. Chr.). Seine Innenwände sind mit zwei Treppen versehen, so daß gleichzeitig Leute auf der einen hinunter- und auf der anderen hinaufsteigen konnten.
Pferdeställe	Dahinter liegen zwei geräumige Komplexe, die Ahab über Palastgebäuden Salomos aufgeführt hat. Rechts sehen wir einen Hof mit den berühmten Pferdeställen, in denen sich die Stallgassen, Futtertröge und Pfeiler mit Durchbohrungen zum Anbinden der Tiere erhalten haben. Megiddo bot Platz für 450 Pferde, die dazugehörigen Streitwagen und die Mannschaften.
Wassertunnel	Nun führt der Weg abwärts zum großen Wassertunnel, der die Wasserversorgung sicherte. Früher hat man ihn ins 13. oder auch 11. Jh. v. Chr. datiert, also in die Zeit der Kanaanäer oder der Philister. Yadins Untersuchungen haben ihn eindeutig der israelitischen Zeit zugeordnet, und zwar dem 9. Jh. v. Chr. (Ahab). Im einzelnen ergab sich folgendes: Die Quellhöhle von Megiddo liegt außerhalb des Burgberges. Zur Zeit Salomos hat man in die Burgmauer eine 2 m hohe, etwa 1 m breite 'Galerie' eingeschnitten, die außerhalb der Stadt zum Südwesthang des Tells und damit zur Quellhöhle führte. Ahab, auf den auch die Wasserversorgungsanlage von Hazor zurückgeht, entschloß sich zur Errichtung einer Anlage, die vom Innern der Burg eine Verbindung zur Quelle bot und im Fall einer Belagerung für den Feind nicht zugänglich war. Zu diesem Zweck trieb man zunächst durch frühere Siedlungsschichten, dann durch den gewachsenen Fels einen Schacht 60 m in die Tiefe und schlug schließlich einen waagerechten Gang aus dem Felsen, der nach 120 m die Quellhöhle erreichte. Deren früherer Zugang von außen wurde nun verschlossen. Diese monumentale Anlage ist durch den Einbau von Treppen und Stegen wieder begehbar gemacht worden. Man verläßt sie durch den alten, in der Zeit Ahabs verschlossenen Höhleneingang, nachdem man einen Eindruck von einer der großen Ingenieurleistungen des Altertums gewonnen hat.

Meron   H 2

	Norddistrikt Höhe 670 m ü.d.M. Einwohnerzahl: 300
Lage und Bedeutung	Das Dorf Meron in Obergaliläa, 1949 nördlich des antiken Meron gegründet, liegt 9 km westlich von Safed, an der Stelle, wo sich die Straße in Richtung Nahariya bzw. Akko gabelt, und am Osthang des Meronberges, der mit 1208 m der höchste in Galiläa ist.
	In Meron ist Simon Bar Yochai begraben, einer der Führer des Bar-Kochba-Aufstandes. Mit seinem Namen bringt die jüdische Tradition auch das kabbalistische Buch "Zohar" (Glanz) in Verbindung, das de facto allerdings erst 1270 in Spanien entstand. Zu Ehren Simons kommen jedes Jahr im Frühjahr Tausende von Juden aus aller Welt zu diesem Wallfahrtsort und feiern mit einer großen Prozession, mit Gesängen und Tanz das Rashbi Hilula (April/Mai).
Geschichte	Josua besiegte hier verschiedene Könige (Josua 11,7). Rabbi Simon Bar Yochai verbarg sich im 2. Jh. während des letzten jüdischen Aufstandes lange Zeit mit seinem Sohn Eleazar vor den Römern in einer Höhle, die bei Peki'in im gleichnamigen Tal am Westhang des Meronberges gezeigt wird.

Sehenswertes in Meron

In der Ortsmitte von Meron befindet sich in einem von einer hohen Mauer umgebenen Gebäudekomplex das Grab von Simon Bar Yochai und seinem Sohn Eleazar. Das Gebäude mit den beiden Grabstellen zieren flache weiße Kuppeln. Die beiden röhrenartigen Behälter aus Kupfer auf dem Dach dienen an Prozessionstagen als Fackeln.

Grab von Simon Bar Yochai

Ebenfalls mit dem Namen Simon Bar Yochais in Zusammenhang steht die Synagoge, deren Reste sich auf einer Anhöhe nördlich des Ortskerns erheben. Von dem einstmals 27 x 13,5 m großen Bau ist im wesentlichen nur die nach Süden ausgerichtete Hauptfassade erhalten. Zwei Reihen mit je acht Säulen teilten die aus dem 3./4. Jh. stammende Synagoge in drei Schiffe.

Synagoge

Unweit des Simon-Mausoleums liegen weitere Gräber, darunter das Felsgrab des Rabbi Hillel und seiner Schüler sowie, jenseits des Tales, das dem Rabbi Shammai zugeschriebene. Beide hatten im 1. Jh. Mischna-Schulen begründet, wobei Hillel eine liberale, Shammai dagegen eine strenge Lehre vertrat.

Grabmäler

Zum Meronberg (Hare Meron) gelangt man vom Dorf Meron, indem man die zunächst nordwärts führende, dann nach Westen umbiegende Straße nach Sassa nimmt (9 km) und 3 km hinter diesem Dorf links einbiegt. Die Gipfelregion ist Naturschutzgebiet.

Meronberg

Mezada

→ Massada

Modiim   G 4

Zentraldistrikt

Modiim, die Heimat der Makkabäer, liegt 12 km östlich von Lod und südwestlich des arabischen Dorfes Midya in einem nur auf Nebenwegen erreichbaren Gebiet nahe dem Herzl-Wald.

Lage und Allgemeines

Im Zuge der Hellenisierungspolitik des in Syrien herrschenden Antiochos IV. Epiphanes kamen 167 v. Chr. königliche Gesandte auch nach Modiim und verlangten heidnische Opfer. Der Priester Matthathias lehnte ab. Als ein anderer Jude die verlangten Opfer vollbringen wollte, erschlugen Matthathias und seine fünf Söhne diesen Mann sowie die Gesandten und flohen dann in die Berge. Das war der Beginn des Makkabäeraufstandes, der unter Führung der fünf Söhne des Matthathias, insbesondere des Judas Makkabäus, zur Errichtung des Makkabäer- bzw. Hasmonäerstaates führte, dem erst Herodes I. 37 v. Chr. ein Ende bereitete (1. Buch der Makkabäer 2,15–30).

Geschichte

Das "hoch und weithin sichtbare Denkmal", das der Hohepriester Simon, der letzte der fünf Söhne, über dem Grab seines Vaters und seiner Brüder errichten ließ (1. Buch der Makkabäer 13,27), existiert nicht mehr. Doch sind die Felsgräber, in denen Judas Makkabäus und seine Brüder ruhten, mit ihren großen Grabsteinen erhalten. An diesen Gräbern wird alljährlich in der ersten Nacht des Chanukkafestes, das zum Andenken an die Tempelreinigung durch Judas Makkabäus gefeiert wird, eine Fackel in Brand gesetzt und nach Jerusalem gebracht. Mit ihr entzündet der Staatspräsident die Chanukkalichter.

Felsengräber

Montfort H 2

Norddistrikt
Höhe: 200 m ü.d.M.

Lage und
Allgemeines

Die Burg Montfort, die sich nordöstlich von Akko und 14 km östlich von
Nahariya erhebt, ist die größte Ruine in Westgaliläa.
Man erreicht Montfort nur zu Fuß. Es gibt zwei Wege. Der eine führt vom
Goren Natural Forest beim Kibbuz Elon (an der von Rosh Hanikra nahe der
libanesischen Grenze ostwärts führenden Straße) in 3 km zur Burg
(Abstieg 130 m). Der andere Weg hat das von christlichen Arabern
bewohnte Dorf Mi'ilya an der Straße Nahariya – Safed zum Ausgangspunkt. Von Mi'ilya kann man 3 km nordwärts bis zu einem Parkplatz fahren
und geht dann eine halbe Stunde auf steinigem Pfad, der beständig
abwärts führt, zuletzt durch einen Wald (Abstieg 250 m). Schließlich sieht
man die Burg auf einem hohen Felssporn oberhalb des tief eingeschnitte-
nen Wadi Quren vor sich.

Geschichte

Der französische Graf Joscelin de Courtenay errichtete im 12. Jh. zum
Schutze Akkos diese Burg, die 1187 von Sultan Saladin zerstört wurde.
Hermann von Salza, Hochmeister des Deutschen Ordens, erwarb 1220 die
Ruine mit der zugehörigen Herrschaft; er wollte die Burg zur Hochmeister-
residenz ausbauen. Die Ritter kapitulierten 1271 vor den Mamelucken
unter Baibars, nachdem dieser ihnen freien Abzug unter Mitnahme von
Archiven und Ordensschatz zugesichert hatte. Seitdem ist die Burg, von
den Arabern Qalat Quren genannt, verlassen. Im Jahre 1926 erforschten
Mitarbeiter des New Yorker Metropolitan Museum die Anlage; Fundstücke
(Kapitelle, eine Kopfskulptur) befinden sich im Rockefeller-Museum in
Jerusalem. Dank ihrer Abgeschiedenheit wurde die Burg nicht als Steinbruch benutzt, so daß noch stattliche Reste vorhanden sind.

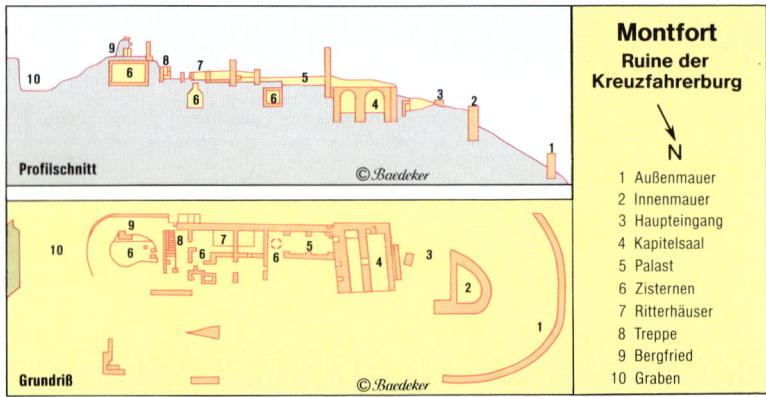

Montfort
Ruine der
Kreuzfahrerburg

N

1 Außenmauer
2 Innenmauer
3 Haupteingang
4 Kapitelsaal
5 Palast
6 Zisternen
7 Ritterhäuser
8 Treppe
9 Bergfried
10 Graben

Profilschnitt © Baedeker

Grundriß © Baedeker

*Burganlage

Die Burg, deren Raumfolge in West-Ost-Richtung ansteigt, war von einer
Mauer umgeben, die durch viereckige und runde Türme verstärkt wurde.
Der Eingang der Anlage liegt im Südosten. Am schwersten zu verteidigen
war die Burg nach Westen hin, hier legte man einen tiefen Graben an und
errichtete jenseits des Grabens einen mächtigen Festungsturm, der mit
der eigentlichen Burganlage durch eine Zugbrücke verbunden war.
Von einem noch in seiner ursprünglichen Höhe von 18 m erhaltenen Burg-
turm aus öffnet sich ein eindrucksvoller Blick in die bewaldete Landschaft,

die von dem rauschenden Quren-Bach im tiefen Tal durchzogen wird. Im Bachbett befinden sich Reste eines Damms, am Ufer steht die Ruine einer Mühle der Ordensritter.

Montfort, Burganlage (Fortsetzung)

Nabi Musa

→ Nebi Musa

Nabi Samuel

→ Nebi Samwil

Nablus H 4

Westjordanland
Höhe: 550 m ü.d.M.
Einwohnerzahl: 44 000

Nablus liegt 42 km nordöstlich von Tel Aviv und 60 km nördlich von Jerusalem, an einem Paßübergang des Berglandes von Samaria.

Lage

Titus gründete 72 n. Chr., zwei Jahre nach der Zerstörung Jerusalems, 2 km nordwestlich des verfallenen Sichem die Siedlung Flavia Neapolis, die rasch aufblühte und 244 den Rang einer Colonia erhielt. Zunächst vorwiegend mit heidnischen Veteranen neben Samaritanern besiedelt, erhielt die Stadt bald eine christliche Gemeinde, aus welcher der Philosoph und Märtyrer Justinus (um 100–165) hervorging. Die Samaritaner töteten 521 den Bischof und verwüsteten die Kirchen, worauf Kaiser Justinian die Aufständischen, soweit sie nicht flohen oder zum Christentum übertraten, hinrichten bzw. in die Sklaverei verkaufen ließ. Im Jahre 636 nahmen die Araber Neapolis, das sie Nablus nannten, ein.
In der Kreuzfahrerzeit befestigte Königin Melisende, Witwe von König Fulko, die Stadt gegen ihren Sohn Balduin III., der sie 1152 aus dem politischen Leben entfernte, ihr aber Nablus als Leibgedinge beließ, wo sie noch einige Kirchen stiftete. Doch blieb die christliche Zeit eine Episode; bereits 1187 wurde Nablus wieder islamisch und ist es bis in die Gegenwart. Im 16. Jh. war hier – neben Gaza, Jerusalem und Safed – der Verwaltungssitz eines der vier osmanischen Bezirke. Von Nablus ging 1936 ein arabischer Aufstand gegen die Briten aus, zu deren Mandatsgebiet es 1918–1948 gehörte. 1948 fiel Nablus an Jordanien, 1967 wurde es von Israelis eingenommen und ist seitdem ein ständiger Unruheherd. Im Juni 1980 wurden Bürgermeister Bassam Sheker, einer der einflußreichsten palästinensischen Politiker in den von Israel besetzten Gebieten, bei einem Attentat beide Beine abgerissen. Auch sein Nachfolger Zafer al-Musri fiel 1986 einem Mordanschlag zum Opfer. Die Täter sind nicht bekannt, sie werden entweder in israelischen Extremistenkreisen vermutet, oder es sind Palästinenser, denen die Politik der Bürgermeister zu 'pro-israelisch' war.

Geschichte

Nachdem sich Israel und die Palästinenser im September 1995 in Taba auf eine Ausweitung der Autonomiegebiete geeinigt hatten, wurde Nablus im Dezember desselben Jahres von den israelischen Truppen geräumt und steht seither unter palästinensischer Selbstverwaltung.

Im Westteil von Nablus liegt Haret es-Samira, das Viertel der etwa 250 Samaritaner, die außerdem nur noch in Holon bei Tel Aviv eine kleine Gemeinde haben.

Samaritaner-Gemeinde

Samaritaner-Gemeinde (Fortsetzung)	Die Samaritaner entstanden aus der Vermischung von Juden, die nach dem Untergang des jüdischen Nordreiches Israel 721 v. Chr. nicht verschleppt worden waren, mit "Leuten von Babylon und Kutha", die hier angesiedelt wurden (2. Buch der Könige 17,24). Deshalb wurden sie vom offiziellen Judentum nicht mehr anerkannt, und es begann eine religiöse Sonderentwicklung. Ihre vermutlich aus dem 2. Jh. stammende Thorarolle enthält nur die fünf Bücher Mose, die sie als einzige heilige Schrift anerkennen. Ihr Heiligtum haben sie auf dem Berg Gerizim. Der Har Gerizim (881 m ü.d.M.) und der Berg Ebal (Har Eval; 940 m ü.d.M.) liegen zu beiden Seiten der Stadt.

Moses hatte angeordnet, auf dem Gerizim ein Dankopfer darzubringen und auf dem Ebal einen Fluch auszusprechen (5. Buch Mose 11,29). Bei der Landnahme errichtete Josua auf dem Ebal einen Opferaltar (Josua 8,30). Das Heiligtum der Samaritaner auf dem Gerizim besteht seit 350 v. Chr.; 168 v. Chr. hat der Seleukide Antiochos IV. es im Zug seiner Hellenisierungspolitik in ein Zeusheiligtum umgewandelt, und 128 v. Chr. zerstörte es der Hasmonäer Johannes Hyrkanos I., der die Samaritaner seinem Reiche eingliedern wollte. Auch unter Pontius Pilatus (26–36), Vespasian sowie den römischen bzw. byzantinischen Kaisern von Hadrian bis Justinian II. wurden die Samaritaner verfolgt. Ihren Tempel auf dem Berg Gerizim ließ Kaiser Zeno 486 erneut zerstören und durch eine christliche Kirche ersetzen.

Trotz aller Verfolgung haben die Samaritaner, wenn auch in sehr geringer Zahl, bis heute überlebt. Auf dem Gerizim-Gipfel feiern sie alljährlich das Passahfest, bei dem sie an einer Rinne sieben Lämmer schlachten, wobei sie die Opfervorschriften des Moses (2. Buch Mose 12,5–11) aufs genaueste beachten.

Stadtbild	Der modernen Stadt mit ihren hohen Bürogebäuden steht die lebhafte Altstadt von Nablus mit einem Labyrinth von winkligen Straßen und Gassen gegenüber. Im Zentrum der Marktgassen erhebt sich die Moschee el-Nasser. Größte Moschee der Stadt ist die einige hundert Meter östlich gelegene El-Kebir-Moschee. Sie wurde 1168 auf den Fundamenten einer fränkischen Kirche errichtet.

Sichem

Lage	Das alttestamentliche Sichem (hebr. Shekhem) liegt 2 km südöstlich von Nablus im Sattel zwischen den Bergen Gerizim und Ebal. Mit diesem Ort, der wegen seiner Lage am Schnittpunkt wichtiger Ost-West- und Nord-Süd-Straßen schon in kanaanäischer Zeit Bedeutung hatte, sind zahlreiche Begebenheiten des Alten Testamentes verbunden.
Geschichte	Abraham lagerte auf seinem Zug aus Mesopotamien nach Kanaan hier und errichtete den ersten Altar (1. Buch Mose 12,7). Auch sein Enkel Jakob hielt sich nach seiner Rückkehr aus Mesopotamien vor der Stadt auf, erwarb Land für 100 Goldstücke und erbaute gleichfalls einen Altar (1. Buch Mose 33,18–20). Seine Söhne Simeon und Levi töteten und beraubten nach scheinbar erfolgreichen Vermittlungsverhandlungen alle Männer von Sichem, um die verletzte Ehre ihrer Schwester Dina zu rächen (1. Buch Mose 34,1–29).

Im 17. Jh. v. Chr. legten die Hyksos eine Burg an. Im 13. Jh. v. Chr. ließ Josua die Gebeine Josephs aus Ägypten holen und auf dem Feld, das dessen Vater Jakob gekauft hatte, bestatten (Josua 24,32). Zuvor hatte er auf dem Berg Ebal einen neuen Altar erbaut (Josua 8,30). Nach Josuas Tod wandten die Israeliten sich vom "Gott ihrer Väter" ab und "dienten dem Baal und den Astarten" (Buch der Richter 2,12–13). Im Baalsheiligtum machte sich Ende des 12. Jh.s v. Chr. Abimelech, ein Sohn des ersten Richters Gideon, zum König für drei Jahre (Buch der Richter 9,6). 928 v. Chr. beriefen die zehn Nordstämme Jerobeam zum König von Israel "von Betel bis Dan" (1. Buch der Könige 12,2). Als dann Omri die neue Residenz

→ Samaria gründete, verlor Sichem an Bedeutung und wurde ein Dorf, bis die Samaritaner es 350 v. Chr. zu ihrem Hauptort machten. Mit der Eroberung durch Johannes Hyrkanos I. ging die Geschichte des Ortes 128 v. Chr. zu Ende.

Sichem,
Geschichte
(Fortsetzung)

Ausgrabungen deutscher Archäologen, beginnend mit E. Sellin (1913), haben auf dem Tell Balata Reste des biblischen Sichem freigelegt: Befestigungen der Hyksos (17. Jh. v. Chr.), Fundamente eines großen kanaanäischen Tempels sowie einen Tempel für den Bundes-Baal (Baal Beelit), der ins 13./12. Jh. v. Chr. datiert wird und vermutlich der Schauplatz von Abimelechs Königserhebung war.

Tell Balata

Am Osthang des Gerizim, etwa 500 m südöstlich des Tell Balata, befindet sich innerhalb einer nicht fertiggestellten Kirche der 36 m tiefe Brunnen, den Jakob der Überlieferung nach selbst ausgehoben hat. Dies soll auch der Ort gewesen sein, an dem Jesus der Samaritanerin begegnete (Johannes 4,5–9). Schon um 380 n. Chr. stand über dem Brunnen eine Kirche mit kreuzförmigem Grundriß, die in der Folgezeit mehrmals zerstört und wiederaufgebaut wurde. In der Kreuzfahrerzeit errichtete man über dem Brunnen eine dreischiffige Kirche. Während die Kirche nach dem 15. Jh. völlig zerfiel, blieb ihre Krypta samt Brunnen bis heute erhalten. Die orthodoxen Griechen erwarben 1885 das Gelände und begannen 1903 mit dem Wiederaufbau der Kreuzfahrerkirche. Bis heute wurde dieses Projekt nicht vollendet.

Jakobs-Brunnen

Einige hundert Meter nördlich des Jakobsbrunnens spannt sich eine weiße Kuppel über dem 'Grab Josephs'. Hier hat angeblich jener Sohn Jakobs seine letzte Ruhestätte gefunden, den seine Brüder an eine ägyptische Handelskarawane verkauft hatten, der es im fremden Land zu hohen Ehren gebracht hatte und der 110jährig gestorben war. Josephs Gebeine wurden beim Auszug aus Ägypten mitgeführt und auf jenem Stück Land begraben, das Jakob erworben hatte (Josua 24,32).

Josephs Grab

Umgebung von Nablus

Fährt man von Nablus aus nach Süden, erreicht man nach 36 km das Dorf Sinjil, das nach dem Grafen St. Gilles der Kreuzfahrerzeit benannt ist. Hier nach Osten abbiegend, kommt man über das Dorf Turmus-Aya auf wenig gutem Weg nach Silo (arab. Khirbet Seilun, hebr. Shillo; 6 km). Silo hatte in der Frühzeit der israelitischen Ansiedlung Bedeutung als wichtiges Heiligtum, denn hier standen von etwa 1175 v. Chr. an rund hundert Jahre lang Stiftszelt und Bundeslade (Josua 18,1). In Silo wurde Samuel zum Prophetenamt berufen (1. Buch Samuel 3). Dann ging die Bundeslade bei Eben-Ezer im Kampf gegen die Philister verloren (1. Buch Samuel 4,11), und Silo wurde von den Philistern zerstört. Im 10. Jh. lebte hier der Prophet Ahia, der Jerobeam voraussagte, er werde nach Salomos Tod erster König des Nordreiches Israel (1. Buch Könige 11,29–37).
Dänische Archäologen, die seit 1926 Grabungen durchführten, haben einen Tempel aus kanaanäischer Zeit und das Bodenmosaik einer byzantinischen Kirche (6. Jh.) freigelegt. Daneben steht die Moschee der Sechzig (Djami Sittin).

Silo

Schlägt man von Nablus aus die Straße nach Nordosten in Richtung Tubas ein, so kommt man nach 15 km zum Tell Tirza (arab. Tell Faria). Durch Ausgrabungen (1946–1960) wurde nachgewiesen, daß hier bereits im 4. Jt. eine Siedlung existierte, die um 2500 v. Chr. verlassen wurde. Um 1700 v. Chr. entstand eine neue Kanaanäerstadt, die Josua im 13. Jh. v. Chr. eroberte (Josua 12,24). Im 10. Jh. v. Chr. erhob Jerobeam, der zuerst in Sichem und anschließend im ostjordanischen Pnuel residiert hatte, Tirza zur Hauptstadt seines Reiches Israel (1. Buch der Könige 14,17). Seine Bedeutung verlor es, als Omri die Hauptstadt um 880 v. Chr. nach

Tell Tirza

Nahariya

Umgebung von
Nablus, Tell Tirza
(Fortsetzung)

→ Samaria verlegte. 772 v. Chr haben die Assyrer Tirza zerstört. Über den Ruinen der Ortschaft fanden sich Hinweise auf Besiedlung in assyrischer, hellenistischer und römischer Zeit.

Berg Sartaba

Die beiden Quellen beim Tell speisen den Nahal Tirza. Wenn man dem Tirza-Tal in südöstlicher Richtung folgt und nach 24 km (7 km vor der Adamsbrücke über den Jordan) rechts die Straße nach Jericho nimmt, sieht man nach weiteren 6 km rechts den Berg Sartaba (377 m ü.d.M.), der sich etwa 700 m über die Jordansenke erhebt. Hier baute der Hasmonäerkönig Alexander Jannaios im 1. Jh. v. Chr. die Festung Alexandreia, die nach Zerstörung durch die Römer von Herodes wieder aufgebaut wurde und 31 v. Chr. als Gewahrsam für Königin Mariamne diente.
Nach beschwerlichem Aufstieg sieht man die Reste der im Jahre 70 von den Römern zerstörten Anlage. Entschädigt wird man aber durch einen Blick, der im Südwesten bis zum Jerusalemer Ölberg (40 km) und im Nordosten bis zum Berg → Belvoir (55 km) reicht. Zwischen diesen beiden Punkten diente Sartaba in der Zeit des 2. Tempels als Station für die Übermittlung von Feuerzeichen, mit denen von Jerusalem aus der Beginn der Monate und der religiösen Feste bis an die Peripherie des jüdischen Siedlungsgebietes angezeigt wurde.

Nahariya / Nahariyya   G 2

Norddistrikt
Höhe: 0–10 m ü.d.M.
Einwohnerzahl: 30 000

Lage und
Bedeutung

Nahariya (Nahariyya), 30 km nördlich von Haifa an einem schönen Küstenabschnitt des Mittelmeeres gelegen, 1934 von Juden aus Deutschland an den Ufern des Ga'aton als landwirtschaftliche Siedlung gegründet und bis heute geprägt von den 'Jeckes', d.h. den deutschen Juden, ist ein beliebter Badeort mit landschaftlich und historisch interessanter Umgebung.

Sehenswertes

Nahariya ist benannt nach dem Fluß (Nahar) Ga'aton, der hier ins Meer mündet. Zuvor fließt er zwischen den beiden Fahrbahnen der mit Eukalyptusbäumen bestandenen Hauptstraße Sderot Haga'aton. An der Nordseite dieser Straße liegt das Rathaus mit Touristeninformation und Museum (5. Stock: moderne Malerei, 6. Stock: archäologische Funde, 6. Stock: Stadtgeschichte), an der Südseite der Bahnhof,

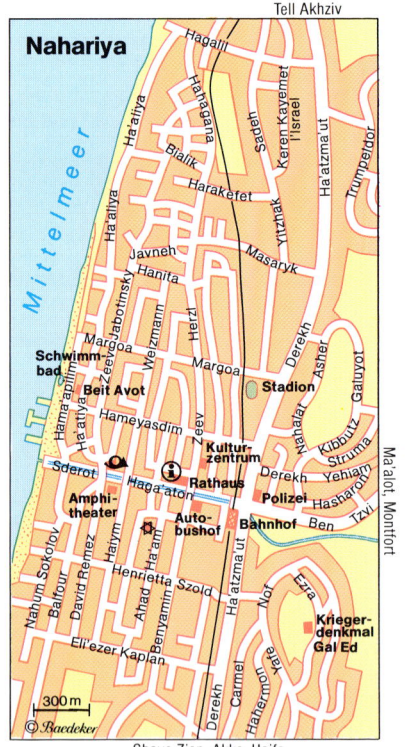

Shave Zion, Akko, Haifa

Tell Akhziv: Ausgrabungsstätte und Erholungsgebiet

Cafés und Restaurants. Wer sich für Glas interessiert, sollte einen Blick in die Nahariya Glas Werkstatt werfen (Herzl Street 100a). Vom Westende des Sderot Haga'aton führt rechts die Straße Hama'apilim zum Anlegeplatz und zum Strandbad. Der Anlegeplatz erinnert daran, daß Nahariya in der unsicheren Zeit vor der Unabhängigkeit Israels 1948 monatelang von der Umwelt abgeschnitten war und lediglich durch Boote Verbindung mit Haifa hatte. Im Altertum gab es hier einen Hafen, der von den Phöniziern angelegt worden war und bis in die byzantinische oder frühislamische Zeit bestand. Auf einem Hügel am Strand liegen Reste eines im 15. Jh. v. Chr. errichteten Tempels der kanaanäischen Fruchtbarkeitsgöttin Astarte.

Sehenswertes (Fortsetzung)

Umgebung von Nahariya

Gut 5 km nördlich, an der Mündung des Flusses Keziv in das Mittelmeer, liegt das Ruinengelände von Tell Akhziv neben einem Feriendorf des Club Méditerrannée. Das im Alten Testament erwähnte Achsib hatte eine gemischte Bevölkerung, denn die Leute vom Stamme Asser "saßen mitten unter den Kanaanäern, die im Land wohnten" (Buch der Richter 1,31–32). Die Phönizier gewannen hier aus Schnecken Purpur. Man fand einen Friedhof, auf dem vom 8. bis zum 6. Jh. v. Chr. Tote bestattet wurden. Die Kreuzfahrer nannten den Ort 'Castel Imbert'. In neuerer Zeit wohnten hier (bis 1948) arabische Fischer.

Tell Akhziv

Heute ist das Ruinengelände ein Nationalpark mit einem sehr schönen Strand, ausgedehnten Grünflächen und einem Restaurant. Unmittelbar nördlich des eingezäunten Nationalparkgeländes ist in einem etwas obskur aussehenden Holzhaus ein interessantes Privatmuseum mit archäologischen Funden eingerichtet. Der Besitzer hat das Grundstück 1952 erworben und erklärte das Land später zu einem unabhängigen Staat (Akhzivland). Fazit für den Besucher: Man kann seinen Paß mit einem hübschen Stempel schmücken lassen.

Umgebung von
Naharija
(Fortsetzung)
❋ Rosh Hanikra

Weitere 7 km nördlich von Tell Akhziv gelangt man an der Grenze zum Libanon zu dem weißen Kreidefelsen Rosh Hanikra (Höhlenkopf). Ebenso wie zahlreiche Handelskarawanen und Armeen vor und nach ihm passierte auch Alexander d. Gr. auf seinem Feldzug nach Ägypten den Felsen, den er durch Stufen leichter begehbar machte. Diese Treppe wird seitdem als 'Scala Tyriorum' (Leiter von Tyros) bezeichnet. Auf dem Felsen wurde ein Aussichtspunkt angelegt, der eine grandiose Rundsicht ermöglicht (Restaurant, Souvenirshops). Eine Seilbahn führt von hier hinunter zu Höhlen am Fuße des Rosh Hanikra.

Hanita

Das 15 km nordöstlich von Naharija gelegene Hanita ist ein 1938 gegründeter Kibbuz mit einem Gästehaus und einem kleinen Museum, in dem Funde aus der Umgebung gezeigt werden.

Evron

Ca. 1 km südlich von Naharija liegt der 1945 gegründete Kibbuz Evron, benannt nach einer Stadt im Lande Asser (Josua 19,28). Bei 1951 vorgenommenen Ausgrabungen stieß man auf altsteinzeitliche Funde und auf den Mosaikboden einer byzantinischen Kirche (5. Jh.).

Shave Zion

Weitere 2 km südlich erreicht man das Dorf Shave Zion, einen Badeort mit dem vollständig erhaltenen Mosaikboden einer frühchristlichen Kirche. Südwärts fahrend, kommt man zu der alten Hafenstadt → Akko.

Nes Amim

Etwa 10 km südöstlich von Naharija liegt die internationale christliche Siedlung Nes Amim (Signal für die Nationen), die im Dienst christlich-jüdischer Zusammenarbeit steht. Sie wurde 1963 von jungen Christen, meist aus Holland, gegründet. Man fährt von Naharija südwärts bis zur Abzweigung Shave Zion, biegt links ab, passiert Regba und folgt der dann nach Süden umbiegenden Straße. In Nes Amim kann man nach Vereinbarung (Tel. 92 25 66) an Führungen durch den landwirtschaftlichen Betrieb (Rosenzucht) oder an einem Vortrag teilnehmen.

Montfort/
Judin

Von Naharija landeinwärts fahrend, gelangt man über Mi'ilya zu den Ruinen der Kreuzfahrerburg → Montfort (14 km) und südlich über den Kibbuz Yehi'am (11 km) zu der Burg Judin.

Nathanya

→ Netanya

Nazareth / Nazerat   **H 3**

Norddistrikt
Höhe: 350 m ü.d.M.
Einwohnerzahl: 39 000 (mit Nazerat Illit 58 000)

Lage und
Bedeutung

Nazareth (hebr. Nazerat, arab. El-Nasra), die größte Gemeinde arabischer Israelis, liegt oberhalb der Jezreel-Ebene am Südrand der Berge Galiläas. Seine Einwohner sind meist Christen. Deshalb wird hier auch der Sonntag (und nicht Sabbat) als Feiertag angesehen, an dem die meisten Geschäfte geschlossen sind. Doch auch an diesem Tag herrscht meist ein hektisches Treiben in Nazareth: Zahlreiche Paare lassen sich dann in der Verkündigungskirche trauen und fahren anschließend mit ihrer gesamten Hochzeitsgesellschaft unter lautem Hupen durch die Stadt.
Als die Stätte, wo der Jungfrau Maria vom Erzengel Gabriel die Geburt Jesu verkündigt wurde und Jesus den größten Teil seines Lebens verbrachte, ist Nazareth seit anderthalb Jahrtausenden ein christlicher Wallfahrtsort.

Zippori

Nazareth
Nazerat

Franziskanerinnen-kloster

Wasser-reservoir

Salesianer-schwestern

Salesianer-kloster

Basilika zum Jugendlichen Jesus

St. Margarete

Gabriels-kirche

Al Hanuk

Tiberias
NAZERAT ILLIT

Polizei

Russischer Bau

Marien-brunnen

Frank Sinatra Brotherhood Centre

Griech.-orthodoxe Bischofskirche

Baptisten-kirche

Brüder-schule

Koptische kirche

Ökumenisches Zentrum

Mensa Christi

Maroniten-kirche

Synagogen-kirche

Rathaus

As-Salam-Moschee

Franziskanerinnen-schule

Alter Markt (Suk)

Weiße Moschee

Josephskirche

St. Karl Borromäus

Karmeliter-kloster

Betharram

Anglikanische Kirche

Kloster der Damen von Nazareth

Franziskaner-kloster

E.M.M.S.-Hospital

Casa Nova

Verkündigungskirche

Autobushof

YMCA

Stadthalle

Sœurs de la Charité

Jesus-schwestern

Haifa, Afula,
Berg Tabor

Notre Dame de l'Effroi

Paul VI.

Nazarener-kirche

Der el-Banal

250 m

© Baedeker

Nazareth, im Alten Testament nicht genannt, war in vorchristlicher Zeit wohl ein unbedeutendes Dorf. Doch haben Ausgrabungen seit 1955 gezeigt, daß der Hügel von Verkündigungs- und Josephskirche seit der Patriarchenzeit (2. Jt. v. Chr.) bewohnt war. Man fand Gräber des 2. Jt.s und unterirdische Räume in den Tuffsteinfelsen, die in der ersten Hälfte des 1. Jt.s v. Chr. als Vorratsräume dienten; über ihnen standen die kleinen Wohnhäuser.

Der Name Nazareth ist erstmals im Neuen Testament erwähnt, bei der Schilderung der Verkündigung (Lukas 1,26–33). Jesus lebte hier bis nach seiner Taufe durch Johannes (Lukas 3,21), hielt sich mit Beginn seiner Lehrtätigkeit jedoch meist in der Gegend von → Kapernaum auf.

Die Verkündigungsgrotte wurde in der Folgezeit zum Ort der Verehrung. Die heutige Kirche ist die fünfte an derselben Stelle. Christen siedelten sich

Geschichte

319

Blick vom Salesianerkloster auf Nazareth

Geschichte
(Fortsetzung)

früh in dem Ort an. Im Jahre 614 eroberten die Perser die Stadt und zerstörten sie gemeinsam mit den Juden, was einen Rückgang des christlichen Bevölkerungsanteils zur Folge hatte. Bei der Rückeroberung 629 rächten sich die Byzantiner und zerstörten ihrerseits die jüdischen Häuser. Der Wiederaufbau erfolgte erst unter dem Kreuzfahrer Tancred, der Nazareth 1099 einnahm und dann als Fürst von Galiläa beherrschte. Neue Zerstörungen wurden 1263 durch Baibars und seine Mamelucken verursacht. Erst Jahrhunderte später, als der Drusenherrscher Fahreddin 1620 seine Zustimmung gab, konnten wieder Christen in dem Ort wohnen. Die Aufwärtsentwicklung der Stadt setzte sich im 19. und 20. Jh. unter osmanischer und britischer Herrschaft fort. 1948 kam Nazareth an Israel, und seitdem hat sich auf den Höhen oberhalb der Stadt der jüdisch besiedelte Ort Ober-Nazareth (Nazerat Illit) mit eigener Verwaltung entwickelt.

Stadtbild

Zahlreiche Kirchen, unter ihnen besonders die Verkündigungskirche mit ihrer 37 m hohen Kuppel, bestimmen das Stadtbild von Nazareth. Dennoch wird kaum jemand die Stadt als schön erleben: Die Kirchen stehen in verkehrsreichen, häufig völlig überlasteten Straßen und zwischen in Schnellbauweise errichteten einfachen Häusern; Grünanlagen und hübsch gestaltete Plätze fehlen.
Ein Rundgang durch Nazareth könnte in der Straße Casa Nova, in der sich auch die Verkündigungskirche erhebt, seinen Ausgang nehmen. Von hier sind fast alle weiteren sehenswerten Kirchen bequem zu Fuß zu erreichen; lohnend ist ferner ein Bummel durch die Marktgassen von Nazareth, die nördlich der Straße Casa Nova beginnen.

✳Verkündigungskirche

Vorgängerbauten

Die Verehrung der Verkündigungsgrotte (Lukas 1,26–33) geht, wie archäologische Untersuchungen seit 1955 ergeben haben, bis ins 3. Jh. zurück.

Damals errichteten die in Nazareth lebenden Judenchristen eine beschei-
dene erste Kirche nach dem Muster der damaligen Synagogen (Synagogenkirche). Die zweite Kirche, ein kleiner Bau mit runder Apsis und vorge-
lagertem Atrium, entstand im 4. Jh. im Auftrag der Kaiserin Helena, errichtet von dem konvertierten Juden Joseph aus Tiberias. Diesen Bau hat laut
Inschrift ein Konon aus Jerusalem vor 427 erweitert. Südlich daneben
befand sich ein kleines Kloster, das 614 von den Persern zerstört wurde.
Die dritte Kirche wurde im frühen 12. Jh. durch Tancred, den Fürsten von
Galiläa, errichtet, und zwar in erheblich größeren Abmessungen. Es war
eine dreischiffige Basilika, 30 m breit, 75 m lang. Sie stand bis 1263, als
Baibars sie zerstörte und lediglich die Grotte verschonte.

Erst 1730 konnten die Franziskaner eine neue, die vierte Kirche bauen. Im
Gegensatz zu den früheren stand sie nicht in Ost-West-, sondern in Nord-
Süd-Richtung, wodurch der Chor seinen Platz über der Grotte erhielt. Die
Fassade wurde erst 1877 geschaffen.

Das Gebäude wurde 1955 abgerissen, um einem Neubau Platz zu
machen, dem größten Sakralbau der letzten Jahrzehnte in Israel. Diese
fünfte Kirche, am 23. März 1969 durch den Kardinal Garrone geweiht, ist
der bedeutendste moderne Kirchenbau in Israel.

Der Entwurf des italienischen Architekten Giovanni Muzio ging von zwei
Grundideen aus. Er wollte die Geschichte des Ortes von Anbeginn an
sichtbar machen und die Katholizität der römischen Weltkirche darstellen.
Dieses Konzept hat er mit modernen Mitteln überzeugend realisiert. Die
Unterkirche verdeutlicht mit dem Blick in die tieferen, älteren Schichten
des Bauwerkes die historische Kontinuität; die Oberkirche macht durch
ihre Bildausstattung das Weltumspannende der Kirche sichtbar. An der
Ausschmückung haben Künstler aus aller Welt mitgewirkt.

Ausgangspunkt für die Planung war die Kreuzfahrerkirche. Auf deren in
den unteren Steinlagen noch erhaltenen Langseiten führte der Architekt
die modernen Außenmauern auf, auch hat er die erhaltenen östlichen Apsiden einbezogen. Lediglich an der westlichen Eingangsseite ist der neue
Bau etwas kürzer. Wie der Bau des 12. Jh.s ist auch die moderne Kirche
eine dreischiffige geostete Basilika. Das Besondere ist, daß der basilikale
Richtungsbau mit einem Zentralbau verbunden wurde. Im Fußboden öffnet sich ein großes Achteck und gibt den Blick auf ein tieferes Niveau und
damit auf die älteren Schichten frei: auf Verkündigungsgrotte und Reste
der frühesten Kirchenbauten an dieser Stelle. Über diesem Raum, der
auch von der Oberkirche aus eingesehen werden kann, erhebt sich die
Kuppel.

Nazareth
Verkündigungskirche

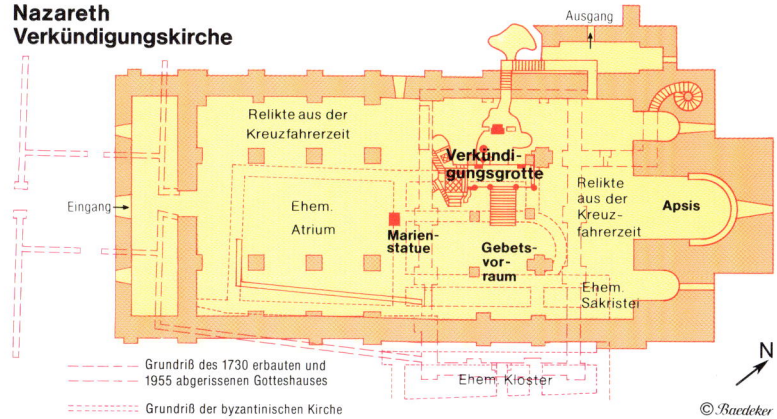

Ausgang

Relikte aus der
Kreuzfahrerzeit

**Verkündi-
gungsgrotte**

Relikte
aus der
Kreuz-
fahrerzeit

Apsis

Eingang →

Ehem.
Atrium

**Marien-
statue**

**Gebets-
vor-
raum**

Ehem.
Sakristei

N

– – – – – Grundriß des 1730 erbauten und
– – – – – 1955 abgerissenen Gotteshauses

Ehem. Kloster

∷∷∷∷∷ Grundriß der byzantinischen Kirche

© Baedeker

Verkündigungskirche: Hauptportal ... ... und Turm*

Verkündigungs-
kirche
(Fortsetzung)
Äußeres

Vom Eingangstor im Westen aus betritt man den Hof, dessen Außenmauern an der West- und der Südseite von einer Säulenhalle begleitet werden. Die Westfassade der Kirche zeigt Zierbänder und ein großes Relief der
Verkündigung. Die drei Bronzeportale hat Roland Friederichsen (München)
geschaffen. Auf dem Mittelportal sieht man links oben Christi Geburt, darunter die Flucht nach Ägypten und den jugendlichen Jesus; rechts unten
die Taufe im Jordan, darüber Bergpredigt und Kreuzigung.

Geht man nach rechts zur Südseite, so kommt man zum Südportal, auf
welchem Frederick Shrady (USA) Szenen aus dem Marienleben dargestellt
hat.

Inneres

Betritt man das Innere der Verkündigungskirche durch das westliche
Hauptportal, so kommt man zunächst in die Unterkirche. Man sieht an der
nördlichen (linken) Langseite noch
die von Halbsäulen gegliederte Wand
der Kreuzfahrerkirche, auf der sich
das neue Mauerwerk erhebt. Durch
die dreischiffige Kirche geht man
nach Osten bis zum Oktogon unter
der Kuppel und blickt hinunter zum
ursprünglichen Niveau. Im Norden
(links) sieht man dabei in die Verkündigungsgrotte, an deren Altar die
Inschrift 'Verbum caro hic factum est'
(Hier wurde das Wort Fleisch; Johannes 1,14) steht. Der Kupferbaldachin
über der Grotte ist eine belgische
Arbeit. Säulen unmittelbar vor der
Grotte werden der Synagogenkirche
des 3. Jh.s zugeschrieben. In der
Mitte des Oktogons steht der mo-

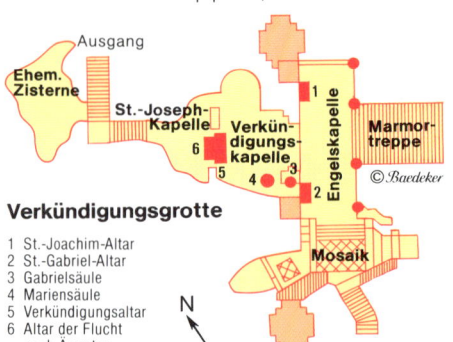

Ausgang

Ehem.
Zisterne

St.-Joseph-
Kapelle   Verkün-
digungs-
kapelle

Engelskapelle

Marmor-
treppe

© Baedeker

Verkündigungsgrotte

1 St.-Joachim-Altar
2 St.-Gabriel-Altar
3 Gabrielsäule
4 Mariensäule
5 Verkündigungsaltar
6 Altar der Flucht
   nach Ägypten

Mosaik

N

In der Verkündigungsgrotte

derne Altar, im Südteil (rechts) erkennt man eine Langhausmauer mit runder Apsis von der zweiten Verkündigungskirche (4./5. Jh.).

Am Oktogon vorbei weiter nach Osten gehend, kommt man zu den drei Apsiden der dritten, d.h. der Kreuzfahrerkirche. Besondere Beachtung verdienen hier einige reiche Kapitelle des 12. Jh.s, die in der rechten Seitenapsis aufgestellt sind.

Zur westlichen Eingangsseite zurückkehrend, benutzt man eine Treppe zur Oberkirche. Auch sie ist dreischiffig und weist die achteckige Öffnung im Boden auf, durch die man bis zur Grotte hinuntersieht. Die lichte Kuppel über diesem Oktogon bildet eine Lilie nach (und damit ein altes Mariensymbol).

Der Fußboden der Oberkirche besteht aus eingelegtem Marmor, die von Adriano Alessandrini entworfenen Darstellungen beziehen sich auf Maria und marianische Konzilien. Die Ostseite wird vom Presbyterium eingenommen; an der Wand hinter dem weißen Altar sieht man ein Mosaik, das die Kirche darstellt: Christus mit Maria und Petrus sowie Heilige. Links daneben eine Kapelle für die Heiligen des Franziskanerordens und rechts die Sakramentskapelle.

An den Wänden der Oberkirche sind Mariendarstellungen aus aller Welt angebracht. Mosaikdarstellungen wurden gestiftet von Australien, England, Japan, Irland, Italien, Kamerun, Mexiko, der Tschechoslowakei und Ungarn; Arbeiten aus Keramik kommen aus Kanada, Polen und Portugal; Argentinien stiftete ein Fresko, Nordamerika eine Arbeit aus Stahl und Silber, Venezuela eine Holzschnitzerei.

Verläßt man die Oberkirche durch das Nordtor, so gelangt man in einen Hof, in welchem rechts die von Bernd Hartmann und Ima Rochelle (Deutschland) gestaltete Taufkapelle steht. Unter ihr sind einige Ausgrabungen des alten Nazareth zu erkennen.

Im Hof weiter nach Norden gehend, sieht man die Josephskirche (rechts) und erreicht den Ausgang (links).

Verkündigungskirche, Inneres (Fortsetzung)

Taufkapelle

Weitere Sehenswürdigkeiten

Josephskirche

Die 1914 geweihte Josephskirche steht über einer Höhle, die als Werkstatt des Joseph gilt; hier findet man Reste einer Zisterne und einige Vorratsgruben, die wohl zum Dorf aus der Zeit Jesu gehören.

Synagogenkirche

Inmitten der Marktgassen erreicht man unweit westlich die Synagogenkirche, in der die griechisch-katholischen Melchiten ihre Gottesdienste abhalten. Links vom Kirchenportal führt eine Tür hinab zu der Synagoge, die angeblich Jesus besucht hat. Tatsächlich stammen die spärlichen Baureste wohl aus dem 6. Jahrhundert.

Mensa Christi

Die einige hundert Meter westlich der Synagogenkirche gelegene Franziskanerkirche 'Mensa Christi' wurde 1861 erbaut. Sie birgt in ihrem Inneren den 3,60 m langen und 3 m breiten Felsblock, an dem der auferstandene Christus mit seinen Jüngern gegessen haben soll.

Salesianerkloster

Von der Mensa Christi führt ein Zickzackweg hinauf zum beherrschend gelegenen Kloster der französischen Salesianer mit der Basilika zum jugendlichen Jesus. Die Kirche wurde 1918 errichtet. Die marmorne Statue über dem Hochaltar zeigt Jesus im Alter von 16 Jahren.
Schön ist von hier oben der Blick auf Nazareth.

Marienbrunnen/
Gabrielskirche

Ca. 1,5 km nordöstlich der Verkündigungskirche steht nahe der Hauptstraße nach Tiberias der Marienbrunnen. Die orthodoxe Überlieferung stützt sich auf ein apokryphes Evangelium, dem zufolge der Erzengel Gabriel der Jungfrau zuerst am Dorfbrunnen erschienen ist. Der danach benannte Marienbrunnen ist modern und steht nicht genau an der Stelle des alten Brunnens. Dieser befindet sich vielmehr unter dem Altar der unweit nördlich stehenden griechisch-orthodoxen Gabrielskirche, die auch wegen der Architektur-Ornamentik einen Besuch lohnt.

Nazareth: Salesianerkloster ...   *... und Marienbrunnen*

Umgebung von Nazareth

Gut 5 km nordwestlich liegt ⟶ Zippori mit Ruinen einer Kreuzfahrerkirche. Etwa gleich weit entfernt im Nordosten Kafr Kana (⟶ Kana), die Stätte der Hochzeit zu Kana.

Zippori/Kana

Die Stadt ⟶ Afula erreicht man 11 km südlich von Nazareth, von hier kann man weiter nach Nordosten fahren und gelangt zum ⟶ Berg Tabor.

Afula, Berg Tabor

Nebi Musa / Nabi Musa   H 4

Westjordanland

Das islamische Heiligtum Nebi Musa (Nabi Musa, Prophet Moses) liegt in der zum israelisch besetzten Westjordanland gehörenden Wüste Juda südlich von Jericho. Von Jerusalem in Richtung Totes Meer fahrend, biegt man bei km 28 rechts ab und kommt auf asphaltierter Straße nach 1 km zu dem Heiligtum.

Lage und Bedeutung

Moses hatte am Ende der großen Wanderung von Ägypten durch den Sinai, die Wüsten Zin und Paran und das Edomiterland das verheißene Land noch sehen, aber nicht mehr betreten dürfen. Vom 808 m hohen Berg Nebo (südwestlich von Amman) blickte er auf das 1200 m tiefer gelegene Tote Meer, das Jordantal und die Oase von Jericho, das sein Volk unter Josuas Führung als erste Stadt westlich des Jordans erobern sollte. Moses wurde "im Tal, im Lande Moab begraben, und niemand hat sein Grab erfahren bis auf den heutigen Tag" (5. Buch Mose 34,1–6). Gleichwohl vermutet eine alte Überlieferung das Grab des Moses westlich des Jordans an der Stelle von Nebi Musa. Sie geht wohl auf christliche Pilger des Mittelalters zurück und wurde von den Moslems fortgeführt. Saladin (12. Jh.) hat diesen Ort gekannt, und der Mameluckensultan Baibars (1260–1277) hat eine Moschee mit dem großen Kenotaph für Moses erbaut. Im 15. Jh. wurden Unterkünfte für die Pilger hinzugefügt.

Geschichte

Die Moschee mit den Anbauten liegt beherrschend auf einem Hügel, an dessen Hang sich ein weites islamisches Gräberfeld erstreckt; hier ruhen Moslems, die dem Propheten noch im Tode nahe sein wollen.
Die Oster- bzw. Passahzeit von Christen und Juden ist auch die Zeit, in die die Moslems nach Nebi Musa pilgern. So kam es in der osmanischen Zeit vielfach zu Ausschreitungen gegen Christen, während in der britischen Mandatszeit die Juden häufig angefeindet wurden.

Sehenswertes

Nebi Samwil / Nabi Samuel   H 4

Westjordanland

Nebi Samwil (Nabi Samuel), ein nach dem Propheten Samuel benanntes arabisches Dorf, wo das Grab des Propheten verehrt wird, liegt 9 km nordwestlich von Jerusalem im israelisch besetzten Westjordanland.
Man erreicht es, wenn man Jerusalem in Richtung Ramallah verläßt und hinter Shufat links abbiegt; oder man nimmt die Straße, die durch die Jerusalemer Stadtteile Mahanayim und Sanhedriya nach Nordwesten führt.
Im Jahre 1948 war Nebi Samwil ein Stützpunkt der Araber während der arabisch-jüdischen Kämpfe; seit 1967 besuchen auch jüdische Pilger wieder diese Stätte.

Lage und Bedeutung

Den 885 m hohen Berg beim Dorf nannten die Kreuzfahrer 'Mons gaudii' (Berg der Freude), weil sie von hier den ersten Blick auf Jerusalem werfen

Sehenswertes

Nebi Samwil,
Sehenswertes
(Fortsetzung)

konnten. Sie errichteten hier im 12. Jh. (wie schon Kaiser Justinian im 6. Jh.) eine Kirche, die später von den Moslems in eine Moschee umgewandelt wurde. In dieser weithin sichtbaren Moschee steht der Kenotaph für Samuel, der im nahen Zuph/Givat Shaul lebte (⟶ Ramallah, Umgebung) und der Überlieferung zufolge hier bestattet ist. Das Grab Samuels, der auch von den Moslems als Prophet verehrt wird, befindet sich, ähnlich wie die Patriarchengräber in ⟶ Hebron, in einer unter der Moschee gelegenen Höhle. Vom Dach der wuchtigen Moschee bietet sich ein weiter Ausblick.

Negev F–H 5–8

Süddistrikt

Lage und
Allgemeines

Der Negev (hebräisch 'Wüste','trockenes Land'), der südlichste Teil Israels, wird im Westen von der ägyptisch-israelischen Grenze und dem Gaza-Streifen, im Osten von der Arava-Senke und im Norden etwa von der Linie Gaza – En Gedi begrenzt. Geographisch geht er im Südwesten in das Sinaigebiet über. Größte Stadt dieses riesigen Dreieckes ist Beersheba (Be'er Sheva) an der Grenze zwischen dem durch Bewässerung fruchtbar gewordenen Nordnegev und dem ariden Negev.

Geschichte

Der Negev dürfte zwischen 10 000 und 7500 v. Chr. ein Trockenraum geworden sein. Abraham kam von Norden bis Beersheba. Im späteren 2. Jt. v. Chr. lebten im Negev drei Völker: im Norden, um Arad, die am weitesten nach Süden vorgedrungenen Kanaanäer; im Süden die Amalekiter, die David um 1000 v. Chr. ausrottete; im Osten, um die Arava-Senke, die Edomiter, die im 6. Jh. v. Chr. nach Norden wanderten, sich zwischen Beersheba und Hebron niederließen und nun Idumäer genannt wurden.
Vom 1. Jh. v. Chr. an suchten die Nabatäer von ihrer Hauptstadt Petra aus den Negev zu besiedeln und landwirtschaftlich zu nutzen. Dies gelang ihnen mit Hilfe ausgeklügelter Bewässerungsmethoden; Städte wie ⟶ Avdat, Subeita (⟶ Shivta) oder Mampsis (⟶ Mamshit) entstanden. Die Byzantiner übernahmen im 4.–6. Jh. diese Kultur und bauten sie aus. Nach dem Einbruch der Araber, die in anderen Ländern viel für die Bewässerung getan haben, verfielen die Bewässerungsanlagen; der Negev wurde für mehr als 1000 Jahre trockenes, nur von Beduinen bewohntes Land.
Das änderte sich, als jüdische Siedler sich hier niederließen. Den entscheidenden Anstoß, das Land wieder fruchtbar zu machen, gab David Ben Gurion, der dem Kibbuz ⟶ Sede Boqer angehörte und dort eine Universität zur Erforschung des Negev schuf. Wissenschaftliche Grundlagen dazu erarbeitete der aus Deutschland stammende Botaniker Michael Evenari (⟶ Berühmte Persönlichkeiten), der u.a. bei Avdat eine Farm nach nabatäischem Muster anlegte und in Beersheba ein Pflanzenforschungsinstitut gründete. Von größter Bedeutung für die Neubesiedlung ist die Anlage einer Leitung, die Wasser aus dem Norden Israels in den Negev bringt.

Landschaftliche
Gliederung

Man gliedert den Negev in sechs Gebiete: die nordwestliche Küstenebene, das Tal von Beersheba, die Negev-Berge, eine Hochfläche im Bereich der Wüste Paran, die Arava-Senke und die Berge von Elat im Süden.
Die nordwestliche Küstenebene, eine dicht besiedelte Region, umfaßt auch den Gaza-Streifen. Sie ist reich an Wasservorkommen und stellt eine Verbindung her zwischen der judäischen Küstenebene und der Ebene von El Arish im Norden des Sinai.
Das Tal von Beersheba wird durch den Nahal Be'er Sheva, der während der meisten Monate des Jahres trocken ist, geteilt. Im Osten, zwischen Arad und Dimona, ist diese Ebene schmal. Bei den Sanddünen von Haluza wird sie breiter. Bei Bewässerung kann dieses Gebiet landwirtschaftlich genutzt werden.

Wüstenszenerie im Negev

Landschaftliche
Gliederung
(Fortsetzung)

Nach Süden hin steigt das Land in den Negev-Bergen an und erreicht im Har Ramon 1035 m. Die stark zerklüfteten Negev-Berge beherrschen den Mittelteil des Gebietes. Kennzeichnend sind Schluchten und Krater (→ Maktesh Ramon). Der größte Teil des Regens, der hier fällt, sammelt sich im Nahal Zin, der zur Arava-Senke fließt und von dort ins Tote Meer gelangt.

Südwestlich schließt sich die Wüste Paran (Midbar Paran) an, Teil eines Plateaus, das im Sinai 600 m über dem Meeresspiegel beginnt und bis zum Nordosten der Arava-Senke reicht. Hier fließt der Nahal Paran, der meist trocken ist, während der Regenperioden jedoch zu einem mächtigen Strom anschwillt. Nach Osten hin fällt der Negev zur Arava-Senke ab, die, wie auch der Jordan und das Tote Meer, dem syrisch-afrikanischen Grabensystem zuzurechnen ist.

Die Berge von Elat gehören, geologisch gesehen, zum Massiv der Sinai-Halbinsel. Sie reichen von Elat aus etwa 30 km nach Norden, und dieses Bergland umfaßt auch das Kupferbergwerk Timna. Weicher Sandstein – weiß, gelb oder rosa gefärbt – baut diese Berge auf, in denen man u.a. Eisen- und Kupfererze findet.

Bevölkerung

Die Zuwanderung jüdischer Siedler und der verstärkte Ausbau der Bewässerungsanlagen sowie die Errichtung touristischer Anlagen am Golf von Aqaba haben in den letzten Jahrzehnten zu einer überaus starken Bevölkerungszunahme im Negev geführt. Während in der britischen Mandatszeit etwa 12 000 Menschen dort lebten (90% Beduinen und 10% vorwiegend jüdische Siedler), sind es heute über 230 000 Menschen, davon 38 000 Beduinen.

Rundfahrten

Hat man sein Standquartier in Beersheba, Arad oder Elat, so kann man die Landschaften und antiken Stätten des Negev auf den wenigen ausgebauten Straßen (Umgebung von → Beersheba und → Elat) erreichen. Ferner sind organisierte Fahrten im Geländewagen möglich.

Netanya / Nethanya / Nathanya   G 3

Zentraldistrikt
Höhe: 20 m ü.d.M.
Einwohnerzahl: 105 000

Lage und Bedeutung

Netanya (Nethanya, Nathanya), 32 km nördlich von Tel Aviv und 63 km südlich von Haifa am Mittelmeer gelegen, ist wegen seines angenehmen Klimas und seines schönen, mehr als 10 km langen Sandstrandes ein beliebter Ferien- und Badeort. Es gibt hier über 30 Hotels, die allerdings überwiegend zur mittleren bzw. einfacheren Kategorie gehören (auch bei den Restaurants sollte man seine Erwartungen nicht zu hoch schrauben!).

Geschichte

Mitten in den Sanddünen der Sharon-Ebene wurde Netanya 1928 gegründet. Die Gründer gehörten der zu Ehren von Baron Edmond (Binyamin) de Rothschild benannten Organisation Bene Binyamin an und gaben ihrer Siedlung den Namen nach dem amerikanisch-jüdischen Philanthropen Nathan Strauss. Bis zur Trockenlegung des → Emeq Hefer nach 1930 und dem Bau von Straßen war die zunächst dörfliche Siedlung nur zu Fuß oder zu Pferde vom 17 km östlich gelegenen Bahnhof Tulkarm aus zu erreichen. Im Zweiten Weltkrieg schufen Einwanderer aus Antwerpen eine Diamantenschleiferei, die im Dienst der Kriegswirtschaft stand. Seit 1945 arbeitet sie vorwiegend für den Bedarf der Schmuckindustrie. In den folgenden Jahren hat sich Netanya zu einer blühenden Stadt entwickelt, mit gesunder Infrastruktur, einer wirtschaftlich bedeutenden Industriezone und gut ausgebautem touristischem Angebot.

Stadtbild

Die Hauptstraße der Stadt ist nach Theodor Herzl benannt, an ihr liegen zahlreiche Lokale und Geschäfte. Die Herzl-Straße beginnt im Osten an der Überlandstraße Tel Aviv – Haifa, passiert in ihrem Verlauf nach Westen

Der Haatzmaut-Platz in Netanya

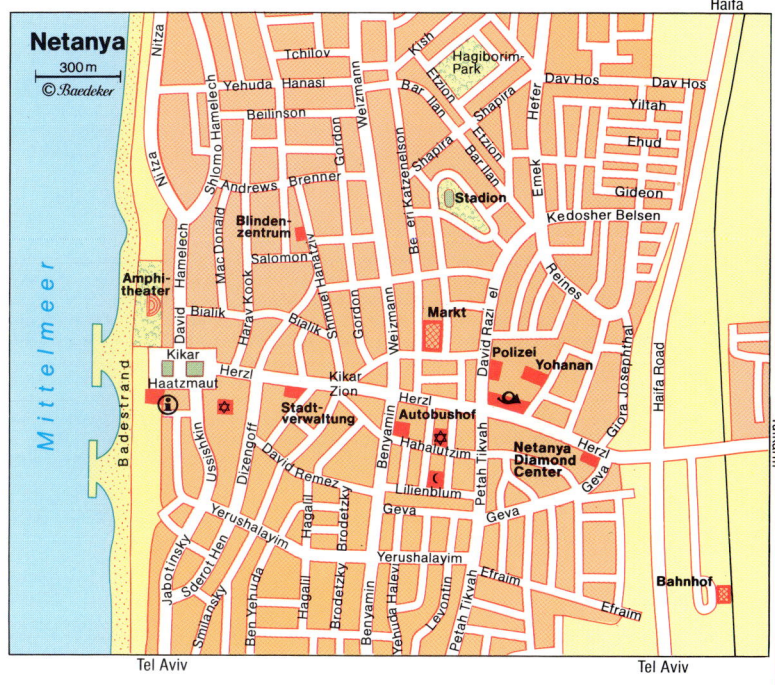

Netanya

300 m

© Baedeker

Mittelmeer

Netanya
Haifa

hin die Hauptpost (Ecke David Raziel), die Hauptsynagoge, den Autobushof (Benyamin-Boulevard), die zentrale Taxistelle (Zion-Platz) und das Rathaus, ehe sie den Haatzmaut-Platz (Kikar Haatzmaut) mit seinen Wasser- und Grünanlagen erreicht. An der dem Meer zugewandten Seite liegt das Informationsbüro, die Nordseite grenzt an einen kleinen Park mit einem modernen, zum Meer hin geöffneten Amphitheater. Am Haatzmaut-Platz findet man Restaurants in großer Zahl, die Hotels dagegen liegen an den nordsüdlich verlaufenden Straßen, fast alle mit Blick auf das Meer.

Ein Boulevard, südlich der Herzl-Straße als Benyamin-Boulevard und nördlich von ihr als Weizmann-Boulevard bezeichnet, bildet die Nordsüdachse des Ortes. In einer Parallelstraße des Weizmann-Boulevard erreicht man den Markt mit einem umfangreichen Angebot an frischem Obst und Gemüse, Fleisch und Fisch. Vom Weizmann-Boulevard in westlicher Richtung gehend, kommt man zu dem nach dem Zweiten Weltkrieg errichteten Rehabilitationszentrum für Blinde, zu dem eine Bibliothek mit Werken in Braille-Schrift und ein Museum (Kunstausstellungen) gehören. Sehenswert sind ferner die Diamantenverarbeitungsanlagen mit Ausstellungsräumen im Osten der Stadt (Herzl Street 90).

Stadtbild (Fortsetzung)

Umgebung von Netanya

In dem 4 km nördlich des Ortszentrums gelegenen Moshav Avihayil kann das Jewish Legion Museum besichtigt werden. Die Exponate geben einen Einblick über die Leistungen der jüdischen Militäreinheiten in der britischen Armee während des Ersten Weltkriegs.

Jewish Legion Museum

329

Ca. 25 km nördlich von Netanya liegt die ausgedehnte Ruinenstadt
⟶ Caesarea.

Tel Aviv

Bis nach ⟶ Tel Aviv sind gut 30 km in südlicher Richtung zurückzulegen.

Paran   G/H 7

Süddistrikt

Verlauf und
Allgemeines

Der Fluß Paran, hebräisch Nahal Paran, bildet das längste Tal im Negev.
Zunächst nach Norden gerichtet, wendet es sich da, wo es von der Straße
Elat – Gerofit – Avdat – Beersheba durchquert wird, nach Osten und endet
in der Arava-Senke südlich des Toten Meeres.
Fast das ganze Jahr wasserlos, verwandelt sich der Paran während der
Regenzeit in einen 'reißenden Fluß' (arab. Wadi Girafi). In der Gegend der
Straße Elat – Beersheba erlebt man das Wadi als wildes Erosionstal, während man auf der Straße Elat – Totes Meer seinen flachen, breiten unteren
Teil durchfährt. Hält man beim 1971 gegründeten Moshav Paran nahe dieser Straße an, so sieht man im Osten die Berge von Edom, in deren Gipfel-
linie man den charakteristischen Umriß des 60 km entfernten, 1386 m
hohen Djebel Hor (Aaronsberg) bei der Nabatäer-Hauptstadt Petra in Jordanien erkennen kann.

Biblische
Geschichte

Der Paran und die umgebende Wüste waren eine wichtige Station beim
Zug der Israeliten aus Ägypten ins Gelobte Land. Sie kamen vom Sinai in
den Paran (4. Buch Mose 10,12). Von hier sandte Moses die Kundschafter
aus, die ins Kanaanäerland gingen und bis Hebron kamen. Sie wanderten
dann weiter nordwärts zur Wüste Zin, die sich zwischen der Quelle von
Avdat (⟶ En Avdat) und der Arava-Senke erstreckt (4. Buch Mose 20,1).
Da der König von Edom den Durchzug verwehrte, wandte das Volk sich
ostwärts, durchquerte die Arava und kam zum Berge Hor, auf dessen Gipfel Aaron, der Bruder des Moses, starb und begraben wurde (4. Buch Mose
20,22–29); auf dem Djebel Hor bei Petra wird sein Grab verehrt. Weiter
führte der Weg des wandernden Volkes durch das ostjordanische Moab
und ins Land der Ammoniter, wo Moses schließlich, nachdem er das
Gelobte Land noch hatte sehen dürfen, starb (5. Buch Mose 34). Noch
in seinem letzten Segen nannte Moses die Landschaft Paran: "Der Herr
ist vom Sinai gekommen und ist erschienen vom Berge Paran" (5. Buch
Mose 33,2).

Qarne Hittim

⟶ Hörner von Hittim

Qumran   H 4

Westjordanland
Höhe: 330 m unter d.M.

Lage und
Bedeutung

Qumran, 20 km südlich von Jericho im israelisch besetzten Westjordanland gelegen, wurde berühmt, als 1947 ein Beduinenjunge in einer Höhle
die ersten 'Schriftrollen vom Toten Meer' fand und daraufhin die klosterähnliche Anlage der Essener ausgegraben wurde, aus der die Schriftrollen
stammten.

Höhlen von Qumran: Fundort der berühmten Schriftrollen ▶

Qumran

Die Beduinen vom Stamm Ta'amira brachten ihre ersten Funde 1947 nach Bethlehem und wurden dann nach Jerusalem verwiesen. Dort erkannte der Metropolit Jeshue Samuel vom syrischen Markuskloster, daß die Texte in Hebräisch abgefaßt waren, und erwarb fünf Rollen, mit denen er in die USA ging, nachdem sein Kloster im arabisch-israelischen Krieg 1948 beschädigt worden war. In Amerika stellte er sie mehrmals aus, bis er einen zunächst anonymen Käufer fand. Es war der israelische General und Archäologe Yigael Yadin, der die Rollen für 250 000 Dollar erwarb und nach Israel brachte. Dort baute man für sie den 'Schrein des Buches' im Israel-Museum. Fünf andere Rollen konnte Yadins Vater E. L. Sukenik 1947 von einem Antiquitätenhändler in Jerusalem erwerben, zwei Kupferrollen kamen in den Besitz der jordanischen Regierung und befinden sich heute im Museum von Amman.

Insgesamt wurden bis jetzt in elf Höhlen von Qumran über 500 hebräische, aramäische, gelegentlich auch griechische Handschriften gefunden, davon etwa zehn fast vollständig erhaltene. Fast alle Texte sind auf Pergament geschrieben, aufbewahrt waren die Rollen in Tonkrügen mit Deckel. Aus dem 1. Jh. v. und n. Chr. stammend, sind sie die ältesten Bibelhandschriften. Sie umfassen alle Bücher des Alten Testamentes außer Esther, dazu Apokryphen wie den hebräischen Text des vorher nur in Übersetzungen bekannten Buches Sirach und Schriften der Gemeinschaft von Qumran, darunter die über 3 m lange Rolle, die in 54 Kolumnen das gesamte Buch Jesaja enthält, und die 2 m lange Rolle mit den Lebensregeln der Essener von Qumran. Dazu kommen Privaturkunden in hebräischer, aramäischer, griechischer, seltener auch in nabatäischer und lateinischer Sprache sowie Briefe, u.a. von Bar Kochba, gefunden in den Wadis südlich von Qumran.

Bis heute sind noch nicht alle der Schriftrollen, die zwischen 1947 und 1956 gefunden wurden, entschlüsselt und veröffentlicht. Insbesondere die schlechter erhaltenen und in Hunderte von Fragmenten zerfallenen Rollen stellen die Gruppe von ca. 20 Forschern, die derzeit an dem Projekt arbeiten, immer wieder vor ernsthafte Probleme. Man nimmt an, daß es noch bis zum Jahr 2000 dauern wird, bis das gesamte Material ausgewertet ist. Die bisherige Entzifferung der Texte auf den Schriftrollen, deren Entdeckung Albright schon 1948 als 'größten Handschriftenfund der Neuzeit' klassifiziert hat, war in dreifacher Hinsicht aufschlußreich: 1. beim Vergleich der Texte mit späteren Bibelhandschriften zeigte sich, wie außerordentlich verläßlich die biblische Textüberlieferung über Jahrhunderte gewesen ist; 2. die Kenntnis über die religiöse Gruppe der Essener, von der man vorher nur aus literarischen Zeugnissen jüdischer und römischer Autoren wie Philo, Flavius Josephus und Plinius wußte, wurden vertieft und erweitert; 3. die Funde haben erwiesen, daß Qumran das Zentrum dieser Gemeinschaft war.

Die Essener waren neben Sadduzäern und Pharisäern die dritte religiöse Partei der Juden. Sie entstand, als es um 150 v. Chr. zu Konflikten um Tempel und Tempeldienst zu Jerusalem kam. Der Protest der Essener richtete sich gegen die Personalunion von Königstum und Hohepriesteramt, gegen erstarrte, veräußerlichte Tempelriten und den Einfluß des Hellenismus. An Stelle der abtrünnigen Jerusalemer Kultgemeinde wollten sie das wahre Israel sein. Die etwa 4000 Mitglieder, die verstreut im Lande lebten, schufen sich ihren Mittelpunkt in Qumran, wo ca. 200 Essener ihren Wohnort hatten.
Diese Anlage wurde bald nach 150 v. Chr. über Resten einer Siedlung des 9.–6. Jh.s v. Chr. gegründet. Sie wurde 31 v. Chr. durch ein Erdbeben zerstört, wieder aufgebaut und 68 n. Chr. von römischen Truppen während des Jüdischen Krieges endgültig zerstört, nachdem die Bewohner Bibliothek, Archive und andere Schätze in den benachbarten Höhlen verborgen hatten, wo sie die Zeiten überdauert haben. Während des Bar-Kochba-Aufstandes 132–135 war Qumran noch einmal kurz bewohnt.

In den gut 200 Jahren des Bestehens ihrer Gemeinschaft praktizierten die Essener in Qumran ein streng geregeltes Gemeinschaftsleben. Wer nach mehrjährigem Noviziat mit dem Taufbad aufgenommen wurde, brachte sein Vermögen ein. Nach ritueller Reinigung versammelten die Mitglieder sich zu den Mahlzeiten, bei denen feierlich das Brot gebrochen und der Wein dargeboten wurde. Man widmete sich Bibelstudien und lobte Gott mit Dankeshymnen. Landwirtschaft wurde im nahen → En Gedi betrieben. Ziele waren äußerste Bedürfnislosigkeit, Frömmigkeit und vor allem Reinheit (weiße Kleider, Diät, Bäder). Christoph Burchard sieht in dieser Gruppe weder Orden noch Sekte, sondern eine 'streng jüdische, thoragebundene, eschatologisch radikalisierte religiöse Heiligungsbewegung'. An ihrer Spitze stand der 'Lehrer der Gerechtigkeit', ein Priester zadokidischer Abstammung. Bestimmende Elemente der Theologie von Qumran waren die Messias-Erwartung und die dualistische Lehre vom endzeitlichen Kampf der Söhne des Lichtes mit den Söhnen der Finsternis, der auf einer fast 3 m langen Schriftrolle geschildert wird.

Es gilt als wahrscheinlich, daß Johannes der Täufer wenigstens zeitweise der Essenergemeinde angehört hat und daß die Lehre von Qumran ihre Nachwirkungen im Neuen Testament und bei der jüdischen Sekte der Karäer hat.

Geschichte (Fortsetzung)

Sehenswertes

Die klosterähnliche Anlage der Essener war einstmals von einer hohen Mauer umgeben. Man fand innerhalb des Komplexes keine Wohn- und Schlafräume (die Essener schliefen vermutlich in den Höhlen der Umgebung), daher wird das Ausgrabungsgebiet von Qumran nur mit Einschränkungen als Kloster bezeichnet.

Nahe des Eingangs stehen Reste eines Turmes. Links dahinter ist ein Hof, den auf der einen Seite die Küche (neben dem Turm), auf der anderen das

*Klosteranlage

Reste der Klosteranlage in Qumran

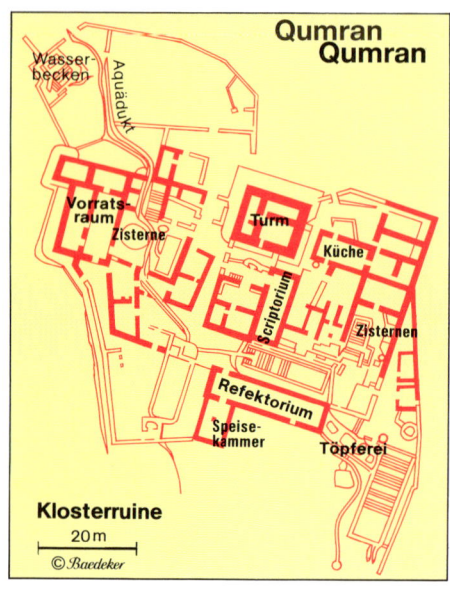

Qumran
Qumran

Vorrats-
raum
Zisterne
Turm
Küche
Scriptorium
Zisternen
Refektorium
Speise-
kammer
Töpferei
Wasser-
becken
Aquädukt

Klosterruine

20 m

© Baedeker

Hauptgebäude (37,5 x 37,5 m) begrenzen. Dessen Südteil nimmt der 24 mal 4,5 m große Versammlungs- und Speisesaal ein. Im Obergeschoß war ein Raum für Schreiber, in einem Nebenraum fand man 1700 Tongefäße. Auch lag hier ein Tondekkelgefäß zum Aufbewahren der Handschriften, wie sie von den Höhlenfunden bekannt waren. Die Töpferei ist ebenso wie zwei beim Erdbeben von 31 v. Chr. beschädigte Zisternen östlich des Hauptgebäudes zu sehen. Im Westteil des Bezirkes führte ein Aquädukt Wasser in Bassins für rituelle Waschungen, außerdem gibt es hier eine Zisterne aus früherer, israelitischer Zeit, ein Vorratsraum, Brenn- und Backofen.

Höhlen
Geht man jenseits des Gebäudekomplexes ins Freie, so hat man einen beeindruckenden Blick über einen tiefen Taleinschnitt hinüber zu den Bergen, in deren Höhlen die Schriftrollen gefunden wurden (zugänglich sind sie nur im Rahmen von Klettertouren).

Ramallah   H 4

Westjordanland
Höhe: 870 m ü.d.M.
Einwohnerzahl: 15 000 (mit Bira 24 000)

Lage und
Allgemeines

Ramallah, eine Stadt mit christlicher und moslemischer Bevölkerung, liegt 15 km nördlich von Jerusalem im Westjordanland. Die Stadt wurde nach dem Teilautonomie-Abkommen von Taba von den israelischen Truppen geräumt und wird seither von den Palästinensern verwaltet. Der Höhenluftkurort – Ramallah liegt auf einem Höhenzug und erfreut sich eines angenehmen Klimas – erlebt in jüngster Zeit einen Wirtschaftsboom (vor allem im Bausektor).

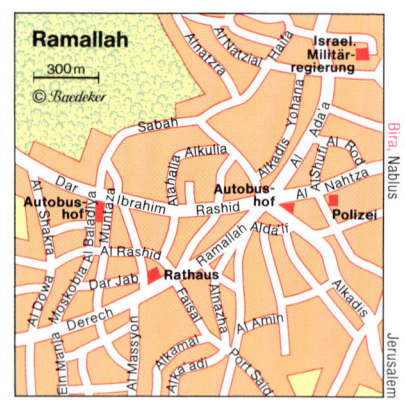

Ramallah

300 m

© Baedeker

Israel.
Militär-
regierung

Alhanza
Al Natzlat
Halla
Ada
Al Rod
Al Nahtza
Sabah
Alkulia
Alkadis
Yonana
Alshut
Polizei
Dar
Ibrahim
Autobus-
hof
Al
Ramallah
Rashid
Al Dati
Autobus-
hof
Al
Shakra
Almuntaza
Al Baldota
Rathaus
Al Rashid
Alhanza
Dar Jab
Alkadis
Al Dowa
Mostopha
Faisal
Al Amin
Ein Mania
Derech
Almassyon
Attkamal
Atkadi
Massyon
Port Said
Bira, Nablus
Jerusalem

Geschichte

Ramallah, das heute an die arabische Ortschaft Bira grenzt, wurde im 14. Jh. von Christen gegründet, die aus Shobak (Jordanien) vertrieben worden waren. Im 19. Jh. hat die katholische Kirche eine Gemeinde gebildet und Schulen eingerichtet.

Nordwestlich des Stadtzentrums sieht man an der Straße nach En Qinya die Ruine einer Kirche und eines Klosters aus byzantinischer Zeit. Auf einer Anhöhe über dem Ort finden sich noch Reste einer fränkischen Kirche.

Ramallah, Stadtbild (Fortsetzung)

Umgebung von Ramallah

Ca. 4 km nordöstlich liegt das arabische Dorf Beitin, das Betel (Haus Gottes) des Alten Testamentes. Östlich dieser Stadt errichtete der von Norden einwandernde Abraham – wie zuvor in Sichem (→ Nablus) – einen Altar (1. Buch Mose 12,8). Nach der Eroberung des Landes durch Josua gehörte Betel dem Stamm Benjamin (Josua 18,13) und wurde später vom Stamm Ephraim zerstört (Buch der Richter 1,22). Nach der Reichsteilung errichtete Jerobeam, König des Nordreiches, je ein Heiligtum für ein goldenes Kalb in → Dan und Betel. Dieses wurde 621 v. Chr. von König Josua beseitigt. In römischer Zeit lag hier die Garnison, die 70 n. Chr. Jerusalem einnahm. Im 5. Jh. war Betel christlich. Auf den Ruinen einer byzantinischen Kirche erbauten Moslems 1892 eine Moschee. Amerikaner haben im Norden und Osten des Dorfes gegraben; die Ruinen einer Kreuzfahrerburg liegen im Südosten.

Beitin

Ramla / Ramle   G 4

Zentraldistrikt
Höhe: 70 m ü.d.M.
Einwohnerzahl: 40 000

Die Stadt Ramla (arabisch Ramle) liegt 19 km südöstlich von Tel Aviv an der Straße nach Jerusalem und an der Nord-Süd-Verbindung Haifa-Beersheba. In der Stadt gibt es mehrere Bauwerke aus islamischer und christlicher Zeit, darunter den Weißen Turm und die auf die Kreuzfahrerzeit zurückgehende Große Moschee.

Lage und Bedeutung

Im Jahre 716 gründete Kalif Suleiman, der zweite Sohn von Abd el-Malik, dem Erbauer des Felsendoms in → Jerusalem, die Stadt und nannte sie nach der Bodenbeschaffenheit der Gegend Ramle (Sand). Palast- und Moscheebauten gaben ihr den Glanz der in Damaskus residierenden Omaijadendynastie. Als diese 750 von den Abbasiden abgelöst worden war, kamen strenggläubige Sufis aus der neuen Kalifenresidenz Bagdad nach Ramle, wo sich neben ihnen auch sunnitische und schiitische Moslems sowie einheimische und Diasporajuden niederließen, ferner die jüdische Sekte der Karäer. Diese im 8. Jh. in Babylon entstandene Gruppe, die nur das geschriebene Gesetz der Thora, nicht aber die im Talmud gesammelte Überlieferung gelten läßt, hat bis heute ihre größte Gemeinde in Ramla, wo 3000 ihrer rund 11 000 Angehörigen leben.
Im 11. Jh. kam es zu Plünderungen (1025), die Stadt wurde von Erdbeben (1033, 1067) heimgesucht; 1099 kamen dann die Kreuzfahrer, die hier dreimal gegen die ägyptischen Fatimiden kämpften, 1101 und 1105 waren sie erfolgreich, während sie 1102 geschlagen wurden.

Geschichte

Nach der Schlacht von Hittim (→ Hörner von Hittim) machte Saladin 1187 auch hier der Kreuzfahrerära ein Ende. 1267 begann mit der Eroberung durch Baibars die Mameluckenzeit, an die der Weiße Turm erinnert. Im 14. Jh. lebten hier neben Moslems und Juden auch christliche Mönche. Im 17. Jh. verfiel die Stadt. Napoleon übernachtete 1799 auf dem Marsch nach Akko in Ramle. 1917 legte General Allenby einen Friedhof für 200 englische Soldaten an, die beim Kampf gegen die türkischen Landesherren gefallen waren. 1936 verließen die Juden während der arabischen Unruhen die Stadt, die am 12. 7. 1948 kampflos vor israelischen Truppen kapitulierte. Von der arabischen Bevölkerung blieben damals nur etwa

Geschichte
(Fortsetzung)
1500 Menschen in der Stadt, doch ist ihre Zahl jetzt wieder auf mehr als 5000 gestiegen.

Sehenswertes

Große Moschee

Im Ostteil der Stadt erhebt sich südlich der Herzl-Straße, inmitten des orientalischen Marktes, die Große Moschee, die im 12. Jh. von den Kreuzfahrern als dreischiffige Basilika erbaut worden ist. Auf den Fundamenten ihres Glockenturmes steht jetzt das Minarett.

Kirche des
hl. Joseph

Der Herzl-Straße nach Nordwesten folgend, kommt man zur Franziskanerkirche St. Joseph. Sie ist dem in der Bibel erwähnten Joseph von Arimathia geweiht, der sein gerade fertiggestelltes Grab für die Bestattung Jesu zur Verfügung gestellt hatte.

Nikodemus-
Hospiz

Das benachbarte Nikodemus-Hospiz mit seinem Uhrturm befindet sich ebenfalls im Besitz der Franziskaner.

*Weißer Turm

Zwischen diesem Gebäudekomplex und der weiter westlich gelegenen Polizeistation geht eine Straße westlich zum Weißen Turm, den die Moslems 'Turm der 40 Gefährten des Propheten', die Christen 'Turm der 40 Märtyrer' nennen.
Dieser von Baibars nach 1267 vollendete Turm erhebt sich über quadratischem Grundriß in gotischen Formen zu einer Höhe von 27 m. Zu seiner oberen Plattform führen 128 Stufen hinauf. Anton von Prokesch-Osten, der Ramle in seinem 1831 erschienenen Reisebuch als "ein höchst anmutiges, reich umgebenes Städtchen, welches dermalen über 800 griechische und 200 mohammedanische Einwohner hat," schilderte, beschrieb auch, wie er hier oben wartete, "bis die Sonne unterging, das schöne Land der Philistäer weithin überblickend". 1799 hatte Napoleon den Turm bestiegen, 1917 benutzte ihn General Allenby als Beobachtungsstation.
Der Weiße Turm steht an der Nordseite eines weiten ummauerten Hofes, der gut 500 Jahre älter ist. An seiner Südseite haben sich beachtliche

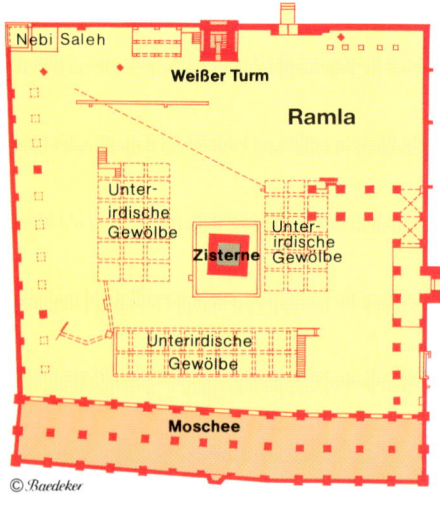

Weißer Turm

Reste der 90 m breiten, 12 m tiefen Moschee von Kalif Suleiman aus dem Jahre 716 erhalten. Im Hof befinden sich drei große unterirdische Gewölbe, die vermutlich als Lagerhäuser einer alten Karawanserei oder als Zisternen dienten. Sie wurden im 17. Jh. als Irrenanstalt, im 19. Jh. als Unterkunft der Tanzenden Derwische benützt.

Weißer Turm
(Fortsetzung)

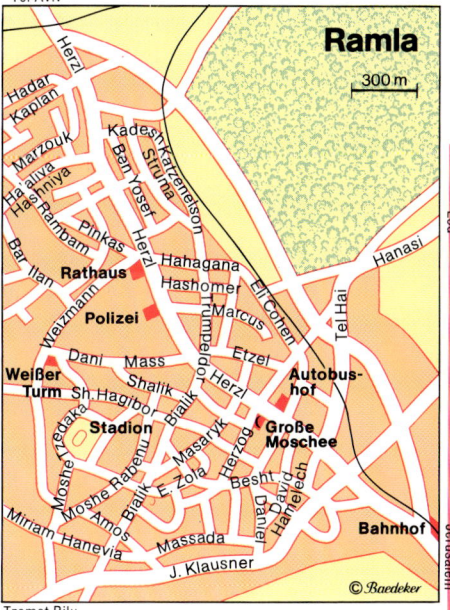

St.-Helena-Teich

Zeitlich zwischen die Moschee und den Weißen Turm gehört eine weitere Sehenswürdigkeit von Ramla. Auf einer Seitenstraße, die östlich der Polizeiwache von der Hauptstraße abzweigt, kommt man zu einer riesigen Zisterne aus der Zeit um 800. Schon die Kreuzfahrer nannten sie 'Teich der Helena' und schrieben sie der baufreudigen Kaiserin des 4. Jh.s zu, doch tatsächlich stammt sie aus der Ära des fünften Abbasidenkalifen, nämlich jenes Harun al-Raschid (766–809), der aus Tausendundeiner Nacht bekannt ist und dadurch, daß er diplomatische Kontakte mit Karl dem Großen unterhielt. Die gut 500 m² große, 9 m tiefe Zisterne wird von 24 (6 x 4) Kreuzgewölben überdacht, deren jedes an seinem Scheitelpunkt ein Schöpfloch hat, so daß 24 Kamele zu gleicher Zeit getränkt werden konnten. Eine Treppe führt in diese unterirdische Welt, deren Wasser die Gewölbe spiegelt.

Umgebung von Ramla

Ca. 3 km nördlich liegt ⟶ Lod mit griechisch-orthodoxer Georgskirche und el-Chodr-Moschee sowie dem Flughafen Ben Gurion.

Lod

Fährt man von Ramla nach Südosten, erreicht man nach 7 km den 1945 gegründeten Kibbuz Gezer. Er liegt südlich der Straße Tel Aviv – Jerusalem im Ayalontal, durch das vom Altertum an der Verbindungsweg von der Küste nach Jerusalem verläuft. Südwestlich des Dorfes erhebt sich der Tell des antiken Gezer. Seine Bedeutung erhielt der Ort durch seine Lage, die dem Besitzer die Kontrolle der Straße sicherte. Daher errichteten bereits die Ägypter, wie Ausgrabungen gezeigt haben, eine befestigte Anlage, neben der im 18. Jh. v. Chr. die Hyksos eine Burg bauten. Josua besiegte König Horam von Gezer, der dem König von ⟶ Lachisch zu Hilfe geeilt war (Josua 10,33). Bald darauf, im 12. Jh. v. Chr., fiel die Stadt an die Philister. Um 1000 v. Chr. zog David aus und "schlug das Heer der Philister von Gibeon an bis Gezer" (1. Buch der Chronik 14,16). Salomo befestigte die strategisch wichtige Stadt und versah sie an der Südseite wie ⟶ Hazor und ⟶ Megiddo mit Kasemattenmauern und einer Toranlage, deren Durchgang an beiden Seiten von drei Kammern gesäumt war. Wie in den beiden genannten Städten wurde auch hier die Wasserversorgung durch einen Tunnel, der zu einer versteckten Quelle führte, gesichert. In der Folgezeit wiederholt zerstört und wiederaufgebaut, wurde Gezer im 2. Jh. v. Chr. während des Makkabäeraufstandes von dem Makkabäer Simon eingenommen, von Götterbildern gereinigt und mit gesetzestreuen Juden

Gezer

Umgebung von
Ramla, Gezer
(Fortsetzung)

besiedelt. Die Siedlung ging bei den jüdischen Aufständen gegen Rom im 1. und 2. Jh. unter; der Platz war seitdem kaum noch bewohnt. Durch britische Archäologen (1902–1909) und amerikanische Forscher (seit 1964) sowie durch Yigael Yadin wurde der Tell Gezer gründlich erforscht, so daß ein Ausflug nach dort bei speziellem Interesse lohnt.

Latrun

Vom Kibbuz Gezer aus kommt man, in südöstlicher Richtung weiterfahrend, nach 7 km zum Kloster → Latrun.

Rehovot   G 4

Zentraldistrikt
Einwohnerzahl: 58 000

Lage und
Bedeutung

Rehovot, 21 km südöstlich von Tel Aviv in der Küstenebene gelegen, ist Mittelpunkt des Orangenanbaus, hat pharmazeutische sowie Glasindustrie und erlangte besonders als Sitz des nach dem ersten Präsidenten des Landes, Chaim Weizmann, benannten Instituts für Wissenschaften Bekanntheit.

Geschichte

Rehovot wurde 1890 von polnischen Juden als landwirtschaftliche Siedlung gegründet. Sie gruben einen Brunnen und gaben dem Ort den Namen 'Rehovot' nach dem Platz Rehovot im Negev, wo Isaak einen Brunnen schuf, den er Rehoboth nannte. Nachdem die Einwanderer anfangs Wein gezogen hatten, begannen sie um die Jahrhundertwende, Südfrüchte anzubauen. Im Rahmen der zweiten Alijah gründeten jemenitische Juden 1909 Shearaim, einen Vorort von Rehovot.
Als Rehovot zu Ende des Ersten Weltkriegs Anschluß an die Eisenbahnlinie Lod – Gaza erhielt, wurde die aufstrebende Stadt zum Mittler zwischen der Küstenebene und der Wüste Negev im Süden. Das kam ihrer Wirtschaft

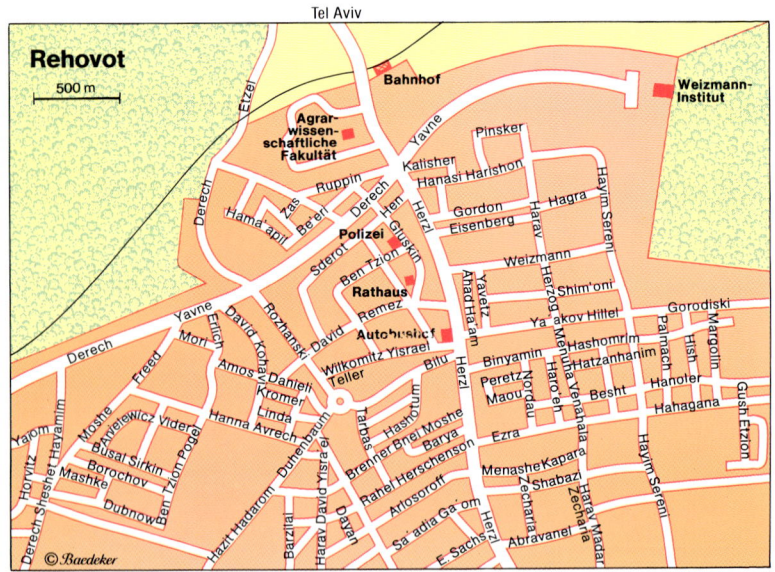

zugute: der Zitrusfrüchteexport und die industrielle Orangenverwertung nahmen zu, pharmazeutische Betriebe entstanden.

Chaim Weizmann, 1873 in Rußland geboren, hatte an mehreren westeuropäischen Universitäten Chemie studiert und sich darüber hinaus für die Ziele der zionistischen Bewegung engagiert. Er fühlte sich von der angenehmen, von Orangenduft erfüllten Landschaft angezogen und ließ sich 1920 in Rehovot nieder. Dort richtete er eine landwirtschaftliche Versuchsstation ein. 1944, als Weizmann seinen 70. Geburtstag feierte, haben seine Freunde und Bewunderer das Weizmann-Institut für Wissenschaften gegründet. Chaim Weizmann starb 1952 in Rehovot und wurde in der Nähe des Instituts beigesetzt.

Rehovot,
Geschichte
(Fortsetzung)

Sehenswertes

Das Weizmann-Institut für Wissenschaften dient auf breiter Ebene der naturwissenschaftlichen Forschung. Es hat mehrere Abteilungen – für Biologie, Physik, Chemie – und Unterabteilungen wie Pflanzengenetik und Mikrobiologie. Wissenschaftler aus aller Welt halten hier Vorträge. Etwa 1800 Personen sind an dem Institut beschäftigt; davon bereiten sich gut 500 Wissenschaftler auf Abschlußexamina vor.

Das Institut kann im Rahmen von Führungen besichtigt werden (Voranmeldung erbeten).

Weizmann-Institut

Am nördlichen Stadtrand von Rehovot steht nahe des Weizmann-Institutes das Haus, in dem Chaim Weizmann von 1949 bis 1952 lebte. Das Gebäude, das der Öffentlichkeit zugänglich ist, wurde 1937 nach einem Entwurf des bekannten Architekten Erich Mendelsohn errichtet.

Beigesetzt wurde der berühmte Wissenschaftler und Politiker im Garten seines ehemaligen Hauses.

Weizmann-Haus

Umgebung von Rehovot

Ca. 5 km südöstlich von Rehovot liegt der 1928 gegründete Kibbuz Givat Brenner (17 000 Einw.). Benannt wurde er nach dem 1921 von Arabern in Jaffa ermordeten Schriftsteller Joseph Chaim Brenner (Giv'a = Hügel, Berg). In dem Ort, heute einem der größten israelischen Kibbuzim, werden Nahrungsmittelkonserven und Ausrüstungen für Bewässerung hergestellt, daneben gibt es holzverarbeitende Industrie. In Givat Brenner lebte der Bildhauer Jacob Loutchansky, dessen Werke, inspiriert durch Begebenheiten aus der Geschichte Israels, Plätze und Gärten des Kibbuz schmükken. Auf dem Friedhof ist Yizhaq Sadeh beigesetzt (gest. 1952), Schriftsteller und Offizier der jüdischen Untergrundbewegung Haganah.

Givat Brenner

Rosh Ha'ayin   G 4

Zentraldistrikt
Einwohnerzahl: 13 000

Die Stadt Rosh Ha'ayin (Kopf der Quelle, arab. Ras el-Ain) liegt nordöstlich von Tel Aviv, 4 km jenseits von Petah Tiqwa unmittelbar östlich der Bahnlinie Lod – Hadera – Haifa in der Sharon-Ebene. Bedeutung hat sie, wie die benachbarten alten Siedlungen von Tell Afeq und Migdal Afeq, wegen ihrer Lage in der Nähe vom Quellgebiet des Yarkon, der als einer der wenigen Flüsse des Landes ganzjährig Wasser führt.

Lage und
Bedeutung

Um 1080 v. Chr. konzentrierten die Philister ihr Heer bei Afeq, während die Israeliten sich bei Eben-Ezer sammelten. In der Schlacht eroberten die Philister die aus Silo herangeführte Bundeslade (1. Buch Samuel 4,1–4),

Geschichte

Rosh Ha'ayin,
Geschichte
(Fortsetzung)

die sie zunächst nach → Ashdod brachten und später nach → Bet Shemesh zurückgaben.

In hellenistischer Zeit hieß Afeq wegen der Yarkonquellen 'Pegai'; Pompeius gab dem von ihm nach hasmonäischen Zerstörungen wiederaufge-
bauten Ort den Namen der Quellnymphe Arethusa.

Herodes legte 35 v. Chr. eine viereckige Festung an und nannte sie nach
seinem Vater Antipatris. In ihren Mauern übernachtete der Apostel Paulus,
als er im Jahre 60 von Jerusalem nach Caesarea gebracht wurde (Apostelgeschichte 23,31).

Südöstlich von Afeq/Antipatris liegt der Hügel Migdal Afeq (Migdal Zedeq).
Auch hier gab es antike und (nach Ausweis einer griechischen Inschrift)
byzantinische Anlagen, die dem Schutz der Yarkonquellen dienten. Doch
gewann dieser Platz erst in der Kreuzfahrerzeit größere Bedeutung.
Damals stand hier die Burg Mirabel, die dem Konnetabel Manasses de
Hierges gehörte. Als König Balduin III. noch mit seiner Mutter Melisende
um seine Thronrechte stritt, konnte er deren Fürsprecher und Parteigänger
Manasses 1152 in dessen Burg Mirabel gefangennehmen. Manasses
mußte das Land verlassen, der König ernannte seinen Freund Humfried
von Toron zum Konnetabel, und Königin Melisende erhielt → Nablus als
Leibgedinge, womit sie politisch ausgeschaltet war.

Nach dem Ende der Kreuzfahrerzeit benutzten Mamelucken, später Türken die Anlagen von Afeq/Antipatris als Festung. Dank seiner Wasservorkommen spielte der Platz auch in neuerer Zeit eine Rolle. 1936 leitete die
britische Mandatsverwaltung einen Teil des Quellwassers durch eine Rohrleitung nach Jerusalem. Zur Sicherung legte sie ein Militärlager an; aus diesem entwickelte sich die Stadt Rosh Ha'ayin, als nach 1948 zahlreiche
Neueinwanderer, hauptsächlich aus dem Jemen, sich hier niederließen.
1955 baute die israelische Regierung eine 100 km lange Rohrleitung von
den Yarkonquellen zum Negev. Diese wurde 1960 an die am Jordan begin-
nende große Wasserleitung quer durch Israel angeschlossen.

Sehenswertes

Tell Afeq

Auf dem Tell Afeq, westlich der Stadt, ist das große Mauerquadrat einer
befestigten Karawanserei erhalten, die im Mittelalter über der herodianischen Festung Antipatris errichtet wurde.

Burg Mirabel

Ca. 3 km südöstlich findet man auf dem Hügel Migdal Afeq die überwachsenen, noch in beachtlichen Teilen vorhandenen Reste der Burg Mirabel.

Rosh Pinna   H 2

Norddistrikt
Einwohnerzahl: 1000

Lage und
Bedeutung

Rosh Pinna, 26 km nördlich von Tiberias und 10 km östlich von Safed gelegen, heute wegen seines Flughafens für den innerisraelischen Verkehr von
Bedeutung, war das erste jüdische Dorf in Obergaliläa.

Einwanderer aus Rumänien siedelten sich 1882 in dem felsigen Land an
und nannten es nach Psalm 118,22 'Rosh Pinna' (Eckstein). Dank der
finanziellen Hilfe von Baron Edmond de Rothschild konnten sie den Boden
urbar machen und bebauen.

Umgebung von Rosh Pinna

Hazor HaGelilit

Ca. 2 km nördlich liegt die 1953 gegründete Stadt Hazor HaGelilit, die mit
ihren 5500 Einwohnern Rosh Pinna überflügelt hat. Sie ist benannt nach
dem 8 km nördlich gelegenen Tell Hazor (→ Hazor).

Im Westen führt eine landschaftlich schöne Serpentinenstraße zu der 10 km entfernten Stadt → Safed, dem einstigen Zentrum der Kabbalisten, hinauf.

Die von Rosh Pinna nach Nordosten verlaufende Straße passiert den Kibbuz Mishmar Hayarden (links) und erreicht bei der Brücke Benot Ya'akov (Töchter Jakobs) den → Jordan (8 km).

Die Brücke verdankt ihren Namen der lokalen Legende, daß der Patriarch Jakob mit seiner Familie durch diese Gegend kam und seine Töchter ihm an der Jakobsfurt das Schicksal seines Sohnes Joseph prophezeiten.
Der Überlieferung nach ist Joseph von seinen Brüdern in einen Brunnen in der Karawanserei Gov Yosef (Josephsbrunnen) geworfen und anschließend an die midianitischen Kaufleute verkauft worden, die ihn nach Ägypten brachten. Gov Yosef heißen die Karawanserei-Ruinen beim Kibbuz Ammiad, der 6 km südlich von Rosh Pinna westlich der Straße nach Tiberias liegt. Die Bibel allerdings kennt nur eine Tochter Jakobs, Dina, und lokalisiert das Geschehen an anderer Stelle: Von Jakob ausgesandt, zog Joseph von Hebron aus auf der alten Königstraße durch Samaria nach Sichem und weiter in das bei Jenin endende Dotantal, wo er seine Brüder fand und von ihnen verkauft wurde (1. Buch Mose 37,12–28).
Die Kreuzfahrer griffen die alte Tradition auf, nannten die Stelle 'Jakobs Furt' und verlegten hierhin Jakobs Kampf mit dem Engel – auch dies im Widerspruch zur Bibel, die als Schauplatz dieses Ereignisses den Fluß Jabbok (heute Nahr ez Zarqa) zwischen den Orten Amman und Djerash im heutigen Jordanien nennt (1. Buch Mose 32,24f.). König Balduin IV. sicherte den Übergang 1178 durch die Burg Chastellet, die bereits 1179 durch Saladin wieder zerstört wurde.
Im 20. Jh. war die Brücke Benot Ya'akov, die einzige über den oberen Jordan, in strategischer Hinsicht verschiedentlich von Bedeutung. Im Ersten und im Zweiten Weltkrieg stießen die Engländer von hier aus gegen Syrien vor, das im Besitz der Türken bzw. von Vichy-Frankreich war. Im Juni 1946 wurde sie von der jüdischen Untergrund-Organisation Haganah, die damit gegen die britische Mandatspolitik protestierte, zusammen mit zehn anderen Brücken gesprengt.

Eine Straße führt heute über die Brücke in Richtung → Golan-Höhen weiter.

Sabaskloster

→ Mar Saba

Safed / Zefat   H 2

Norddistrikt
Höhe: 750–834 m ü.d.M.
Einwohnerzahl: 17 000

Die Stadt Safed (hebräisch Zefat), gut 1000 m über dem Jordantal im obergaliläischen Bergland gelegen, 35 km von Tiberias, 50 km von Akko entfernt, galt seit dem 16. Jh. als eine der heiligen jüdischen Städte; denn sie war zu einem Zentrum kabbalistischer Mystik geworden. Daran erinnern mehrere Synagogen im Norden der Altstadt.
In jüngerer Zeit hat sich Safed aufgrund der schönen Umgebung und wegen des angenehmen, recht milden Klimas (Höhenlage!) zu einem beliebten Sommerurlaubsziel der Israelis entwickelt. Ausländische Touristen besuchen Safed meist im Rahmen einer Rundreise für ein oder zwei Tage.

In der Fußgängerzone von Safed

Geschichte

In der Gegend von Safed lebten im 1. und 2. Jh. mehrere Mischna- und Tal-
mudgelehrte. Die Kreuzfahrer legten 1102 eine Burg an, die nach der Eroberung durch Saladin (1188) im Jahre 1240 von französischen Templern
erneuert wurde, sich jedoch 1266 dem Mameluckensultan Baibars ergeben mußte. Zu einem jüdischen Ort wurde die Stadt im 16. Jh. unter osmanischer Herrschaft, unter der es zeitweise einen eigenen Sandschak (Gau)
bildete. Juden aus verschiedenen Teilen Europas und Nordafrikas ließen
sich hier nieder, um 1550 zählte man über 10 000. Darunter war Rabbi
Jakob Berab, der das Synedrion erneuern wollte, ferner der Rabbi Joseph
Caro, Autor des Schulchan Aruch, einer Sammlung von Lebensregeln (um
1560), und der 1531 in Jerusalem geborene Rabbi Izhak Luria, bekannt
unter dem Namen Ha'ari (der Löwe). Das erste hebräische Buch wurde
1578 in Safed gedruckt.
Im 18. Jh. ging die Bevölkerung zurück, obwohl 1778 chassidische Juden
aus Polen nach Safed wie nach Tiberias kamen. 1834 plünderten Drusen
die Stadt, die 1837 durch Erdbeben zerstört wurde. Im ausgehenden
19. Jh. jedoch begann neue Ansiedlung, so daß man je 6000 arabische
und jüdische Familien zählte. Infolge arabischer Unruhen war die Zahl der
Juden 1936 auf 1800 zurückgegangen, und zum Zeitpunkt der israelischen
Unabhängigkeit registrierte man 12 000 Araber und 1700 Juden. Eine
Gruppe von 120 Palmachkämpfern stürmte im Mai 1948 die arabischen
Stellungen, und die Araber verließen die Stadt, die seitdem rein jüdisch ist.

*Stadtbild

Die einzelnen Ortsteile von Safed verteilen sich über eine stark relieferte
Landschaft. Rund um den alten Ortskern sind in den letzten Jahrzehnten
neue, recht weit auseinanderliegende Wohnviertel entstanden. Der Tourismus konzentriert sich vorwiegend auf den Berg Kanaan (960 m ü.d.M.) im
Osten der Stadt. Hier findet man nicht nur Hotels, sondern auch Picknickplätze und Aussichtspunkte.
Das Zentrum von Safed überzeugt weniger durch künstlerisch herausragende Bauten, sondern vielmehr durch sein recht ansprechendes und viel

Atmosphäre ausstrahlendes Stadtbild. Haupteinkaufsstraße ist die teilweise als Fußgängerzone gestaltete Rehov Yerushalayim mit einigen Straßencafés. Von ihrem südlichen Ende gelangt man in das Künstlerviertel der Stadt und kann von hier in nordwestlicher Richtung weitergehen, um die Altstadt mit ihren zahlreichen Synagogen zu erkunden.

Stadtbild
(Fortsetzung)

Sehenswertes

Wegen der schönen Aussicht lohnt ein Spaziergang hinauf zum 834 m hohen Burgberg der Stadt (Hametzuda). Man entdeckt hier inmitten eines Parkgeländes spärliche Reste einer Kreuzfahrerfestung und ein Denkmal, das an die Gefallenen von 1948 erinnert.

Hametzuda

Am Nordhang des Hametzuda befindet sich in einem in der zweiten Hälfte des 19. Jh.s entstandenen Gebäude, einst die Residenz eines türkischen Pascha, das Israelische Bibelmuseum. Es entstand 1985 auf Betreiben des jüdisch-amerikanischen Künstlers Phillip Ratner. Hunderte seiner Bilder und Skulpturen, die Szenen aus der Bibel darstellen, sind hier ausgestellt. Zu den Exponaten gehören ferner Arbeiten des Malers und Bildhauers Enrico Glicenstein (1870–1942).

Israelisches
Bibelmuseum

Verläßt man den Burgberg in westlicher Richtung, so trifft man jenseits der Rehov Yerushalayim auf das Davidka-Denkmal. Die Davidka ist eine kleine, mit bescheidenen Mitteln konstruierte Kanone, die allerdings einen Höllenlärm verursachte und am 14. Mai 1948 die letzten Araber aus Safed vertrieb.

Davidka

Der Rehov Yerushalayim in südlicher Richtung folgend, erreicht man das Künstlerviertel. Es entstand in den bis 1948 arabischen Wohngebieten der Stadt. In den niedrigen verschachtelten Häuschen leben ca. 60 Maler und

*Künstlerviertel

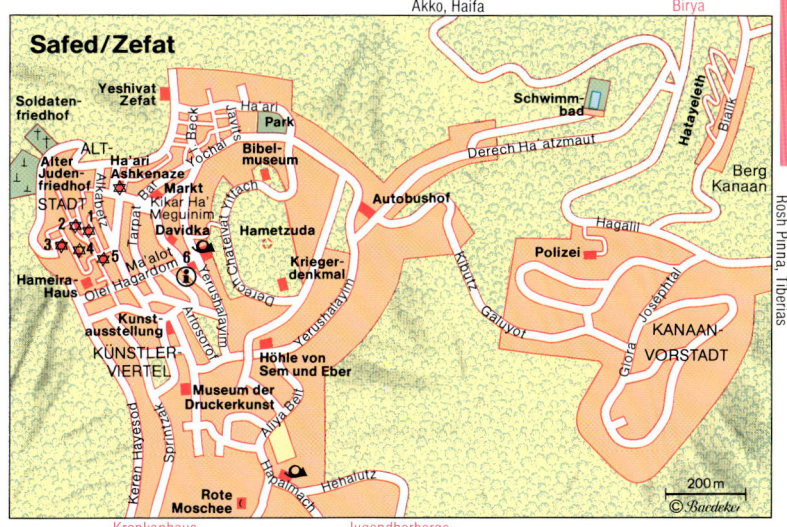

1 Abouav-Synagoge	3 Sephardische	5 Joseph-Caro-Synagoge

2 Joseph-Bena'a-
  Synagoge
	Ha'ari-Synagoge
	4 Ha'alsheh-Synagoge
		6 Verwaltungszentrum
		  (mit Touristeninformation)

Safed: Verkaufsausstellung im Künstlerviertel

Künstlerviertel (Fortsetzung)

Bildhauer, viele von ihnen unterhalten eigene Galerien. Die ehemalige Moschee des Viertels dient den Künstlern als Raum für Verkaufsausstellungen. Ebenfalls im Künstlerviertel befindet sich das Museum der Druckerkunst. Das bedeutendste Stück des Museums, das auch eine graphischen Sammlung von bedeutenden jüdischen Künstlern besitzt, ist die älteste Druckerpresse Palästinas aus dem 16. Jh., die 1576 zum ersten Mal in Betrieb genommen wurde.

Synagogenviertel

Die Grenze zwischen Künstlerviertel und der nördlich angrenzenden Altstadt bzw. dem Synagogenviertel bildet die Ma'alot Olei Hagardom, es ist ein breiter Stufenaufgang. Der Straßenname bedeutet so viel wie 'Männer, die hungrig waren' und weist auf die Situation der jüdischen Einwohner während der arabischen Belagerung hin. Hat man den Stufenaufgang passiert, kommt man zunächst zum Hameira-Haus, in dem in Privatinitiative eine Sammlung zur Stadtgeschichte und zum jüdischen Leben in Safed zusammengetragen wurde. Weiter in das Gewirr der engen, gewundenen Gassen eindringend, gelangt man dann zu verschiedenen Synagogen, die sich äußerlich kaum von den übrigen Wohnhäusern unterscheiden. Sie sind allesamt nach bedeutenden Rabbinern benannt. Mit etwas Glück findet man die Synagoge des Joseph Caro, sie steht über den Fundamenten des Hauses, in dem der Rabbi lebte; nahebei die Ha'alsheh-Synagoge. Etwas weiter im Norden folgen die Abouav-Synagoge, in deren hölzernem Schrein noch heute die Thora aufbewahrt wird, die Rabbi Abouav im 15. Jh. schrieb, die Joseph-Bena'a-Synagoge, die auch als das 'Heiligtum des Weißen Heiligen' bezeichnet wird, und die aschkenasische Ha'ari-Synagoge, deren Gewölbe von alten Säulen getragen wird. Beachtung verdient ihr Thoraschrein aus Olivenbaumholz, er wurde Ende des 19. Jh.s von einem osteuropäischen Holzschnitzer gefertigt. Die sephardische Ha'ari-Synagoge, die älteste erhalten gebliebene Synagoge Safeds, liegt am westlichen unteren Ortsrand; in ihr wird eine verschlossene Nische gezeigt, in welcher der Rabbi betete.

Geht man von hier noch ein Stück weiter abwärts in nördlicher Richtung, so gelangt man zum jüdischen Friedhof, auf dem u.a. Rabbi Ari (gest. 1573) und Joseph Caro (gest. 1575) begraben sind.

Safed (Forts.)
Jüdischer Friedhof

Eine weitere Sehenswürdigkeit von Safed ist die südlich unterhalb des Burgbergs gelegene Höhle von Sem und Eber, in der nach jüdischer Überlieferung Noas Sohn Sem und Enkel Eber die Thora studierten.

Höhle von Sem und Eber

Umgebung von Safed

Etwa 10 km südlich von Safed breitet sich das Tal des Flusses Ammud aus, das im Frühling den Besucher mit einer herrlichen Blumenpracht in den Bann zieht.

Nahal Ammud

Von Safed nach Westen fahrend, kommt man nach → Meron (9 km) mit seinen Grabdenkmälern.

Meron

Das heute verlassene Dorf Bar'am besitzt sehenswerte Reste einer Synagoge. Man erreicht es, wenn man von Meron in nördlicher Richtung nach Sassa (9 km) weiterfährt und dort rechts abbiegt. Der Legende zufolge waren in Bar'am der Prophet Obadja und die mit dem Perserkönig Xerxes verheiratete Esther begraben. Die zum Nationalpark erklärte Ausgrabungsstätte liegt oberhalb des 1949 gegründeten Kibbuz Bar'am. Die gut restaurierte, bis zum zweiten Stockwerk erhaltene Synagoge stammt aus dem 2. oder 3. Jh. und ist somit eines der ältesten Kunstdenkmäler des Landes. Ihre dreitürige Eingangsfront ist südwärts nach Jerusalem ausgerichtet. Vor dem Eingang sieht man noch einige der einstmals acht Säulen mit attischen Basen, die eine Vorhalle bildeten. Das Innere der Synagoge war durch Säulenreihen in ein Mittelschiff und zwei Seitenschiffe sowie einen nördlichen Umgang gegliedert. Ca. 100 m von der Synagoge entfernt steht die meist verschlossene kleine Maronitenkirche (19. Jh.).

*Bar'am

→ dort

Rosh Pinna

Samaria / Shomron H 4

Westjordanland
Höhe: 430 m ü.d.M.

Die ausgedehnten Ruinen von Samaria (hebräisch Shomron), das von 880 bis 721 v. Chr. Hauptstadt des Königreiches Israel war, liegen in 430 m Höhe oberhalb des arabischen Dorfes Sebastiya (11 km nordwestlich von Nablus, 29 km östlich von Netanya) in den grünen Bergen des nach ihm benannten Landes Samaria, das von der Sharon-Ebene im Westen und von der Jezreel-Ebene im Norden sowie dem Jordantal im Osten begrenzt wird und im Süden an Judäa stößt. Seit 1967 ist das Gebiet von Israel besetzt.

Lage und Bedeutung

Nach der Teilung des Reiches beim Tode Salomos 928 v. Chr. war die Hauptstadt des Nordreiches Israel zunächst Sichem (→ Nablus), dann das ostjordanische Pnuel und schließlich Tirza (→ Nablus, Umgebung). Nach raschem Herrscherwechsel gründete der fünfte König des Nordreichs, Omri (882–871 v. Chr.), die neue Hauptstadt "und nannte sie Samaria nach dem Namen Semers, dem der Berg gehört hatte" (1. Buch der Könige 16,24). Omri und sein Sohn Ahab, der sich auch in → Hazor und → Megiddo als Bauherr großen Stils ausgewiesen hat, statteten sie mit Palast- und Tempelbauten innerhalb eines befestigten Mauerringes aus, wobei unter dem Einfluß von Ahabs aus Sidon stammender Frau Jesebel der Baals- und Astartekult, zusammen mit verfeinerter phönizischer Kultur, nach Israel kamen; gegen diese Entwicklung kämpfte der

Geschichte

Geschichte
(Fortsetzung)

Prophet Elia erbittert an, u.a. indem er auf dem → Karmel ein Gottesurteil herbeiführte.

Im Jahre 732 v. Chr. geriet das Reich Israel in Abhängigkeit von Assyrien, unter seinen letzten Königen – Pekachja, Pekach und Hosea – war seine Ausdehnung auf die Hauptstadt und ihre nächste Umgebung beschränkt. Mit der Eroberung Samarias durch den Assyrer Salmanassar V. (722 v. Chr.) und der Akropolis durch Sargon II. (721 v. Chr.) hörte das Reich auf zu bestehen. Viele Angehörige der Oberschicht wurden deportiert, und an ihre Stelle traten Babylonier und Kuthäer (2. Buch der Könige 17,24), aus deren Verbindung mit den zurückgebliebenen Juden die Samaritaner hervorgingen.

In der Folgezeit war Samaria Militärstützpunkt von Assyrern, Babyloniern und Persern. Ende des 4. Jh.s v. Chr. siedelten sich dort Makedonen an, Samaria wurde dadurch hellenisiert. Als der Hasmonäer Hyrkanos I. 107 v. Chr. die Stadt eroberte, ließ er alle Nichtjuden umbringen.

Neuen Glanz gab Herodes der Stadt, in der er 38 v. Chr. die Hasmonäerprinzessin Mariamne geheiratet hatte. Er baute sie wieder auf und nannte sie zu Ehren des Augustus (griechisch 'Sebastos') Sebaste. Die Ruinen seiner Bauten erinnern zugleich daran, daß er hier seine Frau Mariamne und ihre beiden Söhne töten ließ.

Dieses Sebaste stand nur kurze Zeit in Blüte. Jüdische Aufständische steckten den Augustustempel in Brand, und kurz darauf, 68, schleifte Vespasian die Festung. Als sein Sohn Titus 72 Neapolis (→ Nablus) gründete, war der Niedergang Sebastes besiegelt.

Drei Jünger Jesu, die zwischen 30 und 35 nach Samaria kamen, haben die Stadt noch in ihrer Pracht gesehen: Philippus, Petrus und Johannes. Sie setzten sich mit dem Zauberer Simon auseinander, der mit Geld einen Anteil am Heiligen Geist erkaufen wollte (Apostelgeschichte 8,4–24), wodurch das Wort 'Simonie' für die Käuflichkeit geistlicher Ämter entstand.

Kaiser Septimius Severus versuchte gegen 200, die Stadt zu neuem Leben zu erwecken, was jedoch nicht gelang. Später gab es in Sebaste eine christliche Gemeinde unter einem Bischof; und als man Reliquien von Johannes dem Täufer gefunden hatte (der jedoch nicht hier, sondern im ostjordanischen Machaerus hingerichtet worden ist), kamen seit dem 5. Jh. Pilger an diesen Ort. Der Kult der Johannes-Reliquien hat die Zeiten überdauert; noch heute werden sie in der Moschee des Dorfes Sebastiya, das den Namen des herodianischen Sebaste fortführt, verehrt.

*Ausgrabungsstätte

Es gibt zwei Zufahrtswege nach Samaria: Entweder biegt man beim weißen Ortsschild ein und fährt durch das Dorf Sebastiya (nur für Pkw), oder etwas nördlich beim gelben Hinweisschild für Altertümer und gelangt dann durch die Säulenstraße aufwärts (auch für Autobusse).

Moschee

Beim ersten Weg kann man im Dorf, das nur den Ostteil des antiken Stadtgebietes einnimmt, zunächst die Moschee aufsuchen. Wie man an einigen Pfeilern und Mauerteilen erkennt, ist sie aus einer Kreuzfahrerkirche von 1160 hervorgegangen, die ihrerseits auf eine byzantinische Kirche des 4. Jh.s zurückgeht. In einer Krypta unter einem Kuppelbau befinden sich Nischen, in denen man seit dem 4. Jh. die Gräber der Propheten Elisa und Obadja sowie die Beisetzungsstätte des Hauptes von Johannes dem Täufer verehrt (die übrigen Johannesreliquien befinden sich seit derselben Zeit in der Omaijadenmoschee zu Damaskus).

Forum

Nun geht man durch die Dorfgassen aufwärts zum großen Rechteck vom antiken Forum. Hier münden beide Zufahrtswege (Parkplatz; Restaurant, wo man kleine Antiken erwerben kann). Von der nördlichen Langseite des

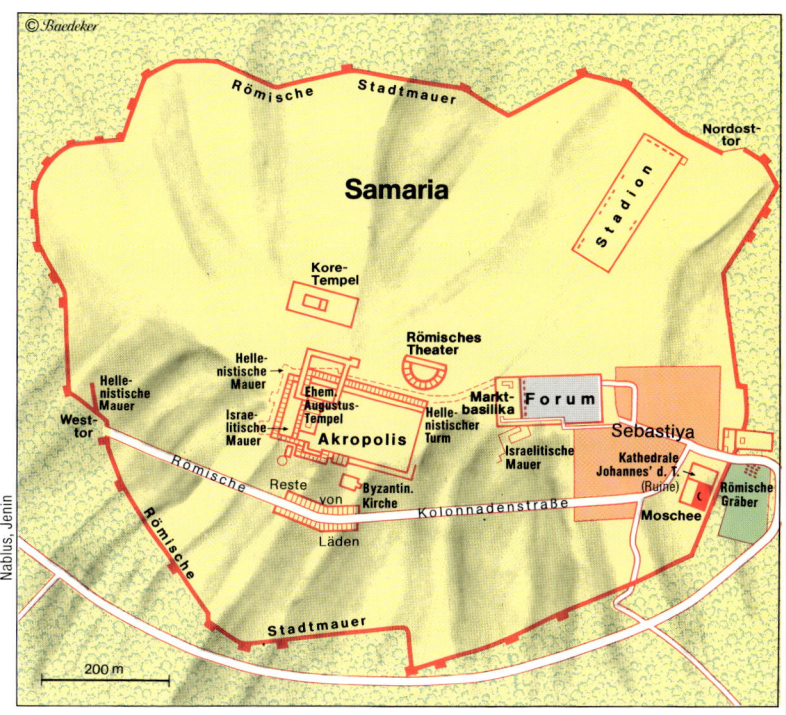

128 x 72 m großen Platzes sieht man hinunter auf eine Mulde, in der das antike Stadion lag. Am Westende des Platzes befand sich eine dreischiffige Marktbasilika aus der Zeit des Septimius Severus (um 200), von der die Grundmauern und eine Exedra im Norden zu erkennen sind und einige Säulen noch aufrecht stehen.

Forum
(Fortsetzung)

Ein Fußweg führt von der Nordwestecke des Forums zur Akropolis, die 1908–1911 und 1931–1935 teilweise ausgegraben worden ist. Zunächst erreicht man am Hang eine israelitische Mauer (9./8. Jh. v. Chr.), vor die eine hellenistische Verstärkungsmauer mit einem mächtigen runden Festungsturm (3. Jh.) und ein römisches Theater gebaut wurden. Links des Turms aufwärts gehend, steht man vor einer monumentalen Freitreppe, hinter der sich der (gänzlich verschwundene) Augustustempel des Herodes (um 30 v. Chr.) erhob. Er stand über dem damals verschütteten Palast. Nach Anfängen unter König Omri (882–871 v. Chr.) hatten dessen Sohn Ahab (871–852 v. Chr.) und seine phönizische Frau Jesebel diese Anlage, in der es auch ein Kultbild der Astarte und einen Tempel für Baal gab, prunkvoll ausgebaut (1. Buch der Könige, 16,32–33). Bei der Ausgrabung fand man u.a. Elfenbeinstücke, eine Bestätigung für das Wort von "den Sorglosen ... auf dem Berge Samaria, ... die ihr schlaft auf elfenbeingeschmückten Lagern" (Amos 6,1–4); ferner 75 Tonkrüge mit Steuerlisten aus der Zeit König Jerobeams II. (787–747 v. Chr.).

Akropolis

Man geht entgegen dem Uhrzeigersinn um diesen mit einer festen Mauer umgebenen Komplex und kommt an die Südseite des Hügels zu einer

Byzantinische
Kirche

Samaria, Byzantinische Kirche (Fortsetzung)

recht gut erhaltenen kleinen Kirche, erbaut in byzantinischer Zeit an der Stelle, wo nach der Überlieferung das Haupt von Johannes dem Täufer gefunden worden ist.

Westliches Stadttor

Von hier durch Gärten zum Parkplatz am Forum zurückkehrend, sollte man am Ende des Platzes rechts abbiegen. Diese Straße führt nicht ins Dorf, sondern zwischen den Säulen einer antiken Kolonnaden- und Ladenstraße (um 200), die auch von der Akropolishöhe zu sehen ist, zum gut erhaltenen westlichen Stadttor, das auf Omri zurückgeht, in seiner heutigen Gestalt aber jünger ist; der aus römischer Zeit stammende nördliche Rundturm steht auf einem viereckigen hellenistischen Fundament.

Sede Boqer   G 6

Süddistrikt
Einwohnerzahl: 600

Lage und Bedeutung

Der Kibbuz Sede Boqer (Feld der Farmer) liegt 50 km südlich von Beersheba. Er wurde am 15. Mai 1952, dem vierten Jahrestag der israelischen Unabhängigkeit, von ehemaligen Soldaten im damals wegelosen Negev unweit des Wadi Zin gegründet. Das Ziel der Gründer war, Wüste urbar zu machen. Heute ist der Ort an der Straße Beersheba – Elat, nahe den Ruinen der Stadt ⟶ Avdat, eine blühende landwirtschaftliche Siedlung.

Der Kibbuz ist eng mit dem Namen David Ben Gurions, dem ersten Ministerpräsidenten Israels (⟶ Berühmte Persönlichkeiten), verbunden. Als er 1953 sein Amt niederlegte, trat er in den jungen Kibbuz Sede Boqer ein, um nun zu tun, "was wirklich wichtig ist", d.h. den Negev zu bezwingen. 14 Monate später jedoch übernahm er erneut ein politisches Amt, zunächst als Verteidigungsminister, dann wieder als Premierminister. Erst 1963 zog er sich mit 77 Jahren endgültig nach Sede Boqer zurück, das nun zu einem Angelpunkt des politischen Lebens wurde. Nach seinem Tode 1973 ist der eigenwillige Patriarch hier beigesetzt worden.

Sehenswertes

Negev-Hochschule

Biegt man 3 km südlich des Kibbuz, 10 km nördlich von Avdat, nach Osten von der Hauptstraße ab, so erreicht man die Gebäude der Negev-Hochschule (Midrashet Sede Boqer). Diese von Ben Gurion gegründete Hochschule zur Erforschung der Entwicklungsmöglichkeit von Trockengebieten ist nach bescheidenen Anfängen als Mittelschule und Lehrerseminar zu einer großen Anstalt mit über 400 Studierenden geworden. Immer im Blick auf die besonderen Bedingungen des Negev werden hier Geschichte, Archäologie und Soziologie ebenso gelehrt wie die naturwissenschaftlichen Fächer.
Dominierend steht der Bibliotheksbau im weitläufigen Gelände. Er enthält nicht nur die große Fachbücherei, sondern auch die Archive Ben Gurions mit für die Geschichte des Judentums im 20. Jh. und des Staates Israel hochbedeutendem Material.

Grab Ben Gurions

Inmitten einer sehr gepflegten Parkanlage, unmittelbar bei dem Bibliotheksbau, befinden sich die Gräber David Ben Gurions und seiner Frau. Die beiden schlichten Steingräber in einem von Bäumen umstandenen und beschatteten Viereck liegen unmittelbar am Steilabfall zum Wadi Zin, das an der starken Quelle von Avdat (⟶ En Avdat) beginnt und von gewaltigen Felswänden gesäumt wird (eindrucksvoller Blick).

Haus Ben Gurions

Wenige hundert Meter nördlich der Hochschule kann das Haus besichtigt werden, in dem David Ben Gurion und seine Frau lebten. Die Wohnungs-

Sede Boqer: Gräber von Ben Gurion und seiner Frau

einrichtung blieb weitgehend unverändert, sie ist nur wenig luxuriöser als die der anderen Kibbuz-Bewohner. Ergänzt wurde sie um eine kleine Sammlung von Fotografien und Briefen.

Sede Boqer,
Haus Ben Gurions
(Fortsetzung)

See Genezareth / Yam Kinneret   H/J 4−6

Norddistrikt
Höhe: 210 m unter d.M.

Der See Genezareth, hebräisch Yam Kinneret, liegt im Jordantal 210 m unter dem Meeresspiegel, ist 12 km breit und 21 km lang, umfaßt 170 km² und ist bis 46 m tief. Für den Staat Israel bildet er das größte Wasserreservoir. Eine Leitung bringt Seewasser in verschiedene Sammelbecken und führt es bis in den Negev.

Lage und
Allgemeines

Wichtige Einnahmequelle für die rund um den See ansässigen Israelis ist der Tourismus, er konzentriert sich vorwiegend auf das Nord- und Westufer des Sees, währenddessen geht es am Ostufer noch geruhsamer zu. Eine gewisse Bedeutung hat daneben nach wie vor die Fischerei; als Spezialität der Region wird in allen Restaurants am See St. Petersfisch angeboten, eine Buntbarschart.

Im Alten Testament wird der See Kinneret erwähnt, als das Volk Israel nach Kanaan kommt und die künftigen Landesgrenzen und Wohngebiete der einzelnen Stämme festgelegt werden (4. Buch Mose 34, 11; Josua 13, 27). Im Neuen Testament wird er häufig genannt, denn Jesus fand seine ersten Jünger in Kapernaum am Nordufer, wo er sich meist aufhielt, nachdem er Nazareth verlassen hatte. Bekannt ist die Erzählung von Jesus und dem in einen Sturm geratenen Petrus (Matthäus 14,22−33; Markus 6, 45−56).

Biblische
Geschichte

Ausblick vom Berg der Seligpreisungen auf den See Genezareth

*Landschaftsbild

Die den See Genezareth umgebende Landschaft gehört sicher zu den schönsten Israels. Zu diesem Eindruck trägt ganz wesentlich die üppige subtropische Vegetation bei.

Bootsfahrten

Ein regelmäßiger Bootsverkehr besteht zwischen ⟶ Tiberias und dem Kibbuz ⟶ En Gev am Ostufer des Sees Genezareth (die Überfahrt dauert ca. 45 Minuten) sowie von Tiberias bzw. En Gev zu der Ausgrabungsstätte ⟶ Kapernaum.

Sehenswertes

Man findet in der Gegend des Sees viele kunsthistorisch und religions-geschichtlich interessante Stätten, so ⟶ Kapernaum, ⟶ Tabgha und ⟶ Tiberias.

Gute Möglichkeiten der Erholung bietet die Stadt ⟶ Tiberias am Westufer des Sees, deren heiße Quellen seit dem Altertum besonders für Kuren gegen Rheuma, Erkrankungen der Atemwege u.a. genutzt werden. Hier gibt es verschiedene Strandbäder, und man kann diverse Wassersport-möglichkeiten ausüben.

Ein weiteres aus der Antike bekanntes Heilbad befindet sich in ⟶ Hamat Gader, unweit des östlichen Seeufers im unteren Yarmuktal.

Seligpreisungen, Berg der

⟶ Berg der Seligpreisungen

Sepphoris

⟶ Zippori

Sharon-Ebene / Emeq Sharon   G 3/4

Distrikt Haifa, Zentraldistrikt, Distrikt Tel Aviv

Der Sharon ist die große Küstenebene, die sich in einer Länge von 60 km südlich des Karmel bis zum Yarkon-Fluß (Tel Aviv) und vom Mittelmeer bis zu den Bergen von Samaria erstreckt. **Lage und Allgemeines**

Seine Fruchtbarkeit verdankt der Sharon der reichlichen Bewässerung, die vor allem auf die ganzjährig Wasser führenden Flüsse zurückgeht. Doch die Sanddünen an der Küste haben den Abfluß zu allen Zeiten erschwert, so daß sich Malariasümpfe bildeten, wenn der Mensch nicht für Entwässerung sorgte. Ein solcher Kanal bzw. seine Öffnung ist in ⟶ Herzliya zu sehen.

Heute ist das Entwässerungsproblem bestens gelöst, die Region kann daher landwirtschaftlich intensiv genutzt werden (Zentrum des Zitrusfrüchteanbaus) und ist dementsprechend dicht besiedelt.

In der Sharon-Ebene lebten seit frühkanaanäischer Zeit Menschen. Aus dieser Epoche wurden 1962 im Tell des 1946 gegründeten Kefar Monash (9 km nordöstlich von Netanya) Werkzeuge gefunden. Assyrer und Babylonier zerstörten die alten Siedlungen (7./6. Jh.). Im 5. Jh. v. Chr. ließen sich Phönizier dort nieder, um 100 v. Chr. kam der Sharon zu Juda. 25 v. Chr. gründete Herodes die Hafenstadt ⟶ Caesarea, die in römischer und byzantinischer Zeit die Hauptstadt des Landes war. Nach dem Mamelukkeneinfall des 13. Jh.s verfiel das Abflußsystem, der Sharon versumpfte und war schließlich fast menschenleer. **Geschichte**

Eine Änderung trat ein, als sich jüdische Kolonisten in diesem Gebiet niederließen. Sie gründeten 1878 am Yarkon-Ufer im Süden Petah Tiqwa, 1890 im Norden ⟶ Hadera. Die Entwässerung wurde in der Folgezeit planmäßig betrieben, so daß seitdem viele Siedlungen entstehen konnten, darunter größere Städte wie ⟶ Herzliya und ⟶ Netanya.

Shivta (Subeita)   F 6

Süddistrikt
Höhe: 350 m ü.d.M.

Die alte Stadt Subeita, heute Shivta genannt, liegt 55 km südwestlich von Beersheba, südlich der zur israelisch-ägyptischen Grenze führenden Straße. Zu sehen sind die zum Teil erstaunlich gut erhaltenen Ruinen einer byzantinischen Stadt des 5./6. Jh.s, mit drei Klosterkirchen, Wohnhäusern, Wasserbecken und gepflasterten Straßen, die noch in arabischer Zeit bewohnt war. **Lage und Bedeutung**

Subeita wurde im ersten vorchristlichen Jahrhundert von Nabatäern zwischen Avdat und Nizzana angelegt. Es war eine unbefestigte Stadt, die dann von den Byzantinern übernommen und so gründlich erneuert wurde, daß man bei den englischen Ausgrabungen 1934 keine nabatäischen, sondern ausschließlich byzantinische Reste fand. **Geschichte**

Ausgrabungsstätte

Betritt man das Ruinengelände, das in einen Nationalpark integriert ist, kommt man zunächst zur Südkirche, einer dreischiffigen Säulenbasilika mit noch aufrecht stehenden Apsiden.

Links des Vorraums die Baptisterium mit kreuzförmigem Taufbecken. An diese Kirche haben die Moslems im 7. Jh. eine Moschee angebaut. Von hier aus nordwärts weiter gehend, kommt man zum Rathaus, das an einer

Ausgrabungsstätte
Shivta
(Fortsetzung)

Straßengabelung liegt, wo man sich links hält und zur gleichfalls dreischiffigen Mittelkirche gelangt, von der nur einige Mauern und die Südapsis stehen. Einen Back- oder Töpferofen und eine Kelteranlage findet man im Handwerkerviertel vor der Nordkirche, an die seitlich Klosterräume anschließen.
Neben der wiederum dreischiffigen Kirche das Baptisterium, wo Stufen in das große Taufbecken hinabführen, und eine Kapelle, so daß hier nicht weniger als fünf vollständig erhaltene Ap

siden nebeneinander stehen. Am Eingang liegt ein Gebälkstück mit dem Christusmonogramm XP und den griechische Buchstaben Alpha und Omega.

Umgebung von Shivta

Nizzana

Folgt man der Straße weiter nach Südosten, so trifft man nach 17 km auf eine weitere Nabatäerstadt, die in byzantinischer und islamischer Zeit weiterbestand bis ins 9. Jh.: Nizzana. Bei Ausgrabungen hat man 1935 Kirchen und andere Gebäude entdeckt. In einer Kirche ist ein Bodenmosaik erhalten. Beim Beduinenbrunnen Auja el-Hafir legten die Türken 1907 eine Grenzwache an und später die Engländer ein Gefangenenlager. Im Jahre 1948 griff die ägyptische Armee von Nizzana aus Beersheba an.

Sinai / Sinai-Halbinsel   A–G 5–8

Ägypten
Höhe: Meereshöhe bis 2642 m ü.d.M.

Lage und
Allgemeines

Die im Norden vom Mittelmeer, im Westen vom Grabenbruch des Golfes von Sues, im Süden vom Roten Meer und im Osten und Südosten von der tektonischen Senke des Jordans bzw. seiner südlichen Fortsetzung, dem Golf von Elat (Aqaba), begrenzte Halbinsel Sinai bildet den Übergang von Afrika nach Asien.
Die Halbinsel ist ägyptisches Territorium. Gemäß dem ägyptisch-israelischen Friedensabkommen vom September 1978 haben die israelischen Truppen, die den Sinai seit 1967 besetzt hielten, die Halbinsel bis April 1982 schrittweise geräumt. Die Grenze zwischen Ägypten und Israel verläuft heute in Nord-Süd-Richtung von Rafiah (Rafah) am Mittelmeer nach Taba am Golf von Aqaba.

Bizarre Gebirgslandschaft im Süden der Sinai-Halbinsel

Da viele Touristen von → Elat aus jedoch Tages- bzw. Mehrtagesausflüge auf die Sinai-Halbinsel und insbesondere zum Katharinenkloster unternehmen, wird der Sinai samt dem berühmten Kloster mit seiner reichhaltigen Ikonensammlung auch im Rahmen dieses Buches behandelt.

Die Sinai-Halbinsel, gut doppelt so groß wie Sizilien, ist ein überwiegend von Steppe und Wüste erfüllter, allein im Norden und am Meer sowie in einigen kleinen Oasen kultivierbarer, nahezu menschenleerer Raum. Geprägt wird er von öden, durch Wadis gegliederten Hochflächen. Die wichtigsten dieser Täler sind das weitverzweigte, zum Mittelmeer führende Wadi el-Arish und das in den Golf von Sues mündende Wadi Ferân. Die Randgebirge bestehen aus Granit, Gneis, Porphyr und Syenit. Im Norden erreichen die Gebirge weniger als 1000 m Höhe und steigen im Sinai-Gebirge, das den Süden der Halbinsel einnimmt, auf über 2000 m an; Djebel Serbâl (2057 m ü.d.M.), Djebel Musa (2285 m ü.d.M.) und Djebel Katerin (2642 m ü.d.M.).
Trotz der kargen Landschaft fasziniert der wild zerklüftete Gebirgsstock mit seinen abgeschiedenen Tälern, malerischen Felsszenerien und immer neuen großartigen Ausblicken.

Für Kurzreisen von Israel zum Südsinai und zum Katharinenkloster wird an der Grenze gegen Gebühr ein Visum für einen Aufenthalt bis zu 14 Tagen ausgestellt (nur gültig für den Sinai!).
Die Fluglinie Air Sinai fliegt von Tel Aviv und Elat aus den Berg-Sinai-Flughafen an. Der Weg vom Flughafen zum Katharinenkloster führt auf asphaltierter Straße bis zu einer Gabelung, von der man rechts ins Wadi Ferân und dann links zum Kloster kommt.
Von Elat aus fahren Autobusse in das Sinai-Gebiet und zu dem Kloster (Besichtigung nur vormittags 9.00–12.00 Uhr). Auch ein Besuch der Halbinsel mit dem eigenen Auto (maximal 14 Tage) ist möglich; israelische Leihwagen dürfen jedoch nicht benutzt werden.

Lage und
Allgemeines
(Fortsetzung)

＊Landschaftsbild

Anreise

Sinai

Geschichte
und religiöse
Überlieferung
Die Sinai-Halbinsel ist seit ältester Zeit ein Durchzugsland zwischen Nordafrika und Vorderasien. Die Ägypter bauten hier schon im 3. Jt. v. Chr. Türkis und Kupfer ab. An diese Zeit erinnern Felsinschriften und Reste eines Hathor-Tempels bei Serâbit el-Châdim im Westen der Halbinsel. In das 2. Jt. v. Chr. verweisen die von Flinders und Petrie 1905 entdeckten 'Sinai-Inschriften'; sie werden auf westsemitische Stämme zurückgeführt, die auf ihren Wanderungen Ägypten kennengelernt hatten und aus den Bildern der Hieroglyphenschrift Konsonantenzeichen entwickelten, die dann von den Kanaanäern übernommen wurden.

Von Wanderungen zwischen Palästina und Ägypten berichtet auch das Alte Testament. Besondere Bedeutung erhielt der Sinai ('Berg Horeb') durch die göttliche Offenbarung, die Moses hier empfing, so daß er nicht nur der Führer beim Auszug der Juden aus Ägypten, sondern auch der Stifter der nach ihm benannten Religion, der ältesten der drei monotheistischen Weltreligionen, wurde. Auf dem Berg Horeb, wo ihm Gott schon früher im feurigen Busch erschienen war (2. Buch Mose 3,1–2), empfing Moses die Zehn Gebote (2. Buch Mose 20) und andere göttliche Weisungen. Im 9. Jh. v. Chr. ging der Prophet Elia auf der Flucht vor Ahab und Jesebel auf den heiligen Berg Horeb (1. Buch der Könige 19).

Erneute Bedeutung als heiliger Platz erhielt der Sinai in christlicher Zeit. Der aus Palästina stammende Eusebius (um 260–339), der erste christliche Kirchenhistoriker, geht davon aus, daß der Sinai der Berg der Gesetzgebung ist. Zu seiner Zeit lebten Mönche und Einsiedler im Sinaigebiet. Im Jahre 324 hat nach glaubwürdiger Tradition Kaiser Konstantins Mutter Helena ein Batos, d.h. Dornbusch-Kloster an der Stelle der Mosesquelle und des brennenden Dornbusches gegründet. Um den Mönchen mehr Sicherheit zu geben, errichtete nach 548 der byzantinische Kaiser Justinian, zu dessen Reich neben Syrien und Ägypten auch der Sinai gehörte, das befestigte Kloster, das bis heute besteht.

Während seiner Ägyptischen Expedition stellte Napoleon dem Kloster einen Schutzbrief aus; im 19. Jh. wandten die russischen Zaren dem Sinai ihr Interesse zu. 1840 kam das Gebiet, das seit 1517 zum osmanischen Reich gehört hatte, an das Ägypten des autonomen Mehmed Ali. 1903 grenzten die Engländer das von ihnen besetzte Ägypten von der Türkei auf einer Linie ab, die von Rafiah am Mittelmeer in einer Geraden nach Elat führt. Diese Linie wurde nach dem Ersten Weltkrieg die internationale Grenze.

Im 20. Jh. trat ein neuer, wirtschaftlicher Aspekt in den Vordergrund. An der Westküste stellte man Erdölvorkommen fest, in anderen Teilen der Halbinsel Kohlevorkommen. Dies verstärkte die Bedeutung des Sinai in den Auseinandersetzungen zwischen Israel und Ägypten. Israel besetzte den Sinai 1948 teilweise, 1956 und 1967 vollständig. Gemäß dem Abkommen von Camp David (September 1978) wurde der Sinai bis April 1982 von den Israelis geräumt.

✳✳Katharinenkloster

Lage und
Allgemeines
Das Katharinenkloster, das in 1528 m Höhe an einem Hang, unterhalb des 2285 m hohen Mosesberges (Djebel Musa), liegt, steht an dem Ort, an dem die Überlieferung seit dem 4. Jh. den Brennenden Dornbusch annimmt und ebenso die Quelle, an der Moses die Tiere seines Schwiegervaters Jethro tränkte. In Erinnerung an diese Begebenheit nennen die Beduinen den Platz Wadi Shueib ('Shueib' ist ihr Name für Jethro), er wird auch als Wadi el-Deir (Klostertal) bezeichnet.

Geschichte
Als gegen 400 die spanisch-französische Nonne Ätheria das Heilige Land bereiste, notierte sie in ihrem Reisetagebuch, der 1884 in Arezzo wiedergefundenen "Peregrinatio", über den Sinai: "Dort befanden sich viele Klausen heiliger Männer und eine Kirche an dem Ort, wo der Dornbusch steht. ... Vor der Kirche ist ein sehr hübscher Garten mit reichlich gutem Wasser, und der Dornbusch steht im Garten." Bei der erwähnten Kirche handelt es

Katharinenkloster auf der Sinai-Halbinsel

sich um diejenige, deren Gründung im Jahre 324 der Kaiserin Helena zugeschrieben wird.

An ihrer Stelle erbaute Kaiser Justinian die noch heute erhaltene Kirche innerhalb einer Klosterfestung. Die Anlage kann exakt auf die Jahre zwischen 548 und 565 datiert werden: Inschriften an den noch vorhandenen originalen Deckenbalken besagen, daß Justinian (gest. 565) sie vom Baumeister Stephanos aus Aila zum Andenken an die 548 verstorbene Kaiserin Theodora aufführen ließ. Geweiht war die Kirche nach den Angaben von Justinians Geschichtsschreiber Prokop (De aedificiis V,8) der Gottesmutter.

Im 10. oder 11. Jh. wurde die Kirche der heiligen Katharina von Alexandrien geweiht, die unter Kaiser Maxentius (306–312) das Martyrium erlitten hatte. Engel trugen, so sagt die Legende, ihre Gebeine auf den Sinai; Mönche fanden sie später auf dem Katharinenberg (Djebel Katerin) und brachten sie in ihr Kloster. Katharina hatte standhaft ihre Jungfräulichkeit gewahrt, und dies dürfte dazu beigetragen haben, daß der Dornbusch, einst Symbol für die Begegnung des jungen Moses mit Gott, später zum Symbol der Immaculata wurde.

In der Blütezeit des Klosters lebten dort bis zu 40 Mönche, von denen einige sich besonders auszeichneten. Um 400 begab sich der später heiliggesprochene Neilos, bis dahin hoher Würdenträger am Hof von Kaiser Arcadius in Konstantinopel, mit seinem Sohn auf den Sinai. Von seinen griechischen Schriften sind über tausend Briefe erhalten, die als Quellen über das Mönchsleben in damaliger Zeit von Bedeutung sind, ferner einige Abhandlungen und Sentenzen. Im 7. Jh. lebte Johannes Klimakos 40 Jahre als Einsiedler hier und wurde dann Abt; sein Beiname bezieht sich auf sein Buch "Klimax tu paradísu" (Leiter zum Paradies), das große Bedeutung für das orthodoxe Mönchtum erlangt hat. Als dritter ist Simeon vom Sinai zu nennen, den der Trierer Erzbischof Poppo bei seiner Palästinareise kennenlernte. Simeon folgte Poppo nach Trier, wo er sich in der Porta Nigra einmauern ließ, nach strengem Asketenleben 1035 starb und

Katharinenkloster,
Geschichte
(Fortsetzung)

355

bereits 1042 heiliggesprochen wurde. Ihm zu Ehren baute Poppo die Porta Nigra zur Doppelkirche aus und gründete das benachbarte Simeonsstift. Die Zahl der Mönche ging zurück, als im 11. Jh., infolge der rigorosen Herrschaft der Seldschuken im Heiligen Land, weniger Pilger kamen und das Kloster dadurch nicht mehr so viele Spenden erhielt. Doch blieb es inmitten einer seit dem 7. Jh. islamischen Umwelt, der es durch die Einrichtung einer Moschee innerhalb der Klostermauern Rechnung trug, bis heute bestehen.

Das Kloster unterhielt Beziehungen nach Europa. Im 13. Jh. erbauten westliche, katholische Mönche eine Kapelle St. Katharina der Franken. Andererseits reisten Mönche vom Sinai nach Frankreich, besonders in die normannische Hauptstadt Rouen, um Spenden zu sammeln und Reliquien zu verkaufen; daher besitzt die Kathedrale von Rouen zahlreiche Katharinenreliquien. Im 14.–16. Jh. kamen europäische Pilger auf den Sinai, wie ihre Wappen in der Trápeza (Refektorium) belegen. Später traten slawische Einflüsse hinzu, zunächst aus den Moldau-Fürstentümern, seit dem 17. Jh. von Rußland. Die materielle Lage des Klosters verbesserte sich im 19. Jh., als die russischen Zaren dem Kloster reiche Schenkungen zukommen ließen.

Klosterleben

Das Kloster wird von griechisch-orthodoxen Mönchen bewohnt, die meist aus Kreta und Zypern kommen. Ihre Zahl, in der Blütezeit um die Jahrtausendwende noch 300 bis 400, ist heute auf etwa 50 zurückgegangen, von denen nur 20 im Kloster selbst, der Rest in den Metochien (Außenstellen) leben. Der Abt hat den Rang eines Erzbischofs und seit 1571 die Rechte der Autokephalie, d.h. einer selbständigen orthodoxen Kirche. Er wird von den Mönchen gewählt und vom griechisch-orthodoxen Patriarchen von Jerusalem inthronisiert. Gewöhnlich residiert er in einem Metochion des Klosters in Kairo; im Kloster vertreten ihn dann vier Archimandriten.

Klosteranlage

Der Grundriß des Klosters hat die Form eines unregelmäßigen Vierecks von etwa 85 x 75 m. Seine aus Granitblöcken bestehende Mauer ist 12 bis 15 m hoch und geht trotz der Erdbebenschäden von 1312 in größeren Teilen (vor allem im Südwesten) noch auf das 6. Jh. zurück. Der Zugang erfolgte, nachdem man das ursprüngliche Tor aus Sicherheitsgründen vermauert hatte, lange Zeit über eine Seilwinde an der Nordseite. Das heute benutzte Tor in der Westmauer wurde 1801 durch eine französische Expedition unter Kléber, die auch größere Mauerpartien wiederherstellte, geschaffen. Touristen können das Kloster auch durch ein neues Tor an der Nordseite betreten.

Das Innere des Klostergevierts ist "ein System von Gäßchen, Stiegen, Gängen, Treppen sowie labyrinthisch über- und ineinandergeschachtelten Gebäuden rings um die Basilika" (E. Brunner-Traut). Vom Touristeneingang gelangt man durch einen Raum mit Verkaufsstand in einen Hof an der Nordseite der Kirche. Dort steht links ein Busch hinter der Dornbuschkapelle, rechts der Mosesbrunnen.

Verklärungskirche

Man betritt den Narthex der Verklärungskirche, in dem wertvolle Ikonen ausgestellt sind, und kann ein Stück in das Mittelschiff der Basilika hineingehen. Die östlichen Trakte der Kirche sowie weitere Teile des Klosterbezirkes sind im allgemeinen für Tagestouristen nicht zugänglich.

Die Kirche liegt, zusammen mit dem Platz des Dornbusches, an der tiefsten Stelle des Klosterbezirks. Der justinianische Bau, dem Zar Alexander II. 1871 einen Glockenturm anfügen ließ, ist eine dreischiffige Säulenbasilika. Das Portal zum Narthex mit geschnitzten Figuren von Maria und Engeln stammt aus der Fatimidenzeit (11. Jh.). Das Portal zum Mittelschiff ist 3,63 m hoch und 2,40 m breit; seine vier Flügel aus Zypressenholz stammen noch aus der Erbauungszeit des 6. Jh.s. Das Langhaus hat zwei Reihen von je sechs Granitsäulen, die jedoch mit Gips überzogen sind (dies und die getünchten Wände geben dem Raum einen kühlen Eindruck, aus Granit bestehen auch die Kapitelle. An die Seitenschiffe schließen sich je drei Kapellen an: im Norden (links) die Marinakapelle, die Kapelle für Konstantin

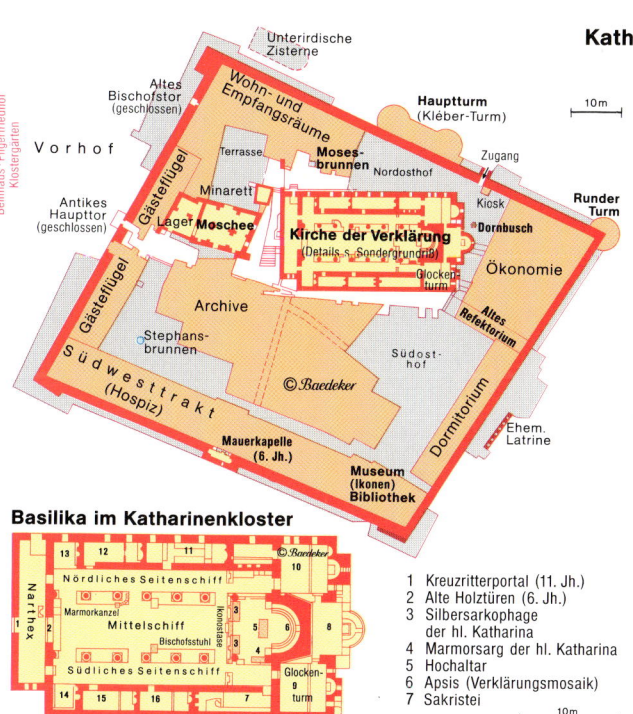

Beinhaus, Pilgerfriedhof Klostergarten

Unterirdische Zisterne

Altes Bischofstor (geschlossen)

Wohn- und Empfangsräume

Haupturm (Kléber-Turm)

10 m

V o r h o f

Terrasse

Mosesbrunnen

Nordosthof

Zugang

Gästeflügel

Minarett

Antikes Haupttor (geschlossen)

Lager

Moschee

Kirche der Verklärung (Details s. Sondergrundriß)

Kiosk

Dornbusch

Runder Turm

Gästeflügel

Archive

Glockenturm

Ökonomie

Stephansbrunnen

Südwesttrakt (Hospiz)

© Baedeker

Südosthof

Altes Refektorium

Dormitorium

Ehem. Latrine

Mauerkapelle (6. Jh.)

Museum (Ikonen) Bibliothek

Basilika im Katharinenkloster

Narthex

13 12 11 © Baedeker 10

Nördliches Seitenschiff

Marmorkanzel

Konstantin

Mittelschiff

Bischofsstuhl

Südliches Seitenschiff

Glockenturm

14 15 16 7

1 Kreuzritterportal (11. Jh.)
2 Alte Holztüren (6. Jh.)
3 Silbersarkophage der hl. Katharina
4 Marmorsarg der hl. Katharina
5 Hochaltar
6 Apsis (Verklärungsmosaik)
7 Sakristei

10 m

Kirche der Verklärung

KAPELLEN
8 Brennender Dornbusch
9 Märtyrer vom Sinai
10 Hl. Jacobus d. J.
11 Hl. Antipas
12 Hll. Konstantin und Helena
13 Hl. Marina
14 Hll. Kosmas und Damian
15 Hl. Simeon Stylites
16 Hll. Anna und Joachim

und Helena, die Antipaskapelle; im Süden (rechts) die Kapelle für Kosmas und Damian, die Kapelle des Simeon Stylites und die Annenkapelle.

Im wesentlichen hat die Basilika den Raumcharakter der Erbauungszeit bewahrt. Der Fußboden besteht aus Porphyr und Marmor und stammt wie die flache Holzdecke unter dem ursprünglich offenen Dachstuhl aus dem 18. Jahrhundert. Große Leuchter, 1799 von Matthäus Bleyel aus Nürnberg gestiftet, stehen vor der vergoldeten Ikonostasis, die 1612 unter Erzbischof Laurentios von Künstlern aus Kreta geschaffen worden ist. An ihrer Stelle haben wir ursprünglich eine niedrigere steinerne Schranke mit Säulen, das sogenannte Templon, anzunehmen, so daß der Blick auf den Altarraum damals frei war.

Im Altarraum befinden sich unmittelbar hinter der Bilderwand zwei Schreine, die von den Zaren gestiftet wurden, und an der rechten Seite ein weiterer Schrein unter einem Baldachin, der die Reliquien der hl. Katharina enthält. Der originale Marmoraltar in der Raummitte wurde 1675 von Stamatios aus Athen mit einem Holzgehäuse umkleidet, das ebenso wie der damals errichtete Altar-Baldachin mit reichen Perlmutter-Intarsien versehen ist.

Die Apsis des Altarraumes weist im Stil des justinianischen Zeitalters ein Synthronon, d.h. halbkreisförmige Priesterbänke, auf. Ein Tabernakel steht heute auf dem Abtsthron in der Mitte dieser Anlage. Beherrscht wird die Apsis von einem bedeutenden Mosaik des 6. Jh.s.

Das Mosaik stellt die Verklärung Christi auf dem Berg Tabor dar, die 'Metamórphosis'. Dieses Thema ist für die Ostkirche besonders wichtig, da sich Christus hier den Jüngern in seiner göttlichen Gestalt offenbarte. Die

Katharinenkloster, Verklärungskirche (Fortsetzung)

357

Sinai

<table>
<tr><td>Katharinenkloster,
Verklärungskirche
(Fortsetzung)</td><td>Szene zeigt Christus zwischen dem Propheten Elia und Moses, darunter die Jünger Johannes, Petrus und Jakobus. Unter diesem Hauptbild sieht man einen Streifen von Medaillons von 16 Propheten des Alten Testamentes, in der Mitte König David; über ihm Apostel und Heilige, in der Mitte das Kreuz. An der Ostwand über der Apsis sind zu Seiten des Doppelfensters zwei Szenen angebracht, die sich auf den Sinai beziehen: Moses vor dem Brennenden Dornbusch und die Übergabe der Gesetze (in Form einer Schriftrolle). In den Bogenzwickeln schließlich sieht man Christus noch einmal, als Lamm Gottes, welchem zwei Engel Zepter und Weltkugel reichen (ein Motiv, das deutlich auf die Victorien an römischen Triumphbögen zurückgeht). Unterhalb der Engel sind Medaillons von Johannes dem Täufer und Maria angebracht; zusammen mit dem Lamm bilden sie die früheste Darstellung des später sehr häufigen Motivs der Deisis, der Fürbitte von Johannes und Maria bei Christus. Flankiert wird der Apsisraum von zwei Kapellen, der Jakobuskapelle (links) und der Kapelle der heiligen Väter (oder Kapelle Johannes des Täufers; rechts).
Vom nördlichen Seitenschiff gelangt man durch einen Durchgang in der Bilderwand in die Jakobuskapelle, in der sich Wandmalereien aus dem 15. Jh. erhalten haben. Sie zeigen Christus und darunter Maria im Brennenden Dornbusch (Motiv der Immaculata), zu ihren Seiten die Kirchenväter Johannes Chrysostomos (links) und Basilios den Großen (rechts) sowie außen je einen Vertreter des Neuen und des Alten Testamentes, Jakobus d.Ä. und Moses.</td></tr>
<tr><td>Kapelle des
Brennenden
Dornbusches</td><td>Von hier führt ein Durchgang zum heiligsten Ort des Klosters, der hinter dem Altarraum gelegenen Kapelle des Brennenden Dornbusches (vor dem Betreten Schuhe ausziehen!). Ursprünglich war dies ein offener Hof hinter der Apsis der Kirche. Er wurde vor 1216 in eine Kapelle umgewandelt. In diesem Jahr sah der deutsche Pilger Thietmar die Kapelle und notierte: "Der Dornbusch wurde weggenommen und in Form von Reliquien unter den Christen verteilt." Die Kapelle ist mit blaugrünen Fayencen und einem Apsismosaik, das auf Goldgrund ein schlichtes Kreuz zeigt, versehen und bezeichnet die Stelle, an der sich Gott dem Moses offenbarte und ihn berief, als er an einer Quelle (dem Mosesbrunnen unmittelbar nördlich der Kirche) die Schafe seines Schwiegervaters Jethro hütete. "Und er sah, daß der Busch im Feuer brannte und doch nicht verzehrt wurde. ... Als aber der Herr sah, daß er hinging, um zu sehen, rief Gott ihn aus dem Busch und sprach ...: Tritt nicht herzu, zieh deine Schuhe von den Füßen; denn der Ort, auf dem du stehst, ist heiliges Land!" (2. Buch Mose 3,2–5); die Kapelle darf daher nicht in Schuhen betreten werden. Eine ewige Lampe unter dem Altar bezeichnet die mit Silberplatten bedeckte Stelle, an der einst der Dornbusch wuchs. Der Rosen- und Ginsterbusch an der Außenwand der Kapelle wird für einen Ableger dieses Busches gehalten.</td></tr>
<tr><td>Moschee</td><td>Vor der Eingangsseite der Kirche steht die Moschee, die im 11. Jh. in einem ehemaligen Gästehaus für die islamischen Beduinen der Gegend eingerichtet wurde.</td></tr>
<tr><td>Refektorium</td><td>Geht man nun hinauf und an der Südseite der Kirche entlang, so kommt man zum langgestreckten Refektorium (der Trápeza) mit einem Fresko des Jüngsten Gerichtes, einer kretischen Arbeit von 1573, sowie Wappen und Inschriften europäischer Pilger des 14.–16. Jh.s.</td></tr>
<tr><td>Beinhaus</td><td>In den Krypten unter der Tryphonkapelle im Nordwesten des Klosterbezirkes befindet sich das Beinhaus, in dem die Gebeine von Tausenden von Mönchen aufbewahrt werden. Am Eingang sitzt der bekleidete Leichnam jenes Mönches Stephanos, der im 6. Jh. am Aufgang zum Mosesberg den Pilgern die Beichte abnahm, als ein ewiger Wächter.</td></tr>
<tr><td>Museum</td><td>Im neuen Gästetrakt, der zwischen 1932 und 1942 an der Südwestseite errichtet wurde (an der Mauer des 6. Jh.s, in deren Mitte sich eine winzige Mauerkapelle befindet), sind Museum und Bibliothek untergebracht.</td></tr>
</table>

Das Museum enthält über 2000 Ikonen und ist nach Quantität wie Qualität die wohl bedeutendste Ikonensammlung überhaupt. Ihre besondere Bedeutung liegt darin, daß auf dem Sinai auch Ikonen des 5. und 6. Jh.s erhalten sind, die andernorts meist im Zeitalter des Ikonoklasmos, jenes Streites um die Rechtmäßigkeit der Verehrung heiliger Bilder (726–843), zerstört worden sind. So gibt es hier u.a. drei enkaustische (in Wachsfarben hergestellte) Arbeiten aus dem 6. Jh.: Christus Pantokrator, Maria zwischen den Kriegerheiligen Theodor und Georg sowie Christus.

Katharinenkloster, Museum (Fortsetzung)

Beachtlich sind u.a. auch die Bestände an liturgischen Geräten, Gewändern, Bischofskronen und -stäben. Neben prunkvollen Gaben der Zaren sei ein Meßkelch erwähnt, den der französische König Karl VI. 1411 gestiftet hat.

Nicht minder bedeutend ist die Bibliothek mit ihrer Sammlung von schätzungsweise 3500 Handschriften in griechischer (2289), arabischer (580), syrischer (276), georgischer (98), slawischer (41), äthiopischer (6) und armenischer (1) Sprache. Außerdem ein Archiv mit rund 2000 Dokumenten aus dem 12. bis 19. Jahrhundert. In lateinischer Sprache hat sich lediglich eine Handschrift erhalten, was auf systematische Zerstörung der 'fränkischen' Schriften durch die Mönche schließen läßt. An wichtigen Handschriften seien zwei Evangelienlektionare (967 und um 1000) genannt, das Buch Hiob (11. Jh.), die Schrift des Sinaimönchs und -abtes Johannes Klimakos (12. Jh.) und die 16 Homilien des Gregor von Nazianz (um 1150).

Bibliothek

Bei seinen Besuchen in der Mitte des 19. Jh.s stieß Konstantin von Tischendorf hier auf eine griechische Bibel des 4. Jh.s, den Codex Sinaiticus, und brachte 347 Blätter daraus an sich. Von ihnen kamen einige an die Universitätsbibliothek Leipzig, die meisten nach St. Petersburg. Der Zar kaufte sie für 27 000 Goldmark an. 1933 verkaufte Stalin sie für 100 000 Pfund an das Britische Museum. Im Kloster selbst wird ein Faksimile des Codex gezeigt. Weitere Blätter sollen vor wenigen Jahren in einem bis dahin vermauerten Gelaß des Klosters gefunden worden sein. Das Faksimile befindet sich mit anderen Stücken, dem echten oder vorgeblichen Schutzbrief Mohammeds und dem Schutzbrief Napoleons, in Vitrinen des Eingangs- und Verkaufsraumes.

*Mosesberg

Zum 2285 m hohen Mosesberg (Djebel Musa) führen zwei Wege (die Besteigung dauert mindestens drei Stunden hin und zurück). Man sollte sich nicht für die Treppe, sondern für den Serpentinenweg entscheiden, der im 19. Jh. als 'Paschapfad' angelegt worden ist und auch von Kamelen begangen werden kann. Er beginnt östlich des Klosters. Nach einer Stunde biegt rechts ein Pfad ab zur Einsiedelei St. Stefan mit einer Moses- und einer Eliaskapelle bei einer Quelle. Links beginnt dann der Treppenweg, der mit 734 Stufen zum Gipfel führt.

Auf dem Gipfel des Djebel Musa steht eine kleine Kapelle (1930 an der Stelle der älteren, zerstörten errichtet) sowie eine kleine Moschee, die von den Arabern hoch verehrt wird. An der nordöstlichen Ecke des Felsens, auf dem die Kapelle steht, wird die Höhlung gezeigt, in welcher Moses stand, als ihm Gott erschien. Nach islamischer Tradition soll sich Moses in einer zisternenartigen Vertiefung bei der Moschee fastend aufgehalten haben, als er in vierzig Tagen das Gesetz und zwei steinerne Tafeln niederschrieb.

Die Aussicht vom Gipfel des Djebel Musa auf das wilde, öde Land ist großartig. Im Südwesten reicht sie über die höchsten Berge des Sinai hinaus zum Roten Meer und zum Golf von Akaba, nach Nordwesten blickt man über das Bergland hinweg zum flachen nördlichen Hügelland der Halbinsel hinüber.

Nimmt man für die Rückkehr zum fast 800 Meter tiefer gelegenen Kloster den Treppenweg mit seinen über 3000 Stufen, so passiert man das Tor des Glaubens und das Tor des hl. Stephanos, der hier den Pilgern die Beichte abnahm und dessen Skelett im Ossuarium des Klosters bewahrt wird.

Katharinenberg auf der Sinai-Halbinsel

Zum 2642 m hohen Katharinenberg (Djebel Katerin) 6 km südlich des Klosters kommt man auf bezeichnetem Weg in etwa fünf Stunden. Vorbei an einer Kapelle zum Gedenken an Aaron, den Bruder des Moses, und einem Klostergarten kann man bis zu dem im 19. Jh. als herrschaftlicher Palast begonnenen Rasthaus beim kleinen Apostelkloster fahren. Auf dem weiteren Weg stößt man auf das Kloster der 40 Märtyrer und steigt dann zum Gipfel. Die Gipfelkapelle steht an der Stelle, an der Mönche auf Grund einer Traumvision die Gebeine der hl. Katharina aus Alexandrien fanden, jener Heiligen, die dem Berg und auch dem Katharinenkloster den Namen gegeben hat.

Subeita

→ Shivta

Tabgha / En Sheva   H 2/3

Norddistrikt
Höhe 200 m unter d.M.

Lage und
Bedeutung

Der 'Ort der sieben Quellen', arabisch Tabgha, hebräisch En Sheva, bezeichnet die wasserreiche Stelle, an der nach der Überlieferung die wunderbare Brotvermehrung durch Jesus stattgefunden hat (Markus 8,1–9).
Auf der Straße von Tiberias nach Norden fahrend und hinter dem Kibbuz Ginnosar rechts in Richtung Kapernaum abbiegend, sieht man rechts die Einfahrt in das Gelände von Tabgha (12 km von Tiberias).

Geschichte

Die erste Kirche an diesem Ort, ein einschiffiger Bau von 15,50 x 9,50 m, stammt aus dem 4. Jahrhundert. Im 5. Jh. wurde sie durch eine größere dreischiffige kreuzförmige Säulenbasilika ersetzt. Die 1932 von Mader und Schneider freigelegten Mosaiken dieser zweiten Kirche wurden 1936 durch einen neuen Kirchenbau geschützt, neben dem 1956 ein Kloster deutscher Benediktiner entstand. Diese Kirche wurde wieder abgetragen und durch eine neue ersetzt, die der "Deutsche Verein im Heiligen Land" (Sitz in Köln) 1980–1982 erbauen ließ. Am 23. Mai 1982 wurde die dritte Brotvermehrungskirche in Tabgha geweiht.

Sehenswertes

Brotvermehrungs-
kirche

Die neue Brotvermehrungskirche, im byzantinischen Stil, wurde nach Entwürfen der Kölner Architekten Anton Goergen und Fritz Baumann errichtet. Die Mosaiken in Mittel- und linkem Seitenschiff zeigen einfache geometrische Muster. Kunstvoller sind die in den fünf Säulenzwischenräumen, wo man unterschiedliche Vogeldarstellungen (Gänse, Reiher u.a.) sieht. Die interessantesten Mosaiken zieren die Querhausarme, deren linker fast vollständig erhalten ist. Der offenbar mit dem Nildelta wohlvertraute (und dorther stammende?) Künstler hat hier Fauna und Flora dieser Gegend abgebildet: Flamingos, Schlangen, Reiher und Enten mit Lotosblüten, Schilf und anderes. Die nur teilweise erhaltenen Mosaiken im rechten (südlichen) Seitenschiff zeigen außer solchen Motiven auch einen Nilometer, mit dem der Wasserstand des Stromes kontrolliert wurde.
Im Presbyterium erhebt sich der Altar über jenem Stein, auf dem nach der Überlieferung Jesus bei der Brotvermehrung stand. Davor befindet sich ein Mosaik, das den Korb mit den Broten und die zwei Fische darstellt.

Brotvermehrungskirche zu Tabgha

Die Primatskapelle am Ufer des Sees Gènezareth

Tabgha
(Fortsetzung)
Primatskapelle /
Peterskirche

Zum Gelände von Tabgha gehört noch ein weiterer, östlich angrenzender Bezirk, dessen Eingang 200 m weiter an der Straße in Richtung Kapernaum liegt. Von dort führt ein Fußpfad an einer byzantinischen Quellfassung vorbei hinab zum Ufer des → Sees Genezareth, wo sich die Primatskapelle oder Peterskirche erhebt. Im 4. Jh. erbaut und 1263 zerstört, wurde sie 1933 von den Franziskanern mit schwarzem Basalt neu errichtet. Der schlichte einschiffige Raum erinnert an eine Erscheinung des Auferstandenen vor den Aposteln hier am Seeufer, bei der Jesus dem Petrus mit der dreimaligen Weisung "Weide meine Lämmer! Hüte meine Schafe! Weide meine Schafe!" nach alter Auffassung den Primat über die Kirche übertrug (Johannes 21,15–16). Der Felsen im Ostteil der Kapelle gilt als der Tisch, an dem Jesus mit seinen Jüngern das Mahl hielt. Die in den See gehenden Felsstufen vor der Südseite erklärte schon die spanische Pilgerin Ätheria um 400 als "diejenigen, auf denen der Herr stand".

**Kloster der
Bergpredigt**

Zwischen den Eingängen zu den Geländen der Brotvermehrungskirche und der Primatskapelle liegt unmittelbar nördlich der Straße ein Ruinengelände. Es ist das im 4. Jh. – etwa gleichzeitig mit der ersten Brotvermehrungskirche und der ersten Primatskapelle – erbaute kleine Kloster der Bergpredigt. Im Süden des Komplexes liegen die Klosterräume, im Norden die Kirche, deren innen mit Priestersitzen versehene Apsis nach Osten über die Umfassungsmauer vorspringt. Diese einschiffige Kirche mißt nur 7,20 x 4,48 m. Sie hatte in Narthex und Schiff einen Mosaikboden (Reste im Garten von → Kapernaum). Die quadratische Sakristei an der Nordseite ist gänzlich aus dem ansteigenden Felsen herausgehauen. Die aus Basalt errichtete Kirche mit einem Altar aus weißem Marmor bestand bis zum Beginn der islamischen Zeit (7. Jh.) und wurde 1938 durch eine neue Kirche weiter oben am → Berg der Seligpreisungen ersetzt.

Umgebung von Tabgha

Kapernaum

Einige Kilometer entfernt von Tabgha liegt am Nordufer des Sees der Ort → Kapernaum mit Petrus-Oktogon und einer alten Synagoge.

Tabor, Berg

→ Berg Tabor

Tel Aviv – Jaffa (Yafo)　　　　　　　　　　　　　　　**G 4**

Distrikt: Tel Aviv
Höhe: Meereshöhe
Einwohnerzahl: 320 000 (Großraum 1,55 Mio.)

**Lage und
Bedeutung**

Die Doppelstadt Tel Aviv – Jaffa (Yafo), etwa 65 km nordwestlich von Jerusalem am Mittelmeer gelegen, ist die größte städtische Agglomeration Israels und zugleich das Wirtschaftszentrum des Landes. Zudem haben in Tel Aviv die meisten Länder ihre Auslandsvertretungen, da sie Jerusalem als Hauptstadt nicht anerkennen.
Während der Ursprung von Jaffa weit über unsere Zeitrechnung hinausreicht, ist Tel Aviv (Frühlingshügel) eine junge Stadt. In neuerer Zeit sind Tel Aviv und Jaffa mehr und mehr miteinander verwachsen und nun von einem gemeinsamen Gürtel neuer Wohnsiedlungen umgeben.
Zwar kann Tel Aviv nicht mit einzigartigen Kunstdenkmälern aufwarten und hat im Stadtbild nicht nur Schönes zu bieten, doch überzeugt die besondere Atmosphäre der Stadt, gemeinhin gilt sie als 'israelischste' Metropole. Auch verfügt Tel Aviv über das umfangreichste Kultur- und Unterhal-

tungsangebot Israels und besitzt nicht zuletzt ausgedehnte Sandstrände, die einen Aufenthalt in der Stadt lohnend machen.

Nach jüdischer Überlieferung gründete Noahs Sohn Japhet nach der Sintflut die Stadt Jaffa, nach griechischer Tradition geht sie zurück auf Joppa, eine Tochter des Windgottes Aiolos. Außerdem sahen die Griechen in einem der Felsen, die vor dem Hafen im Meer liegen, denjenigen, an den Joppas Tochter Andromeda gefesselt war und von einem Seeungeheuer bedroht wurde, bis der Heros Perseus, Sohn des Zeus und der Danae, sie befreite. Ins 8. Jh. v. Chr. wird die Geschichte vom Propheten Jona datiert, der hier – als er sich dem göttlichen Auftrag, in Ninive zu predigen, entziehen wollte – ein Schiff bestieg, bei einem heftigen Sturm von den Matrosen ins Meer geworfen, von einem großen Fisch verschlungen und an der Küste wieder ausgespien wurde (Jona 1 und 2). Das Neue Testament verbindet mit Jaffa den Bericht über die Auferweckung der Tabita durch den Apostel Petrus, der sich anschließend im Haus des Gerbers Simon aufhielt (Apostelgeschichte 9,36–43).

Bei Bauarbeiten im Norden von Tel Aviv stieß man nahe der Ecke Ibn Gvirol/Nordau auf die frühesten bisher bekannten Siedlungsspuren, Gräber aus dem Chalkolithikum, der Übergangsperiode zwischen Stein- und Bronzezeit (4000–3150 v. Chr.).
Historischer Ausgangspunkt der von den Anfängen bis heute kontinuierlichen Besiedlung ist der 37 m hohe Hügel oberhalb des natürlichen Hafens von Jaffa. Bei Ausgrabungen während der letzten Jahrzehnte wurde hier eine Mauer aus der Hyksoszeit (18.–16. Jh. v. Chr.) festgestellt. Im Jahre 1468 eroberte Pharao Thutmosis III. Jaffa; aus dem 13. Jh. fand man eine Steintür mit dem Namen des Pharaos Ramses II. Um 1200 v. Chr. ließen sich Philister in Jaffa wie am Tell Qasila (nördlich des Yarkon-Flusses) nieder. Um 1000 v. Chr. eroberte David die Stadt. Sein Sohn Salomo führte über den Hafen von Jaffa oder denjenigen beim Tell Qasila Zedern aus dem Libanon ein, die für den Bau des Tempels in Jerusalem verwendet wurden (2. Buch der Chronik 2,15). Dennoch dominierte in den nächsten Jahrhunderten in Jaffa eine phönizische, vom 3. Jh. v. Chr. an eine griechische bzw. hellenisierte Bevölkerung. Im 2. Jh. v. Chr. kam es zu Konflikten zwischen dieser und den Makkabäern, die Jaffa 142 v. Chr. in Brand steckten (2. Buch der Makkabäer 12,3–8) und verstärkt Juden ansiedelten. Im 1. Jh. v. Chr. verlor der Hafen Jaffa durch die Neugründung von Caesarea an Bedeutung.

Die christliche Ära von Jaffa beginnt mit dem Aufenthalt des Apostels Petrus (Apostelgeschichte 9,36–43). Im 4. Jh. ist Jaffa christlicher Bischofssitz. 636 wird es von Arabern erobert und erlebt im 7. und 8. Jh. eine Blüte unter den Omaijaden- und Abbasidenkalifen. Die Kreuzfahrer haben diese Siedlung 1099 zerstört, dann mit neuen Mauern versehen; Jaffa wurde zum Hafen für Jerusalem-Pilger. König Ludwig IX. von Frankreich verstärkte 1251 die Mauern. Die Kreuzfahrerzeit endete 1267 mit der Eroberung durch die Mamelucken unter Sultan Baibars. Danach war Jaffa für Jahrhunderte verödet.
Die Franziskaner erhielten 1650 von den seit 1520 in Palästina zuständigen osmanischen Behörden die Erlaubnis, eine Kirche und Pilgerherberge zu bauen. 1799 hielt sich Napoleon auf dem Weg von Ägypten nach Akko in Jaffa auf. 1807 wurde Mahmut, der sich ob seiner Strenge den Beinamen Abu Nebut (Vater der Keule) erwarb, Pascha von Gaza und baute Jaffa zu seiner Residenz aus. Aus seiner Zeit stammen die Serail (heute Museum) und der benachbarte Hammam, ferner die nach ihm benannte Moschee und der Brunnen Abu Nebut. 1818 zählte Jaffa 6000 Einwohner. 1834 nahmen die Ägypter unter Ibrahim Pascha die Stadt ein und gründeten etwas landeinwärts den Vorort Abu Kabir.
Eine neue Entwicklung mit europäischem Vorzeichen begann in der Mitte des 19. Jh.s. 1852 erbauten amerikanische Adventisten auf dem 'Berg der Hoffnung' beim Ayalon-Fluß eine Farm, die 1857 geplündert und

Tel Aviv – Jaffa

Geschichte (Fortsetzung)

aufgegeben wurde (an ihrer Stelle erhebt sich jetzt die Fachschule Shevah, Hamasger-Straße).

Nachdem das mit der Türkei geschlossene Kapitulationsabkommen den europäischen Mächten großen Einfluß in Palästina gesichert hatte, errichteten die Franzosen Krankenhäuser und erweiterten Klöster und Kirchen. Die Russen erbauten eine Petruskirche am 'Grab der Tabita' beim Hügel Abu Kabir. 1866 gründeten Angehörige der amerikanischen Messiaskirche eine Kolonie, die jedoch an der Feindschaft der Araber und der Ungunst des Klimas scheiterte. Den aufgegebenen Platz übernahmen 1869 die Deutschen Templer, sie bauten ihn zur landwirtschaftlichen Siedlung Jaffa-Walhalla aus. 1871 gründeten sie außerdem das nordöstlich von Jaffa gelegene Sarona. 1877 und 1890 entstanden weiter nördlich jüdische Siedlungen, Neve Tzedek und Neve Shalom. 1892 bauten die Franzosen die Eisenbahn nach Jerusalem.

Emigranten aus Rußland gründeten 1909 den rein jüdischen Vorort Ahusat Bayit mit dem Herzl-Gymnasium (an der Stelle des jetzigen Shalom-Turmes); dies markierte den Beginn der moderne Stadt Tel Aviv, die 1910 diesen Namen erhielt und nach arabischen Unruhen 1921, kurz nach dem Ende der türkischen Herrschaft, selbständig wurde. Die britische Mandatsmacht (1920–1948) legte zur leichteren Kontrolle Straßendurchbrüche ins Gassengewirr von Jaffa. 1924 hatte Tel Aviv bereits 35 000 Einwohner. Es erhielt ein Kraftwerk und als erste Stadt im Lande elektrischen Strom. Neue jüdisch-arabische Spannungen veranlaßte 1929 zahlreiche Juden, von Jaffa nach Tel Aviv zu gehen. 1936 wurde der Hafen Jaffa geschlossen, Tel Aviv legte beim Tell Qasila einen eigenen Hafen an.

Der UNO-Teilungsplan von 1947 sah für Palästina vor, daß Jaffa (100 000 Einwohner, davon 30 000 Juden) arabisch bleiben und Tel Aviv (230 000 Einwohner) israelisch werden sollte. 1948 nahmen Israelis die Stadt Jaffa ein. Am 14. Mai 1948 proklamierte David Ben Gurion im früheren Haus des ersten Bürgermeisters von Tel Aviv, Meir Dizengoff, den Staat Israel. 1950

▼ *Tel Aviv: die moderne Metropole Israels*

wurde das alte Jaffa mit der neuen jüdische Stadt unter dem Namen Tel
Aviv – Yafo zusammengeschlossen.

Die Urteile über Tel Aviv gehen weit auseinander. Die einen empfinden es
als laute, unschöne Großstadt, die anderen sehen in ihm die moderne, von
buntem Leben erfüllte Metropole Israels. Sicher nehmen sich insbesondere die Randbezirke der Stadt nicht gerade ansprechend aus, doch präsentiert sich das zwischen dem Meer und der Ibn-Gvirol-Straße gelegene
Zentrum mit seinen meist im internationalen Stil errichteten und von Funktionalität geprägten Bauten durchaus ansehnlich.

Die meisten Hotels – durchweg Häuser der Luxusklasse – findet man an
der parallel zum Strand entlanglaufenden Ha-Yarqon-Straße bzw. ihrer
südlichen Fortsetzung, der Herbert-Samuel-Straße (nach Süden hin läßt
die Exklusivität deutlich nach). Neueres Geschäfts- und Einkaufsviertel ist
die Dizengoff Straße samt des gleichnamigen Platzes. Zahlreiche kleinere
Geschäfte findet man auch in der Allenby-Straße, an die südwestlich das
Viertel Neve Tzedek anschließt. Es ist das älteste Stadtviertel mit kleinen
engen Gassen und flachen Häuschen. Noch weiter südlich kommt man in
die alte Stadt Jaffa (Yafo). Ganz anders präsentiert sich Tel Aviv im Norden,
jenseits des Yarqon-Flusses, hier sind großzügig angelegte Wohngebiete
mit ausgedehnten Grünflächen entstanden.

Besuchsordnung

Archäologisches Museum
Jaffa, Mifraz Shelomo 10
Öffnungszeiten: So.–Fr. 9.00–14.00 (Di. auch 16.00–19.00); Sa. 10.00 bis
14.00 Uhr

Tel Aviv – Jaffa

Besuchsordnung
(Fortsetzung)

Ben-Gurion-Haus
Ben Gurion Boulevard 17
Öffnungszeiten: So., Di.–Do. 8.00–14.00; Mo. 8.00–17.00; Fr. 8.00 bis 12.00 Uhr
Die Einrichtung des Gebäudes ist weitgehend so belassen wie zu der Zeit, als David Ben Gurion und seine Frau Paula dort lebten; ausgestellt ist auch ein Teil der Bibliothek des ersten Ministerpräsidenten sowie verschiedene seiner Briefe.

Bialik-Haus
(Bet Bialik)
Bialik-Straße 22
So.–Do. 9.00–19.00; Fr. 9.00–13.00 Uhr

Diamanten-Museum
⟶ Harry-Oppenheimer-Diamanten-Museum

Diaspora-Museum
(Beit Ha-Tefuzot)
Ramat Aviv, Universitätsgelände
Öffnungszeiten: So.–Di., Do. 10.00–17.00; Mi. 10.00–19.00 Uhr

Dizengoff-Haus
⟶ Unabhängigkeitshalle

Etzel-Museum
Herbert-Samuel-Esplanade
Öffnungszeiten: So.–Do. 8.00–16.00; Fr. 8.00–13.00 Uhr
Das Museum beherbergt eine kleine Sammlung von Exponaten zur Einnahme Jaffas durch die Israelis.

Ha'aretz-Museum
Ramat Aviv, Ha-Universita 2
Öffnungszeiten: So.–Do. 9.00–14.00 (Di. auch 16.00–19.00); Sa. 10.00 bis 14.00 Uhr

Haganah-Museum
Rothschild-Boulevard 23
Öffnungszeiten: So.–Do. 8.00–15.00 (So. und Di. bis 16.00); Fr. 8.00 bis 12.30 Uhr

Harry-Oppenheimer-Diamanten-Museum
in der Diamanten-Börse
Ramat Gan, Jabotinsky-Straße 1
Öffnungszeiten: So., Mo., Mi., Do. 10.00–16.00; Di. 10.00–19.00 Uhr

Helena-Rubinstein-Pavillon
Tarsat Boulevard 6 (Habimah-Platz)
Öffnungszeiten: So.–Mi. 10.00–17.00; Do. 10.00–22.00; Sa. 10.00 bis 15.00 Uhr

Historisches Museum
Bialik-Straße 27
Öffnungszeiten: So.–Do. 9.00–14.00 Uhr (Di. auch 16.00–19.00)

Israel Experience (Multi-Media-Show)
Jaffa, Pasteur Straße 4
Vorführungszeiten (in Englisch, Simultanübersetzungen in Deutsch und Spanisch): Tgl. 9.00, 12.00, 18.00, 20.00 und 21.00 Uhr

Israelisches Landesmuseum
⟶ Ha'aretz-Museum

Tel Aviv-Yafo

500 m
© Baedeker

Mittelmeer

Hafen
Marina

Flughafen
Sede Dov

RAMAT
AVIV

Planetarium

Ha'aretz-Museum

Maccabia-Stadion

Sderot Israel Rokach

Yargon

Levi Eshkol

Derekh

Shay Agnon

Ussishkin

Ha-Yarqon

Yehuda Hamakabi

Bene   Dan

Gan
Ha'azma'ut

Sderot

Nordau

Sokolov

Yehuda

Ben

Dizengoff

Sokolov

Pinkas D.

Ben-Gurion-Haus

Arlozorov

Jabotinsky

Bet
Ha-More

Kikar
Hamedina

Sderot David Ben Gurion

Arlozorov

Bet Ha-Histadrut

Bet
Lessin

Ben-Yehuda

Rathaus

Weizmann

Derekh Haifa

Jerusalem,

TEL AVIV

Kikar
Malkhey
Yisra'el David Ham.

Oberrabbinat

Frischmann

Mendele

Kikar Zina
Dizengoff

George

Versicherungs-anstalt

Ichilov-Krankenhaus

Alter
Friedhof

Pins

Dizengoff

Sderot Shaul
Hamelech

Tel-Aviv-Kunstmuseum

Gericht

Städt. Zentral-Bibliothek

Helena-Rubinstein-Pavillon

Oper

Ben Tziyon

Frederic-Mann-Auditorium

Kaplan

Derekh
Hashalom

Historisches
Museum

Jabotinsky-Museum

Habimah-Theater

HAQIRYA

Herbert Samuel

Karmel-markt

Ha-Karmel

Hamelekh

Allenby

Sheinkin

Rothschild

Halevi

Carlebach

Tikva

Groß-markt

Petah

Sadeh

Yitzhak

Hassan-Bek-Moschee

Nahalat Binyamin

Große
Synagoge

Sderot

Yehuda

Derekh

Helen-Keller-Haus

Shalom-Turm

Haganah-Museum

Etzel-Museum

Unabhängigkeits-halle

Ohel-Moed-Synagoge

Yafo

Städt.
Sportzentrum

NEVE
TZEDEK

Ha-Marad

Levinsky

Levanda

Yad-Eliyahu-Synagoge

La Guardia

Elat

Herzl

Tsiyon

Sderot Haha'yil

Große
Moschee

Uhrturm

Derekh

Shalma

Har

Neuer
Autobus-hof

Derekh

YAD
ELIYAHU

Ha-Hagana

Griechisch-orthodoxes
Kloster

St. Peter

Archäolog.
Museum

Künstler-viertel

Siksik-Moschee

GIV'AT HERZL

Sderot

Kibuts Galuyot

SHEKUNAT
SHAPIRA

Golomb

SHEKUNAT   HATIQWA

YAFO

Bloomfield-Stadion

Yehuda Hayamit

Koptische
Kirche

Yelet

Yerushalayim

Derekh Yizhaq Ben Zevi

Russische
Kirche

Elkel

GIV'AT
'ALIYYA

Südbahnhof

Besuchsordnung (Fortsetzung)	Jabotinsky-Museum König-Georg-Straße 38 Öffnungszeiten: So., Di., Do. 10.00–18.00; Mo. und Mi. 10.00–13.00 und 18.00–20.00; Fr. 10.00–13.00 Uhr Zum Jabotinsky-Forschungsinstitut gehört auch ein Museum, das Zeugnisse des Widerstandes gegen die britische Mandatsherrschaft zeigt.

Karmelmarkt
Ecke Allenby-Straße / Hakarmel-Straße
Marktzeiten: an jedem Tag bis Sonnenuntergang, ausgenommen Freitag, Samstag und Feiertage

Kunstmuseum
→ Tel-Aviv-Kunstmuseum

Multi-Media-Show
→ Israel Experience

Rubin-Haus
Bialik-Straße 14
Öffnungszeiten: So., Mo., Mi., Do. 10.00–14.00; Sa. 11.00–14.00 Uhr
Das ehemalige Wohnhaus des Künstlers Reuven Rubin ist als Museum hergerichtet worden und beherbergt auch eine Sammlung seiner Arbeiten.

Safari-Park
Ramat Gan
Öffnungszeiten: So.–Do. 9.30–14.00; Fr. 8.30–13.00; Sa. 9.00–15.00 Uhr

Shalom-Turm (Migdal Shalom)
Nordende der Herzl-Straße
Öffnungszeiten der Aussichtsplattform und des Wachsfigurenmuseums von April bis September: So.–Fr. 9.00–19.00; von Oktober bis März: So.–Do. 9.00–16.30; Fr. 9.00–13.30 Uhr

Tel-Aviv-Kunstmuseum
König-Saul-Straße 27
Öffnungszeiten: So.–Mi. 10.00–17.00; Do. 10.00–22.00; Sa. 10.00 bis 15.00 Uhr

Tell Qasila
→ Ha'aretz Museum

Zoologischer Garten
→ Safari-Park

Sehenswertes

Zentrum

Dizengoff-Platz	Als Ausgangspunkt für Gänge durch Tel Aviv bietet sich der Dizengoff-Platz an, benannt nach Meir Dizengoff, der 1921 der erste Bürgermeister des von Jaffa getrennten Tel Aviv wurde. Der Platz besteht aus zwei Ebenen; für Fußgänger wurde oberhalb der Fahrspuren eine Plattform errichtet, die der auffallende 'Feuer-und-Wasser-Brunnen' ziert. Geschaffen wurde er von dem bekannten israelischen Künstler Yaacov Agam. In regelmäßigen Abständen (jede Stunde, außer 14.00 und 15.00 Uhr) wird der Brunnen von innenheraus erleuchtet, seine aus vielen bunten Aluminiumteilchen gebildeten Ringe drehen sich, und Wasserstrahlen bewegen sich computergesteuert rhythmisch zur Musik.

Frederic-Mann-Auditorium

Von diesem Platz führt die Dizengoff-Straße in südöstlicher Richtung zum Habimah-Platz, dem kulturellen Zentrum der Stadt. Habimah-Theater
Hier steht das 1935 errichtete Habimah-Theater, das Nationaltheater Israels. Gegründet wurde es bereits 1917 in Moskau, 1928 nahm es dann seinen Sitz in Tel Aviv. Das Gebäude beherbergt zwei Spielstätten mit 1000 bzw. 300 Sitzplätzen. Die Stücke werden in der Regel in Hebräisch aufgeführt, wobei die Möglichkeit besteht, über Kopfhörer Simultanübersetzungen zu folgen.

Unmittelbar nördlich des Theaters befindet sich im Helena-Rubinstein-Pavillon eine Zweigstelle des Tel-Aviv-Kunstmuseums. In wechselnden Ausstellungen werden die Werke moderner in- und ausländischer Künstler gezeigt. Helena-Rubin-stein-Pavillon

Östlich an den Helena-Rubinstein-Pavillon grenzt das Frederic-Mann-Auditorium (Heikhal Haturbut), der Konzertsaal des Israelischen Philharmonischen Orchesters. Er bietet Platz für 3000 Personen und ist somit die größte Konzerthalle des Landes. Frederic-Mann-Auditorium

Ca. 700 m nordöstlich des Habimah-Platzes steht in der Sderot Shaul Hamelech das Tel-Aviv-Kunstmuseum. Das 1971 nach Plänen von J. Yashar und D. Eitan erbaute Gebäude birgt Werke anerkannter in- und ausländischer Künster, u.a. von Degas, Monet, Pissaro, Chagall, Kokoschka, Léger, Moore und Picasso. Tel-Aviv-Kunstmuseum

Geht man vom Dizengoff-Platz südwestwärts durch die Pinsker Straße und dann rechts in die Trumpeldor-Straße, kommt man zum Alten Friedhof von Tel Aviv, mit dem Gemeinschaftsgrab von Opfern der Unruhen von 1921, daneben Gräber führender Zionisten wie Chaim Arlosoroff, Meir Dizengoff und Max Nordau sowie von den Dichtern Chaim Nahman Bialik und Shaul Tchernikowsky. Alter Friedhof

Kunstmuseum von Tel Aviv

Historisches Museum	Südöstlich dieses Friedhofs stößt man in der Bialik-Straße auf das alte Rathaus, das jetzt das Historische Museum beherbergt (Dokumente zur Geschichte der Stadt Tel Aviv).
Bialik-Haus	Die Bialik-Straße ist benannt nach dem Dichter Chaim Nahman Bialik (1873–1934), der im Gebäude mit der Hausnummer 22 wohnte. Das Museum enthählt neben Erinnerungsstücken auch Manuskripte und Übersetzungen des Schriftstellers.
Karmelmarkt	Der Bialik-Straße weiter folgend, erreicht man die Allenby-Straße und jenseits von ihr den Karmelmarkt (südwestlich der Ecke Rehov Allenby / Rehov Hakarmel), der mit seinem farbenfrohen Treiben unzählige Kauflustige anlockt.
Haganah-Museum	Zurück zur Allenby-Straße; sie führt in südlicher Richtung zur Großen Synagoge (Ecke Rehov Ahad Ha'am, erbaut 1926) und zum Haganah-Museum im Haus des Haganah-Kommandeurs Eliahu Golomb, wo Waffen der jüdischen Untergrundtruppe aus der Mandatszeit gezeigt werden (Rothschild-Boulevard 23).
Unabhängigkeits-halle	In der Nähe befindet sich (Rothschild-Boulevard 16) das einstige Wohnhaus des Bürgermeisters Dizengoff, Bet Dizengoff. Hier kann die Halle besichtigt werden, in der Ben Gurion am 14. Mai 1948 den Staat Israel proklamierte. Ausgestellt sind verschiedene Exponate, die mit diesem historischen Ereignis in Verbindung stehen.
Shalom-Turm	Nun erreicht man die Herzl-Straße, die erste Straße des 1909 neugegründeten Tel Aviv. An ihrem Nordende wurde 1909 das nach Theodor Herzl benannte hebräische Gymnasium errichtet. Es wurde 1958 abgerissen und machte dem ersten Tel Aviver Hochhaus Platz, dem Migdal Shalom (Friedensturm). In dem Gebäude sind neben einem Einkaufszentrum und

einem kleinen Wachsfigurenmuseum vor allem Büros untergebracht. Von der Aussichtsplattform in 132 m Höhe bietet sich ein umfassender Rundblick.

Im Norden von Tel Aviv

Der Fluß Yarqon (yarok = grün) bildet die Trennlinie zum nördlichen Stadtgebiet von Tel Aviv. Im Altertum war er die Grenze zwischen den Stämmen Ephraim im Norden und Dan im Süden. Die an den Fluß grenzenden Rasenflächen sind vor allem am Sabbat ein beliebtes und dementsprechend dichtbevölkertes Ausflugsgebiet (Bootsverleih).

Yarqon

Das Ha'aretz-Museum (Israelisches Landesmuseum) ist ein weitläufiger Museumskomplex, dessen Eingang an der Universitätsstraße (Ha'Universita) liegt. Am Parkplatz steht das Numismatische Museum; neben diesem umfaßt das Museum Museen für Keramik, Glas, Schriftgeschichte (Alphabet), Wissenschaftsgeschichte, Völker- und Volkskunde sowie eine Abteilung 'Der Mensch und seine Arbeit'. Jede dieser Sammlungen präsentiert ihr Thema von der Frühzeit bis zur Gegenwart. Zu dem Museum gehört auch ein Planetarium.

*Ha'aretz-Museum

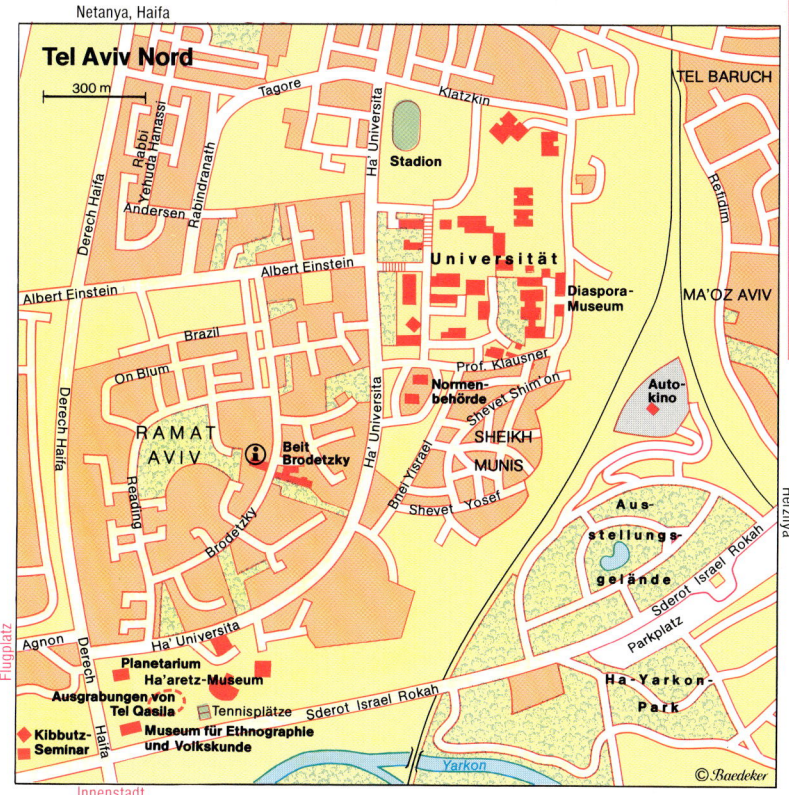

Ha'aretz-Museum (Fortsetzung)	Im Zentrum des Geländes erhebt sich der Tell Qasila mit seinen Ausgrabungen und einem Pavillon, in dem Ausgrabungsfunde gezeigt werden. Der Archäologe B. Mazar stellte auf dem Tell zwölf Siedlungsschichten fest, deren unterste ins 12. Jh. v. Chr. datiert wird. Aus dieser Zeit fand man einen Ziegelbau (XII), ferner aus dem 11. Jh. eine starke Mauer und zwei Kupferschmelzöfen (Schicht XI). Beide Straten werden den Philistern zugeschrieben. Schicht X dagegen stammt aus dem 10. Jh. v. Chr., als – nach der Eroberung durch König David – die Könige der Israeliten hier einen Hafen hatten. In jüngster Zeit vertraten einige Forscher die Meinung, daß die Zedern aus dem Libanon, die Salomo für seinen Tempelbau benötigte, eher hier, an der Yarqon-Mündung, als im Hafen von Jaffa gelöscht wurden. Tell Qasila war damals ein Umschlaghafen für die landwirtschaftlichen Produkte der Gegend, wie die Funde von Lagerräumen und Vorratsgefäßen gezeigt haben. Nach einer Zerstörung durch ägyptische Truppen haben die Könige Israels die Stätte im 9. Jh. v. Chr. wieder aufgebaut. 732 v. Chr. von Assyrern erneut zerstört, diente der Platz im 5. Jh. v. Chr. wieder als Hafen, als Libanonzedern für den Bau des Zweiten Tempels geliefert wurden (Esra 3,7). Die jüngeren Schichten zeigen, daß Tell Qasila auch in hellenistischer, römischer, byzantinischer und islamischer Zeit noch bewohnt war, ehe er zugunsten von Jaffa aufgegeben wurde.
Universität	Vom Museum führt die Straße Ha'Universita zur Universität von Tel Aviv. Sie verfügt über das breitgefächertste Studienangebot des Landes.
✳Diaspora-Museum	Im östlichen Bereich des Universitätsgeländes steht das 1979 gegründete Diaspora-Museum (hebr. 'Beit Ha-Tefuzot' = 'Haus der Zerstreuung'). Film- und Tondokumente, Modelle, ein Computer und vieles mehr sollen dem Besucher Leben und Kultur der Juden in verschiedenen Ländern und Zeiten nahebringen.

Im Osten von Tel Aviv

Ramat Gan	Vom Zentrum ostwärts liegt der 1920 auf Hügeln angelegte Vorort Ramat Gan (Gartenhöhe), eine Industriesiedlung mit größeren Grünanlagen. Der Napoleonshügel (Tell el-Djerish) am westlichen Ortsrand erinnert an ein Militärlager des Korsen von 1799; der Hügel war bereits im 18. Jh. v. Chr. besiedelt.
Diamanten-Museum	Im Stadtteil Ramat Gan wurde in der Diamanten-Börse das Harry-Oppenheimer-Diamantenmuseum eingerichtet. Zu den Ausstellungsstücken gehören mitunter auch besonders wertvolle Leihgaben. Daneben erläutert ein Film die Diamantenverarbeitung.
Safari-Park	Zu den Attraktionen von Ramat Gan zählt ferner der Safari-Park, ein 100 ha großes Gelände, in dem afrikanische Tiere frei leben (Besuch nur im geschlossenen Pkw).
Bene Beraq	Östlich schließt an Ramat Gan der Vorort Bene Beraq, eine Gründung orthodoxer polnischer Juden, deren religiöse Haltung in mehreren Talmudschulen gepflegt wird.
Bar-Ilan-Universität	Der Derekh Hashalom führt nach Süden zum Gelände der 1955 gegründeten und nach einem Führer des orthodoxen Judentums benannten Bar-Ilan-Universität, an der in allen Fakultäten den jüdisch-religiösen Studien besondere Bedeutung zukommt (3 km).

✳Jaffa (Yafo)

Stadtbild	Das südlich an das Zentrum Tel Avivs anschließende Jaffa unterscheidet sich deutlich von dem europäisch wirkenden Tel Aviv. Hier ist noch immer

ein wenig vom Flair einer alten arabischen Stadt spürbar. Besonders lebhaft geht es in den Abendstunden zu, wenn die Restaurants im Altstadtkern dicht bevölkert sind.

Im 20. Jh. hat sich Jaffa stark verändert. Nachdem schon die britische Mandatsmacht während der Unruhen von 1921 zur besseren Kontrolle breite Straßendurchbrüche im Gassengewirr geschaffen hatte, wurden nach der Massenflucht arabischer Bewohner im Zusammenhang mit der israelischen Staatsgründung 1948 umfangreiche Sanierungsarbeiten erforderlich. Erhalten hat sich ein Teil des Basars, doch hat man Straßen verbreitert, zerstörte Häuser beseitigt und andere Gebäude restauriert. Viele von ihnen dienen heute als Bars, Restaurants und Künstlerquartiere. Geblieben sind die Baudenkmäler am Akropolishügel, wo sich schon die älteste Siedlung befunden hatte. In jüngster Zeit wurde die historische Bausubstanz der Altstadt gut restauriert.

Der Uhrturm im Zentrum Jaffas wurde 1906 aus Anlaß des fünfzigjährigen Regierungsjubiläums des osmanischen Sultans Abd ül-Hamit II. errichtet. An ihm ist eine Gedenktafel für die beim Kampf um die Stadt 1948 gefallenen Israelis angebracht.

Daneben erhebt sich die Große oder Mahmudiye-Moschee. Der osmanische Statthalter Mahmud Pascha mit dem Beinamen Abu Nebut (Vater der Keule) hat sie 1810 erbaut und dabei antike Säulen aus Ashqelon und Caesarea verwendet. Diese wurden in Verkennung ihrer alten Funktion mit den Kapitellen nach unten aufgestellt.

Nun in südwestlicher Richtung gehend, sieht man bald links etwas landeinwärts, von Grünanlagen umgeben, das Archäologische Museum. Eingerichtet wurde es im alten türkischen Serail von Jaffa und birgt eine sehenswerte Kollektion örtlicher Funde.

Wenige hundert Meter weiter kommt man zur Akropolishöhe (37 m ü.d.M.). Hier steht das Franziskanerkloster St. Peter, das 1654 an der Stelle einer Kreuzfahrerburg des 13. Jh.s errichtet worden ist. Sein Name erinnert an

Margin notes:
Jaffa, Stadtbild (Fortsetzung)

Uhrturm

Große Moschee

Archäologisches Museum

Franziskanerkloster St. Peter

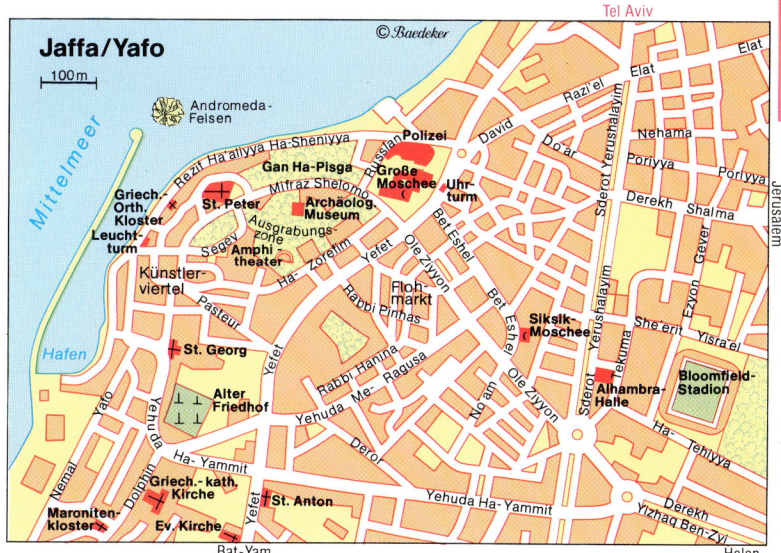

Jaffa/Yafo

Jaffa: Uhrturm ...

... und Franziskanerkloster St. Peter

Ausgrabungsgelände beim St.-Peter-Kloster in Jaffa

den Aufenthalt des Apostels Petrus in Jaffa (Apostelgeschichte 9,36–43; das Grab der von Petrus auferweckten Tabita wird im Russischen Kloster gezeigt). Vom Hof des Klosters führt eine Treppe zu den noch intakten Gewölben der Kreuzfahrerburg hinab.

Franziskaner-kloster St. Peter (Fortsetzung)

Auf dem Platz vor dem Kloster bzw. auf dem östlich angrenzenden, nun als schöne Parklandschaft gestalteten Hügel (Gan Hapisga) hat man bei Ausgrabungen frühere Siedlungsschichten freigelegt, u.a. eine 6 m starke Mauer aus der Zeit der Hyksos (18.–16. Jh. v. Chr.), ein Stadttor mit dem Namen des Pharaos Ramses II. (1290–1224 v. Chr.), ferner Reste der kanaanäischen Stadt und einer jüdischen Siedlung des 4. Jh.s v. Chr. Die Funde umfassen auch Stücke aus der Makkabäer- und der Römerzeit.

Ausgrabungen

Von dem Hügel oberhalb des St.-Peter-Klosters bietet sich eine schöne Aussicht auf den Hafen. Vom 2. Jt. v. Chr. an von Bedeutung, wurde er später von den modernen Häfen Ashdod und Haifa abgelöst und ist heute ein Fischer- und Yachthafen.
Er wird von mehreren Felsklippen begrenzt, unter ihnen der Andromedafelsen, an den nach griechischer Überlieferung Andromeda, Tochter der mythischen Stadtgründerin Joppa, gefesselt war, bis der aus Argos stammende griechische Heros Perseus sie befreite.

Hafen

Folgt man den Gassen mit ihren teilweise malerischen Häusern südwärts in Richtung auf den alten Leuchtturm, so findet man eine kleine Moschee aus dem Jahre 1730; sie steht an der Stelle, wo sich der Überlieferung zufolge das Haus des Gerbers Simon befand, bei welchem sich Petrus nach der Erweckung der Tabita aufhielt.

Moschee

Ca. 2 km südöstlich des alten Jaffa ragt der schlanke Turm des von Palmen umgebenen Russischen Klosters empor. Das Russische Reich erwarb 1860 den Hügel von Abu Kabir und errichtete hier ein Peterskloster mit Pilgerunterkünften. Unter dem Klosterhof befindet sich eine Grabhöhle mit zahlreichen Grabnischen. Sie gehörte zu einem jüdischen Friedhof des 1.–4. Jh.s; die christliche Überlieferung sieht in ihr das Grab der von Petrus auferweckten Tabita.

Russisches Kloster

Umgebung von Tel Aviv – Jaffa

Unmittelbar südlich der Stadt liegt Rishon Le Zyyon (14 km; 95 000 Einw.), das 1882 gegründet wurde und damit eine der ersten jüdischen landwirtschaftlichen Siedlungen ist.

Rishon Le Zyyon

Wenige Kilometer östlich von Tel Aviv liegt Petah Tikva (Tor der Hoffnung), die 1878 gegründete erste landwirtschaftliche jüdische Siedlung. Aus überaus schwierigen Anfängen im versumpften Gelände hat sich eine blühende Stadt von 122 000 Einwohnern entwickelt.
Das Gelände im Zentrum heißt Gan Hameyasdim (Gründergarten) und hält die Erinnerung an die Anfänge der Siedlung wach. Angrenzend stehen die erste Synagoge der Siedlung und das neue Rathaus. Von Ben Beraq kommend, findet man am Ortsanfang rechts eine steinerne Bogenstellung zu Ehren von Baron Edmond de Rothschild und seiner Finanzhilfe für die Gründer des Dorfes.

Petah Tikva

Knapp 5 km nordöstlich von Petah Tikva liegt im Quellgebiet des Yarkon die Stadt → Rosh Ha'ayin.

Rosh Ha'ayin

Tell Arad

→ Arad

Tell Dan

→ Dan

Tiberias / Teverya   H 3

Norddistrikt
Höhe: 212 m unter d.M.
Einwohnerzahl: 30 000

Lage und Bedeutung

Tiberias (hebräisch Teverya), 70 km von Haifa entfernt am Westufer des Sees Genezareth gelegen und in seinen neueren Vierteln an den Uferhöhen hochwachsend, ist ein in der kühleren Jahreszeit gern besuchter Ferienort. Seine seit dem Altertum bekannten warmen Heilquellen werden in modernen Kuranlagen genützt.
Tiberias, neben Jerusalem, Hebron und Safed eine der vier heiligen Städte der Juden, bietet viel historisch und religionsgeschichtlich Interessantes, desgleichen die Orte am Seeufer und in der Umgebung.

Geschichte

Herodes Antipas, ein Sohn Herodes' I. und Landesherr Jesu, gründete Tiberias im Jahre 17 und nannte es nach dem römischen Kaiser Tiberius. Die neue Stadt lag zwischen den Orten Hammat und Raqqat, die im Alten Testament als befestigte Städte im Gebiet des Stammes Naphtali genannt werden (Josua 19,35). Da sie auf dem Gelände des Friedhofs von Hammat erbaut war, galt sie den frommen Juden als unrein, weshalb zunächst nur Heiden sich hier ansiedelten. Auch Jesus, der meist in dieser Gegend lehrte, hat sie anscheinend nicht betreten. Nach dem Tode des Herodes Antipas herrschte Agrippa II. in Tiberias, das er mit gepflasterten Straßen, einem Palast und Badeanlagen ausstattete. Nach dem Ende des Jüdischen Krieges im Jahre 70 verlegte er seine Residenz nach Sepphoris (→ Zippori). Nachdem der in → Meron begrabene Rabbi Simon Bar Jochai Ende des 2. Jh.s Tiberias zur reinen Stadt erklärt hatte, nahm das Sanhedrin hier seinen Sitz. Sein Vorsteher wurde als der Nassi (Fürst) die höchste geistliche Autorität der Juden, bis Kaiser Theodosius II. das Amt 429 aufhob. Vom 3. Jh. an entwickelte sich Tiberias zum religiösen Zentrum des Judentums. Der Ort hieß nun Teverya; diesen Namen leiteten die Juden jedoch nicht von Tiberius, sondern vom hebräischen Wort tabur (Nabel) ab und betrachteten die Stadt als Nabel der Welt. Hier wurden Mischna (um 200) und Jerusalemer Talmud (um 400) vollendet sowie die Vokalzeichen der hebräischen Schrift erfunden. An diesem Ort gab – und gibt – es mehrere Gräber berühmter Rabbis.
Im 4. Jh. stattete der konvertierte Jude Joseph von Tiberias seine Heimatstadt wie andere Orte mit christlichen Kirchen aus; aus dem 6. Jh. ist ein christlicher Bischof bekannt. Nach der Eroberung durch die Perser (614) und die Araber (636) schlossen jüdische Gelehrte sich der Gemeinde in Babylon an oder gingen nach Jerusalem. Von 1099 bis 1187 gehörte Tiberias zum Herrschaftsbereich des Kreuzfahrerfürsten Tancred und der Könige von Jerusalem. 1247 zerstörte Baibars die Stadt, die erst unter osmanischer Herrschaft (seit 1517) wieder besiedelt wurde.
Im Jahre 1561 übergab Sultan Suleiman der Prächtige die Stadt dem aus Spanien geflüchteten Juden Don Joseph Hanassi, den er zuvor zum Herzog der griechischen Insel Naxos erhoben hatte, und seiner Tante Gracia Mendes, und sie schufen in Galiläa einen jüdischen Staat unter osmanischer Oberhoheit, der jedoch nicht lange Bestand hatte. Im 17. Jh. war Tiberias wieder verfallen; erst im 18. Jh. war der Ort erneut bewohnt, als der Drusenemir Taher el-Umar die Stadt und ihre Zitadelle 1738 aufbaute und Juden ansiedelte. Bald darauf, 1765, ließ sich eine erste Gruppe jüdischer Emigranten aus Polen hier nieder. Viele Einwohner kamen 1837 bei einem Erdbeben ums Leben, doch wurde Tiberias auch jetzt wieder aufge-

Tiberias am See Genezareth

baut. Um 1940 hatte die Stadt 12 000 Einwohner, je zur Hälfte Araber und Juden; seit 1948 ist sie rein jüdisch.

Geschichte (Fortsetzung)

Tiberias besteht aus der Altstadt, dem nördlich anschließenden ausgedehnten neuen Viertel Qiryat Shmuel und dem südlich gelegenen Bereich der heißen Quellen, Hammat.

Stadtbild

Hauptstraßen der Altstadt, in der allerdings nur noch wenige alte Bauten erhalten sind, sind die Hagalil-Straße und die Ha-Bannim-Straße, die beide parallel zum Seeufer verlaufen.
Besonders schön präsentiert sich die Seepromenade, hier kann man in einem der zahlreichen Restaurants und Cafés verweilen und den Blick auf den → See Genezareth genießen.

Sehenswertes

Am nördlichen Altstadtrand wurden über den Resten einer Kreuzfahrerfestung, die Taher el-Umar 1738 mit dem schwarzen Basalt der Gegend erneuert hatte, ein Kunstzentrum und ein Restaurant eingerichtet.

Kreuzfahrerfestung

Geht man von hier südöstlich zur Uferpromenade, so passiert man zunächst das Kloster St. Peter, das in der zweiten Hälfte des 19. Jh.s über den Resten einer Kreuzfahrerkirche errichtet wurde. Der den Franziskanern gehörende Komplex birgt einen schönen Kreuzgang. Die Apsis der Kirche springt wie ein Schiffsbug vor und erinnert damit an das Fischerboot Petri.

Kloster St. Peter

Wenige hundert Meter südlich des Klosters erreicht man das in einer ehemaligen Moschee (erbaut um 1880) eingerichtete Städtische Museum; gezeigt werden Fundstücke aus Tiberias und seiner Umgebung (derzeit wegen Restaurierungsarbeiten geschlossen).

Städtisches Museum

Tiberias

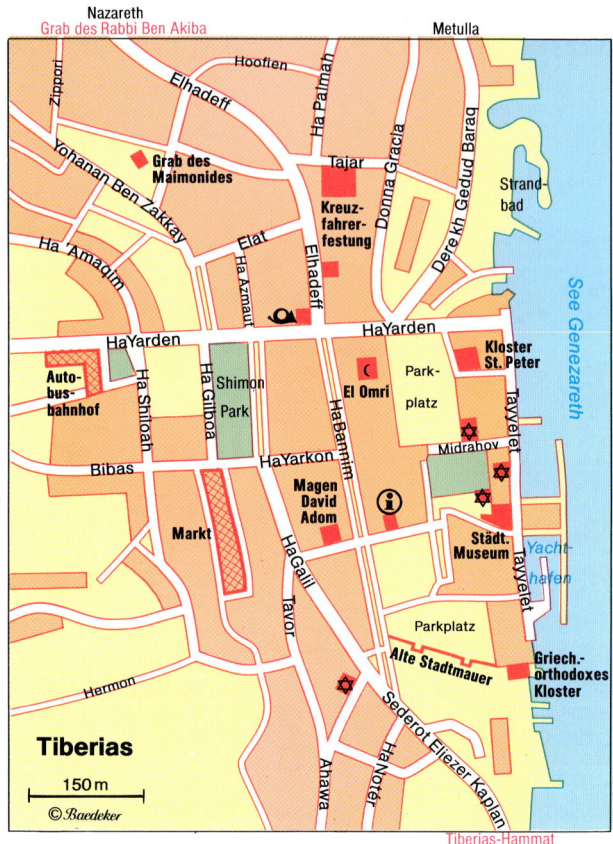

Nazareth
Grab des Rabbi Ben Akiba
Metulla
Hooflen
Elhadeff
Zippori
Ha Palman
Johanan Ben Zakkay
Grab des Maimonides
Tajar
Donna Gracia
Derekh Gedud Baraq
Strand-bad
Kreuz-fahrer-festung
Elat
See Genezareth
Ha 'Amaqim
Elhadeff
Ha Azmaut
HaYarden
HaYarden
Kloster St. Peter
Autobus-bahnhof
Ha Shiloah
Ha Gilboa
Shimon Park
El Omri
Park-platz
Jawetet
Bibas
Ha Barnim
HaYarkon
Midrahov
Markt
HaGalil
Magen David Adom
Jawetet
Städt. Museum
Yacht-hafen
Tavor
Parkplatz
Alte Stadtmauer
Griech.-orthodoxes Kloster
Hermon
Sederot Eliezer Kaplan
Ahawa
Ha Notef

Tiberias

150 m

© Baedeker

Tiberias-Hammat

Griechisch-ortho-doxes Kloster

Folgt man der Uferpromenade weiter in südlicher Richtung, so gelangt man zum Griechisch-orthodoxen Kloster. Der heutige Bau wurde 1862 errichtet. Es gab jedoch mehrere Vorgängerbauten, von denen der früheste auf das 3./4. Jh. datiert wird.

Grab des Maimonides

Vom Nordende der HaGalil-Straße kann man etwa 250 m nordwestlich vom Postamt in der Rehov Hatanaim einige alte Gräber besuchen, darunter jenes des Philosophen und Arztes Maimonides (Rabbi Mose Ben Maimon, nach den Anfangsbuchstaben dieses Namens auch Rambam genannt). Der 1135 in Córdoba geborene Gelehrte Maimonides, wegen religiöser Verfolgung aus Spanien ausgewandert, in Kairo Leibarzt Saladins und zugleich Rabbiner, wurde später das geistliche Oberhaupt der Juden in Ägypten. Seine Mischna-Kommentare waren einflußreich, sein philosophisches Buch "Dalalat el-Hairin" (Leitung der Zweifelnden) schätzten Albertus Magnus und Thomas von Aquin. Als er 1204 in Kairo starb, brachte man den Leichnam nach Tiberias.

Grab des Johanan Ben Zakkai

Nahebei das Grab von Johanan Ben Zakkai, der nach der Zerstörung Jerusalems im Jahre 70 in → Yavne eine jüdische Schule gründete und dorthin auch den Sitz des Sanhedrin verlegte.

Das Grab des Rabbi Ben Akiba, der in Bar Kochba den Messias gesehen hatte und nach dessen Aufstand 135 von den Römern hingerichtet wurde, liegt oberhalb dieser Gräber am Nachbarberg inmitten neuer Wohnviertel. Man erreicht es auf einem Weg, der bei der Polizeistation im Viertel Qiryat Shmuel in südlicher Richtung von der Hauptstraße abbiegt.

Grab des Rabbi Ben Akiba

Tiberias-Hammat

Verläßt man die Altstadt in südlicher Richtung und folgt der Uferstraße, so kommt man an Strandbädern vorbei nach Tiberias-Hammat mit seinen heißen Quellen. Hier befindet sich rechts der Straße das Kurzentrum "Tiberias Hot Springs", in dem man versucht, Hautkrankheiten zu heilen. Links der Straße steht unmittelbar am Meer der neuere Komplex "Young Tiberias Hot Springs", dessen Thermalbäder öffentlich zugänglich sind.

Kurzentrum

Unmittelbar südlich des Kurkomplexes befindet sich der Eingang zu einem Ausgrabungskomplex, dessen Attraktion eine Synagoge mit gut erhaltenem Mosaikboden ist. Man betritt das Parkgelände durch einen kleinen Museumsbau mit volkskundlichen und sakralen Exponaten.
Bereits im 3./4. Jh. gab es hier eine Synagoge, über deren Ruinen im 6./7. Jh. auf höherem Niveau eine neue Synagoge erbaut wurde. Beide waren dreischiffig. Im Südteil der älteren befindet sich eine viereckige Aufmauerung für den Thoraschrein, während der jüngere Bau eine halbrunde Apsis hat.
Von besonderer Bedeutung ist das vollständig erhaltene Bodenmosaik der älteren Synagoge, das sich durch seine bildlichen Darstellungen auszeichnet. Die Seitenschiffe haben einfache Ornamente, das reiche Mittelschiff-Mosaik besteht aus drei Teilen. Am Eingang sieht man die Widmungsinschrift, die von einem Severus, Sohn des Oberhauptes des Sanhedrin, spricht; dieser römische Name bekundet ebenso wie die Verwendung der

*Synagoge

Synagoge in Tiberias-Hammat

Tiberias-Hammat, Synagoge (Fortsetzung)

griechischen Schrift neben der hebräischen und das figürliche Haupt-mosaik den Einfluß der hellenistisch-römischen Kultur auch auf fromme Juden damaliger Zeit. Das Hauptmosaik zeigt in der Mitte die Büste des Sonnengottes Helios, den die zwölf Tierkreiszeichen umgeben und in den Ecken die vier Jahreszeiten. Im Südteil ist der Thoraschrein zwischen zwei siebenarmigen Leuchtern dargestellt, mit Weihrauchschaufeln und Scho-farhörnern. Die Bildthemen entsprechen im wesentlichen denen von → Bet Alfa, doch haben die Mosaiken von Hammat wesentlich höhere künstlerische Qualität.

Grab des Rabbi Meir

Oberhalb der Synagoge (nicht durch das Parkgelände zu erreichen) erhebt sich das Kuppelgrab des legendenumwobenen Rabbi Meir (2. Jh.). Es besteht aus einem sephardischen und einem aschkenasischen Teil.

Umgebung von Tiberias

Tell Bet Yerah

Über das Ausgrabungsgebiet Hammat am südlichen Stadtrand hinaus folgt man dem Seeufer bis zu der knapp 10 km entfernt gelegenen Ausgra-bungsstätte Bet Yerah (Haus des Mondes). Es wird angenommen, daß der Name auf einen von den Bewohnern ausgeübten Mondkult zurückgeht. Nach der Größe des Siedlungshügels zu urteilen, muß Bet Yerah eine sehr bedeutende kanaanitische Stadt gewesen sein, obgleich sie weder in der Bibel noch in ägyptischen Aufzeichnungen erwähnt wird. Man fand hier Siedlungsspuren von der Bronzezeit bis zur Epoche der arabischen Herr-schaft.
In recht gutem Zustand sind noch die Thermen aus dem 4./5. Jh. n. Chr; das Frigidarium (Kaltbad) hatte in der Mitte ein etwa 2 m breites Becken (nur die Fundamente sind erhalten), das von einem Kuppeldach über-spannt war. Ferner wurden die Reste eines Kastells aus römischer Zeit (3. Jh. n. Chr.) freigelegt. Innerhalb dieses im 4. Jh. aufgegebenen Komplexes errichtete die jüdische Gemeinde im 5. oder 6. Jh. eine nach Jerusalem ausgerichtete Synagoge. Den Boden des dreischiffigen Baus bedeckte ehemals ein Mosaik, das, wie Reste belegen, Pflanzen, Tiere und einen Mann samt Pferd zeigte. Im Nordteil des Tells stieß man auf die Funda-mente einer byzantinischen Kirche aus dem 5. Jh., die jedoch in den bei-den folgenden Jahrhunderten mehrmals umgebaut wurde.

Yardenit (Taufstelle)

Ca. 1 km westlich von Bet Yerah wurde 1981 eine Taufstelle im Jordan angelegt. Obgleich es sich nicht um den Ort handelt, an dem Jesus Chri-stus getauft wurde, lassen sich hier viele Pilger in den heiligen Wassern des Jordan taufen (Abb. S. 282).

Deganya

Etwa 2 km südlich von Bet Yerah erreicht man den am Ausfluß des Jordan aus dem See Genezareth gelegenen Kibbuz Deganya. Er wurde 1909 von russischen Auswanderern als erster Kibbuz der Welt gegründet. Bei die-sem als Deganya A. bezeichneten Kibbuz gibt es heute einen weiteren Kib-buz: Deganya B.
Am Haupteingang von Deganya A. steht ein syrischer Panzer, der 1948 bis zum Kibbuz vorgestoßen war, dort aber durch einen einfachen Molotow-Cocktail gestoppt werden konnte. Innerhalb des Kibbuz-Geländes befin-det sich das Gordon-Haus, ein Forschungsinstitut mit einem Archäologi-schen, Naturhistorischen und Landwirtschaftlichen Museum. Benannt ist der Komplex nach Aharon D. Gordon, einem der Mitbegründer des Kibbuz.

Hörner von Hittim

Verläßt man Tiberias in westlicher Richtung (Straße nach Nazareth), so sieht man, sobald die Straße die Höhe erreicht hat, rechts die → Hörner von Hittim (man erreicht die Höhe in knapp halbstündigem Fußweg).

Arbel-Tal

Lohnend ist auch ein kurzer Abstecher von Tiberias in die Gegend nördlich der Hörner von Hittim. Man nimmt wieder die Straße in Richtung Nazareth, biegt aber noch innerhalb der Stadt hinter einer großen Linkskurve rechts ab und ist bald im Arbel-Tal, in dem rechts ein gleichnamiger Kibbuz liegt. Von der Höhe oberhalb des Kibbuz bietet sich ein eindrucksvoller Blick in das von Steilwänden eingefaßte Wadi el-Hammam.

Umgebung von Tiberias, Arbel-Tal (Fortsetzung)

Wer der Straße durch das Arbel-Tal bis zu ihrem Ende folgt, erreicht nach 10 km (von Tiberias) Nabi Shueib am nördlichen Fuß der Hörner von Hittim. Es ist ein wichtiger heiliger Platz der Drusen, die hier in einem Kuppelbau das Grab von Jethro, dem Schwiegervater des Moses, verehren. Jährlich im April feiern sie das Andenken an diesen Mann, in dem sie den ersten ihrer sieben Propheten sehen. Der letzte war der Kalif el-Hakim (11. Jh.), ein Zeitgenosse jenes Darazi, von dem die Geheimreligion der Drusen formuliert wurde. Die Drusen sind überzeugt, daß Jethro, den sie Nabi Shueib nennen, aus dem Midianiterland hierher gebracht wurde, als seine Nachfahren nach Kedesch südlich des Sees Genezareth zogen (Buch der Richter 4,11).

Nabi Shueib

Das 5 km nördlich von Tiberias gelegene Migdal ist die Heimat der Maria Magdalena (Maria von Magdala), einer frühen Anhängerin Jesu. Die Bewohner von Migdal kämpften Flavius Josephus zufolge gegen Herodes I. und gegen die Römer, wobei sie schließlich in den zahllosen Höhlen des Wadi el-Hammam, einem cañonartigen Tal westlich von Migdal, Zuflucht suchten. Die einst bedeutende Stadt, in der die Kreuzfahrer im 12. Jh. eine Kirche errichteten, verfiel später gänzlich. Die heutige landwirtschaftliche Siedlung geht auf das Jahr 1910 zurück.

Migdal

Ca. 3 km nördlich von Migdal liegt am Ufer des Sees Genezareth der 1937 gegründete Kibbuz Ginnosar. Vielbesuchtes Ziel ist er wegen des hier ausgestellten 'Fischerbootes aus der Zeit Jesu'. Entdeckt wurde das Bootswrack 1986 im Uferschlamm, als der Wasserspiegel des Sees infolge langer Trockenheit stark gesunken war. Forscher haben festgestellt, daß das 8,20 m lange und 2,30 m breite Boot zwischen 70 v. Chr. und 90 n. Chr. gebaut und damals zur Küstenfischerei eingesetzt wurde. Um das Boot der Nachwelt zu erhalten, muß das Wasser, mit dem das Holz vollgesogen ist, durch Wachs ersetzt werden, ein Prozeß, der vermutlich erst 1995 abgeschlossen sein wird.
In einer Höhle des bei Ginnosar einmündenden Amudtales hat man 1925 den Schädel des Homo Galilensis gefunden, der vor 100 000 Jahren gelebt hat.

Ginnosar

Von Tiberias aus bestehen Bootsverbindungen nach → En Gev am gegenüberliegenden Seeufer.

En Gev

Timna

Süddistrikt

Der ca. 30 km nördlich von Elat gelegene Timna-Park umfaßt eine reizvolle Wüstenlandschaft von 60 km², es ist das Gebiet der antiken, noch bis heute ausgebeuteten Kupferminen. Eine Asphaltstraße führt durch das Parkgelände, sie leitet den Besucher zu bizarren Felsformationen, wie den berühmten Säulen Salomos, zu ägyptischen Kupferminen und Steinzeichnungen.
Man erreicht das Gelände, wenn man 27 km nördlich von Elat von der Nord-Süd-Straße nach Westen abbiegt (ca. 2 km zuvor wurde die ebenfalls nach Westen führende Zufahrtsstraße zu den modernen Minen passiert); am Eingang erhält man neben dem Ticket auch einen Prospekt mit Lageplan und Informationen.

Lage und Allgemeines

Benno Rothenberg von der Universität Jerusalem hat bei seinen Ausgrabungen seit 1959 festgestellt, daß in dieser Region bereits um 3000 v. Chr.

Geschichte

Geschichte (Fortsetzung)	planmäßig Kupfer gewonnen wurde (schon Jahrhunderte zuvor sammelten Nomaden herumliegende Kupfererzklumpen und schmolzen das Metall heraus) und daß die Ägypter – wie Inschriftenfunde bewiesen haben – im 14. und 13. Jh. v. Chr., d.h. zur Zeit ihrer 18. und 19. Dynastie, eine besonders hohe Produktion hatten. Auch in der israelitischen Periode, insbesondere während der Herrschaft König Salomos, wurde hier Kupfer gefördert, desgleichen in römischer und arabischer Zeit. Die Israelis nahmen die Kupfergewinnung 1955 wieder auf, stellten sie jedoch 1976 infolge der weltweiten Kupferkrise ein. Seit 1980 wird nun wieder in südlich der antiken Kupferminen gelegenen Bergwerken Kupfer gewonnen.

Sehenswertes

*Salomos Säulen	Hat man den Eingang zum Parkgelände passiert und hält sich bei zwei Abzweigungen links, so gelangt man nach einigen Kilometern zu den Säulen Salomos. Es ist eine in der Sonne rot glühende Sandsteinwand, die 50 m hoch aufragt, aus ihr wurden im Laufe der Jahrtausende durch Erosion säulenähnliche Gebilde herauspräpariert. Ihren Namen, der zwar wirkungsvoll, aber nicht historisch ist, bekamen sie von dem Archäologen Nelson Glueck, der die Kupferminen von Timna bereits in den dreißiger Jahren untersuchte. Über eine Treppe gelangt man zu einem in 30 m Höhe befindlichen Relief, das den Pharao Ramses III. (1184–1153) zeigt, der der Göttin Hathor ein Opfer bringt.
Tempel der Göttin Hathor	An der Ostseite der mächtigen Gebilde findet man, von einem Schutzgitter umgeben, die Überreste eines Tempels der Göttin Hathor (13./12. Jh. v. Chr.).
Sklavenhügel	Gegenüber den Säulen Salomos erhebt sich der sogenannte Sklavenhügel. Dabei handelt es sich um ein Bergarbeiterlager, das hier vom

Salomos Säulen im Timna-Park

Inmitten einer kargen Wüstenszenerie: der Timna-See

14.–12. Jh. vor unserer Zeitrechnung bestand. Der Eingang zum Lager wurde durch zwei Tortürme gesichert. Innerhalb des teilweise von einer Mauer umschlossenen Areals fand man Reste von Wohnhäusern und Werkstätten.

Sklavenhügel (Fortsetzung)

Um den Erholungswert des Timna-Parks weiter aufzuwerten, hat man unweit östlich der Säulen Salomos inmitten der kargen Landschaft einen kleinen See künstlich angelegt.
Hier befinden sich auch ein Restaurant und Picknickplätze, ein Museum soll erst noch entstehen.

Timna-See

Weitere Sehenswürdigkeiten erreicht man, wenn man ein Stück zurück fährt und dann links zum 'Pilz-Felsen' abzweigt. Bei der 6 m hohen pilzförmigen Felsformation sieht man Reste von Wohnhäusern, Werkstätten, Schmelzöfen (Kopie; Original im Ha'aretz Museum in Tel Aviv) und Vorratsgruben aus dem 14.–12. Jh. v. Chr.

Pilz-Felsen und Kupferproduktionsstätte

Der am Pilz-Felsen vorbeiführenden Straße weiter folgend, gelangt man zu einem Parkplatz, wo ein ausgeschilderter Fußweg zu den Ägyptischen Kupferminen beginnt. Nach ca. 200 m gelangt man zu einem großen von der Natur geschaffenen Sandsteinbogen, von hier führt ein Pfad steil bergauf zu alten Schächten, der tiefste reicht 37 m weit in das Erdreich hinein, und Gängen. Von einer Aussichtsplattform sind auf dem Erdboden helle runde Kreise erkennbar – zugeschüttete Schächte.

Ägyptische Kupferminen

Unweit nördlich der Ägyptischen Kupferminen hat man in einer nun über Treppen zugänglichen Felsspalte ebenfalls aus ägyptischer Zeit stammende Felszeichnungen entdeckt (13./12. Jh. v. Chr.). Dargestellt ist eine Gruppe von Jägern, die mit Pfeil und Bogen bewaffnet sind, andere Personen tragen Schild und Axt, wieder andere stehen auf von Tieren gezogenen Streitwagen.

Felszeichnungen

Totes Meer / Yam Hamelach   H/J 4−6

Süddistrikt und Westjordanland
Höhe: 398 m unter d.M.

Lage und Allgemeines

Das Tote Meer (hebr. Yam Hamelach = Salzmeer, arab. Bahr Lut = Meer des Lot) liegt zwischen Israel und Jordanien, 398 m unter dem Meeresspiegel, damit ist es die tiefste Stelle der Erdoberfläche. Zu seinem Namen 'Totes Meer' kam das Binnenmeer wegen seines hohen Salzgehaltes von 25–30% (das Mittelmeer hat demgegenüber nur einen Salzgehalt von 3,5%), in dem weder Pflanzen noch Tiere leben können.
Mit einer Länge von 76 km und einer Breite von 16 km bedeckt das Tote Meer eine Fläche von rund 1000 km². Eine von Osten vorspringende Halbinsel teilt es in den kleineren, nur 4–6 m tiefen Südteil und den größeren Nordteil, der eine Tiefe von 433 m erreicht.
Der wichtigste Zufluß des Binnenmeeres ist der Jordan, einen Abfluß hat das Meer nicht, dafür ist die Verdunstung infolge des heißen Klimas (Jahresdurchschnittstemperatur über 25° C) so stark, daß der Wasserspiegel bisher fast konstant blieb. Durch die Entnahme von Wasser aus dem See Genezareth wurde in den letzten Jahren jedoch der Zufluß an Jordanwasser vermindert, so daß der Wasserstand zurückgegangen und das Tote Meer nunmehr in Höhe der von Osten einspringenden Halbinsel regelrecht durchgeteilt ist. Außerdem führt der Mangel an Süßwasserzufuhr zu wachsender Versalzung. Um den Wasserverlust auszugleichen, sollte vom Mittelmeer durch den Gaza-Streifen ein Kanal bis zum Toten Meer gebaut werden, von diesem Projekt hat man mittlerweile jedoch wieder Abstand genommen. Überlegungen bestehen nun, ob vom Roten Meer Wasser zugeführt werden könnte.

* Landschaftsbild und Strände

Eine Fahrt ans Tote Meer gehört ganz sicher zu den landschaftlich eindrucksvollsten Touren in Israel. Insbesondere im südlichen Meerbecken, in dem der Salzgehalt noch höher ist als im Nordteil, haben sich vielerorts bizarre Salzsteinformationen gebildet, die hoch aus dem Meer aufragen. Wegen der hohen Verdunstung liegt meist ein Dunstschleier über dem Binnenmeer und der angrenzenden Wüstenlandschaft.
Nicht minder außergewöhnlich ist ein Bad in diesem Salzmeer. Ein Untertauchen ist fast unmöglich, man kann getrost, auf dem Wasser liegend, Zeitung lesen. Die schönsten, öffentlich zugänglichen Strände findet man bei → En Boqeq und bei → En Gedi. Generell gilt, wer hier badet, muß Augen, Nase und Mund vor Wasser schützen und nachher unbedingt gründlich duschen.

Biblische Geschichte

Die Salzlandschaft mit ihren Salzhöhlen am Südende des Toten Meeres ist Schauplatz der biblischen Erzählung von Sodom und Gomorrha, die ihrer Lasterhaftigkeit wegen durch Schwefel und Feuer vernichtet wurden. Auf Fürbitte Abrahams verschonte Gott dabei nur dessen Brudersohn Lot mit seinen Töchtern; sie gingen nach Zohar (westlich des Toten Meeres) und weiter in eine Höhle in den Bergen, wo die Schwestern von Moab und Bar-Ammi, die Stammväter der Moabiter und Ammoniter, empfangen wurden (1. Buch Mose 19). Über einer Salzhöhle beim heutigen Sodom steht eine Salzsäule, die als Lots Weib gilt.

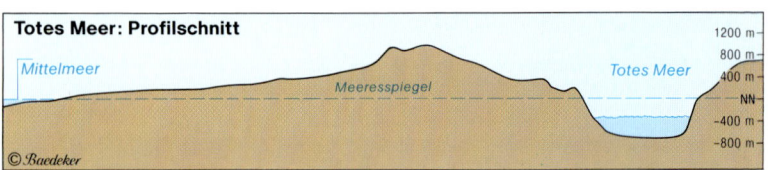

Totes Meer: Profilschnitt

Mittelmeer · Meeresspiegel · Totes Meer

1200 m · 800 m · 400 m · NN · −400 m · −800 m

© Baedeker

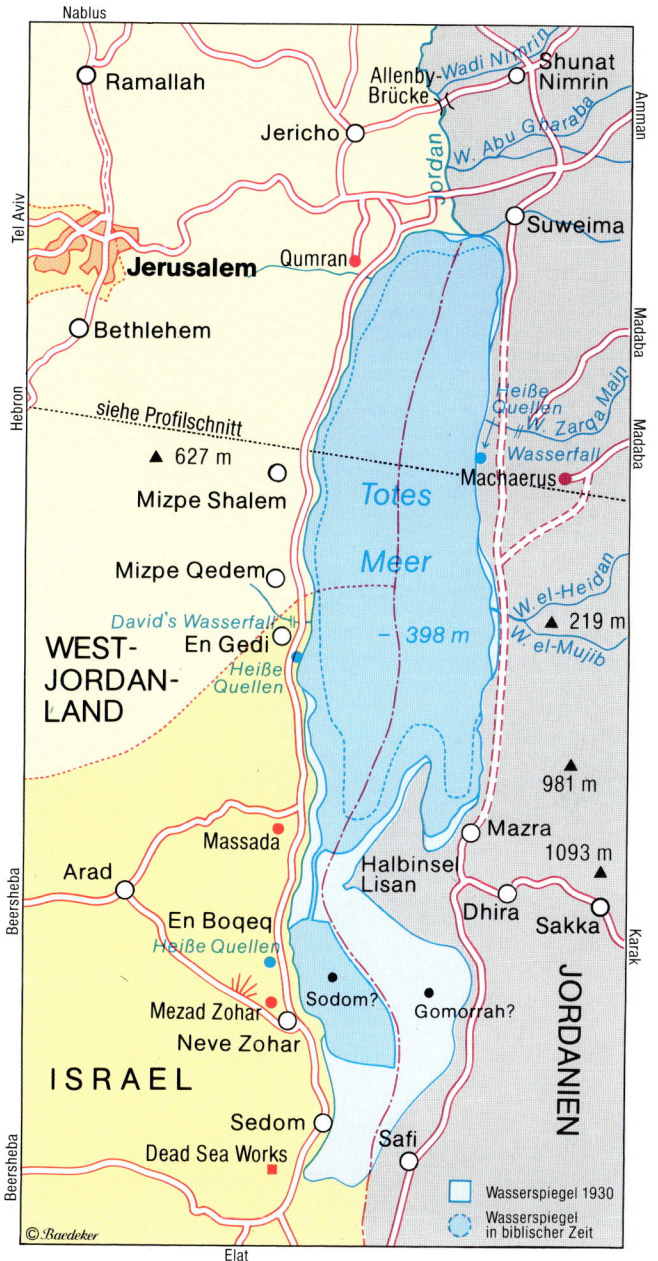

Nablus

Ramallah

Allenby-Brücke
Jericho
Wadi Nimrin
Shunat Nimrin
W. Abu Gharaba
Jordan
Amman

Tel Aviv

Jerusalem
Qumran

Suweima

Bethlehem

Madaba

Hebron

siehe Profilschnitt

▲ 627 m
Mizpe Shalem

Heiße Quellen
W. Zarqa Main
Wasserfall
Machaerus

Madaba

Totes

Meer

Mizpe Qedem

David's Wasserfall
En Gedi
Heiße Quellen

– *398 m*

W. el-Heidan
▲ 219 m
W. el-Mujib

WEST-JORDAN-LAND

▲
981 m

Massada
Mazra
1093 m

Arad

Halbinsel Lisan
Dhira
Sakka
▲

Beersheba

En Boqeq
Heiße Quellen
Mezad Zohar
Neve Zohar

Sodom?
Gomorrah?

JORDANIEN

Karak

I S R A E L

Sedom
Safi
Dead Sea Works

Beersheba

☐ Wasserspiegel 1930
Wasserspiegel in biblischer Zeit

© Baedeker

Elat

Totes Meer

Kuraufenthalte

Das Tote Meer ist nicht nur das salz-, sondern auch das mineralreichste Gewässer der Erde. Es weist eine außergewöhnlich hohe Konzentration an Brom, Magnesium, Kalium und Jod auf. Ein übriges tut die außergewöhnlich trockene (im Sommer maximal 35% Luftfeuchtigkeit) und pollenarme Luft. Schon im Altertum war man von der Heilkraft des Toten Meeres überzeugt, angeblich soll bereits Kleopatra hier gekurt haben, und Aristoteles und Plinius der Ältere berichteten über die wohltuenden Wirkungen des Salzmeeres.

Heute kommen viele Menschen zum Toten Meer, die sich Heilung oder Linderung erwarten bei Hauterkrankungen wie Schuppenflechte, Neurodermitis, chronischem Ekzem oder Pigmentschwund, Bronchialleiden oder Muskel- und Gelenkrheuma (⟶ Praktische Informationen, Kuraufenthalt). Insbesondere ⟶ En Boqeq, Neve Zohar (⟶ En Boqeq) und ⟶ En Gedi haben sich in den letzten Jahrzehnten zu Kurzentren entwickelt. Bislang hält sich das Unterhaltungsangebot, insbesondere für jüngere Gäste, noch sehr in Grenzen, doch eine touristische Infrastruktur, die die Küste des Toten Meeres auch für Nicht-Kururlauber attraktiv machen soll, ist im Aufbau begiffen. Vor allem zahlreiche Beauty-Farmen sind in jüngster Zeit in den Kurorten entstanden, aber auch für den Aktiv-Touristen wird einiges geboten – das Programm reicht von Jeep-Touren über Wüsten-Trekkings bis zu Mountain-Biking.

Industrielle
Nutzung

Die Asphaltvorkommen unter dem Toten Meer, die zeitweise hochgespült werden, wurden schon von Ägyptern und Nabatäern ausgebeutet. Heute gewinnen die Dead Sea Works am Südende des Toten Meeres Pottasche und Brom.

Sehenswertes

Besuchenswert sind am Westufer des Toten Meeres ⟶ Massada, ⟶ En Gedi und ⟶ Qumran. Auch gibt es in den Bergen nahe dem Westufer einige Burgruinen. Die südlichste, Mezad Zohar (⟶ En Boqeq) aus byzantinischer Zeit, erhebt sich auf einem kleinen Felskegel an der alten Tal-

Blick von Massada auf das Tote Meer

Das Tote Meer, im Hintergrund der Kurort En Boqeq

straße inmitten einer wilden Gebirgslandschaft. Wenn man bei Neve Zohar (→ En Boqeq) nahe dem Südende des Toten Meeres in Richtung Arad aufwärts fährt, kommt man – noch vor dem Sea-Level-Schild – an zwei Aussichtspunkte; vom oberen sieht man auf Mezad Zohar hinunter, vom unteren hat man vor allem bei sinkender Sonne einen hinreißenden Blick auf das Tote Meer und die jordanischen Berge.

Totes Meer,
Sehenswertes
(Fortsetzung)

Wadi Qilt H 4

Westjordanland

Das Wadi Qilt, ein cañonartiges romantisches Flußtal im israelisch besetzten Westjordanland, führt durch die Berge Judäas ostwärts in die Ebene von Jericho hinab. Herodes der Große legte einen Aquädukt an, der in der Mandatszeit von den Briten repariert wurde und meist Wasser führt.

Lage und
Allgemeines

Die Römer bauten den durch das Wadi führenden alten Verbindungsweg zwischen Jerusalem und Jericho zu einer Straße aus, deren Verlauf noch teilweise erkennbar ist. In frühchristlicher Zeit ließen sich christliche Einsiedler in den Höhlen der wilden Gebirgslandschaft nieder. Daraus entwikkelte sich in byzantinischer Zeit (5./6. Jh.) u.a. das Georgskloster.

Geschichte

✳St.-Georg-Kloster

Von Jerusalem in Richtung Jericho fahrend, biegt man nach gut 20 km links ab (Hinweisschild) und fährt bis zu einem Parkplatz links des Weges. Von seinem etwas höher gelegenen Nordrand hat man einen ersten Blick in die Qilt-Schlucht. Vom Parkplatz aus folgt man dem nur für Geländefahr-

Wegbeschreibung

**Wadi Qilt,
St.-Georg-
Kloster
(Fortsetzung)**

zeuge geeigneten Fahrweg weiter in Nordost-Richtung, bis man (zu Fuß etwa 1 1/4 Stunden) zu einem Hügel mit einem Kreuz kommt, von dem sich der erste Blick auf das griechisch-orthodoxe St.-Georg-Kloster und ein weit links davon den Berghang hinunterfließendes Quellrinnsal bietet; dieses wird in einem Kanal zum Kloster geführt. Man benutzt weiter den steinigen Fahrweg und findet dann (nach etwa 30 Minuten) den Zugang zum Kloster, das mit seiner Höhlenkirche höchst beeindruckend am nördlichen Felshang klebt (es liegt bereits am frühen Nachmittag im Schatten!).

**Öffnungszeiten
Mo.–Sa.
8.00–12.00 und
15.00–18.00 Uhr**

Das um 480 zu Ehren der Jungfrau Maria gegründete Kloster erlebte seine Blütezeit im 6. Jh.; bereits 614 wurde es von den Persern zerstört und blieb danach unbewohnt. Die heutige Anlage entstand zwischen 1878 und 1901. Sehenswert sind im Klosterkomplex die Marienkirche mit einigen schönen Ikonen und Malereien; in der Kirche der hll. Johannes und Georg ist ein Mosaikfußboden aus dem 6. Jh. erhalten. Gezeigt werden dem Besucher ferner in einer Grotte die Überreste jener Mönche, die beim persischen Eroberungszug gegen das byzantinische Jerusalem umgebracht worden sind.

Yafo

⟶ Tel Aviv-Jaffa

Yam Hamelach

⟶ Totes Meer

Yam Kinneret

⟶ See Genezareth

Yarden

⟶ Jordan

Yavne   **G 4**

Zentraldistrikt
Einwohnerzahl: 11 200

**Lage und
Bedeutung**

Die Stadt Yavne, 1946 an Stelle des verlassenen arabischen Dorfes Yibnah neu gegründet und seither auf 11 200 Einwohner angewachsen, liegt knapp 30 km südlich von Tel Aviv an der Landstraße nach Ashqelon.
Von sich reden gemacht hat Yavne als Sitz eines Kernforschungszentrums mit dem ersten israelischen Atomreaktor.

Geschichte

Bereits in frühkanaanäischer Zeit (3000 v. Chr.) erwähnt, wurde Yavne im 13. Jh. von Josua, im 12. Jh. v. Chr. von den Philistern erobert und kam dann zum Königreich Juda. In persischer Zeit siedelten sich Phönizier und Griechen hier an und gaben dem Ort den Namen Jamnia. Die Makkabäer

Das St.-Georg-Kloster im wildromantischen Wadi Qilt ▶

zerstörten diese Stadt, bauten sie aber 147 v. Chr. einschließlich des Hafens wieder auf und siedelten eine jüdische Bevölkerung an. Als 68 n. Chr. der spätere Kaiser Vespasian Yavne eroberte, gab er Rabbi Johanan Ben Zakkai die Genehmigung, eine jüdische Schule zu errichten, an der die um 200 in Tiberias abgeschlossene Mischna entstand.

Nach der Zerstörung Jerusalems im Jahre 70 wurde Yavne auch Sitz des Sanhedrin. In der Schule wirkten neben Johanan die Rabbis Gamliel II. und Ben Akiba. 135 schlugen die Römer den Bar-Kochba-Aufstand nieder und zerstörten auch die Schule von Yavne, die Bar Kochba unterstützt hatte. Der Sanhedrin wurde nach Usha (1 km östlich von Qiryat Ata an der Bucht von Akko, heute ein Kibbuz) verlegt und dann nach → Tiberias.

Sehenswertes

Aus der Kreuzfahrerzeit (12. Jh.) stammt eine Kirche, die auf einer Höhe östlich der Hauptstraße gelegen ist und in späterer Zeit Moschee war. Ein Grab westlich der Straße wird von den Juden als dasjenige des Rabbi Gamliel, von den Moslems als das von Mohammeds Freund Hureira angesehen.

Yavne Yam

Der alte Hafen Yavne Yam liegt etwa 7 km nordwestlich, unmittelbar südlich des Kibbuz Palmahim. Man hat dort eine Festung aus Stein- und Ziegelmauern gefunden.

Yehuda

→ Judäa

Yeriho

→ Jericho

Yerushalayim

→ Jerusalem

Yodefat   H 3

Norddistrikt

Lage und Bedeutung

Das Dorf Yodefat (antik Jotapata) in Galiläa liegt am nördlichen Fuß des 548 m hohen Berges Azmon, 20 km südlich von Akko, es wurde 1926 als Aufforstungsstation gegründet. Man fährt von Akko bis Ahihud (8 km), biegt rechts ab nach Yavor (3 km) und nimmt hier die ostwärts führende schmale Straße, auf der man hinter Segev (9 km) rechts nach Yodefat gelangt.

Geschichte

Der Ort spielte eine Rolle beim jüdischen Aufstand 66–70. Darüber berichtet Flavius Josephus, der daran maßgeblich beteiligt war, in zwei Kapiteln seiner Geschichte des Jüdischen Krieges (III,7–8). Die Stadt liegt, so seine Schilderung, "fast ganz auf einem steilen Felsen, an dessen Seiten so tiefe Schluchten abfallen, daß es dem Hinabschauenden schwindelt, ehe noch sein Blick die Tiefe erreicht; nur im Norden ist die Stadt zugänglich, wo sie quer über den sich abflachenden Bergrücken gebaut ist." Sie war also zur Anlage einer Festung durch ihre Lage geeignet.

Im Jahr 67 setzten sich zahlreiche aufständische Juden in diesem Stützpunkt fest; ihr Führer war der junge, aus Jerusalem stammende Priester Joseph, Sohn des Mattathias. Dieser verteidigte Jotapata so erfolgreich gegen die Römer, daß deren Feldherr Vespasian selbst herbeieilte und den Platz mit einer doppelten Truppenkette einschloß. Wie sechs Jahre später in → Massada schütteten die Römer an der am leichtesten zugänglichen Nordseite einen Damm auf, wogegen sich die Belagerten durch Erhöhung der Mauer wehrten. Doch die Lage wurde kritisch, weil das Zisternenwasser in der quellenlosen Stadt bald verbraucht war und die Lebensmittel ausgingen. Auch fielen zahlreiche Verteidiger bei Ausfällen und durch Wurfmaschinenbeschuß. Am 47. Tag der Belagerung gelang es den Römern, mit einem Rammbock eine Bresche zu schlagen; sie nahmen die Stadt und "kannten weder Mitleid noch Schonung", töteten viele und machten 1200 Gefangene.

Josephus, der Befehlshaber, hatte sich in einer Zisterne versteckt, aus der er nach wenigen Tagen hervorkam, um sich zu ergeben. Er prophezeite dem Vespasian die Erhebung zum Kaiser (die bald darauf tatsächlich erfolgte), weshalb er geschont wurde. Im Jahre 70 war er dann Augenzeuge der Eroberung Jerusalems – und zwar im Gefolge des römischen Eroberers Titus. Anschließend schrieb er unter dem Namen Flavius Josephus, unter dem wir ihn kennen, in Rom seine Geschichtsbücher "Der Jüdische Krieg" und "Die jüdischen Altertümer", mit denen er die wichtigste Quelle für die Ereignisse dieser Jahre schuf (→ Berühmte Persönlichkeiten).

Yodefat, Geschichte (Fortsetzung)

Einige Ruinen des alten Ortes sind ganz in der Nähe, man kann sie von einem Beobachtungsturm aus sehen.
Eine umfassende Aussicht bietet sich vom Gipfel des 548 m hohen Berges Azmon im Süden des Ortes.

Sehenswertes

Zefat

→ Safed

Zikhron Ya'akov   G 3

Distrikt: Haifa
Höhe: 50 m ü.d.M.
Einwohnerzahl: 5000

Zikhron Ya'akov, 1882 von rumänischen Einwanderern am südlichen → Karmel – 33 km südlich von Haifa – gegründet, ist heute einer der bedeutendsten Weinorte Israels.
Bereits 1887 veranlaßte de Rothschild die Anlage von Wein- und Mandelkulturen; eine Flaschenfabrik entstand in Nahsholim, 9 km westlich. Als Zeichen des Dankes benannten die Siedler den Ort ebenso wie eine bereits 1885 von den Rothschilds gestiftete Synagoge nach Edmond de Rothschilds Vater Jakob (James).

Lage und Bedeutung

In der Hauptstraße steht Bet Aaronsohn, das Haus des Aharon Aaronsohn (1876–1917), der sich als Botaniker einen Namen machte und im Ersten Weltkrieg eine gegen die türkischen Landesherren gerichtete Untergrundorganisation gründete. Das Haus enthält ein kleines naturkundliches Museum mit einer umfangreichen Sammlung von Pflanzen aus Palästina und eine Bibliothek.

Sehenswertes

Lohnend ist in Zikhron Ya'akov ferner eine Führung durch die Karmel-Weinkellerei mit anschließender Weinprobe.

Kellerei-Besichtigung

Umgebung von Zikhron Ya'akov

Ramat Hanadiv (Grab der Rothschilds)
Am südlichen Ortsrand zweigt rechts ein Weg nach Ramat Hanadiv (Höhe des Wohltäters) ab. Baron Edmond de Rothschild hatte gewünscht, hier bestattet zu werden. 1954 konnten seine und seiner Frau Ada Überreste auf einem israelischen Kriegsschiff von Frankreich nach Israel gebracht und hier in einem Staatsakt beigesetzt werden. Der Eingang des gepflegten, üppigen Parks, in dem das Rothschild-Mausoleum liegt, ist im Süden. Im Westen der Anlage befindet sich eine in Stein gehauene Landkarte, die alle von Edmond de Rothschild in Israel gegründeten Siedlungen zeigt. Im Zentrum kommt man von einem ummauerten Rechteckhof durch einen Gang in die Grabkammer hinab, einen dank seiner schlichten Monumentalität beeindruckenden Raum.

Binyamina
An Baron Edmond (Benjamin) de Rothschild erinnert auch die Siedlung Binyamina 5 km südlich von Zikhron Ya'akov, die 1922 von diesem aus gegründet worden ist.

Bet Hananya
Ca. 2 km westlich von Binyamina entstand 1950 der Moshav Bet Hananya. Hier gibt es zwei römische Aquädukte, die zur Wasserversorgung von Caesarea dienten. Ausgrabungen im nördlich des Dorfes gelegenen Tell Meborakh haben gezeigt, daß hier eine Festung der Hyksos (18.–16. Jh. v. Chr.) stand. Am Osthang fand man außerdem ein Mausoleum aus sehr viel späterer, nämlich römischer Zeit, das wahrscheinlich einer Familie aus Caesarea gehörte. Zwei Sarkophage aus dieser Gegend befinden sich jetzt im Rockefeller-Museum, Jerusalem.

Nahal Hataninim
Von Bet Hananya westwärts zur Küstenstraße, auf dieser nordwärts fahrend, überquert man den Krokodilfluß (Nahal Hataninim), in dem noch bis um 1900 Krokodile lebten und dessen Mündungsgebiet ein reiches Naturschutzgebiet ist.

Ma'agan Mikhael
Dann kommt man in den 1949 auf einem Sandsteinrücken gegründeten Kibbuz Ma'agan Mikhael. Hier ließ Herodes Steine für die Bauten von ⟶ Caesarea brechen und eine Wasserleitung anlegen, die zum Teil aus dem Felsen gehauen, zum Teil über Aquädukte geführt wurde.

Zippori (Sepphoris)   H 3

Norddistrikt

Lage und Bedeutung
Der Moshav Zippori, 1949 gegründet, liegt 6 km nordwestlich von ⟶ Nazareth in quellenreicher Gegend; 1 km nördlich erhebt sich der Hügel mit den Ruinen des alten Zippori (Sepphoris).

Geschichte
Die im Alten Testament nicht erwähnte Stadt nahm, anders als das nahe ⟶ Yodefat, nicht am Aufstand des Jahres 66 teil und wurde daher von den Römern verschont. Amerikanische Archäologen fanden am Grabungen nahe der Burg römische Reste aus der Zeit, in der der Ort Diocaesarea hieß. Bedeutung gewann er, als nach dem Scheitern des zweiten jüdischen Aufstandes gegen Rom 135 der Hohe Rat von ⟶ Yavne nach Galiläa ging und sich in Sepphoris wie in ⟶ Bet Shearim ansiedelte und Rabbi Juda Hanassi seine höchste geistliche Autorität war. Nach dessen Tod übersiedelte der Hohe Rat mit seinem Lehrhaus nach ⟶ Tiberias.
Im 4. Jh. baute der konvertierte Jude Joseph hier wie in seiner Vaterstadt Tiberias eine Kirche. Die Kreuzfahrer fanden eine christliche Gemeinde vor und errichteten eine St.-Annen-Kirche (der Platz galt als Heimat von Anna, der Mutter Mariens). Am 2. Juli 1187 versammelten sie hier ihr Heer, ehe sie nach Hittim (⟶ Hörner von Hittim) zogen, wo Saladin sie zwei Tage später vernichtend schlug. Ihre Burg erneuerte Taher el-Umar 1745.

Eine Besichtigung lohnt das Ruinengelände der alten Siedlungsstätte Zippori. Der Rundgang führt zunächst zu einem römischen Theater (2. Hälfte 1. Jh.), dessen ansteigende Zuschauerränge geschickt an einen Hang gebaut sind. Etwas weiter sieht man rechter Hand eine Reihe von Gebäuderesten, die als 'Jüdisches Viertel' bezeichnet werden. Ganz in der Nähe befindet sich die 1860 neu erbaute St.-Anna-Kirche und das dazugehörige Kloster. Als nächstes kommt man zu der Kreuzfahrerburg, die ein schmuckvolles Portal besitzt. Im Innern informiert eine gut aufbereitete Ausstellung über die Geschichte der Ausgrabungsstätte. Vom Obergeschoß der Burg genießt man einen herrlichen Blick. Nächste Station des Rundgangs ist das Dionysos-Mosaik aus dem 3. Jh., Überrest einer römischen Villa, die vermutlich bei dem Erdbeben im Jahr 363 zerstört wurde. Ein weiteres, künstlerisch besonders eindrucksvolles Mosaik kann man in einem Haus der ehemaligen römischen Kolonnadenstraße besichtigen ('Nile Mosaic'). Im Westen des Ausgrabungsgeländes befinden sich Reste der alten Wasserleitung und große Zisternen, die heute 'Höhlen der Hölle' genannt werden.

Nationalpark
Zippori

Praktische Informationen von A bis Z

Achtung!

Die Telefonnummern in Israel wurden im Verlauf des Jahres 1996 umgestellt. Sechsstellige Rufnummern wurden dann durch eine vorangestellte Nummer auf sieben Stellen erweitert (Bsp. Haifa: 04/365432 wird dann zu 04/8365432).
Notrufnummern und Vorwahlen haben sich nicht geändert.

Ort/Bezirk	bisherige erste Zahl	vorgesetzte Zahl
Südliches Israel	2, 4, 5, 6 ,7 ,8	6
	9	9
Nördliches Israel	7 – 9 und 2 – 5	6
Jerusalem	3, 6, 8	5
	2, 4, 7	6
Haifa	2 – 7	8
Küstenebene	5, 6	8
	2, 3, 4, 7	9
Bat Yam	58	6
Sharon-Ebene	3, 6, 8	8
	4, 9	7
	5	9
Holon	statt 88	651

Anreise

Mit dem Flugzeug

Wegen der beträchtlichen Entfernungen (z.B. Frankfurt am Main / Jerusalem 2400 km) wählt die überwiegende Mehrheit aller Israel-Besucher für die Anreise den Luftweg. Der internationale Flughafen Ben-Gurion in Lod bei Tel Aviv wird ohne Zwischenlandung von Frankfurt am Main, München, Genf, Zürich und Wien mit Linienmaschinen der Lufthansa, Swissair, Austrian Airlines und El Al angeflogen. Die Flugzeit Frankfurt – Tel Aviv beträgt knapp 4 Stunden. Die Fluggesellschaften bieten neben ihren normalen Tarifen auch verbilligte Tickets (Flieg- und Spar-Tarif u.a.) an, bei denen sich die Flugpreise teilweise um mehr als 50% reduzieren.
Noch preisgünstiger gelangt man vielfach mit Chartermaschinen von allen großen europäischen Flughäfen aus nach Tel Aviv und auch nach Elat am Roten Meer.
Wer eine Ägyptenreise mit einem Jerusalem-Aufenthalt kombinieren möchte, hat von Kairo aus die Möglichkeit, mit der ägyptischen Air Sinai oder der israelischen El Al zu fliegen.

Mit dem Schiff

Schiffe und Autofähren der Reedereien Arkadia und Stability Line laufen von Piräus (Griechenland) ein- bis zweimal wöchentlich den Hafen von Haifa an. Sie werden in Deutschland vertreten durch:
Viamare GmbH, Apostelnstr. 9, D-50667 Köln, Tel. 0221/234911.

Auf dem Landweg

Von Ägypten gelangt man über folgende Grenzübergänge nach Israel: (Privatfahrzeuge dürfen die Grenze passieren, Mietwagen allerdings nicht)

Grenzübergänge zu Ägypten

Nizzana (ca. 60 km südwestlich von Beersheba)
Geöffnet: tgl. 8.00 – 16.00 Uhr

Rafiah (50 km südwestlich von Ashqelon)
Geöffnet: tgl. 24 Stunden

◀ *Der Yachthafen von Tel Aviv*

Anreise, Grenzübergänge (Forts.)	Netafim (Übergang von Ras el Nag International Airport und Elat) Geöffnet: tgl. 24 Stunden
	Taba (direkt südlich von Elat). Geöffnet: tgl. 24 Stunden
Grenzübergänge zu Jordanien	Allenby-Bridge (40 km östlich von Jerusalem) Geöffnet von israelischer Seite: So.–Do. 8.00–24.00, Fr. und Sa. 8.00–15.00 Uhr.
	Jordan River Crossing/King Hussein Bridge (östlich von Beth Shean) Geöffnet So.–Do. 6.30–20.30, Fr., Sa. 8.00–18.00 Uhr. Eine Überquerung der Brücke zu Fuß, mit israelischen Mietwagen oder mit Privatfahrzeugen ist nicht erlaubt. Zum Grenzübertritt steht ein Shuttle-Service bereit.
	Arava (nördlich von Elat) Geöffnet So.–Do. 6.30–20.00, Fr. und Sa. 8.00–18.00 Uhr (außer an hohen Feiertagen). Der Egged Bus verkehrt stündlich von der Central Bus Station in Elat zum Grenzübergang Arava und zurück.

Antiquitäten

In Israel hat sich die Archäologie, darunter vor allem die Sektion "Archäologie auf den Spuren der Bibel", zu einer Art Volkshobby entwickelt. Versteht sich, daß daraus auch Kapital geschlagen wird: Die meisten 'Antiquitäten' sind schlichtweg Fälschungen. Verläßlicher sind jene Geschäfte, in deren Schaufenster ein vom Staat verliehenes Emblem hängt – eine blaue Schleife mit zwei israelitischen Kundschaftern, die Weintrauben tragen, in der Mitte mit dem Schriftzug "Recommended by the Ministry of Tourism" versehen. Dieses Zeichen bedeutet in etwa 'hochwertiges Angebot'. Antiquitäten aus der Zeit vor 1700 dürfen nur mit schriftlicher Genehmigung ausgeführt werden, man wende sich an das Department of Antiquities and Museums im Rockefeller-Museum in Jerusalem (Ausfuhrgebühr).

Mehrwertsteuer	⟶ dort

Apotheken

Öffnungszeiten	So.–Do. 9.00–13.00, 16.00–19.00; Fr. 9.30–14.00 Uhr.
Nachtdienst	Die Liste der jeweils den Nachtdienst versehenden Apotheken ist der Tagespresse zu entnehmen. Diese Liste ist auch in jedem Hotel und beim Magen David Adom erhältlich.

Arbeitsurlaub

Arbeit im Kibbuz	Wer an einem Kibbuz-Arbeits-Aufenthalt interessiert ist (angesprochener Personenkreis sind junge Leute zwischen 18 und 32 Jahren), sollte nicht weniger als drei Wochen Zeit einplanen. Für freie Unterkunft, Verpflegung und ein Taschengeld arbeitet man an sechs Tagen in der Woche täglich mindestens sechs Stunden.
Auskünfte erteilen:	Zionistische Jugend Falkensteiner Str. 1 D-60322 Frankfurt am Main Tel. 069/556963

Deutsch-israelische Gesellschaft
Königstr. 60
D-53115 Bonn
Tel. 0228/223001

Arbeitsaufenthalte im Kibbuz im Rahmen einer Individual- oder Gruppenreise vermitteln u.a. folgende Veranstalter (eine vollständige Übersicht ist
bei den Israelischen Fremdenverkehrsämtern, ⟶ Auskunft, erhältlich):

Kibbuz Vermittlungs- und Reisegesellschaft
Heidelberger Str. 10
D-64283 Darmstadt
Tel. 06151/74001/2

Deutsches Jugendherbergswerk (DJH)
Bismarckstr. 8
D-32756 Detmold
Tel. 05231/74010

Es besteht auch die Möglichkeit, in einem Moshav zu arbeiten. Die Freiwilligen müssen bereit sein, an sechs Tagen der Woche einen Acht-Stunden-
Tag zu bewältigen. Die Arbeit ist meist härter als im Kibbuz, die Bezahlung
in der Regel etwas besser, allerdings muß man sich um die Verpflegung in
der Regel selbst kümmern. Auskünfte über die Arbeit im Moshav erteilt das
Büro der Moshav-Bewegung (Moshav Volunteer Department, Leonardo da
Vinci Street 19, Tel Aviv 64733, Tel. 03/6958473).

Arbeit im Moshav

In der Sommersaison können 'Hobby-Archäologen' unter wissenschaft-
licher Anleitung in Israel tätig werden. Die Mindestbeschäftigungsdauer
liegt meistens bei ein bis zwei Wochen. Je nach Ausgrabungsstätte findet
die Unterbringung in Zelten, Jugendherbergen oder Hotels statt. Für diejenigen, die nur eben mal einen Tag an einer Ausgrabung teilnehmen möchten ('Dig for a Day'), gibt es im Juli und August, jeweils am Sonntag, dazu
die Gelegenheit. Detaillierte Informationen zu Ausgrabungsmöglichkeiten
erhält man beim Ministerium für Antiquitäten und Museen (Department of
Antiquities and Museums, P.O.B. 586, Jerusalem 91004, Tel. 02/292601,
Fax 02/292628).

Teilnahme an
Ausgrabungen

Ärztliche Hilfe

Nach Israel reisende Touristen benötigen keine Schutzimpfungen. Besondere Gesundheitsrisiken bestehen nicht.

Gesundheits-
bestimmungen

Eine ausreichende medizinische Versorgung ist in Israel in allen Landesteilen gegeben. Fast alle Ärzte beherrschen eine oder mehrere Fremd-
sprachen. Gängige Medikamente sind auch in Israel zu erhalten, benötigt
man Spezialpräparate, sollte man sich vor Reiseantritt damit versorgen.

Medizinische
Versorgung

Zwischen Deutschland und Israel besteht kein Abkommen über soziale
Sicherheit, daher müssen ärztliche Leistungen immer sofort bar bezahlt
werden (sie werden auch im nachhinein von deutschen Krankenkassen
nicht übernommen). Um sich vor möglichen hohen Unkosten zu schützen,
empfiehlt sich der Abschluß einer privaten Krankenversicherung für die
Dauer des Israel-Aufenthaltes.

Krankenversiche-
rungsschutz

Bei der privaten Organisation "Nursing" können Privatkrankenschwestern
für Betreuung und Begleitung engagiert werden.
Jerusalem: Tel. 02/636505
Tel Aviv: Tel. 03/6737947
Haifa: Tel. 04/9381111

Privatkranken-
schwestern

Auskunft

Auskunft außerhalb Israels

Deutschland

Staatliches Israelisches Verkehrsbüro
Bettinastr. 62
D-60325 Frankfurt am Main
Tel. 069/756 19 20 sowie 0180/ 5 40 41
Fax 069/75 61 92 22

Staatliches Israelisches Verkehrsbüro
Stollbergstr. 6
D-80539 München
Tel. 089/212 38 60
Fax 089/21 23 86 30

Staatliches Israelisches Verkehrsbüro
Kurfürstendamm 202
D-10719 Berlin
Tel. 030/203 99 70
Fax 030/20 39 97 30

Deutsch-Israelische Gesellschaft e.V.
Königstr. 60
D-53115 Bonn
Tel. 02 28/22 30 01

Schweiz

Offizielles Israelisches Verkehrsbüro
Lintheschergasse 12
CH-8021 Zürich
Tel. 01/2 11 23 44/5

Österreich

Offizielles Israelisches Verkehrsbüro
Rossauer Lande 41/12
A-1090 Wien
Tel. 02 22/3 10 81 74

Auskunft in Israel

Das Ministerium für Fremdenverkehr hat in den größeren Städten des Landes bzw. an touristisch interessanten Orten Informationsstellen eingerichtet. Hier erhält man Auskünfte über Sehenswürdigkeiten und aktuelle Veranstaltungen, kann sich über Ausflüge und Unterkunftsmöglichkeiten informieren. Stadtpläne und kleine Broschüren (englisch oder deutsch) werden kostenlos abgegeben.

Arad

Visitors Centre, 28 Eliezer-Ben-Yair-Street, P.O.B. 222, Tel. 07/95 44 09, 95 58 66

Elazar Ben Ya'ir Street 28

Ashdod

4 Haim Moshe Shapira Street, Tel. 07/64 04 85

Ben Gurion
(Flughafen)

Tel. 03/971 14 85

Bethlehem

Manger Square, Tel. 02/74 15 81

Elat

Arava Highway Corner, Tel. 07/37 21 11

Yotam Road, Tel. 07/37 42 33, Fax 07/37 67 63

Herzl Street 20, Tel. 04/666521, Fax 04/622075

Hanassi Boulevard 106 Tel. 04/374010

Central Bus Station, Tel. 04/512208

Jaffa Road 17, Tel. 02/258844
Jaffator (Altstadt), Tel. 02/280382

Municipal Building, Haga'aton Bvld. 19, Tel. 04/9879800

Casanova Street, Tel. 06/570555

Haatzmaut Square, Tel. 09/827286

Jerusalem Street 50, Tel. 06/920961

Beim Neuen Autobushof, Tel. 03/6395660

Ha Banim Street, Tel. 06/725666

Ausreise

Überprüfen Sie Ihre Flugreservierung mindestens 72 Stunden vor Abflug durch den Reiseveranstalter bzw. die jeweilige Fluggesellschaft, um sicherzugehen, daß sich nichts geändert hat; ganz kurzfristige Änderungen sind unter Tel. 03/9712484 zu erfahren. Die Reisenden müssen 2 Stunden vor Abflug am Flughafen Ben Gurion sein. **Mit dem Flugzeug**

Zur Verkürzung der Wartezeit am Flughafen auf nur noch etwa 1 Stunde bieten die Fluggesellschaften El-Al und Arkadia ihren Fluggästen einen Eincheck-Service an, bei dem sie schon am Vorabend des Abflugs das Gepäck in den Stadtbüros oder am Flughafen aufgeben können. Man kann dort auch bereits die Flughafensteuer bezahlen und erhält die Bordkarte. Eincheck-Service

El-Al-Eincheck-Service:

Jerusalem
Yermiahu Street 49, Tel. 02/383166
Geöffnet: So.–Do. 16.00–23.00 Uhr; Sa. ab eine Stunde nach Sonnenuntergang
Tel Aviv
Railway Station, Arlosorov Street, Tel. 03/217198
Geöffnet: So.–Do. 16.00–23.30 Uhr
Haifa
Ha'atzmaut Street 80, Tel. 04/670170
Geöffnet: So.–Do. 18.30–22.00 Uhr

Wie schon bei der Anreise muß der Israel-Besucher auch bei der Ausreise auf eine gründliche Personen- und Gepäckkontrolle vorbereitet sein. Alle Gepäckstücke werden in der Regel geöffnet und gründlich untersucht. Zudem werden dem Reisenden Fragen über seinen Aufenthaltsort in Israel, über evtl. Verwandte oder Bekannte, über mitgegebene Päckchen u.ä. gestellt. Sicherheitskontrollen

Jerusalem: Nesher Sherut Taxi Service (King George Street 21, Tel. 02/227227 und Tel. 02/231231) und Tal Limousine Service (Tel. 02/245845) bieten rund um die Uhr zu festgesetzten Tarifen einen Transport zum Ben Gurion Airport an. Egged Busse fahren zwischen 6.15 und 19.00 Uhr alle zwanzig Minuten vom Zentralen Busbahnhof zum Flughafen. Transfer zum Flughafen

Ausreise, Transfer zum Flughafen (Fortsetzung)	Tel Aviv: Vom Bahnhof in der Arlosorov Street fahren alle 30 Minuten Busse zum Flughafen. United Tours unterhält zwischen 4.00 und 24.00 Uhr einen stündlichen Pendelbusdienst (Nr. 222) zwischen mehreren Orten in Tel Aviv und dem Ben Gurion Airport.
Auf dem Landweg	Auf dem Landweg kann man sowohl nach Ägypten als auch nach Jordanien ausreisen. Die Grenzübergänge und deren Öffnungszeiten sind unter dem Abschnitt → Anreise angegeben.
Nach Ägypten	Nach Kairo unterhält die Busfahrtgesellschaft Egged einen täglichen Busdienst (außer Sa.); Abfahrt vom Zentralen Autobusbahnhof in Jerusalem. Reist man von Israel nach Ägypten aus, muß man im Besitz eines ägyptischen Visums sein (Ausnahme: Ausreise über Taba auf die Sinai-Halbinsel, in diesem Fall erhält man bei der Ausreise ein für sieben Tage gültiges Visum). Man bekommt das Visum bei der Ägyptischen Botschaft in Tel Aviv (Basel Street 54, Tel. 22 41 51). Einfacher ist es, wenn man es sich schon zu Hause besorgt hat.
Nach Jordanien	Zur Allenby-Brücke, dem wichtigsten Grenzübergang nach Jordanien, besteht ein Sherut-Taxen-Zubringerdienst (Abfahrt Damaskustor). Eine Besonderheit bei der Ausreise nach Jordanien gilt es zu beachten: Man darf die Grenze nur einmal pro Tag überschreiten, andernfalls erhebt Jordanien eine Ausreisegebühr. Für einen Tagesausflug nach Jordanien empfiehlt es sich deshalb, für die Ein- und Ausreise unterschiedliche Grenzübergänge zu benützen. Beim Überschreiten der Allenby-Brücke nach Jordanien muß jeder Tourist ein jordanisches Visum und eine Erlaubnis der jordanischen Behörden zum Betreten der Brücke vorweisen. Außerdem muß er eine Grenzsteuer in Form von Steuermarken zahlen. Man erhält sie in jeder israelischen Post sowie an der Brücke.

Ausweispapiere

→ Reisedokumente

Autohilfe

Straßenhilfsdienste	Die Straßenwachtwagen des Automobilclubs MEMSI (Automobile and Touring Club of Israel) sind in ganz Israel von 8.00 bis 17.00 Uhr im Einsatz. Das Abschleppen bis 25 km ist kostenlos; für Hilfeleistungen nach 17.00 Uhr ist eine Gebühr zu entrichten. Notruf unter Tel. 03/62 29 61/2.
Anschriften des Automobilclubs	Hauptgeschäftsstelle Automobile and Touring Club of Israel (MEMSI) Petah Tikva Street 19 Tel Aviv Tel. 03/62 29 61-4 Geschäftsstellen Uneco House, Room 35 Beersheba Tel. 057/3 62 64 c/o Ya'alat, New Shopping Centre Elat Tel. 059/7 21 66

Palmer's Gate 1
Haifa
Tel. 04/66 18 79

King George Street 31
Jerusalem
Tel. 02/24 48 28

Shmuel Hanatziv Street 6
Netanya
Tel. 053/3 13 43

Yochanan Ben Zakai Street 23
Tiberias
Tel. 06/79 07 15

Autohilfe,
Anschriften des
Automobilclubs
(Fortsetzung)

Autovermietung

→ Mietwagen

Bahnreisen

→ Verkehrsmittel

Behinderte

Bei schwerwiegenden körperlichen Behinderungen empfiehlt es sich, das Heilige Land im Rahmen einer Gruppenreise zu besuchen. Das Israelische Fremdenverkehrsamt (→ Auskunft) informiert über Reiseveranstalter, die Reisen für Körperbehinderte organisieren.

Gruppenreisen

Für Rollstuhlfahrer geeignet sind in Jerusalem die Hotels Sheraton Plaza, Sonesta, Ariel und Eyal, in Tel Aviv die Hotels Sinai, Tal, Sheraton und Moriah Plaza, in Haifa das Dan Panorama, in Elat die Hotels Moon Valley, Edomit, Shulamit Gardens, Americana, Queen of Sheba, Neptune, King Solomon's Palace, Lagoona, Sport und Moriah sowie in Netanya die Hotels Seasons, Sironit und Blue Bay (Adressen → Hotels). Ferner sind viele Hotels in den Kurzentren am Toten Meer und in Tiberias sowie zahlreiche Kibbuz-Hotels auf gehbehinderte Gäste eingestellt.

Hotels

Die Organisation Yad Sarah, die Geschäftsstellen in ganz Israel unterhält, verleiht gegen eine geringe Kaution Rollstühle, Stützen und andere medizinische Hilfsmittel.
Nähere Informationen erteilt die Hauptgeschäftsstelle in Jerusalem (Tel. 02/ 24 42 42.

Verleih von
Hilfsmitteln

Für behinderte Reisende wurden die Gegebenheiten auf dem Ben Gurion Airport verbessert (niedrig angebrachte Münzfernsprecher, verbreiterte Eingänge zu Läden, Fahrrampen u.ä.). Mit einem Speziallift können Rollstuhlfahrer ins bzw. aus dem Flugzeug gelangen.

Ben Gurion Airport

Benzin

→ Straßenverkehr

● **Campingplätze**

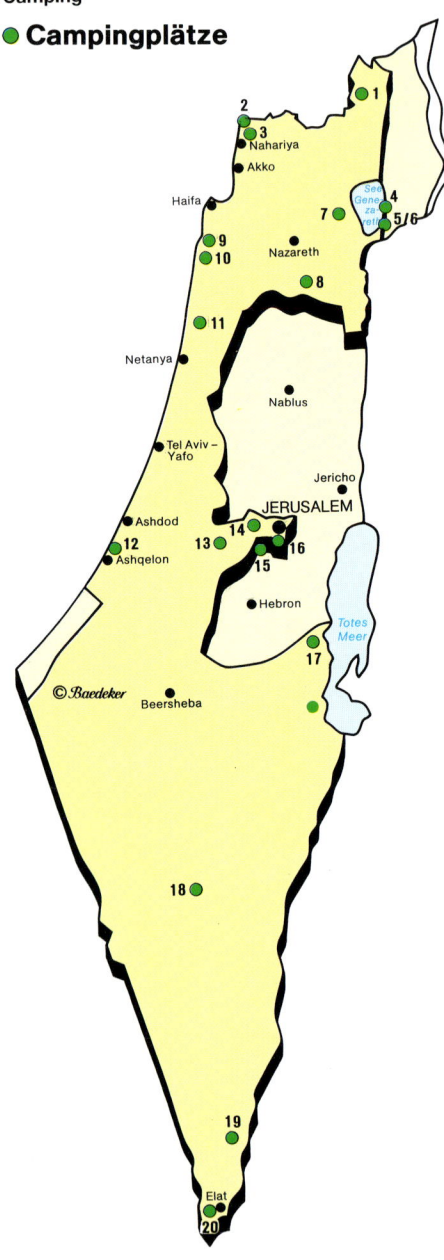

1 Tal
  bei Kiryat Shemona

2 Lehmann
  im Moshav Lehmann

3 Akhziv
  in Akhziv (5 km nördlich von
  Nahariya)

4 En Gev
  im Kibbuz En Gev

5 Ha'on
  im Kibbuz Ha'on (7 km südlich
  von En Gev)

6 Ma'agan
  im Kibbuz Ma'agan

7 Kefar Hittim
  im Moshav Kefar Hittim

8 Harod
  bei Gidona

9 Dor
  beim Kibbuz Hof Dor

10 Neve Yam
   im Kibbuz Neve Yam

11 Bitan Aharon
   bei Netanya

12 Ashqelon
   in Ashqelon

13 En Hemed
   Bet Neqofa, Hare Yehuda
   (westlich von Jerusalem)

14 Bet Zayit
   im Moshav Bet Zayit

15 Mevo Betar
   südwestlich von Jerusalem

16 Ramat Rachel
   im Kibbuz Ramat Rachel

17 En Gedi
   im Kibbuz En Gedi

18 Luts Pits
   bei Mizpe Ramon

19 Ye'elim (Yotvata)
   20 km nördlich von Elat

20 Elat
   Sun Bay, am Golf von Aqaba

Botschaften

→ Diplomatische und konsularische Vertretungen

Camping

Die staatlichen Campingplätze Israels verfügen alle über sanitäre Anlagen, Strom, Restaurant und/oder Einkaufsmöglichkeit, Telefon, Post, Erste-Hilfe-Station und Freizeiteinrichtungen. Fast überall findet sich eine Badegelegenheit.

Zelte (auch Hütten und feststehende, komplett eingerichtete Caravans bzw. kleine Appartements mit Dusche) und Campingausrüstung können auf den Plätzen gemietet werden.

Fast alle Campingplätze sind der "Israel Chalets and Camping Union" angeschlossen (P.O.B. 53, Nahariya 22100, Tel. 04/925392). Information auch über das Israelische Fremdenverkehrsbüro (→ Auskunft).

Israel Chalets and Camping Union bietet Pauschalarrangements an, bei denen man zwischen drei unterschiedlichen Unterkunftsmöglichkeiten (Zelt, Wohnwagen oder 'Chalet') bzw. zwei verschiedenen Transportarten (Mietwagen oder Busrundreiseticket) wählen kann.

Allgemeines

Pauschal-arrangements

Devisen

→ Geld

Diebstahl

Zwar ist Israel kein außergewöhnlich 'gefährliches Pflaster', Diebstähle sind aber andererseits auch hier keine Ausnahmeerscheinung. Besondere Vorsicht sollte man an Plätzen walten lassen, an denen dichtes Gedränge herrscht (Märkte u.ä.). Einheimische warnen davor, bei Fahrten in die besetzten Gebiete irgend etwas in abgestellten Fahrzeugen zurückzulassen.

Um Taschendieben keine Chance zu geben, empfiehlt es sich, Wertsachen im Hotelsafe zu deponieren bzw. direkt am Körper zu tragen.

Diplomatische und konsularische Vertretungen

Vertretungen des Staates Israel

Botschaft
Simrockallee 2
D-53173 Bonn
Tel. 0228/9346500

Deutschland

Botschaft
Anton-Frank-Gasse 20
A-1180 Wien
Tel. 01/4704741

Österreich

Diplomatische und konsularische Vertretungen (Fortsetzung) Schweiz	Botschaft Marienstrasse 27 CH-3005 Bern Tel. 031/351 10 42
	Generalkonsulat Dufourstrasse 101 CH-8008 Zürich Tel. 01/383 07 77

Vertretungen in Israel

Deutschland	Botschaft Daniel Frisch Street 3 (19. Stock) Tel Aviv Tel. 03/693 13 13, Fax 696 92 17
	Honorarkonsulat Desert House, Flat 14, Los Angeles Street Elat Tel. 07/33 42 77
	Honorarkonsulat Ha'Tishbi Street 105 Haifa Tel. 04/38 14 08
Österreich	Botschaft Hermann Cohen Street 11 Tel Aviv Tel. 03/524 61 86, Fax 524 40 39
	Honorarkonsulat Hovevei Zionstreet 8 Jerusalem Tel. 02/66 61 61
	Konsulat Allenby Road 12 Haifa Tel. 04/52 24 98
Schweiz	Botschaft Hayarkon Street 228 Tel Aviv Tel. 03/546 44 55

Einkäufe, Souvenirs

In Israel kann der Besucher eine Fülle von Gegenständen unterschiedlichster Art und Preislage erwerben. Bedeutend ist die Diamant- und Schmuckindustrie, deren Erzeugnisse in speziellen Geschäften, aber auch in den Betrieben selbst angeboten werden. Wer einen größeren Betrag ausgeben will, kann ferner einen Orientteppich, Pelzwaren oder Lederartikel kaufen. Als Souvenir oder Mitbringsel eignen sich Stickereien und andere Handarbeiten, Bilder, Keramik und Kunstgegenstände. Ein spezielles Angebot orientalischen Charakters findet man in den arabischen Städten Akko, Bethlehem, Hebron, Nazareth sowie in den Drusendörfern auf dem Karmel. Typisch für Israel sind die aus Ölbaumholz geschnitzten

Krippenfiguren in Bethlehem. Mundgeblasene Glaswaren findet man in Hebron, kleine echte Antiken in Samaria.

Einkäufe, Souvenirs (Fortsetzung)

Geschäfte, die ein hochwertiges Angebot führen, sind in ein bis drei Sterne-Kategorien eingeteilt und zum Ministerium für Tourismus ausgezeichnet. Sie zeigen im Schaufenster ein Emblem: eine blaue Schleife mit zwei Weintrauben tragenden israelitischen Kundschaftern in der Mitte und dem Schriftzug "Recommended by the Ministry of Tourism".

Gütezeichen

⟶ dort
⟶ dort
⟶ dort

Antiquitäten
Mehrwertsteuer
Öffnungszeiten

Einreisebestimmungen

⟶ Reisedokumente

Eisenbahn

⟶ Verkehrsmittel

Elektrizität

Die Netzspannung in Israel beträgt 220 V Wechselstrom. Da die meisten Stecker dreipolig sind, empfiehlt sich die Mitnahme eines Dreiphasen-Adapters (auch im Lande erhältlich).

Essen und Trinken

Eine israelische Nationalküche gibt es nicht, die Gerichte sind entweder europäisch-westlich oder arabisch. Hier wird jedoch alles angeboten, von russischer Borschtschsuppe bis zum amerikanischen Hamburger. Der Pizzastand an der Ecke fehlt ebensowenig wie die Wurstbraterei.

Allgemeines

Als koscher wird die Nahrung bezeichnet, die nach den jüdischen Speisevorschriften rein ist. Ausschlaggebend für diese Gesetzgebung war ursprünglich das Bestreben nach Hygiene. Fleisch von fleischfressenden Tieren wird in keinem koscheren Restaurant angeboten, es fehlen auch bestimmte Fischsorten (z.B. Aal, da eine schuppenlose Fischart). Milchprodukte (auch Kaffeesahne und Käse) dürfen nicht zusammen mit Fleisch serviert werden. Zwischen Fleisch- und Milchgenuß müssen mindestens fünf Stunden vergangen sein.
Man sollte das Vorurteil, koschere Nahrung sei 'fade', selbst überprüfen – es gibt ausgezeichnete und schmackhafte Gerichte aus koscherer Küche.

Koscher

Dem Frühstück wird in Israel traditionsgemäß großes Gewicht beigemessen, und auch in den meisten komfortableren Hotels erwartet den Gast ein üppiges Frühstücksbüffet mit frischem Obst und Gemüse, diversen Käsesorten, Fischhappen, Eier- und Quarkspeisen sowie einer reichen Marmeladenauswahl.
Zum Mittag- und Abendessen werden in den Hotels üblicherweise drei oder vier Gänge serviert, Hauptgericht ist in der Regel ein Fisch- oder Fleischgericht, das nach den jüdischen Speisereinheitsvorschriften zubereitet wurde.

Mahlzeiten

Oliven fehlen auf kaum einem Vorspeisenteller

Israelische Spezialitäten		
	Baklawa	Süßes Blätterteiggebäck mit Honig und Nüssen. Man bekommt es als Dessert oder an Ständen auf der Straße.
	Blintzes	Pfannkuchen mit süßer Quarkmischung.
	Bourekas	Ein Gebäck, das entweder mit Käse, Kartoffeln oder Spinat gefüllt ist.
	Challa	Traditionell geflochtenes Brot, das am Sabbat gegessen wird.
	Felafel	Gebackene Kügelchen aus gemahlenen Kichererbsen und Gewürzen. Man bekommt sie als ideale Zwischenmahlzeit an vielen Straßenständen in runden Brotfladen mit Salat.
	Gefillte Fish	Bei 'Gefillte Fish' handelt es sich um zerkleinertes Fischfleisch, das mit Zwiebeln, Matzenmehl, Eiern und Gewürzen zu Klößen verarbeitet und dann in Fischbrühe gekocht bzw. gebraten oder gebacken wurde.
	Gilderne Joch	Hühnersuppe, sie wird traditionsgemäß am Sabbat gegessen.
	Hamantaschen	Kleines dreieckiges Gebäck, das mit einer Walnuß-, Mohn- oder Apfelmischung gefüllt ist (weitere Varianten sind möglich).
	Holischkes	Gehacktes Rindfleisch wird von Kohlblättern umhüllt und in einer süßsauren Soße geschmort. Traditionell ißt man es am Laubhüttenfest.

Spezialität vom See Genezareth: St. Petersfisch

Humus	Gekochte Kichererbsen, püriert mit Knoblauch, Öl und Zitronensaft. Vielfach serviert mit Pitta.	Israelische Spezialitäten (Fortsetzung)
Kebab	Gut gewürztes Rind- oder Hammelhackfleisch, das zu Klößchen geformt, am Spieß gebraten oder gegrillt wird.	
Konafa	Gebäck mit Sirup, Mandeln, Pistazien und Walnüssen.	
Latkes	Kartoffelpuffer. Vielfach mit Zimtzucker, Apfelsoße und/ oder saurer Sahne serviert. Traditionell werden sie am Lichterfest gegessen.	
Mahallebi	Milchreis mit Rosenöl, Zucker und Nüssen.	
Mazza	Ein Vorspeisenteller, meist mit Humus, Auberginensalat, Weinblättern, Oliven u.a.	
Of sum-sum	Hähnchen, das in Sesamsamen gewendet und in Öl gebacken wurde.	
Pitta	Runde, flache Brotfladen.	
Seniya	Rind- oder Lammfleisch mit Tahina.	
Shashlik	Gegrillte Lamm- oder Rindfleischscheiben.	
Tahina	Sesamsamen werden mit Öl, Zitronensaft und Knoblauch zu einer breiartigen Masse verrührt.	
Tschulent	Eintopf aus Bohnen, Kartoffeln und fettem Fleisch. Er wird am Sabbat gegessen und noch am Freitag zubereitet.	

Essen und Trinken (Fortsetzung) Erfrischungsgetränke	Mineralwasser fand bei den Israelis lange Zeit nicht allzuviel Anklang, allmählich scheint sich dieser Trend jedoch zu wandeln. Zwei Wässer werden im Land erzeugt und unter den Namen "Eden" und "Memi" vertrieben. Beide kommen aus Quellen im Norden des Landes, die zusammen mit anderen den Jordan speisen. Es sind stille, leicht mineralhaltige Wässer. Ansonsten sind in Israel auch die meisten der in westeuropäischen Ländern erhältlichen Erfrischungsgetränke zu bekommen; fast von allen gibt es auch die 'Light-Version'. Vielerorts werden zudem frisch gepreßte Obstsäfte angeboten.
Kaffee, Tee	Die beliebtesten Getränke in Israel sind Kaffee und Tee. Viele Israelis nehmen ihren Tee schwarz (und meist nicht allzu stark), er wird jedoch auch mit Zitrone oder Milch serviert. Wer Kaffee verlangt, bekommt in der Regel einen türkischen Kaffee. Ein Pulverkaffee wird dagegen als Nescafé bezeichnet. In etwas nobleren Restaurants und Cafés kann man auch Espresso oder Capucchino bestellen.
Alkohol	In Israel gibt es kein Promillegesetz. Das liegt nicht etwa daran, daß israelische Autofahrer fahrsicherer sind, sondern daß in Israel fast kein Alkohol getrunken wird. Bei Einladungen und auf Festen trinkt man zum Auftakt aus winzigen Gläsern (zwischen 0,1 und 0,2 cl) einen Schluck Brandy. Damit ist das Kapitel Alkohol für den Abend erledigt. Andererseits gibt es sehr gute israelische Weine. Die Hauptanbaugebiete sind Richon-le-Zion, das ist die Region zwischen Tel Aviv und Jerusalem, sowie die Gegenden bei Zikhron Ya'akov und Beersheba. Sie sind zum größten Teil mit französischen roten Sorten bepflanzt (Carignan und Alicante-Grenache); an weißen Trauben werden vorwiegend Muscat, Semillon und Clairette kultiviert. Die einheimischen Biere sind alkoholarm und sehr süffig, am beliebtesten bei den Israelis ist Maccabee.
Restaurants	→ dort

Fahrradfahren

→ Sport

Feiertage

Allgemeines	Das Feiertagesystem in Israel ist nicht leicht zu durchschauen, da es jüdische, christliche und muslimische Feiertage gibt. Bei den christlichen Feiertagen ist wiederum zu unterscheiden zwischen den Feiertagen der großen Westkirchen (römische Katholiken und Protestanten) und den großen Ostkirchen (Griechisch-Orthodoxe und Armenier). Exakte Daten können nicht angegeben werden, da es sich bei den christlichen Feiertagen vielfach um bewegliche Feste handelt und die jüdischen und muslimischen Feiertage nach dem Mondkalender berechnet werden, also jedes Jahr auf einen anderen Tag des gregorianischen Kalenders fallen (→ Kalender).
Sabbat, Jüdische Feiertage	Jüdische Geschäfte und Unternehmen (Busverkehr, Eisenbahn u.a.) sind am Freitagnachmittag und Sabbat (Samstag) geschlossen. Die Juden beginnen den Tag mit dem Abend. Ein jüdischer Feiertag beginnt mit Sonnenuntergang des Vortags und endet mit Sonnenuntergang des jeweiligen Feiertags. Die Begründung hierfür liefert Genesis 1,5: "Es wurde Abend, und es wurde Morgen – ein Tag." Weitere Erläuterungen zu den Feiertagen findet man unter dem Stichwort → Veranstaltungskalender.

Feiertage	Hebräisches Datum	Gregorianisches Datum	Daten der Feiertage
Rosh Hashana (Neujahr)	1/2 Tishri	Sept./Okt.	
Yom Kippur (Versöhnungstag)	10 Tishri	Sept./Okt.	
Sukkoth[2] (Laubhüttenfest)	15–21 Tishri	Sept./Okt.	
Simhat Tora (Tora-Freude)	22 Tishri	Sept./Okt.	
Hanukka[1] (Lichterfest)	24 Kisslev bis 2 oder 3 Tevet	Nov./Dez.	
Tu B'Shevat[1] (Neujahr der Bäume)	15 Shevat	Jan./Febr.	
Purim[1] (Losfest)	14 Adar	Feb./März	
Pessah[2] (Passah)	15–21 (22) Nissan	März/April	
Unabhängigkeitstag	5 Iyar	April/Mai	
Lag B'Omer[1] (Zahl-33-Fest)	18 Iyar	April/Mai	
Tag der Befreiung Jerusalems	28 Iyar	Mai/Juni	
Shavuot (Wochenfest)	6 Sivan	Mai/Juni	
Tisha Beav[1]	9 Av	Juli/Aug.	

[1] An diesen Feiertagen sind Geschäfte und Unternehmen im allgemeinen geöffnet.
[2] An Sukkoth sind der 1. und letzte Tag, an Pessah der 1. und 7. Tag Ruhetage.

Christliche Geschäfte und Unternehmen sind am Sonntag grundsätzlich geschlossen. Die wichtigsten christlichen Feiertage sind Neujahr (Westkirchen: 1. Januar; Ostkirchen: 14. Januar), Epiphanie, Palmsonntag, Karfreitag, Ostern, Christi Himmelfahrt, Pfingsten, Weihnachten (Westkirchen: 24./25. Dezember; Ostkirchen 7. Januar). **Christliche Feiertage**

Muslimische Geschäfte und Unternehmen sind am Freitag geschlossen. Die wichtigsten Feiertage sind: **Muslimische Feiertage**

Id el-Adha (Opferfest) im Dezember oder Januar
Neujahr im Januar oder Februar
Mohammeds Geburtstag im April
1. Tag des Fastenmonats Ramadan im Oktober
Id el-Fitr (die drei letzten Tage des Ramadan) im Oktober oder November.

Fernsehen

→ Rundfunk, Fernsehen

Fluggesellschaften

Haatzmaut Street 80, Haifa
Tel. 04/643371 **Arkia**

Klal Center, Jerusalem
Tel. 02/255888

Sede Dov Airport, Tel Aviv
Tel. 03/6903333

Frishman Street 11, Tel Aviv
Tel. 03/5240220

Flughäfen

Fluggesellschaften (Fortsetzung) Austrian Airlines	Hayam Street 8, Haifa Tel. 04/370670
	Ben Yehuda Street 17, Tel Aviv Tel. 03/5173535
El Al	Pal-Yam Road 5, Haifa Tel. 04/612660
	Hillel Street 12, Jerusalem Tel. 02/233334/5
	Ben Yehuda Street 32, Tel Aviv Tel. 03/9722333

Lufthansa	Palyam Avenue 5, Haifa Tel. 04/679255
	King George Street 16a, Jerusalem Tel. 02/244941
	Ben Yehuda Street 1, Tel Aviv Tel. 03/5142350
Swissair	Hayam Street 2, Mount Carmel, Haifa Tel. 04/384655
	Haneviim Street 31, Jerusalem Tel. 02/231373
	Migdalor Building, Ben Yehuda Street 1, Tel Aviv Tel. 03/5651030

Flughäfen

Ben Gurion Airport	Der wichtigste Flughafen in Israel ist der bei Lod in der Nähe von Tel Aviv gelegene internationale Flughafen Ben Gurion, wohin u.a. von Frankfurt am Main, München, Genf, Zürich und Wien zahlreiche Direktverbindungen bestehen.
Weitere Flughäfen	Für den Charterflug- und Inlandsflugverkehr hat daneben vor allem der Flughafen in Elat Bedeutung. Auf dem Flughafen direkt im Zentrum der Touristenmetropole landen jedoch nur noch kleine Maschinen, größere fliegen den 60 km entfernten Militärflughafen Uvda an. Ferner wird der Inlandsflugverkehr über Flugplätze in Tel Aviv, Jerusalem, Rosh Pinna, Haifa, Beersheba und Sodom abgewickelt.
Ausreise	→ dort
Sicherheits-kontrollen	→ Ausreise

Flugverkehr

→ Verkehrsmittel

Fotografieren und Filmen

Das Fotografieren und Filmen aus dem Flugzeug sowie von militärisch wichtigen Einrichtungen (dazu gehören auch Flugplätze, Bahnhöfe, Brücken und Grenzübergänge) ist verboten.

Fotografierverbote

Zehn Filme dürfen zollfrei eingeführt werden. Dieses Kontingent sollte man auf jeden Fall ausschöpfen, da Filmmaterial in Israel teuer ist.
Bei der Ausreise darf sich kein Film in der Kamera befinden, da diese u.U. geöffnet wird.

Zollbestimmungen

Gastronomie

⟶ Essen und Trinken
⟶ Restaurants

Geld

Die israelische Währungseinheit ist der Neue Israelische Schekel (NIS), der in 100 Agorot unterteilt ist. Es gibt Banknoten zu 20, 50 und 100 Schekel sowie Münzen zu 5 und 10 Agorot und zu $1/2$, 1 und 10 Schekel.

Währung

Der Schekel ist häufig starken Wechselkursschwankungen unterworfen. Derzeit bezahlt man in Deutschland ca. 58 DM für 100 NIS; in Israel ist der Wechselkurs momentan etwa 10% günstiger (er schwankt von Bank zu Bank).

Wechselkurse

Israelisches Geld

Geld

Geldwechsel

Wie generell in Ländern mit schwacher Währung ist es auch in Israel vorteilhaft, den Geldwechsel erst im Lande und immer in kleineren Beträgen vorzunehmen. Geldumtausch ist nur in Banken gestattet (Umtauschgebühren). In größeren Hotels gibt es vielfach Bankfilialen. Ein Rücktausch von Landeswährung ist bis zu einem Gegenwert von 100 US-$ möglich, bei höheren Beträgen nur gegen Vorlage der Umtauschbelege.

Bezahlung
in Devisen

Einkäufe und Dienstleistungen können vielfach auch in ausländischer Währung, insbesondere in US-$, DM und Schweizer Franken bezahlt werden. Die Bezahlung in US-$ empfiehlt sich u. a. deshalb, da viele Geschäfte ihre Waren nicht in NIS, sondern in US-$ auszeichnen! Es gibt jedoch keine gesetzliche Bestimmung, daß Geschäfte oder Dienstleistungsunternehmen Devisen annehmen müssen. Da das Wechselgeld meist in Schekel herausgegeben wird, ist es sinnvoll, Bargeld auch in kleineren Scheinen mitzunehmen.
Bei Bezahlung von Hotel-, Flug-, Mietwagen- und anderen Rechnungen in ausländischen Währungen entfällt die → Mehrwertsteuer.

Ein- und Ausfuhr
von Geld und
Devisen

Die Ein- und Ausfuhr von Devisen unterliegt keinen Beschränkungen. Die Landeswährung kann in unbegrenzter Höhe eingeführt werden, die Ausfuhr ist jedoch nur nach Rücksprache mit einer Bank zulässig.

Eurocheques

Eurocheques werden in Israel akzeptiert, die garantierte Höchstgrenze für den Ausstellungsbetrag liegt bei 350 NIS. An den Geldautomaten von 150 Hapoalim Banken erhalten Inhaber von Eurocheque-Karten rund um die Uhr Geld (akzeptiert werden auch Eurocard und Mastercard).
Bei dem Verlust der Eurocheque-Karte wende man sich umgehend an den Zentralen Annahmedienst für Verlustmeldungen von Eurocheque-Karten in Frankfurt am Main (Tel. von Israel: 00 49/69/74 09 87; Tag und Nacht besetzt); die Karte wird dann sofort gesperrt.

Kreditkarten

Banken, größere Hotels, Restaurants der gehobenen Kategorien, Autovermieter sowie verschiedene Einzelhandelsgeschäfte akzeptieren die meisten internationalen Kreditkarten.
Auch bei dem Verlust der Kreditkarte(n) benachrichtige man unverzüglich die jeweilige Organisation: American Express (Tel. 00 49/69/72 00 16), Diners Club (Tel. 00 49/69/26 03 50), Eurocard (Tel. 00 49/69/79 33 19 10), Visa (Tel. 00 49/69/79 20 13 33).

Geschäftszeiten

→ Öffnungszeiten

Getränke

→ Essen und Trinken

Golf

→ Sport

Grenzübergänge

→ Anreise

Hotels

Es gibt in Israel Hotels für verschiedenste Ansprüche und für jeden Geld- Kategorien
beutel – von der Luxusherberge über das Mittelklassehotel bis zur einfachen Beherbergungsstätte. Die Einteilung der Hotels in ein Klassifizie-
rungssystem von eins bis fünf Sternen wurde 1992 abgeschafft. In der
nachfolgenden Hotelliste werden innerhalb einzelner Orte die Unterkünfte
mit sehr hohem Standard vor den Unterkünften mittlerer und unterer Preis-
stufe genannt. Neben der Anschrift und der Telefonnummer ist jeweils die
Zimmerzahl (Z.) angegeben. Die Häuser, die über ein Schwimmbad verfügen, sind mit 'Sb.' gekennzeichnet. Der Zusatz 'K.' steht für koschere
Küche.

Die Hotelpreise variieren je nach Jahreszeit erheblich, ihren höchsten Preise
Stand erreichen sie um Weihnachten und Ostern, um das jüdische Neujahrsfest und in den Sommermonaten. Generell ist es vielfach günstiger,
ein Hotel pauschal über eine Reisegesellschaft vorbuchen zu lassen. Vor
Ort muß man für ein Doppelzimmer mit Frühstück in einem Luxushotel bis
250 US-$, für ein komfortables Hotel bis 150 US-$ und für ein Mittelklassehotel bis 100 US-$ bezahlen.

Palm Beach, Sea Shore, Tel. 04/81 58 15, 120 Z., Sb., K. Akko
Argaman, Sea Shore, Tel. 04/91 66 91, 75 Z., Sb., K.

Margoa, Moav Street, Tel. 07/95 70 14, 167 Z., Sb., K. Arad
Nof Arad, Moav Street, Tel. 07/95 70 56, 117 Z., Sb., K.
Arad, Hapalmach Street 6, Tel. 07/95 70 40, 51 Z., K.

Miami, Nordau Street 12, Tel. 08/52 20 85, 24 Z., K. Ashdod
Orly, Nordau Street, Tel. 08/56 53 80, 42 Z., Sb., K.

Shulamit Gardens, Hatayassim Street 11, Tel. 07/71 12 61, 260 Z., Sb., K. Ashqelon
Samson's Gardens, Hatamar Street 38, Afridar, Tel. 07/73 66 41, 26 Z., K.

Desert Inn, Derech Touviahu, Tel. 07/42 49 22, 170 Z., Sb., K. Beersheba
Hanegev, Ha'atzmaut Street 26, Tel. 07/27 70 26, 16 Z., K.
Arava, Hahistadrut Street 37, Tel. 07/27 87 92, 27 Z., K.
Aviv, Mordechai Hagetaot Street 40, Tel. 07/27 80 59, 22 Z., K.

Bethlehem Star, Al Baten Street, Tel. 02/74 32 49, 72 Z. Bethlehem
Paradise Bethlehem, Manager Street, Tel. 02/74 45 42, 99 Z.
Handal, Abdul Nasser Street, Tel. 02/74 48 88, 42 Z.

Dan Caesarea Golf Hotel, Tel. 06/36 22 66, 114 Z., Sb., K. Caesarea

Royal Beach, North Beach, Tel. 07/36 88 88, 380 Z. Elat
Eilat Princess, Taba Beach, Tel. 07/36 55 55, 418 Z.
Holiday Inn Eilat, Tel. 07/33 08 22, 266 Z.
King Solomon's Palace, North Beach, Tel. 07/33 41 11, 419 Z., Sb., K.
Riviera, Apartment Hotel, Tel. 07/33 39 44, 172 Z.
Orchid, Hotel & Resort, Coral Beach, Tel. 07/36 03 60, 135 Z.
Moriah Plaza Eilat, North Beach, Tel. 07/36 11 11, 330 Z., Sb., K.
Neptune, North Beach, Tel. 07/33 43 33, 278 Z., Sb., K.
Sonesta Suites, Ha'arava Road, Tel. 07/37 62 22, 300 Z.
Paradise Eilat, North Beach, Tel. 07/33 50 50, 247 Z.
Marina Club, North Beach, Tel. 07/33 41 91, 131 Z.
The New Caesar, North Beach, Tel. 07/33 31 11, 240 Z., Sb., K.
Sport, North Beach, Tel. 07/33 33 33, 327 Z., Sb.
Galei Elat, North Shore, Tel. 07/33 42 22, 106 Z., Sb., K.
Lagoona, North Beach, Tel. 07/36 66 66, 256 Z., Sb., K.
Shulamit Gardens, North Beach, Tel. 07/33 39 99, 224 Z., Sb., K.

Hotels

Hotel King Solomon in Elat

Elat (Fortsetzung)	Club In, Coral Beach, Tel. 07/334555, 161 Z. Carlton Coral Sea, Coral Beach, Tel. 07/333555, 144 Z. Edomit, New Tourist Center, Tel. 07/379511, 85 Z., Sb., K. Red Rock, North Beach, Tel. 07/373171, 110 Z. Etzion, Hatmarim Street, Tel. 07/370003, 97 Z., Sb., K. Reef, Coral Beach, Tel. 07/364444, 79 Z. Red Sea Sports Club Hotel, Coral Beach, Tel. 07/373145, 86 Z. Dalia, North Beach, Tel. 07/334004, 52 Z., K. Red Sea, Hatmarim Blvd., Tel.. 07/372171, 41 Z. Americana, North Beach, Tel. 07/33777, 106 Z., Sb., K. Levis Tower, P.O.B. 4017, Tel. 07/375135, 48 Z. Adi, Tzofit P.O.B. 4100, Tel. 07/376151, 32 Z.
En Boqeq (Totes Meer)	Moriah Plaza Dead Sea (4 km außerhalb), Tel. 07/584221, 220 Z., Sb., K. Nirvana, Resort & Spa, Tel. 07/584626, 200 Z., Sb. Moriah Gardens, Tel. 07/584351, 196 Z., Sb., K. Hod, Tel. 07/584644, 205 Z., Sb., K. Carlton Galei Zohar, Tel. 07/584311, 260 Z., Sb., K. En Boqeq, Tel. 07/584331, 96 Z., Sb., K. Tsell Harim, Tel. 07/584121, 160 Z., Sb., K. Lot, Tel. 07/584321, 190 Z., Sb., K.
Haifa	Dan Carmel, Hanassi Avenue 87, Tel. 04/386211, 219 Z., Sb., K. Dan Panorama, Hanassi Avenue 107, Tel. 04/352222, 228 Z., Sb., K. Nof, Hanassi Avenue 101, Tel. 04/354311, 93 Z., K. Shulamit, Kiryat Sefer Street 15, Tel. 04/342811, 84 Z., K. Haifa Tower, Herzl Street 63, Tel. 04/677111, 98 Z. Yaarot Hacarmel, Carmel national Park, Tel. 04/229144, 103 Z., Sb., K. Dvir, Yafe Nof Street 124, Tel. 04/389131, 35 Z., K. Marom, Hapalmach Street 51, Tel. 04/254355, 29 Z., K. Beth Shalom, Hanassi Avenue 110, Tel. 04/377481, 30 Z.

Nesher, Herzl Street 53, Tel. 04/640644, 15 Z., K.
Eden, Shmariahu levin Street 8, Tel. 04/664816, 15 Z.

Haifa
(Fortsetzung)

Dan Accadia, Herzliya on Sea, Tel. 09/556677, 191 Z., Sb., K.
Daniel Hotel, Herzliya on Sea, Tel. 09/544444, 165 Z., Sb., K.
The Sharon, Herzliya on Sea, Tel. 09/575777, 160 Z., Sb., K.
Tadmor, Basel Street 38, Tel. 09/572321, 59 Z., Sb., K.
Eshel Inn, Herzliya on Sea, Tel. 09/570208, 48 Z., K.

Herzliya

King David, King David Street 23, Tel. 02/251111, 257 Z., Sb., K.
Jerusalem Pearl, Zahal Square, Tel. 03/5190212, 83 Z. Sb.
Laromme, Jabotinsky Street 3, Tel. 02/756666, 294 Z., Sb., K.
Holyday Inn Crowne Plaza, Givat Ram, Tel. 02/581414, 397 Z., Sb.
Sheraton Jerusalem Plaza, King George Street 47, Tel. 02/259111,
    300 Z., Sb., K.
Hyatt Regency Jerusalem, Lehi Street 32, Tel. 02/331234, 503 Z., Sb., K.
King Solomon, King David Street 32, Tel. 02/241433, 150 Z., K.
Moriah Plaza Jerusalem, Keren Hayassod Street 39, Tel. 02/232232,
    294 Z., Sb., K.
Jerusalem Renaissance, Wolfson Street 6, Tel. 02/528111, 625 Z., Sb., K.
Seven Arches, Mount of Olives, Tel. 02/894455, 200 Z. Sb.
American Colony, Nablus Road, Tel. 02/279777, 98 Z., Sb.
Ambassador, Nablus Road, Skeikh Jarrah, Tel. 02/828515, 126 Z.
Ariel, Hebron Road 31, Tel. 02/719222, 125 Z., K.
St. George Jerusalem, Salah El Din Street, Tel. 02/277232, 144 Z., Sb.
Central, Pines Street 6, Tel. 02/384111, 77 Z., K.
Caesar, Jaffa Street 208, Tel. 02/382156, 84 Z., K.
Capitol, Salah El Din Street 17, Tel. 02/282561, 54 Z.
Kings, King George Street 60, Tel. 02/247133, 187 Z., K.
Holyland, Bayit Vagan, Tel. 02/437777, 115 Z., Sb., K.
Jerusalem Panorama, Hill of Getsemane, Tel. 02/284887, 74 Z.

Jerusalem

Zwei noble Adressen in Jerusalem: Das King David und das Hyatt Regency

Sonesta Hotel in Jerusalem

Jerusalem
(Fortsetzung)

Paradise Jerusalem, Wolfson Street 4, Tel. 02/511111, 198 Z., Sb., K.
Windmill, Mendele Street 3, Tel. 02/663111, 133 Z., K.
Mount Zion, Hebron Road 17, Tel. 02/724222, 130 Z., Sb., K.
Shalom, Bayit Vagan, Tel. 02/752222, 400 Z., Sb., K.
Jerusalem Tower, Hillel Street 23, Tel. 02/252161, 120 Z., K.
Sonesta Jerusalem, Wolfson Street 2, Tel. 02/528221, 172 Z.
Pilgrims Palace, Sultan Sulaman Street 28, Tel. 02/272416, 87 Z.
Tirat Bat-Sheva, King George Street 42, Tel. 02/232121, 70 Z.
Reich, Hagai Street 1, Beit Hakerem, Tel. 02/523121, 57 Z., K.
Jerusalem Gate, Yirmiyahu Street 43, Tel. 02/383101, 298 Z.
Mount Skopus, Sheikh Jarrah, Tel. 02/828891, 65 Z.
National Palace, Az-Zahara Street 4, Tel. 02/273273, 108 Z.
Alcazar, Almutanbi Street 6, Tel. 02/281111, 38 Z.
Gloria, Jaffator, Tel. 02/282431, 64 Z.
Holyland East, Rashid Street 6, Tel. 02/272888, 105 Z.
Jerusalem Meridian, Ali Ibn Abi Taleb 5, Tel. 02/285212, 74 Z.
Strand, Ibn Jubeir Street 4, Tel. 02/280279, 93 Z.
Tirat Bat Sheva, King George Street 42, Tel. 02/232121, 70 Z., K.
Pilgrims Inn, Al Rashid Street, Tel. 02/284883, 15 Z.
YMCA, King David Street 26, Tel. 02/257111, 66 Z., Sb.
Palatin, Agrippas Street 4, Tel. 02/231141, 28 Z., K.
Rivoli, Salah Eddin Street 3, Tel. 02/284871, 31 Z.
Palace, Mount of Olives, Tel. 02/271126, 68 Z.
National Palace, Azzahra Street 4, Tel. 02/273273, 105 Z.
Ritz, Ibn Khaldoun Street 8, Tel. 02273233, 103 Z.
Ron, Jaffa Street 44, Tel. 02/253471, 22 Z., K.
New Regent, Azzahra Street 20, Tel. 02285440, 25 Z.
Victoria, Masudi Street 8, Tel. 02/274466, 54 Z.
Christmas, Salah Edin Street, Tel. 02/282588, 24 Z.
Lawrence, Salah Edin Street 18, Tel. 02/894208, 30 Z.
New Metropole, Salah Edin Street 8, Tel. 02/283846, 25 Z.

Zion, Dorot Rishonim 10, Tel. 02/25 95 11, 26 Z.   Jerusalem
Jerusalem, Nablus Road, Tel. 02/27 13 56, 15 Z.   (Fortsetzung)
New Imperial, Jaffa Tor, Tel. 02/27 28 00, 45 Z.
Mount of Olives, Mount of Olives Road, Tel. 02/28 48 77, 63 Z.

Arazim, Tel. 06/94 41 43, 34 Z., K.   Metulla
Hamavri, Tel. 06/94 01 50, 18 Z., K.

Rammon Inn, Aqev Street 1, Tel. 07/58 82 22, 96 Z.   Mizpe Ramon

Carlton, Ha'gaaton Boulevard 23, Tel. 04/9 92 22 11, 200 Z., Sb.   Nahariya
Pallas Athene, Hamaapilim Street 28, Tel. 04/9 92 23 81, 53 Z., K.
Asthar, Ha'gaaton Boulevard 27, Tel. 04/9 92 34 31, 26 Z., K.
Eden, Jabotinskiy Street 17, Tel. 04/9 92 32 46, 80 Z., Sb.
Frank, Haaliya Street 4, Tel. 04/9 92 02 78, 50 Z., K.
Kalman, Jabotinsky Street 27, Tel. 04/9 92 03 55, 16 Z., K.
Rosenblatt, Weizman Street 59, Tel. 04/9 92 34 69, 35 Z., Sb., K.
Erna, Jabotinsky Street 29, Tel. 04/9 92 28 32
Maoz, Jabotinsky Street 39, Tel. 04/9 92 07 79

Grand New, St. Joseph Street, Tel. 06/7 62 22, 92 Z.   Nazareth
Hagalil, Paulus 6th Steet, Tel. 06/57 13 11, 90 Z.

The Seasons, Nice Boulevard, Tel. 09/61 85 55, 82 Z., Sb., K.   Netanya
Bet Amim, King Solomon Street 41, Tel. 09/61 12 22, 85 Z., Sb., K.
Blue Bay, Hamelachim Street 31, Tel. 09/60 36 03, 208 Z., Sb., K.,
   Tennisplätze
Galil, Nice Boulevard 18, Tel. 09/62 44 55, 84 Z., K.
Goldar, Usishkin Street 1, Tel. 09/33 81 88, 151 Z., K.
King Solomon, Maapilim Street 18, Tel. 09/33 84 44, 99 Z., K.
Metropol Grand, Gad Machnes Street 17, Tel. 09/62 47 77, 65 Z., Sb., K.
Park, David Hamelech Street 7, Tel. 09/62 33 44, 90 Z., Sb., K.
Hof, Ha'atzmaut Square 9, Tel. 09/33 13 04, 30 Z., K.
King David Palace, King David Street 4, Tel. 09/34 21 51, 51 Z., K.
Maxim, King David Street 8, Tel. 09/33 93 41, 90 Z., K.
Orly, Hama'aplim Street 20, Tel. 09/33 30 91, 66 Z., K.
Palace, Gad Machness Street 33, Tel. 09/62 02 22, 71 Z., K.
Princess, Gad Machness Street 28, Tel. 09/62 26 66, 147 Z., K.
Residence, Gad Machness Street 18, Tel. 09/62 37 77, 96 Z., K.
Sironit, Gad Machness Street 19, Tel. 09/34 06 88, 60 Z., K.
Atzmaut, Ha'atzmaut Square, Tel. 09/2 25 62, 20 Z., K.
King Koresh, Rav Kook Street 6, Tel. 09/61 35 55, 29 Z., K.
Grand Yahalom, Gad Machness Street 15, Tel. 09/62 48 88, 48 Z., Sb., K.

North Hotel, Tel. 06/94 47 02, 90 Z., Sb., K.   Qiryat Shemona

Margoa, Moskowitz Street 11, Tel. 08/45 13 03, 17 Z.   Rehovot

Rimon Inn, Artists Colony, Tel. 06/92 06 65, 36 Z., Sb., K.   Safed
David, Mount Canaan, Tel. 06/93 00 62, 42 Z., K.
Ron, Hativat Yiftah Street, Tel. 06/97 25 90, 50 Z., Sb., K.
Nof Hagalil, Mount Canaan, Tel. 06/93 15 95, 32 Z., K.
Ruckenstein, Mount Canaan, Tel. 06/93 00 60, 26 Z.

Beit Hava, Tel. 04/92 23 91, 90 Z., Sb., K.   Shavei Zion

Dan Tel Aviv, Hayarkon Street 99, Tel. 03/5 20 25 25, 290 Z., Sb., K.   Tel Aviv
Tel Aviv Hilton, Independance Park, Tel. 03/5 20 22 22, 633 Z., Sb., K.
Carlton Tel Aviv, Eliezer Peri Str. 10, Tel. 03/5 20 18 18, 284 Z., Sb., K.
Dan Panorama, Kaufman Str. 10, Tel. 03/5 19 01 90, 523 Z., Sb., K.
Moriah Plaza Tel Aviv, Hayarkon Street 155, Tel. 03/5 27 15 15, 341 Z.,Sb.
Ramada Continental, Hayarkon Street 121, Tel. 03/5 27 26 26, 340 Z., Sb.

Hotels

Tel Aviv
(Fortsetzung)

Sheraton, Hayarkon Street 115, Tel. 03/5211111, 354 Z., Sb., K.
Astor, Hayarkon Street 105, Tel. 03/5223141, 69 Z., K.
Avia, International Airport Area, Tel. 03/5360221, 104 Z., Sb., K.
Grand Beach, Hayarkon Street 250, Tel. 03/5466555, 212 Z., Sb., K.
Metropolitan, Trumpeldor Street 11–15, Tel. 03/5172621, 136 Z., Sb., K.
Tal, Hayarkon Street 287, Tel. 03/5442281, 126 Z., K.
Ambassador, H. Samuel Esplanade 56, Tel. 03/5103993, 51 Z., K.
City, Mapu Street 9, Tel. 03/5246253, 96 Z., K.
Florida, Hayarkon Street 164, Tel. 03/5242184, 52 Z., K.
Maxim, Hayarkon Street 86, Tel. 03/5173721, 60 Z., K.
Shalom, Hayarkon Street 216, Tel. 03/5243277, 48 Z.
Imperial, Hayarkon Street 66, Tel. 03/5177002, 48 Z.
Moss, Ness Ziona Street 6, Tel. 03/5171655, 70 Z., K.
Basel, Hayarkon Street 156, Tel. 03/5244161, 138 Z., Sb., K.
Armon Hayarkon, Hayarkon Street 268, Tel. 6055271, 24 Z.
Ramat Aviv, Derech Namir 151, Tel. 6990777, 100 Z., Sb.
Bell, Allenby Street 12, Tel. 5174291, 25 Z.

Tiberias

Galei Kinneret, Kaplan Street 1, Tel. 06/792331, 107 Z., Sb., K.
Laromme Tiberias Club Hotel, Ahad Haam Street, Tel. 06/722888, 310 Z.
Tiberias Plaza, Habanim Street, Tel. 06/792233, 272 Z., Sb., K.
Ariston, Herzl Boulevard, Tel. 06/790244, 75 Z., Sb., K.
Ganei Hammat Hotel, Habanim Street, Tel. 06/792890, 286 Z., K.
Golan, Ahad Haam Street 14, Tel. 06/791901, 78 Z., Sb., K.
Jordan River, Habanim Street, Tel. 06/792950, 401 Z., Sb., K.
Kinar, Kinar Holiday Village, Tel. 06/732670, 120 Z., K.
Ron Beach, Derekh Gdud Barak, Tel. 06/791350, 74 Z., K.
Washington, Zeidel Street 13, Tel. 06/791861, 107 Z., K.
Astoria, Ohel Yaakov 13, Tel. 06/722351, 56 Z., K.
Daphna, Trumpeldor Street, Tel. 06/792261, 72 Z., K.
Eden, Nazareth Street 4, Tel. 06/790070, 82 Z., K.
Galilee, Elhadef Street, Tel. 06/791166, 84 Z., K.
Caesar Tiberias, Hatayelet 103, Tel. 06/723333, 236 Z., Sb., K.
Gai Beach, Hamerchatzaot Street, Tel. 06/790790, 120 Z., Sb., K.
Hartman, Ahad Haam Street 3, Tel. 06/791555, 73 Z., Sb.
Sara, Zidel Street 7, Tel. 06/720826, 17 Z., K.

Totes Meer

⟶ En Boqeq

Kibbuz-Hotels

Allgemeines

Zahlreiche der etwa 250 Kibbuzim unterhalten Gästehäuser, die modern eingerichtet sind und häufig Badestrände oder Schwimmbäder besitzen. Der Standard der Kibbuz-Hotels entspricht Unterkünften der Kategorie drei oder vier Sterne, wobei die Atmosphäre in den Kibbuz-Hotels vielfach etwas familiärer und persönlicher ist.
Das Programmangebot in den Kibbuz-Hotels umfaßt organisierte Ausflüge in die Umgebung ebenso wie Vorträge über das Leben im Kibbuz und andere kulturelle Veranstaltungen.

Reservierungs-
zentrale

Kibbuz Hotels Chain Reservation Center, Ben Yehuda Street 90, P.O.B. 3193, Tel Aviv, 61031 Israel, Tel. 03/5246161, Fax: 03/5230527

1 Kfar Giladi
   Tel. 06/941414, 158 Z., Sb., K., Tennisplätze, Sauna;
   geeignet für Sporturlauber
2 Hagoshrim
   Tel. 06/956231, 121 Z., Sb., K., Tennisplätze, Kajak und Rafting
3 Kfar Blum
   Tel. 06/943636, 89 Z., Sb., K., Tennisplätze und andere Sport-
   einrichtungen, Kajak.

Kibbuz-Hotels

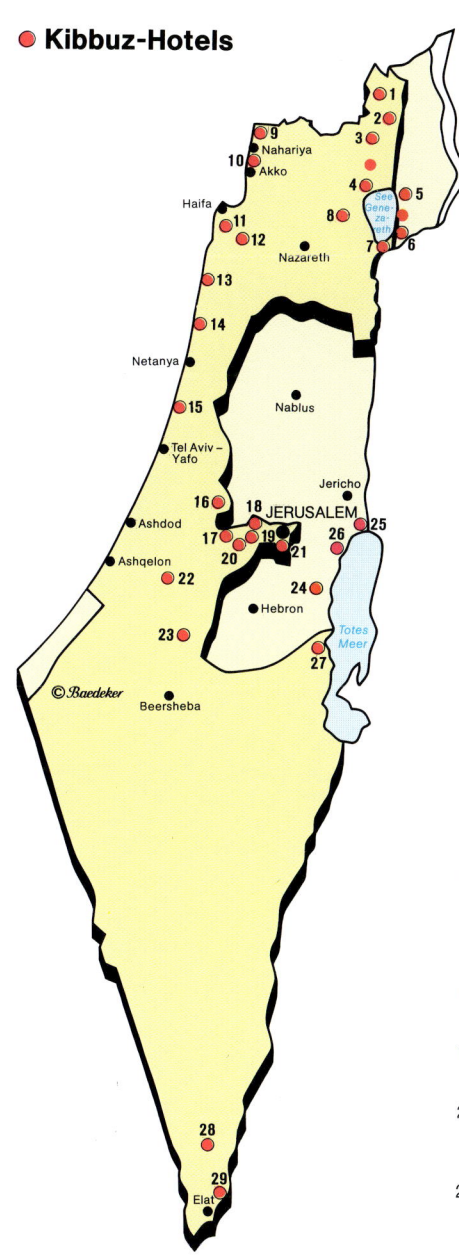

4 Nof Ginosar
   Tel. 06/792161, 170 Z.,
   Badestrand, Café
5 En Gev
   Tel. 06/752540, 111 Z. und
   33 Chalets, Privatstrand,
   Wassersport, Kinderspielplatz
6 Ha'on
   Tel. 06/757555, 42 Ferienhäuser
   und 16 Z. im Kibbuz, Privat-
   strand, Wassersport
7 Ma'agan
   Tel. 06/753753, 132 Appart-
   ments, Wassersport, Minizoo
8 Lavi
   Tel. 06/799450, 124 Z., Sb.,
   Tennisplätze, Spielplätze
9 Gesher Haziv
   Tel. 04/982715, 48 Z., Sb., K.,
   Strand, Wassersport
   Tauchen, Reiten, Tennisplätze
10 Nes Ammim
   Tel. 04/982522, 48 Z. (24 Z.
   behindertengerecht), Sb.,
   botanischer Garten
11 Beit Oren
   Tel. 04/222111, 66 Z., Sb., K.,
   Tennisplatz, Reiten
12 Nir Etzion
   Tel. 04/984241, 74 Z., Sb.,
   Reiten, Konferenzsaal
13 Nahsholim
   Tel. 06/399533, 40 Z. und 45
   Familienzimmer, Tennisplätze,
   Wassersportmöglichkeiten
14 Dor
   Tel. 06/399121, Feriendorf, 63
   Bungalows, schöner Strand
16 Shefayim
   Tel. 09/595595, 168 Z., K.,
   zahlreiche Sportmöglichkeiten
   (u. a. Tennis, Fußball, Basketball)
17 Shoresh
   Tel. 02/341171, 114 Z., Sb., K.,
   Tennisplätze, Tagungsmöglich-
   keiten (das Hotel ist darauf
   eingestellt, Herz- und Zucker-
   kranke zu beherbergen)
18 Ma'ale Hahamisha
   Tel. 02/342591, 121 Z., K., Sb.,
   Tagungseinrichtungen
19 Kiriat Anavim
   Tel. 02/348999, 94 Z., Sb., K.,
   Tagungsmöglichkeiten
20 Neve Ilan
   Tel. 02/341241, 25 Z., Sb., K.,
   Sauna, Tennisplätze
   (für Behinderte geeignet)
21 Mitzpeh Rachel
   Tel. 02/702555, 93 Z., Sb., K.,
   Sauna, Fitneßraum, Tennisplätze,
   Tagungsmöglichkeiten

Kibbuz-Hotel En Gedi

Hotels,
Kibbuz-Hotels
(Fortsetzung)

22 Hafetz Haim
   Tel. 08/59 38 88, 60 Z., Sb., K.,
   (Kibbuz hat den Status eines Sanatoriums)
23 Gal-on
   Tel. 07/87 24 10, 20 Z., Sb., K.
24 Metzoke Dragot
   Tel. 02/96 45 01, 45 Z., K., schöne Lage oberhalb des Toten Meeres
25 Almog
   Tel. 02/94 52 01, 20 Z., Sb.
26 Kalia
   Tel. 02/94 28 33, 16 Z. und 6 Familienappartments, Sb.
27 En Gedi
   Tel. 07/59 42 22, 120 Z., Sb., Sportanlagen, Privatstrand, natürliche
   Schwefelbecken, Mineralschlammbäder
28 Yelim Desert Resort Village
   Tel. 07/37 43 62, 25 Ferienhütten, Sb., K., Kinderspielplatz
29 Eilot
   Tel. 07/35 88 16, 19 Z., Sb., K., Kinderspielplatz

Individualreisen

Israel kann man problemlos auf eigene Faust erkunden. Entweder kümmert man sich vor Ort um Übernachtungsmöglichkeiten in → Hotels, Kibbuz-Hotels (→ Hotels), → Jugendherbergen, auf Campingplätzen (→ Camping) oder in christlichen Hospizen (→ Pilgerreisen), oder aber man macht von dem 'fly and drive' Angebot eines Reiseveranstalters Gebrauch. In diesem Fall sind die Übernachtungen an verschiedenen Orten und ein Mietwagen, den man meist am Flughafen in Empfang nimmt, vorgebucht.

Das Herumfahren mit dem Mietwagen ist weitgehend gefahrlos. Vor Fahrten ins Westjordanland sollte man sich jedoch über die aktuelle politische Lage informieren. Von Fahrten in den Gazastreifen wird abgeraten. Wer das Reisen mit einem Bus bevorzugt, kann bei der israelischen Busfahrtgesellschaft Egged ein verbilligtes Rundreiseticket erwerben und kann hier auch einzelne organisierte Gruppenfahrten buchen (Hauptbüro: Frishman Street 15, Tel Aviv, Tel. 03/5 27 12 12; weitere Vertretungen in allen größeren Städten).

Individualreisen
(Fortsetzung)

Jugendherbergen

Die Jugendherbergen werden von der Israel Youth Hostel Association geleitet, die dem Internationalen Jugendherbergsverband angegliedert ist. Alle Jugendherbergen haben Gemeinschaftsschlafsäle und verfügen über Küchen zur Eigenbenutzung. In den meisten Jugendherbergen werden auch Mahlzeiten ausgegeben. Für Eltern mit mindestens einem Kind stehen in einigen Jugendherbergen Familienunterkünfte zur Verfügung.

Allgemeines

Einzelreservierungen sind direkt bei der jeweiligen Jugendherberge vorzunehmen, Gruppenreservierungen nimmt der Landesverband der I.Y.H.A. entgegen (Dorot Rishonim Street 3, P.O. Box 1075, Jerusalem 91009, Tel. 02/22 16 48). Vertretung in Deutschland: isracontact, Paderborner Tor 108, D-34414 Warburg, Tel. 0 56 41/12 22, Fax: 0 56 41/34 33.

Israel
Youth Hostel
Association

Unter dem Motto "Auf dem Jugendherbergspfad durch Israel" werden einbis vierwöchige Israel-Rundreisen angeboten. Übernachtet wird in den Jugendherbergen des Landes, Fortbewegungsmittel ist Bus oder Mietwagen. Die Touren beginnen allesamt in Tel Aviv. Auskünfte erteilen die israelischen Fremdenverkehrsämter (⟶ Auskunft).

Rundreise

Auswahl

Old City, beim Leuchtturm, P.O.B. 1090, Tel. 04/91 19 82, 120 Betten | Akko

Blau-Weiss-Hostel, P.O.B. 34, Tel. 07/95 71 50, 150 Betten | Arad

Bet Yatziv, P.O.B. 7, Tel. 07/27 74 44, 290 Betten | Beersheba

P.O.B. 152, Tel. 07/37 00 88, 400 Betten | Elat

Bet Sara, Post Dead Sea, Tel. 07/54 91 65, 200 Betten | En Gedi

Carmel, Mobile Post Hof Hacarmel, Tel. 04/53 19 44, 280 Betten | Haifa

Hadarom, Hof Gaza Mobile Post 79725 (westlich von Beersheba), Tel. 07/84 75 97, 220 Betten | Hevel Katif

Beit Shmuel, King David Street 13, Tel. 02/20 34 66, 240 Betten | Jerusalem und Umgebung

Bet Bernstein, Keren Hayessod Street 1, Tel. 02/25 82 86, 80 Betten

Bet Meir, Ramot Shapira, P.O.B. 7216 Jerusalem (20 km vom Stadtzentrum entfernt), Tel. 02/34 37 93, 200 Betten

En Karem, P.O.B. 17013 Jerusalem, Tel. 02/41 62 82, 100 Betten

Jerusalem Forest, P.O.B. 3353 Jerusalem, Tel. 02/41 60 60, 98 Betten

Kfar Etzion, Har Hebron (25 km vom Stadtzentrum entfernt), Tel. 02/93 51 33, 270 Betten

Kiryat Anavim, Haezrahi, Mobile Post Hare Yehuda (12 km vom Stadtzentrum entfernt), Tel. 02/84 27 70, 100 Betten

Kalender

Jugendherbergen in Jerusalem und Umgebung (Fortsetzung)	Louise Waterman Wise Hostel, Hapisga Street 8, Bayit Vegan, Tel. 02/423366, 250 Betten
	Old City, Jewish Quarter, P.O.B. 7880 Jerusalem, Tel. 02/288611, 80 Betten
Kare Deshe	Yoram, Mobile Post Korazim (am Nordufer des Sees Genezareth), Tel. 06/720601, 280 Betten
Kfar Vitkin	Emek Hefer (etwa auf halber Strecke zwischen Tel Aviv und Haifa), Tel. 09/666032, 220 Betten
Maayan Harod	Hankin, Mobile Post Gilboa, Tel. 06/531660, 140 Betten
Massada	Isaac H. Taylor Hostel, Massada Mobile Post Dead Sea, Tel. 07/584349, 130 Betten
Mizpe Ramon	Bet Noam, P.O.B. 2, Tel. 07/588443, 160 Betten
Petah Tiqva	Yad Labanim, Yahalom Street, Tel. 03/9226666, 150 Betten
Poria	Taiber, Tiberias, P.O.B. 232, Tel. 06/750050, 140 Betten
Ramat Yohanan	Young Judea, Post Kfar Makkabi (18 km nordöstlich von Haifa), Tel. 04/442976, 180 Betten
Rosh Hanigre	Rosh Hanigre, Mobile Post, Western Galilee (nördlich von Nahariya), Tel. 04/821330, 223 Betten
Rosh Pinna	Nature Friends (26 km nördlich von Tiberias), Tel. 06/937086, 104 Betten
Safed	Bet Benyamin, P.O.B. 1139, Tel. 06/921086, 120 Betten
Tel Aviv	Bnei Dan Street 32, Tel. 03/5460719, 300 Betten
Tel Hai	Tel Hai, Mobile Post Upper Galilee, Tel. 06/940043, 156 Betten
Tiberias	Yosef Meyouhas Hostel, P.O.B. 81, Tel. 06/721775, 248 Betten

Kalender

Hebräischer Kalender	Die jüdische Zeitrechnung beginnt mit der Erschaffung der Welt, die auf das Jahr 3761 v. Chr. datiert wird. Der hebräische Kalender beruht auf dem gebundenen Mondjahr mit 353, 354 oder 355 Tagen. Da das Mondjahr somit kürzer ist als das Sonnenjahr, enthält jeder Zyklus von 19 Jahren sieben Schaltjahre; das Schaltjahr hat einen 13. Monat mit 30 Tagen, wodurch der Anschluß an das Sonnenjahr erreicht werden soll.

Monate des hebräischen Kalenders		
	Thishrei	September/Oktober
	Heshvan	Oktober/November
	Kislev	November/Dezember
	Tevet	Dezember/Januar
	Shevat	Januar/Februar
	Adar	Februar/März
	Nissan	März/April
	Iyar	April/Mai
	Sivan	Mai/Juni
	Tamuz	Juni/Juli
	Av	Juli/August
	Elul	August/September

Yom shení	Montag	Kalender (Fortsetzung) Wochentage
Yom shlishí	Dienstag	
Yom rewií	Mittwoch	
Yom chamishí	Donnerstag	
Yom shishí	Freitag	
Shabát	Sonnabend	
Yom rishón	Sonntag	

Der moslemische Kalender beginnt mit der Flucht des Propheten Mohammed von Mekka nach Medina (15. Juli 622). Zugrunde liegt ihm ein reines Mondjahr mit Monaten von 30 bzw. 29 Tagen. Das normale Jahr hat 354, das Schaltjahr 355 Tage.

Moslemischer Kalender

⟶ dort

Feiertage

Kibbuz

⟶ Arbeitsurlaub
⟶ Hotels, Kibbuz-Hotels
⟶ Zahlen und Fakten, Bevölkerung

Kleidung

Für den rund neun Monate dauernden Sommer wählt man am besten leichte Kleidung aus Naturfasern. Im Landesinneren können abends ein dickerer Pullover oder eine Jacke angebracht sein. Eine Kopfbedeckung und eine Sonnenbrille sind wegen der hohen Strahlungsintensität unerläßlich. Grundsätzlich empfehlenswert ist es, festeres Schuhwerk dabeizuhaben. Im Winter benötigt man wärmere Kleidung und Regenschutz; lediglich Urlauber, die nach Elat oder ans Tote Meer fahren, kommen auch zu dieser Jahreszeit mit Sommerkleidung aus.

Israelis kleiden sich gewöhnlich relativ lässig. Männer benötigen nur bei wirklich festlichen oder geschäftlichen Anlässen Anzug und Krawatte. Eine Ausnahme bildet der Besuch von heiligen Stätten; Shorts oder noch leichtere Bekleidung sind hier nicht angesagt. Männern wird eine Kopfdeckung empfohlen, Frauen sollten Schultern und Arme bedecken.

Konsulate

⟶ Diplomatische und konsularische Vertretungen

Kontakte mit Israelis

Die Israelis sind im allgemeinen kontaktfreudig und begegnen dem Reisenden freundlich und hilfsbereit; (verständliche) Vorbehalte gegenüber deutschen Gästen werden nur in Ausnahmefällen spürbar.

Wer Israelis auf privater Ebene kennenlernen möchte, wende sich an die staatlichen Touristenbüros (⟶ Auskunft). Unter dem Motto "Meet the Israeli in his home" vermitteln sie ausländischen Besuchern eine Familie, die bereit ist, den Touristen für einen Nachmittag oder Abend nach Hause einzuladen (auf besondere Wünsche bezüglich der Gastfamilie wird dabei Rücksicht genommen).

Meet the Israeli in his home

Kontakte mit
Israelis (Forts.)
Voluntary Tourist
Service

Daneben ist auch der Voluntary Tourist Service gern bereit, Besuche bei israelischen Familien zu arrangieren. Angehörige dieser Freiwilligenorganisation sind täglich in der Ankunftshalle des Ben Gurion Airport tätig; eine Kontaktaufnahme ist daneben über die Büros der Organisation möglich:

Jaffator, Jerusalem, Tel. 02/28 81 40
Achad Ha'am Street 10, Haifa, Tel. 04/67 16 45
Zofit Street 14, Elat, Tel. 07/7 23 44
Sokolov Street 18, Nahariya, Tel. 04/92 01 35
P.O.B. 191, Tiberias, Tel. 06/79 50 72

Kraftstoff

→ Straßenverkehr

Kreditkarten

→ Geld

Kuraufenthalt

Kurorte

Vorwiegend konzentriert sich der Kurbetrieb am See Genezareth auf den Ort Tiberias mit zahlreichen großen Hotels und diversen Kureinrichtungen. Am Toten Meer sind die Hotelansammlungen in En Boqeq und Newe Zohar die bedeutendsten Zentren für Heilungsuchende.

Kostenübernahme

Wer eine Übernahme bzw. Beteiligung der Kurkosten durch die Krankenkasse anstrebt, muß der Krankenkasse ein ärztliches Attest vorlegen, aus dem eindeutig die Notwendigkeit einer Klimaheilbehandlung hervorgeht. Ein positiver Bescheid ist jedoch auch dann nicht generell zu erwarten.

Heilanzeigen

Die Heilkraft des einzigartigen Klimas am Toten Meer und der besonderen Wasserbeschaffenheit (das Tote Meer besteht aus bis zu 27% Mineralien) sind unumstritten. Dank der einmaligen Konzentration von hohem Luftdruck, intensiver Sonnenbestrahlung und trockener Luft werden bei zahlreichen Erkrankungen erstaunliche Behandlungsergebnisse erzielt. Insbesondere bei Hauterkrankungen, vor allem Schuppenflechte (Psoriasis) und Neurodermitis, Muskel- und Gelenkerkrankungen (Polyarthritis und degenerative Erkrankungen) sowie bei psychosomatischen Beschwerden erweist sich ein Aufenthalt am Toten Meer vielfach als sinnvoll.
In Tiberias am See Genezareth entspringen 17 ca. 60° heiße Quellen, deren Wasser eine seltene und komplexe Kombination von Mineralien enthalten. Eine Kur ist hier angezeigt bei Muskel- und Gelenkerkrankungen, bei Sinusitis, physischer Rehabilitation und psychosomatischen Beschwerden. Bei Asthma und Allergien versprechen Behandlungen in der Wüstenstadt Arad Erfolg.

Kurprogramme

Verschiedene Reiseveranstalter bieten spezielle Kurprogramme an, die in der Regel auch mit Besichtigungstouren kombinierbar sind. Eine Übersicht über das Programmangebot und weitere Informationen erhält man bei:

Internationaler Kurdienst (IKD)
Westenrieder Str. 29
D-80331 München
Tel. 089/22 93 22

Märkte

In allen größeren Ortschaften in Israel gibt es Märkte bzw. Ladenstraßen in der Altstadt, in denen man von Obst und Gemüse über weitere Lebensmittel aller Art bis hin zu Haushaltswaren und Bekleidung alles erstehen kann. Generell gilt: Es muß gehandelt werden.

Im folgenden sind die für Touristen interessantesten Märkte aufgeführt (seit Beginn der Intifada haben die arabischen Händler ihre Stände nur noch am Vormittag geöffnet!):

Der arabische Markt in der Altstadt (er beginnt gleich jenseits des Jaffa-tores in der Davidstraße) erweist sich als wahres Einkaufsparadies, das Angebot ist reich und bietet für jeden etwas.
Insbesondere Lebensmittel (Obst und Gemüse, Fisch und Fleisch, Backwaren u.a.) werden auf dem farbenfrohen Markt von Mahane Yehuda an der Jaffa Street gehandelt. Besonders hektisch geht es hier am Donnerstag und Freitagvormittag zu.
Ein Erlebnis ist auch der Besuch des allwöchentlich am Freitag an der Nordostecke der Stadtmauer stattfindenden Schafmarktes. Zahlreiche Beduinen aus der Judäischen Wüste kommen hierher, um ihre Tiere zum Verkauf anzubieten.

Jerusalem

Ein überwältigendes Angebot an Obst und Gemüse gibt es auf dem Karmelmarkt an der Allenby Street. Desweiteren kann man hier aber auch alle anderen erdenklichen Lebensmittel sowie Küchenartikel und vieles mehr erstehen.
Wer gern in altem Trödel und Tand stöbert, sollte den Flohmarkt im Zentrum von Jaffa besuchen. Neben viel Kitsch und auf alt getrimmten Möbeln findet man auch echte Antiquitäten und Kuriositäten.

Tel Aviv

Obstmarkt bei Jericho

In den Basargassen von Akko

Märkte (Forts.) Beersheba	Viel Beachtung bei Einheimischen und Touristen findet der allwöchentlich am Donnerstagmorgen in Beersheba stattfindende Beduinenmarkt. Er wurde allerdings in den letzten Jahren immer mehr kommerzialisiert.
Akko	Wegen des arabisch-orientalischen Flairs in den engen Basargassen ist der Markt von Akko bei Touristen besonders beliebt.

Mehrwertsteuer

Allgemeines	Die Mehrwertsteuer (Value Added Tax) von 18% ist auf alle Preise und Dienstleistungen aufgeschlagen und im Preis inbegriffen. Bei folgenden Dienstleistungen entfällt die Mehrwertsteuer, wenn man in ausländischer Währung zahlt: Flüge und Flugtouren einer israelischen Fluggesellschaft; reguläre Touren und Chartertouren sowie die unterwegs eingenommenen Mahlzeiten; Unterkunft im Hotel sowie Mahlzeiten, die von Hotelgästen im Hotelrestaurant eingenommen werden, wenn diese Mahlzeiten auf der Hotelrechnung vermerkt sind; offizielles Mieten eines Privatwagens; Autoanmietung, wenn mit Reiseleiter-Fahrer.
Rabatte	Touristen, die in einem vom Ministerium für Tourismus empfohlenen Geschäft für über 50 US-Dollar einkaufen, haben Anspruch auf einen Rabatt von mindestens 5% und Rückerstattung der Mehrwertsteuer bei der Abreise auf dem Flughafen (oder im Hafen). Die Geschäfte, die dieser Vereinbarung angeschlossen sind, führen in den Schaufenstern ein Schild mit der Aufschrift "Ermäßigung für Touristen, Mehrwertsteuerrückerstattung und 5%iger Rabatt auf alle Einkäufe in ausländischer Währung". Zusätzlich zeigen sie das offizielle Emblem: eine blaue Schleife mit zwei Weintrauben tragenden israelitischen Spähern in der Mitte und dem Schriftzug "Recommended by the Ministry of Tourism".

Ausgeschlossen von diesem Übereinkommen sind Tabakwaren aller Art, elektrische Artikel, Filme und sonstiges fotografisches Zubehör.

Rabatte (Fortsetzung)

Um die Mehrwertsteuer rückerstattet zu bekommen, ist folgendes zu beachten: Sie müssen sich die Quittung geben lassen, auf der die Höhe der MwSt vermerkt ist, und darauf achten, daß eine Kopie zusammen mit der Ware in eine durchsichtige Tragetasche gesteckt wird. Diese muß so verschlossen werden, daß man sie nicht öffnen kann, d.h. der Stempel des Geschäfts muß das Klebeband und einen Teil der Tasche bedecken, so daß zu erkennen ist, daß sie inzwischen nicht geöffnet wurde. Im Ben-Gurion-Flughafen ist die verschlossene Tasche zusammen mit der Originalquittung dem Zollbeamten vorzuweisen, der die Quittung abstempelt. Die Bank in der Abflughalle zahlt daraufhin den Betrag der MwSt in US-Dollar zurück.

Rückzahlung der Mehrwertsteuer

Ist aus irgendeinem Grund die Rückzahlung nicht möglich, müssen Sie auf die linke untere Ecke der abgestempelten Quittung in Druckbuchstaben Ihren Namen und Adresse schreiben und die Quittung in den dazu bereitgestellten Kasten neben dem Bankschalter werfen. Das Geld wird dann an Ihre Heimatadresse überwiesen. Als Spesen werden 2 US-Dollar abgezogen, wenn die MwSt weniger als 30 US-Dollar betrug, und 5 US-Dollar bei einer Höhe von 30 US-Dollar und darüber.

Mietwagen

Um einen Wagen zu mieten, genügt die Vorlage des nationalen Führerscheins. Der Mieter des Wagens muß mindestens 21 Jahre alt sein und ein Jahr Fahrpraxis haben. Man kann den Mietwagen bereits von Deutschland aus buchen (Fly-and-drive) oder erst vor Ort. Die Mietwagenagenturen in Israel haben in der Regel Freitagnachmittag und Samstag geschlossen (Ausnahme Nazareth und Ostjerusalem); die Büros am Ben Gurion Airport sind 24 Stunden täglich geöffnet.

Hinweis

Reservierungen in Deutschland
Tel. 0180/55577

Avis

Beersheba
Henesiim Street 11, Tel. 07/271777

Elat
Elat Airport, Tel. 07/373164

Haifa
Ben Gurion Blvd. 7, Tel. 04/513050

Jerusalem
King David Street 22, Tel. 02/249001
Salah Adean 19 (Ostjerusalem), Tel. 02/281020

Nazareth
Paolus Street 6, Tel. 06/565475

Netanya
Kikar Haatzmaut Street 10, Tel. 09/331619

Tel Aviv
Hayarkon Street 113, Tel. 03/5271752
Ben Gurion Airport, Tel. 03/9711931

Tiberias
Eged Shopping Center, Tel. 06/722766

Mietwagen

Budget

Reservierungen in Deutschland
Tel. 0180/5214141

Beersheba
Sahzar Blvd., Tel. 07/280755

Elat
Shamom Center, Hatmarim Blvd., Tel. 07/374124
King Solomon Palace Hotel, Tel. 07/34111

Haifa
Jaffa Street 188, Tel. 04/520666

Jerusalem
King David Street 8, Tel. 02/248991

Netanya
Gad Machness Street 2, Tel. 09/330618

Tel Aviv
Hayarkon Street 99, Tel. 03/5245233
Ben Gurion Airport, Tel. 03/9711504

Tiberias
Jordan River Hotel, Habanim Street, Tel. 06/720864

Europcar
(InterRent)

Reservierungen in Deutschland
Tel. 0180/5221122

Beersheba
Hebron Road, Tel. 07/275353

Elat
Shalom Center, Tel. 07/374014

Haifa
Hameginim Street 3, Tel. 04/517839

Jerusalem
King David Street 8, Tel. 02/248464

Nazareth
Hatzafon Garage, Afula Road, Tel. 06/572050

Netanya
Ossishkin Street 2, Tel. 09/826701

Tel Aviv
Hayarkon Street 126, Tel. 03/5248181
Ben Gurion Airport, Tel. 03/9721097

Tiberias
Elhadeff Street, Tel. 06/722777

Hertz

Reservierungen in Deutschland
Tel. 0180/5333535

Beersheba
Ben Zvi Street 5A, Tel. 07/73878

Elat
Hat Marim Boulevard, Tel. 07/375050

Haifa
Haatzmaut Street 90, Tel. 04/53 12 34

Jerusalem
King David Street 18, Tel. 02/23 13 51

Netanya
Haatzmaut Square 8, Tel. 053/2 88 90

Tel Aviv
Hahashomniam Street 88, Tel. 03/5 62 21 21
Ben Gurion Airport, Tel. 03/9 71 17 07

Tiberias
Jordan River Hotel, Habanim Street, Tel. 06/79 18 22

Nachtleben

Das Nachtleben in Israel konzentriert sich weitgehend auf Tel Aviv. Hier herrscht vor allem in den Sommermonaten rund um den Hafen von Jaffa und auf dem Dizengoff-Boulevard die ganze Nacht hindurch buntes Treiben. Es gibt zahlreiche Diskotheken, Bars und Nachtclubs, die bis in die frühen Morgenstunden geöffnet haben. Ein relativ großes Angebot an abendlichen Unterhaltungsmöglichkeiten bietet daneben die Stadt Elat am Roten Meer. In den Mittelmeerbadeorten geht es weit geruhsamer zu, und auch Jerusalem ist nicht gerade ein Ort für Nachtschwärmer.

Nationalparks

In Israel gibt es 39 Nationalparks, drei weitere Regionen bzw. Stätten wurden in jüngster Vergangenheit zu Nationalparks erklärt. Es sind Gebiete von archäologischem bzw. historischem oder auch landschaftlichem Interesse (nicht zu verwechseln mit den → Naturschutzgebieten). Sie stehen allesamt unter der Verwaltung der National Parks Authority (Rav Aluf Maklef Street 4, Hakirya, Tel Aviv, Tel. 03/6 95 22 81). Besucher können ein ermäßigtes Ticket erwerben, das zum Eintritt in allen Nationalparks im Zeitraum von zwei Wochen berechtigt (Preis 1995: ca. 35 NIS).

Karte S. 430

1 Nimrod-Festung
  (Kreuzfahrerburg)

2 Horeshat-Tal
  (Erholungsgebiet mit See)

3 Bar'am
  (Ausgrabungsstätte)

4 Tell Hazor
  (Ausgrabungsstätte)

5 Akhziv
  (Ausgrabungen, Strand)

6 Yehiam
  (Kreuzfahrerburg)

7 Chorazin
  (Ausgrabungsstätte)

8 Kursi
  (Ausgrabungsstätte)

9 Tiberias-Hammat
  (Ausgrabungsstätte und
  Kurgebiet)

10 Belvoir
   (Kreuzfahrerburg)

11 Bet Shean
   (Ausgrabungsstätte)

12 Gan HaShelosha
   (Erholungsgebiet mit Wasserfällen)

13 Bet Alfa
   (Synagoge mit
   beachtenswertem Mosaik)

● **Nationalparks**

14 Ma'ayan Harod
    (Erholungsgebiet mit
    künstlich angelegtem
    See)

15 Megiddo
    (Ausgrabungsstätte)

16 Bet Shearim
    (Nekropole)

17 Karmel-Park
    (Gebirge)

18 Caesarea
    (Ausgrabungsstätte)

19 Samaria
    (Ausgrabungsstätte)

20 Tell Afeq
    (Ausgrabungsstätte)

21 Aqua Bella
    (Ausgrabungs- und
    Erholungsgebiet)

22 Jerusalem: Zitadelle

23 Jerusalem: Altstadtmauern

24 Jericho: Tell Jericho
    (Ausgrabungsstätte)

25 Jericho: Synagoge
    (Ausgrabungsstätte)

26 Jericho: Hisham-Palast
    (Ausgrabungsstätte)

27 Qumran
    (Ausgrabungsstätte)

28 Herodion
    (Ausgrabungsstätte)

29 Bet Guvrin
    (Ausgrabungsstätte)

30 Ashqelon
    (Ausgrabungs- und
    Erholungsgebiet mit
    Strand)

31 Yad Mordekhay
    (Gedenkstätte)

32 Eshkol
    (Erholungsgebiet)

33 Arad
    (Ausgrabungsstätte)

Im Nationalpark von Ashqelon

34 Massada
    (Ausgrabungsstätte)

35 Mamshit
    (Ausgrabungsstätte)

36 Shivta
    (Ausgrabungsstätte)

37 Sede Boqer
    (Grab Ben Gurions)

38 En Avdat
    (Quelle in Wüstenlandschaft)

39 Avdat
    (Ausgrabungsstätte)

40 Alexander River

41 Tel Beersheba

42 Zippori

Nationalparks
(Fortsetzung)

Naturschutz

In Israel sind etwa 160 Regionen mit einer Gesamtfläche von 370 000 ha zu Naturschutzgebieten erklärt worden. Die Spannbreite reicht von Sumpflandschaften über Wüsten bis zu Oasen mit üppiger Vegetation. In diesen Gebieten werden etwa 3000 verschiedene Pflanzenarten (davon sind ca. 150 endemisch) und 430 Vogel-, 70 Säugetier- und 80 Reptilienarten gezählt. Alle Naturschutzgebiete stehen unter der Verwaltung der Nature Reserve Authority (Yirmiyahu Street 78, Jerusalem, Tel. 02/53 62 71).

Naturschutz-gebiete

Die "Gesellschaft zum Schutz der Natur in Israel" (Society for the Protection of Nature in Israel, kurz SPNI) ist eine 1953 gegründete Organisation, die es sich zum Ziel gemacht hat, die Natur im Lande zu erhalten und Einheimischen und ausländischen Gästen Respekt vor und Liebe zur Natur nahezubringen. Um letzterem gerecht zu werden, unterhält die Organisation eine besondere Abteilung (Israel Nature Trails), die mit hohem Anspruch Führungen und Rundreisen zu ausgewählten Zielen durchführt.

Israel Nature Trails

Naturschutz, Israel Nature Trails (Fortsetzung)	Angeboten werden neben Sightseeingtrips (z.B. nach En Gedi, Massada und an das Tote Meer) so ausgefallene Touren wie eine Kamel-Tour im Negev oder eine Mondscheinfahrt durch die Judäische Wüste.
Büros der SPNI	Beersheba Tuvia Street, Tel. 057/32156 Haifa Menahem Street 8, Tel. 04/664135 Jerusalem Heleni Hamalka Street 13, Tel. 02/222357 Tel Aviv Hashfela Street 4, Tel. 03/5374425
Vertretung der SPNI in Deutschland	Michael Leiserowitz Am Sonnenberg 14, D-61279 Grävenwiesbach Tel. 06086/695
Baumpflanzungs-aktion	Der Jüdische National-Fonds (Keren Kayemet) hat die Aktion "Pflanzen Sie eigenhändig einen Baum" ins Leben gerufen, um den Waldbestand des Landes weiter zu vergrößern. An mehreren Stellen des Landes kann man gegen einen Unkostenbeitrag einen Baum pflanzen, zur Erinnerung bekommt man ein Zertifikat und eine Anstecknadel. Auskünfte erteilt das das Keren Kayemet (Keren Kayemet Street 1, Jerusalem, Tel. 02/707433 oder Hayarkon Street 96, Tel Aviv, Tel. 03/234449).

Notdienste

Ambulanz	Unter der Notrufnummer Tel. 101 meldet sich in den großen Städten der Magen David Adom (Roter Davidstern), eine Organisation – in etwa unserem Roten Kreuz vergleichbar –, die Erste-Hilfe-Stationen, einen Sanitätswagendienst und die israelische Blutbank unterhält. In Jerusalem befindet sich die zentrale Erste-Hilfe-Station des Magen David Adom in der Ha-Mem-Gimel 7, im Stadtteil Romema. Hier werden auch Erste-Hilfe-Zahnbehandlungen durchgeführt. Geöffnet ist die Erste-Hilfe-Station an Freitagen und an Vortagen von Feiertagen von 16.00 bis 19.00 Uhr, an Samstagen und an Feiertagen von 10.00 bis 13.00 und von 15.00 bis 18.00 Uhr.
Zahnärztlicher Notdienst	Ein zahnärztlicher Notdienst ist in Tel Aviv (Achimeir Street 25, Ramat Aviv Gimmel, Tel. 03/425832) So. – Fr. 10.00 – 13.00 und 16.30 – 23.00, Sa. und Fei. 18.00 – 23.00 Uhr im Einsatz.
Feuerwehrnotruf	Tel. 102
Polizeinotruf	Tel. 100
Notrufdienste in Deutschland	ADAC-Notrufzentrale München Telefon aus Israel: 0049/89/222222 (rund um die Uhr besetzt; Beratung nach Unfällen u.ä.) 0049/89/76762244 (Ambulanzdienst und Telefonarzt) DRK-Flugdienst Bonn Telefon aus Israel: 0049/228/230023 Deutsche Rettungsflugwacht Stuttgart Telefon aus Israel: 0049/711/701070
Pannenhilfe	→ Autohilfe

Öffnungszeiten

Apotheken sind So. – Do. 9.00 – 13.00 und 16.00 – 19.00 sowie Fr. 9.30 bis 14.00 Uhr geöffnet; auch außerhalb dieser Öffnungszeiten sind jederzeit Apotheken dienstbereit (⟶ Apotheken).

Apotheken

Die Schalterstunden der Banken sind So., Di., Do. 8.30 – 12.30 und 16.00 – 17.00 oder 17.30; Mo., Mi. 8.30 – 12.30; Fr. 8.30 – 12.00 Uhr.
Einige Banken haben in den größeren Hotels Zweigstellen. Dort wird man auch außerhalb der allgemeinen Öffnungszeiten bedient.

Banken

Generell sind die Geschäfte von 8.00 bis 13.00 und von 16.00 bis 19.00 Uhr geöffnet. Kleine Lebensmittelgeschäfte öffnen schon in den frühen Morgenstunden, größere Kaufhäuser sind durchgehend geöffnet.
Jüdische Geschäfte sind freitags (und am Vortag von Feiertagen) von 8.30 bis 14.00 Uhr geöffnet und bleiben dann bis Sonntagmorgen geschlossen. Christliche Geschäfte sind an Sonntagen, muslimische an Freitagen geschlossen.
Seit Ausbruch der Intifada haben die arabischen Geschäfte in den besetzten Gebieten und in Ost-Jerusalem meist nur noch bis 12.00 Uhr geöffnet.

Geschäfte

Die meisten Museen und Ausgrabungsstätten sind So. – Do. von 9.00 oder 10.00 bis 16.00 oder 17.00 Uhr geöffnet. Am Freitag und Samstag gelten vielfach verkürzte Öffnungszeiten.

Museen / Ausgrabungsstätten

Hauptpostämter sind durchgehend So. – Do. von 8.00 bis 18.00 (Zweigstellen von 7.00 bis 10.00 und von 15.30 bis 18.00); Fr. von 8.00 bis 13.00 oder 14.00 Uhr geöffnet.

Post

Die meisten Restaurants sind in den Mittags- und Abendstunden geöffnet, sie schließen vielfach um 23.00 oder 24.00 Uhr. Manche Restaurants sind ab Freitagmittag bis Samstagabend geschlossen.

Restaurants

Die Tankstellen sind in der Regel bis in die Abendstunden geöffnet. Problematisch ist es mitunter, sich am Freitagnachmittag bzw. Samstag mit Treibstoff zu versorgen, geöffnet sind dann nur wenige Tankstellen an den großen Ausfallstraßen.

Tankstellen

Pannenhilfe

⟶ Autohilfe

Pilgerreisen

Einen großen Anteil bei den Israel-Reisenden machen nach wie vor die Pilger aus. Bei einer 1989 durchgeführten Umfrage gaben nahezu 30% aller deutschen Israel-Touristen an, daß sie aus Anlaß einer Pilgerreise im Heiligen Land weilen.
Wer als Pilger nach Israel reisen möchte, hat die Möglichkeit, an einer organisierten Tour teilzunehmen. Zahlreiche Reiseveranstalter haben Pilgerfahrten nach Israel in ihrem Programm, man kann sich aber auch einer von einer Diözese oder einem kirchlichen Verein organisierten Fahrt anschließen. Kaum ein Pilger entscheidet sich dazu, eine Pilgerreise in Eigeninitiative durchzuführen. Das mag daran liegen, daß Individualreisen erheblich teurer sind (ohne Mietwagen erreicht man viele bedeutende Stätten nicht) und daß die Vorbereitung einer solchen Reise einen erheblichen Mehraufwand bedeutet.

Pilgerreisen (Fortsetzung) Auskunft	Israel Pilgrimage Committee P.O.B. 1018 Jerusalem 91009 Tel. 02/237311

Christliches Informationscenter
P.O.B. 14309, Jerusalem
in der Altstadt von Jerusalem
(beim Jaffa-Tor)
Tel. 02/287647
Geöffnet: Mo.–Fr. 8.30–12.30, 15.00–18.00 (im Winter bis 17.30); Sa. 8.30–12.30 Uhr.

Reiseveranstalter

Deutscher Verein vom Heiligen Land
Steinfelder Gasse 17
D-50670 Köln
Tel. 0221/135378

Bayerisches Pilgerbüro
Dachauer Str. 9/II
D-80335 München
Tel. 089/554971

Biblische Reisen GmbH
Silberburgstr. 121
D-70176 Stuttgart
Tel. 0711/619250

Eine vollständige Übersicht mit Veranstaltern, die Pilgerreisen durchführen, gibt das Israelische Fremdenverkehrsamt heraus (⟶ Auskunft).

Broschüren

Die wichtigsten Pilgerstätten sind auf der vom Israelischen Fremdenverkehrsamt veröffentlichten Broschüre "Wallfahrerkarte über das Heilige Land" aufgelistet.

Christliche Hospize

Christen, die auf Pilgerreise im Heiligen Land sind, können zu vergleichsweise günstigen Preisen in Christlichen Hospizen unterschiedlicher Konfessionen übernachten (teilweise Mehrbettzimmer). Eine Liste dieser Hospize erhält man beim Israelischen Fremdenverkehrsamt (⟶ Auskunft).

Post, Telegraf, Telefon

Postsendungen

Der Mindesttarif für Briefe innerhalb Israels und ins europäische Ausland gilt für Briefe bis zu 20 g. Eine Ansichtskarte nach Europa muß man derzeit mit 1 NIS frankieren, eine Karte größeren Formats mit 1,30 NIS, einen Brief mit 1,40 NIS. Briefe und Karten nach Europa können ca. zehn Tage unterwegs sein.

Briefmarken

Briefmarken sind außer in den Postämtern in Schreibwaren- und Andenkenläden, in Buchhandlungen und in den großen Hotels erhältlich.

Postämter

Das Zeichen der Postämter ist ein weißer springender Hirsch auf rotem Hintergrund.
Hauptpostämter sind durchgehend So.–Do. von 8.00 bis 18.00 (Zweigstellen von 7.00 bis 10.00 und von 15.30 bis 18.00), Fr. von 8.00 bis 13.00 oder 14.00 Uhr geöffnet.

Postlagernde Sendungen

Postlagernde Sendungen kann man sich in Israel an alle Hauptpostämter schicken lassen (u.a. Jerusalem: Jaffa Rd. 23; Tel Aviv: Allenby Street 132).

Unterschiedliche Briefkästen, je nach Bestimmungsort

Briefkästen sind erkenntlich am roten oder gelben Anstrich und dem Hirschemblem.
Die gelben Kästen sind dem Postverkehr innerorts vorbehalten, Sendungen nach allen anderen Bestimmungsorten müssen in die roten Briefkästen eingeworfen werden.

Briefkästen

Man kann Telegramme in allen Postämtern (in Hauptpostämtern rund um die Uhr), bei den Hotelrezeptionen oder telefonisch unter der Rufnummer 171 aufgeben.

Telegramme

Die meisten öffentlichen Fernsprecher in Israel sind mit Telefonkarten zu bedienen. Man erhält diese Karten in allen Postämtern. Fernsprecher, für die man Telefonmünzen (Assimonim) benötigt, gibt es ebenfalls noch – bei den meisten sind allerdings nur Inlandsgespräche möglich. Die Telefonmünzen für diese Fernsprecher sind auf Postämtern, an Kiosken und in Hotels erhältlich.
Je nach dem Zeitpunkt des Telefonats gelten unterschiedliche Gebührensätze: Die höchsten Gebühren müssen von 8.30 bis 13.00 bezahlt werden, ein mittlerer Tarif gilt von 13.00 bis 21.00 Uhr.

Telefon

Auslandsgespräche kann man von internationalen Telefonzellen, von allen Privatanschlüssen, von Hotels, von größeren Postämtern und von Internationalen Telefonzentralen (Koresh Street und Jaffa Road 236 in Jerusalem; Frischman Street 13 in Tel Aviv; Ha'atzmaut Square 4 in Netanya; Shopping Center, Hatmarim Boulevard, in Elat; nahe der Seepromenade in Tiberias) führen. Zu verbilligten Tarifen telefoniert man zwischen 1.00 und 8.00 Uhr (50 % Ermäßigung), werktags zwischen 22.00 und 1.00 Uhr (25%) und am Wochenende von 8.00 bis 1.00 Uhr (25%).

Vorwahl nach Israel
von Deutschland, Österreich und der Schweiz: 0 0 9 7 2

Ländernetzkennzahlen

Telefon, Länder- netzkennzahlen (Fortsetzung)	Vorwahl von Israel nach Deutschland: 0049 nach Österreich: 0043 in die Schweiz: 0041		

Die Null der jeweiligen Ortsnetzkennzahl entfällt!

Ortsnetzkenn- zahlen innerhalb Israels	Jerusalem	02	Haifa	04
	Afula	06	Mitzpe Ramon	07
	Ashdod	08	Netanya	09
	Ashqelon	07	Rehovot	08
	Beersheba	07	Tel Aviv	03
	Elat	07	Tiberias	06

Radfahren

→ Sport

Radio

→ Rundfunk, Fernsehen

Reisedokumente

Personalpapiere

Zur Einreise nach Israel wird ein Reisepaß benötigt, der nach Reiseantritt noch mindestens sechs Monate gültig sein muß. Am Einreiseort erhalten Besucher aus Deutschland, die nach dem 1.1.1928 geboren sind, Besucher aus Österreich und der Schweiz ein kostenloses Besucher-Visum, das drei Monate lang gültig ist.
Der Kinderausweis muß auch bei Kindern unter zehn Jahren mit Lichtbild versehen sein. Alleinreisende Jugendliche unter 18 Jahren benötigen eine amtlich beglaubigte Einverständniserklärung ihrer Erziehungsberechtigten. Besucher aus Deutschland, die vor dem 1.1.1928 geboren sind, müssen vor der Einreise bei der Israelischen Botschaft (→ Diplomatische und konsularische Vertretungen) ein Visum beantragen. Es berechtigt zum mehrmaligen Aufenthalt in Israel von je drei Monaten. Wer sich länger als drei Monate in Israel aufhalten möchte, benötigt – unabhängig vom Geburtsdatum – ebenfalls ein Visum.

Impfungen

Impfungen sind zur Zeit nicht vorgeschrieben.

Fahrzeugpapiere

Der Führerschein und der Kfz-Schein des Heimatlandes werden anerkannt und sind mitzuführen. In Israel ist Haftpflichtversicherung für Personenschäden gesetzlich vorgeschrieben. Die Internationale Grüne Versicherungskarte wird anerkannt, sofern sie für Israel gültig geschrieben ist; wer keine gültige Grüne Versicherungskarte besitzt, muß bei der Israel Insurance Association in Tel Aviv (Allenby Road 113) oder bei Ankunft in Haifa eine Versicherungspolice erwerben.

Haustiere

Wer Haustiere (Hund, Katze) nach Israel mitnehmen will, benötigt für sie ein amtstierärztliches Gesundheitszeugnis sowie Tollwutimpfbescheinigung in zweifacher Ausfertigung. Hunde und Katzen unter drei Monaten dürfen nicht mitgenommen werden.

Weiterreise nach Ägypten

Reisende, die von Israel aus einen Abstecher auf die Sinai-Halbinsel unternehmen möchten, erhalten am Grenzübergang Taba (südlich von Elat)

436

gegen Gebühr ein Visum. Will man jedoch das ägyptische Kernland besuchen, so muß man vor Reiseantritt bei einer der diplomatischen Vertretungen Ägyptens ein Visum beantragen.

Reisedokumente,
Weiterreise nach
Ägypten (Forts.)

Reisezeit

Geht man nach dem Besucherstrom, der das Heilige Land im Sommer überflutet, müßte der Sommer die beste Reisezeit sein: Es ist jedoch sehr heiß (Temperaturen über 30°C) und vor allem an der Mittelmeerküste herrscht dann oft eine drückende Schwüle. Besser läßt es sich in der höher gelegenen Stadt Jerusalem aushalten, fast unerträglich wiederum ist es am Toten und am Roten Meer.

Ausführliche
Darstellung der
klimatischen Ver-
hältnisse in Israel
s. S. 14–19.

Angenehmes Reisen ist im Frühling (März/April) und Herbst (Oktober) möglich, allerdings sind beide Jahreszeiten sehr kurz. Besonders schön präsentiert sich das Land im Frühjahr, dann erwartet den Reisenden im Norden Israels eine üppige und blühende Vegetation.

Ein geeignetes Winterreiseziel ist Elat. Hier hat man selbst im Dezember und Januar meist angenehm warme Temperaturen und erlebt häufig einen strahlend blauen Himmel. Doch auch eine Reise in das nördlichere Israel kann im Winter zum Erlebnis werden. Man darf dann aber nicht ständig mit schönem Wetter rechnen. Es gibt auch in dieser Jahreszeit relativ warme und ganz klare Tage, es überwiegen jedoch die kühlen regnerischen, und manchmal schneit es im Bergland sogar.

Das Wetter in Israel

Ausgewählte Werte für die Lufttemperatur (L; in °C), die Wassertemperatur (W; in °C) und die Anzahl der Sonnentage (S) an einigen Orten des Landes während der Hauptreisemonate

Ort		Januar	Februar	März	April	September	Oktober	November	Dezember
Haifa	L	8–17°	9–18°	8–21°	13–26°	20–30°	16–27°	13–23°	9–18°
(Mittelmeer)	W	18°	18°	18°	19°	29°	28°	23°	19°
	S	16	16	22	25	29	27	22	19
Tel Aviv	L	9–18°	9–19°	10–20°	12–22°	20–31°	15–29°	12–25°	9–19°
(Mittelmeer)	W	18°	18°	18°	19°	29°	27°	23°	19°
	S	17	16	23	26	29	28	22	19
Tiberias	L	9–18°	9–20°	11–22°	13–27°	22–35°	19–32°	15–26°	11–20°
(See Genezareth)	W	17°	15°	17°	21°	30°	28°	24°	22°
	S	19	18	25	27	30	30	25	23
Sodom	L	12–21°	13–22°	16–26°	22–32°	27–36°	24–32°	19–27°	14–22°
(Totes Meer)	W	21°	19°	21°	22°	31°	30°	28°	23°
	S	30	26	31	30	30	31	30	29
Elat	L	10–21°	11–23°	13–27°	17–31°	24–36°	20–33°	16–28°	11–23°
(Rotes Meer)	W	22°	20°	21°	22°	27°	26°	25°	24°
	S	30	27	29	29	30	31	29	30
Jerusalem	L	6–11°	7–14°	8–16°	12–21°	18–28°	16–26°	12–19°	7–15°
(Bergland)	S	19	19	23	27	30	29	23	22
Safed	L	4–10°	5–11°	6–13°	9–19°	17–27°	15–24°	12–16°	5–9°
(Bergland)	S	18	13	26	27	20	21	20	19

Reisezeit
(Fortsetzung)

Wer nicht aus religiösen Gesichtspunkten nach Israel reist, sollte Reisen zu den hohen christlichen Feiertagen meiden. Vor allem in Jerusalem drängen sich dann die Gläubigen an den heiligen Stätten. Während der jüdischen → Feiertage muß man damit rechnen, daß viele Badeorte mehr als gut besucht sind. Gleiches gilt für die israelischen Schulferien von Mitte Juni bis Anfang September.

Reiten

→ Sport

Restaurants

Während in den Hotelküchen grundsätzlich koscher gekocht wird (→ Essen und Trinken), hiervon ausgenommen sind nur unter arabischer Leitung stehende Häuser, findet man zahlreiche Restaurants, die sich nicht an die jüdischen Speisevorschriften halten.
Die meisten Restaurants sind in den Mittags- und Abendstunden geöffnet, sie schließen vielfach um 23.00 oder 24.00 Uhr; viele gastronomische Betriebe sind am Freitagabend und am Samstag geschlossen.

Akko

El Basha, Saladin Street 14, Tel. 04/91 37 38 (Orientalische Küche)
Monte Carlo, Saladin Street, Tel. 04/91 61 73 (Internationale Küche)
Ptolemais, am Hafen, Tel. 04/91 61 12 (Fischspezialitäten)

Ashqelon

Furama, Ort Street 24–26, Afridar, Tel. 07/3 84 97 (Chinesische Küche)
Shanghai Restaurant, New Tourist Center, Tel. 07/7 53 06 (Chinesische Küche)

Beersheba

Bar Sheva, Kfar Darom Street 32, Tel. 07/7 71 91 (Internationale Küche)
Jade Palace, Hahistadrut Street 79, Tel. 07/7 53 75 (Chinesische Küche)
Papa Michel, Hahistadrut Street 95, Tel. 07/7 72 98 (Marokkanische Küche)

Caesarea

Harbour Citadel, Old Caesarea, Tel. 06/36 19 88

Elat

Au Bistro, Bistro Center, Elat Street, Tel. 07/37 43 33 (Französische Küche)
Au Rendez Vous, Yeelim Street 14, Tel. 07/37 95 04 (Französische und Internationale Küche)
Casa Italiana, Coral Beach (gegenüber Caravan Hotel), Tel. 07/37 63 03 (Italienische Küche)
Eddie's, Almogim Street 68, Tel. 07/37 11 37 (Steak und Meeresfrüchte nach amerikanischer Art)
Fanan, Ophira Park, Tel. 07/37 13 66 (Israelische Küche)
Jack Azoulai's Stagecoach, Ophira Park (gegenüber Shulamit Garden Hotel), Tel. 07/37 13 66 (Italienisch-Französische Küche; gehobenes Preisniveau)
La Barracuda, Coral Beach, Tel. 07/37 62 22 (Fischspezialitäten)
Mai Thai, Yotam Road (New Tourist Center), Tel. 07/37 25 17 (Chinesische Küche)
Mandy's, Coral Beach, Tel. 07/37 22 38 (Chinesische Küche)
Oasis, am Yachthafen (nahe der Brücke), Tel. 07/37 67 25 (Israelische Küche)
Pago Pago, Elat Lagoona (beim King Solomon Hotel), Tel. 07/37 66 60 (Schwimmendes Restaurant)
Papa Michel, Hatmarin Street 1, Tel. 07/37 41 31 (Marokkanische Küche)

En Gev

En Gev Fish Restaurant, Tel. 06/75 11 66 (Terrasse unmittelbar am See)

Bankers Tavern, Bank Street 2, Tel. 04/528439 (Europäische Küche)
Chin Lung, Hanassi Boulevard 126, Tel. 04/381308 (Chinesische Küche)
Dolphin, Bat Galim Avenue 13, Tel. 04/523837 (Fischspezialitäten)
Hipopotam, Hanassi Boulevard 116, Tel. 04/374366 (Französische Küche)
La Trattoria, Hanassi Boulevard 119, Tel. 04/382020 (Italienische und
  Französische Küche)
Mathamim, Herzl Street 24, Tel. 04/665172 (Jüdische Küche)
Misadag, Margolin Street 20, Tel. 04/524441 (Fischspezialitäten)
Pagoda, Bat Galim Avenue 1, Tel. 04/524585 (Chinesische Küche)
Peer, Atlit Street 1, Tel. 04/665707 (Orientalische Spezialitäten)

Haifa

Henry VIII, De Chalit Square, Herzliya Pituach, Tel. 09/575586 (Italieni-
  sche und Französische Küche; freitags Livemusik)
L'Auberge, Hamapilim Street 29, Herzliya Pituach, Tel. 09/572179
  (Französische Küche)
Sechang, Medinat Heyehudim Street 87, Herzliya Pituach, Tel. 09/
  573500 (Chinesische Küche)

Herzliya

Agam, Agrippas Street 121, Tel. 02/222445 (Küche des Mittleren Ostens)
Alla Gondola, King George Street 14, Tel. 02/225944 (Norditalienische
  Küche; gehobene Preiskategorie)
Au Sahara, Jaffa Road 17, Tel. 02/233239 (Marokkanische Küche;
  gehobene Preiskategorie)
Charlie Chan, Lunz Street 2, Tel. 02/242464 (Chinesische Küche; ein-
  faches preisgünstiges Restaurant)
Chez Simon, Shammay Street 15, Tel. 02/225602 (Französische Küche;
  gehobene Preiskategorie)
El Gaucho, Rivlin Street 22, Tel. 02/226665 (Argentinisches Grill-
  Restaurant)
FeFerberg's, Jaffa Road 53, Tel. 02/224841 (Jüdische und Osteuro-
  päische Küche)
Goulash Inn, En Karem, Tel. 02/419214 (Ungarische Küche; gehobene
  Preiskategorie; angenehme Atmosphäre)
Kamin, Rabbi Akiva Street 4, Tel. 02/234819 (Französische und Interna-
  tionale Küche)
La Scala, Jaffa Road 31, Tel. 02/228065 (Französische Küche)
Mandarin, Shlomzion Hamalka Street 2, Tel. 02/222890 (Gilt als das beste
  chinesische Restaurant der Stadt)
Mishkenot Shaananim, Yemin Mosche (neben Montefiore-Windmühle),
  Tel. 02/221042 (Französische Küche; exklusives Ambiente)
The Jerusalem Skylight, Ben Yehuda Street 34, im Eilon Tower (21. Stock),
  Tel. 02/233281 (Internationale Küche; herrliche Aussicht)
Yesh Veyesh, Emeq Refaim Street 48, German Colony, Tel. 02/630098
  (Gerichte aus dem Mittelmeerraum; mit Gartenrestaurant)

Jerusalem

Ahakura, an der Hauptstraße, Tel. 06/940515

Metulla

Chinese Inn, Haga'aton Street 28, Tel. 04/923709 (Chinesische Küche)
Donau, Haga'aton Street 32, Tel. 04/892699 (Internationale Küche)
El Gaucho, Haga'aton Street, Tel. 04/920027 (Grill-Restaurant)

Nahariya

Astoria Restaurant, Casanova Street 1, Tel. 06/577965 (Orientalische
  Küche)
Israel Restaurant, Paulus Street, Tel. 06/554114 (Orientalische Küche)
Nof Nazareth, Carmel Street 23, Tel. 06/554366 (Ungarische Küche)

Nazareth

Casa Mia, Herzl Street 10, Tel. 09/347228 (Pizzeria)
Chung Shing, Herzl Street 10, Tel. 09/323004 (Chinesische Küche)
Diamond, Jabotinsky Street 2, Tel. 09/619504 (Chinesische Küche)
Hagozal, Herzl Street 95, Tel. 09/335301 (Jüdische Küche)
Lido, Herzl Street 3, Tel. 09/334834 (Orientalische und Europäische
  Küche)

Netanya

Restaurants, Netanya (Fortsetzung)	Pundak Hayam, Harav Kook Street 1, Tel. 09/341222 Renaissance, Ha'atzmaut Square 9, Tel. 09/286653 (Orientalische Küche) Tandoori, Ha'atzmaut Square 5, Tel. 09/610017 (Indische Küche)
Qiryat Shemona	Dag Al Hadan, Banyas Road, Tel. 06/949251 (Fischrestaurant am Dan)
Safed	Misouyan, Yerushalayim Street 59, Tel. 06/930428 (Chinesische Küche) Pinati, Yerushalayim Street 81, Tel. 06/930855 (Orientalische Küche)
Tel Aviv	Allegro, Hamered Street 29, Tel. 03/651318 (Französische Küche) Baiuca, Yehuda Hayamit Street 103, im Hafen von Jaffa, Tel. 03/827289 (Brasilianische Küche) Cardo, Allenby Street 2, Tel. 03/5103994 (Französische Küche) Casba, Yirmiyahu Street 32, Tel. 03/442617 (Internationale Küche, gehobenes Preis- und Leistungsniveau) Dolphin-Stern, Dizengoff Street 189, Tel. 03/232425 (Fischspezialitäten) Keton, Dizengoff Street 145, Tel. 03/233679 (Traditionelle jüdische Küche) La Prima Donna, Yirmiyahu Street 33, Tel. 03/5461041 (Italienische und Französische Küche) L'Entrecote, Ben Yehuda Street 195, Tel. 03/5466726 (Steakhouse) Le Relais, Ha Dolphin Street 13, Jaffa, Tel. 03/810637 (Französische Küche) Maganda, Rabbi Meir Street 26, Tel. 03/659990 (Küche des Mittleren Ostens) Maredo, Petach Tikva Road 17, Tel. 03/614759 (Steakrestaurant, Fischspezialitäten) Peking, Dizengoff Street 265, Tel. 03/453423 (Chinesische Küche) Pirozki, Dizengoff Street 265, Tel. 03/457599 (Russische Küche) Pundag, Frishman Street 8, Tel. 03/222948 (Fischspezialitäten) Shaul's Inn, Elyashiv Street 11, Tel. 03/653303 (Orientalische Küche) Shazam, Marmorek Street 10, Tel. 03/5616007 (Indische Küche) Shmulik Cohen, Herzl Street 146, Tel. 03/820000 (Traditionelle jüdische Küche) Taboon, Hafen von Jaffa, Tel. 03/811176 (Fischspezialitäten) Triana, Carlebach Street 12, Tel. 03/5614949 (Griechische Küche)
Tiberias	Avi's Pub and Restaurant, HaKishon Street, Tel. 06/791797 (Orientalische Küche) Crimson Flower, Habonim Street 32, Tel. 06/790221 (Chinesische Küche) Karamba, am See Genezareth, Tel. 06/791546 (Fischspezialitäten) Lido Kinneret, Gdud Barak Street (am Seeufer), Tel. 06/721538 (Fischspezialitäten) Nof Kinneret, Hayarkon Street, Tel. 06/720773 (Orientalische Küche) Panorama, Hagalil Street, Tel. 06/790441 (Orientalische Küche) Tiberius, Dona Grazia Street, Tel. 06/792477 (Internationale Küche)
Zikhron Ya'akov	The Well, an der weiter landeinwärts gelegenen Straße nach Haifa, Tel. 06/399047 (Internationale Küche, gehobenes Preisniveau)

Rundfunk, Fernsehen

Rundfunk	Das vierte Programm des israelischen Rundfunksenders Kol Israel (Stimme Israels) sendet auf Kurzwelle 1170 kHz (in den nördlichen Landesteilen 576 KHz) Nachrichten in fremden Sprachen zu folgenden Zeiten: 7.00, 13.00, 17.00 und 20.00 Uhr in Englisch; 7.15, 13.30, 17.05 und 20.15 Uhr in Französisch.
Fernsehen	Die Fernsehsendungen werden fast ausschließlich in Neuhebräisch und Arabisch ausgestrahlt; nur einige Spielfilme werden in Originalsprache mit Untertiteln gezeigt.

Schiffahrt

⟶ Verkehrsmittel

Shopping

⟶ Einkäufe, Souvenirs

Sicherheit

Sichere Reise!

Die Versicherungen, die zur üblichen 'Grundausstattung' gehören, bieten während einer Reise weitgehenden Schutz: Lebensversicherung, Unfallversicherung und Privat-Haftpflichtversicherung gelten in der ganzen Welt, die Rechtsschutzversicherung in Europa und in den außereuropäischen Mittelmeerstaaten.

Weitgehender Schutz durch Grundvorsorge

Gerade auf Reisen gibt es immer wieder ungewohnte Situationen im Straßenverkehr. In der fremden Umgebung genügt eine Sekunde Unaufmerksamkeit, zum Beispiel beim Überqueren der Straße: Sie zwingen einen Wagen zum Ausweichen, und schon ist es passiert. Da brauchen Sie eine gute Rückendeckung.
Eine Haftpflichtversicherung zahlt nicht nur bei berechtigten Ansprüchen, sondern sie wehrt auch unberechtigte Forderungen ab.

Privat-Haftpflichtversicherung

Ihre Rechtsschutzversicherung hilft Ihnen hingegen, Ihre Ansprüche durchzusetzen, wenn Ihnen jemand einen Schaden zugefügt hat. Sie nützt Ihnen auch bei Reisen außerhalb des eigentlichen Geltungsbereiches – zum Beispiel, wenn Ihr deutscher Reiseveranstalter Ihre Urlaubsunternehmung nur mangelhaft organisiert hat und Sie einen Teil Ihres Geldes zurückhaben wollen.

Rechtsschutzversicherung

Wenn Sie bisher keine Unfallversicherung haben, wäre Ihr Urlaub ein guter Anlaß, eine solche abzuschließen. Sie gilt rund um die Uhr, im Beruf, im Haushalt, auf Reisen und in der Freizeit.

Unfallversicherung

Sie sollten bei allen Auslandsreisen auch an eine Reise-Krankenversicherung denken. Sie kostet nicht viel, gibt Ihnen aber Sicherheit bei jedem Auslandsurlaub.

Reise-Krankenversicherung

Für den Fall, daß Sie vor Reiseantritt krank werden oder daß andere gewichtige Gründe Sie von der Reise abhalten, ist eine Reise-Rücktrittskosten-Versicherung nützlich. Sie kommt für Schadenersatzforderungen von Reisebüros, Hotels und Fluggesellschaften auf.

Reise-Rücktrittskosten-Versicherung

Folgen von Verlusten oder Schäden beim Gepäck mildert eine Reisegepäckversicherung – die übrigens während des ganzen Jahres für alle Reisen und Ausflüge gilt.

Reisegepäckversicherung

Während Ihrer Abwesenheit bewahrt Sie zwar die Hausratversicherung nicht vor Brand, Blitzschlag, Explosion, Einbruchdiebstahl, ausströmendem Leitungswasser, Sturm oder Hagel, aber vor den finanziellen Folgen solcher Schäden.

Hausratversicherung

Wenn Ihre Wohnung allerdings länger als 60 Tage unbewohnt bleibt und auch nicht beaufsichtigt wird, müssen Sie das Ihrer Versicherung mitteilen.

Reise-Organisation

Vorbereitungen

Gute Organisation ist schon vor der Reise wichtig. Die Gewißheit, daß zu Hause alles in Ordnung ist und daß man nichts vergessen hat, macht gelassen und die Reise schön.

Ein erprobtes Hilfsmittel bei den Vorbereitungen sind Checklisten, auf denen Sie notieren, an was Sie noch denken müssen, und auf denen Sie abhaken, was Sie erledigt haben.

Klären Sie rechtzeitig, wer Ihre Blumen gießt, Haustiere versorgt und den Briefkasten vor verdächtigem Überquellen bewahrt.

Besorgen Sie beizeiten Papiere, Gutscheine, Tickets, Visa und Zahlungsmittel. Hinterlassen Sie Wertsachen, Fotokopien Ihrer Papiere und Ihre Urlaubsanschrift bei einer Vertrauensperson oder einer Bank.

Wichtige
Unterlagen

Gültiger Personalausweis bzw. Reisepaß (ggf. mit Visa-Unterlagen)
Führerschein und Fahrzeugschein (ggf. mit Internationalem Führerschein)
Grüne Versicherungskarte
Auto-Schutzbrief und Allianz AutoCard
Reise-Versicherungen
Auslandskrankenschein
Fahrkarten, Schiffs- oder Flugtickets, Buchungsbestätigungen
Impfzeugnisse
Fotokopien aller wichtigen Papiere (im Gepäck)
Reiseschecks, Kreditkarten, Geld
Landkarten, Reiseführer

Reiseapotheke

Ihre Reiseapotheke sollte neben den notwendigen Dingen gegen leichte Verletzungen und Unpäßlichkeiten auch einen Vorrat jener Medikamente enthalten, die Sie regelmäßig einnehmen.

Bedenken Sie bei Reisen in warme Gegenden, daß sich dort nicht alle Arzneimittel-Zubereitungen aus unseren Breiten halten, und daß sie eventuell gegen dortige Krankheitserreger nicht wirken. Lassen Sie sich vom Arzt für Ihr Reiseland etwa zusätzlich erforderliche Schutzimpfungen oder geeignete Medikamente empfehlen. Beachten Sie bitte auch, daß Medikamente die Reaktionsfähigkeit und damit auch die Fahrtüchtigkeit beeinträchtigen können. Ersatzbrille nicht vergessen!

Sicher Autofahren

Mietwagen

Wenn Sie sich einen Wagen mieten wollen, wenden Sie sich möglichst an namhafte internationale Autovermietfirmen. Hier können Sie darauf vertrauen, daß die Fahrzeuge den von zu Hause gewohnten Sicherheitsstandards für Lenkung, Fahrgestell, Motor, Bremsen, Beleuchtung und Karosserie entsprechen. Schließen Sie gegebenenfalls zusätzliche Versicherungen (Kraftfahrzeug-Haftpflicht-, Fahrzeug-, Unfallversicherungen) ab, falls die landesübliche Vorsorge Ihnen nicht ausreicht.

Übrigens geben Ihnen viele internationale Vermieter wie Avis, Hertz oder Sixt Budget Rabatt, wenn Sie den Mitgliedsausweis eines Automobilclubs oder Ihre Allianz AutoCard vorlegen.

Gurte

Gurten Sie sich immer richtig an und achten Sie darauf, daß Ihre Mitfahrer es – sowohl auf dem Vordersitz als auch auf den Rücksitzen – ebenfalls tun. Die Bänder sollen straff am Körper anliegen. Ein falsch angelegter Gurt kann bei einem Unfall zusätzliche Verletzungen verursachen.

Nur zusammen mit richtig eingestellten Kopfstützen am Autositz erfüllen Gurte optimal ihren Zweck. Die Kopfstützen sollten so eingestellt werden, daß der ganze Kopf Halt findet; nur so ist die Halswirbelsäule wirksam geschützt.

Sicht für
Brillenträger

Brillenträger fahren nachts sicherer mit spezialentspiegelten Gläsern. Von einer getönten Brille bei Dämmerung oder Dunkelheit muß abgeraten werden. Weil jede Glasscheibe einen Teil des hindurchfallenden Lichtes reflektiert, erreichen selbst durch eine klare Windschutzscheibe nur 90 % des auf der Straße vorhandenen Lichtes die Augen des Autofahrers. Durch getönte – auch beschmutzte – Scheiben und getönte Brillengläser gelangt nur noch etwa die Hälfte der auf der Straße vorhandenen Lichtmenge bis ans Auge; das schränkt die Fahrsicherheit erheblich ein.

Sicher Autofahren, Sicht für Brillenträger (Forts.)

Verkehrsunfall in Israel: Was tun?

Sie können am Steuer noch so vorsichtig sein – es kann trotzdem einmal etwas passieren. Auch wenn der Ärger groß ist: Bitte bewahren Sie Ruhe und bleiben Sie höflich. Behalten Sie einen klaren Kopf und treffen Sie nacheinander folgende Maßnahmen:

Sofortmaßnahmen

1. Sichern Sie die Unfallstelle ab. Das heißt: Warnblinkanlage einschalten, Warnzeichen (Blinklampe, Warndreieck etc.) in ausreichendem Abstand aufstellen.

Absichern

2. Kümmern Sie sich um Verletzte. Sorgen Sie gegebenenfalls für einen Krankenwagen.

Verletzte

3. Verständigen Sie sicherheitshalber die Polizei.

Polizei

4. Notieren Sie Namen und Anschrift anderer Unfallbeteiligter, außerdem Kennzeichen und Fabrikat der anderen Fahrzeuge sowie Namen und Nummern der Haftpflichtversicherungen.
Wichtig sind auch Ort und Zeit des Unfalles sowie die Anschrift der eingeschalteten Polizeidienststelle.

Notizen

5. Sichern Sie Beweismittel: Schreiben Sie Namen und Adressen von – wenn es geht, unbeteiligten – Zeugen auf. Machen Sie Skizzen von der Situation am Unfallort, noch besser ein paar Fotos aus verschiedenen Richtungen.

Beweismittel

6. Unterschreiben Sie kein Schuldanerkenntnis und vor allem kein Schriftstück, dessen Sprache Sie nicht verstehen!

Unterschriften

7. Im Ausland gelten für eine Schadenregulierung und in den rechtlichen Fragen bei einem Unfall vielfach andere Regeln – für Deutsche oft höchst ungewohnt. Recht wird grundsätzlich nach den Rechtsvorschriften des jeweiligen Landes gesprochen, und die Bearbeitung des Schadens dauert meist länger als daheim. Oft wird nicht alles ersetzt.

Andere Rechtsvorschriften

Souvenirs

→ Einkäufe, Souvenirs

Sport

In Israel gibt es nur den Amateursport. Internationale Begegnungen werden meist in Tel Aviv ausgetragen. Beliebteste Sportart ist der Fußball (Soccer), gefolgt von Basketball.

Zuschauersportarten

Der einzige Golfplatz des Landes liegt in der Nähe des antiken Ausgrabungsgebietes in Caesarea und hat 18 Löcher (Caesarea Golf and Country Club; Tel. 06/36 11 74). Der Platz steht Touristen über eine sogenannte spezielle Mitgliedschaft offen.

Golf

Sport

Kajak-Fahrten

Ein geeignetes Revier für Kajak-Fahrten ist der Banyas, einer der drei Quellflüsse des Jordan. Touren organisiert der Kibbuz Kfar Blum (Tel. 06/948755).

Radfahren

Israel Cyclists Touring Club
Kfar Saba, Tel. 09/23716
Der Fahrradclub hilft beim Zusammenstellen von Radtouren. Außerdem stellt er Führer zur Verfügung sowie eine Begleitung, die eventuell auftretende technische oder organisatorische Probleme löst.

Jerusalem Cyclists' Club
P.O.B. 7281, Tel. 02/816522
Der Fahrradclub veranstaltet Ausflüge für Gruppen.

Reiten

Etliche Reitclubs bieten Touren mit Führung an, andere vermieten Pferde. Ein besonders schönes Reitrevier ist die Region "Oberes Galiläa". Hier kann man z.B. im Feriendorf Vered Hagalil bei Chorazin nahe des Sees Genezareth (Tel. 06/935785) einen regelrechten Reiturlaub verleben. Von dem Reitercamp mit Bungalows, Swimmingpool und Tennisplatz werden zwei- bis fünftägige Ritte angeboten (z.B. eine Drei-Tages-Tour um den See Genezareth).

Reitclubs:
Havat Amir
Atarot, Jerusalem, Tel. 02/852190

King David's Riding Stables
Neve Ilan (nahe der Autobahn Jerusalem – Tel Aviv), Tel. 02/782898

Bacall Reitschule
Sederot Ben Zvi, Nahariya, Tel. 04/821534

Green Beach Ranch
Netanya, Tel. 09/51466

Bat-Ya'ar Ranch
bei Safed, Tel. 06/931788

Segeln

Segelboote können u.a. in den Yachthäfen von Elat, Haifa, Tel Aviv – Jaffa sowie in Tiberias am Lido Strand und am Tchelet Strand gemietet werden.

Skifahren

Man glaubt es kaum, aber auch Skifahrmöglichkeiten bestehen im Heiligen Land. Israels Wintersportgebiet ist der Berg Hermon im Norden des Landes. Auf israelischer Seite ist er bis zu 2600 m hoch. Die Saison beginnt im Dezember/Januar und dauert bis etwa Mitte April. In dem 1969 gegründeten Moshav New Ativ gibt es eine Skischule und Skiverleih. Die Abfahrten stellen keine großen Anforderungen an Können und Kondition, erfreuen sich bei den Israelis aber dennoch großer Beliebtheit.

Surfen

Surfen kann man in Israel entlang der gesamten Mittelmeerküste, besonders viele Surfer sieht man in der Regel bei Nahariya (hier wurde 1980 die Weltmeisterschaft ausgetragen) und bei Caesarea. Gute Surfmöglichkeiten gibt es ferner bei Elat am Roten Meer und auf dem See Genezareth.

Tauchen

Die Küsten vor Elat am Roten Meer sind mit ihrem Fischreichtum und den dekorativen Korallenbänken als hervorragendes tropisches Tauchrevier bekannt (Sichtweite bis zu 40 m). Tauchsaison ist hier ganzjährig. Die Möglichkeiten reichen vom Tauchen im Korallenriff über Höhlen- und Grottentauchen bis zu speziellen archäologischen Tauchunternehmen. Verschiedene Tauchschulen bieten Kurse für Anfänger und Fortgeschrittene an, Schnorchel- und Tauchausrüstung kann am Korallenstrand gemietet werden.

Am Mittelmeer ist von September bis Dezember und von März bis Mai Tauchsaison (Sichtweite bis 10 m). Insbesondere 'Unterwasser-Archäologen' kommen hier auf ihre Kosten. Bei Rosh Hanikra, ganz im Norden des Landes, ist das Tauchen in Grotten und Höhlen möglich.

Tauchschulen:
Andromeda Diving Centre
Jaffa Port, Tel Aviv, Tel. 03/827572

Snapir Diving Centre
Jaffa Port, Tel Aviv, Tel. 03/35629

Shiqmona Diving Club
Kishon Port, Haifa, Tel. 04/233908

Caesarea Diving Club
Roman Harbour, Tel. 06/361787

Aqua Sport Red Sea Diving Centre
Korallenstrand, Elat, Tel. 07/72788

Red Sea Sport
King Solomon Kai, Elat, Tel. 07/79111

Viele der großen Hotels verfügen über Tennisanlagen. Zudem kann man sich auch an das Israel Tennis Center wenden, das an verschiedenen Orten über Plätze verfügt:

Ramat Hasharon (24 Plätze), Tel. 03/5447222
Jerusalem (19 Plätze), Tel. 02/413866
Tel Aviv (17 Plätze), Tel. 03/830038
Ashqelon (17 Plätze), Tel. 07/22286
Haifa (20 Plätze), Tel. 04/522721
Arad (7 Plätze), Tel. 07/956877
Qiryat Shemona (8 Plätze), Tel. 06/949034
Tiberias (6 Plätze), Tel. 06/731568

Verschiedene Reiseveranstalter bieten spezielle Wanderferien in Israel an. Tageswanderungen und mehrtägige Ausflüge organisiert zudem die Society for the Protection of Nature in Israel (Hashfela Street 3, Tel Aviv, Tel. 03/375063).
Man kann natürlich auch in Eigeninitiative das Land per pedes erkunden. Es gibt einen Fernwanderweg, der vom Berg Hermon bis nach Elat ans Rote Meer reicht.

Sprache

Amtssprachen sind Neuhebräisch (Iwrith) und Arabisch, die beide der Gruppe der semitischen Sprachen angehören. Da Israel im wesentlichen ein Einwandererstaat ist, kann man sich jedoch in fast allen europäischen Sprachen verständigen, vor allem in Englisch, Französisch und Deutsch. Englisch gilt als Geschäftssprache. Lediglich in abgelegenen, normalerweise nicht von Touristen besuchten Regionen wird man mitunter mit Verkehrsschildern o.ä. konfrontiert, die nur in hebräischen oder arabischen Schriftzeichen abgefaßt sind.

Das Iwrith (Iwrit, Ivrit) basiert auf dem Hebräischen des Alten Testamentes, weicht aber von diesem erheblich ab. Das hebräische Alphabet umfaßt 23 Buchstaben. Da die Wörter des Hebräischen aus einem mehr oder weniger starren Konsonantengerüst bestehen, während die Vokale variieren

Hebräisches Alphabet

Buchstabe	Name	Aussprache (lwrit)	Zahlwert
א	Alef	fester Vokaleinsatz	1
ב	Bet	b, v	2
ג	Gimel	g	3
ד	Dalet	d	4
ה	He	h	5
ו	Waw	v	6
ז	Sajin	s (wie in 'Sense')	7
ח	Chet	ch (wie in 'Sache')	8
ט	Tet	t	9
י	Jod	j (wie in 'Jot')	10
כ	Kaf	k, ch	20
ל	Lamed	l	30
מ	Mem	m	40
נ	Nun	n	50
ס	Samech	s (wie 'ß')	60
ע	Ajin	Kehlpreßlaut	70
פ	Pe	p	80
צ	Zade	z, tz, ts	90
ק	Kof	k, q	100
ר	Resch	r	200
שׂ	Sin	s (wie 'ß')	300
שׁ	Schin	sch (wie 'Schule')	
ת	Taw	t	400

Vokalzeichen	Name	Umschrift
◌ַ	Patach	a
◌ָ	Kametz	ạ
◌ָ	Kametz Chatuf	ọ
◌ֶ	Segol	ẹ
◌ֵ	Sere	e
◌ִ	Chirek	i
◌ֹ	Cholem	o
◌ֻ	Kibutz	u
◌ֲ	Chatef Patach	ǎ
◌ֱ	Chatef Segol	ĕ
◌ֳ	Chatef Kametz	ŏ
◌ְ	Schwa (Murmelvokal)	ě

Arabisches Alphabet

Buchstabe	Name	Aussprache
ا	Alif	fester Vokaleinsatz
ب	Ba	b
ت	Ta	t
ث	Tha	th (wie in englisch 'thing')
ج	Dschim	dsch, g
ح	Ha	h (stark gehaucht)
خ	Cha	ch (wie in 'Sache')
د	Dal	d
ذ	Dhal	dh (wie in englisch 'the')
ر	Ra	r (Zungen-r)
ز	Saj	s (wie in 'Sense')
س	Sin	s (wie 'ß')
ش	Schin	sch (wie in 'Schule')
ص	Sad	s (wie 'ß'; emphatisch)
ض	Dad	d (emphatisch)
ط	Ta	t (emphatisch)
ظ	Za	z, tz, ts (emphatisch)
ع	Ain	Kehlpreßlaut
غ	Ghain	gh, r (velarer Reibelaut)
ف	Fa	F
ق	Kaf	k, q (velar)
ك	Kaf	k (palatal)
ل	Lam	l
م	Mim	m
ن	Nun	n
ه	Ha	h (stets auszusprechen)
و	Waw	u, w (wie englisches 'w')
ي	Ja	j, y (wie in englisch 'yes')

Die meisten Buchstaben des arabischen Alphabetes können eine vierfache Gestalt annehmen, je nachdem, ob sie allein stehen oder nur mit dem vorhergehenden Buchstaben oder von beiden Seiten oder nur mit dem nachfolgenden Buchstaben verbunden sind.

können, beschränkte man sich in der Schrift zunächst auf die Wiedergabe des sinngebenden Konsonantenbestandes. In der späteren Entwicklung wurden die Vokale durch Vokalzeichen angedeutet, die unter demjenigen Konsonantenzeichen geschrieben werden, dem sie in der Aussprache nachfolgen. Ihre lautliche Qualität ist weitgehend variabel. Jedem Konsonantenzeichen entspricht ein Zahlwert, was in der kabbalistischen Zahlenmystik eine große Rolle gespielt hat.

Die geschriebene hebräische Schrift – es wird, wie auch im Arabischen, von rechts nach links geschrieben – ist der Druckschrift ähnlich. Wegen der Tendenz, alle Schriftzeichen in einen gedachten quadratischen Rahmen einzupassen, spricht man von Quadratschrift.

Die heutige arabische Sprache hat sich aus dem Nordarabischen des Altertums entwickelt und zusammen mit dem Islam über weite Teile des südlichen und östlichen Mittelmeerraumes ausgebreitet. In der gesprochenen Sprache kam es zur Ausbildung vieler Dialekte; in diesem Buch wird auf das ägyptische Arabisch Bezug genommen.

Im Arabischen werden lange Vokale durch die Buchstaben Alif, Waw und Ja bezeichnet, kurze Vokale meist ausgelassen oder durch besondere Zeichen über oder unter dem Konsonanten wiedergegeben. Die Aussprache der kurzen Vokale wechselt je nach den sie umgebenden Konsonanten und dem Bildungsgrad des Sprechenden beträchtlich.

Wichtige Redewendungen

deutsch	hebräisch	arabisch
Guten Morgen!	Bóker tow!	Sabach el-cher!
Guten Tag!	Shalóm!	Es-salamu 'alekum!
Guten Abend!	Érew tow!	Misa el-cher!
Gute Nacht!	Láila tow!	Leltak saida!
Auf Wiedersehen!	Lehitraót!	'allalah! Ma'as-salama!
Ich verstehe Sie nicht	Ejnéni mewín (mewiná) otcha (otách)	A'na mish fahmak
Entschuldigen Sie	Slach (silchi) li	A'sif
Ja	Ken	Aiwa
Nein	Lo	La
Bitte	Bewakashá	Min fadlak
Danke	Todá	Shukran
Gestern	Etmól	Embarich
Heute	Hajóm	En-nahar-da
Morgen	Machar	Bukra
Wieviel Uhr ist es?	Ma hasha'á?	Es-sa'a kam?
Wann ist (sind) ... geöffnet?	Matái potchím ...?	I'mta jiftach (tiftach) ...?
Wann wird (werden) ... geschlossen?	Matái sogrim ...?	I'mta jiqifil (tiqifil) ...?
Apotheke	Beit merkáchad	Agsacha'ne
Praktischer Arzt	Rofé klali	Tabib
Zahnarzt	Rofé shinájim	Tabib asna'n

Grundzahlen

null	–	sifr
ein, eine	echád, achát	wachid, wachda
zwei	shnájim, shtájim	itnen
drei	shloshá, shalósh	talata

Grundzahlen (Fortsetzung)	deutsch	hebräisch	arabisch
	vier	arba'á, arbá	arba'a
	fünf	chamishá, chamésh	chamsa
	sechs	shishá, shesh	sitta
	sieben	shiwá, shéwa	sab'a
	acht	shmoná, shmoné	tamanja
	neun	tishá, tésha	tis'a
	zehn	asará, éser	ashara
	elf	achád asár, achát esré	hadashar
	zwölf	shnejm asár, shtejm esré	itnashar
	dreizehn	shloshá asár, shlosh esré	talatashar
	vierzehn	arb'á asár, arbá esré	arbachtashar
	fünfzehn	chamishá asár, chamésh esré	chamastashar
	sechzehn	shishá asár, shesh esré	sittashar
	siebzehn	shiwá' asár, shwa esré	sabachtashar
	achtzehn	shmoná asár, shmoné esré	tamantashar
	neunzehn	tish'á asár, tsha esré	tis'atashar
	zwanzig	esrím, esrím	'ishrin
	einundzwanzig	esrím weechád, esrím weechát	wachid u'ishrin
	zweiundzwanzig	esrím ushnájim, esrím ushtájim	itnen u'ishrin
	dreißig	shloshím	talatin
	vierzig	arbaím	arba'in
	fünfzig	chamishím	chamsin
	sechzig	shishím	sittin
	siebzig	shiwím	sab'in
	achtzig	shmoním	tamanin
	neunzig	tishím	tis'in
	einhundert	meá	mija, mit
	zweihundert	matáim (shtej meót)	miten
	dreihundert	shlosh meót	tultemija
	eintausend	élef	alf
	zehntausend	aserét alafím	ashart alaf
	hunderttausend	meá élef	mit alf

Bruchzahlen

ein halb	hachézi	nuss
ein drittel	shlish	tult
ein viertel	réwa	rub
ein zehntel	asirít	'oshr

Arabische Ziffern

٠	١	٢	٣	٤	٥	٦	٧	٨	٩	١٠
0	1	2	3	4	5	6	7	8	9	10

Die arabischen Zahlen werden von links nach rechts geschrieben!

Im Hotel

deutsch	hebräisch	arabisch
Einzelzimmer	Chéder bishwil ben adám echád	Ghurfa bisirir wachid
Doppelzimmer	Chéder kafúl	Ghurfa bisiriren
Wieviel kostet ein Zimmer mit Frühstück?	Kamá olé chéder im aruchat bóker?	Qadd-e bitsawi el-oda bil-a'kl?
Wann gibt es Frühstück?	Matái magishím et aruchát habóker?	I'mte chaikun el-fitar?

Auf der Reise

Abfahrt	Jeziá, haflagá	Safar
Abteil	Machleká	Diwan
Ankunft	Biá, haga'á	Wusul
Anschluß	Késher	Muwasla
Aufenthalt	Shehijá	Wukuf
Auskunft	–	Istialama't
Autobus	Otobús	Otobis
Bahnhof	Tachanát harakéwet	Macha'tta
Bahnsteig	Razif	Rasif
Fahrkarte	Kartisnesiá	Taska'ra
Fahrplan	Lúach sman ím	Mawaid el-qitar
Fensterplatz	Makóm lejád hachalón	Maka'n biga'nib esh-shibbak
Flugplatz	Sde teufá	Mata'r
Flugzeug	Awirón	Tajja'ra
Geldwechsel	Chilúf ksafim	Taghjir el-fulus
Gepäck	Mitán	Shu'nat
Gepäckschein	Showér chafazím	Wasl el-afsh
Gepäckträger	Sabál	Shajjal
Hotel	Malón	Funduq
Kabine	Ta	Kabina
Reisebüro	Misrád nésiot	Maktab es-sijjacha
Reisepaß	Darkón	Basbort
Schaffner	Mewakér kartisim	Kumsa'ri
Schiff	Onijá	Bachira
Schlafwagen	Kerón shená	Arabijjit nom
Speisewagen	Kerón misnón	Arabijjit a'kl
Stadtrundfahrt	Sijúr ir	Richle lisija'rit el-ba'lad
Taxi	Monít, táksi	Taxi
Toilette	Beit kise	Mir'chad
Wartesaal	Ulam hamtana	Salit intisar
Zug	Rakéwet	Qatr

Auf der Post

Adresse	Któwet	Unwan
Brief	Michtáw	Gawab
Briefkasten	Tewát michtawím	Sanduq gawabat
Briefmarke	Bulím	Wara'qit posta
Eilboten	Mesirá mejuchédet; exprés	Gawab musta'agil
Ferngespräch	Sicha beinironít	Muha'dse charigi'jje
Luftpost	Bedóar awir	Beri'd ga'wi
Päckchen	Chawilá ktaná	Tard sigha'jjar
Paket	Chawilá	Tard
Porto	Ta'arif mishlóach	U'grit beri'd

deutsch	hebräisch	arabisch
Postamt	Beit dóar	Ma'ktab beri'd
Postkarte	Glujá	Taska'ra
Postlagernd	Michtawím shmurím	Machfu's
Schalter	Eshnáw	Shibbak
Telefon	Telefón	Telefon
Telefonbuch	Madrich telefón	Da'ftar telefon
Telefonnummer	Mispár hatelefón	Ni'mri telefon
Telefonzelle	Ta hatelefón	Kabina telefon
Telegramm	Miwrák	Taligraf

Autotechnische Ausdrücke

Achse	Zir	Aks
Anlasser	Matnéa	Marsch
Auspuff	Zinór plitá	Il-adim
Auto	Mechonít; óto	Sajja'ra
Benzin	Bensín, gasolín	Bensin
Bremsen	Hablamím	Farma'la
Fahrtrichtungs-anzeiger	Chez itút	Ishara
Gangschaltung	Chilúf mahalachím	En-naql
Gaspedal	Dawshát délek	Dawasit bensin
Hupe	Zofár	Kala'ks
Kühler	Mezanén-májim	Radiate'r
Kupplung	Mazméd	Debria'sh
Lampen	Panasím	La'mba
Lenkrad	Hége	Fola'n
Lenkung	Higúi	Suwa'qa
Luftpumpe	Mashewát awír	Tulu'mbit el-hawa
Motor	Manóa	Motor
Motorrad	Ofanóa	Motosi'kl
Öl	Shémen	Set
Reifen	Zamíg	Kawi'tsh
Reparatur	Tikún	Tasli'ch
Reservekanister	Pach resérvi	Safi'cha ichtia'ti
Reserverad	Galgál chilúf	A'gala stepn
Scheinwerfer	Sarkór	Kashafa't
Schlauch (Reifen)	Zinór	Charu'm
Schraube	Bóreg	Qalawu's
Schraubenschlüssel	Maftéach beragím	Samu'la
Stoßdämpfer	Meamém	Eksda'm
Tachometer	Madmehirút	Ada'd es-sura
Tank	Mejchal	Tank
Tankstelle	Tachanát délek	Macha'ttit bensin
Ventil	Shastóm	Sima'm
Vergaser	Meajéd	Karborate'r
Wagenheber	Dshek	Kore'k
Werkstatt	Beit melachá	Wa'rshit arabijja't
Zündkerzen	Hamazatím	Sha'ma
Zylinder	Galíl	Sili'ndr

Verkehrsaufschriften

Einbahnstraße	Rehov ben kiwún echád	Tariq fi ittiga'h wachid
Kreuzung	Hitzalwút	Ma'fraq et-tu'ruq
Parkplatz	Mekóm hanijá	Macha'l wuqu'f es-sajjara't

Einige hebräische Wörter

Agam	See
Ain (En)	Quelle
Atar	Ausgrabungsstätte
Bayit, Beit	Haus
Beer	Brunnen
Bereicha(t)	Teich
Bik'a(t)	Tal
Derech	Straße
Emeq	Tal, Ebene
Erez	Land
Gan	Garten
Gay	Schlucht
Gesher	Brücke
Gevul	Grenze
Giv'a	Hügel, Berg
Hakirya (+ Stadt)	Regierungssitz
Har	Berg
Hava	Bauernhof
Hof	Küste
Horva(t)	Ruine
Ir	Stadt
Iriya	Stadtverwaltung
Kefar	Dorf
Kerem	Weinberg
Kever	Grab
Kevish	Landstraße
Kibbuz	Gemeinschaftssiedlung
Kikar	Platz
Kirya(t)	Stadtteil
Ma'abara	Einwandererlager
Ma'ale	Paß, Anstieg
Ma'ayan	Quelle
Mathaf	Hotel
Mayim	Wasser
Metsuda(t)	Festung
Mifrats	Golf, Bucht
Migdal	Turm
Mis'ada	Restaurant
Mishtara	Polizei
Mo'etsa	Ratsversammlung
Moshav	genossenschaftliche Siedlung
Moshava	Dorf
Mughara	Höhle
Nahal	Bach
Nahar	Fluß
Nave	Oase, Wohnsitz
Pardess	Zitrushain
Rama	Höhe, Hochebene
Rehov	Straße
Rov'a	Stadtviertel
Sderot	Boulevard
Sha'ar	Eingang, Tor
Shalom	Friede (Grußformel)
Sharav	Wüstenwind
Shechuna	Stadtviertel
Shikun	Siedlungsplan
Simta	Gasse
Tel	Siedlungshügel
Ya'ar	Wald
Yam	Meer

Einige arabische Wörter

Abu	Vater
Ain	Quelle
Bab	Tor, Tür
Bahr	Meer
Bakschisch	Trinkgeld
Balad	Stadt, Dorf
Beit, Bet	Haus
Beit Mirkahat	Apotheke
Bilad	Land
Bir	Brunnen
Birke(t)	Teich
Burj	Turm, Burg
Dahr	Paßhöhe
Darb	Weg
Deir	Kloster
Dschami	Moschee
Dschebel	Berg, Gebirge
Dschissr	Brücke
Dschubb	Zisterne
Ein	Quelle
Funduk	Hotel
Ghab	Wald
Hamsin	Wüstenwind
Haram	Heiligtum
Kaber	Grab
Kafer	Dorf, Dorfflur
Karem	Weinberg
Khan	Karawanserei
Khirbe(t)	Ruine
Madni	Minarett
Mai	Wasser
Mar	Heiliger
Masdschid	kleine Moschee
Mauristan	Krankenhaus
Medina	Stadt
Medresse	Koranschule
Mihrab	Gebetsnische
Mina	Hafen
Minbar	Moscheekanzel
Nahr	Fluß
Naqb	Paßhöhe
Nebi	Prophet
Qalaat	Festung
Qantara	Brücke
Qasr	Burg, Schloß
Qubba	Kuppel-, Grabbau
Quneitra	kleine Brücke
Ras	Kopf, Kap, Gipfel
Sahel	Ebene
Salam	Friede (Grußformel)
Sahara	Wüste
Schari(a)	Straße
Scheik	Scheich, alter Mann
Scherif	Adliger
Serail	Palast, Rathaus
Suk	Markt, Marktgasse
Tell	Siedlungshügel
Wadi	Trockental
Wali	Heiliger, Heiligengrab
Zeitun	Ölbaum

Strände

Für einen Badeurlaub allein lohnt sich die Reise nach Israel nicht (bzw. allenfalls im Winter), einsame, endlos lange Sandstrände wird man hier vergeblich suchen. Andererseits ist ein Aufenthalt in einem der israelischen Küstenorte eine reizvolle Ergänzung zu einer Israel-Reise.

Entlang der Mittelmeerküste reihen sich eine Vielzahl von Seebadeorten aneinander; insbesondere in den Wintermonaten ist Elat am Roten Meer ein beliebtes Ziel für Sonnenhungrige. Strände gibt es ferner am Toten Meer, man wird sie allerdings wohl eher um der Gesundheit als um der reinen Erholung willen aufsuchen (⟶ Kurorte).

Die wichtigsten Badestrände werden im folgenden kurz beschrieben (von Nord nach Süd):

Das nördlich von Nahariya gelegene Akhziv besitzt einen recht langen, gepflegten Sandstrand. An ihn grenzt ein zum Nationalpark erklärtes Gebiet mit ausgedehnten Wiesenflächen, Picknickmöglichkeiten und Restaurants. Einen größeren Ort gibt es hier nicht, wohl aber ein Feriendorf des Club Méditerrannée. *Akhziv*

Der breite kilometerlange Strand dehnt sich nördlich und südlich von Nahariya aus. Er zählt zu den schönsten Israels, ist in Stadtnähe jedoch manchmal von Öl verschmutzt. Am Strand gibt es auch ein Schwimmbad. *Nahariya*

Shave Ziyon ist ein Moshaw, zu dessen Bereich ein schöner Strand mit Duschen, Umkleidekabinen und Erfrischungsständen gehört. *Shave Ziyon*

Der südlich von Akko gelegene Argaman Beach (Purpurstrand) lockt einheimische und ausländische Badegäste an; gesäumt wird er von einigen größeren Hotels. *Akko*

Ungetrübte Badefreuden lassen sich bei Ashqelon genießen

Strände

Einsamkeit am Strand von Caesarea ...   *... oder Trubel bei Elat am Roten Meer*

Haifa
: Der am westlichen Ortsausgang von Haifa gelegene Strand ist wegen der nahen Großstadt und des Hafens nicht allzu attraktiv.

Dor
: Vergleichsweise ruhig und wenig besucht ist der zum Moshav Dor gehörende schöne Strand. Vorgelagert sind ihm vier kleine Inseln, die als Vogelschutzgebiete ausgewiesen sind. Diese Gegend ist als Tauchrevier vor allem bei Unterwasser-Achäologen beliebt.

Caesarea
: Auf ein ansprechendes Strandgebiet stößt man nördlich der Ausgrabungsstätte beim Aquädukt. Wegen der meist idealen Windbedingungen kommen hier auch Surfer auf ihre Kosten.

Netanya
: Nicht zuletzt wegen seines schönen und ausgedehnten Sandstrandes hat sich Netanya zu einem der beliebtesten Ferienorte Israels entwickelt. Der Strand unmittelbar beim Zentrum wirkt sehr gepflegt, ist andererseits aber auch in der Saison stark besucht. Etwas geruhsamer geht es dann in den nördlich und südlich des Zentrums gelegenen Strandabschnitten zu (diese wiederum sind häufig allerdings nicht allzu sauber!).

Herzliya
: Die Strände von Herzliya sind ein beliebtes Ausflugsziel der Israelis, entsprechend herrscht hier am Freitag und am Samstag viel Betrieb.

Tel Aviv
: Immer hoch her geht es am Strand von Tel Aviv, es ist in erster Linie ein Ort, um zu sehen und gesehen zu werden. Für einen Großstadtstrand ist dieser Küstenbereich erstaunlich sauber. Gesäumt wird er von großen, zu internationalen Ketten gehörenden Hotels.

Ashqelon
: Nördlich und südlich der Stadt Ashqelon dehnen sich Sandstrände aus. Zu den schönsten gehört der Strandabschnitt bei dem in einen Nationalpark integrierten Ausgrabungsgebiet. Hier gibt es ausgedehnte Grünflächen, sanitäre Einrichtungen, Picknickmöglichkeiten und Restaurants.

Insbesondere in den Wintermonaten lockt das sonnensichere Klima Tausende von Urlaubern nach Elat ans Rote Meer. Der sogenannte Nordstrand direkt in Ortsnähe ist kieselig, dennoch meist dicht bevölkert. Ansprechender wirkt der südlich von Elat gelegene feinsandige Korallenstrand, der zum Naturreservat erklärt wurde. Dieser Strandbereich ist ein Paradies für Schnorchler und Taucher.

Strände
(Fortsetzung)
Elat

FKK

Das Nacktbaden ist in Israel absolut unüblich, auch 'oben ohne' ist sowohl am hoteleigenen Swimmingpool als auch am Strand allenfalls die Ausnahme. Lediglich in Elat sieht man vereinzelt Touristinnen, die sich ohne Bikinioberteil sonnen.

Straßenverkehr

Das Straßennetz umfaßt ca. 4000 km gut ausgebauter Fernstraßen. Vierspurige Straßenverbindungen bestehen zwischen Tel Aviv und Haifa, Tel Aviv und Jerusalem sowie zwischen Tel Aviv und Ashdod. Die Süderweiterung bis Beersheba befindet sich im Bau.

Straßennetz

Entfernungen in Straßenkilometern zwischen ausgewählten Orten in Israel	Akko	Ashdod	Ashqelon	Beersheba	Bethlehem	Elat	Haifa	Hebron	Jericho	Jerusalem	Lod (Ben Gurion Airport)	Nahariya	Nazareth	Netanya	Rehovot	Tel Aviv	Tiberias	Safed	Zikhron Ya'akov
Akko		159	174	231	191	474	23	218	161	181	135	10	65	86	140	118	56	51	58
Ashdod	159		33	90	142	333	136	114	102	72	40	169	146	73	24	41	176	212	105
Ashqelon	174	33		63	145	306	151	117	115	75	54	184	161	88	39	56	191	227	120
Beersheba	231	90	63		76	243	208	48	119	83	98	241	218	145	85	113	248	284	177
Bethlehem	191	142	145	76		319	168	26	43	10	61	193	145	105	63	73	208	244	128
Elat	474	333	306	243	319		451	291	364	326	341	484	461	388	328	356	491	527	420
Haifa	23	136	151	208	168	451		168	146	158	112	33	38	63	117	95	70	74	33
Hebron	218	114	117	48	26	291	168		67	37	88	217	172	132	88	100	201	237	153
Jericho	161	102	115	119	43	364	146	67		35	86	174	126	122	92	98	181	217	151
Jerusalem	181	72	75	83	10	326	158	37	35		51	191	135	95	50	63	198	234	127
Lod (Ben Gurion Airport)	135	40	54	98	61	341	112	88	86	51		145	122	49	17	18	152	188	85
Nahariya	10	169	184	241	193	484	33	217	174	191	145		55	96	146	128	66	52	69
Nazareth	65	146	161	218	145	461	38	172	126	135	122	55		73	127	105	32	57	46
Netanya	86	73	88	145	105	388	63	132	122	95	49	96	73		54	32	103	139	32
Rehovot	140	24	39	85	63	328	117	88	92	50	17	146	127	54		21	157	193	81
Tel Aviv	118	41	56	113	73	356	95	100	98	63	18	128	105	32	21		135	171	64
Tiberias	56	176	191	248	208	491	70	201	181	198	152	66	32	103	157	135		36	78
Safed	51	212	227	284	244	527	74	237	217	234	188	52	57	139	193	171	36		103
Zikhron Ya'akov	58	105	120	177	128	420	33	153	151	127	85	69	46	32	81	64	78	103	

Straßenverkehr, Straßennetz (Fortsetzung)	Dem steigenden Verkehrsaufkommen wird das bisherige Straßennetz im Einzugsbereich der Großstädte jedoch vielfach nicht gerecht. Während des Berufsverkehrs muß man vor allem im Ballungsgebiet von Tel Aviv und Jerusalem vielfach mit erheblichen Verzögerungen durch Staus rechnen.
Fahrten durch besetztes Gebiet	Auf den offiziellen israelischen Straßenkarten wird keine Unterscheidung zwischen dem israelischen Kernland und den besetzten Gebieten vorgenommen. Wer jedoch beabsichtigt, mit einem Privat- oder Mietwagen unterwegs zu sein, sollte sicherheitshalber eine Karte benutzen, auf der erkennbar ist, wo man das israelische Kerngebiet verläßt. Zudem empfiehlt es sich, sich vorher nach den aktuellen politischen Gegebenheiten zu erkundigen. In und um Hebron, sowie in der Region um Nablus oder Ramallah sieht man nur wenige israelische Privatfahrzeuge (sie haben ein gelbes Kennzeichen, während die Nummernschilder der in der Westbank zugelassenen Fahrzeuge blau und die im Gazastreifen silbern sind). Mancherorts im Westjordanland (z.B. in der Umgebung von Jericho) sind Straßensperren errichtet, Touristen können meist ohne weitere Kontrollen passieren.
Kraftstoff	In Israel bekommt man Normalbenzin mit 91 Oktan, Super mit 96 Oktan sowie Diesel. Die Preise liegen in der Regel etwas über denen in Deutschland.
Verkehrsregeln	→ Verkehrsvorschriften
Pannenhilfe	→ Autohilfe

Surfen

→ Sport

Tauchen

→ Sport

Taxi

Taxis können telefonisch angefordert werden (in Jerusalem beispielsweise unter Tel. 223223, Tel Aviv unter Tel. 254254 und in Haifa unter Tel. 382727) oder durch Winken angehalten werden.
Für Fahrten zwischen einzelnen Städten sind die Preise offiziell festgelegt (der Fahrer ist verpflichtet, auf Wunsch die Preisliste vorzuzeigen). Im Stadtverkehr wird der Taxameter eingeschaltet; bei Nachtfahrten muß ein Aufpreis von 25% bezahlt werden.

Fahrten in besetztes Gebiet	Für Fahrten ins Westjordanland empfiehlt es sich aus Sicherheitsgründen, ein Taxi mit arabischem Fahrer zu benutzen; der Sammelplatz für arabische Taxis befindet sich in Jerusalem am Damaskustor.
Sherut-Taxis	→ Verkehrsmittel

Telefon

→ Post, Telegraf, Telefon

Tennis

→ Sport

Theater, Konzerte

Das berühmteste Orchester des Landes, das Israelische Philharmonische Orchester, gibt jedes Jahr ca. 150 Konzerte und spielt vielfach unter der Leitung international bekannter Dirigenten. Sein ständiger Sitz ist das Frederic R. Mann Auditorium in Tel Aviv.
Während der Wintersaison konzertiert das Jerusalemer Symphonie-Orchester des israelischen Rundfunks regelmäßig in der Henry Crown Symphony Hall im Jerusalemer Zentrum für darstellende Kunst. Dargeboten werden überwiegend Werke einheimischer Komponisten.

Konzerte veranstalten auch die Orchester von Haifa, Ramat Gan und Beersheba sowie das Israelische Kammerensemble, ferner verschiedene Trios und Quartette. Darüber hinaus geben berühmte Solisten in Israel Gastspiele.

Die bekanntesten Theater des Landes sind die Habimah, Israels Nationaltheater (Tel Aviv), das Cameri, das Stadttheater von Tel Aviv, und das Haifaer Stadttheater, ferner das Stadttheater von Beersheba und das Khan-Theater in Jerusalem. Die Schauspieler der Theater, die in den größeren Städten ihren Standort haben, reisen durch das Land und geben überall Vorstellungen.
Während viele klassische und zeitgenössische Stücke in Hebräisch aufgeführt werden, spielen kleinere Theatergruppen meist in Englisch, Jiddisch

Konzerte

Theater

Habimah-Theater in Tel Aviv

457

Trinkgeld

Theater (Fortsetzung)	oder anderen Sprachen. Im Habimah-Theater in Tel Aviv werden für fremdsprachige Besucher die Stücke simultan übersetzt.
Ballett	Das Israel Classical Ballet bietet klassisches Ballett, die Bat-Dor Dance Company und Bat-Sheva Dance Company haben sich auf modernes Ballett spezialisiert. Die Ensembles gastieren in den Städten und einigen Kibbuzim.
Folklore	Israel bietet außer Konzerten, Theater- und Ballettaufführungen auch Veranstaltungen, durch die der Besucher das Land und die Bewohner kennenlernen soll. Dazu gehören Folklore-Abende, die regelmäßig in Jerusalem, Tel Aviv, Haifa und Tiberias stattfinden, häufig auch in den großen Hotels der Touristikzentren Ashqelon, Netanya, Elat und am Toten Meer.

Trinkgeld

Ein Bedienungszuschlag ist zumeist in der Rechnung enthalten, außer es wird direkt darauf hingewiesen, daß diese Regelung nicht erfolgte. Wer zufrieden war, gibt aber üblicherweise ein Tinkgeld von 10 bis 15%; bei Taxifahrten wird der Rechnungsbetrag gewöhnlich aufgerundet, Kofferträger erwarten umgerechnet ca. 2 DM pro Gepäckstück.

Uhrzeit

⟶ Zeit

Umgangsregeln

Sabbat	Rücksicht auf die Landessitten sollte der Tourist insbesondere am Sabbat und an hohen Feiertagen nehmen. Man vermeide es, in der Öffentlichkeit zu rauchen; in den Aufenthaltsräumen der Hotels besteht an diesen Tagen ein regelrechtes Rauchverbot. An der Klagemauer in Jerusalem, einer der wichtigsten heiligen Stätten des Judentums, ist dann auch das Fotografieren verboten. Die öffentlichen Verkehrsmittel ruhen zum größten Teil, gläubige Juden verzichten auch auf Privatfahrten.
Besuch heiliger Stätten	Kirchen, Synagogen und Moscheen sollten nur in angemessener Kleidung (keine Shorts, keine ärmellosen oder ausgeschnittenen Kleider) betreten und nicht während der Gottesdienste besichtigt werden. Gläubige Juden tragen in der Synagoge eine Kopfbedeckung, und der Tourist sollte ein gleiches tun. Beim Betreten von Moscheen sind die Schuhe auszuziehen.

Unterkunft

Bed & Breakfast	In einigen Urlaubsgebieten Israels, vor allem aber in Jerusalem, bieten Privathaushalte Bed & Breakfast an. Die Vermittlung dieser Unterkünfte übernimmt der Israel Bed & Breakfast Service, Reservation Center, Jerusalem 91060, Binyanei-Hauma, 1 Shazar Boulevard, Tel. 02/6511270, Fax: 02/6511272.
Camping	⟶ dort
Hotels	⟶ dort
Hospize	⟶ Pilgerreisen
Jugendherbergen	⟶ dort

458

Veranstaltungskalender

Da sich der jüdische und der muslimische Kalender nach den Mondphasen richten und viele der christlichen Feste bewegliche Feste sind, können nur ungefähre Daten angegeben werden (⟶ Kalender und ⟶ Feiertage).

Vielerorts Januar/Februar
Tu B'Shevat: Am 'Neujahrsfest der Bäume' essen die Juden 15 verschiedene Baumfrüchte. Es finden überall Baumpflanzungsfeierlichkeiten statt, vor allem im John-F.-Kennedy-Friedenswald und bei den Sanhedringräbern in Jerusalem sowie im Märtyrerwald im judäischen Bergland.

Vielerorts: Februar/März
Purim: Das 'Losfest' hat seinen Hintergrund in der im alttestamentlichen Buch Esther beschriebenen Errettung der persischen Juden vor einem Anschlag des Hofbeamten Haman. Esther, die jüdische Frau des persischen Herrschers Xerxes I., hatte sich zu ihrem Volk bekannt und dadurch die geplante Judenverfolgung abgewendet. In zahlreichen Städten des Landes finden farbenfrohe Umzüge und festliche Veranstaltungen statt, die Kinder verkleiden sich, man tanzt, singt und beschenkt sich gegenseitig.
In aschkenasischen Gemeinden werden Theaterstücke in Jiddisch aufgeführt, meist burleske Einakter mit biblischen Themen.

Akko März/April
Pessah: Aus Anlaß des Passahfestes, es erinnert an die Nacht vor dem Auszug der Israeliten aus Ägypten, werden in der Kreuzritterfestung von Akko Konzerte mit israelischen Chören veranstaltet.

En Gev
Pessah: Im Kibbuz En Gev wird das Passahfest besonders aufwendig mit Musik, Tanz und Unterhaltung gefeiert.

Tel Aviv – Yafo
Pessah: Vor der malerischen Kulisse des alten Hafens von Jaffa treten nationale und internationale Sänger auf.

Jerusalem
Palmsonntag (gefeiert am Sonntag vor Ostern): Der Palmsonntag wird in Erinnerung an den Einzug in Jerusalem begangen. Eine prächtige Prozession findet vom Dorf Bethphage auf dem Ölberg zur Grabeskirche statt.

Jerusalem
Ostern: An Ostern gedenken die Christen der Auferstehung Jesu. Da sich die christlichen Konfessionen uneinig darüber sind, an welchem Tag Jesus auferstanden sein soll, wird Ostern getrennt gefeiert. Spektakulärste Osterfeier ist die armenische und griechisch-orthodoxe, das 'Erscheinen des Heiligen Feuers' in der Grabeskirche.

Jerusalem
Internationale Buchmesse.

Vielerorts
Holocaust-Tag: Im Jahre 1951 legte man den 27. Nissan als Trauertag für die Opfer des Holocaust fest. Vielerorts in Israel werden mit Sirenengeheul Gedenkminuten angekündigt – der Verkehr ruht, und in Büros, Werkstätten und Läden unterbricht man die Arbeit.

Netanya April/Mai
Frühlingsfest.

Veranstaltungskalender

April/Mai
(Fortsetzung)

Jerusalem, Tel Aviv, Haifa
Unabhängigkeitstag (5. Iyar): Die Feierlichkeiten zur Gründung Israels am
14. Mai 1948 beginnen bereits am Vortag mit einer Versammlung am Grab
von Theodor Herzl in Jerusalem. Der Unabhängigkeitstag selbst wird dann
in Israels Großstädten mit Feuerwerken und Freiluftkonzerten begangen.

Mai/Juni

Jerusalem und andernorts
Israel-Festival: Dieses Festival ist der kulturelle Höhepunkt des Jahres.
Insbesondere in Jerusalem finden unter internationaler Beteiligung wäh-
rend eines Zeitraums von drei Wochen zahlreiche Konzerte, Theater- und
Ballettaufführungen statt.

Jerusalem
Film-Festival: Das Internationale Film-Festival wird in der Jerusalemer
Cinémathèque unter Beteiligung von 40 Ländern veranstaltet.

Zemach/See Genezareth
Shavuot: Mit dem Shavuotfest geht die 50tägige Trauerzeit nach Passah
zu Ende. Im Rahmen der Feierlichkeiten wird in Zemach am Südufer des
Sees Genezareth ein Volkstanztag abgehalten, bei dem professionelle und
Amateurtänzer auftreten.

Juli

Tiberias
Sommerfestival: In der Altstadt und an verschiedenen Plätzen am Seeufer
werden Musik- und Tanzdarbietungen sowie Theateraufführungen veranstaltet.

Netanya und Haifa
Internationales Folklorefest.

Juli/August

Elat
Jazz-Festival: In Elat treffen sich Gruppen aus aller Welt.

Netanya
Sommernächte auf dem Hauptplatz.

Tel Aviv – Yafo
Jaffa-Nächte: Vor der malerischen Kulisse des alten Hafens von Jaffa werden Konzerte und Theateraufführungen veranstaltet.

August/September

Akko
Alternatives Theater-Festival: Veranstaltungsort für die Theateraufführungen ist die Kreuzritterburg.

September/
Oktober

Vielerorts
Rosh Hashana: Das Neujahrsfest (gefeiert am 1./2. Tishri) ist zugleich der
erste der zehn Fastentage zu Beginn des Jahres. Während dieser zehn
Tage wird man überall das Shofar-Blasen miterleben können und den
zum Fasten und zur Selbstbesinnung gemahnenden Ton dieser geboge-
nen Widderhörner hören. Viele Juden tragen weiße Gewänder als Zeichen
für die Vergänglichkeit des Menschen und des Vertrauens auf Gott. Am
Teich Siloah in Jerusalem findet die Tashlih-Zeremonie statt, bei der die
Sünden symbolisch ins Wasser geworfen werden.

Vielerorts
Sukkoth/Simhat Tora: Während des sieben Tage dauernden Laubhütten-
festes (Sukkoth), eines allgemeinen Erntedankfestes, errichten sich die
Juden Hütten in ihren Gärten, auf Höfen oder Balkonen; in diesen Hütten
werden die Mahlzeiten eingenommen, die orthodoxen Juden schlafen
auch darin. Den Abschluß des Laubhüttenfestes bildet das Fest der Thora
(Simhat Tora). An diesem Tag finden in vielen Ortschaften Umzüge mit der
Thora statt.

See Genezareth
Marathonlauf: Aus der ganzen Welt kommen alljährlich Läufer zu dem internationalen Marathonlauf am See Genezareth.

Veranstaltungs-
kalender (Forts.)
Dezember

Jerusalem/Bethlehem
Weihnachten (Katholiken und Protestanten: 24./25. Dezember; Orthodoxe: 7. Januar; Armenier: 19. Januar): Von einer weihnachtlichen Atmosphäre ist in Jerusalem nur wenig zu spüren. Die Gläubigen begeben sich jedoch Heiligabend zur Mitternachtsmesse in die Geburtskirche nach Bethlehem (die Messe wird auf den Krippenplatz direkt übertragen).

Dezember/
Januar

Veranstaltungsprogramme

In den Hotels und bei den Touristenbüros (→ Auskunft) sind Broschüren erhältlich, die über die Veranstaltungen der laufenden Woche informieren (u.a. Hello Israel, This Week in Israel (auch in deutscher Sprache), Your Jerusalem, Tel Aviv Today).
Zudem verteilen die Fremdenverkehrsbüros Faltblätter mit den aktuellen Veranstaltungen des jeweiligen Ortes.

Verkehrsmittel

Der öffentliche Personenverkehr (Autobusse, Sherut-Taxis und Eisenbahn) ruht in Israel am Sabbat (Samstag), am Vorsabbat (Freitagabend) sowie an jüdischen Feiertagen und dem jeweiligen Vorabend.
Lediglich die von Arabern betriebenen Buslinien und Sherut-Taxis verkehren an diesen Tagen (z.B. in Ost-Jerusalem und Nazareth).

Hinweis

Wichtigstes Personenbeförderungsmittel in Israel sowohl für den innerstädtischen Verkehr wie für den sehr preisgünstigen Überlandbetrieb ist der Bus. Von den Zentralen Busbahnhöfen in Jerusalem (Jaffa Street 224), Tel Aviv (Harakevet Street) und Haifa (Hahagana Street 2) gelangt man schnell in alle Landesteile. Bei längeren Fahrten empfiehlt es sich, einen Platz im voraus zu reservieren.

Autobus

Der öffentliche Busverkehr wird zu 90% von den Gesellschaften Egged und Dan bewältigt. Innerhalb Jerusalems sind Linienbusse der Egged-Gesellschaft eingesetzt, sie sind rot-weiß lackiert, in Tel Aviv bedient Dan den innerstädtischen Verkehr mit meist blau-weißen Bussen. Die von arabischen Gesellschaften in Jerusalem und im Westjordanland betriebenen Busse sind blau-weiß oder grün-weiß.

Die für den Überlandverkehr eingesetzten Busse sind in gutem Zustand, in der Regel sauber und vielfach mit einer Klimaanlage ausgestattet.
Die Busfahrtsgesellschaften nehmen ihren Überlandverkehr fast überall um 5.00 Uhr auf und fahren bis in die frühen Abendstunden. Lediglich auf den wichtigsten Strecken (Tel Aviv – Jerusalem und Tel Aviv – Haifa) verkehren die Busse bis 23.30 Uhr. Im Innenstadtverkehr unterhalten die Busfahrtsgesellschaften in den größeren Städten bis 24.00 Uhr einen Liniendienst.
Innerorts halten die Busse nur bei Bedarf, wer aussteigen möchte muß rechtzeitig eine Klingel drücken.
Für den Stadtverkehr gibt es Einzel- und ermäßigte Sammelfahrkarten, Zeitkarten lohnen sich in der Regel für Touristen nicht. Im Fernverkehr erhalten Schüler und Studenten Ermäßigungen.

Ca. 20% teurer, aber bequemer als mit Überlandbussen reist man in den siebensitzigen Sherut-Taxis zwischen den größeren Städten. Die Preise

Sherut-Taxis

Verkehrsvorschriften

Verkehrsmittel, Sherut-Taxis (Fortsetzung)	sind offiziell festgesetzt, für Nachtfahrten wird ein Zuschlag berechnet. Die Halteplätze der einzelnen Sherut-Gesellschaften findet man im Branchenfernsprechverzeichnis unter dem Stichwort "Taxi-Cabs".
Eisenbahn	Die Eisenbahnverbindungen werden von der staatlichen Gesellschaft "Israel Railways" betrieben. Passagierzüge verkehren zwischen Jerusalem und Tel Aviv sowie auf der Strecke Tel Aviv – Haifa – Nahariya. Die Fahrkartenpreise liegen noch unter den Bustarifen. Fahrplanauskunft in Tel Aviv: Tel. 02/6937515.
Flugzeug	Wegen der geringen Entfernungen in Israel spielt der Inlandsflugverkehr nur eine untergeordnete Rolle. Er wird hauptsächlich von der Luftfahrtgesellschaft Arkia wahrgenommen. Es gibt planmäßig Flüge von Jerusalem nach Tel Aviv, Haifa, Rosh Pinna und Elat; von Tel Aviv nach Jerusalem, Rosh Pinna und Elat; von Elat nach Tel Aviv, Haifa und Jerusalem. Zudem fliegen Arkia und andere private Charterfluggesellschaften bei Bedarf zahlreiche weitere Landepisten an, so ist beispielsweise die Nachfrage nach Flügen zur Festung Massada in den letzten Jahren deutlich gestiegen.
Schiff	Auf dem See Genezareth verkehren zwischen Tiberias, En Gev und Kapernaum regelmäßig Fährboote. Zudem können Boote der Kinnereth Sailing Company (En Gev, Tel. 06/720248) für Rundfahrten auf dem See Genezareth gechartert werden. Abends werden besondere Vergnügungsfahrten mit Abendessen und Unterhaltungsprogramm organisiert. Beobachtungsfahrten auf dem Roten Meer in Booten mit gläsernen Böden werden vom Korallenstrand südlich von Elat aus organisiert (Tour Yam Ltd., Tel. 059/72111); Abfahrt vom Landesteg gegenüber dem Coral Sea Hotel. Zudem besteht von hier die Möglichkeit, Halbtagesausflüge nach Taba oder aber kleine Kreuzfahrten zu unternehmen.
Taxis	⟶ dort
Mietwagen	⟶ dort

Verkehrsvorschriften

	Die allgemeinen Verkehrsvorschriften in Israel unterscheiden sich nicht wesentlich von denen anderer Länder mit Rechtsfahrordnung. Die Verkehrszeichen entsprechen den internationalen Normen; Hinweisschilder sind in hebräischer und englischer Sprache beschriftet.
Vorfahrt	Vorfahrt hat der auf den Hauptverkehrsstraßen fließende Verkehr, sofern diese durch ein auf die Spitze gestelltes gelbes Quadrat mit schwarz-weißer Umrandung beschildert sind. Ansonsten hat grundsätzlich der von rechts kommende Verkehr Vorfahrt.
Höchstgeschwindigkeit	Innerhalb geschlossener Ortschaften beträgt die Höchstgeschwindigkeit für Kraftfahrzeuge 50 km/h; außerhalb geschlossener Ortschaften für Pkw 80 km/h (sofern nicht ausdrücklich 90 km/h erlaubt sind), für Pkw mit Anhänger 60 km/h, für Motorräder 70 km/h.
Promillegrenze	Das Fahren unter Alkoholeinfluß ist verboten.
Sicherheitsgurte	In Israel besteht Anschnallpflicht.

Wandern

	⟶ Sport

Mehrsprachige Verkehrszeichen: für jeden verständlich

Wassersport

→ Sport

Wasservergnügungsparks

Um die touristische Attraktivität zu erhöhen, wurden am See Genezareth, am Mittelmeer und in Elat Wasservergnügungsparks angelegt. Vor allem Kinder werden an den riesigen Wasserrutschen und Wasserspielen Gefallen finden. Für Erwachsene und Jugendliche besteht in einigen Wasservergnügungsparks ein breites Angebot an Wassersportarten (z.B. Wasserski und Gleitflug), mancherorts werden Tretboote oder auch Kajaks vermietet.

Luna-Gal-Beach
Golan Beach, Nordostufer, nördlich von Kursi

See Genezareth

Zemach Beach
Südufer, südlich von Kinneret

Rhapsody in White
Nordstrand, Elat

Rotes Meer

Kibbuz Neve Yam
bei Atlit

Mittelmeer

Kibbuz Shefayim
nördlich von Herzliya

Wasserver- gnügungsparks am Mittelmeer (Fortsetzung)	Bat Yam südlich von Tel Aviv Ashqeluna in Ashqelon

Wetter

⟶ Reisezeit
⟶ Zahlen und Fakten, Klima

Zeit

In Israel gilt die Osteuropäische Zeit (MEZ + 1 Std.). Von Mitte April bis Ende September ist die Sommerzeit eingeführt (OEZ + 1 Std. = MEZ plus 2 Std.).

Zeitungen, Zeitschriften

Von den rund 20 in Israel erscheinenden Tageszeitungen werden nur ca. 50% in hebräischer Sprache herausgegeben, neben Zeitungen in arabischer Sprache bekommt man auch welche in fast jeder europäischen Sprache. Die einzige deutsche Tageszeitung des Landes sind die "Israel Nachrichten". Die in Englisch erscheinende "Jerusalem Post" ist eine der angesehensten Zeitungen des Landes.

Zeitungen und Zeitschriften in allen Sprachen

Deutsche Tageszeitungen und Magazine sind in der Regel einen Tag nach Erscheinen erhältlich, sie sind allerdings relativ teuer.

Zollbestimmungen

Nach Israel können zollfrei die für den persönlichen Gebrauch bestimmten Gegenstände eingeführt werden, dazu gehören auch 250 Zigaretten oder 250 g Tabak in anderer Form, 2 l Wein, 1 l Spirituosen, 0,25 l Parfüm oder Eau de Toilette, Geschenke und Lebensmittel (höchstens 3 kg, je Sorte nicht mehr als 1 kg) bis zum Gesamtwert von 125 US-$; ferner 1 Fotoapparat und 1 Filmkamera mit je 10 Filmen, 1 Reiseschreibmaschine, 1 Tonbandgerät, 1 Plattenspieler, 1 Kofferradio, 1 tragbares Fernsehgerät, 1 Fernglas, Sportgeräte, 1 Fahrrad und Campingausrüstung (diese Gegenstände sind bei der Einreise zu deklarieren); zudem kann 1 Videoanlage (Video-Gerät, Video-Kamera) eingeführt werden, für sie ist allerdings eine Kaution von ca. 1000 US-$ (in bar, mit Traveller Schecks oder mit Kreditkarte) zu hinterlegen.
Frisches Fleisch, frische Früchte, Narkotika, pornographische Literatur, in arabischen Ländern herausgegebene Publikationen, Klappmesser mit mehr als 10 cm langen Klingen und andere Messer, die als Waffen anzusehen sind, dürfen nach Israel nicht eingeführt werden.
Ein- und Ausfuhr von Devisen ⟶ Geld.

Einreise

Bei der direkten Wiedereinreise nach Deutschland sind Reiseandenken bis zu einem Gesamtwert von 115 DM zollfrei; ferner für Personen über 15 Jahre 500 g Kaffee oder 200 g Pulverkaffee, 100 g Tee oder 40 g Teeauszüge, 50 g Parfüm und 0,25 l Toilettenwasser sowie für Personen über 17 Jahre 200 Zigaretten oder 100 Zigarillos oder 50 Zigarren oder 250 g Rauchtabak, 1 l Spirituosen mit einem Alkoholgehalt von mehr als 22% oder 2 l Spirituosen mit einem Alkoholgehalt unter 22% und 2 l nicht schäumende Weine.

Wiedereinreise
nach Deutschland

Abgabenfrei sind Waren im Gegenwert von höchstens 2400 öS; außerdem für Personen über 17 Jahre an Tabakwaren 200 Zigaretten oder 50 Zigarren oder 250 g Rauchtabak, an alkoholischen Getränken 2 l Wein und 1 l Spirituosen.
Nähere Auskünfte erteilen die österreichischen Zollbehörden.

Wiedereinreise
nach Österreich

Abgabenfrei sind Reiseproviant sowie (gebrauchtes persönliches) Reisegut; außerdem für Personen über 17 Jahre an Tabakwaren 200 Zigaretten oder 50 Zigarren oder 250 g Rauchtabak, an alkoholischen Getränken 2 l mit bis zu 15 Vol.-% Alkoholgehalt und 1 l mit mehr als 15 Vol.-% Alkoholgehalt; ferner Geschenke im Gegenwert von bis zu 100 sfr., für Personen unter 17 Jahre bis 50 sfr.
Nähere Auskünfte erteilen die schweizerischen Zollbehörden.

Wiedereinreise
in die Schweiz

Register

Die Schreibung der hebräischen wie auch der arabischen Namen ist problematisch, da es für die Transkription der neuhebräischen Sprache (Iwrit) und des Arabischen ins Deutsche an allgemein verbindlichen Richtlinien mangelt. Selbst in sachlich verläßlichen israelischen Quellen findet man nicht selten mehrere Versionen eines Begriffs nebeneinander. Es wurde versucht, dieser Tatsache Rechnung zu tragen und in das Register mögliche, auch in diesem Buch nicht verwendete Schreibvarianten aufzunehmen.

Abraham 52
Abu Gosh 109
Achsib 317
Acre siehe Akko
ADAC-Notrufzentrale 432
Aelia Capitolina 60
Afeq 340
Afula 111
Agnon, Samuel Josef 72
Ahmadiya 32
Ain Karim siehe En Karem
Akhziv 317
Akko 112
Alijah 25, 34
Alkohol 408
Allone Abba 188
Alphabet, Arabisches 446
Alphabet, Hebräisches 446
Altersaufbau 26
Ambulanz 432
Amir 205
Amtssprachen 34, 445
Amwas 292
Analphabetenrate 42
Andenken 404
Anrede 458
Anreise 395
Anschnallpflicht 462
Antiquitäten 396
Apotheken 396, 433
Aqua Bella 110
Arabisch 34, 447
Arabisches Alphabet 446
Arabische Ziffern 448
Arad 118
Arbeit im Kibbuz 396
Arbeit im Moshav 397
Arbeitsurlaub 396
Arbel-Tal 380
Archäologie 88
Archäologische Ausgra-
  bungen 397
Arkia 409
Artas 149
Ärztliche Hilfe 397
Aschkenasim 26, 34
Asdod 120
Ashdod 120
Ashqelon 121
Askalon 121
Atlit 125
Aufforstung 20
Augustinus 32

Ausgrabungen, Archäolo-
  gische 397
Ausgrabungsstätten 433
Auskunft 397
Ausreise 399
Außenhandel 49
Austrian Airlines 410
Autobus 461
Autohilfe 400
Automobile and Touring
  Club of Israel 400
Autovermietung 427
Avdat 126
Avedat siehe Avdat
Avihayil 329
Ayelet Hashahar 194, 419
Azza 177

Babylonische Gefangen-
  schaft 55
Badestrände 453
Bahai 32
Bahji 177
Bahnfahrten 462
Bahr Lut 384
Balfour Deklaration 65
Ballett 458
Bani Naim 197
Baniyas 130
Banken 433
Banyas 130
Bar'am 345
Bar Hay siehe Hai Bar
Bar Kochba 59
Battir 149
Baumpflanzungsaktion 432
Bed & Breakfast 458
Beduinen 26
Beduinenmarkt 425
Beersheba 131
Be'er Sheva 131
Be'er Sheva, Nahal 326
Begegnungen mit Israelis
  423
Begin, Menachem 72
Behinderte 401
Beitin 335
Beit ... siehe auch Bet ...
Beit Ilanim 197
Beit Jala 147
Beit Jimal 156
Beit Lahm 141
Beit Sahur 148

Bekleidung 423
Belvoir 134
Ben Gurion, David 73, 348
Ben Gurion Airport 410
Benot Ya'akov 341
Ben Yehuda, Eliezer 74
Benzin 456
Bergbau 47
Berg der Seligpreisungen
  135
Berg der Versuchung 210
Berg Gilboa 136
Berg Muhraka 289
Berg Sartaba 316
Berg Tabor 137
Besetzte Gebiete 10, 456
Bet ... siehe auch Beit ...
Bet Alfa 140
Betar 197
Bet Gamal 156
Bet Guvrin 141
Bet haMidrasch 34
Bet Hananya 392
Bethanien 168
Bet Hillel 205
Bethlehem 141
Bethphage 254
Bet Oren 289, 419
Bet Shean 149
Bet Shearim 152
Bet Shemesh 155
Bet Yerah 100, 380
Bevölkerung 25
Bewässerung 44
Bildung 41
Binyamina 179, 392
Bodenschätze 47
Botschaften 403
Bracha 34
Briefe 434
Briefkästen 435
Briefmarken 434
Brod, Max 74
Bruchzahlen 448
Bundeslade 34, 110
Burg Judin 318
Burg Mirabel 340
Bus 461

Caesarea 156
Caesarea Philippi 130
Camping 403
Campingplätze 402

Capernaum siehe
  Kapernaum
Carmel siehe Karmel
Chasan 35
Chassidim 35
Chorazin 161
Christen 31
Christliche Hospize 434
Christus, Jesus 58

Daliyat 289
Dan 162
Dan-Naturreservat 162
David 74
Dayan, Moshe 75
Deganya 100, 380
Deir el-Benat 111
Deutsche Rettungsflug-
  wacht Stuttgart 432
Deutsche Tempelgesell-
  schaft 64
Deutsche Templer 64
Devisen 412
Diamantenverarbeitung 48
Diebstahl 403
Diplomatische und konsula-
  rische Vertretungen 403
Diskotheken 429
Distrikte 40
Dizengoff, Meir 368
Djebel Musa (Ägypten) 359
Djebel Qarantal 210
Dor 163
DRK-Flugdienst 432
Drusen 31, 381

Eilat 163
Ein ... siehe En ...
Einkäufe 404, 425
Einreisebestimmungen 436
Einwanderung 25, 38
Eisenbahn 49, 462
Eizariya 168
El Al 410
Elat 163
El-Azariya 168
Elektrizität 405
El-Hamma 188
Eliaskloster 147
Eliaskloster (im Karmel) 289
El-Nasra 318
Elon 99
El Qubeiba 281
El-Quds 211
El-Riha 206
Emeq Hefer 198
Emeq Hula 205
Emeq Sharon 351
Emeq Yizre'el 281
Emmaus 281, 292
En Avdat 170
En Boqeq 171

EnDor 111
Energiewirtschaft 47
En Gedi 172, 420
En Gev 175, 419
En Hemed 111
En Hod 289
En Karem 277
En Netafim 167
En Sheva 360
Entfernungstabelle 455
Eretz Yisrael 9
Eruw 35
Eshkol 429
Essen und Trinken 405
Eudoxia 32
Eurocheques 412
Evenari, Michael 75
Evron 318
Export 46, 49

Fahrradfahren 444
Fahrzeugpapiere 436
Fauna 23
Feiertage 408
Feld der Hirten 148
Feld des Boas 148
Fernsehen 440
Feste 408
Feuerwehrnotruf 432
Fève, La 111
Filmen 411
FKK 455
Flagge 38
Flohmarkt 425
Flora 19
Fluggesellschaften 409
Flughäfen 410
Flugzeugverkehr 462
Folklore 458
Forschung 42
Fotografieren 411
Fremdenverkehr 49
Fremdenverkehrsämter 397

Ga'aton, Nahar 316
Gabbai 35
Gadara 188
Galil 176
Galiläa 176
Gamla 179
Gan HaShelosha 137
Gaststätten 438
Gaza 177
Gaza-Streifen 177
Geld 411
Geldwechsel 412
Gemara 35
Genezareth, See 349
Georgskloster 387
Geschäftszeiten 433
Geschichte 51
Gesher Haziv 419

Gesiret el-Faraun siehe
  Koralleninsel
Gesundheitsbestimmungen
  397
Gesundheitswesen 41
Getränke 408
Gewerkschaft 40
Gezer 337
Gibeon 280
Gidona 112
Gilboa, Berg 136
Gillo, Berg 147
Ginnosar 381
Girafi, Wadi 330
Givat Brenner 339
Givat Shaul 280
Golan 177
Golan-Höhen 177
Golf 443
Golf von Aqaba 9
Golf von Elat 9
Grab der Rahel 147
Grab von Mazor 295
Grenzen 9
Grenzübergänge 395
Grüne Versicherungskarte
  436

Habimah 457
Hadera 179
HaEmeq 281
Hafetz Haim 419
Haga'aton, Nahar 316
Hagada 35
Hagadol, Maktesh 295
Haganah 65
Hagoshrim 205, 418
Hai Bar 168
Haifa 180
Halacha 35
Hamat Gader 188
Hanita 318
Ha'on 419
Haqatan, Maktesh 296
Hare Meron 311
Har Gilboa 136
Har Gillo 147
Har Karmel 288
Harod, Nahal 282
Har Ored 297
Har Ramon 297
Har Tavor 137
Har Yehuda 283
Hataninim, Nahal 392
Haustiere 436
Hazbani 281
Hazor 191
Hazor HaGelilit 340
Hebräisch 34, 445
Hebräischer Kalender 422
Hebräisches Alphabet 446
Hebron 194

Register

Hefa 180
Hefer-Ebene 198
Helena, Hl. 32, 76
Herodeion 198
Herodes d. Gr. 76
Herodion 198
Herzl, Theodor 77
Herzliya 202
Herzliyya 202
Hevron 194
Hieronymus 32
Hirtenfeld 148
Histadrut 40
Hittim, Hörner von 204
Hobby-Archäologie 397
Höchstgeschwindigkeit 462
Hod Karmel 289
Hof Shonit 419
Horeshat-Tal 205
Hörner von Hittim 204
Hortus conclusus (Kloster) 149
Horvat Suseya 197
Hospize, Christliche 434
Hotels 413
Hule-Ebene 205
Hule-Naturreservat 205
Hurshat-Tal 205
Hyksos 52

Impfungen 436
Individualreisen 420
Industrie 48
Inflation 42
Information 397
Intifada 44, 70
Isfiya 289
Israelisch-arabischer Konflikt 26
Israel Nature Trails 431
Ivrit 34, 445
Iwrith 34, 445

Jaffa 372
Jahwe 83
Jamnia 388
Jenin 206
Jericho 206
Jerusalem 10, 211
Abendmahlssaal 259
Abessinische Kirche 265
Abessinisches Kloster 243
Absalom Grab 255
Abu Tor 269
Agency, Jewish 267
Alexandrahospiz 243
Allenby-Denkmal 266
Altes Jischuw-Museum 215
Altstadt 227
Andreaskirche 269
Annas, Haus des 226

Jerusalem
Anna-Ticho-Haus 223
Annen-Kirche 239
Antonia-Festung 241
Aqsa-Moschee 235
Archäologischer Park Ophel 229
Archäologisches Museum 262
Armenisches Kunst- und Geschichtsmuseum 225
Armenisches Viertel 224
Äthiopische Kirche 265
Äthiopisches Kloster 243

Bab el-Amud 260
Bab el-Khalil 224
Bab el-Rameh 238
Bab el-Tobeh 238
Bab Sitti Maryam 239
Bahnhof 269
Basilique des Dames de Sion 241
Bene-Chesir-Gräber siehe Hezir-Gräber
Ben-Yehuda-Haus 266
Ben-Yehuda-Straße 266
Berg Skopus 265
Berg Zion 258
Bethesda-Teich 240
Bethphage 254
Bet Vegan 278
Bezalel-Kunstmuseum 272
Bezalel-Kunstschule 218
Bibelland Museum 271
Bibelinstitut 222
Biblischer Zoo 280
Biblisches und Archäologisches Museum Samuel Bronfman 272
Billy-Rose-Kunstgarten 274
Buchara Viertel 266

Cardo 228
Chaba-Museum für jüdische Mikrographische Kunst 218
Chagall-Fenster 278
Christuskirche 224
Coenaculum 259
C.V.J.M. 268

Damaskustor 260
David-Palombo-Museum 218
Davidsgrab 258
Davidsstadt 257
Davidsturm 224
Deir el-Musalliba 269

Jerusalem
Deir el-Zeituni 226
Deutsche Templer, Kolonie 269
Dominikanerkloster St. Stephan 262
Dominus Flevit, Kirche 253
Dormitio-Kirche 259

Ecce-Homo-Bogen 241
Ein Karem siehe En Karem
El-Aqsa-Moschee 235
Eliahu-Hanavi-Synagoge 228
El-Omariye-Medrese 242
Emtzai-Synagoge 228
En Karem 277
Erlöserkirche 250
Etschmiadsin-Kapelle 225

Felsendom 236
Friedhof am Ölberg 255
Fußwaschungssaal 258

Gan Ha'atsmaut 267
Garten der Freiheitsglocke 269
Garten Gethsemane 252
Gartengrab 261
Gebäude der zionistischen Institutionen 267
Gebetsnische des Propheten 238
Gedenkstätte für Holocaust und Heldentum 275
Geisterdom 238
Georgs-Dom 238
Gethsemane 252
Gihonquelle 257
Goldenes Tor 238
Golgatha 246
Grab Absaloms 255
Grab Christi 248
Grab Davids 258
Grab der Herodianer 268
Grab der hl. Jungfrau 251
Grab des Zacharias 257
Gräber am Ölberg 255
Gräber der Propheten 253
Grabeskirche 243
Grab Jasons 267
Griechischer Patriarchenpalast 250
Große Synagoge 267
Grotte des Jeremias 261

Hadassah-Medizinzentrum 278
Halle der Helden 219
Halle der Märtyrer 219

Jerusalem
Hannas siehe Annas
Haram el-Sharif 230
Haus Ben Yehudas 266
Haus des Annas 226
Hebräische Universität auf
dem Skopusberg 265
Hebräische Universität in
Givat Ram 274
Hebrondom 238
Heikhal Shelomo 267
Heiliges Grab 248
Heldenhalle 219
Herodianergrab 268
Herodianisches Wohn-
viertel 228
Herzl-Berg 274
Hezir-Gräber 255
Himmelfahrtsdom 238
Himmelfahrtskapelle 254
Himmelfahrtskloster 254
Hinnomtal 257
Hiskias Tunnel 257
Holocaust-Gedenkstätte
275
Holyland Hotel 278
Hurva-Synagoge 226

Islamisches Kunst-
museum 221
Islamisches Museum 220
Israel-Museum 271
Istanbuli-Synagoge 228

Jaffator 224
Jakobuskathedrale 225
Jasons Grab 267
Jeremiasgrotte 261
Jerusalem, Modell des
antiken 278
Jewish Agency 267
Jischuw-Museum 215
Johannes der Täufer,
Kirche 249
Josaphattal 254
Jüdischer Friedhof 255
Jüdisches Viertel 226

Kathedrale, russisch-
orthodoxe 265
Keniset el-Kijame 243
Kennedy Memorial 278
Keren Hayesod 267
Keren Kayemet 267
Kettendom 238
Khan 269
Khanka-Moschee 250
Kidrontal 254
King-David-Hotel 268
Kirche der Assumptio
252
Kirche der Nationen 252

Jerusalem
Kirche der Schwestern
Zions 241
Kirche des Heiligen
Grabes 243
Kirche des hl. Jakob 225
Kirche Dormitio Sanctae
Mariae 259
Kirche Johannes' des
Täufers 249
Klagemauer 228
Kloster der abessinischen
Mönche 243
Kloster des armenischen
Patriarchates 225
Knesset 271
Kolonie der Deutschen
Templer 269
Königsgräber 262
Konstantinskloster 250
Kreuzkloster 269

Landwirtschaftsmuseum
220
Lithóstrotos 241
Löwenhöhle 267
Löwentor 239

Mamillateich 267
Mandelbaumtor 262
Maria-Magdalena-Kirche
253
Mariengrab 251
Markuskloster 224
Märtyrerhalle 219
Mea Shearim 266
Mekhemet Daud 238
Mesdschid el-Aksa 235
Mihrab el-Nebi 238
Miniaturschriftenmuseum
218
Mishkenot Shaanaim 269
Modell des antiken Jeru-
salem 278
Montefiore-Windmühle
269
Munitionshügel-Museum
221
Muristan 250
Museum der Geteilten
Stadt 223
Museum der Stadt Jeru-
salem 224
Museum für Islamische
Kunst 221
Museum für Natur-
geschichte 222
Musikinstrumenten-
museum 221

Nahon-Museum 222
Nationen, Kirche der 252

Jerusalem
Naturgeschichtliches
Museum 222

Oberrabbinat 267
Ölbaumkloster 226
Ölberg 251
Old Yishuv Court Museum
215
Omariye-Medrese, El 242
Omarmoschee 236, 250
Ophel-Park 229

Palombo-Museum 218
Päpstliches Bibelinstitut
222
Park der Freiheitsglocke
269
Park Ophel 229
Pater-Noster-Kirche 254
Prophetengräber 253

Qaitbai-Brunnen 238
Qubbet el-Arwah 238
Qubbet el-Kadr 238
Qubbet el-Khalili 238
Qubbet el-Miraj 238
Qubbet el-Sakhra 236
Qubbet el-Silsileh 238

Ramban-Synagoge 226
Rockefeller-Museum 262
Römischer Platz 260
Rubin Akademie für Musik
221
Rundgang auf der Stadt-
mauer 260
Russisches Viertel 265
Russisch-orthodoxe
Kathedrale 265

Saal der Fußwaschung
258
Salomos Ställe 239
Sanhedringräber 266
Schocken Institut 222
Schrein des Buches 271
Sephardische Synagogen
228
Shaar Shekhem 260
Shaar Yafo 224
Siloahteich 257
Sir Isaac und Lady Wolfson
Museum 267
Skopusberg 265
Stadtmauerrundgang 260
Stadtmuseum 224
Ställe Salomos 239
St.-Andreas-Kirche 269
St.-Anna-Kirche 239
Steinbruch Salomos 261
Stephanstor 239

Register

Jerusalem
Steuermuseum 223
St.-Georgs-Dom 238
St. Johannes in der
  Wildnis 278
St. Peter in Gallicantu 258
St.-Stephan-Kloster 262
Synagoge, Große 267
Synagogen, Sephardische
  228

Teich Bethesda 240
Tempelberg 230
Templer, Kolonie der
  Deutschen 269
Ticho-Haus 223
Tipheret Israel 228
Turgemanposten-Museum
  223

Unabhängigkeitspark 267
Universität auf dem
  Skopusberg 265
Universität in Givat Ram
  274

Verbranntes Haus 228
Via Dolorosa 241

Waagschalen 236
Warrenschacht 257
Westmauer 228
Wilsonbogen 229
Windmühle, Montefiore-
  269
Wolfson-Museum 267

Yad Vashem 275
Yemin Moshe 269
Yeshurun-Synagoge 266
YMCA-Gebäude 268
Yohananben-Zakkai-
  Synagoge 228

Zachariasgrab 257
Zedekiahöhle 261
Zionsberg 258
Zitadelle 224
Zoologischer Garten 266

Jerusalemer Symphonie-
  Orchester 457
Jeschiwa 35
Jesus Christus 58
Jewish Agency 40
Jezreel-Ebene 281
Jib 280
Jordan 12, 281
Josephus, Flavius 77
Judäa 283
Judäisches Bergland 12
Juden 29

Judin 318
Jüdische Ausdrücke 34
Jüdische Feiertage 408
Jugendherbergen 421
Justiz 38

Kabbala 35
Kafarnaum siehe
  Kapernaum
Kafr Kama 139
Kafr Kanna 283
Kajak-Fahrten 444
Kalender 422
Kana 283
Kanaan 52, 83
Kapernaum 284
Karäer 30, 35
Karmel 288
Karmel, Ruinenfeld 197
Karmel-Gebirge 288
Karmeliterkloster St. Elias
  289
Kashruth 35
Katharinenberg (Ägypten)
  360
Katharinenkloster (Ägypten)
  354
Katzrin 179
Kefar ... siehe auch Kfar ...
Kefar Bar'am 345
Kefar Monash 198
Kefar Nahum 284
Kefar Vitkin 198
Kefar Yadidia 198
Kehilla 36
Kfar ... siehe auch Kefar ...
Kfar Blum 418
Kfar Giladi 418
Khadr 149
Khirbet Seilun 315
Khorazin siehe Chorazin
Kibbuz 26
Kibbuz-Hotels 418
Kinneret, Yam 349
Kiriat Anavim 419
Kishon, Ephraim 78
Kleidung 423
Klima 14
Knesset 37
Kokhav Hayarden 134
Kol Israel 41, 440
Kollek, Teddy 78
Konstantin der Große 60
Konsulate 403
Kontakte mit Israelis 423
Konzerte 457
Koralleninsel (Ägypten)
  167
Korazim 161
Körperbehinderte 401
Koscher 35, 405
Kraftstoff 456

Krankenversicherungs-
  schutz 397
Kreditkarten 412
Kreuzzüge 62
Kriminalität 403
Krokodilfluß 392
Küche 405
Kunstgeschichte 83
Kuraufenthalte 424
Kurnub 297
Kursi 176

Lachish 290
Läden 433
La Fève 111
Lahav 134
Lakhish siehe Lachish
Ländernetzkennzahlen 435
Landesnatur 10
Landwirtschaft 44
Lasker-Schüler, Else 79
Latrun 291
Lavi 419
Lebenserwartung 26
Lexikon jüdischer
  Ausdrücke 34
Lod 293
Lohamei Hageta'ot 117
Lokale 438
Luftfahrt 50
Lufthansa 410
Lydda 293

Ma'agan 419
Ma'agan Mikhael 392
Ma'ale Hahamisha 419
Ma'ayan Harod 112, 137
Mabarot 198
Magen David Adom 432
Maktesh Hagadol 295
Maktesh Haqatan 296
Maktesh Ramon 296
Mampsis 297
Mamre 197
Mamshit 297
Maon 197
Maresha 299
Märkte 425
Mar Saba 300
Masada 302
Massada 302
Massenmedien 41
Mazor, Grab von 295
Medikamente 397
Medinat Yisrael 37
Medizinische Versorgung
  397
Meet the Israeli 423
Megiddo 307
Mehrwertsteuer 426
Meir, Golda 80
MEMSI 400

Menora 36
Merhavya 111
Meron 310
Meronberg 311
Metzoke Dragot 102, 420
Mezada 302
Mezad Mishhor 297
Mezad Zohar 172
Midbar Yehuda 283
Midbar Zin 170, 296
Midrasch 36
Mietwagen 427
Migdal 381
Migdal Afeq 340
Mikwa 36
Militär 38
Minian 36
Minya (Palast) 98
Mirabel, Burg 340
Mischna 36
Mitbringsel 404
Mitzpeh Rachel 419
Mizpe Ramon 297
Mizwa 36
Modiim 311
Mondtal 167
Montfort, Burg 312
Moses 325
Mosesberg (Ägypten) 359
Moshav 28
Moshav-Shitufi 28
Moslemischer Kalender 423
Moslems 31
Muhraka, Berg 289
Museen 433

Nabatäer 84
Nabi Musa 325
Nabi Samuel 325
Nabi Shueib 381
Nablus 313
Nachtleben 429
Nahal 40
Nahal Banyas 130
Nahal Be'er Sheva 326
Nahal Harod 282
Nahal Hataninim 392
Nahal Paran 327, 330
Nahal Tirza 282, 316
Nahal Yaboq 282
Nahar Ga'aton 316
Nahar Haga'aton 316
Nahariya 316
Nahariyya 316
Nahsholim 419
Nathanya 328
Nationalparks 429
Nationaltheater 457
Naturschutz 431
Naturschutzgebiete 431
Nazareth 318
Nazerat 318

Nebi Musa 325
Nebi Samwil 325
Nebi Shueib 381
Negev 103, 326
Ne'ol Mordekhay 205
Nes Amim 318
Netanya 328
Nethanya 328
Neuhebräisch 34, 445
Neve Ativ 178
Neve Ilan 419
Neve Ur 152
Neve Zohar 172
Nimrodburg 131
Nir Etzion 419
Nizzana 352
Nof Ginnoar 419
Notdienste 432

Oberrabbinat 29
Öffnungszeiten 433
Ored 297
Organisationen, Internatio-
nale 41
Ortsnetzkennzahlen 435

Palästina 58
Palästinenseraufstand
44, 70
Palästinenserproblem 26
Palmahim 390
Paneas siehe Banyas
Paran 330
Paran, Nahal 327
Parlament 37
Parteien 38
Personalpapiere 436
Persönlichkeiten, Berühmte
72
Petah Tikva 375
Pflanzen 19
Pflanzen Sie einen Baum
432
Pharaoneninsel (Ägypten)
167
Philharmonisches Orchester
457
Philister 53
Photografieren 411
Pilgerfahrten, Historische 32
Pilgerreisen 433
Polizeinotruf 432
Post 433
Postämter 434
Presse 41
Promillegrenze 462

Qalat Nimrod 131
Qarantal 210
Qarne Hittim 204
Qazrin 179
Qilt-Schlucht 387

Qiryat Anavim 110
Qiryat Shemona 205
Qiryat Yearim 110
Qubeiba 281
Qumran 330

Rabbiner 36
Radfahren 444
Radio 440
Rahel-Grab 147
Ramallah 334
Ramat Hanadiv 392
Ramat Rahel 148
Ramla 335
Ramle 335
Ramon 297
Ramon, Maktesh 296
Ramot 419
Ras el-Ain 339
Redewendungen 447
Regierung 37
Rehovot 338
Reisedokumente 436
Reisezeit 437
Reiten 444
Religion 29
Restaurants 433, 438
Rettungsflugwacht Stutt-
gart, Deutsche 432
Rihanya 139
Rishon Le Zyyon 375
Rosh Ha'ayin 339
Rosh Hanikra 318
Rosh Pinna 340
Rotes Meer 9, 163
Rothschild, Edmond de 391
Routenvorschläge 97
Rundfahrten 97
Rundfunk 440

Sabaskloster 300
Sabbat 408, 458
Sabras 25
Safdie, Moshe 80
Safed 341
Salomo 80
Salomos Säulen 382
Salomos Teiche 148
Samaria 345
Samaritaner 31, 313
Sammu 197
Samuel 325
Sandahanna 299
Sanhedrin 36
Sartaba 316
Säulen Salomos 382
Schafmarkt 425
Schekel 411
Schiffahrt 50
Schiffsverkehr 462
Schlucht der Inschriften 167
Schofar 36

Register

Schulchan Aruch 36
Schulwesen 41
Sede Boqer 348
Sede Nehemya 205
See Genezareth 349
Segeln 444
Seligpreisungen, Berg der 135
Sephardim 26, 37
Sepphoris 392
Sharon-Ebene 351
Shave Zion 99, 318
Shefayim 419
Shefela-Ebene 283
Shekel 411
Shekhem 314
Sherut-Taxis 461
Shillo 315
Shivta 351
Shomron 345
Shoresh 419
Shufat 280
Shunem 111
Sichem 314
Sicherheit 403, 441
Sicherheitsgurte 462
Sicherheitskontrollen 399
Siedlungsformen 26
Silo 315
Sinai (Ägypten) 167, 352
Sinai-Halbinsel (Ägypten) 167, 352
Sinjil 315
Skifahren 444
Sonnenaufgang 16
Souvenirs 404
Speisen 405
Speisevorschriften 405
SPNI 431
Sport 443
Sprache 34, 445
Staatsgebiet 9
St.-Georg-Kloster 387
Stiftshütte 37
Strände 453
Straßennetz 455
Straßenverkehr 49, 455
Strom 405
Subeita 351
Sulam 111
Sunem 111
Surfen 444
Susita 175
Sussia 197
Swissair 410
Synagoge 37

Taba 71, 167
Tabgha 360
Tabor, Berg 137
Talit 37
Talmud 37

Tankstellen 433
Tauchen 444
Taufstelle Yardenit 100
Taxi 456
Tefila 37
Teiche Salomos 148
Tel Aviv 362
Tel Aviv-Jaffa 362
  Alter Friedhof 369
  Andromedafelsen 375
  Archäologisches Museum 373

  Bar-Ilan-Universität 372
  Beit Ha-Tefuzot 372
  Bene Beraq 372
  Ben-Gurion-Haus 366
  Bet Ben Gurion 366
  Bet Bialik 370
  Bet Dizengoff 370
  Bet Rubin 368
  Bialik-Haus 370

  Diamanten-Museum 372
  Diaspora-Museum 372
  Dizengoff-Haus 370
  Dizengoff-Platz 368

  Etzel-Museum 366

  Feuer-und-Wasser-Brunnen 368
  Franziskanerkloster St. Peter 373
  Frederic-Mann-Auditorium 369
  Friedensturm 370
  Friedhof, Alter 369

  Gan Hapisga 375
  Große Moschee 373

  Ha'aretz-Museum 371
  Habimah-Theater 369
  Hafen 375
  Haganah-Museum 370
  Harry-Oppenheimer-Diamantenmuseum 372
  Haus des Gerbers Simon 375
  Heikhal Haturbut 369
  Helena-Rubinstein-Pavillon 369
  Historisches Museum 370

  Israel Experience 366
  Israelisches Landes-museum 371

  Jabotinsky-Museum 368
  Jaffa 372

Tel Aviv-Jaffa
  Karmelmarkt 370
  Kunstmuseum 369

  Landesmuseum, Israe-lisches 371

  Markt 370
  Migdal Shalom 370
  Moschee (Haus des Gerbers Simon) 375
  Moschee, Große 373
  Multi-Media-Show 366
  Museum für Archäologie 373
  Museum für Geschichte 370

  Napoleonshügel 372
  Nationaltheater Habimah 369

  Planetarium 371

  Qasila, Tell 371

  Ramat Gan 372
  Rubin-Haus 368
  Russisches Kloster 375

  Safari-Park 372
  Shalom-Turm 370
  St.-Peter-Kloster 373

  Tel-Aviv-Kunstmuseum 369
  Tell el-Djerish 372
  Tell Qasila 371
  Theater Habimah 369

  Uhrturm 373
  Unabhängigkeitshalle 370
  Universität 372

  Wachsfigurenmuseum 370

  Yafo 372
  Yarqon 371

  Zoologischer Garten 372

Telefon 435
Telegramme 435
Tel Hay 98
Tell Afeq 340
Tell Akhziv 317
Tell Arad 118
Tell Beersheva 134
Tell Bet Yerah 100, 380
Tell ed-Duwer 290
Tell Faria 315

Tell Gezer 337
Tell Hazor 191
Tell Jericho 208
Tell Lachish 290
Tell Maresha 299
Tell Megiddo 307
Tell Num 284
Tell Sandahanna 299
Tell Tirza 315
Temperaturen 437
Templer, Deutsche 64
Tennis 445
Teverya 376
Theater 457
Theodosiuskloster 302
Thora 37
Tiberias 376
Tiberias-Hammat 379
Tiere 23
Timna 381
Timna-Park 381
Tirza 315
Tirza, Nahal 282
Totes Meer 384
Tourismus 49
Touristik-Information 397
Transfer zum Flughafen 399
Trinkgeld 458
Trumpeldor, Joseph 98
Tscherkessen 25

Ubeidiya 302
Übernachtung 413
Uhrzeit 464
Umgangsregeln 458
Universitäten 42
Unterkunft 413

Vegetationszonen 21
Veranstaltungskalender 459

Veranstaltungsprogramme 461
Verfassung 37
Verkehr 49
Verkehrsaufschriften 450
Verkehrsbüros 397
Verkehrsmittel 461
Verkehrsvorschriften 462
Versicherung 441
Versicherungskarte, Grüne 436
Versteppung 20
Versuchung, Berg der 210
Verwaltungsgliederung 39
Vokabeln 447
Vorfahrt 462
Vorwahlen 435

Wadi Girafi 330
Wadi Qilt 387
Währung 411
Währungsreform 70
Waldheim 188
Wandern 445
Wappen 38
Wasservergnügungsparks 463
Wechselkurse 411
Wehrpflicht 38
Weine 408
Weizmann, Chaim 338
Westjordanland 10
Wetter 437
Wilhelm II. 65
Wirtschaft 43
Wissenschaft 42
Wohnungsbau 41

Yaboq, Nahal 282
Yadin, Yigael 81

Yad Mordekhay 125
Yafo 372
Yam Hamelach 384
Yam Kinneret 349
Yarden 12, 281
Yardenit, Taufstelle 100, 380
Yarmuk 282
Yarqon 371
Yatta 197
Yavne 388
Yavne'el 100
Yavne Yam 390
Yehiam 429
Yehuda 283
Yelim 420
Yeriho 206
Yeroham 295
Yerushalayim 211
Yin'an 100
Yisrael, Eretz 9
Yizre'el 281
Yodefat 390
Yotvata 168

Zahal 38
Zahlen 447
Zahnarzt 432
Za'tara 148
Zefat 341
Zeit 464
Zeitungen 41, 464
Zelten 403
Ziffern, Arabische 448
Zikhron Ya'akov 391
Zin, Nahal 170
Zin, Wüste 170, 296
Zippori 392
Zitate 90
Zollbestimmungen 465

Kartenverzeichnis

Verzeichnis der Karten, Pläne und graphischen Darstellungen im Reiseführer

Seite

Lage des Staates Israel 10
Klimazonen 15
Klimadiagramme von Haifa, Jerusalem und Elat 18
Vegetationszonen 22
Siedlungsformen: Kibbuz, Moshav und Moshav-Shitufi 28
Politische Gliederung: Distrikte und Bezirke 39
Stammbaum der Erzväter Israels 52
Historische Karte: Palästina 6.–1. Jh. v. Chr. 58
    Römische Provinzen 1.–7. Jh. n. Chr. 58
    Kreuzfahrerzeit 11.–13. Jh. 63
    Türkische Herrschaft 13.–20. Jh. 63
    Britisches Mandat 1921/1922 66
    Teilungsvorschlag der UNO 1947 66
    Staat Israel 1948/1949 67
    Sueskrieg 1956 67
    Sechstagekrieg 1967 68
    Jom-Kippur-Krieg 1973 68
Akko: Altstadtplan 113
    Unterirdische Kreuzfahrerstadt 115
Ashdod: Stadtplan 120
Ashqelon: Stadtplan 122
Avdat: Lageplan 127
Beersheba: Stadtplan 132
Belvoir: Grundriß der Kreuzfahrerburg 135
Berg Tabor: Lageplan 138
Bet Alfa: Bodenmosaik in der Synagoge 140
Bethlehem: Stadtplan 143
    Grundriß der Geburtskirche 144
Bet Shean: Ausgrabungsgelände 150
Bet Shearim: Lageplan der Nekropole 155
Caesarea: Lageplan 157
Elat: Stadtplan 166
En Gedi: Lageplan 175
Hadera: Stadtplan 179
Haifa: Stadtplan 183
Hamat Gader: Lageplan 189
    Grundriß des Römischen Bades 190
Hebron: Stadtplan 196
Herodeion: Grundriß der Palastanlage 201
Herzliya: Stadtplan 202
Jericho: Lageplan des Tell Jericho 208
    Grundriß des Hischam-Palastes 210
Jerusalem: Die Stadt in der Antike 212
    Stadtplan 216/217
    Altstadtplan 227
    Lageplan des Tempelbergs 233
    Grundriß der El-Aqsa-Moschee 235
    Grundriß des Felsendoms 236
    Lageplan der vierzehn Stationen in der Via Dolorosa 242
    Grundriß der Grabeskirche 247
    Grundriß des Rockefeller-Museums 263
    Grundriß des Israel-Museums 273
    Lageplan der Gedenkstätte Yad Vashem 276
Kana: Grundriß der Franziskanerkirche 284
Kapernaum: Lageplan 285
Lachish: Lageplan des Tell Lachish 290
Lod: Stadtplan 293
    Grundriß der Georgskirche und der El-Chodr-Moschee 294
Mamshit: Lageplan 298

Kartenverzeichnis

	Seite
Massada: Lageplan	304
Profilschnitt und Grundriß des Nordpalastes	305
Megiddo: Lageplan	308
Montfort: Profilschnitt und Grundriß der Kreuzfahrerburg	312
Nahariya: Stadtplan	316
Nazareth: Stadtplan	319
Grundriß der Verkündigungskirche	321
Grundriß der Verkündigungsgrotte	322
Netanya: Stadtplan	329
Qumran: Grundriß der Klosterruine	334
Ramallah: Stadtplan	334
Ramla: Lageplan des Komplexes beim Weißen Turm	336
Stadtplan	337
Rehovot: Stadtplan	338
Safed: Stadtplan	343
Samaria: Lageplan	347
Shivta: Lageplan	352
Sinai-Halbinsel: Grundriß des Katharinenklosters	357
Tel Aviv – Yafo: Stadtplan	367
Stadtplan von Tel Aviv Nord	371
Stadtplan von Jaffa	373
Tiberias: Stadtplan	378
Totes Meer: Profilschnitt	384
Übersichtskarte der Umgebung	385
Auskunft: Signet des Israelischen Fremdenverkehrsamtes	398
Campingplätze	402
Fluggesellschaften: Signet der El Al	410
Hotels: Lageplan der Kibbuz-Hotels	419
Nationalparks: Lageplan	430
Straßenverkehr: Entfernungstabelle	455

Bildnachweis

Bader: S. 87 (links), 159 (3 x), 160, 333, 336, 342, 344.
Bildagentur Schuster: S. 195, 387.
Bilderdienst Süddeutscher Verlag: S. 79 (links).
Borowski: S. 8, 11, 12, 13 (rechts), 20 (2 x), 21 (links), 30, 42, 43, 45, 46 (2 x), 47 (2 x), 84,
   85 (2 x), 86, 87 (rechts), 104, 105, 108, 110, 114 (2 x), 117, 119, 123, 124 (2 x), 129 (2 x), 133,
   145, 146 (2 x), 147 (rechts), 148, 153, 154, 161, 164/165, 171, 178, 180, 187 (2 x), 192, 193,
   199, 200, 203, 209, 211 (2 x), 214/215, 221, 225, 226 (2 x), 229, 231, 234, 237, 238, 239
   (2 x), 245, 246, 251 (links), 252, 253 (2 x), 255 (2 x), 256 (3 x), 259, 260 (2 x), 261, 264
   (2 x), 267, 268 (2 x), 270, 271, 274 (2 x), 275, 276 (2 x), 277 (2 x), 287, 291, 292, 296, 297
   (2 x), 299 (2 x), 303, 305, 306 (2 x), 309, 317, 320, 322 (2 x), 323, 324 (2 x), 327, 328, 349, 350
   361 (2 x), 364/365, 369, 370, 374 (3 x), 377, 379, 382, 383, 386, 394, 406, 411, 414, 415
   (links), 416, 426 (2 x), 431, 435 (2 x), 453, 454 (2 x), 457, 464.
Brödel: S. 170, 331, 389.
CESA Diaarchiv: S. 168, 190, 353.
HB-Verlag, Hamburg: S. 6/7 (4 x)
Hoene: S. 13 (links), 21 (rechts), 29, 96, 106, 139, 147 (links), 151, 173, 186, 251 (rechts), 279,
   282 (2 x), 286, 407.
Hyatt Regency Hotel: S. 415 (rechts)
IFA Bilderteam: S. 3, 6/7 (1x), 10, 40, 420.
Israelisches Fremdenverkehrsamt Frankfurt: S. 249
Lade (Fotoagentur): S. 82, 101, 136.
Rudolph (Diaarchiv): S. 355.
Sperber: S. 27 (9 x), 243 (2 x), 463 (2 x).
Stetter: S. 425.
Ullstein Bilderdienst: S. 73 (3 x), 79 (mitte und rechts).

Impressum

Ausstattung:
222 Abbildungen
37 Sonderpläne, 24 Stadtpläne, 17 Grundrisse, 8 Übersichtskarten, 6 graphische Darstellungen, 1 große Reisekarte

Textbeiträge: Dr. Otto Gärtner, Birgit Borowski, Prof. Dr. Wolfgang Hassenpflug (Klima)

Bearbeitung: Baedeker-Redaktion (Andrea Wurth)

Kartographie: Gert Oberländer, München; Hallwag AG, Bern (Reisekarte)

Gesamtleitung: Rainer Eisenschmid, Baedeker Stuttgart

7. Auflage 1996

Urheberschaft: Karl Baedeker GmbH, Ostfildern (Kemnat) bei Stuttgart
Nutzungsrecht: Mairs Geographischer Verlag GmbH & Co., Ostfildern (Kemnat) bei Stuttgart

Druck: Mairs Graphische Betriebe GmbH & Co., Ostfildern (Kemnat)
Printed in Germany
ISBN 3-87504-507-6   **Gedruckt auf 100% chlorfreiem Papier**

Notizen

Verlagsprogramm

Städte in aller Welt

Amsterdam
Athen
Bangkok
Barcelona
Berlin
Brüssel
Budapest
Dresden
Düsseldorf
Florenz

Frankfurt
 am Main
Hamburg
Hongkong
Istanbul
Jerusalem
Köln
Kopenhagen
Lissabon
London

Madrid
Moskau
München
New York
Paris
Potsdam
Prag
Reutlingen ·
 Tübingen
Rom

San
 Francisco
Sankt
 Petersburg
Singapur
Stuttgart
Tokio
Venedig
Weimar
Wien

Reiseländer · Großräume

Ägypten
Australien
Baltikum
Belgien
Brasilien
China
Dänemark
Deutschland
Deutschland
 Ost
Dominikanische
 Republik
Frankreich
Griechenland

Großbritannien
Indien
Irland
Israel
Italien
Japan
Kanada
Karibik
Kuba
Luxemburg
Marokko
Mexiko
Motorradtouren
 in Italien

Namibia
Nepal
Neuseeland
Niederlande
Norwegen
Österreich
Polen
Portugal
Schweden
Schweiz
Skandinavien
Spanien
Südafrika
Thailand

Tschechien ·
 Slowakei
Tunesien
Türkei
Ungarn
USA ·
 Vereinigte
 Staaten
 von Amerika

Regionen · Inseln · Flüsse

Algarve
Andalusien
Bali
Bodensee
Bretagne
Burgund
Capri
Costa Brava
Deutsche
 Weinstraße
Elba
Elbe-Kreuzfahrt
Elsaß/Vogesen
Florida
Fuerteventura
Gran Canaria

Griechische
 Inseln
Harz
Hawaii
Ibiza
Ischia
Istrien ·
 Dalmatinische
 Küste
Italienische
 Riviera
Kalifornien
Korsika
Kreta
Kykladen
Lanzarote

Loire
Madeira
Mallorca
Malta
Mecklenburg-
 Vorpommern
Oberbayern
Provence ·
 Côte d'Azur
Rhein
Rhodos
Rügen
Ruhrgebiet
Sachsen
Salzburger Land
Sardinien

Schottland
Schwäbische
 Alb
Schwarzwald
Seychellen
Sizilien
Südtirol
Teneriffa
Tessin
Toskana
Türkische Küsten
Umbrien
USA · Südstaaten
Zypern

Städte in Deutschland und der Schweiz

Augsburg
Bamberg
Basel
Berlin (gr. + kl.)
Bonn

Bremen
Celle
Darmstadt
Freiburg
Hannover

Heidelberg
Konstanz
Leipzig
Lübeck
Mainz

Mannheim
Nürnberg
Regensburg
Trier
Wiesbaden